增訂版

中國文化通史

胡世慶　編著

三民書局

國家圖書館出版品預行編目資料

中國文化通史(上)／胡世慶編著.－－增訂二版一刷.－－臺北市：三民，2009
冊；　公分
參考書目：面
ISBN 978-957-14-4632-5　(上冊：平裝)
ISBN 978-957-14-4633-2　(下冊：平裝)
1. 文化史 2. 中國

630　　98017228

© 中國文化通史(上)

編著者　胡世慶
發行人　劉振強
發行所　三民書局股份有限公司
地址　臺北市復興北路386號
電話　(02)25006600
郵撥帳號　0009998-5
門市部　(復北店)臺北市復興北路386號
(重南店)臺北市重慶南路一段61號

出版日期　初版一刷　2005年9月
增訂二版一刷　2009年10月
編號　S610440
行政院新聞局登記證局版臺業字第〇二〇〇號
有著作權·不准侵害
ISBN　978-957-14-4632-5　(上冊：平裝)
http://www.sanmin.com.tw　三民網路書店
※本書如有缺頁、破損或裝訂錯誤，請寄回本公司更換。

出版說明

新版《中國文化通史》乃是農民身分的史學家胡世慶先生費盡心血的最新力作，更可說是集其大成的經典代表作。在內容上有別於大陸早年的那個本子，不僅他自己的見解與日俱進，並且還旁徵博引吸納了許多近幾年海內外歷史學界的最新研究成果，又重新全面檢核、校訂昔日所引用的文獻史料，信者存信，疑者闕疑。正是因為胡世慶先生不間斷的自我超越，使得新版《中國文化通史》不但擴大了內容的廣度和深度，同時專業性和嚴謹度也更上一層樓，這令人不得不敬佩胡世慶先生治學功力之深厚，以及其治史生命力之蓬勃。

雖說這是一部內容廣博、架構緻密、求實存真、語重心長的歷史著作，可是作者也十分注意可讀性，透過淺近流暢的筆觸，成了一部適合大眾閱讀、雅俗共賞的作品。特別值得一提的是，作者為了區別對待不同類型的讀者，在新版所加大量腳注中，用作補充正文的所占比例不小，這固然是駕輕就熟，並非創新，卻是比創新更加需要有定見的。

此外，也是基於作者「為民眾著史」的理想，所以在新版中安插了兩百三十六張精挑細選的珍貴圖片，圖片取材森羅萬象，範圍舉凡繪畫、雕刻、古器物、古建築、歷史遺跡等等無所不包，雖費力相形之下不算多，但與文字相輔相成，以重現往古的情景，更添讀史之樂趣，讓讀者一方面可以從文字中遨遊昔日的漢疆唐土，另一方面也可以從圖片中了解前人的中秋端午。

以上說明旨在揭示胡世慶先生對於新版《中國文化通史》的用心良苦，他得意於突破原先的框架，在新作中呈現出一個更大的格局，藉此對源遠流長、根深枝茂的中國文化，做了頗足向後世交代的完整的整理和詮釋。

增訂版弁言

拙撰《中國文化通史》臺灣版自 2005 年 9 月問世以來，迄今已近四年時間了。在這段不算短的日子裏，我雖然定下規矩，除非萬不得已，每天坐在書案前的時間至少須達到 12 個小時，但仍然難以處理完源源不絕的大量新收集到的資料和許多先進賢達的賜教。內子和小兒都埋怨，這樣下去何日是盡頭；事實上，我的精力也大不如前。出於種種考量，我決計暫時換一口氣。

現在敢於獻醜的這個本子，較之原書，一是修訂了原書的不夠確切、不夠客觀的詞句和其他各類差錯、准差錯 3000 餘條；二是補訂了原書的薄弱環節，篇幅安排比例相對進一步合理。有興趣的讀者，倘能加以比照，當必另有所獲。

20 幾年前，方當大陸改革開放之初，我原本只想寫一本工具書性質的東西，但後來我早就管不住自己了，無疑這是勢所必然的。不過，茲事體大，願往後繼續努力。

胡世慶

2009 年中秋節前 20 日

寫在臺灣版出書之際

拙撰《中國文化通史》將在海峽對岸——祖國美麗的寶島臺灣出版，這是我夢寐以求的事情。

作為拙撰的編著者，我遵奉這樣的訓條：史之為文，切忌浮辭，把史書寫成論文是不行的。

我同時服膺克羅齊 (Benedetto Croce, 1866～1952) 的一句名言：「一切歷史都是當代史。」故又進一步確認，史書的主要功用在於經世資治，現在國家的主人是「民」，所以史書必須面對全社會，應當贏得最大多數的讀者，讓廣大老百姓都有興趣讀。

我距「舊學邃密，新知深沉」很遠，但卻嚮往為熱盼中華民族實現偉大復興的人們提供一份必要的精神食糧。

撰寫這種書，確實是非常吃力的，如已故白壽彝教授，他組織了 500 多位專家，歷時 20 年之久，才完成了 12 卷本的《中國通史》。而編輯出版這種書，同樣是非常吃力的，其中情由明眼人一見便知，這裏無須贅述。如今當好運光顧於我之際，我想「君子成人之美」，話雖如此，但三民書局劉振強董事長和編輯部諸賢達之所以不辭艱巨來成全我的夢，最根本的原因卻只能是——他們都有一顆熾熱的中國心。

又：本書的外文夾注，是在西安外國語學院艾克利副研究館員的幫助下完成的；圖片的搜集，紹興圖書館、友人胡阿壽君和紹興賽斯軟件開發有限公司皆與有力；紹興海外國際旅行社王春燕、郭雙娣兩位小姐則承擔了大量的文印雜務，雅意殷殷，始終如一，也應該一并致謝！

胡世慶於 2005 年國際消費者權益保護日

2008 年 3 月 15 日又作補充

序

北京大學教授　湯一介

胡世慶先生撰寫的《中國文化通史》，歷時二十餘年，用力之勤，涉獵之廣，是一部難得的佳作。

中國文化源遠流長，博大精深，長期以來影響著中華民族社會生活的方方面面，要瞭解我們這個民族就必須瞭解我們的民族文化的源頭、發展進程、特點以及它今後的趨勢。這就是說，我們應該有一個文化上的自覺，這樣才可以對人類社會的現狀和未來起積極的作用。

由於經濟的全球化和文化的廣泛交流，使世界聯成一片，因而中國文化必須走出國門，讓其他國家和民族也瞭解我們的文化，使我們的文化在與其他國家和民族文化的對話中，取長補短，共同為二十一世紀的文化發展作出更加輝煌的貢獻。

「前事不忘，後事之師」，我們研究中國文化的歷史，不是發思古之幽情，而是為了推動我們的社會前進。當今中華正處在民族偉大復興的時刻，胡世慶先生的《中國文化通史》的出版無疑是有重要意義的。當然，對中國文化的評價可能有種種不同的看法，這應該說是好事，因為學術文化應該貫徹「百家爭鳴」的精神，這樣才可以在相互切磋中得到提升。因此，我也希望胡先生的書能引起進一步廣泛的討論。

2002年10月10日

中國文化通史

目次

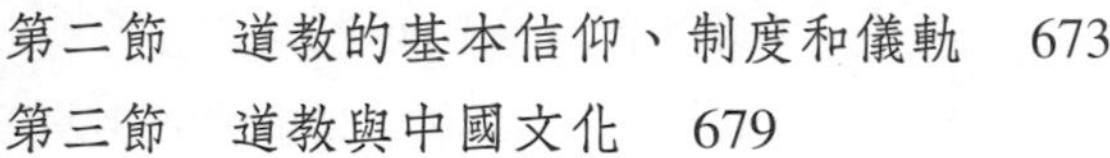

大秦景教流行中國碑

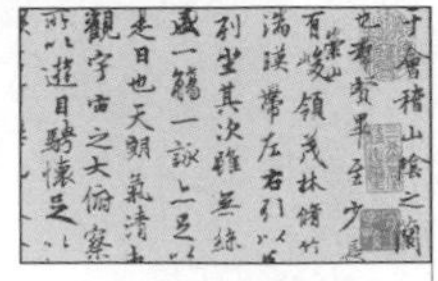

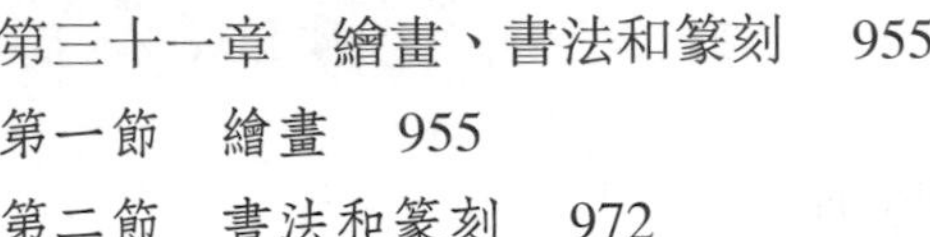

第十編　少數民族　1105

第十一編　中外交流　1203

圖片目錄

導言

第一編　人文地理

第二編　經濟

第三編　政治

第四編　社會生活

第五編　學術

第六編　宗教

第七編　科技

第八編　文藝

第九編 語言文字和圖書文獻

第十編 少數民族

第十一編　中外交流

導　言

一　中國的地理環境

中國在亞洲的東部，太平洋的西岸。在地球上，就緯度來說，中國位於赤道以北的北半球，領土的最北端是黑龍江省漠河以北的黑龍江主航道的中心綫，在北緯 53° 附近；最南端是南沙群島的曾母暗沙，在北緯 4° 附近，南北跨緯度近 50°。北回歸綫穿過中國的南部，使中國 95% 以上的領土處於四季分明、寒暑適中的北溫帶，當北方白山黑水還是冰天雪地的時候，南方的南海諸島已呈現出一派盛夏景象了。就經度來說，國際上一般以西經 20° 和東經 160° 兩條經綫把地球分為東、西兩半球，中國位於東半球，領土的最東端是黑龍江和烏蘇里江的主航道的會合處；最西端在帕米爾高原上，約當東經 73°，東西跨經度 62°，時間差為 4 小時多，當烏蘇里江早晨陽光四射的時刻，帕米爾高原還是星斗滿天的深夜。中國東部面臨太平洋，受海洋影響，雨量充沛，有利於發展農業生產和海洋事業；而南北氣候的差異，又為中國發展多種經濟提供了自然條件。

中國的地形，既有高聳入雲的峰嶺，也有形狀不同的盆地；既有一望無際、頂部微有起伏的高原，也有坦蕩低平、縱橫千里的平原。西北地區分布著大片的沙漠草地，而長江中下游又有大大小小的江河湖泊。從平均海拔 4000 米以上的青藏高原，往北往東越過崑崙山、祁連山和橫斷山脈，即下落到平均海拔大多為 2000～1000 米的高原和盆地，再往東則下降為平均海拔在 500 米以下的丘陵和平原、低山交錯的地區，使背向海洋一側高面向海洋一側低的整個大陸，呈現出三級階梯的形狀。中國主要的高原，有青藏高原、雲貴高原、內蒙古高原和黃土高原；面積超過 10 萬平方千米的盆地有塔里木盆地、準噶爾盆地、柴達木盆地和四川盆地；大面積的平原有東北平原、華北平原和長江中下游平原，另外還有珠江三角洲平原。

中國是一個多山之國，西北—東南走向的山脈，有阿爾泰山、崑崙山、喀喇崑崙山、祁連山、大巴山、大別山、小興安嶺等；東北一西南走向的山脈，有長白山、大興安嶺、太行山、呂梁山、阿爾金山、巫山、武夷山（廣義）、羅霄山、雪峰山、武陵山、大婁山、戴雲山、南嶺、九連山、蓮花山、十萬大山等；東西走向和近東西走向的山脈，有天山、唐古喇山、念青唐古喇山、岡底斯山、喜馬拉雅山、陰山、秦嶺等；南北走向和近南北走向的山脈，有臺灣山脈❶、橫斷山脈、大涼山、邛崍山、岷山、六盤山、賀蘭山等。沿海有遼東丘陵、山東山地（齊魯丘陵）、閩浙丘陵。在上述山脈中，喜馬拉雅山東西綿延 2500 千米，平均海拔 6000 米，其頂峰珠穆朗瑪峰，是世界第一高峰，據新近實測，海拔高程為 8844.43 米❷。

中國又是一個多河流的國家，流域面積在 1000 平方千米以上的河流有 1500 多條。這些大小不一的河流，有的直接或間接流入海洋，這就是外流河系；有的消失在內陸中，這就是非外流河系。中國主要的河流，都是屬於外流河系，如長江、黃河、黑龍江、珠江，都由西向東流入太平洋；向南流入印度洋的，有雅魯藏布江、怒江等；新疆的額爾濟斯河，向北流入北冰洋。長江發源於青藏高原的唐古拉山，流入東海，是亞洲首屈一指的大河，在世界上居第三位，據近年實測，全長為 6380 千米，流域面積為 180 萬餘平方千米；❸黃河發源於青海巴顏喀喇山，流入渤海，是中國第二條長河，據

❶ 臺灣山脈玉山主峰海拔 3997 米，當之無愧地是中國東部廣大地區的擎天柱。

❷ 這是國家測繪局陳邦柱局長 2005 年 10 月 9 日在國務院新聞發布會上宣布的新數據，屬正高成果，其所對應的高程名稱為「海拔高」而非「近似海拔高」。同時宣布的數據還包括，珠峰峰頂冰雪深度 3.50 米，峰頂岩石面高程精度 ±0.21 米。原 1975 年公布的珠峰高程數據 8848.13 米則被宣布停止使用。

❸ 長江水系水運量占目前全國內河總量的 80%；2005 年，長江幹綫貨運量達 7.95 億噸，為北美密西西比河的 1.6 倍、歐洲萊因河的 2.3 倍，居世界第一位。而據新華社 2006 年 7 月 9 日電（記者付一鳴、姜濤），2005 年，長江幹綫港口完成貨物吞吐量為 6.5 億噸，其中外貿貨物吞吐量以及集裝箱吞吐量分別完成 7800 萬噸和 260 萬標準箱。

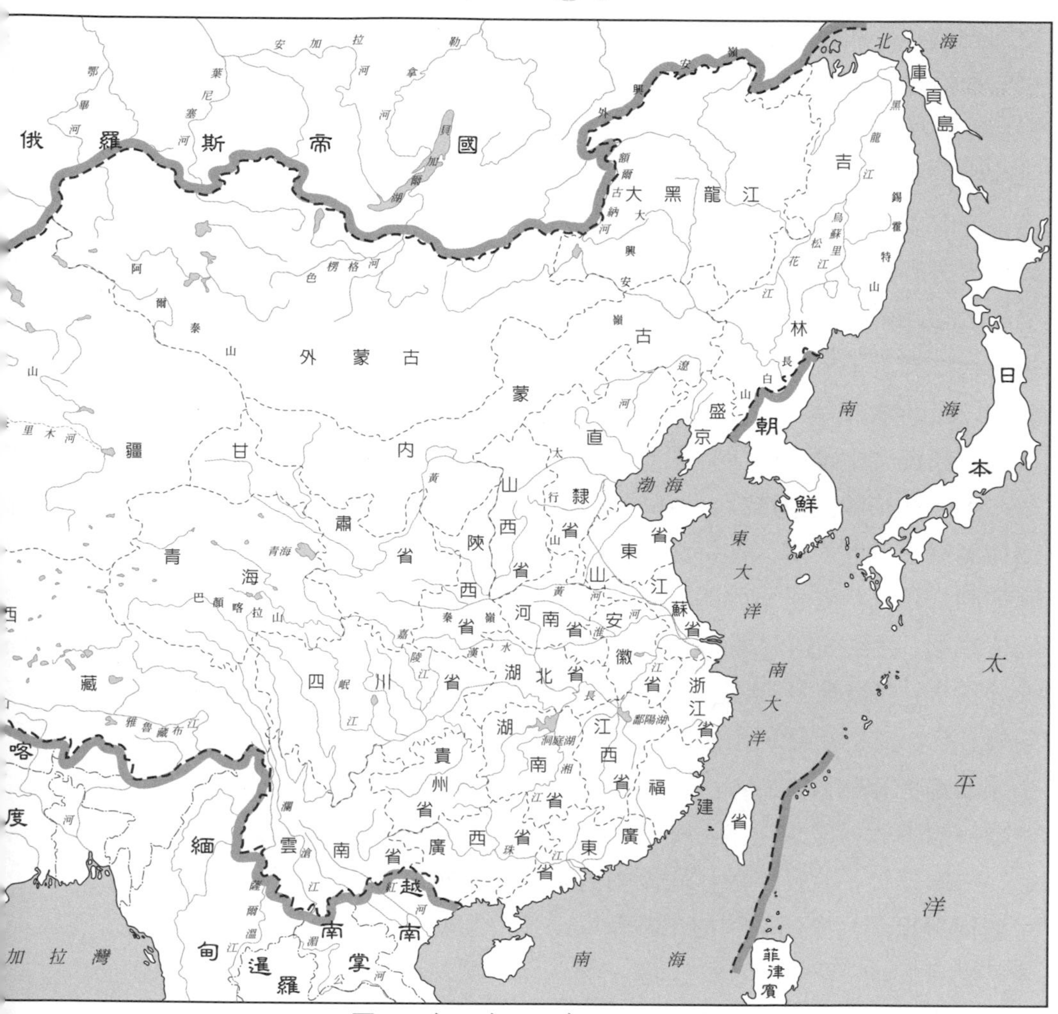

圖 1　中國傳統社會疆域的最後形態圖

近年實測，全長為 5464 千米，流域面積為 75.2443 萬平方千米。還有黑龍江、珠江、塔里木河、松花江、海河和淮河，也都是大河流。

全國湖泊，極大多數是淡水湖，也有少數鹹水湖。最大的淡水湖，在歷史上應推今湖南省的洞庭湖，唐、宋之際，「西吞赤沙，南連青草，橫亙七八百里」（司馬光：《資治通鑑》卷 164），直到清代道光五年 (1825)，湖面尚有 6000 平方千米。但自 20 世紀 30 年代以後，由於圍墾，已經今非昔比。現在全國最大的淡水湖是江西省的鄱陽湖，據江西省水利局以 1976 年 21 米洪水高程計算，面積為 3841 平方千米，水容量達 260 億立方米；其次則洞庭湖、江蘇省的太湖和洪澤湖、雲南的滇池、黑龍江的鏡泊湖，還有黑龍江省東南中、俄共有的興凱湖。至於鹹水湖，則主要有青海省的青海和新疆的羅布泊。青海的面積，比鄱陽湖還大約 1000 平方千米。

中國東部和南部瀕臨渤海、黃海、東海和南海。其中渤海是中國的內海，黃海、東海和南海與太平洋連接，沿海分布著 6500 多個大小島嶼，而以臺灣島和海南島為最大，島嶼海岸綫總計 1.4 萬多千米。中國的大陸海岸綫，東起中朝邊境上的鴨綠江口，向南延伸到中越交界的北侖河口，蜿蜒曲折，據近年實測，長達 1.8 萬多千米。

以上所談，是中國自然地理的現狀。❹應當說，這種現狀並非自古以來就是如此。中國史前曾有過 5 次冰期——龍川冰期、鄱陽冰期、大姑冰期、廬山冰期和大理冰期，時間約從 300 萬年前至 1 萬多年前。每次冰期都使氣溫大幅度下降，海平面跌落，動植物群落發生很大變化，尤其是緯度較高的地區，變化更為明顯。而兩次冰期之間的間冰期，則氣溫上升，雨量增加，喜溫動植物繁榮滋長。在遠古時代，中國森林密布，土地荒涼，人煙稀少，鳥獸繁多。經過原始先民不斷地與自然進行協調，燒山、伐木、開墾、治水，增加了有用的川澤和平原，這就改變了整個地貌。自此以後，中國的地貌和氣候、動物、植被等都繼續有所變化。據考證，夏代的時候，中國境內的沙漠比現在少，湖泊比現在多；華北地區，氣候溫和，雨量充足；中原一帶，生長犀象；兩湖附近，荊棘遍野；黃河中下游地區沒有現在這樣平坦，到處都是湖泊和沼澤；松遼平原除了森林茂草之外，就是沼澤；遼河下游，稱為「遼海」，是一片大海；黑龍江省的三江平原，也還在海中；現在的沿海地區，當時很大部分都還沒有成陸。歷史上黃河經常改道，古代長江和淮河的水面都比現在寬得多。在華北地區的著名的圃田澤、鉅野澤、大陸澤，現在都不見了，濟水等河流也湮沒了。「高岸為谷，深谷為陵」（《詩・小雅・十月之交》），山川改觀，這是歷史的必然。

需要著重說明的是，迄鴉片戰爭 (1840～1842) 前夕，中國的版圖，還遠遠大於現在，當時不僅今蒙古國是中國的一部分，並且在東北和西北更有約 150 多萬平方千米今屬俄羅斯的遼闊地區為中國原來所有。

總之，中國有廣袤的沃壤、無垠的草原，適宜於經營農業和畜牧。凡

❹ 參見譚其驤、史念海、陳橋驛主編《中國自然地理・歷史自然地理》，北京科學出版社，1982 年。

大山脈所在，又多有森林和原始森林，蘊藏著大量的林木、藥材和珍禽異獸；江河湖海，各擅其利；地下寶藏的特點則是種類多、儲量大。勤勞勇敢的中國先民世世代代生活在這片富饒美麗的土地上。

二　中國古代多民族國家的初步形成

據人類學家的研究，中國國境是在人類起源地的範圍內。

距今 204～201 萬年的長江三峽「巫山能人」如果確實的話，則壯麗的長江應當是中國的地位更在黃河之上的「母親河」，是中國文化的搖籃。❺另外，據說湖北有建始猿人，距今也近 200 萬年了。❻

距今約 180～20 萬年之間，山西芮城，雲南元謀，陝西藍田，山西匼河、垣曲，北京周口店，山東沂源，河南南召，湖北鄖縣、鄖西、大冶，江蘇南京，安徽和縣、巢湖，貴州黔西，遼寧營口、本溪等地，都生活著創造舊石器（Palaeolithic，打製石器）早期文化❼的遠古人類，舉世聞名的距今約 70～20 萬年的北京猿人——即北京直立人 (Homo erectus pekinensis) 就是他們的代表，他們已經有了明顯的共同性。❽當然，中國

❺ 參見唐探峰《「巫山人」發現始末》，《光明日報》1997 年 8 月 16 日；黃萬波《龍骨坡文化——中華遠古歷史第一篇》，同上 1998 年 5 月 8 日；林向《近年來史前考古的新發現》，同上 1999 年 7 月 9 日。但也有學者認為「巫山人」只是古猿的後裔，說詳周文斌《「人類起源中國說」為時尚早——與古人類學家周國興一席談》，同上 1998 年 12 月 1 日；吳新智《巫山龍骨坡似人下頜屬於猿類》，《人類學學報》2000 年第一期。又：對於「能人」和「直立人」的關係問題，過去一直認為直立人是由能人進化而來的；但最近又有新說。據 2007 年 8 月出版的英國《自然》雜誌一篇封面文章報導，研究人員在肯尼亞北部圖爾卡納湖東岸獲得二塊化石，其中一塊是能人化石，年代可追溯到 144 萬年以前，另一塊是直立人化石，年代可追溯到 155 萬年以前。文章作者之一的米芙・利基指出，這兩個種群在東非同時共存大約 50 萬年，表明直立人不可能從能人進化而來。

❻ 參見《長江流域是「中國人」的發源地》，《光明日報》重慶 2006 年 8 月 1 日電，記者張國聖。

❼ 舊石器早期文化或又可分為初期和早期兩個發展階段，以距今約 100 萬年為斷：初期相當於地質年代的更新世早期後段，活動的人類為早期直立人；早期相當於更新世中期，人類已進化到晚期直立人。這裏必須說明，舊石器文化各期與更新世各期時間上並不完全一致。

早期人類並非簡單地從原始朝進步方向直綫演化，而是充分表現為「鑲嵌進化」的紛繁局面，❾這從近 20 年來中國南方舊石器時代考古的新進展中尤其可以得到有力的印證。❿

距今 20～5 萬年左右，陝西大荔，遼寧金牛山，廣東馬壩，貴州銅梓，湖北長陽，山西丁村、許家窰，北京周口店，遼寧喀左，河南許昌⓫等地又先後出現舊石器中期文化。當時的古人類，在體質上較猿人進步，被稱為「早期智人」。這些地區的舊石器中期文化，如丁村文化，事實上淵源於匼河文化，而喀左鴿子洞文化的石器與北京周口店第一、第十五地點的石器很相近，有一定的一致性。

到了距今 5～1.2 萬年前後，中國境內的古人類普遍進入了舊石器晚期文化階段。寧夏水洞溝，內蒙古薩拉烏蘇河沿岸，（以上舊稱「河套」）山西

---

❽ 山西芮城西侯度發現有距今 180 萬年以前的人類文化遺物，其中包含一批石製品、有切割痕跡的鹿角、燒骨和大量動物化石，應是迄今已經發現的中國境內確鑿無疑的最早的舊石器文化遺址，儘管沒有發現人類自身的遺骸，不可將其忽略；山西匼河文化遺址亦如之。又，近年來，在國際遺傳學界流行一種觀點：根據對生活於世界各地的現代人類的粒綫體 DNA 和 Y 染色體的分析，所有現代人的祖先都是一位非洲女性的後裔，他（她）們自十幾萬年到幾萬年前，從非洲向世界其他地區遷徙，並取代了生活在各地的當地人類集團。多數中國遺傳學者也支持這一觀點，認為現代中國人的祖先是從非洲東部經印度洋抵達東南亞，然後北上，進入華南，以後逐漸向北遷徙，來到中國北方。按照這種觀點，「元謀人」、「藍田人」和「北京人」並非現代中國人的祖先，與現代中國人無關。這種觀點似乎不無道理，但為審慎計，特別是在中國各地發現的距今十幾萬年到幾萬年間的考古資料中看不到外來集團的到來所應當表現出來的文化面貌上的突變，加之對蒙古人種體質特徵的考量，故本書還是沿襲以往的權威性意見。而目前更有最新考古分析—— 2003 年，中、美兩國考古人員在北京周口店附近發現了「田園洞人」（距今約 3.85～4.2 萬年），中科院吳新智院士指出：「田園洞人」下頜骨上前後齒比例居於現代人類與歐洲古人類尼安德特人這一比例的重複範圍內，指節骨、腕骨和脛骨的一些特徵也接近尼安德特人，說明非洲晚期智人並未取代中國的古人類。

❾ 吳汝康：《對人類進化全過程的思索》，《人類學學報》1995 年第四期。

❿ 王幼平：《紛繁複雜的人類演化圖景——中國南方舊石器時代考古的新進展》，《光明日報》2000 年 8 月 11 日。

⓫ 據《光明日報》北京 2008 年 1 月 22 日電（記者李韻）：上年 12 月 17 日，河南許昌靈井驚現距今約 10～8 萬年的較完整的古人類頭蓋骨，提供了這方面珍貴的實物資料，填補了研究環節的空白。

峙峪、下川，北京周口店，河南小南海，河北陽原，四川資陽，廣西柳江、來賓，雲南麗江，臺灣左鎮，以及遼寧、吉林、黑龍江、山東、江蘇、陝西、甘肅、湖南、貴州、青海、西藏、海南的許多地方，都發現了這類文化遺址。上述遺址與較早的舊石器文化也有種種關聯，如山西峙峪文化就被認為是遙承了北京人文化的傳統。這個時期的古人類，已基本接近於現代人，人類學上叫做「晚期智人」或「新人」。新人中的「河套人」、北京周口店「山頂洞人」、四川「資陽人」、廣西「柳江人」⑫和來賓「麒麟山人」都很值得注意。尤其是山頂洞人，他們代表了原始蒙古人種（即黃色人種，亦稱「亞美人種」的東亞種族）。

中國舊石器文化發展的基本特徵，是「以向背面加工的小石器為主的組群」（吳汝康、吳新智、張森水主編：《中國遠古人類・前言》⑬）；材料大都為石英岩⑭。雖有少量同西方文化相似的因素，顯然是境內外小規模文化交流的證跡。⑮

距今 1.2 萬年前後，隨著地球上最後一次史前冰期的消失，地質年代上的更新世結束了，全新世來臨了。在舊石器文化的基礎上，黃河流域經過了中石器（Mesolithic，細石器）文化的過渡，產生了新石器（Neolithic，磨製和鑽孔石器）文化。與此相應，長江中下游地區也很早形成了當地的新石器文化。⑯黃河流域前仰韶階段著名的新石器文化遺址是在中游河洛地區的河南賈湖、裴李崗和河北磁山等地，還有隴東的大地灣、陝南的李家村，它們和長江下游的浙江上山⑰、小黃山⑱、跨湖橋、河姆渡⑲遺址，

⑫ 據說 2002 年，中國科學院古脊椎動物與古人類研究所主持對「柳江人」化石進行了重新測定，結論定具有解剖學上現代人特徵的「柳江人」的生活年代為距今 7～13 萬年之間，而不是原先所認知的 3 萬年。如果是這樣，則中國遠古舊石器時代人類的進化史就要用重筆來改寫了。

⑬ 科學出版社，1989 年。

⑭ 參見裴文中、張森水《中國猿人石器研究》第 219 頁，科學出版社，1985 年。

⑮ 張宏彥：《中國史前考古學導論》第 70 頁，高等教育出版社，2003 年。

⑯ 1983～1995 年，在湖南道縣玉蟾巖遺址，發現了舊石器向新石器過渡的文化面貌，出土有陶片和人工栽培稻穀遺存，距今約 1 萬多年。同時在江西萬年仙人洞和吊桶環遺址，發現了距今 2～1.5 萬年的舊石器時代末期及距今 1.4～0.9 萬年的新石器時代早期的連續文化堆積，後者有原始陶片，通過對遺址孢粉及植硅石分析，有類似水稻的扇形體。參見林向《近年來史前考古的新發現》，《光明日報》1999 年 7 月 9 日。

距今都有至少約 8000～5300 年的歷史。

黃河中下游的新石器文化，在中國遠古文化的發展史上，占有特殊重要的位置。這裏的文化進入公元前第五千紀前葉後段之後，其發展大體上可分為前後兩個階段，這就是仰韶文化（因最早發現於河南澠池仰韶村而得名）階段和龍山文化（因最早發現於山東濟南龍山鎮而得名）階段。仰韶文化距今約 7000～5000 年，又稱「彩陶文化」，已掌握慢輪修整口沿的技術，前期包括半坡類型和廟底溝類型前期，後期則有分布在今陝西、晉南豫西和冀南豫北等地區的七八個類型，這說明具有共同區域傳統的中原文化已趨向多樣化地區類型的發展。⑳龍山文化類型也很多，其中中原龍山文化距今約 4800～4300 年，是對仰韶文化廟底溝二期類型的發展。從考古發掘來看，快輪製陶的比例愈東愈多，以灰陶為主，黑陶次之，沿海地區的龍山文化常有薄而帶光澤的黑陶，故龍山文化曾被稱作「黑陶文化」，其實黑陶並不是龍山文化的唯一特徵。㉑如果說仰韶文化已出現「初城」，是中國文明的萌芽期的話；那麼，龍山文化則是中國早期城址的繁盛時代，是不折不扣的中國文明的建構期。㉒

迄公元前 21 世紀，在整個新石器時代——包括銅石並用時代即初期銅器時代（約公元前 3500～約公元前 2000）㉓，自成體系的新石器文化還有安徽地區的雙墩文化、淩家灘文化，龍山文化的前身山東、蘇北地區的北辛文化、大汶口文化，甘肅、青海地區的馬家窰文化、半山一馬廠文化，甘肅、青海東部和陝西、內蒙古毗鄰地區的齊家文化，湖北地區的屈家嶺

⑰ 上山遺址的年代約在一萬年前，比河姆渡還早 3000 年。參見《「上山文化」改寫長江下游史前文明史》（記者嚴紅楓、通訊員盛鋒），《光明日報》2006 年 11 月 13 日。

⑱ 據專家判斷，小黃山遺址主體應形成於距今 8、9 千年前後。

⑲ 河姆渡遺址 1973 年發現於餘姚河姆渡村附近，當時有兩個測定年代，一為距今 6725±140 年，一為距今 6960±100 年。

⑳ 黃河流域的彩陶文化在距今 4000 年左右，已現身於新疆哈密地區，並且至晚在距今 3000 年以前進入了吐魯番盆地。迄距今約 2500 年，這支東來的文化繼續向西挺進到了巴爾喀什湖東岸，關鍵性地影響了此間塞克・烏孫文化的形成。

㉑ 參見梁思永《龍山文化——中國文明的史前期之一》，《考古學報》1954 年第七期。

㉒ 說詳吳春明《關於中國文明起源的考古考察》，《光明日報》1999 年 8 月 27 日。

㉓ 中國的銅器——包括後來的青銅器，主要為禮器和兵器，這與主要服務於生產性目的的舊、新石器時代的石器是不同的。

文化，重慶地區的大溪文化，浙江地區的馬家濱文化、良渚文化[24]，遼寧、內蒙古地區的興隆洼文化、紅山文化、小珠山上層文化。另外，在華南、東南、西南地區也都普遍分布著具有區域特點的新石器文化。所有這些區域性新石器文化都有著與中原新石器文化不同的內涵和相對獨立的發展序列，從而奠定了後來中國境內各民族文化平行發展的基本格局。但同時，中原新石器文化的各個類型也都程度不同地與這些周邊的新石器文化有著相互影響、滲透的關係。構成新石器時代文化各區域類型之間差異的，除了生態適應性因素外，還有社會適應性因素，如社會組織的狀況等。在這方面，中原和華東及北方的新石器文化顯示了更高的進步程度。如值紅山文化後段晚期之際，由於注進了黃河流域廟底溝文化的營養，燕山、熊耳山南北的北方文化甚至有向南推進的趨勢。

從舊石器時代到初期銅器時代，生活在中華大地上的遠古先民，已經創造了對後世具有深遠影響的史前文化。中國古代文獻裏有不少關於史前原始社會的記載，如《韓非子・五蠹》有所謂「搆木為巢，以避羣害」的有巢氏，有所謂「鑽燧取火，以化腥臊」的燧人氏；《易傳・繫辭下》有所謂「作結繩而為網罟，以佃以漁」的伏羲氏，有所謂「斲木為耜，揉木為耒」、「日中為市」的神農氏。《列子・湯問》記載了「男女雜游，不媒不聘」的雜亂性交的情況，班固《白虎通・號》記載了「但知其母，不知其父」的母系氏族的情況。這些記載反映了先民進化的歷程，應當說是有根據的。

遠古先民，由於婚姻關係的確立，逐步脫離了人類的原始群狀態，而發展到氏族公社社會。最初的氏族是母系氏族，在母系氏族裏，婦女繁衍後代，享有優越的社會地位。當時婦女從事採集、飼養和原始農業生產，男子從事狩獵，因為狩獵的收穫帶有一定的偶然性，不及婦女的勞動能保證經常的生活來源，所以婦女無疑有更多的權力。後來因為婦女所經營的淺耕農業不足以維持生計，於是男子採用笨重農具進行生產。在深耕農業

[24] 2007年11月29日，浙江省文物局和杭州市人民政府聯合在杭州宣布，良渚文化核心區域發現了略呈圓角長方形、正南北方向、東西約1500～1700米、南北約1800～1900米、總面積達290多萬平方米的古城。該古城城牆底部普遍鋪墊石塊作為基礎，寬度40～60米左右，石頭基礎以上用較純淨的黃土堆築，部分地段地表還殘留4米多高的城牆。據稱這是目前所發現的同時代中國最大的城址，其考古價值直逼殷墟。《浙江日報》即日訊，記者張冬素。

階段，男子經營其他生產項目，也都顯示出了優勢，隨著經濟方面所發生的深刻變化，加上男子的生育功能已為人們所認知，婦女的地位就被男子取代，母系氏族也就轉變成為父系氏族了。㉕

而部落，則是由若干近親氏族組成的。

史前有許多氏族和部落，可以稱為原始民族。原始民族的首領，由選舉大會產生。從神話和傳說裏，可以推測原始民族的分布情況。居住在中原和靠近中原地區的，有九黎族、三苗族和炎帝族、黃帝族。再向外，則是肅慎、山戎、葷粥、氐、羌、巴、蜀、島夷、淮夷等族。相傳炎帝族姓姜，號「神農氏」，是以牛為圖騰的氏族。該族自渭河流域農牧進入中原，與中原北部今魯、冀、晉接壤處的九黎族發生長期的衝突。九黎，是以猛獸為圖騰的強大部落聯盟。九黎族驅逐炎帝族，直到涿鹿（今河北懷來或涿鹿）地方，炎帝族被迫聯合黃帝族與之決戰，結果攻殺了九黎族的首領蚩尤。黃帝族「遷徙往來無常處」（司馬遷：《史記・五帝本紀》），原先活動在今遼寧、內蒙古至陝北、隴東一帶地區，姓姬，號「軒轅氏」，又號「有熊氏」，是以熊為圖騰的氏族。打敗九黎族後，炎、黃兩族發生了 3 次大衝突，最後黃帝族統率以羆、貔、貅、貙、虎為圖騰的各族在阪泉（今河北懷來）瓦解了炎帝族。由此炎、黃兩族逐漸融合，成為後來春秋時期華夏族的主源。㉖

俗諺說「自從盤古開天地，三皇五帝定乾坤」，「三皇」或指伏羲、女媧、神農，或指伏羲、神農、黃帝；「五帝」也有多種說法，據《史記・五帝本紀》，則是以黃帝為首。《國語・晉語四》云：「黃帝之子二十五宗，得其姓者十四人，為十二姓。」這句話說的，其實就是當時原始民族融合的一個縮影。中國古代關於黃帝的傳說特別多，一切文物制度都推原到黃帝。夏、商、周三代，都奉黃帝為共同的祖先；春秋戰國時代，南北諸侯都自稱是黃帝的後裔；在少數民族中，也是自古以來就有奉黃帝為始祖的認同傳統。㉗

相傳黃帝以後，炎黃聯盟的著名領袖人物，有：少昊（或作「少皞」），姓己或姓嬴，名摯，居曲阜（今屬山東），號「金天氏」；顓頊，係黃帝子

㉕ 參見安志敏《我國新石器時代的仰韶文化和龍山文化》，《歷史教學》1960 年第八期。

㉖ 參見徐旭生《中國古史的傳說時代》，文物出版社，1985 年。

㉗ 參見顧頡剛《史林雜識・黃帝》，中華書局，1963 年。

昌意之後，居帝丘（今河南濮陽），號「高陽氏」；帝嚳，其先為黃帝子玄囂，居西亳（今河南偃師），號「高辛氏」。事實上少昊、帝嚳乃是夷族，顓頊亦有苗蠻的血統。

《尚書》有《堯典》等篇，敘述堯、舜、禹禪讓的故事，真實性似乎大些，反映了夏、商以來耳目相接的歷史傳聞。堯為帝嚳第三妻慶都所生㉘，姓伊祁，名放勳，號「陶唐氏」，都平陽（今山西臨汾西南，一說今山西太原）。他為政勤勉，自奉甚薄。曾任命羲仲治理東方，羲叔治理南方，和仲治理西方，和叔治理北方。又制定曆法，建立初步的學校制度，用鯀治理洪水，對舜進行 3 年考核，命舜攝政。死後即由舜繼位。舜，姓姚，名重華，號「有虞氏」，是「東夷之人」（《孟子・離婁下》）。曾耕於歷山，漁於雷澤，陶於河濱。他注意分權，用人不苛責其他，放逐共工、驩兜、三苗，殛死治水不成功的鯀，派鯀子禹繼續治水，後因禹治水有功，遂以禹為繼位人。禹，姓姒，一說名文命，初號「有崇氏」，後改「夏后氏」，「興於西羌」（《史記・六國年表》）㉙。他治水勞身焦思，13 年中三過家門而不入，終於用疏導的方法治平了水患。同時開溝修渠，有利於農田灌溉。曾鑄造九鼎，用銅作兵器，立夷族皋陶為繼位人，皋陶死，又立皋陶子伯益為繼位人。東巡時死於會稽（今浙江紹興）。

堯、舜、禹及其主要輔佐的直系後裔，共計 200 多姓，至今仍多為大姓，可以涵蓋中華民族的絕大部分。

相傳在禪讓制度下，軍事首長有正、副 2 人，正的出缺便由副的繼任。當時決定繼位人，都由「四岳」、「羣牧」推薦，四岳就是四方氏族的首領，羣牧地位在四岳之下。禪讓制度體現了在任用人才方面不唯地位和資歷的原則。應當說，堯、舜之世，四岳、羣牧說話畏畏縮縮，這種制度已經發生了動搖，故《史記・五帝本紀》有舜讓堯子丹朱、禹讓舜子商均為帝的記載。並且所謂「禪讓」，不排除背後有血淋淋的事實。㉚

㉘ 堯是淮夷，其出生地《史記・五帝本紀》司馬貞《索隱》記載「在三阿之南」，這個「三阿」，梁鼎臣《帝堯故里考》認為位於今江蘇省寶應縣射陽湖鎮及其周邊地區，《人民政協報》2006 年 7 月 17 日。

㉙ 指生活在今山西境內的羌族。參見譚其驤《山西在國史上的地位》，《晉陽學刊》1981 年第二期。

㉚ 《韓非子・說疑》：「舜偪堯，禹偪舜，湯放桀，武王伐紂，此四王者，人臣之弒其君者也，而天下譽之。」

氏族公社的全盛期是在母系氏族的繁榮階段，當時沒有生產資料私有制，沒有剝削，沒有階級，充分體現了上古「大同」世界的特點。但到了父系氏族社會，由於農業和畜牧業已相當發達，金屬冶煉也已經出現，快輪製陶日趨普遍，財產私有、貧富差別、變戰俘為奴隸的現象逐步嚴重起來，社會占主導地位的人們迫切需求獲得確定的權力並意識到必須為此承擔相應的義務。所有這些，都促使中國的原始社會走向解體。

可以說，中國古史在進入文明時代很久，社會的基礎依然是氏族，當時社會管理職能已表現得十分突出，將慈仁道德放在首位，這正是中國早期國家形成的關鍵時期。㉛在這個關鍵時期，炎黃族——即所謂「河洛集團」，主要是與以太昊（或作「太皞」）族為代表的夷族——即所謂「海岱集團」結成聯盟，來對抗苗族——即所謂「江漢集團」。苗族，就是上文提到過的「三苗」，「三」是多數的意思，他們「左彭蠡之波，右（有）洞庭之水，㉜文山在其南，而衡山在其北」（《戰國策・魏一》），主要分布在長江中游南北地區。在炎黃族進入中原後逐漸向南擴展中，也就屢次與之發生衝突了。綜觀年代約略與堯舜時期相當的山西襄汾陶寺遺址的系列考古材料，其城牆早已聳入文明時代，王權明顯存在。到禹的時候，由於私有制的發展，掠奪戰爭日益頻繁，氏族的當權者們對權勢變得更加迷戀起來。禹死，他的兒子啟破壞禪讓制度，奪伯益之位而自立，並對守舊的氏族如有扈氏等實行了鎮壓，開創了歷史上的夏代。夏代是中國古人所說「小康」之世的開端。《禮記・禮運》云：「今大道既隱，天下為家，各親其親，各子其子，貨力為己；大人世及以為禮，城郭溝池以為固，禮義以為紀，以正君臣，以篤父子，以睦兄弟，以和夫婦，以設制度，以立田里，以賢勇知，以功為己，故謀用是作而兵由此起。」這樣，貧窮的政權為公進到了相對富足的政權為私，中國古代比較完善的早期國家終於正式確立了。所以後來中國有「中夏」、「華夏」、「諸夏」等稱號。

無論中外，早期國家都是在血緣集團的基礎上形成的，都是小國寡民

㉛ 參見晁福林《中國早期國家問題論綱》，《光明日報》2000 年 12 月 1 日。按：早期國家是相對於非早期國家而言，非早期國家指古代希臘、古代羅馬那種形式的國家，或稱「社會發展的下一階段出現的國家」。

㉜ 一本無「有」字，《史記・吳起列傳》亦無「有」字，古「右」、「有」通，疑「有」為衍字。

之邦，農業和畜牧業是決定性的生產部門，不存在舉足輕重的工商業，夏代也是如此。

從夏代的情況看，中國早期國家已具備了多民族國家的雛形。「夏后氏禘黃帝而祖顓頊，郊鯀而宗禹」(《國語・魯語上》)，其族源是相當複雜的。

拿夏代與非洲北部的埃及和西亞兩河流域的巴比倫以及南亞印度河流域分布廣泛的城邦相比，中國古代早期國家的建立較晚一些。但在世界範圍內，中國是被公認的文明古國。而且到公元前 12 世紀，上述文明和南歐克里特島的愛琴文明——即亞歐非大陸前此所有文明都在衰落之中，而中國後期的殷商卻依舊保持著「大邦」(《尚書・召誥》) 的地位，直到為周所取代。

三　中國古代多民族國家的發展壯大

在夏代以及繼起的商代，異族居住的地方叫做「方」，甲骨文中方以百計，如鬼方、舌方㉝、羌方、土方等。西周武王伐紂時，有庸、蜀、羌、髳、微、盧、彭、濮等原始民族參加。周代中原民族自稱「華夏」，而將周邊的少數民族稱為「夷」、「蠻」、「戎」、「狄」。當時夏、商、周 3 族居黃河流域，楚、越兩族居長江流域，夷蠻戎狄居東南西北方㉞，但相錯夾雜，並非一言可盡。東周王室衰弱，天下大亂，「春秋之中，弒君三十六，亡國五十二，諸侯奔走不得保其社稷者，不可勝數」(《史記・太史公自序》)，導致夷狄交侵，「中國不絕若綫」(《公羊傳・僖公四年》)，「攘夷」成了霸主事業的主要標準，於是夷夏之辯也就變得義正辭嚴起來。無疑當夏、商、周 3 支主要來源形成華夏雛形時，這 3 支並非都是出於黃帝之後。就拿周人來說，周代有累世互通婚姻的兩大氏族集團——王族姬姓和舅氏姜姓。姜姓出於西羌，自必屬戎；姬姓也是狄之近戎者。直到春秋時期，尚有姬姓之戎和姜姓之戎，他們本與周族同源，只是後來發展緩慢，仍然留在戎人的行列裏。其實，說黃帝姓姬、炎帝姓姜，在《竹書紀年・帝系名號歸

㉝ 「舌方」的「舌」，甲骨文作「[illegible]」，丁山《商周史料考證》曾釋為「吉」，馬長壽《白狄與匈奴》則釋為「[illegible]」(似即圁)，茲暫從友人轉述胡厚宣說，讀如「工」(ㄍㄨㄥ)。

㉞ 參見童書業《夷蠻戎狄與東西南北》，《中國古代地理考證論文集》，中華書局，1962 年。

一圖》中雖然寫得明明白白，但很可能是反映了周人的觀念。司馬遷作《五帝本紀》，是利用過《帝系》的，可是他說「黃帝者，少典之子，姓公孫」，就對黃帝姓姬說提出了異議。總之，到春秋時期，華夏族確實已經正式形成，當時嚴夷、夏之別，但只要夷狄願意自進於華夏，華夏是不會加以拒絕的。「《春秋》用夏變（於）夷者夷之，夷而進於中國則中國之」（羅泌：《路史・國名紀一・黃帝後姬姓國》）；「四海之內，皆兄弟也」（《論語・顏淵》）。區別華夏還是夷狄的決定性的一條，不是血統，而是文化。通婚、遷徙，共同開發和經濟交流發展了民族間的親和力，後進者總是會接受先進者的文化的。所以不必晚至戰國結束，楚人、秦人、吳人、越人、濮人、蠻人、庸人、舒人、巴人、蜀人等都已不同程度地進入了華夏的領域。如楚人，其先原為祝融氏族集團，西周成王封熊繹以子姓之國，「辟在荊山，篳露藍蔞以處草莽，跋涉山林以事天子」（《史記・楚世家》）。由於不能參加中原諸侯的會盟，春秋早期，楚君還自稱是蠻夷，表示不屬於華夏。但到了春秋晚期，楚國就改奉顓頊為祖先，而自封為「上國」，儼然以華夏正統自命了。㉟又如巴人和蜀人，雖然地處西南，不預中原之政，但秦滅巴、蜀，以其地置郡縣，這種局面也就被打破了。

而先秦的所謂「東夷」——即殷商所由出，自蚩尤以來，曾在新石器文化的創造中大放異彩。夏代的堣夷、萊夷、淮夷、風夷、黃夷、于夷、白夷、赤夷、玄夷、陽夷、方夷，殷商的藍夷、尸方、兒方、人方、班方、林方、盂方，周的淮夷、徐戎㊱以及郯、介、根牟、牟、萊、莒、舒庸、舒鳩、舒廖等，他們主要分布在今遼西、遼東、遼南、山東東部和蘇北地區。經過夏、商、周三代，到戰國末期，居住在淮泗一帶的東夷，「皆散為民戶」（《後漢書・東夷傳》），已基本融合於華夏了。秦漢以後的東夷，就不再是上述夷民而是指東北地區的某些居民和朝鮮、日本等地的民族了。所以應當說，東夷是華夏族的第二族源。

蠻夷參加華夏，給華夏灌注了新鮮血液。華夏也樂於吸收蠻夷的文化，以豐富自身的營養，如大名鼎鼎的後世漢族傳說中開天闢地的盤古氏，就是來源於南蠻流行的關於「盤瓠」的神話；㊲而摶土作人、創造萬物的女

㉟ 說詳張正明《先秦的民族結構、民族關係和民族思想》，《民族研究》1983 年第五期。

㊱ 徐戎當周穆王（公元前 976～公元前 923 在位）之世，在徐偃王統治下，曾力行仁義，盛極一時，東方諸侯臣服者達 36 國。

媧氏，其原型也是苗蠻集團的創作。

打開中國古代歷史，就會發現秦、漢王朝特別重要，因為秦、漢不僅把夏、商、周以來「理想的中國」變成了「現實的中國」，㊳實行了國家的統一，有利於多民族國家的全方位開發，而由於國家的統一，還促進了文化的進一步融合。秦以前的周文化，既受有商文化的影響，而更多的有其自身的特點；周以前的商文化，也是既受有夏文化的影響，而更多的有其自身的特點。事實上，如果說夏文化（後期為二里頭文化㊴）主要是由河南龍山文化晚期發展而來的話，那麼先商文化（漳河類型商文化）和先周文化（周原文化）的源頭就另有所在了——儘管周人原本是與夏人雜居在汾、河之間的。並且周文化雖然在很大程度上決定了爾後3000年中國傳統社會文化的基本面貌，但是在周代，自新石器時代以來長期存在的文化的區域性分歧仍然很嚴重。

隨著秦、漢王朝的建立，先是在周文化廢墟上發展起來的秦文化融合或組合了全國的文化。先秦以夏代名稱「諸夏」是自稱；西漢時，西北和北方民族稱漢朝人為「秦人」，其語源與秦和秦的統一中國均有關係。而西漢統治者是原來的楚人，漢初有意發掘非夷非夏、亦夷亦夏、兼包越文化傳統的楚文化的精華來豐富王朝繼承下來的秦文化，漢文化可謂熔東西南北文化於一爐而冶之。

秦末漢初，北方草原匈奴兼并眾多游牧部落，役屬西域諸國，形成了多民族的單于國；秦南海郡龍川縣令趙佗（真定〈今河北正定〉人，生年未詳，卒於公元前137年）自立為南越武王，統率諸越，「東西萬餘里」（《史記・南越尉佗列傳》），傳及子孫；西南夷君長眾多，而夜郎和滇等部為眾所服，所謂「夜郎自大」，就是指小小夜郎部的驕橫不可一世。漢武帝攻匈奴，通西域，滅南越，開西南夷，於是西漢終於發展成為包括農耕、游牧兩大類各民族在內的統一的多民族大帝國。當時在政治上，採取因俗而治的方針；在經濟上，通過各種辦法促進中原與周邊各族的交往；在文化上，大力宣揚儒家思想、詩書禮樂，同時又對各民族的文化兼容並蓄。這樣，

㊲ 河北青縣盤古遺跡眾多且史志記載久遠，似即與蚩尤曾在河北一帶活動有關。

㊳ 參見蘇秉琦《中國文明起源新探》，三聯書店，1999年。

㊴ 據最新碳14測定，二里頭文化的時間跨度大約在公元前1900年至公元前1500年之間。

西漢不但奠定了此後中國的疆域基礎，並且從西漢開始，北方頗具特色的草原文化也與內地文化加強了交流，發生逐步的融合。

秦王朝所以短祚，與其對關東六國故地採取歧視的政策有關。漢初統治者接受教訓，放棄了狹隘的地方主義觀念。如果說西漢政府經營邊地，還是以政治壓迫和軍事征服為主；那麼，到了東漢，則更重視經濟開發和文化啟蒙，當時較普遍的社會層面，已經具有牢不可破的「天下一家」(《後漢書・桓帝紀》) 的意識。㊵

文化的融合，必然帶來民族的重新組合，繼先秦華夏族正式形成，因為漢王朝的建立和長治久安，華夏族便開始向漢族發展。㊶魏晉南北朝時代，漢族又組合了許多少數民族。當時北方和西北邊疆地區的匈奴、鮮卑、羯、氐、羌等族陸續內遷，他們與內地居民交錯雜居，生產方式和生活方式也在漢文化影響下起了很大的變化。在經歷了漫長而曲折的融合或重新組合過程之後，這些少數民族都被漢族同化了。柔然、吐谷渾、敕勒等族也與漢族逐漸融為一體。就在這一時期，「漢子」、「漢人」的稱呼被入主中原的少數民族用為對內地居民的貶稱，如《北齊書》卷 23 載顯祖高洋語：「何物漢子！我與官，不肯就！」到後來，更成了一般的罵人語彙，連不同程度漢化的鮮卑人等，也概被詈為「漢人」。但到唐代，大詩人元稹是鮮卑族的後裔，可是他卻自居為正宗的漢胄。

隋、唐之際，吐蕃松贊幹布統一西藏，不僅為藏族的形成奠定了基礎，而且與唐王朝結成了「雖曰兩國，有同一家」(白居易：《代忠亮答吐蕃東道節度使論結都離等書》) ㊷的甥舅關係。唐代在比較開明的民族政策下，中華民族的整體性和內在聯繫得到了很大的加強和鞏固，長城內外行政上的區分也初步打破，唐代沒有為民族問題而修葺長城的記錄。在這裏，唐太宗李世民說得好：「蓋德澤洽，則四夷可使如一家，猜忌多，則骨肉不免為讎敵。」(《資治通鑑》卷 197) 他宣稱自己是既「貴中華」而又不「賤夷狄」的 (同上卷 198)。

宋遼金元時代，契丹、女真、蒙古族人相繼進入中原建立政權，他們

㊵ 參見王子今《秦漢王朝的區域文化政策》，《光明日報》1999 年 5 月 28 日。

㊶ 參見呂思勉《先秦史》第 22 頁，上海古籍出版社，1982 年；呂振羽《中國民族簡史》第 19 頁，三聯書店，1950 年。

㊷ 《白氏長慶集》卷 57。

大多積極向中原先進文化學習，這樣做的結果，當然也是被漢人同化。在這個時期裏，「漢人」之類的名稱又大量出現，遼代「漢人」被確定為法律用語，元代所謂「漢人」，已經將契丹人、女真人和部分西夏人都包括在內。「漢人」稱呼外延的不斷擴大，反映了民族融合的不斷發展。

組合或融合從來都不是單方面的，除了漢族組合少數民族外，還有少數民族組合漢族和少數民族互相組合的大量史實。

與民族重新大組合同時，是多民族國家版圖的不斷增加新地區。對於這些新地區，歷代中央政府往往有兩種處理方式：一是以當地占多數的民族為主，實行隸屬於中央政權的民族自治；二是遷當地居民於內地，使與漢族雜居，虛其故地，或遷內地漢族實邊，分其地為郡縣等。這些措施都或多或少地使少數民族的一部或全部組合於漢族。而實行隸屬於中央政權的民族自治，一方面照顧到不同民族生活方式和經濟文化水平的差異，能發揮少數民族原有統治機構的作用；一方面又維護了中央的權威，能保證中央政權在軍事上的監領鎮守地位，這對於統一的多民族國家的形成、鞏固和發展是有積極意義的。

漢以後，到元王朝建立，在這1000多年中，中國曾反復經歷由統一到分裂到再統一，但多民族國家的歷史發展進程卻從來沒有中斷。一．少數民族曾在中國北部建立「十六國」、「北朝」、遼、金等政權，這些政權統治下的各民族仍以漢族為最大多數，其文化和制度，都呈現出以中原為主體的多元結構；二．中原分裂，邊疆往往出現許多地方政權，它們在中央鞭長莫及的歷史條件下，安定邊疆，將中原文明地方化，從而使邊疆各民族得到較大的發展，全國重歸統一以後，邊疆文明又都匯聚中原；三．中原戰亂不息，社會生產和文化都遭到極大的破壞，導致人口大量遷徙南方和邊疆，這就使南方和邊疆地區都得到前所未有的開發；四．少數民族的祖國觀念發展了，先秦形成的中國和蠻夷對舉的觀念在東晉十六國時期已被打破，到隋唐時代，蕃、漢對舉的民族區分已被中國各族人民所普遍接受，中國是各民族共有的新觀念越來越深入人心。

明清時代，雖然沒有大規模的民族重新組合，但漢族仍然不斷地接納少數民族。明初頒布禁止胡服、胡語、胡姓、胡俗的法令，在很大程度上加速了居留內地的少數民族的漢化過程。滿族進入關內，則在漢人血統中又加入了滿族成分。滿族在關外時期的漢化程度就已經很高，因此它後來與漢族的相處較之過去任何少數民族都更為融洽。

綜上所述，雖然「漢族」和「中華民族」㊸的稱號，是近代以後才正式出現在史冊上的，但以漢族為主體的中華民族，卻早就是一個穩定的多民族共同體了。

正是因為這樣，中國各族人民一向有共同抵抗侵略、保衛國土的傳統。如臺灣高山族，雖與大陸隔著一道海峽，但在歷史上，就多次與漢族並肩作戰，著名的鄭成功收復臺灣之役，高山族人民奮起呼應，即為其中之一例。

自元代以降，中國統一的多民族國家在古代的發展已進入完成階段。其主要的表現是：一. 西藏正式納入中國版圖；二. 行省制度的確立和發展；三. 元、明、清 3 代——特別是元代和清代，都沒有出現大分裂。㊹

在中國歷史上，真正從傳統的中國疆域以外侵入而鞏固地在中國建立王朝和汗國的，可以說並不存在。

從秦始皇開始，中國傳統社會曾多次形成大一統的局面，其中有的主要是出於漢族的努力，而有的則主要是出於少數民族的努力。悠悠世事，統一為大，這是國人的共識，也是歷史的定論，在這項炳彪千秋的偉業中，漢族和少數民族都作出了應有的貢獻。毫無疑問，在近代以前，中國北方游牧民族的軍事力量較之內地是很占優勢的，而中原地區長期積累下來的政治威望又絕非周邊可及。

中國傳統社會所有王朝都不以「中國」為國名，但又都以「中國」為通稱。「中國」之名，最早出現於西周初年。1956 年在陝西寶雞出土的「何尊」㊺銘引武王「余其宅茲中國，自之乂民」語，即是有力的證據。在西周，「中國」一詞有 3 種含義：一. 京師，二. 中原，三. 諸夏。這些原生

㊸ 這個概念由梁啟超於民國元年（1912）正式提出，隨即受到孫中山先生的大力倡導，他在許多文書中頻繁用到「中華民族」字樣。而「中華」兩字聯在一起，則首見於裴松之注陳壽《三國志・蜀書・諸葛亮傳》：「若使游步中華，騁其龍光。」《唐律疏議》卷 3《名例》率先對「中華」作了法律意義上的解釋：「中華者，中國也。親被王教，自屬中國。衣冠威儀，習俗孝悌，居身禮義，故謂之中華。」在這裏「中華」意謂文明，無疑是對中國的美稱。

㊹ 僅此，就比美國建國要早 5 個世紀。

㊺ 何尊一說作於成王親政五年，一說作於周公攝政五年，又一說認為作於康王五年，但無論如何，說它作於西周初年是絕對不成問題的。

的含義，一直沿用到清代以前。但在統一的多民族國家的發展過程中，「中國」的含義又多次發生深刻的變化。東晉南北朝以來，「中國」已初步有了包括中國各民族的含義，這在上文已有交代；並且從此以後，處於統治地位的各少數民族，亦無不以「中國」自居。北宋石介（兗州奉符〈今山東泰安東南〉人，1005～1045）《徂徠集》有《中國論》，這是歷史上第一篇用「中國」為題的著名政治論文，反映了「中國」意識的凸顯。至晚明、清初，西方傳教士東來，他們均稱明、清兩朝為「中華帝國」，簡稱就是「中國」。清代康熙二十八年 (1689)，中、俄訂立《尼布楚條約》，清政府首席代表索額圖（滿洲正黃旗人，生年未詳，卒於 1703 年）的全銜是「中國大聖皇帝欽差分界大臣議政大臣領侍衛內大臣」，表示著當時大清朝在行使中國主權。《尼布楚條約》是首次以國際條約的形式將「中國」作為主權國家的專稱。

中國不同於近代意義的民族國家 (ma-tion-state)，而是一個以文化而非血統為華夏區別的獨立發展的政治文化體，亦即文明體國家 (civilization-ai-State)。中國的歷史是漢族和其他兄弟民族共同創造的，「中國」概念是隨著歷史發展而逐步擴大定型的。

在鴉片戰爭以前，中國不僅有明確的疆域範圍，並且還與沙皇俄國簽訂了邊界條約，中國是獨立於世界民族之林的統一的多民族主權國家。

最晚至清代乾隆 (1736～1795) 時期，休養生息在中國遼闊疆域內的各個兄弟民族，漢族遍布於全國各地，絕大多數聚居於黃河、長江、珠江流域以及東北的松遼平原；滿族、達斡爾族、鄂溫克族、鄂倫春族、赫哲族、朝鮮族、蒙古族等 7 個少數民族主要分布在東北、北方地區；回族、東鄉族、土族、撒拉族、保安族、裕固族、維吾爾族、哈薩克族、柯爾克茲族、錫伯族、塔吉克族、烏茲別克族、俄羅斯族、塔塔爾族等 14 個少數民族主要分布在西北地區；藏族、門巴族、珞巴族、羌族、彝族、白族、哈尼族、傣族、傈僳族、佤族、拉祜族、納西族、景頗族、布朗族、阿昌族、普米族、怒族、崩龍族、獨龍族、基諾族、苗族、布依族、侗族、水族、仡佬族等 25 個少數民族主要分布在西南地區；壯族、瑤族、仫佬族、毛南族、京族、土家族、黎族、畲族、高山族等 9 個少數民族主要分布在中南、東南地區，其格局，與現今已基本相同。[46]

[46] 參見張步天《中國歷史地理》下冊第 495～508 頁，湖南大學出版社，1988 年。

從歷史發展的地理條件來看，漢族聚居在內地，生產的發展始終處於領先地位，並在物質上、科學技術上和其他方面影響著周邊的少數民族，自然形成一種凝聚力；周邊少數民族東、南濱海，北有沙漠，西和西南有高山，向內地發展比向外部發展無疑要容易得多，自然產生一種內向性。上述凝聚力和內向性的相互作用，有力地維繫了中華民族大家庭中各族間兄弟般的團結，正應著一句古話：此乃天作之合。

在中國古代多民族國家的發展過程中，「江山代有才人出，各領風騷數百年」，出現了許多傑出人物，他們當中的特別拔尖者，本書以後原則上都將提到。但由於「政治」編原來計劃寫一章「中國古代歷史上的改朝換代」，系統介紹歷史上的重大政治事件，其中充溢著熠熠閃光的政治智慧和五花八門的政治權謀，涉及許多政治人物。後來考慮到這一章太長，會占去很多篇幅，加以壓縮也不行，因為這些人物太重要，要麼不寫，寫的話，篇幅一定要相稱。思之再三，結果索性抽除了這一章。當時計劃寫入的：在商周時代，有湯、伊尹、盤庚、武丁、傅說、姬昌（即周文王）、姬發（即周武王）、姬旦（即周公）、姜尚（即齊太公）等；在春秋戰國時代，有姜小白（即齊桓公）、管仲、公孫僑（即子產）、伍員、勾踐㊼、西施、鄧析、李悝、西門豹、吳起、趙雍（即趙武靈王）、商鞅等；在秦漢時代，有嬴政（即秦始皇）、李斯、冒頓（匈奴單于）、陳勝、吳廣、項羽、劉邦（即漢高祖）、蕭何、趙佗、劉徹（即漢武帝）、衛青、霍去病、桑弘羊、張騫、蘇武、王昭君、班超、張角等；在魏晉南北朝時代，有曹操、諸葛亮、祖逖、王猛、謝安、拓跋宏（即北魏孝文帝）等；在隋唐時代，有李世民（即唐太宗）、魏徵、松贊幹布（吐蕃贊普）、文成公主、武曌（即武則天）、李隆基（即唐玄宗）、劉晏、黃巢、耶律阿保機（即遼太祖）等；在宋元時代，有趙匡胤（即宋太祖）、趙元昊（即夏景宗）、范仲淹、包拯、王安石、阿骨打（即金太祖）、岳飛、鐵木真（即元太祖成吉思汗）、耶律楚材（契丹族人）、文天祥、陸秀夫、忽必烈（即元世祖）、賽典赤・贍思丁（回族人）、劉福通等；在明清時代，有朱元璋（即明太祖）、朱棣（即明成祖）、鄭和

㊼ 「勾踐」，江陵出土的越王劍作「鳩淺」，先秦典籍《左傳》、《國語》、《墨子》、《孟子》等則作「句踐」，皆為越音漢譯。敦煌唐代寫本已有作「勾踐」者，權威性的宋版《史記》承其緒，因已得到廣泛的認同，即清末以來紹興籍通人，如蔡元培，如魯迅，亦不例外，故從之。

（回族人）、于謙、張居正、戚繼光、海瑞（回族人）、努爾哈赤（即清太祖）、皇太極（即清太宗）、李自成、張獻忠、史可法、閻應元、鄭成功、張煌言、李定國、玄燁（即清聖祖）、弘曆（即清高宗）、渥巴錫（蒙古族人）等。上述人物，至少有一小半，本書是沒有機會使他（她）們再露面的。在一部中國文化史中，居然沒有提到他（她）們的姓名，無論如何，都是說不過去的。現在趁這個機會，開出一份名單來，「此處無聲勝有聲」，算是「不寫之寫」，也就聊以自慰了。但即使如此，這裏仍然要從特定角度，先介紹幾位古代帝王給讀者，這並非有什麼別的緣故，而是因為無數史實昭示，中華民族是優秀的民族，廣大民眾是稱職的，是能夠創造歷史的，其間榮辱升沉，自立國以來，帝王的賢能與否，是個至關重要的因素，有不可不予以強調者。

在中國古代國家的發展過程中，商和周起著承前啟後的作用。商的開國者叫做商湯王，姓子，據商人說是帝嚳子契的後裔。相傳契母簡狄吞燕卵而生契，堯、舜時為司徒，掌百姓教化。自契至湯凡 14 代，遷居 8 次。湯本來已為商族的首領，他重視對農業、手工業和商業的開發，破格擢用有莘氏媵臣伊尹，「言素王及九主之事」（《史記・殷本紀》），實行使民「欲左，左，欲右，右」（同上）的寬鬆政策，因而勢力強盛起來，取代了夏政權。周的開國者叫做周武王，姓姬，據周人向商人的認同之說是帝嚳子棄的後裔。相傳棄母姜源履大人足印而生棄，世為農官，號「后稷」。自公劉遷豳，至武王，凡 13 代。武王的父親文王，舉以釣魚為生的奇才姜（呂）尚為師，武王則繼續尊之曰「師尚父」（《史記・周本紀》），周族本來有渭水流域的農業作為根本，至是又如虎添翼，終於達到翦商的目的。所謂「湯武革命」（《易・革》），商湯和周武，都被後世儒家列為「聖王」，品位與堯、舜、禹同等，可見這兩個帝王特別重要。

周武王死後，其同母弟周公姬旦攝王位。周公「一沐三握髮，一飯三吐哺」（《史記・魯周公世家》）以待士，他分封諸侯，全面推行宗法制度，又制禮作樂，「禮義立則貴賤等矣，樂文同則上下和矣」（《禮記・樂記》），並進而在「尊天」的同時打出「保民」的旗號，對後世影響至為深遠。

秦漢以降，則秦皇漢武，唐宗宋祖，都是風流人物。「秦皇」即秦始皇嬴政（公元前 259～公元前 210），在位 12 年；「漢武」即漢武帝劉徹（公元前 156～公元前 87），在位 54 年㊽；「唐宗」即唐太宗李世民（趙郡昭慶

〈今河北隆堯東〉人，一說出自塞北，599～649)，在位23年。對這3個帝王的文治武功，本書前後各有關章節都將多次提到，大家是沒有異議的。尤其是唐太宗，玄武門事件固不必諱言。他佐助乃父開創基業，即位後又深知「守之不可不順（民心)」(《資治通鑑》卷192)、「帝王之所欲，百姓之所不欲」(吳競:《貞觀政要・儉約》) 的道理。「貞觀初，戶不及三百萬，絹一匹米一斗，至四年，米斗四五錢，外戶不閉者數月，馬牛被野，人行數千里不賫糧，民物蕃息，四夷降附者百二十萬人，是歲斷獄，死罪者二十九人，號稱『太平』」(《新唐書》卷51)，為「古昔未有」(《貞觀政要・君道》)。[49]但他仍大體上保持清新的頭腦，猶能虛心納諫，傾聽臣下的批評意見，這就更加難得。而「宋祖」——即宋太祖趙匡胤（涿州〈今屬河北〉人，927～976)，何以也能與秦皇等相提並論呢？其實宋太祖是非常難得的多少還保持平常心的務實之君，很出色，他重文抑武，重文並沒有錯，抑武也是接受五代兵驕將悍的教訓。宋太祖及其繼承者在反對貪污腐敗方面，有些經驗，值得後世借鑒：一．改武治為文治，文官素質較高，大多有廉恥之心，可以抑制貪污受賄的惡性發展；二．對貪官污吏的懲處雖然極為嚴厲，但仍給予悔過自新的機會；三．大張旗鼓地開展揭發打擊貪污的運動，判刑及時，公之於眾；四．嚴禁官吏經商，對倒賣行為，處罰與貪污受賄相同。[50]宋仁宗（1022～1063在位）[51]時，包拯知開封府，以廉潔著稱，執法嚴峻，不避權貴，所謂「關節不到，有閻羅包老」(《宋史》卷316)。[52]包拯立朝清正，在天子腳下，得保持這種作風，是與最高統治者的支持分不開的。

對歷史人物不宜苛求，當北宋開國之際，契丹族建立的遼國也正方興未艾。誠然，宋太祖未能繼承周世宗柴榮（邢州龍岡〈今河北邢臺〉人，921～959）先取北方、直搗幽燕的遺志，顯得英武不足。但事實上這項功業在

[48] 漢武帝在位整整54年，還多一個月。

[49] 當然這裏措辭未免溢美，據《舊唐書》卷198記載，該年高昌王麴文泰來朝，「見秦隴之北，城邑蕭條，非復有隋之比」。

[50] 說詳顧全芳《宋初的反貪污措施》，《光明日報》1990年3月7日。

[51] 按：本書所注帝王在位年祚，秦二世以下，皆自即位之年起。

[52] 包拯是中國古代清官的代表；而「清官」一詞，則首見於金代元好問的《薛明府去思口號》詩：「能吏尋常見，公廉第一難。只從明府到，人信有清官。」(《遺山集》卷11)

當年，周世宗可成，宋太祖卻未必可成，他新奪柴周之位，其號召力畢竟尚有待進一步養成，只好揆情度勢。所謂「時不至，不可強生；事不究，不可強成」(《國語・越語下》)，如果一定要責宋太祖取得對契丹的軍事勝利，恐怕是不切實際的。論者通常習慣於把北宋的積弱，歸之於宋太祖的「祖宗成法」，事實上太祖、太宗（976～997 在位）兩朝，都是志在恢復舊疆的。自真宗（997～1022 在位）朝開始，北宋方對契丹採取守勢。但無論如何，宋真宗、仁宗、英宗（1063～1067 在位）亦皆為勤政的皇帝，後來的宋神宗（1067～1085 在位）用王安石變法，更是力圖有所作為的。他們對契丹採取以和為貴的政策，致力於發展大半個中國的經濟和文化，並且取得了顯著的治績，從中華民族的整體利益來說，總比連年征戰，雙方在戰場上廝殺，弄到兩敗俱傷的好。

唐宗、宋祖之後，明太祖朱元璋（濠州鍾離〈今安徽鳳陽東〉人，1328～1398）在位 31 年，明成祖朱棣（太祖子，1360～1424）在位 23 年，也都是雄才大略的漢族皇帝。明初故元勢力雖然退居塞北，但「整復故都，不失舊物」(谷應泰：《明史紀事本末・故元遺兵》「後論」)，對中原地區仍在覬覦。明太祖和後來繼位的建文帝（1398～1402 在位）多次出兵大漠南北，對元的殘餘勢力進行打擊，又進一步修築和加固了東起鴨綠江西迄嘉峪關的邊牆，並於沿長城的險要地帶，建立了「四鎮」(後又增設五鎮，合稱「九邊」) 和「三衛」，派皇子親自坐鎮。(53)還採取懷柔招撫政策，對元的宗室後裔不殺不辱，待之以禮；招納降官，量才錄用；稱譽元故主勳臣，追贈謚號。從洪武 (1368～1398) 到永樂 (1403～1424)，明廷更先後在遼東、漠南、甘肅、哈密等地區建立了衛、所 20 餘處，這些衛、所的長官，均由蒙古封建主擔任。還有永樂時京軍「三大營」所屬騎兵「三千營」亦由蒙古壯丁組織而成，御林軍的「勇士營」也是以漠北歸附軍卒為主編制的。這些措施都有積極意義，為漢、蒙民族和平共處打下了紮實的基礎。

而與明初兩祖截然相反，明世宗（1521～1566 在位）粗暴地對待蒙古族俺達部要求稱臣內屬「通貢」的友好呼聲，結果挑起戰禍，打了 20 幾年仗。幸好明世宗死後，接位的明穆宗（1566～1572 在位）年幼，張居正等執政，對以往朝廷的錯誤做法進行了反省，才使明廷和俺達之間的封貢關

(53) 毋庸諱言，明帝國後來在這方面消耗了很多的精力和財力，以致其他方面力不從心了。

係得以順利實現。

上文從商湯、周武開始一直說到了宋太祖、明太祖等王朝統治者，並進而對北宋和明代的民族政策進行了探討，因為這兩個王朝的民族政策，是比較更多一些爭議的。至於在中國古代多民族國家發展過程中的少數民族重要人物，如成吉思汗等，則本書正文第十編中，還要再作具體的介紹。

四　關於中國古代社會形態的劃分界定

就中國古代的社會形態和歷史發展階段來看，應當說，夏代和商代，雖然建立了比較完善的奴隸制國家，但是並沒有改變原始社會末期以來的農村公社經濟結構，勞動奴隸制是不發達的，而只是推行普遍奴隸制。當時土地仍由公社分配，以此保證土地的公有性質。毫無疑問，後來奴隸制生產方式弊端日益顯著，不得不另謀更張，西周的領主制土地關係，「溥天之下，莫非王土」（《詩・小雅・北山》），「封畧之內，何非君土」（《左傳・昭公七年》），其中「封畧之內，何非君土」更具實際的意義，正是從這種土地公有私耕發展過來的。所謂領主制，即為各部族在廣漠的土地上占有領地，形成大大小小的領主，而由周天子予以追認。當然由周天子封賜領地的領主，更不在少數。而土地的耕作者，「在國曰市井之臣，在野曰草莽之臣」（《孟子・萬章下》），「市井之臣」的「國人」，因為與領主是同族，已與後世授田制下的農民差距不大了；「草莽之臣」的「野人」，也與奴隸不同，而有自己的經濟了。

西周的領主制土地關係，雄辯地標誌著，早在西周，中國已進入封建社會。現在大陸通用的「封建」一詞，是日本學者在 100 多年前從西文 Feudal System 翻譯過來的，其本意是指歐洲中世紀的一種社會形態、一個歷史階段，與中國先秦文獻中所謂「封建諸侯」的「封建」是兩碼事。而歐洲的 Feudal System，也只是在近半個世紀以來，經過許多專家的深入研究，才漸露真相。由於封建制度的模式並非死板一塊，所以，如果說西周領主制是中國封建社會的原生形態的話，那麼從春秋戰國開始，領主制經濟向地主制經濟轉化，在地主制經濟的主導下，中國過去的長期傳統社會，則是屬於封建社會的次生形態。至於本書所稱「傳統社會」，乃是出於表述上的方便，大體說來，是指中國古代整個封建社會；但有時候，也兼指更廣泛的歷史領域，包括商代、夏代乃至夏代以前。

五　關於文化和中國傳統文化的幾個基本問題

導言寫到這裏，從中國的地理環境談起，對中國古代多民族統一國家是怎樣走過來的，作了概括性的交代。下面言歸正傳，談幾個有關文化和中國傳統文化的基本問題。

人們知道，文化史是一門以人類文化的發展進程作為研究對象的歷史科學，因此，在討論文化史問題時，必須首先弄清楚「文化」是什麼？在中國古代典籍中，文化是「文」和「化」的複合。《論語・雍也》「質勝文則野，文勝質則史」，「文」與「質」相對。「文質」，邢昺疏曰「文華質樸」，「文」即「文華」，猶文采也。《說文》「文」作「𠆢」，既是「文」字，又通「紋」。至於「化」字，則有變、改、化生、造化等義。中國現存最早的哲學著作《易經》賁卦的《彖傳》開始把「文」和「化」聯繫起來使用：「觀乎天文，以察時變；觀乎人文，以化成天下。」所謂「人文化成天下」，意即「人」以「文」為本性，「文」以「人」為本位，通過人與自然、社會和人自身心靈諸關係的合乎中節的協調，來使人們自覺行動。「文化不改，然後加誅」（劉向：《說苑・指武》）。由此可見，中國古籍（主要是儒家典籍）裏的「文化」有「以文教化」的意思，這種理解一直保持到 19 世紀末。

現在通用的「文化」一詞，是近代通過日文轉譯從西方引進的。而西方的所謂「文化」，原從拉丁文 Cultura 轉化而來，本義為耕種、居住、練習、留心或注意、拜神等。19 世紀中葉，一些新的人文學科在西方興起，文化的概念也隨之開始具有現代的意義，成為這些新興學科的重要術語。最先把文化作為專門術語來使用的是英國的「人類學之父」泰勒 (Edward Burnett Ty-lor, 1832～1917)，他在 1871 年發表的《原始文化》一書中，把文化定義為「乃是包括知識、信仰、藝術、道德、法律、習慣以及其他人類作為社會成員而獲得的種種能力、習性在內的一種複合整體」[54]。到後來，中外有不少學者給文化下定義。迄目前止，文化的定義之多，成百上千，見仁見智，眾說紛紜，許多定義洋洋數千言，很難用一句話來作概括。

[54] 轉引自左錫昌、顧曉鳴、顧雲深等編《多維視野中的文化理論》第 18 頁，浙江人民出版社，1987 年。

事實上，文化的定義雖然眾多，但內容有許多都是大同小異的。應當認為，文化是人為了滿足自己的欲求和需要而創造出來的，所以，經濟基礎和上層建築都是屬於文化。從現代系統論的觀點來看，人，針對自然界，創造了物質文化；針對社會，創造了制度文化；針對人自身，創造了精神文化——文化大系統的基本構成成分可以分為這樣的三大子系統。而三大子系統下面還有更小的小系統。在這個整體系統中，各子系統具有不同的功能：物質子系統是文化系統的基礎，它是制度文化子系統和精神文化子系統的前提條件；制度文化子系統是文化系統的關鍵，只有通過合理的制度文化，才能保證物質文化和精神文化的協調發展；精神文化子系統是文化系統的主導，它保證和決定物質文化、制度文化建設、發展的方向。

由於文化幾乎涵蓋了人類生活的各個方面，文化概念具有歧義性和非確定性。因此，對文化可以作廣義和狹義的兩種理解：廣義文化看得見、聽得到、摸得著；狹義文化或僅指更多反映觀念形態的精神文化，並不獨立存在。

文化有許多屬性，就橫向而言，民族性是最主要的，文化作為精神創造物，只要民族沒有消亡，文化的民族性是文化的根本屬性；就縱向而言，時代性是最主要的，時代的差別表現為文化的盛衰和變革。

文化的傳承演變，則有進化、播化、涵化 3 種現象。所謂進化，就是文化持續的發展，這種持續的發展除了具有積累的性質外還包含著進步的性質；所謂播化，就是文化通過人類的交往聯繫而傳播開來；所謂涵化，就是文化經過與異質文化的衝突、交融而後的更新。

以上追溯了文化概念的古今變遷，對文化作了現代文化學意義上的界定和分析。

接下來就簡單地介紹一下中國傳統文化的概況。

先談她的生成機制。關於這個問題，可以歸結為一句話，即中國傳統文化不僅是中華民族的共同創造，而且又是在博採外域文化中走向雄渾壯大的。正是這種生成機制，才決定了她具有那樣旺盛的生命力。如果說萬里長城是凝固的，是一統天下的象徵；那麼，絲綢之路則是流動的，是風迎八方的象徵，象徵著中華民族恢宏的接納功能。事實上，明代中葉以前，中華民族對外部世界的態度歷來都是積極開放的，中外文化交流一直很頻繁。至於明中葉以來——特別是清後期的閉關鎖國，應當說不是出於文化上的抵制，而是基於現實政治、軍事的考量。

再談中國傳統文化的發展進程。與世界上所有源頭有自的文化一樣，中國傳統文化也有它的史前期，即發明並使用文字以前的時期，上文已經作過介紹。而進入文明社會後，自夏代以來，中國文化代代相承，雖然多有曲折，卻從未中斷，這種人類歷史上罕有其匹的延續性，成為中國傳統文化時間方面的特點；並且中國傳統文化的凝聚力和開放機制，又給它帶來了空間方面的特點。根據這些特點，來探究中國傳統文化的發展進程，就可以很自然地把它劃分為 7 個階段。

第一階段，從夏代到西周。這是中國傳統社會從奴隸制進到封建領主制的時代，具有代表性的器用是青銅器。商代甲骨文已達相當水準，由原始巫術和神話發展起來的巫官文化占統治地位。周初在宗法式農業社會條件的制約下，以家族為本位、注意人倫關係以求得身心內外諧調、從巫官文化分化出來的史官禮樂文化勃然代興，由此種下了中華民族精神文化的基因。西周晚期，對後世文化發生深遠影響的、富於樸素唯物主義色彩的陰陽五行學說也已經非常流行。

第二階段，春秋戰國。春秋以來，隨著鐵器的使用，社會生產力有了長足的進步，土地私有制日益發展，導致了領主貴族的沒落和地主階級的興起，整個社會的經濟、政治、軍事、風俗都發生了明顯的變化。當時諸侯爭霸，在岐周、齊魯、幽燕、三晉、秦隴、巴蜀、吳越、荊楚等著名的區域文化圈內，私學大興，終於形成了百家爭鳴的局面。孔子開創的儒家學派，成為爾後中國傳統文化發展的中流砥柱。老、莊的道家學術，則與儒學始終相輔而行。此外，法家、墨家、名家、陰陽家等也都有不朽的建樹。

第三階段，秦暨兩漢。秦用商鞅變法，獎勵耕戰，漸至富強，統一中國，建立起中央集權的地主制經濟的專制帝國。秦始皇雖然有「焚書坑儒」的惡名，但他推行「書同文」(《禮記・中庸》)——即使用共同的文字、「車同軌」(同上)——目的在於促進共同的經濟生活、[55]「行同倫」(同上)——這是為了培養和維護共同的心理狀態，「天下為一，萬里同風」(班固：《漢書・嚴、終、王、賈傳》)；又巧合地沿 15 英寸等降水量綫 (15inch isohyet line)[56]修築長城萬餘里，確定了漢族的居住地域，在文化上還是做了不少

[55] 這方面的重要措施還有「度同制」——即統一度量衡制度。

[56] 黃仁宇：《中國大歷史》第 28～29 頁。

有益的工作的。[57]漢承秦制，漢武帝更順應歷史潮流，定儒術於一尊，這在中國文化史上的意義極其深遠。漢代開疆拓土，國力雄強，西漢通西域，東漢再通西域，開始了中外文化交流的新紀元。東漢佛教開始傳入，民間道教也醞釀成熟。

第四階段，魏晉南北朝。魏晉以降，玄學風靡，名士清談不倦，下迄東晉南北朝，佛教時來運轉，廣結善緣，道教也因統治者的提倡而確立了它的官方地位。西晉亡後，漠北游牧民族逐鹿中原，帶來尚武的習性，給北方本土的任俠傳統注入了新鮮血液；而中州「遺黎」（《晉書》卷 15）舉族渡江，文化中心開始南移，東晉後期，「南人」已經成了「中國人」的同義詞[58]。當時各民族之間文化大融合，北魏孝文帝（471～499 在位）實行了著名的改制，有力地促進了以鮮卑為中心的北方各族人民的漢化歷程。

第五階段，隋唐五代。隋代開鑿了南北大運河，使得中國北方和南方之間的政治、經濟、文化聯繫更加密切了起來。緊接著應運建立的唐帝國氣象宏大，雄踞當時世界其他一切政體的頂峰，[59]把中國地主制封建社會推向黃金時期。唐代道教被尊為國教；佛焰大熾，禪宗興起；儒學有融合佛、道的傾向。藝苑百花齊放，爭豔鬥妍。在科技方面，繼漢代發明造紙之後，火藥也發明了。唐代社會光被四表，中外交流出現了高潮，絲綢之路上商隊前後相望，駝鈴聲終年不絕；伊斯蘭教開始傳入，基督教也曾一度來華傳播福音。

第六階段，北宋至明初。宋以後，租田制開始成為主要的生產關係。中國人的「南方」觀念不斷向南推進，天下人才大部分出自江南地區。理學集三教學術思想之精華，滲透了人心。成吉思汗鐵木真 (1162～1227) 和元世祖忽必烈 (1215～1294) 完成了蒙古史上最輝煌的業績，同時也卓有成效地推動了中華民族共同體的進一步發展和中外文化的廣泛交流。在中國文化發展史上，宋元造極，其影響比漢唐有過之而無不及。[60]宋元時代科

---

[57] 說詳范文瀾《試論中國自秦漢時成為統一國家的原因》，《歷史研究》1954 年第三期。

[58] 宇屋美都雄：《南人與北人》，《東亞論叢》第六輯，1948 年 4 月。

[59] 費正清、賴肖爾、克雷格：《東亞文明：傳統與變革》第 107 頁，天津人民出版社，1992 年。

[60] 參見李約瑟《中國科學技術史》第 1 卷第 139 頁，科學出版社、上海古籍出版社，1990 年。

學技術上碩果累累，活字印刷和航海用指南針相繼發明。印刷術、火藥、指南針和造紙合起來稱「四大發明」，四大發明使整個人類的歷史向近代騰飛，是中國古代對世界文化的重大貢獻。明朝初年，三寶太監鄭和「七下西洋」，宣德化而柔遠人，這在中外航海史上，也是空前的壯舉。但鄭和船隊投入大，收益小，以致難以為繼，從此獵獵旌旗化作海風，中國對大海的關注逐步顯得心有餘而力不足。

第七階段，明中葉到清代鴉片戰爭爆發。這一時期中國的封建地主制政治、經濟俱臻熟透，清高宗乾隆末年，中國經濟總量居世界第一位[61]，人口占 1/3，絢麗的絲綢、精美的瓷器、優質的茶葉、耐用的土布供應著世界市場，對外貿易長期出超。[62]傳統文化可以說是迎來了總結性的輝煌，博大精深的《紅樓夢》的問世就是最好的證據。但當西方近代自然科學突飛猛進之際，中國知識界未來的領袖人物王守仁卻在成天對著竹子發呆，中國文化的弊端也開始暴露出來。中國文化是以思考來歸納天人之一切為理，這個傳統裏面，缺少了推演，缺少了實驗，實在是要不得的。[63]晚明以來，西方自然科學知識曾傳來中國，中國知識分子也曾掀起過一次思想解放運動，可是由於統治者措置乖方，沒有因勢利導，中國終於落在了西方的後面。

鴉片戰爭後，中國文化接受了嚴峻現實的挑戰，又從挫折中崛起，有了新的發展。

那麼，中國傳統社會的文化到底有沒有一個核心的精神呢?

由於全部文化學的問題，可以歸結為心理學的問題，民族心理素質（或稱「民族心理狀態」、「民族性格」）是區別不同文化類型的深刻的內在依據，所以要闡明文化的核心精神，從分析民族心理素質入手，是最簡捷不過的辦法。

民族心理素質，是民族歷史地形成的生存條件的內化和觀念形態的文

[61] GDP 的統計是近代以後的事情，但對近代以前年份不遠的 GDP，大致上還是可以估算出來的。據資料顯示，乾隆十五年 (1750)，中國 GDP 占世界份額的 32%，而歐洲英、法、德、俄、意 5 國加在一起占 17%，只有中國的一半稍多；道光十年 (1830)，中國 GDP 占世界的 29%，歐洲 5 國亦占 29%，始與中國持平。

[62] 參見戴逸主編《簡明清史》第二冊第 507～515 頁，人民出版社，1984 年；白壽彝總主編《中國通史》第十卷（上）第 218～221 頁，上海人民出版社，1996 年。

[63] 楊振寧：《中國文化與科學》，香港《新亞生活》2000 年 2 月號。

化在民族心理中的凝結沉澱，是由共同的民族文化背景所塑造、陶冶而成的共同的基本人生態度、情感方式、思維模式、致思途徑和價值觀念諸方面所組成的有機總體結構。

古代中華民族的生存條件是農業經濟和宗法政治相結合的田園詩式的文明。

這種文明可以上溯到原始氏族制度，起源極為遙遠，因此根深蒂固。表現在基本人生態度上，中國古人，提倡人要參預天地的運動，注重現實，勤苦節儉，積極樂觀，剛健有為；在情感方式上，中國古人內向而不放任，含蓄而有節制，將溫情脈脈的血緣關係和實踐理性融為一體；在思維模式上，中國古人強調樸素的整體觀念，把人作為客體融化於自然圖式中、個體作為環節依附在家族倫理的總鏈條中；在致思途徑上，主要借助於經驗基礎上的直覺去洞察對象的本質，以求把握宇宙人生的根本法則；在價值觀念上，尊奉傳統，以「先王之道」和「聖人古訓」作為價值判斷的尺度，重義輕利，追求人格的完善超過講求技藝。[64]

由此不難理解，儒家傳統所以能成為中國古代思想文化的主流，因為儒家傳統正是集中體現了上述這些心理素質。

如果把中國傳統文化儒家思想和道家思想的互補結構同西方古代文化日神（阿波羅 Apollon）崇拜和酒神（狄俄尼索斯 Dionysus）崇拜的對立現象作一比較，就會發現，前者對現實世界的肯定多於否定，其黏合劑是和諧，後者對現實世界的否定多於肯定，其興奮點在進取。[65]不言而喻，追求和諧（中國古籍多稱之為「和」，「和」即「諧」，並非「合」，更非「同」）就是中國傳統文化的核心精神。

如上所述，文化包括人與自然、人與社會和人自身 3 方面的內容。中國傳統文化在人與自然方面，強調人與自然的和諧，不把自然看作是一種異己的力量；在人與社會方面，強調人際關係的和諧，提倡互盡義務；在人自身方面，強調內心世界的和諧，提倡對人的欲求予以道德的節制。孔子「仁」學的發明，其主旨不外言天人萬物之和諧。「和為貴」（《論語・學而》），這是中國傳統文化中最有影響的人生格言。中國傳統文化，條條大

[64] 說詳許蘇民《中華民族文化心理素質簡論》，雲南人民出版社，1987 年。

[65] 當然，文化是複雜的，中國文化裏面，也有很多進取的東西，西方文化裏面，也有很多和諧的東西。

路通《易經》,《易經》中關於世界本源的探討，後人進一步加以發揮，就以某種圓形的胚胎——「太極」為圖像，陰與陽在循環運動中彼此過渡，互為因果，兩者之間的最佳聯繫狀態為圓形，圓形顯示著對立兩極的相輔相成。這是對和諧精神的生動圖解。而《象傳》所謂「天行健，君子以自強不息」;「地勢坤，君子以厚德載物」，又是對和諧這種精神的簡要概括。和諧就是自強不息，經世致用；和諧就是厚德載物，兼包並蓄。和諧必然容其依存面與之共體，只有和諧，風調雨順，國泰民安，才有足夠的力量去競爭、抗爭、鬥爭。66《荀子・王制》說得好:「和則一67，一則多力，多力則強，強則勝物。」所以燦爛的中國古代文明，居於世界的前列，長達數千年之久。

當然，在傳統社會裏，中國文化趨於與自然過於親和的方向，改造自然的意識不強，致使以自然為對象的科學知識未能得到充分的發展；在社會人事領域，過分倡導容忍、安分、知足，鼓吹社會價值永恆地無可爭議地先於、大於個人價值，嚴重壓抑了個性的發揚，這都帶來消極的影響。重政治，重人倫，輕經濟，輕軍事，其末流終陷國家民族於積貧積弱，時至今日使現代化 (modernization) 成為當務之急，也是不可不深長思之的。但是，人類追求的終極目標，不是真善美的融會貫通嗎？不是無限多樣化的契合無間嗎？現代社會人與人之間不是需要和睦相處而強調理解和交流嗎？防治環境污染，保持生態平衡，不是越來越引起人們的重視嗎？中國文化是得天獨厚的早熟文化。因此，湯因比 (Arnold Joseph Toynbee, 1889～1975) 說，只有當中國文明的精髓引導人類文化前進時，世界歷史才找到真正的歸宿。68中國近現代的落後，只是農業文明讓工業文明比了下去。但是工業文明需要更高層次的和諧，中國傳統的文化精神必將造福於人類的未來，應當說是沒有絲毫疑義的。事實上，中國文化開啟智慧和靈感，「盡人之性而後可以盡物之性」(《禮記・中庸》)，善處天人之際，早已深刻地影響了西方近現代文化。

66 如果反過來，只有鬥爭和排他性，那是斷然達不成和諧的。

67 這個「一」是「統一」的「一」，指多種多樣對立面的統一，而非任何「同一」，「同一」就不成其為「和」了。

68 參見陸曉明《中國傳統思維模式向何處去》,《福建論壇》1985 年第三期；許啟賢《評湯因比的文明形態觀》,《中國人民大學學報》1989 年第六期。

歷史已經證實並將進一步證實，中國文化和西方文化都各擅優長，雙方在發展過程中，都有自我調整修復和相互借鑒吸納的能力，雙方的發展，都並不需要以對方的衰落為前提或代價。

六　本書內容和著者寫書的目的

本書的編著，在以濃縮的篇幅，全方位、多角度地展示中國傳統文化的歷史總聯繫。具體展開，分沿革地理、經濟、政治、社會生活、學術、宗教、科技、文藝、語言文字和圖書文獻、少數民族以及中外交流等 11 編。很顯然，本書絕不是一部廣義文化史，因為那等於是一部社會發展史，但是就內容來講，本書確實已經遠遠超出了一般的狹義文化史。著者寫書的目的，是為了貢獻於國人，通讀一遍，能夠省去讀幾十種甚至上百種書的麻煩，從而對中國傳統文化有個基本的、比較全面的瞭解，撫今思昔，可以增強對民族文化的親切感和自豪感，同時總結其負面的教訓，[69]進一步振奮精神，更加勇敢地面向未來、面向世界。

[69] 在這方面，必須避免對古人一味求全責備。

第一編

人文地理

第一章

歷代疆域、一級政區和重要歷史地名概念

第一節　歷代疆域和一級政區

疆域指國家的疆土，政區即行政區域。

夏代建立於公元前 21 世紀，根據世界圖書出版公司 2000 年版《夏商周年表》，暫定公元前 2070 年作為夏的始年。先後都陽翟（今河南禹州）、陽城（今河南登封東）、斟鄩（今河南偃師東北）❶、安邑（今山西夏縣西北）、伊（今河南鞏義）、雒（今河南洛陽）一帶，從啟傳到桀，共 16 王，約 400 多年。夏代的疆域究竟有多大，目前還弄不清楚，只知道夏部落原先的活動地區，西至今河南西部和山西南部，東至今河南、河北和山東 3 省交界的地方，南接湖北，北入河北。

《左傳・襄公四年》說：「芒芒禹迹，畫為九州。」據《說文・川部》云「水中可居曰州」，又云「昔堯遭洪水，民居水中高地」，可知「九州」的說法，起源於遠古洪水泛濫時期。但九州的名稱先秦各書所載頗不一致，《呂氏春秋・有始覽》有幽州而無梁州，《周禮・夏官・職方氏》有幽、并而無徐、梁，《爾雅・釋地》有幽、營而無青、梁。至於各州的地域，記載也互有出入。若以《尚書・禹貢》為準，則大體上說，冀州在今山西、河北、北京、遼寧和內蒙古南部一帶；兗州在今河北、河南、山東交界一帶；青州在今天津和山東、遼寧東部一帶；徐州在今山東南部，江蘇、安徽北部一帶；揚州在今上海，江蘇、安徽南部，江西東部一帶；荊州在今湖北、湖南及江西西部一帶；雍州在今陝西北部、中部及甘肅一帶；豫州在今河

❶ 雷學淇：《竹書紀年義證》卷 8。

南、湖北北部一帶；梁州在今陝西南部和四川、重慶一帶。

《禹貢》說夏禹把中國分為上述 9 個行政區域，進行政治統治和經濟分配，這是不可能的。多數專家認為，「九州」是春秋戰國時代學者的設想，反映了當時人們已經把中國看成是一個不可分裂的整體的觀念。對照近年來發現的一大批中國史前城址（年代在公元前 30～公元前 20 世紀之間，也有少數在公元前 35 世紀左右的），❷總計 50 餘座，其分布，實與「九州」之說相契合。事實上，已經有研究者指出，原始夏族很可能是由良渚文化的一支發展而來。❸其說雖不無可以商榷之處，但夏族受有良渚文化的影響，卻是不容置疑的。

商代，通常也稱「殷商」，建立於公元前 16 世紀，根據《夏商周年表》，取整定商始年為公元前 1600 年（盤庚遷殷則亦取整定為公元前 1400 年）。最初都亳（在今河南鄭州）❹，後 6 次遷都，至殷（今河南安陽西北小屯），從湯傳到紂，共 31 王，600 多年。

《詩・商頌・玄鳥》稱商王朝「邦畿千里」，這種說法是太誇張了。大概商的政治勢力，西到陝西，東達海濱，北至燕山，南及長江流域，其疆域比夏代大得多，是不成問題的。❺如商湯所封與商同步興衰的孤竹國，東北界就在今遼西朝陽、錦州之地。❻

周代建立於公元前 11 世紀，根據《夏商周年表》，定公元前 1046 年為武王克殷的首選之年。都豐京和鎬京（都在今陝西西安），從武王傳到幽王，中經「共和」（公元前 841～公元前 828）行政❼，共 12 王，250 餘年，歷

❷ 2002 年在安徽含山淩家灘發現一座城市遺址，距今約 5500 年左右，該城市養殖業、畜牧業、手工業都已形成一定的規模，並且已具備了初級的城市規劃水平。

❸ 參見呂琪昌《青銅爵、斝的秘密：從史前陶鬶到夏商文化起源並斷代問題研究》，浙江大學出版社，2007 年。

❹ 此為北亳，相傳諸侯擁戴商湯為盟主於此地，湯克夏後居此。商初還有另外 2 處亳都：南亳是契的封地，在今河南商丘東南；西亳是商克夏時所駐，在今河南偃師西。

❺ 20 世紀 80 年代三星堆文化和吳城文化的發現，可以確證商文化的影響，已進入四川成都平原和江西贛水流域。其實就出土的青銅器和玉器而論，西到今甘肅東部，北到今內蒙古，南到今廣西和越南北部，都有商文化的踪跡。

❻ 參見宋奎、劉夫友、郭文《解開神秘古國——孤竹之謎》，《人民政協報》2000 年 7 月 7 日。

❼ 自「共和」始，中國歷史才有了正確紀年。不過近年來隨著夏商周斷代工程的進展，這一局面將被打破，目前已確切地知道周懿王元年丙寅春正月日全蝕的這一天為公

史上稱為「西周」。公元前 771 年，犬戎攻殺周幽王。次年，周平王在申（今河南南陽北）即位，不久把國都東遷到雒邑（今河南洛陽），是謂「東周」。東周共 22 王，可以分為春秋、戰國兩個時期，到戰國時，東周已名存實亡了。

西周分封諸侯，有衛、魯、齊、晉、鄭、燕等。衛在今河南北部、河北南部一帶；魯在今河南魯山，後遷都於奄（今山東曲阜）；齊在今山東淄博、博興一帶；晉在今山西太原、臨汾、翼城一帶；❽鄭在今陝西華縣，後遷今河南新鄭一帶；燕在今河北北部，遠達今遼寧凌源一帶。另外，還封有畢（在宗周，今陝西咸陽西南）、康（最初在宗周，後封今河南禹州北）、蔡（在今河南上蔡）、虢（東虢在今河南滎陽東北，西虢在今陝西寶雞東，北虢在今河南陝縣東南）、應（在今河南魯山東）、邢（初在宗周，後封今河北邢臺）、曹（在今山東定陶北）、許（在今河南許昌）等數十個諸侯國。

另外還有許多「附庸」，不能上達於天子，卻得託庇於諸侯。

值得注意的是，周初已在長江南岸地區封了同姓的吳國，當時東南方的越國也與周有血統上的聯繫。

周初又在江淮以北今河南商丘封宋國、今河南淮陽封陳國、今河南杞縣封杞國（後遷今山東新泰）、今安徽亳州封焦國、今山東寧陽北封祝國，這些都是重新扶植起來的所謂「滅國」（《論語・堯曰》）。

至於周代異姓部族受封的，則更有秦、楚、徐、淮夷、肅慎、戎、狄等。

總之，周的疆土概念並不限於封域，《左傳・昭公九年》記周景王使詹桓伯責備晉國，說「我自夏以后稷，魏、駘、芮、岐、畢，吾西土也；及武王克商，蒲姑、商奄，吾東土也；巴、濮、楚、鄧，吾南土也；肅慎、燕、亳，吾北土也」。這裏所說疆土，是包括周邊各族的。從文獻記載來看，北至今遼寧，南至長江以南，西至今甘肅東部，東至海岸，都是西周的疆域。

春秋時期，邦國林立，見於史籍記載的不下 100 多個，其中著名的有魯、齊、晉、秦、楚、宋、衛、陳、蔡、曹、鄭、燕和吳、越等國。當周平王元年（公元前 770），為魯孝公三十七年、齊莊公二十五年、晉文侯十一年、秦襄公八年、楚若敖二十一年、宋戴公三十年、衛武公四十三年、陳平公八年、蔡釐侯四十年、曹惠公二十六年、鄭武公元年、燕頃侯二十

元前 899 年 4 月 21 日。

❽ 晉都唐，一說在太原一帶，一說在臨汾、翼城一帶，從目前所掌握的考古資料來看，臨汾、翼城說似更有依據。

一年。周簡王元年（公元前 585），則為吳壽夢元年。❾越國世系，異說頗多，茲從略。

春秋時期的中國疆域，包括今北京、天津、河北、山東、山西、河南、上海、江蘇、安徽、湖北 10 省市的全部，重慶的大部和陝西、甘肅、浙江、四川、江西的一部分。

戰國時期，或以為始於周元王元年（公元前 475），或以為始於周威烈王二十三年（公元前 403）。後說比較流行，因為這一年，周天子正式承認原來是晉國大夫的韓、趙、魏為諸侯。該年為秦簡公十二年、魏文侯四十三年、韓景侯六年、趙烈侯六年、楚聲王五年、燕簡公十二年、田齊和子二年，時姜齊和晉尚在苟延殘喘。❿戰國七雄的形勢是秦在西，齊在東，楚在南，趙在北，燕在東北，韓、魏夾在中間。除秦國外，其餘六國都在函谷關（在今河南靈寶西南）東。秦都咸陽（今屬陝西），楚都郢（今湖北荊州），齊都臨淄（在今山東淄博），魏都大梁（今河南開封），韓都新鄭（今屬河南），趙都邯鄲（今屬河北），燕都薊（今北京城西南角）。

公元前 230 年，秦滅韓；公元前 228 年，秦滅趙；公元前 225 年，秦滅魏；公元前 223 年，秦滅楚；公元前 222 年，秦滅燕；公元前 221 年，秦滅齊，此年為秦始皇二十六年，戰國結束。

戰國時期的中國疆域，大致如《禹貢》所述。此時今沿海地區，大部分早已成陸。

秦代建立於秦始皇二十六年（公元前 221），都咸陽，共 2 世，15 年。

秦於統一中國的當年，即將全國分為 36 郡，其中因襲舊名者 16 郡，由六國故都改置者 9 郡，在戰略要地增置者 11 郡。茲仍按七雄疆域分別舉列如下：

原屬秦國境內的有：內史，轄今陝西中部地，不在三十六郡之列，所以尊京師；上郡，轄今陝西北部地；漢中，轄今陝西南部地；隴西，轄今甘肅南部地；北地，轄今甘肅東北部地；巴郡，轄今重慶市轄區除東南部外大部及其附近地；蜀郡，轄今四川成都附近地。

原屬魏國境內的有：河東，轄今山西西南部地；東郡，轄今河北、山東、河南交界地；碭郡，轄今河南、江蘇、安徽交界地。

---

❾ 據《史記・十二諸侯年表》。

❿ 據《古本竹書紀年》，並參考今人考訂。

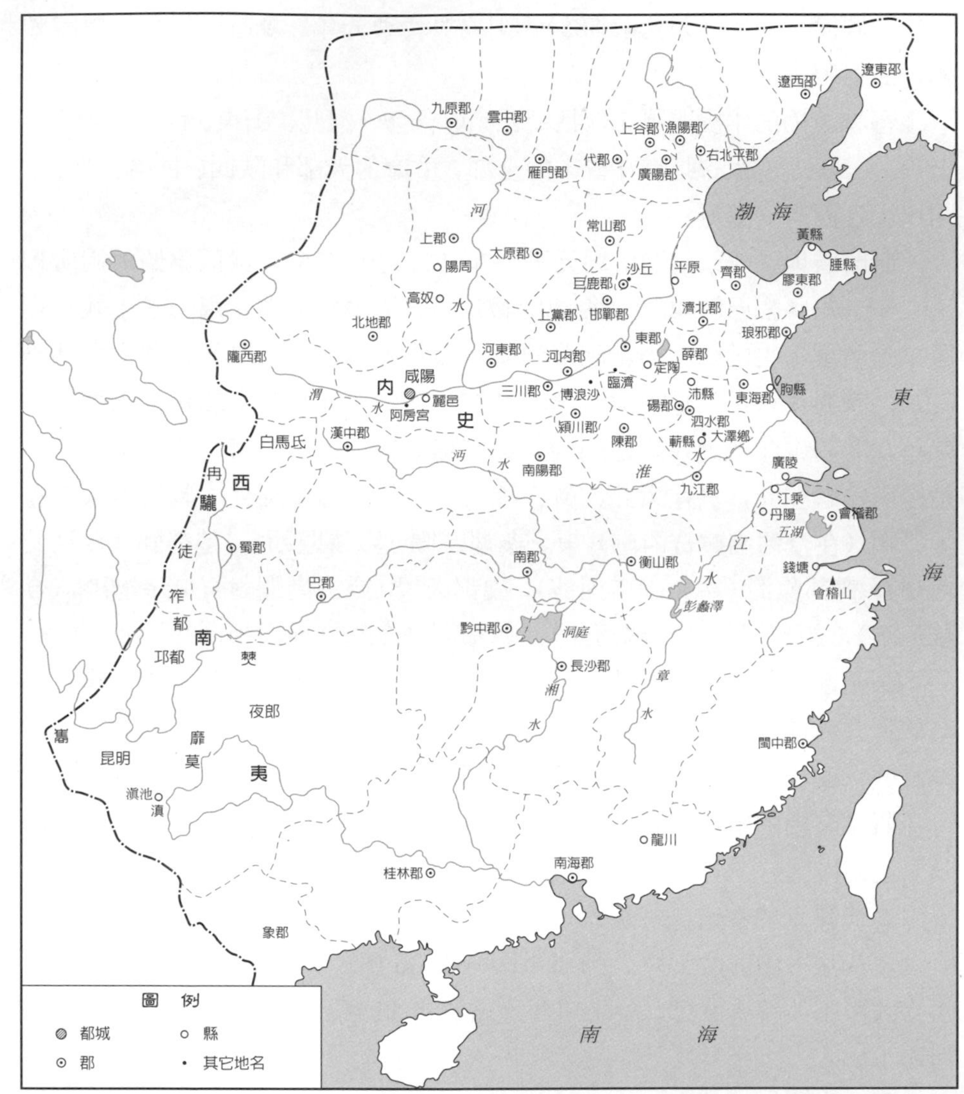

圖2　秦郡分布圖

原屬韓國境內的有：三川，轄今河南西部洛陽附近地；潁川，轄今河南中部鄭州附近地。

原屬趙國境內的有：邯鄲，轄今河北南部、河南北部地；鉅鹿，轄今河北東南部地；太原，轄今山西中部地；上黨，轄今山西東南部地；雁門，轄今山西北部地；代郡，轄今河北西北部、山西東北部地；雲中，轄今內蒙古呼和浩特附近地。

原屬燕國境内的有：廣陽，轄今河北北部及北京市附近和天津市部分地；上谷，轄今河北西北部、北京市北部地；漁陽，轄今天津市大部、北京市部分及天津以北、北京以東至豐寧以北、長城以外河北省地；右北平，轄今河北東北部地；遼西，轄今遼寧西南部及河北秦皇島至唐山以東地；遼東，轄今遼寧東部地。

原屬齊國境内的有：齊郡，轄今山東北部地；琅邪，轄今山東東南部地。

原屬楚國境内的有：南郡，轄今湖北大部及重慶巫山附近地；長沙，轄今湖南大部及江西西部、廣東西北部地；陳郡，轄今河南東部、江蘇安徽北部交界地；黔中，轄今湖南西北部、貴州東北部及重慶東南部地；南陽，轄今河南西南部、湖北北部地；泗水，轄今安徽東北部、江蘇西北部地；東海，轄今江蘇、山東東部交界地；會稽，轄今江蘇南部、上海黃埔江西岸及浙江大部地；九江，轄今安徽中部及江西大部地；薛郡，轄今山東西部地。

後來南平百越，又在今廣東省置南海郡，今廣西壯族自治區置桂林郡，今越南東北部置象郡，今福建省置閩中郡；北伐匈奴，收朔方，在今內蒙古地置九原郡。加上內史 1 郡，合計 42 郡。⓫

秦代疆域東、南至海，西至今甘肅，西南至今雲南、廣西、越南東北部，北至今內蒙古，東北迤至遼東。

戰國時秦國故地，除巴蜀地區外，因秦亡後楚、漢相爭期間，項羽曾封秦 3 降將分王其地，所以有「三秦」之稱。戰國時魏、韓、趙故地，因為這 3 國都從春秋時的晉國分出，所以有「三晉」之稱。戰國時燕國故地，唐以前屬幽州，故歷史上習慣叫做「幽燕」。戰國時齊國故地，因項羽曾封田齊舊族 3 人分王其地，所以有「三齊」之稱；又因為齊國故地，春秋時有魯國，也是大國，故又稱「齊魯」。戰國時楚國故地，包括春秋時的吳越地區，秦漢時分為「三楚」：江陵（即南郡）為南楚，吳（指以今江蘇蘇州為中心的地帶）為東楚，彭城（指以今江蘇徐州為中心的地帶）為西楚。或又指郢（即江陵）為西楚、彭城為東楚、廣陵（指以今江蘇揚州為中心的地帶）為南楚，乃是後起之說。

⓫ 關於秦郡的數目及其沿革，史家說法不一，鄭天挺《中華二千年史》主 40 郡說，譚其驤《中國歷史地圖集》主 47 郡說，茲暫從王國維說，見《觀堂集林・史林四・秦郡考》，中華書局，1959 年。

西漢，也稱「前漢」，建立於漢高祖五年（公元前 202），都長安（今陝西西安西北），共 12 帝，210 年。始建國元年 (9)，外戚王莽建立新朝，取代了西漢。東漢，又稱「後漢」，建立於光武帝建武元年 (25)，都雒陽（今河南洛陽東），共 14 帝，196 年。兩漢疆域東、南至海，西至巴爾喀什湖、費爾干納盆地、葱嶺，西南至今雲南、廣西以及越南北部、中部，北至大漠，東北迤至朝鮮半島北部。

漢武帝元封五年（公元前 106），由於疆域的拓展，為加強中央對地方的控制，除京師附近 7 郡外，正式將全國分為 13 個監察區，總名「十三刺史部」，也稱「十三州」。征和四年（公元前 89），又設司隸校尉部，兼掌京師附近 7 郡的監察。因此西漢實際上有 14 部，其所管轄的郡和相當於郡的封國，據《漢書・地理志》所載平帝時的情況，共 103 個：

司隸校尉部，轄「三輔」，即京兆、右扶風、左馮翊，「三河」，即河內、河東、河南，以及弘農郡，凡 7 郡；

豫州刺史部，轄潁川、汝南、沛郡，梁國，凡 3 郡 1 國；

冀州刺史部，轄魏、鉅鹿、常山、清河郡，趙、廣平、真定、中山、信都、河間國，凡 4 郡 6 國；

兗州刺史部，轄陳留、山陽、濟陰、泰山、東郡，城陽、淮陽、東平國，凡 5 郡 3 國；

徐州刺史部，轄琅邪、東海、臨淮郡，泗水、廣陵、楚、魯國，凡 3 郡 4 國；

青州刺史部，轄平原、千乘、濟南、北海、東萊、齊郡，甾川、膠東、高密國，凡 6 郡 3 國；

荊州刺史部，轄南陽、江夏、桂陽、武陵、零陵、南郡，長沙國，凡 6 郡 1 國；

揚州刺史部，轄廬江、九江、會稽、丹陽、豫章郡，六安國，凡 5 郡 1 國；

益州刺史部，轄漢中、廣漢、犍為、武都、越巂、益州、牂柯、蜀、巴郡，凡 9 郡；

涼州刺史部，轄隴西、金城、天水、武威、張掖、酒泉、敦煌、安定郡，凡 8 郡；

并州刺史部，轄太原、上黨、雲中、定襄、雁門、代郡，凡 6 郡；

幽州刺史部，轄勃海、上谷、漁陽、右北平、遼西、遼東、玄菟、樂浪、涿郡，廣陽國，凡 9 郡 1 國；

朔方刺史部，轄朔方、北地、五原、西河、上郡，凡 5 郡；

交州刺史部，轄南海、鬱林、蒼梧、交趾、合浦、九真、日南郡，凡 7 郡。⑫

這樣的劃分，顯然是先秦九州的具體化和進一步發展。新莽、東漢、曹魏，雖頗有改易增并，但州名到漢末，始終不出原來的範圍。⑬

漢代又設西域都護府，監護西北少數民族聚居地區，都護相當於內地的郡守。

三國：

曹魏建立於魏文帝黃初元年 (220)，都洛陽(今河南洛陽市東)，共 5 帝，46 年。統治區域有黃河流域、淮河流域、長江中游的江北以及今甘肅、陝西、遼寧的大部分地區，西包今新疆，東迤至朝鮮半島西北部。

蜀漢建立於漢昭烈帝章武元年 (221)，都成都，共 2 帝，43 年。統治區域有今重慶、貴州全部和四川、雲南的大部，陝西漢中及甘肅白龍江流域的一部分。

孫吳建立於吳大帝黃武元年 (222)，都建業（今江蘇南京），共 4 帝，59 年。統治區域有長江中下游，今浙江、福建、兩廣以及越南北部和中部。

西晉結束了魏、蜀、吳三國鼎立的局面，建立於晉武帝泰始元年 (265)，都洛陽，共 4 帝，52 年。疆域東、南至海，西至葱嶺，西南至今雲南、廣西以及越南北部和中部，北至大漠，東北迤至朝鮮半島西北部。

東晉十六國：

東晉建立於晉元帝建武元年 (317)，都建康（今江蘇南京），共 11 帝，104 年。統治區域有長江、珠江及淮河流域。

十六國・前趙，曾稱「漢」，匈奴族政權，建立於西晉永安元年 (304)，先後都左國城（今山西離石）、平陽（今山西臨汾西南），共 4 主，26 年，

---

⑫ 交州刺史部起先尚轄有置於武帝元封初年的珠崖、儋耳 2 郡，治今海南島地。後來昭帝始元五年（公元前 82），儋耳郡并入珠崖郡；元帝初元三年（公元前 46），珠崖郡改置朱盧縣，降為地處今兩廣交界的合浦郡的屬縣。魏晉時期孫吳雖然恢復了珠崖、儋耳 2 郡的建置，但郡治皆在合浦郡的徐聞縣境內，不過遙領而已。

⑬ 《獻帝起居注》云：「建安十八年 (213) 二月庚寅，省州并郡，復《禹貢》之九州。」

329 年亡於後趙。統治區域有今陝西渭水流域及山西、河南、甘肅的一部分。

後趙，羯族政權，建立於東晉大興二年 (319)，先後都襄國（今河北邢臺西南）、鄴（今河北臨漳西南），共 6 主，33 年，351 年亡於冉魏。統治區域有今北京、天津、河北、山西、河南、山東、陝西和江蘇、安徽、甘肅、遼寧的一部分。

成漢，巴氐族政權，建立於西晉太安二年 (303)，都成都，共 7 主，45 年，347 年亡於東晉。統治區域有今重慶大部和四川、雲南、貴州的一部分。

前涼，西晉殘餘勢力，建立於東晉建武元年 (317)，都姑臧（今甘肅武威），共 7 主，60 年，⓮376 年亡於前秦。統治區域有今寧夏和甘肅西部、新疆東部。

前燕，鮮卑族政權，建立於東晉咸康三年 (337)，先後都龍城（今遼寧朝陽）、薊（今北京西南）、鄴，共 3 主，34 年，370 年亡於前秦。統治區域有今北京、天津和河北、山東、山西、安徽、江蘇、河南、遼寧的一部分。

前秦，氐族政權，建立於東晉永和六年 (350)，都長安，共 7 主，45 年，394 年亡於西秦。曾一度統一北方，其版圖「東極滄海，西併龜茲，南苞襄陽，北盡沙漠」（慧皎：《梁高僧傳》卷 5《道安》），是十六國中任何一國和後來的北朝所不能比的。

後秦，羌族政權，建立於東晉太元九年 (384)，先後都北地（今陝西富平）、長安，共 3 主，34 年，417 年亡於東晉。統治區域有今陝西、甘肅、寧夏、山西的一部分。

後燕，鮮卑族政權，建立於東晉太元九年 (384)，先後都中山（今河北定州）、龍城，共 4 主，26 年，409 年亡於北燕。統治區域有今北京、天津、河北、山東、山西和河南、遼寧的一部分。

西秦，鮮卑族政權，建立於東晉太元十年 (385)，都苑川（今甘肅榆中），共 4 主，47 年，431 年亡於夏。統治區域有今甘肅西南部。

後涼，氐族政權，建立於東晉太元十一年 (386)，都姑臧，共 3 主，18 年，403 年亡於後秦。統治區域有今甘肅西部和寧夏、青海、新疆的一部分。

南涼，鮮卑族政權，建立於東晉隆安元年 (397)，先後都西平（今青海西寧）、樂都（今屬青海），共 3 主，18 年，414 年亡於西秦。統治區域有今甘肅西部和青海的一部分。

⓮ 一說建立於東晉太寧二年 (324) 張駿稱帝，共 5 主，53 年。

南燕，鮮卑族政權，建立於東晉隆安二年 (398)，先後都滑臺（今河南滑縣）、廣固（今山東青州西北），共 2 主，13 年，410 年亡於東晉。統治區域有今山東、河南的一部分。

西涼，漢族政權，建立於東晉隆安四年 (400)，先後都敦煌、酒泉，共 3 主，22 年，421 年亡於北涼。統治區域有今甘肅極西部。

北燕，漢族政權，建立於東晉義熙五年 (409)，先後都龍城、昌黎，共 2 主，28 年，436 年亡於北魏。統治區域有今北京、天津、遼寧西南部和河北東北部。

夏，匈奴族政權，建立於東晉義熙三年 (407)，都統萬城（今陜西靖邊東北白城子），共 3 主，25 年，431 年亡於吐谷渾。統治區域有今陜西北部和內蒙古的一部分。

北涼，匈奴族政權，建立於東晉隆安元年 (397)，先後都張掖（今甘肅張掖西北）、姑臧，共 3 主，43 年，439 年亡於北魏。統治區域有今甘肅西部。

另外還有冉魏、西燕、北魏前身的代國和高雲稱燕天王 2 年等等，一般不計算在十六國之內。

南北朝：

南朝・宋，也稱「劉宋」，建立於宋武帝永初元年 (420)，都建康，共 8 帝，60 年。統治區域有今黃河以南、長江流域和珠江流域各省、市，西到四川大雪山，西南包括今雲南，南以今越南橫山與林邑接壤，東、東南抵海。

齊，也稱「南齊」或「蕭齊」，建立於齊高帝建元元年 (479)，都建康，共 7 帝，24 年。統治區域較劉宋盛時，已不及河南、淮北。

梁，也稱「蕭梁」，建立於梁武帝天監元年 (502)，都建康，共 7 帝，56 年。統治區域有齊舊地，曾一度取得淮北和漢中，並在海南島重建珠崖郡。

陳，建立於陳武帝永定元年 (557)，都建康，共 5 帝，33 年。統治區域較梁盛時已不及長江以北地區、巴蜀地區和襄樊、荊州一帶。

南朝在陳同時，還有一個後梁國，是梁的殘餘勢力，投靠北朝西魏、北周為附庸，建立於蕭梁天成元年 (555)，都荊州，共 3 帝，33 年。統治區域有今荊州附近數縣。

北朝・魏，史稱「北魏」，也稱「後魏」、「拓跋魏」、「元魏」，建立於魏道武帝登國元年 (386)，先後都平城（今山西大同）、洛陽，共 13 帝，149

年。統治區域北至蒙古高原，西至今新疆東部，東北至遼西，南大致至淮河和秦嶺。

東魏，建立於魏孝靜帝天平元年 (534)，都鄴（今河北臨漳西南），僅 1 帝，17 年。統治區域有今洛陽以東的原北魏領土。

西魏，改元於魏文帝大統元年 (535)，都長安，共 3 帝，23 年。統治區域有今洛陽以西的原北魏領土和益州、襄陽等地。

北齊，也稱「高齊」，建立於文宣帝天保元年 (550)，都鄴，共 6 帝，28 年。統治區域有今洛陽以東的晉、冀、魯、豫及內蒙古的一部分。

北周，也稱「宇文周」，建立於孝閔帝元年 (557)，都長安，共 5 帝，25 年。統治區域有西魏、北齊舊地，並擴大到長江北岸。

自北朝以降，少數民族建立有重大歷史意義的政權，或中央的，或地方的，除沙陀突厥在五代所建後唐、後晉、後漢外，其年份和疆域（統治區域），本書「少數民族」編擬另作介紹，為避免重複起見，下文一般不作贅述了。而對元代和清代，由於這兩個王朝實現了統一，根據行文的需要，則不得不稍有變通。

隋代，建立於隋文帝開皇元年 (581)，都大興（今陝西西安），共 3 帝，38 年。疆域東、南至海，西至今新疆東部，西南至今雲南、廣西和越南北部，東北迤至遼河。

唐代，建立於唐高祖武德元年 (618)，都長安（今陝西西安），中經武則天天授元年 (690) 至長安四年 (704)，為「武周」，包括武周在內共 22 帝，290 年。唐全盛時，疆域東、南至海，西至鹹海，北至貝加爾湖和葉尼塞河上游，東北至外興安嶺以北和鄂霍次克海，西南至今雲南、廣西和越南北部。

州制自西晉時，已集其大成，分全國為 21 州。唐興，改隋之郡為州，州縣之數增加，於是因「山河形便」（《舊唐書》卷 38），分全國為關內、河南、河東、河北、隴右、山南、淮南、江南、嶺南、劍南等 10 道。玄宗時復增為 15 道，其中山南、江南各分為東、西 2 道，又置京畿、都畿、黔中 3 道。

唐代並仿漢代西域都護府的建制，從太宗到中宗，於沿邊要地先後設置了安東（含永徽年間廢置的東夷）、安北（初名「燕然」、「翰海」）、單于（初名「雲中」）、安西、北庭、安南 6 都護府。唐的版圖，超過了漢代。

五代十國：

五代·梁，史稱「後梁」，建立於梁太祖開平元年 (907)，都汴（今河南開封），共 3 帝，17 年。統治區域有今河南、山東兩省和陝西、湖北、安徽、江蘇、河北、山西、甘肅、寧夏的一部分。

唐，史稱「後唐」，建立於唐莊宗同光元年 (923)，都洛陽，共 4 帝，14 年。統治區域有今河南、山東、山西、河北、北京、天津和陝西大部、寧夏東部、甘肅東部、湖北漢水流域、安徽北部、江蘇北部。

晉，史稱「後晉」，建立於晉高祖天福元年 (936)，都汴，共 2 帝，11 年。統治區域有後唐舊地，但割讓幽（燕）雲 16 州給契丹。

漢，史稱「後漢」，建立於後晉天福十二年 (947)，都汴，共 2 帝，4 年。統治區域除又失去秦（今甘肅天水東）、鳳（今陝西鳳縣東）、成（今甘肅成縣）、階（今甘肅武都東）4 州外，略同後晉。

周，史稱「後周」，建立於周太祖廣順元年 (951)，都汴，共 3 帝，10 年。統治區域除有後漢舊地外，又得後蜀秦、鳳、成、階 4 州，南唐淮南、江南 14 州，契丹寧州（今河北青縣）；恢復後晉割給契丹的瀛州（今河北河間）、鄚州（今河北任邱）和鄚州以北的瓦橋關、益津關、淤口關，在瓦橋關設雄州（今河北雄縣），在益津關設霸州（今屬河北）；並進而攻占契丹易州（今河北易縣）。

十國·前蜀，建立於 903 年，都成都，共 2 主，23 年。統治區域有今重慶、四川和甘肅東南部、陝西南部、湖北西部。

後蜀，建立於 933 年，都成都，共 2 主，33 年。統治區域有前蜀舊地。

吳，建立於 902 年，都揚州，共 4 主，36 年。統治區域有淮河以南和長江中游兩岸地區。

南唐，建立於 937 年，都金陵（今江蘇南京），共 3 主，39 年。統治區域有今江蘇、安徽淮河以南和福建、江西、湖南及湖北東部。

吳越，建立於 907 年，都杭州，共 5 主，72 年。統治區域有太湖流域（包括今上海市轄區）和今浙江一帶。

楚，建立於 907 年，都長沙，共 6 主，45 年。統治區域有今湖南及廣西的一部分。

閩，建立於 909 年，先後都長樂（今福建福州）、建州（治今福建建甌），共 6 主，37 年。統治區域有今福建。

南平，建立於 924 年，都荊州，共 5 主，40 年。統治區域有今湖北荊州市城區及江陵、公安等縣一帶。

南漢，建立於 917 年，都廣州，共 4 主，55 年。統治區域有嶺南一帶。

北漢，建立於 951 年，都太原，共 4 主，29 年。統治區域有今山西中部和陝西、河北的一部分。

北宋結束了五代十國的分裂局面，建立於宋太祖建隆元年 (960)，都開封，共 9 帝，167 年。疆域東、南至海；西北以今陝西橫山、甘肅東部、青海湟水流域與西夏、吐蕃接界；西南以岷山、大渡河與吐蕃、大理接界，以今廣西與越南接界；北以今天津海河、河北霸州、山西雁門關一綫與遼接界，先後與遼、金對峙。

宋太宗淳化五年 (994)，因土地形勢，改唐代以來的道稱「路」。⓯初設京西、京東、河北、河東、陝西、淮南、江南、兩浙、福建、荊湖南、荊湖北、西川、峽西、廣南東、廣南西等 15 路。到真宗時，分西川路和峽西路為益州、梓州、利州、夔州 4 路，分江南路為江南東路和江南西路；神宗時，又分淮南路為東、西兩路，分陝西路為永興軍和秦鳳兩路，分京西路為南、北兩路，分河北路為東、西兩路，分京東路為東、西兩路。崇寧四年 (1105)，宋徽宗將國都開封府置為京畿路，全國共 24 路。

南宋，建立於宋高宗建炎元年 (1127)，都臨安（今浙江杭州，初稱「行在」，表示不忘故都汴梁的意思，有「行都」之義），共 9 帝，153 年。統治區域北以淮河、秦嶺與金為界，東南包括今澎湖及其相鄰島嶼，西南同北宋，先後與金、蒙古（元）對峙。

元代共 11 帝，98 年，分全國為 11 行中書省，簡稱「行省」，其中——

嶺北行省，統轄今內蒙古、新疆部分地區和今蒙古國全境及俄羅斯西伯利亞等廣大地區；

遼陽行省，統轄今遼寧省大部分、吉林全省、黑龍江和內蒙古的一部分以及今俄羅斯、朝鮮毗鄰黑龍江、吉林的地區；

河南江北行省，統轄今河南省黃河以南、湖北省長江以北以及皖北、蘇北地區；

陝西行省，統轄今陝西省大部分及甘肅、內蒙古部分地區；

⓯ 參見賈玉英《唐宋時期「道」「路」制度區劃理念變遷論略》，《中州學刊》2006 年第六期。

甘肅行省，統轄今甘肅省大部分、寧夏及內蒙古西部地區；

四川行省，統轄今重慶市和四川省甘孜、阿壩、雅安以東地區及湖南、湖北、陝西小部分地區；

雲南行省，統轄今雲南全省及四川涼山、貴州西部和緬甸、泰國、老撾、越南部分地區；

江浙行省，統轄今上海、蘇南、皖南和浙江、福建、臺灣 3 省及江西部分地區；

江西行省，統轄今江西省大部分、廣東及湖南桂陽等地區；

湖廣行省，統轄今湖南省大部分、廣西全境、海南全省及湖北恩施地區以外的江南部分和武漢地區，外連貴州東部、中部和西北部地區；

征東行省，統轄今遼寧南部和朝鮮半島除東北部以外的大部分地區，該行省保留其原來的政權機構和制度，賦稅也不上繳，與其他行省不同。

另外還有中書省直屬的今北京、天津、河北、山東、山西 3 省 2 市及內蒙古、河南部分地區，即所謂「腹裏」，以及宣政院所轄的今西藏地區，不計在內。

明代，建立於明太祖洪武元年 (1368)，先後都南京、北京，共 16 帝，277 年。疆域東北至鄂霍次克海和外興安嶺以北及鄂嫩河一帶地區，北至大漠，西北至今新疆哈密一帶，西南至西藏、雲南以外，東至海——包括臺灣及其附屬島嶼，南至南海諸島。

清代共 11 帝，276 年。

明、清兩代，沿用行省制而略有變易。明代全國除南、北兩京稱「直隸」外，其他地區分為山東、山西、陝西、四川、雲南、貴州、廣西、廣東、福建、浙江、江西、湖廣、河南等 13 省。清初改南直隸為江南省，康熙 (1662～1722) 以後江南省分為江蘇、安徽兩省，陝西省分為陝西、甘肅兩省，湖廣省分為湖南、湖北兩省，加上京師所在的直隸省（即河北省），全國共有 18 省。迄鴉片戰爭前夕，新疆、奉天（遼寧）、吉林、黑龍江、西藏、青海、內外蒙古均作為特區處理，⑯臺灣則未升格為省。臺灣建省是在光緒十三年 (1887)。此前光緒十年 (1884) 新疆建省；光緒三十三年 (1907)，奉天、吉林、黑龍江也都建省。

至於直隸省簡稱「冀」，山東省簡稱「魯」，山西省簡稱「晉」，江蘇省

⑯ 外蒙古駐有定邊左副將軍和參贊大臣，清代地圖上通常標作「烏里雅蘇台」。

簡稱「蘇」，安徽省簡稱「皖」，陝西省簡稱「陝」，甘肅省簡稱「甘」或「隴」，四川省簡稱「蜀」或「川」，雲南省簡稱「滇」，貴州省簡稱「黔」，廣西省簡稱「桂」，廣東省簡稱「粵」，福建省簡稱「閩」，浙江省簡稱「浙」，江西省簡稱「贛」，湖北省簡稱「鄂」，湖南省簡稱「湘」，河南省簡稱「豫」，臺灣省簡稱「臺」，新疆省簡稱「新」，奉天省簡稱「遼」，吉林省簡稱「吉」，黑龍江省簡稱「黑」，西藏特區簡稱「藏」，內、外蒙古特區簡稱「內蒙」和「外蒙」，都是約定俗成的叫法。

清代和民國前期相當於省一級的特別行政區還有察哈爾（簡稱「察」）、熱河（簡稱「熱」）、綏遠（簡稱「綏」）和川邊。後來國民黨政府時期，均改建省（川邊特區改為西康省，簡稱「康」），同時新設寧夏省（簡稱「寧」）、青海省（簡稱「青」），保持西藏、內蒙古兩特區。

第二節　重要歷史地名概念

歷史上重要的地名概念，本章上節談歷代疆域、政區的時候，其實已涉及很多，凡這些，本節原則上都不再重複。

九州　見上節。另外還有大九州，「中國外如赤縣神州者九，乃所謂『九州』也」（《史記・孟子、荀卿列傳》）。《淮南子・墬形訓》稱：「東南神州曰農土，正南次州曰沃土，西南戎州曰滔土，正西弇州曰并土，正中冀州曰中土，西北台州曰肥土，正北泲州曰成土，東北薄州曰隱土，正東陽州曰申土。」神州又稱「赤縣」，後世即以泛指中國。

九野　指中國九州之地。

四海　古代傳說中國四周都有海環繞，因而把中國稱為「海內」，外國稱為「海外」。習慣上也用四海來形容地域廣大。《爾雅・釋地》稱：「九夷、八狄、七戎、六蠻，謂之四海。」這是以「四海」指周邊各族居住的地方。

八荒　八方荒遠之地。賈誼《過秦論上》：「囊括四海之意，并吞八荒之心。」[17]「八荒」與「四海」對舉，實為四海的同義詞。

三江　《尚書・禹貢》說揚州「三江既入，震澤底定」。漢以後對「三江」有多種解釋，有以今吳淞江、蕪湖宜興間長江通太湖一水和長江下游為南、中、北三江的，有以今贛江、岷江、漢江為南、中、北三江的，有

[17] 《賈長沙集》卷3。

以長江上、中、下游為南、中、北三江的，有以分江水（實際上並不存在，據說起自今安徽貴池，分長江水東出至今浙江餘姚市入海）、中江、北江為三江的；又有以浙江、浦江（浦陽江）、剡江（曹娥江）為三江的，以松江（吳淞江）、錢塘江、浦陽江為三江的，以岷江、松江、浙江為三江的，以松江、婁江（瀏河）、東江（已堙塞）為三江的。近人認為，「三江」應為眾多水道的總稱，而非確指某幾條水。古代各地還有很多稱「三江」的，如「岷三江」、「蜀三江」等，大都確有專指。

四瀆　古代對長江、黃河、淮水、濟水的總稱。[18]當時淮、濟猶獨流入海，故得與江、河並列。唐以大淮為東瀆，大江為南瀆，大河為西瀆，大濟為北瀆。古代黃河流入華北平原，由於泥沙淤積，兩岸築起大堤，早已成了「地上河」，較大的改道據記載有 26 次之多。古代淮水下游原有入海河道，南宋紹熙五年 (1194) 黃河奪淮，河床淤高，遂改道以入江為主。古代濟水情況相當複雜——《周禮・職方氏》、《漢書・地理志上》作「泲」，他書皆作「濟」，包括黃河南、北兩部分：《尚書・禹貢》云「導沇水，東流為濟，入于河」，這是河北部分；又云「溢為滎，東出于陶丘北，又東至于河，又東北會于汶，又東北入于海」，這是河南部分。河北部分源出今河南濟源市西王屋山，下游屢經變遷；河南部分本係從黃河分出來的一條支派。晉以後又有所謂「別濟」。至《水經注》時代，自今滎陽東北以下到鉅野澤有南濟、北濟兩派，北濟經今封丘縣北、菏澤市南，南濟經今封丘縣南、定陶縣北。同時自出鉅野澤會汶水以下，又兼稱「清水」。隋開通濟渠後，鉅野澤以上逐步堙廢，以下漸以清水著稱，但濟水之名不廢。自唐至宋曾在今開封市先後導汴水或金水河入南濟故道以通漕運，稱為「湛渠」或「五丈河」，其後復堙。金以後自汶水至濼口一段遂成為以汶水為源的大清河，一稱北清河；自濼口以下，以濼水為源，稱為小清河。此後黃河以南不復有所謂濟水。

五湖　先秦古籍常謂吳越地區有「五湖」，魏晉南北朝以來一說是太湖的別名；一說是太湖東岸 5 個與太湖相通連的湖，實即 5 個灣。從《國語・越語下》和《史記・河渠書》看來，「五湖」的原意當泛指太湖流域一帶所有的湖泊。「五湖」又是 5 個大湖的總稱，也有多種說法：或指具區、洮滆、

[18] 《爾雅・釋水》。古代長江專稱「江」，黃河專稱「河」，後來「江」成了江河的通稱，「河」成了水道的通稱。據有關專家考證，「黃河」一名直到唐代才固定下來。

彭蠡、青草、洞庭，或指具區、洮、滆、彭蠡、青草，或指彭蠡、洞庭、巢湖、震澤、鑑湖，或指太湖、射陽、青草、丹陽、宮亭，或指洞庭、震澤、青草、雲夢、巴丘。近代通常以洞庭、鄱陽、太湖、巢湖、洪澤為五湖。

五嶽 即東嶽泰山、南嶽衡山、西嶽華山、北嶽恆山、中嶽嵩山。傳說為群神所居，歷代帝王多往祭祀。五嶽制度始於漢武帝，至宣帝（公元前 74～公元前 49 在位）時，確定以今河南的嵩山為中嶽，山東的泰山為東嶽，安徽的天柱山為南嶽，陝西的華山為西嶽，河北的恆山（在曲陽西北，唐、宋時又稱「常山」，清以後通稱「大茂山」、「大恆山」）為北嶽。其後又改今湖南的衡山為南嶽。隋以後遂為定制。唐玄宗（712～756 在位）曾封五嶽為王，宋真宗時進為帝，明太祖時尊為神。明代始以今山西渾源境內與河北恆山相連屬的恆山為北嶽，清初順治十七年 (1660) 移祀北嶽於此。⑲古代天子除祭五嶽外，祭名山大川，還祭四瀆。⑳

五嶺 指越城、都龐、萌渚、騎田、大庾，這 5 嶺組成了南嶺山脈的主體。一說有揭陽而無都龐。《史記・陳餘列傳》記秦「南有五嶺之戍」。

圃田澤 「圃田」一作「甫田」。《周禮・職方氏》稱豫州「其澤藪曰圃田」。《爾雅・釋地》云：「鄭有圃田。」春秋時又名「原圃」，戰國時也稱「囿中」，在今河南中牟西，對古黃河下游及鴻溝水系的水量有調節作用。北朝時，澤面東西 40 里許，南北 20 里許。宋以後逐漸淤廢。

鉅野澤 又名「大野澤」。《周禮・職方氏》稱兗州「其澤藪曰大野」。故址在今山東巨野北，古濟水中流在此通過，向東有水道與古泗水相接。東晉末年曾加疏濬，以利航運。唐時湖面南北 300 里，東西百餘里。五代後南部涸為平地，北部成為梁山泊的一部分。

大陸澤 也叫「鉅鹿澤」、「廣阿澤」。《尚書・禹貢》稱導河「北過降水，至于大陸」。《爾雅・釋地》云：「晉有大陸。」在今河北隆堯、鉅鹿、任縣 3 縣之間。源出今內丘以南、太行山區的河流都匯注於此，下游泄入漳水。唐時湖面東西 20 里，南北 30 里。清代通稱「南泊」，稱其下游寧晉泊為「北泊」，今已淤成平地。或以為古大陸澤兼包清代南泊和北泊，後世淤斷，始專以南泊為大陸澤。

雲夢澤 古籍或有單稱「雲」和單稱「夢」的，《周禮・職方氏》、《爾

⑲ 趙慎畛：《榆巢雜識》卷上。

⑳ 《禮記・王制》。

雅・釋地》等皆作「雲夢」,《尚書・禹貢》一本作「雲夢土作乂」,一本作「雲土夢作乂」。㉑據《漢書・地理志上》等漢、魏人的記載,雲夢澤在南郡華容縣(今湖北潛江西南)。晉以後的經學家將古之雲夢澤的範圍越說越大,通常都把洞庭湖包括在內。其實古籍中的「雲夢」(或單稱「雲」和「夢」)並不專指以「雲夢」為名的澤藪,而是對春秋戰國時代楚王遊獵區的泛稱,此區大致包括整個江漢平原及東、西、北 3 面一部分丘陵山巒,南則春秋時兼有郢都以南的江南地,戰國時改為限於江北。在這個區域內,也不全屬於「雲夢」,錯雜著許多已經開墾了的邑居聚落。

翰海　一作「瀚海」。兩漢六朝時是北方的海名,一說即今呼倫湖和貝爾湖,一說為貝加爾湖。唐代是蒙古高原大沙漠以北及其迤西今準噶爾盆地一帶廣大地區的泛稱。西夏稱靈州(今寧夏靈武西南)以南的沼澤地為翰海。元代或以今新疆古爾班通古特沙漠為翰海,或以今阿爾泰山為翰海。明以後專指戈壁沙漠。也有學者認為,《史記》、《漢書》所稱「翰海」,是山而非海,當是今蒙古杭愛山的不同音譯。㉒

北海　初為北方遠僻地域的泛稱,春秋戰國時或又指今渤海。秦漢後凡塞北大澤,往往被稱為北海。《史記・大宛列傳》稱奄蔡「臨大澤無崖,蓋乃北海云」,指今裏海;《漢書・蘇武傳》「乃徙武北海無人處」,指今貝加爾湖;杜佑《通典・邊防九》原注引杜環《經行記》「嶺北流者盡經胡境而入北海」,指今巴爾喀什湖。

西海　《西海經》所稱「西海」,其確實海域不詳。後世被稱為「西海」的漸多,都在西部邊疆或以西。《史記・大宛列傳》:「于寘之西,則水皆西流注西海。」所指今鹹海或裏海;《漢書・西域傳》:「條支國臨西海。」指今波斯灣、紅海、阿拉伯海及印度洋西北部;西漢末於今青海附近置西海郡,是指青海為西海;東漢末於今內蒙古居延海附近置西海郡,是指居延海為西海;酈道元《水經注》卷 2:「敦薨之水,自西海逕尉犁國。」指今新疆博斯騰湖為西海;《通典・邊防九》原注引《經行記》稱拂菻國「西枕西海」,指今地中海為西海。

㉑ 北宋沈括認為,古雲夢澤分雲澤和夢澤,雲澤在江北,而夢澤在江南,夢澤地勢略高於雲澤,「雲土夢作乂」,是說雲澤的土地剛剛露出水面時,夢澤已開始耕作了,符合實際情況,故為允;「雲夢土作乂」則不通。見《夢溪筆談》卷 4。

㉒ 參見柴劍虹《「瀚海」辨》,刊王子今編《趣味考據》,雲南人民出版社,2003 年。

東海　《禮記・王制》:「自東河至於東海。」指今黃海;《戰國策・楚一》:「楚國僻陋,託東海之上。」已兼指今東海北部。秦、漢以後,兼指今黃海和東海。明代北部稱「黃海」,南部仍稱「東海」,其海域始與今東海相當。

南海　先秦或泛指南方各族的居住地,或有實際的海域可指。《史記・秦始皇本紀》:「上會稽,祭大禹,望于南海。」當指今東海而言。西漢後東海方位既別有定域,「南海」名稱才用以專指今南海。

京畿　國都和國都附近的地方。國都古代稱「京師」,又稱「京城」、「京華」、「京都」。國都周圍地區,稱「畿輔」,如漢代的三輔。又,國都的街道,稱為「天街」。

兩京　漢稱長安(今陝西西安)、雒陽(今河南洛陽)為兩京;唐顯慶二年(657)以後,合稱京城長安(今陝西西安)和東都洛陽為兩京;宋以東京開封府、西京河南府(在今河南洛陽)為兩京;明自遷都北京後,以京師順天府和南京應天府(在今江蘇南京)為兩京。

圖3　「天下第一關」——山海關

兩都　東漢、唐,兩都同兩京;五代後梁以開封府和河南府(在今河南洛陽)為兩都。

中州　即中土、中原;指今河南省一帶,因其地為古豫州,居古九州之中而得名。《易傳・繫辭上》云:「河出圖,洛出書。」這是中國古代河洛文化所賴以滋生發展的核心地段。又有廣義的中州,或指今黃河流域,或指全中國。

關中　秦漢時稱函谷關以西為關中,是泛指自關以西戰國末秦的故地,包括秦嶺以南的漢中、巴蜀在內。有時又兼指秦嶺以北的今隴西、陝西地區,或專指今陝西關中盆地。狹義的關中,又稱「秦中」。

關內　即關中。又,今河北山海關以西地區、四川康定以東地區、甘肅嘉峪關以東地區亦稱關內。

關外　是相對於關內而言。

關東　戰國秦以來，漢、唐等王朝，稱函谷關或潼關以東地區為關東。今遼寧、吉林、黑龍江 3 省地區因在山海關以東，亦稱關東。

關西　漢、唐等時代泛指函谷關或潼關以西的地區。范曄《後漢書・虞詡傳》:「關西出將，關東出相。」

陝東　周成王時，周、召二公分陝而治，後人大都認為陝指陝陌（在今河南陝縣），因稱陝陌以東地區為「陝東」，以西為「陝西」，與關東含義略同。

陝西三邊　明陝西三邊總督，轄陝西、延綏、寧夏、甘肅 4 巡撫，延綏、寧夏、甘肅 3 邊鎮。清順治十年 (1653) 兼督四川，改稱川陝總督。

山西　戰國、秦、漢時代通稱崤山或華山以西地區為山西，與當時所稱關中含義相同。後來則通稱太行山以西為山西。山西又稱「山右」。

山東　漢以前，含義與當時所稱關東相同。春秋晉國、建都平城（治今山西大同市東北）的北魏、五代後晉，因地居太行山西，故稱太行山東為山東。山東又稱「山左」。

山前　五代至宋、金，習慣上將今河北省太行山以東，軍都山、燕山迤南地區，稱為山前。後晉割「燕雲十六州」給契丹，始有「山前八州」之名。北宋末所稱山前，包括宋企圖收復的山南全部失地，當時曾預將山前 1 府（燕山）9 州（涿、檀、薊、順、易、平、營、經、景）之地置燕山府路，相當於今河北省大清河以北、內長城以南地區。

山後　五代劉仁恭據盧龍，在今河北省太行山北端、軍都山迤北地區置山後八軍以禦契丹。石晉割「十六州」時，始有「山後四州」之名。北宋末所稱山後，包括宋企圖恢復的山後、代北失地的全部，當時曾預將山後 1 府（雲中）8 州（武、應、朔、蔚、奉聖、歸化、儒、媯）置雲中府路，相當於今山西、河北兩省內外長城之間地區。

河內　春秋戰國時代稱黃河以北為河內。

河外　春秋晉人稱河南為河外；戰國魏人稱河南、河西為河外，趙人稱河南為河外，秦人稱河東為河外。

河東　戰國、秦、漢指今山西西南部，唐代後泛指今山西全省。因黃河經此作北南流向，本區位在黃河以東而得名。

河西　春秋戰國時代指今山西、陝西兩省間黃河南段之西。漢代和唐代指今甘肅、青海兩省黃河以西，即河西走廊、湟水流域一帶。西漢在對匈奴的戰爭中獲勝，曾在此地區置武威、張掖、酒泉、敦煌4郡。北朝時河西又泛指今山西省呂梁山以西的黃河東西兩岸。

河南　指黃河以南。戰國韓、魏兩國的河南，指今洛陽市迤西一帶。《周禮・職方氏》、《爾雅・釋地》：「河南曰豫州。」即今河南省一帶。秦漢時代稱今內蒙古河套以南為河南；南北朝時，今青海黃河以南一帶、甘肅西南部黃河以南地區均稱河南。

兩河　戰國、秦、漢時，黃河自今河南武陟縣以下東北流，經山東西北隅折北至河北滄縣東北入海，略呈南北流向，與上游今晉、陝間的北南流向的一段東西相對，當時合稱兩河。《爾雅・釋地》：「兩河間曰冀州。」唐自安史亂後，合稱河北、河南兩道為兩河。宋「兩河」指河北、河東地區。

三河　漢代指河內、河東、河南3郡，相當於今河南省北部、中部及山西省南部地區。《史記・貨殖列傳》云：「昔唐人都河東，殷人都河內，周人都河南。夫三河在天下之中，若鼎足，王者所更居也，建國各數百千歲。」

隴右　泛指隴山以西地區，古代以西為右，所以這樣稱呼，約當今甘肅六盤山以西、黃河以東一帶。

淮東　隋唐以前，從中原地區通向長江下游一般都在今安徽壽縣渡淮，這一段淮水的流向係自南而北，所以習稱今安徽淮河南岸一帶為淮東，亦稱「淮左」。

淮西　是相對於淮東而言，指今皖北、豫西淮河北岸一帶。亦稱「淮右」。

兩淮　宋代指淮東、淮西兩路。「兩淮」又是鹽政區域名，元初始置兩淮鹽運司於揚州，產區包括今江蘇省長江以北淮南、淮北各鹽場；明清時行銷地包括今江蘇、安徽、江西、湖北、湖南5省的大部分和河北省的一部分地區。

江左　指長江下游以東地區，即今江蘇省一帶。魏晉南北朝時代，稱東晉、南朝及其統治下的全部地區為江左；南朝人則專指東晉為江左。

江右　指長江下游以西地區。後世亦稱江西省為江右。

江北　泛指長江以北唐淮南道、宋淮南路地，境域較廣。

江西　隋唐以前，習慣上稱長江下游北岸淮水以南地區為江西；又可泛指長江以北包括中原地區在內為江西。

江東　長江在蕪湖、南京間作西南南、東北北流向，是南北往來主要渡口的所在，秦漢以後，習慣上稱自此以下的長江南岸地區為江東。魏、蜀、吳三國鼎立時期，江東是孫吳的根據地，故當時人稱孫吳統治下的全部地區為江東。

江表　指長江以南地。從中原人看來，地在長江之外，所以有此稱。

下江　古稱長江自南郡（在今湖北西部）以下為下江（綠林軍駐南郡的一支，時稱「下江兵」）；今江蘇省因居安徽省的長江下游，故舊稱安徽省為上江，江蘇省為下江。古代稱下江的，其餘可參閱上文「三江」條。

兩浙　浙東、浙西的合稱。

兩江　清初江南、江西兩省的合稱，康熙後江南分為江蘇、安徽 2 省，清代兩江地區即是指這 3 省。

三湘　一說湘水發源與灕水合流後稱灕湘，中游與瀟水合流後稱瀟湘，下游與蒸水合流後稱蒸湘，總名三湘。一說「三湘」是指上湘湘陰，中湘湘潭，下湘湘鄉。

三吳　三國時吳韋昭有《三吳郡國志》，其書久佚，所指「三吳」不詳。《水經注》以吳郡（治吳縣，今江蘇蘇州）、吳興（治烏程，今浙江湖州市南）、會稽（治所在今浙江紹興）為三吳，《通典》、李吉甫《元和郡縣志》㉓以吳郡、吳興、丹陽（治石頭城，在今江蘇南京清涼山）為三吳，二說似較接近韋昭原意。至於宋代稅安禮《歷代地理指掌圖》以蘇、常、湖 3 州為三吳，明代周祁《名義考》以蘇州為東吳、潤州（治丹徒，今江蘇鎮江）為中吳、湖州為西吳，則是比較後起的說法。

東吳　或泛指太湖流域全境，或專指舊蘇州一府。

東甌　指今溫州和浙南地區。

七閩　古指今福建和浙江南部地區。《周禮・夏官・職方氏》：「辨其邦、國、都、鄙、四夷、八蠻、七閩、九貉、五戎、六狄之人民。」賈公彥疏：「叔熊居濮如蠻，後子從分為七種，故謂之七閩。」後世亦泛指今福建省。

嶺外　即嶺南、嶺表。從中原人看來，嶺南地區在五嶺之外，故名。

兩川　東川、西川的合稱。

三巴　漢末益州牧劉璋分巴郡為永寧、固陵、巴 3 郡，後又改為巴、

㉓　原名《元和郡縣圖志》，今通行本可溯源到北宋，因圖已佚，故去「圖」字。

巴東、巴西3郡，合稱三巴，相當於今重慶市轄區大部及其附近一帶。

三蜀 漢初分蜀郡置廣漢郡，到武帝時又分置犍為郡，合稱三蜀。其地約當今四川東部、貴州赤水河流域、三岔河上游及雲南金沙江下游以東和會澤以北地區。

峽西 指三峽以西地區。

劍外 唐人稱劍閣以南蜀中地區為劍外。

塞北 一稱「塞外」，指外長城以北，包括今內蒙古自治區及甘肅省和寧夏回族自治區的北部、河北省外長城以北等地。

口外 即「口北」，泛指長城以北。因長城關隘多稱「口」（如河北省長城諸關隘稱「北口」，山西省長城諸關隘稱「西口」），這是口外得名的由來。

遼海 泛指今遼河下游及以東一帶海域。或謂遼河上游因有廣大沙漠，一望如海，遼海是這一地區的專稱。

遼東 亦稱「遼左」。泛指遼河以東地區。

流求 東漢、三國稱今臺灣為「夷洲」；隋改稱流求，一直沿用到宋、元，亦作「琉求」、「留求」、「瑠求」、「琉球」；明稱「舊琉球」，中葉後稱「北港」、「東番」、「雞籠」，末年始稱臺灣。當更新世冰河時期，臺灣曾幾度與大陸華南地區相連。臺灣最早的「左鎮人」，與北京周口店的「山頂洞人」同時代；其時又有居住在大陸的晚期智人——「海峽人」向臺灣遷移。臺灣的「長濱文化」、「網形文化」同大陸舊石器文化如出一轍；臺灣的「大坌坑文化」、「圓山文化」、「卑南文化」遺址，出土物與華南沿海的新石器文化極為相似。

漠南 一作「幕南」。自漢代以來，常指蒙古高原大沙漠以南地區為漠南；清代「漠南」是內蒙古的通稱。

漠北 一作「幕北」。自漢代以來，常指蒙古高原大沙漠以北地區為漠北；清代「漠北」是外蒙古的通稱。

北洋 舊稱今渤海、黃海一帶為北洋。與清末至民國時期稱今江蘇省以北的山東等沿海各省為北洋、稱其餘沿海各省為南洋的「北洋」，所指是不同的。

伊犁 清代乾隆二十七年(1762)後指伊犁將軍的轄區，即當時的新疆全境。

西域 漢以後對玉門關、陽關以西地區的總稱，始見於《漢書・西域傳》。狹義的西域，相當於今中亞地區；㉔廣義的西域則包括亞洲中、西部和印度半島、歐洲東部、非洲北部都在內。狹義的西域葱嶺以東部分，從西漢開始，即一直受中國政府的管轄。秦漢時代，在大沙漠以南，自樓蘭㉕沿崑崙山北麓西行到莎車，約有 10 餘「國」，總稱「南道諸國」；在大沙漠以北，自疏勒沿天山南麓東行到狐胡，亦有 10 餘「國」，總稱「北道諸國」；而自莎車向西南，至帕米爾高原山谷之間，也有幾個小「國」，總稱「葱嶺諸國」；在準噶爾盆地，漢初也分為不少小「國」，總稱「山後諸國」。其中南、北道諸「國」，因有城郭廬舍，故統稱為「城郭諸國」。漢武帝元封三年（公元前 108），漢遣趙破奴迫降樓蘭（王居今新疆維吾爾自治區若羌縣治）；太初四年（公元前 101），又遣李廣利征服大宛（王居今烏茲別克卡散賽）。漢宣帝神爵二年（公元前 60）或三年（公元前 59），漢設西域都護。上述這許多「國」，皆屬漢西域都護府的監護範圍之內。

西洋　從南宋開始，將今南海以西（約自東經 110° 以西）海洋及沿海各地（遠至印度和非洲東部）稱為西洋；明末清初以後，又指大西洋兩岸各國為西洋。

東洋　元、明以今南海東部（約自東經 110° 以東）及其附近諸島為東洋。清以來，又習稱日本為東洋，因日本在中國之東。

中國古代歷史地名，通常與許多關塞互為因果。茲將古代重要關塞簡介如下：

漢唐時代的關塞，在中原地區的，首推函谷關和潼關。古函谷關在今河南靈寶市東北王垛村，戰國秦置，因關在谷中，深險如函而得名。東自崤山，西至潼津，號稱「天險」。西漢元鼎三年（公元前 114）徙關於新安縣後，改置弘農縣於此，現僅存關門。新函谷關在今河南新安縣東，曹魏正始元年 (240) 廢。潼關在今陝西省潼關縣北，周代為桃林塞地，東漢末置關，當陝西、山西、河南 3 省要衝，一向為兵家必爭之地。

古代又有所謂「三關九塞」。三關：歷代所指不同。東漢指上黨關、壺

㉔　向達：《中外交通小史》第 15 頁，商務印書館，1930 年。

㉕　在國人心目中，「樓蘭」象徵著淒美和神秘。魏、晉之際，約有 100 多年，樓蘭一直是西域的行政中心。前秦建元十二年 (376) 滅前涼，西域長史機構隨之撤走，從此樓蘭即趨荒廢，以至終於謎一般地消失了。

口關、石陘關。三國時指陽平關、江關、白水關。明代以今河北省境內沿內長城的居庸關、倒馬關、紫荊關為「內三關」，今山西省境內沿內長城的雁門關、寧武關、偏頭關為「外三關」，京師恃為外險，北邊有事，必分兵戍守於此。此外南朝義陽即今河南信陽市南的平靖關、武勝關、黃峴關和五代後周從契丹統治下收復的瓦橋關、益津關、淤口關，都總稱「三關」。九塞：古代的 9 個要塞。《呂氏春秋・有始覽》云：「何謂九塞？大汾、冥阸、荊阮、方城、殽、井陘、令疵、句注、居庸。」《淮南子・墬形訓》「大汾」作「太汾」，「冥阸」作「澠阸」，「殽」作「殽阪」。

統萬城也很有名，故址在今陝西靖邊東北白城子，十六國夏鳳翔元年 (413)，赫連勃勃（407～425 在位）發民 10 萬蒸土築成。城高 10 仞，基厚 30 步，上廣 10 步，極堅固。夏主以為將君臨天下，統一萬邦，故取此名。北宋淳化五年 (994) 毀。

談到中國古代的關塞，就無論如何不能置長城於不顧。太空人離開地球表面，最後所能望見的地面建築物就是長城。㉖長城，一說是由河防改造擴建而成的。早在春秋時期，齊桓公就發起修造了齊長城。《左傳・僖公四年》記楚國「方城以為城」，此處「方城」是指楚國北拒中原的天然屏障方城山。《春秋左傳》中關於築城的記述共計 75 處，但就是沒有楚國的。楚築長城在懷、襄之際（公元前 328～公元前 263），比起其他諸侯國來，可能還比較晚。秦王朝建立後，為防匈奴南侵，也為便利商旅和通訊往來，於秦始皇三十三年（公元前 214）將秦、趙、燕 3 國的北邊長城修繕連貫為一。故址西起臨洮（今甘肅岷縣），北循陰山，東至遼東，至今猶有遺跡殘存。自漢武帝開闢「河西四郡」，長城又向西延伸到玉門關。當時的玉門關，在今嘉峪關到金峽一帶。後來敦煌設郡，玉門關才從今嘉峪關附近遷到敦煌以西。此後，北魏、北齊、北周、隋、遼、金等各代都曾在北邊與游牧民族接境地帶築過長城。明代蒙古族在北方仍經常擾邊，故自洪武至

㉖ 美國阿波羅 17 號登月計劃的指揮官塞爾南，是曾經在月球表面行走過的人，他在 2004 年 4 月新加坡亞洲航空展覽會上說，在高度為 160 千米至 320 千米的地球軌道上，中國的長城確實是肉眼看得見的。此前不久，中國自己的首位宇航員楊利偉曾說他沒有在太空中見到長城。而據已有 4 次太空之行並擔任了太空站站長的華裔焦立中於 2005 年 2 月 20 日上午在太空拍攝的八達嶺照片，則顯示長城處於可見但不可辨認的狀態。看來這個問題，還是讓事實說話，看到的就看到，不看到的就不看到，沒有必要強求一致。

圖4　建於明洪武五年 (1372) 的嘉峪關

萬曆（萬曆：1573～1620），前後修築長城共 18 次，東起鴨綠江畔的遼寧丹東虎山南麓，歷地勢險要的山海關、雁門關、居庸關等著名關城，西至絲綢之路的咽喉嘉峪關，稱為「邊牆」。先是北魏曾在長城險要處設武川（在今內蒙古武川）、撫冥（鎮城未詳）、懷朔（在今內蒙古包頭西北）、懷荒（在今河北沽源）、柔玄（在今河北張北）、沃野（在今內蒙古包頭西南）6 個重鎮；六鎮之外後來又增設禦夷鎮（在今內蒙古多倫西南）。明代則在長城沿邊設遼東（鎮治在今遼寧遼陽）、薊州（在今天津薊縣）、宣府（在今河北宣化）、大同（在今山西大同）、太原（在今山西太原）、延綏（在今陝西榆林）、寧夏（在今寧夏銀川）、固原（在今寧夏固原）、甘肅（在今甘肅張掖）九鎮。戚繼光（山東登州〈今蓬萊〉人，1528～1587）總兵薊州時，創修空心敵臺 1100 餘個，「隆慶五年 (1571) 秋，臺功成，精堅雄壯，二千里聲勢聯結」（《明史》卷 212），堪稱無懈可擊。明代並在宣府、大同 2 鎮之南，直隸、山西界上，築有內長城，稱為「次邊」。據國家文物局和國家測繪局最新發布，明長城的精確長度為 8851.8 千米。[27]

清初又「修濬邊壕，沿壕築笆」（《奉天通志》卷 78），修築柳條邊，也叫「盛京邊牆」、「柳牆」、「柳城」、「條子邊」。南起今遼寧鳳城南，東北經新賓東折西北至開原北，又折而西南至山海關北接長城，名為「老邊」；又自開原東北至今吉林市北，名為「新邊」。這是柳條籬笆，禁止籬笆內居

[27]　《光明日報》北京 2009 年 4 月 18 日電，記者李韻。

民越過籬笆打獵、採人參、放牧；籬笆以西為蒙古部落駐牧地。

此外古代關塞尚多，限於篇幅，不能一一列舉了。

第二章

歷史文化名城和傳世名勝

第一節　歷史文化名城❶

鄭　州

在河南省中部偏北。北有太行山和黃河，西依邙山、崤函關，西南為中嶽嵩山，東面是黃淮平原，向北通於燕薊，向南可達兩湖，所謂「決羊腸之道，塞太行之口」(《戰國策・秦三》)，是古代戰略要地。傳為黃帝出生地、有熊氏發跡之基；商初成湯稱王於此；周代由管國都降為鄭邑；隋置管城縣，後為鄭州治；明入鄭州。城市西部曾發現有納瑪古象齒化石；又出土青釉瓷罐，是目前所知中國最古老的原始瓷器。

鄭州有「黃河鯉魚」等特產，二里崗遺址、西山遺址、大河村遺址、鄭州商代遺址、小雙橋遺址、滎陽故城（含古滎冶鐵遺址）等古跡。❷

---

❶ 中國歷史文化名城，第一批 1982 年 2 月 8 日公布，計 24 座，為：北京、承德、大同、南京、蘇州、揚州、杭州、紹興、泉州、景德鎮、曲阜、洛陽、開封、江陵、長沙、廣州、桂林、成都、遵義、昆明、大理、拉薩、西安、延安。第二批 1986 年 12 月 8 日公布，計 38 座，為：上海、天津、瀋陽、武漢、南昌、重慶、保定、平遙、呼和浩特、鎮江、常熟、徐州、淮安、寧波、歙縣、壽縣、亳州、福州、漳州、濟南、安陽、南陽、商丘、襄樊、潮州、閬中、宜賓、自貢、鎮遠、麗江、日喀則、韓城、榆林、武威、張掖、敦煌、銀川、喀什。第三批 1994 年 1 月 4 日公布，計 37 座，為：正定、邯鄲、新絳、代縣、祁縣、哈爾濱、吉林、集安、衢州、臨海、長汀、贛州、青島、聊城、鄒城、臨淄、鄭州、浚縣、隨州、鐘祥、岳陽、肇慶、佛山、梅州、海康、柳州、瓊山、樂山、都江堰、瀘州、建水、巍山、江孜、咸陽、漢中、天水、同仁。三批後至今，又陸續公布鳳凰、山海關、濮陽、安慶、泰安、吐魯番、特克斯、績溪、金華、海口、無錫等 11 座進入名單。以上因第三批的瓊山已與海口合并，不復計數，總共 109 座。其餘則不在國務院批准的國家級範圍之內。

安　陽

在河南省北部。地處古代農業最先發達起來的黃淮平原的核心點。古代凡據有關東大河南北而較少顧到關西的政權，無論從經濟、軍事、地理哪一方面的條件來考慮，這裏都是便於建都的。

今安陽市西北小屯村及花園莊周圍，包括其北的洹河兩岸地區，東西長約 6 千米，南北寬約 5 千米，是商代都城殷的遺址。在夏代和商代前期，都城經常遷移。盤庚遷殷以後，殷為商都共歷 8 世 12 王，近 300 年❸。「殷紂之國，左孟門（古隘道，在今河南輝縣西）而右漳、釜，前帶山，後背河」（《戰國策・魏一》），這是中國歷史上最早的一個長期穩定的國都。商亡後，殷夷為丘墟，後世稱「殷墟」。殷墟的東北外緣，1999 年又發現了一座四周 8700 餘米的洹北商城，其絕對年代早於武丁時期，而與盤庚遷殷時期約略相當。有專家認為，洹北商城才是盤庚所遷之殷，而其西南面以今小屯村為中心的殷墟，當是武丁及其後諸王的駐地。❹

殷墟東北 23 千米處有鄴都遺址。鄴都相傳建於齊桓公（公元前 685～公元前 643 在位）時，戰國初，魏文侯（公元前 445～公元前 396 在位）曾在此建都。兩漢為魏郡治，東漢末移冀州來治。建安九年 (204)，曹操（沛國譙縣〈今安徽亳州〉人，155～220）領冀州牧，不久封魏公，晉魏王，至黃初元年 (220) 曹丕（曹操子，即魏文帝，187～226）代漢，鄴（北城）曾是曹魏的都城。十六國時期，後趙、冉魏、前燕從 335 年起到 370 年止相繼在此建都。北朝東魏天平元年 (534) 又在鄴（南城）建都，直至北齊承光元年 (577) 北周滅北齊。在整個魏晉南北朝時代，鄴為北方割據政權的國都，合計 78 年。北周以鄴為相州、魏郡治。大象二年 (580)，相州總管尉遲迥討楊堅失敗，楊堅焚鄴城，徙其民及相州、魏郡於安陽城，改置靈芝縣於故城。隋開皇十年 (590) 復名鄴縣，至北宋時省入臨漳，這樣，鄴的地位一落千丈，連當個縣治的資格都沒有了。

❷ 2004 年 11 月 5 日，中國古都學會正式確認，鄭州為中國第八大古都。新華社鄭州即日電，記者桂娟。

❸ 董作賓、郭沫若、陳夢家、胡厚宣皆考定為 273 年。

❹ 包括洹北商城在內，這是狹義的殷墟。廣義的殷墟都城概念則南至朝歌，北達內丘，約 2000 餘平方千米，史載殷紂王時期，這裏到處都建有離宮別館。

而安陽，則繼承殷和鄴都，成為河北平原南部、太行山東麓的都邑。趙惠文王二十四年（公元前 275），「廉頗攻魏之防陵、安陽」（《史記・廉頗、藺相如列傳》），安陽之名始見於史冊。唐代設相州，治安陽，鄴、臨漳皆為其屬縣。金明昌三年 (1192) 升相州為彰德府，元改為彰德路，明、清復為彰德府，治所皆在安陽。

安陽除有殷墟遺址，曾出土大批甲骨文外，曹魏鄴城，用磚很多，應是中國歷史上最早出現的磚城，另有安陽天寧寺塔、靈泉寺石窟等古跡。

西　安

在陝西省關中平原中部，渭河之南，秦嶺之北。先秦已稱「四塞之國」（《史記・蘇秦列傳》）。從秦漢到隋唐，渭、涇、滈、澇、豐、鄗、灞、滻 8 條河流分別流經長安城四周；東函谷，西散關，南武關，北蕭關，還添上隴關，挾山川形勢，進可攻而退可守。

在世界上，西安作為古都，與雅典、羅馬、開羅齊名。

西周的豐、鎬，秦的咸陽，自西漢至北朝的長安，隋、唐的長安，五者城址雖然不同，但彼此相去最遠不過二三十千米，在建都史上，通常都包括在西安的總名之內。

西周豐京，作於文王；鎬京，自武王時始建。豐、鎬兩京雖然分別命名，但後世往往把它們相提並論，這是因為它們距離很近，緊密相連，而且武王營鎬京後也並沒有把豐京棄置不用。豐、鎬建都，自西周初年武王滅商起迄周幽王十一年（公元前 771）犬戎破鎬京，約兩個半世紀，是當時天下共主周天子的首都。

秦的咸陽，於周顯王十九年（公元前 350）秦孝公「築冀闕宮廷」（《三輔黃圖》卷 1）定都於此，歷 130 年而秦盡并六國。從秦始皇二十六年（公元前 221）起至子嬰元年（公元前 206）秦代滅亡，凡 15 年，咸陽是中國歷史上首先實行中央集權的秦王朝的首都。

在強大的西漢帝國，自公元前 202 年高祖劉邦（沛縣〈今屬江蘇〉人，公元前 256❺或公元前 247～公元前 195）定都於此，迄公元 25 年東漢光武帝（25～57 在位）改都雒陽（今河南洛陽），中經新莽、更始、赤眉，長安的全國性的首都地位不變。

---

❺　安作璋、孟祥才：《劉邦評傳》第 1 頁，齊魯書社，1988 年。

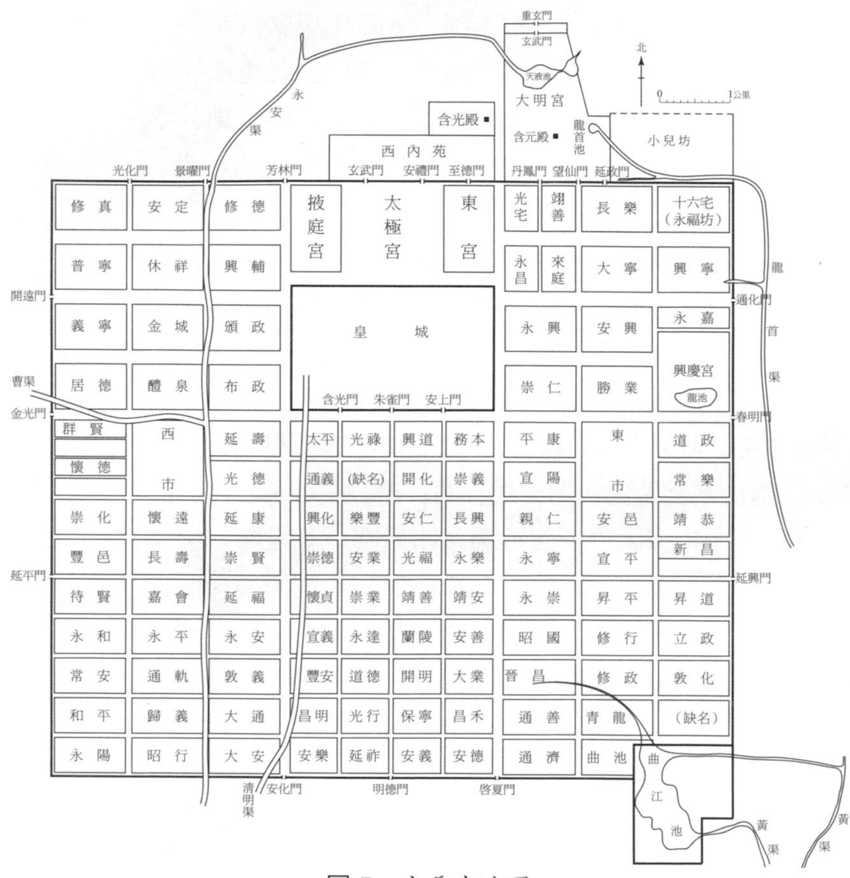

圖 5 唐長安城圖

西漢之後，東漢獻帝初平元年 (190) 至興平二年 (195)、西晉末愍帝建興元年 (313) 至四年 (316)、十六國時期前趙光初二年 (319) 至十二年 (329)、前秦皇始元年 (351) 至太安元年 (385)、後秦建初元年 (386) 至永和二年 (417)、北朝時期西魏改元前 1 年 (534) 至末年 (557)、北周元年 (557) 至末年 (581) 和開皇元年 (581) 至二年 (582) 隋文帝的最初 2 年，共 130 多年 8 個政權都在此建都。

隋、唐的長安，從開皇三年 (583)隋文帝（581～604 在位）移居號稱「大興城」的新城，迄天祐元年 (904) 唐昭宗（888～904 在位）遷都洛陽，321 年間，除隋煬帝的 12 年、武則天的 21 年外，這裏是中國地主制封建社會黃金時期隋、唐大帝國的首都。

除建為首都外，東漢從光武帝起到少帝、曹魏和五代後唐均以當時的長安為陪都。

隋唐時代管轄京城內外的大興（後改萬年、咸寧）、長安兩縣一直分別設在城內東西兩側。唐末朱溫毀城，韓建重建新城，兩個縣治也就分別遷到新城的東、西門外。

西漢長安「游士擬於公侯，列肆侈於姬姜」（班固：《西都賦》）❻，城內有為外僑而設的居民區，加之漢初遷全國豪強於關中，此後每葬一帝，又必遷各地富戶立新縣，所以五方之民錯雜。唐代天寶年間，京兆府領 23 縣，有 36.2921 萬戶、196.7188 萬人，平均每縣皆超過萬戶，萬年（即大興，後又改咸寧）、長安自不能與諸縣同列，故戶口繁多是可想而知的。當時僑居長安的外人來自亞洲各地，德宗貞元三年 (787) 檢括長安「胡客」，有田宅者達 4000 餘人。唐以後長安地位下降，唐末佑國軍；五代梁永平軍，晉晉昌軍，漢、周永興軍；北宋永興軍；金京兆府；元安西路（後改奉元路），治所皆在長安。明太祖洪武三年 (1369) 三月廢元奉元路設西安路，明、清為西安府治。

西安（除今咸陽市轄區外）有驪山、半坡遺址、姜寨遺址、康家遺址、老牛坡遺址、豐鎬遺址、櫟陽城遺址、秦始皇陵和兵馬俑、阿房宮遺址、秦東陵、漢長安城遺址、西漢帝陵、隋大興唐長安城遺址、杜陵、灞橋遺址、大明宮遺址、華清宮遺址、香積寺善導塔、長安聖壽寺塔、長安華嚴寺塔、西安碑林、明西安城牆、西安鐘樓和鼓樓、西安城隍廟、西安清真寺、明秦王墓等名勝古跡。

洛　陽

在河南省西部。南有龍門、三塗，北有羊腸、太行，西有泰華、殽、黽，東有成皋、河、濟，氣候溫和，雨量均勻。從建都條件來看，與西安對比，主要的優點在於可以兼顧籌控江淮以南的廣大地區，漕運物資，不必去闖三門天險。

「洛」本作「雒」。周初經營雒邑，此為成周城所在。成周既成，遷殷頑民，目的在於鎮撫東方諸侯。周平王元年（公元前 770）避犬戎之難移都於此，迄周赧王五十九年（公元前 256），雒邑是東周的首都。戰國時稱雒陽，因在雒水（今河南洛河）之北而得名。秦置縣，為三川郡治。漢以後為河南郡、司州、洛州、河南府、河南路治。自東周建都後，更始元年 (23)，綠林軍曾在此建立過政權；東漢光武帝建武元年 (25) 至獻帝初平元年 (190)，凡 165 年，雒陽是東漢帝國的首都；魏文帝黃初二年 (221) 至晉懷帝永嘉五年 (311)，凡 90 年，洛陽是曹魏、西晉的首都；北魏孝文帝太

❻　《文選》卷 1。

和十七年 (493) 至孝武帝永熙三年 (534)，凡 41 年，洛陽是北魏的首都；隋煬帝（604～618 在位）在漢魏舊城西 9 千米外另建新城，周長 27.516 千米，大業二年 (606) 至十四年 (618)，凡 12 年，首都在此；唐高宗（649～683 在位）、玄宗居洛陽共有 20 餘年；光宅元年 (684) 至長安五年 (705)，凡 21 年，武則天（名曌，并州文水〈治今山西文水東〉人，624～705）建都於此，號「神都」；天祐元年 (904) 至四年 (907)，凡 3 年，洛陽是在汴州節度使朱全忠控制下的唐昭宗和唐哀帝（904～907 在位）的都城；五代前期後梁、後唐、後晉 3 朝曾定都於此，凡 19 年。

總計歷代建都洛陽共 880 多年，其中漢、晉、隋、唐總計有 250 多年，洛陽是全國的首都。近年考古在洛陽東北偃師市的二里頭和尸鄉溝發現了上古的文化遺址，據說二里頭為夏代都城遺址，尸鄉溝為商代都城遺址。這樣看來，則洛陽作為都城，較之長安還要悠久。

新莽、唐的大部分時間、五代後期、北宋、金自宣宗（1213～1223 在位）以後皆以洛陽為陪都。

洛陽從戰國以來，一向是全國性的商業都會。城南伊、洛之間是外僑聚居地，遠至大秦，皆來經商。習俗洛陽人做買賣，路過家門，往往不入。東漢洛陽「資末業者什於農夫」（《後漢書・王充、王符、仲長統傳》錄王符《潛夫論・浮侈》）。隋煬帝營東都，由於開鑿了運河，大大促進了洛陽的交通，使洛陽的經濟更加繁榮。當時城內有東、南、北 3 市，唐代又增設西市，都是國際性的市場。武則天時的神都，是洛陽歷史上最輝煌的一頁。宋以後洛陽逐漸衰落，但在北宋，洛陽仍是全國的學術中心。

洛陽以產牡丹、唐三彩著名，「洛陽牡丹」歷來為人們所艷稱。洛陽除漢、魏洛陽故城和隋、唐洛陽城遺址外，尚有伊闕、王灣遺址、邙山陵墓群、龍門石窟、白居易墓、白馬寺、河南府文廟、祖師廟、洛陽周公廟、關林、潞澤會館、洛陽山陝會館等名勝古跡。

開　封

在河南省中部偏東。唐代後期和五代、北宋，全賴汴河漕運江南的糧食和物資，開封地處汴河上，「當天下之要，總舟車之繁」（劉寬夫：《汴州糾曹廳壁記》）❼，「太平則居東京通濟之地，以便天下，急難則居西洛險

❼ 《全唐文》卷 740。

固之宅，以守中原」(《李燾:《續資治通鑑長編》卷 118》，符合當時建都的條件。

相傳夏代稱「老丘」，曾建都 150 餘年。春秋時期鄭莊公（公元前 743～公元前 701 在位）修倉城，名「啟封」。周顯王五年（公元前 364），魏國遷都大梁，故址在今開封市西北 15 千米處。魏惠王（公元前 369～公元前 319 在位）開鴻溝，使當時黃河和淮河之間的主要水道連貫起來，「自是之後，滎陽下引河，東南為鴻溝，以通宋、鄭、陳、蔡、曹、衛，與濟、汝、淮、泗會。……於齊則通菑、濟之間」(《史記・河渠書》)，大梁由此日趨繁榮。迄秦始皇二十二年（公元前 225）秦攻大梁，決河水灌城，魏亡，大梁遭到嚴重的破壞。秦在此地設浚儀縣，屬三川郡；漢代屬陳留郡，因避景帝（公元前 157～公元前 141 在位）諱，改「啟封」為「開封」；北周改名汴州；隋初廢州為縣，屬滎陽郡；唐代仍置汴州，後來又為宣武軍駐地。五代後梁開平元年 (907) 升汴州為東都開封府，定為首都；開平三年 (909) 遷都洛陽；鳳曆元年 (913) 還都開封。後唐於同光元年 (923) 滅後梁，旋即遷洛。後晉於天福元年 (936) 滅後唐，次年移駐汴州，又 1 年，以汴州為東京開封府。自此歷後漢、後周，至北宋靖康元年 (1126) 金兵攻陷此城，開封皆為首都。金初以開封為陪都，稱「汴京」，後改稱「南京」。金宣宗貞祐二年 (1214) 遷都南京，哀宗天興二年 (1233)，城為蒙古軍所破，次年金亡。

歷史上開封建都時間，從戰國魏都大梁算起，一共 307 年。從 960 年北宋建立到後來北宋滅亡，開封作為全國性政權的首都，有 167 年。當然北宋疆域不及漢、唐舊土，但北宋的歷史地位，是不容懷疑的。據有關資料進行核算，11～12 世紀開封城內及城外九廂（不含鄉村和屬縣）的人口當有 100 萬左右，最多時達 120 萬，乃是這一時期世界上位居第一的大城市。開封的商業，更是歷史上以往的長安和洛陽所不能比擬的。據《宋會要輯稿・食貨十五、十六、十七》記載，神宗熙寧十年 (1077)，開封府商稅達 55 萬貫以上，遠遠超過全國其他州府。當時開封的相國寺聲名赫赫，很多外國人來開封，必往相國寺參拜遊覽。

元代開封設南京路，以後又改為汴梁路，治祥符、開封兩縣。至元二十八年 (1291) 置河南江北行省，以汴梁為省治。洪武元年 (1368)，明太祖以開封府為北京，有意恢復趙宋舊制，自應天移都開封。後以漕運不便，

於洪武十一年 (1378) 罷北京。明、清開封為河南省治。

開封有汴繡、草編、柳編等特產，北宋東京城遺址 (含宋繁塔、元延慶觀)、祐國寺塔、鐵塔、清開封城牆、山陝會館、開封東大寺等古跡。

北　京

在華北平原的西北邊緣。北面是燕山山脈，西面的西山是太行山的北段，東南距渤海約 150 千米，背依山險，面控平原，山東半島和遼東半島成為拱衛北京的屏障，地理形勢極為優越。金、元和清代，女真、蒙古、滿洲以少數民族入主中原，定都北京，既可控制全國，又靠近本族的發祥之地，自然是最佳的選擇。明成祖為防蒙古之再度南下，北京又是他以前的封地，遷都北京亦為情理中事。

此地先秦稱「薊」，是北方強國燕的都城，故址在今北京廣安門附近一帶。秦為廣陽、漁陽、上谷等郡地，漢屬幽州刺史部。十六國時前燕曾都薊 8 年。唐仍屬幽州。安史之亂，759 年至 763 年，史思明稱燕帝，以薊城為燕京。會同元年 (938)，遼在燕京建陪都南京幽都（後改「析津」）府。海陵王貞元元年 (1153)，金遷都燕京，改稱「中都大興府」。自此至金宣宗貞祐二年 (1214) 為避蒙古軍遷都開封，中都為金的首都凡 61 年。金、元之際仍稱「燕京」。元世祖中統元年 (1260)，忽必烈即蒙古大汗位於開平府（今內蒙古正藍旗東），旋即分立政府機構於此。後復號「中都」。至元四年 (1267)，始於中都舊城東北另建新城，自開平遷都於此。至元九年 (1272) 改號「大都」。至元十三年 (1276) 滅南宋，大都從此成為全國的首都，歷時 92 年，至順帝至正二十八年 (1368) 為明北伐軍所破。明初稱「北平府」，對元大都城施行了重大的改造。永樂元年 (1403) 改北平府為順天府，建為「北京」，是陪都。十九年 (1421) 以北京為首都，稱「京師」。明末崇禎十七年 (1644)，思宗（1627～1644 在位）因對病入膏肓、危機四伏的時局缺乏清醒的認識，又剛愎自用，過於吝嗇，朝令夕改，任人不專，演出了一幕並非腐敗之君的亡國悲劇。❽三月十九日中午，農民起義軍領袖李自成（陝西米脂人，1606～1645）進駐北京，四月二十九日，即帝位於武英殿。五月初一，清軍占領北京。同年九月，清世祖（1643～1661 在位）從瀋陽遷來，北京又成為清王朝的首都。

❽ 此前，農民軍曾幾度奉勸他舉行禪讓，接受封王，但他至死不從。

自元代開始，除明初的幾十年外，北京一直是中國地主制封建社會後期全國性政權的首都。

早在元代，馬可・波羅（Marco Polo，約 1254～1324）在他的遊記裏就讚嘆北京的商業，說「此汗八里❾大城之周圍，約有城市二百……每城皆有商人來此買賣貨物，蓋此城為商業繁盛之城也」。(《馬可波羅行紀》第二卷第 94 章《汗八里城之貿易發達戶口繁盛》)

圖 6　《生春圖》　清　徐揚繪　是乾隆三十二年 (1767) 北京城繁榮景象的生動寫照

清代北京「貨行會館之多，不啻十百倍於天下各外省」(道光十八年〈1838〉北京《顏料行會館碑記》) ❿，當時北京最繁華的地方，不是在內城而是在正陽、崇文、宣武三門外，所以三門外的「貨行會館之多，又不啻十百倍於京師各門外」(同上)。北京正陽門外大柵欄一帶，撇開現代化這個要素，不啻今日美國紐約曼哈頓區的第五大道。

北京是「北京人」和「山頂洞人」的故鄉，萬里長城（居庸關雲臺在昌平區、八達嶺關城也在延慶縣）和京杭大運河都與北京密不可分。除此之外，北京還有傳統工藝品牙雕、玉雕、景泰藍、地毯和「北京烤鴨」、「良鄉板栗」、「京白梨」等特產，琉璃河遺址、房山雲居寺塔和石經、萬佛堂和孔水洞石刻及塔、天寧寺塔、戒臺寺、金中都水關遺址、金陵、銀山塔林、妙應寺白塔、北京孔廟、北京東岳廟、元大都城牆遺址、元十字寺遺址、真覺寺金剛寶座、故宮、天壇、北海及團城、智化寺、皇史宬、古觀象臺、北京城東南角樓⓫、正陽門、太廟、法海寺、牛街禮拜寺、大高玄

❾ khan-baliq，即今北京。

❿ 見彭澤益選編《清代工商業行業碑文集粹》第 28 頁，中州古籍出版社，1997 年。

⓫ 明清北京城的規模完成於清高宗乾隆時期，1900 年八國聯軍侵占北京後開始遭到破壞，至 1970 年修建地鐵，已清理完畢，目前剩下的遺跡，僅此及正陽門城樓、正陽

殿、歷代帝王廟、北京鐘樓和鼓樓、景泰陵、景山、先農壇、碧雲寺、大慧寺、利瑪竇和外國傳教士墓地、十三陵、袁崇煥墓和祠、承恩寺、地壇、德勝門箭樓、月壇、中南海、大覺寺、日壇、國子監、雍和宮、頤和園、恭王府及花園、社稷壇、崇禮住宅、圓明園遺址、南堂、覺生寺、潭柘寺、可園、孚王府、白雲觀、法源寺、十方普覺寺、清淨化城塔、靜明園、健銳營演武廳、萬壽寺、關岳廟、醇親王府、廣濟寺、柏林寺、爨底下村古建築群、安徽會館等名勝古跡。

南　京

在江蘇省西南部。簡稱「寧」。地處長江下游，瀕臨天塹，南面有秦淮河與太湖水系溝通，鍾阜龍盤，石城虎踞。所謂「中原無事則居河之南，中原多事則居江之南」(鄭樵:《通志・都邑》序)，古代凡以長江流域為根本的政權，都樂於接受南京作為首都。

越王勾踐二十四年（公元前 473）滅吳後，在長干橋西北築土城。戰國楚威王七年（公元前 333）滅越埋金於石頭山，置金陵邑；秦改「秣陵」。三國孫吳於東漢獻帝建安十七年 (212) 定都於此，稱「建業」，中間除吳大帝稱帝前一年 (221) 至大帝黃龍元年 (229)、末帝甘露元年 (265) 至寶鼎元年 (266) 曾兩次遷都武昌（今湖北鄂城）外，直到末帝天紀四年 (280)，建業是孫吳的首都。西晉改建業為秣陵縣，又新設江寧縣。太康二年 (281) 分秣陵北為建鄴縣，以秦淮河為界。建興元年 (313)，改建鄴為建康。自東晉建武元年 (317) 起至南朝陳禎明三年 (589)，中間只有梁元帝承聖元年 (552) 至三年 (554) 改都江陵，建康是東晉和南朝宋、齊、梁、陳的首都。當時有臺城、都城、石頭城、東府城、西州城、丹陽城、白下城等好幾個城，其中臺城是宮城，東府城常有宰相等重要官員置府第於此，西州城為揚州刺史治所，皆在今南京市城區內。合計六朝時建業、建康作為南半個中國的首都，共 330 年。

隋滅陳，平毀了建康城，只在秦淮河口的石頭城置蔣州。隋煬帝改蔣州為丹陽郡，有戶 2.4125 萬，「小人率多商販……市廛列肆，埒於二京」(《隋書》卷 31)。當時蔣州和昇州下面，轄白下、江寧、上元、金陵等縣，都屬六朝都城舊地。唐初，把原在蔣州的高一級行政機構揚州遷往江都（今

門箭樓、德勝門箭樓和崇文門東、宣武門以西的兩處殘垣斷壁，故彌足珍視。

揚州）。但後來五代南唐昇元元年(937)，烈祖（937～943 在位）李昇卻把都城從揚州遷回金陵，稱「江寧府」。這個江寧府的位置，比六朝建康北倚雞籠山、覆舟山，東瀕青溪，西達五臺山的都城偏南。江寧為南唐首府，計 38 年。

圖 7　南京莫愁湖

北宋滅南唐，改江寧為昇州，後又改江寧府，著名改革家王安石曾 3 次出任江寧府尹。南宋初為行都，後改建康府。元改建康路，又改集慶路。明初洪武元年 (1368) 改集慶路為「南京應天府」。洪武十一年 (1378)，改南京為京師。南京在明初作為全國性政權的首都，計 53 年。

此後終明一代，應天府是陪都。在近代以前，南明弘光 (1645) 政權⑫又在此建都 1 年。清代南京為兩江總督駐在地。

在魏晉南北朝，南京可說是全國最繁榮的城市。蕭梁建康有 28 萬戶，約 140 萬人。⑬南唐以來，南京經濟、文化更有發展。明代南京的三山門，商賈雲集，可與北宋開封的相國寺後先媲美。清代則南京「城裏幾十條大街，幾百條小巷……大街小巷，合共起來，大小酒樓有六七百座，茶座有一千餘處」(《儒林外史》第二十四回)，可見其繁華景象。

南京有雲錦、天鵝絨毯、雨花石雕刻、板鴨等特產，鍾山、玄武湖、燕子磯、莫愁湖、秦淮河、南京人化石地點、象山王氏家族墓地、南京南朝陵墓石刻、千佛崖石窟及明徵君碑、棲霞寺舍利塔、南唐二陵、明孝陵（含明功臣墓)、明南京城牆、浡泥國王墓、明鍾山建築遺址、明故宮遺址、龍江船廠遺址、瞻園、甘熙宅第等名勝古跡。

杭　州

在浙江省北部。地處錢塘江下游，西部諸山，舊時統稱「武林山」，所以杭州又別稱「武林」。隋煬帝治江南運河，運河從京口（今江蘇鎮江）繞

⑫ 該政權建立於明崇禎十七年 (1644) 五月，次年改元，旋即覆滅。

⑬ 參見王春瑜主編《中國文化小通史》第 3 卷第 30 頁，福建人民出版社，2006 年。

太湖直達杭州，這對杭州城市的形成和發展，具有重大的意義。在近古，從杭州的經濟條件來看，作為一個割據和偏安政權的都城，是綽綽有餘的。

此地春秋時期是吳、越兩國爭霸的地方。秦置錢唐縣，屬郡治設在今蘇州的會稽郡管轄。後漢永建四年 (129) 實行吳、會分治，屬吳郡，郡治仍在今蘇州。直至南朝末年，才設置了以錢唐縣為郡治的錢唐郡。隋文帝開皇九年 (589)，改錢唐郡為杭州，州治設在餘杭縣。開皇十一年 (591)，遷州治到鳳凰山麓的柳浦，並於次年在柳浦西築州城，周圍達 18 千米餘。後世的杭州城，就是在此基礎上發展起來的。

唐末景福二年 (893)，錢鏐（杭州臨安〈今屬浙江〉人，852～932）為鎮海節度使，開始在杭州一帶實行割據。天祐四年 (907)，他被封為吳越王，於是就建都杭州。接著於天寶三年 (910) 修築了規模浩大的杭州城垣，後來又整治了西湖和錢塘江，使西湖風景區初具規模。當時杭州設錢塘、錢江兩縣，由於建立了與日本、朝鮮等國的貿易關係，杭州開始在國際上顯露頭角。杭州作為吳越國都，共 72 年。

北宋設杭州，並改錢江縣為仁和縣。熙寧 (1068～1077) 後，著名文學家蘇軾曾兩度到杭州做官，留下了許多業績。杭州在北宋，「邑屋華麗，蓋十餘萬家」（歐陽修：《有美堂記》）⓮，盛況可見一斑。

南宋建炎三年 (1129)，倉惶南逃的高宗（1127～1162 在位）趙構把杭州改為行在所，稱「臨安府」。紹興元年 (1131) 決定遷都臨安，並於次年初遷到臨安。紹興八年 (1138) 正式定都臨安。在南宋的竭力經營下，杭州城南北長約 7 千米，東西寬約 2.5 千米，面積達 15 平方千米。至末年，人口超過 124 萬，經濟文化、生活品質和創造活力都為國際其他城市所望塵莫及，以致直到南宋滅亡，儘管是劫後的杭州，杭州仍是「世界最名貴富麗之城」（《馬可波羅行紀》第二卷第 151 章《蠻子國都行在城》）。據記載，當時全城市肆密布，達 440 餘個，主要街道與商業大街結合在一起，大運河在城市北門外，城中河道很多，商業點主要依河道而列。杭州為南宋首都，凡 144 年。

元代杭州又與全國性政權的首都建立了直達的水運；明、清杭州為浙江省治，諺曰「上有天堂，下有蘇、杭」（《萬曆杭州府志》卷 34）。

杭州的絲綢、織錦、茶葉和手工業品綢傘、剪刀、檀香扇等，皆為特

⓮ 《居士集》卷 40。

產。城中西子湖，美名天下傳。有跨湖橋遺址、茅灣里窰址、靈隱寺、閘口白塔、梵天寺經幢、飛來峰造像 (含西湖南山造像)、吳越國王陵 (含吳漢月墓)、臨安城遺址，岳飛墓、六和塔、郊坊下和老虎洞窰址、鳳凰寺、寶成寺麻曷葛剌造像、于謙墓、文瀾閣等古跡。

以上稱為八大古都。⑮下面再談其他歷史文化名城：

南陽　位於河南省西南部，南濱白河。古稱「宛」。春秋早期，楚建宛邑以圖中原，這裏是一片大平原，又「西通武關、鄖關，東南受漢、江、淮」(《史記・貨殖列傳》)，物產豐富，交通方便。秦昭王三十五年（公元前 272）設南陽郡，「人民眾，積蓄多」(《史記・高祖本紀》)。東漢為光武帝故鄉。元以後為南陽府治。有「南陽玉器」、「南陽綢」、柞蠶絲等特產，瓦房莊冶鐵遺址、張仲景墓及祠、張衡墓、鄂城祠、南陽武侯祠、南陽知府衙門、百里奚故里等古跡。

商丘　位於河南省東部。相傳舜封契於商。商時為商丘邑，春秋為宋國都，北魏、南宋皆曾短期建都於此。秦置睢陽縣，隋改宋城縣，金復改睢陽縣，明改商丘縣。特產「林河大曲」。有宋國故城、歸德府城牆、文雅臺、三陵臺、閼伯臺、微子墓、八關齋、壯悔堂、清涼寺、梁園遺址等古跡。

浚縣　位於河南省北部，衛河斜貫。西漢置黎陽縣，元為浚州，明為浚縣。有大賚店遺址、大伾山摩崖大佛及石刻、恩榮坊等古跡。

淮陽　位於河南省東部、潁河北岸。周初封陳國，戰國末年楚頃襄王遷都於此。秦置陳縣；隋改宛丘縣，歷為陳州、淮陽郡治；明入陳州；清置陳州府，治淮寧，即今淮陽。有平糧臺古城遺址、太昊陵廟等古跡。

濮陽　位於河南省東北部，春秋稱帝丘，戰國初為衛國都。有戚城遺址等古跡。

咸陽　位於陝西九嵕山之南、渭水之北，山南水北，都可稱「陽」，所以叫做「咸陽」。咸陽是秦的都城，在中國古代建都史上，咸陽可歸入西安，說詳上文。其實那種說法儘管是權威性的，卻不無可以商榷之處，因為咸

⑮ 八大古都除鄭州外，另外七大古都的歷史地位，據譚其驤論定，依次是西安、北京、洛陽、南京、開封、安陽、杭州，其中西安、北京、洛陽屬第一等，南京、開封屬第二等，安陽、杭州屬第三等。見《長水集・續編》第 18～38 頁，人民出版社，1994 年。

陽在建制上既不屬西安所轄，幹嗎要把這段輝煌的歷史歸入西安呢？秦代遷天下豪富 12 萬戶於此，並大造宮殿，規模異常壯觀。漢置新城縣，又改渭城縣；唐復置咸陽縣。有秦都遺址、西漢長陵、隋泰陵、武則天母楊氏順陵、千佛鐵塔、咸陽文廟等古跡。

延安 位於陝西高原北部、延河中游，周圍有寶塔山、鳳凰山、清涼山環峙。春秋以前，曾先後屬鬼方、犬戎、白翟；戰國時期，中部和北部屬魏，南部屬秦；秦置高奴縣，屬上郡。西魏始設延州、敷州，隋改延安郡。北宋元祐四年 (1089)，升延州為延安府，治膚施，即今延安。宋、金時期為防禦西夏的重地。元為延安路治，明、清為延安府治。明末李自成、張獻忠在延安府發動起義。有甘草、五加皮等特產，寶塔山上的唐代寶塔等古跡。

榆林 位於陝西省北部、無定河中游，鄰接內蒙古自治區。漢為龜茲、膚施等縣地。明置榆林寨，後改榆林衛，成化七年 (1471) 延綏鎮移治榆林衛，此後通稱榆林鎮，防地東至黃河，西至定邊營（今陝西定邊）。清代改榆林衛為榆林縣。有青雲山、紅石峽、鎮北臺、戴興寺、新明樓、榆林衛城等名勝古跡。

韓城 位於陝西省東部。西周時為韓侯封地，春秋稱韓源，秦置夏陽縣，隋改韓城縣。有舊石器洞穴遺址、梁帶村遺址、魏長城遺址（局部）、黃河龍門古渡、司馬遷祠墓、法王廟、韓城大禹廟、韓城普照寺、北營廟、韓城文廟、韓城城隍廟、党家村古建築群、玉皇后土廟等古跡。

漢中 位於陝西省西南部、漢江北岸。西周時稱「周南」、「南鄭」。秦置南鄭縣，為漢中郡治。宋嘉定 (1208～1224) 年間築興元城，明初洪武三年 (1370) 改興元路置漢中府，治南鄭，即今漢中。有漢臺、拜將臺、褒斜道石門及其摩崖石刻、張騫墓、武侯墓等古跡。

太原 位於山西省中部，濱臨汾河。有可能曾為唐堯、夏禹之都。春秋時為晉都，戰國初為趙都。⑯隋、唐之際，唐高祖（618～626 在位）在太原起兵反隋，因此太原又是唐王朝的發祥地。秦為太原郡治，東漢後兼為并州治，唐以後為太原府、路治。春秋以來的晉陽城廢於北宋太宗太平興國四年 (979)。後三年，在唐明鎮建太原新城，即今太原市主城區所在。

---

⑯ 周初封叔虞於唐國，傳一代改國號為晉，早期晉都在今山西省翼城、曲沃兩縣交界的天馬至曲村一帶。見鄒衡《論早期晉都》，《文物》1994 年第一期。

有杏花村汾酒等特產，晉陽古城遺址、王家峰墓群、天龍山石窟、晉祠、龍山石窟、竇大夫祠、淨因寺、明秀寺、多福寺、永祚寺、豫讓橋等古跡。

大同　位於山西省北部。始建於戰國時期，北魏初期曾建都於此。遼重熙十三年 (1044)，升雲州為西京大同府，治大同，治所在今大同市城區。元為路治，明為府治。明大同鎮防區相當今山西外長城以南，東自山西、河北省界，西至大同市西北；永樂中放棄興和所後，大同成為京師西北門戶。大同煤炭很早就得到開採。有大同火山群、雲崗石窟、平城遺址、方山永固陵、善化寺、華嚴寺、禪房寺塔、大同九龍壁等名勝古跡。

平遙　位於山西省中部、太原盆地西南、汾河中游。漢置京陵縣，北魏移置平陶縣，後改平遙縣。在古代盛產琉璃，又是「晉商」的主要發祥地之一。城內街道、商店、衙署等都比較完整地保持著漢民族的傳統格局和風貌，樓閣式沿街建築、四合院民居皆很有特色，是中原地區縣城建築的典型代表。有鎮國寺、慈相寺、平遙文廟、清虛觀、金莊文廟、利應侯廟、雙林寺、平遙清涼寺、平遙城隍廟、日昇昌舊址和始建於周宣王（公元前 828～公元前 782 在位）時期、明代洪武初年重修的平遙城牆等古跡。

圖 8　平遙古城「申遺」成功後 7 年城牆因當局「開發」過度而坍塌　原載《中國收藏》2004 年第十二期

新絳　位於山西省西南部、汾河下游。漢置臨汾縣，隋改正平縣，明入絳州；自隋至清為州、府治。有絳守居園池，是國內僅存的隋代園林遺址。另有絳州大堂、福勝寺、稷益廟等古跡。

代縣　位於山西省北部、內長城內側、滹沱河上游。漢置廣武縣；隋開皇五年 (585) 為代州治，後改雁門縣；元入代州；清雍正 (1723～1735) 後升直隸州。有雁門關、邊靖樓、阿育王塔、文廟等古跡。

祁縣　位於山西省中部、汾河中游東岸。漢置縣。縣城臨街多為商號店鋪，格局風貌與平遙大同小異。有梁村遺址、喬家大院等古跡。

濟南　位於山東省中部偏西、黃河下游南岸。戰國時為齊歷下邑，秦屬濟北郡。漢初設濟南郡，晉為濟南郡治。隋改齊州，宋徽宗政和六年 (1116) 升州為府。元為濟南路治。明、清為濟南府治、山東省治。濟南泉水甚多，一向稱為泉城，其中趵突泉、珍珠泉、黑虎泉等尤為馳名。此外，該城尚有大明湖、城子崖龍山文化遺址、齊長城遺址（局部）、千佛崖造像（含龍虎塔、九頂塔）等名勝古跡。

曲阜 位於山東省中部的洙水和泗水之濱。是孔子的故里。相傳炎帝、少昊曾徙駐此地。商為奄國都，周為魯國都。楚考烈王十四年（公元前 249）滅魯設魯縣；隋文帝開皇四年 (584) 改汶陽縣，開皇十六年 (596) 始定名曲阜，因城中有阜逶曲而得名。宋代自真宗祥符五年 (1012) 後一度稱仙源。有曲阜魯國故城、孔林、漢魯王墓、曲阜孔廟及孔府、顏廟、尼山孔廟和書院等古跡。

臨淄 位於山東省中部。周初為齊都，名「營丘」。呂尚築臨淄城，南北長約 4200 米，東西寬約 3300 米，規模超過「方九里」(《周禮・考工記・匠人營國》）的王都之制。⑰春秋、戰國皆為齊都城。漢武帝曾說：「關東之國，無大於齊者。齊東負海而城郭大，古時獨臨菑中十萬戶，天下膏腴地莫盛於齊者矣。」(《史記・三王世家》褚少孫補述）西晉以後，歷為州、郡、縣治。1969 年并入淄博市。今淄博市城區有桐林遺址、後李遺址、臨淄齊國故城、齊長城遺址（局部)、田齊王陵、西天寺造像、寨里窰址、顏文姜祠、蒲松齡故宅等古跡。

青島 位於山東省東部，南濱黃海，西臨膠州灣。原係一漁村，明代中葉為防倭寇侵襲，設浮山防禦千戶所。清末以來，曾被德、日、美等列強占領。有嶗山、齊長城遺址 (局部) 等名勝古跡。

聊城 位於山東省西部，大運河流貫。古為齊國城邑；秦置縣，屬東郡；明清為東昌府治。有光岳樓、山陝會館、鐵塔等古跡。

鄒城 位於山東省南部。春秋邾國地；秦置騶縣，北齊天保 (550～559) 年間遷今址；唐代易「騶」字為「鄒」。有邾國故城、漢魯王墓、鐵山和鋼山摩崖石刻、明魯王墓、孟廟及孟府等古跡。

泰安 位於山東省東部、大汶河上游。秦設博陽縣，漢為博、奉高等縣地，唐設乾封縣，宋改奉符縣，明入泰安州，清改泰安縣。秦以後，歷為郡、軍、州、府治。有泰山、大汶口文化遺址、泰山石刻、泰山古建築

⑰ 曲英杰：《輝煌齊都臨淄城》，《光明日報》1999 年 1 月 1 日。

群等名勝古跡。

邯鄲　位於河北省南部。周安王十六年（公元前 386）趙敬侯（公元前 386～公元前 375 在位）自晉陽徙都於此；周赧王五十八年（公元前 257），魏、楚救趙，在此大敗秦軍。《史記・貨殖列傳》記「邯鄲郭縱」「以鐵冶成業，與王者埒富」。秦為邯鄲郡治，漢為趙國治，新莽時置五均官。有磁山文化遺址、趙邯鄲故城、趙王陵、磁州遺址、紙坊玉皇閣等古跡。

正定　位於河北省西部。戰國時為中山國東垣邑，秦置東垣縣，漢改真定縣，清雍正元年 (1723) 易「真」為「正」。自西晉至清末一直為郡、州、府、路治。正定城始建於北周，現存磚城係明代改建。有大唐清河郡王紀功載政之頌碑、淩霄塔、開元寺鐘樓、正定文廟大成殿、隆慶寺、廣惠寺華塔、臨濟寺澄靈塔等古跡。

承德　位於河北省東北部。四周群山環抱，有大片森林綠地，盛夏時節，氣候清涼。清雍正十一年 (1733)，改熱河直隸廳為承德直隸州。乾隆七年 (1742) 復為承德廳，後改置府，治所在今承德市城區。有避暑山莊、外八廟、承德城隍廟等名勝古跡。

保定　位於河北省中部。西周至戰國中期為燕國轄地，北魏建縣，唐至明為州、路、府治。清為直隸省治。自宋設州學，歷代興學不衰。有古蓮花池、直隸總督署、大慈閣等名勝古跡。

山海關　位於河北省秦皇島市東北部。當華北與東北地區的交通衝要。有山海關等古跡。

天津　位於海河水系交匯處，東臨渤海。簡稱「津」，別稱「津沽」、「津門」。秦為漁陽、廣陽郡地，漢屬幽州刺史部，唐屬幽州。元設海津鎮，屬靜海縣，「一日糧船到直沽，吳罂越布滿街衢」（張翥：《讀瀛海喜其絕句清遠因口號數詩示九成皆實意也十首》）⑱，已開始興起。明初建文二年 (1400)，燕王在此渡河南下，後來打敗了他的侄兒惠帝，因為是帝王經過的渡口，所以叫做「天津」。天津衛城修建於明成祖永樂二年 (1404)，當河海之衝，乃京師門戶，清雍正年間設天津縣，為天津府治。天津是南糧北運的入京咽喉，又是「長蘆鹽」的產地，江淮賦稅由此達，燕趙魚鹽由此給。「天津地毯」和「楊柳青年畫」馳譽中外。有天妃宮遺址、天津廣東會館、石家大院等名勝古跡。

---

⑱　《蛻菴詩集》卷 4。

遼陽　位於遼寧省中部、太子河中游。先秦屬燕國遼東郡地，秦置襄平縣。遼會同元年 (938) 置府，治遼陽，即今遼陽市城區。遼、金置東京於此。遼東京道、金東京路、元遼陽行省皆治此。明初廢。清順治十年 (1653) 復置遼陽府，為府治。順治十四年 (1657) 府治移瀋陽，為遼陽州。有遼陽壁畫墓群（含北園三號墓、鵝房壁畫墓）、遼陽白塔、遼金東京城遺址等名勝古跡。

瀋陽　位於遼東平原中部、渾河的北岸。渾河又稱「瀋河」，此城在瀋河之陽，故名「瀋陽」。戰國燕為遼東郡侯城縣，秦漢因之；唐為安東都護府屬地；遼、金置瀋州；元為瀋陽路治所，始稱瀋陽。明置瀋陽中衛，清稱「盛京」，並設承德縣為奉天府治。有新樂遺址、石臺子山城、清瀋陽故宮、努爾哈赤和皇太極的陵墓等古跡。

吉林　位於吉林省中部、松花江中游。遼為東京道所轄，明隸海西女真烏拉部。原名「吉林烏拉」，清吉林將軍駐地。因有發達的造船業，所以從前又稱「船廠」。清初康熙十年 (1671) 建吉林城，是抵禦沙俄入侵的軍事重鎮。有北山、松花湖、西團山遺址、帽兒山墓地、龍潭山城、吉林文廟、阿什哈達摩崖等名勝古跡。

集安　位於吉林省南部、鴨綠江西岸。唐代至遼代均為州治。有高句麗時期的洞溝古墓群（含好大王碑）、丸都山故城、國內城等古跡。

哈爾濱　位於黑龍江省南部、松花江沿岸。早在舊石器時代晚期，2.2 萬年前，此地就有人類活動。唐代為忽汗州轄區，遼宋時期為女真族的發祥地，18 世紀後在今主城區始出現漁民聚居的村落。清末以來，曾被俄、日、美、英、法等列強占領。有太陽島、金上京遺址、文廟、極樂寺等古跡。

呼和浩特　位於內蒙古自治區中部、黃河支流大黑河之北。蒙語為「青色的城」，自古以來就是北方少數民族與漢族進行經濟、文化交流的匯集地。周赧王九年（公元前 306），趙築長城於陰山下，並設雲中郡。魏晉南北朝時代，鮮卑拓跋部的早期都城盛樂在其南不遠。遼設天德軍和豐州。明建歸化城；清建綏遠城，後置歸化、綏遠兩廳。除昭君墓、萬部華嚴經塔本書「少數民族」編將有著重的介紹外，尚有歷經舊石器時代早、中、晚 3 期持續達 50 萬年之久的大窰遺址，以及大召、金剛座舍利寶塔、和碩恪靖公主府、綏遠城牆和將軍衙署等古跡。

銀川　位於寧夏銀川平原中部，西倚賀蘭山，東臨黃河。漢武帝元狩四年（公元前 119）設廉縣，唐高宗儀鳳三年 (678) 建懷遠新城，自挖掘了漢渠和唐渠後，饒灌溉之利，素稱「塞上江南」。宋置懷遠鎮，後為西夏都城，元以後為寧夏路、府治。有灘羊皮、裁絨毯、枸杞酒、賀蘭石雕等特產，賀蘭山岩畫、承天寺塔、西夏王陵、玉皇閣、拜寺口雙塔、海寶塔⑲等古跡。

武威　位於甘肅省河西走廊東部、祁連山北麓、石羊河上游，鄰接內蒙古自治區。漢置姑臧縣。十六國時前涼、後涼、南涼、北涼皆曾建都於此。唐中葉後地入吐蕃。元為西涼州，明為涼州衛，清置武威縣。漢、唐為通往西域要道所經。有雷臺漢墓、天梯山石窟、重修護國寺感應塔碑、白塔寺遺址、武威文廟等古跡。⑳

張掖　位於甘肅省河西走廊中部。秦屬月氏，漢初陷於匈奴，武帝元鼎六年（公元前 111）取「張國臂掖」(《漢書・地理志下》顏師古注引「應劭曰」）之意置張掖郡，治觻得，地在今張掖西北。晉改觻得縣為晉平縣，十六國時期，北涼曾建都於此；隋開皇 (581～600) 初廢。煬帝大業 (605～618) 後又改甘州為張掖郡，移治今張掖，設張掖縣。唐入吐蕃，宋入西夏。元為甘州路治、甘肅行省治。明初洪武二十六年 (1393) 徙陝西行都指揮使司駐此；清雍正二年 (1724) 改甘州府治，復縣。古代張掖當通往西域及漠北道路要衝，水草豐美，畜牧業很發達，與武威並稱「金張掖、銀武威」。有黑水國遺址、張掖大佛寺、張掖鼓樓、西來寺、張掖會館等古跡。

敦煌　位於甘肅省河西走廊西北盡頭處。是當年絲綢之路的重要驛站，也是歷史上西北邊防重鎮。漢置縣，唐中葉後地入吐蕃，宋屬西夏，清復置縣。有鳴沙棗、李廣杏等特產，鳴沙山、月牙泉、玉門關及古城烽燧遺址、陽關遺址、懸泉置遺址、莫高窟千佛洞等名勝古跡。

酒泉　位於甘肅省河西走廊西部、北大河流域。漢置福祿縣，為酒泉郡治。十六國時期，西涼後期都於此。西夏肅、瓜、沙 3 州並立，又稱「蕃和郡」。元設肅州路，明改衛，清改州。有夜光杯等特產，西河灘遺址等古跡。

蘭州　位於中國陸域版圖的幾何中心、黃河上游，具北國之雄，兼南國之秀。皋蘭山橫亙城南，蘭州因此而得名。古代為中原通向西北地區的交通樞紐。秦始皇三十三年（公元前 214）設榆中縣，漢武帝元狩二年（公

---

⑲ 2008 年 5 月 12 日四川汶川 8 級大地震，該塔距震中 700 餘千米，出現裂縫。

⑳ 汶川地震，雷臺漢墓、天梯山石窟、武威文廟等古跡都遭受損壞。

元前 121）改金城縣。隋開皇元年 (581) 置蘭州總管府。清康熙五年 (1666) 定為甘肅省治。有五泉山、白塔山、雁灘、金天觀、白雲觀等名勝古跡。

天水 位於甘肅省東部、渭河南岸。傳為「羲里媧鄉」，是中華人文初祖的老家。周孝王（公元前 891～公元前 886 在位）封非子在秦建邑，這是歷史上天水建城之始。秦設邽縣。漢武帝元鼎三年（公元前 114）析隴西郡置天水郡；西晉太康七年 (286) 移天水郡治上邽，即今天水。宋為成紀縣，明入秦州。是古代絲綢之路的南道要衝。有雕漆、地毯、草編、藥材等特產，麥積山石窟（含仙人崖石窟）㉑、玉泉觀、伏羲廟㉒、胡氏民居、後街清真寺等古跡。

喀什 位於新疆維吾爾自治區西南部、喀什喀爾河上游。是古代通往中亞的絲綢之路的重要停留地和承轉地。秦、漢之際，為西域疏勒國國都。漢宣帝神爵二年（公元前 60）起，屬西域都護府。唐為疏勒都督府所在地，又設疏勒鎮於此，與龜茲、于闐、碎葉（後改「焉耆」）同為安西都護府及安西節度使所統，號稱「安西四鎮」。清代在喀什回城設喀什噶爾參贊大臣，統理南疆軍政事務。有花帽、小刀、金銀首飾、毛紡品、地毯等特產，三仙洞、艾提尕清真寺、阿帕克霍加麻扎㉓等名勝古跡。

吐魯番 位於新疆維吾爾自治區吐魯番盆地中部。漢為車師前王地，晉置高昌郡，唐置西州，清設吐魯番直隸廳。有無核白葡萄等特產，火焰山、阿斯塔那古墓群、高昌故城、雅爾湖故城、柏孜克里克千佛洞（含勝金口石窟）、臺藏塔遺址、蘇公塔等古跡。

特克斯 位於新疆伊犁哈薩克自治州西南部、伊黎河上游。清屬寧遠縣。有「伊犁馬」、「新疆細毛羊」等特產。

西寧 位於青海省東北部湟水河畔。初名「西平亭」，東漢置西都縣，為西平郡治；唐為鄯城縣；宋為西寧州，後屬西夏；明改衛；清雍正二年 (1724) 改縣，為西寧府治。距西寧不遠的湟中魯沙爾塔爾寺，是黃教祖師宗喀巴的誕生地，此外西寧還有沈那遺址、清真大寺、北山寺等古跡。

同仁 位於青海省東部。原屬循化縣，其老城區分上、下街，建築風

㉑ 汶川地震，麥積山山體懸崖峭壁上密如峰房的洞窟、淩空層疊的棧道等建築群未出現明顯受損情況，但泥質雕塑有佛像左臂肘部出現裂縫，另有佛像手腕部出現移位。

㉒ 天水伏羲廟建於明代，汶川地震，造成榫卯脫裂、梁柱移位、牆面剝落。

㉓ 俗稱香妃墓，實為香妃家族墓。按：香妃——即清乾隆帝容妃的金身葬在清東陵。

貌基本完整。有漢、藏結合式建築隆務寺等古跡。

重慶　位於長江、嘉陵江交匯處。簡稱「渝」。周為巴國的王城江州，秦為巴郡治，隋初及唐為渝州治。南宋淳熙十六年 (1189) 改恭州為重慶府，治巴縣，在今重慶市主城區範圍內。元代為路治，又為四川南道宣慰司治所，末年明玉珍據此起兵，建號「夏」。明、清為重慶府治。重慶終年多霧，三面環江，依山築城，向來稱為山城，水道可直達長江中下游，交通極為方便。有縉雲山、南北溫泉、高家鎮遺址、湖廣會館等名勝古跡。

成都　位於四川盆地西北部。簡稱「蓉」，別稱「芙蓉城」、「錦官城」。萬里長江，成都最居上游，沿江各埠無不指日可到。為古蜀國地。戰國秦置成都縣，為蜀郡治；漢為益州治，「民物豐盛」(《後漢書・廉范傳》)，故曾禁「夜作」，以防火災；唐、宋為成都府、路治；元、明、清為四川省治。三國蜀漢、五代前後蜀以及北宋李順、明末張獻忠等農民起義軍皆建都於此。唐代後期，成都「江山之秀，羅錦之麗，管絃歌舞之多，伎巧百工之富」(盧求：《成都記序》) ㉔，與揚州並「號為天下繁侈」(繆荃蓀輯《元和郡縣志闕卷逸文》卷 2)。有蜀錦、蜀繡、竹編等特產，成都平原史前城址、十二橋遺址、金沙遺址、成都古蜀船棺合葬墓、王建墓、孟知祥墓、明蜀王陵 (含朱悅燫墓)、水井街酒坊遺址、武侯祠、杜甫草堂㉕、望江樓古建築群、洛帶會館等古跡。

廣元　位於四川省北部、嘉陵江上游。西魏廢帝三年 (554) 改西益州置利州，治興安，即今廣元。隋改綿谷縣，元為廣元路治，明入廣元州，後改廣元縣。為古蜀道所經。相傳是武則天的故里。有生漆、木耳、核桃及藥材杜仲、烏藥等特產，劍門蜀道遺址、皇澤寺摩崖造像(含觀音巖石窟)㉖等古跡。

自貢　位於四川省南部、沱江流域。出土恐龍化石很多，致被稱為「地下龍宮」。又盛產井鹽，是中國的「鹽都」。其產鹽，始於東漢時期。自貢有東、西兩鹽場，東場原屬富順縣，西場原屬榮縣。據文獻記載，東場鹵

㉔ 《全唐文》卷 744。

㉕ 杜甫草堂建於清代，汶川地震，東院落建築垮塌 10 間，另有 2 個清代瓷花瓶被碎。

㉖ 皇澤寺重建於五代後蜀廣政二十二年 (959)，在今廣元市城西嘉陵江畔。舊稱「烏奴寺」，又名「川主廟」。本為紀念秦蜀郡守李冰父子而建，後來成為武則天的祀廟。汶川地震，造成牆體開裂，油漆大面積脫落，脊瓦斷裂滑落，地面塌陷。

水，會自動噴涌流出，西場生產的鹽，曾作為貢品，自貢所以叫做「自貢」，就是這個緣故。稱自貢設市已在 1939 年（1942 年批准）。有花燈、隴扇、剪紙、紮染布等特產，西秦會館、燊海古鹽井等古跡。

閬中　位於四川省北部、嘉陵江中游。是古代巴蜀軍事重鎮。秦置縣，歷代多為州、郡、府治，清兵初入川時曾為四川首府。有保寧醋、半夏麵等特產，玉臺山石塔、五龍廟文昌閣、閬中永安寺、張桓侯祠㉗等名勝古跡。

宜賓　位於四川省東南部、長江與岷江交匯處。曾為古西南夷僰侯國。漢置僰道縣，北宋政和四年 (1114) 改宜賓縣。是四川盆地西南部水陸交通樞紐。有「五糧液」酒、芽菜、草席等土特產，翠屏山、流杯池、黃傘崖墓群、石城山崖墓群、真武山古建築群、旋羅殿等名勝古跡。

樂山　位於四川省中南部。古蜀王開明故治。漢為南安縣地，北周設平羌縣，隋改為龍遊縣，明入嘉定州，清始改今名，取意於《論語・雍也》「仁者樂山」句。有白蠟、「嘉定綢」等特產，樂山大佛、烏尤寺、漢代崖墓群等古跡。

都江堰　位於四川省中部。秦李冰興建都江堰，三國蜀漢置都安縣，晉置灌口縣，北周改汶山縣，元設灌州，明設灌縣。盛產川芎、澤瀉等藥材。除都江堰㉘外，另有青城山㉙、成都平原史前城址、二王廟㉚、伏龍觀、安瀾橋等名勝古跡。

瀘州　位於四川省南部、長江與沱江匯合處。西漢置江陽縣，梁武帝大同 (535～546) 起至清代一直為瀘洲治。有「瀘州大曲」等特產，滴乳崖、忠山平遠堂、報恩塔、老瀘州城遺址等名勝古跡。

武漢　位於湖北省中部偏東。商代有盤龍城，距今已 3500 多年。長江和漢水把武漢分隔為武昌、漢口、漢陽三鎮，武漢就是三鎮連在一起而得

㉗ 始建於蜀漢末年，又名「張飛廟」，為一組四合院式的明清古建築群，有北宋宣和 (1119～1125) 年間所遺實物。汶川地震後，張桓侯祠有待重建。

㉘ 汶川地震，都江堰的主要組成部分——魚嘴、寶瓶口、飛沙基本無恙，只有魚嘴出現了裂縫。

㉙ 汶川地震，青城山道教古建築群有局部的損壞，伏龍觀屋脊坍塌，上清宮、天師洞也未能倖免，但整體基本上都保存了下來，情況並非十分嚴重。

㉚ 二王廟始建於南北朝時期，明末毀於戰亂。汶川地震，民國時期重修的兩個清代主體大殿僅脫落些許瓦片，再就是飛檐出現局部扭曲，而後來新建的山門、配殿、登道、護坡等垮塌情況嚴重，完全垮塌的有戲樓和祖堂兩處單體建築。

名的。漢口1929年曾設武漢特別市，三鎮合并設武漢市是在1949年。武昌舊稱「鄂渚」，見於《楚辭・九章・涉江》；三國時孫吳在此築夏口城；隋開皇初改汝南縣置江夏縣，即今武昌；元大德五年(1301)，改鄂州路為武昌路，治江夏；明、清為武昌府治，兼為湖廣省治、湖廣總督駐在地和湖北省治。漢口古稱「夏汭」、「漢皋」，原屬江夏縣，明設漢口鎮巡檢司，清設夏口廳。漢陽古稱「大別」，漢為沙羨縣地，晉置沌陽縣，隋開皇十七年(597)改漢津縣，大業二年(606)始改稱漢陽，五代為漢陽軍治，元、明、清為漢陽府治。武漢居中國腹部，水陸交通都很方便，歷史上向來被稱為「九省通衢」。有東湖、珞珈山、龜山、蛇山、黃鶴樓、赤磯山、龍泉營、湖泗瓷窰址群、明楚王墓等名勝古跡。

圖9　宋人所繪黃鶴樓樣式

江陵[31]　位於湖北省江漢平原長江之濱。春秋戰國時代，為楚渚宮所在地和官船碼頭。漢代置荊州，「南有桂林之饒，內有江湖之利，左陵陽之金，右蜀漢之材」(桓寬：《鹽鐵論・通有》)。唐上元元年(760)，升荊州為江陵府，為府治。宋為荊湖北路治。元為江陵府、路治；天曆二年(1329)改江陵路為中興路，仍為治。清為荊州府治。有荊緞、金漆盤盆、蘆花枕芯、鴨絨等特產，鷄公山遺址、陰湘城遺址、楚紀南故城（含雨臺山墓群、天星觀墓群)、八嶺山古墓群、荊州城牆、荊州三觀、荊州萬壽寶塔等名勝古跡。

襄樊　位於湖北省西北部、漢江中游。襄樊是襄陽和樊城的合稱。周宣王元年（公元前827）封仲山甫於樊，樊城由此得名。東漢建安十三年(208)分南郡、南陽兩郡置襄陽郡，治襄陽，即今襄樊市漢水南襄陽舊城。西魏以後，歷為襄州和襄陽府、路治。清嘉慶(1796～1820)時白蓮教徒劉之協、姚之富、王聰兒等起義於此。有鄧國故址、廣德寺多寶塔、襄陽「古隆中」、襄陽城牆、襄陽王府綠影壁、米公祠等名勝古跡。

宜昌　位於湖北省西部、長江沿岸、西陵峽口。扼川、鄂水道咽喉，

[31] 即荊州，今荊州市城區就是原來江陵縣的城區。

歷代視為軍事重鎮。漢置夷陵縣，明為夷陵州治。清雍正十三年 (1735)，升夷陵州置宜昌府，為府治。有黛釉彩陶、西陵特曲酒、宜紅茶、廣柑及藥材厚朴等特產，李家湖城址、三遊洞摩崖、黃陵廟等名勝古跡。

鄂州　位於湖北省東南部、長江南岸。戰國時為楚國封君的封邑，秦置鄂縣。三國曹魏文帝黃初二年 (221)，吳主孫權自公安遷都於此，改名「武昌」。南宋乾道六年 (1170)，詩人陸游入川途經此地，稱其「市邑雄富，列肆繁錯，城外南市亦數里。雖錢塘、建康不能過」(《入蜀記》卷 4)。有「武昌魚」等特產，西山、怡亭銘摩崖石刻、鄂州觀音閣等名勝古跡。

隨州　位於湖北省西北部、桐柏山與大洪山間、溳水上游。相傳為炎帝神農氏的故里。春秋隨國地，秦屬南陽郡，漢置隨縣，明入隨州。有冷皮埡遺址、曾侯墓、狀元塔等古跡。

鐘祥　位於湖北省中部，漢江中游縱貫。三國孫吳置牙門戍築城，劉宋設萇縣，西魏易「萇」字為「長」，明改鐘祥縣。自西晉至明代一直為郡、州、府治。有新石器時代遺址多處和明顯陵、陽春臺、文風塔、元祐宮等古跡。

長沙　位於湖南省東部、湘江下游沿岸。因湘江水中有一長形沙洲，故名其地為「長沙」。浩渺的湘江，把長沙分隔成東西兩部分。溯湘而上，可達湘潭、衡陽；順流而下，可通洞庭、長江，水運極為方便。戰國時楚稱「青陽」；秦代稱「臨湘」，為長沙郡治；西漢封長沙王於此。自東漢至唐末，有時也稱「潭州」。五代時楚馬殷（907～930 在位）割據湖南，曾以長沙府為國都。北宋仍降為潭州；至道三年 (997) 設荊湖南路，為首府。明、清為長沙府治；清康熙三年 (1664)，定為湖南省治。有刺繡（後來成名稱「湘繡」）、陶瓷、羽絨製品、花炮等特產，馬王堆漢墓、嶽麓書院、天心閣、開福寺、愛晚亭等古跡。

常德　位於湖南省北部、沅江下游、洞庭湖西側。蜀漢諸葛亮（琅邪陽都〈今山東沂南南〉人，181～234）曾率軍到過這裏。南宋初年，鍾相、楊么領導的農民起義軍也經常活動在常德一帶。向稱黔川咽喉、雲貴門戶。先秦屬楚黔中地，東漢為武陵郡治，隋為朗州治。北宋徽宗政和七年 (1117) 改鼎州設常德郡，南宋以後為常德府、路治。有楚春申君墓碑、宋鐵經幢、明榮定王墓等古跡。

衡陽　位於湖南省南部，湘江及其支流耒水、蒸水匯合境內。隋以後為衡州州、路、府治。有石鼓山、回雁峰、天子墳、南嶽廟、王船山故居等名勝古跡。

岳陽　位於湖南省東北部、長江南岸，濱臨洞庭湖。西晉元康元年 (291) 建巴陵縣，為建昌郡治；隋為岳州治，元以後為岳州路、府治。北宋慶曆六年 (1046) 九月十五日，范仲淹應友人知岳州滕子京的請求，撰成千古傳誦的《岳陽樓記》。有「巴陵酒」、「團湖蓮」等特產，岳陽文廟、岳陽樓等名勝古跡。

鳳凰　位於湖南省湘西土家族、苗族自治州南部、武水上游。唐為渭陽、招諭兩縣地，明置五寨等長官司，清改鳳凰直隸廳。境內大鯢是國家二類保護動物，有鳳凰古城堡等古跡。

合肥　位於安徽省中部。建安二十年 (215)，曹魏蕩寇將軍張遼曾在此大敗孫權的軍隊。向稱江淮首郡、吳楚要衝。周武王封「廬子國」，秦始皇二十六年（公元前 221）置合肥縣；東晉改汝陰縣，為廬州治；元為廬州路治；明以後為廬州府治。有羽毛扇等特產，逍遙津、包公祠和墓、教弩臺等名勝古跡。

安慶　位於安徽省西南部、長江北岸。南宋慶元元年 (1195)，升舒州為安慶府，治懷寧，在今安徽潛山；景定 (1260～1264) 初移今安慶市城區。元為安慶路治。明初改安慶路為寧江府，洪武六年 (1373) 又改安慶府，皆為府治。清為安徽省治。有刀鱭、甲魚、螃蟹、白鱔、蠶豆辣醬等特產，迎江寺及寺中振風塔、世太史第等古跡。

歙縣　位於安徽省南部、新安江上游。秦置縣；隋為新安郡治；唐為歙州治；北宋宣和三年 (1121) 改歙州為徽州，為徽州治；元為路治；明清為府治。是中國古代以儒學倫理、宗族觀念、商業精神為三大基本內核的徽州文化的中心輻射地。㉜有「黃山毛峰茶」、「老竹大方茶」、歙硯、徽墨等土特產，漁梁壩、潛口民宅、許國石坊、棠樾石牌坊群、許村古建築群、鄭氏宗祠、竹山書院等古跡。

壽縣　位於安徽省中部、淮河南岸。古名「壽春」。春秋時為蔡侯重邑，戰國時曾為楚都。秦置壽春縣，東晉改壽陽縣，劉宋改睢陽縣，北魏復改壽春縣。明入壽州。有安豐塘（芍陂）、孫叔敖祠、壽春城遺址、淮南王墓、淝水古戰場、壽縣古城牆等古跡。

㉜ 參見卢華為《徽州文化的歷史定位》，《光明日報》2000 年 8 月 4 日。

亳州　位於安徽省西北部、渦河上游。秦置譙縣，北周為亳州治；明入亳州。有「萬壽綢」、「古井貢酒」等特產，湯陵、華佗廟、曹氏家族墓群、亳州古地道、花戲樓等古跡。

績溪　位於安徽省東南部。唐設縣。因城北有乳溪和徽溪並流，離而復合，形如績，故名。民風淳樸，特富人情。盛產茶葉。有龍川胡氏宗祠等古跡。

南昌　位於江西省北部、贛江下游、鄱陽湖西南岸。漢為豫章郡治，隋為洪州治，唐憲宗元和 (806～820) 年間，其財賦已為「國用所繫」（白居易：《除裴堪江西觀察使制》）㉝。五代南唐及明、清為南昌府治。明初曾一度改南昌府為洪都府，亦為府治。有瓷雕、玉雕等特產，百花洲、青雲譜、滕王閣等名勝古跡。

景德鎮　位於江西省東北部。因居昌江之東南，又名「昌南鎮」。漢時開始製陶，建城於東晉，南朝陳時已有製瓷業。宋景德 (1004～1007) 中遣官燒瓷充貢品，便以「景德窰」名聞全國。明、清在此設御器廠㉞，與佛山、漢口、朱仙鎮合稱「四大鎮」。當時景德鎮前街和後街，長達 20 里，兩旁羅列瓷店，無器不備。有高嶺山、湖田古瓷窰址、祥集弄民宅、御廠窰窰址等名勝古跡。

九江　位於江西省北部、長江南岸、廬山腳下、鄱陽湖畔。秦設九江郡；西漢始建縣，稱「柴桑」，晉以後為江州治。隋置尋陽縣，唐改潯陽縣，五代南唐改德化縣。南宋時岳飛（相州湯陰〈今屬河南〉人，1103～1142）曾在此抗擊金兵。明、清為九江府治。有甘棠湖及煙水亭、鎖江樓、能仁寺、白鹿洞書院等名勝古跡。

贛州　位於江西省南部、贛江上游章貢兩水匯合處。晉為南康郡治，隋為虔州治，南宋以後為贛州州、路、府治。有通天巖石窟、贛州城牆、鬱孤臺等名勝古跡。

蘇州　位於江蘇省南部、太湖東北。春秋吳闔閭元年（公元前 514）建為吳國都城，秦置吳縣，為會稽郡治，「有海鹽之饒，章山之銅，三江五湖之利」（《史記・貨殖列傳》）。東漢由會稽郡析出吳郡，自此歷為吳郡、吳州治。隋文帝開皇九年 (589) 吳州始更名蘇州，仍治吳縣。唐元和年間，

㉝　《白氏長慶集》卷 55。

㉞　《文房肆考》卷 3、《明史》卷 82。

「三吳者，國用半在焉」(《元和郡縣志》卷 25)，蘇州居於「三吳」之首。宋政和三年 (1113) 改蘇州為平江府，元改平江路，明改蘇州府，均為治。明宣德 (1426～1435) 後為應天巡撫駐在地，清代為江蘇省治。明、清之際，蘇州「城衡（橫）五里，縱七里，周環則四十有五里」(顧炎武：《天下郡國利病書・蘇下》)。清前期，又出現了市區向城郊擴展的情形，如閶門外的南壕，這裏明末尚屬「貨物寥寥」，並不熱鬧，後來卻到了「五方雜處」、「地值寸金」的程度。(顧公燮：《消夏閒記摘抄》中冊「芙蓉塘」條）有「蘇繡」、緙絲、「宋錦」、紅木雕刻、琢玉、檀香扇等工藝品特產，蘇州雲巖寺塔、保聖寺羅漢塑像、玄妙觀三清殿、瑞光塔、羅漢院雙塔及正殿遺址、紫金庵羅漢塑像、報恩寺塔、蘇州文廟內宋代石刻、滄浪亭、盤門、獅子林、軒轅宮正殿、寂鑒寺石殿、拙政園、環秀山莊、東山民居、藝圃、留園、網師園、寶帶橋、耦園、全晉會館等名勝古跡。

鎮江　位於江蘇省西南部、長江南岸、運河之濱，緊鄰南京。西周為宜侯封地，春秋稱「古方」，戰國稱「谷陽」，秦稱「丹徒」，三國稱「京口」，六朝稱「南徐」。隋、唐為潤州治，宋及元、明、清為鎮江府治，治丹徒。南宋建炎四年 (1130)，金兀朮（金太祖第四子，生年未詳，卒於 1148 年）南侵回師，宋將韓世忠（延安綏德〈今屬陝西〉人，1089～1151）率愛國將士 8000 人在此地去建康（今南京）的黃天蕩浴血奮戰 48 天，夫人梁氏親自擊鼓助陣，金兵 10 萬為之喪膽。有香醋、肴肉、醬菜、刀鱭、鰣魚等特產，金山、焦山、北固山、焦山碑林、昭關石塔等名勝古跡。

揚州　位於江蘇省中部、長江北岸。大運河經此，與鎮江隔江相望。昔稱「廣陵」。自古為淮鹽總匯，元置兩淮都轉鹽運使司，明、清沿之。漢初吳王劉濞建都於此，轄 3 郡 53 城。隋開皇九年 (589)，改吳州為揚州，治江都，含今揚州市城區。唐為對外貿易港口，經濟、文化，都異常繁榮，所謂「揚一益二」(洪邁：《容齋隨筆》卷 9)，「天下三分明月夜，二分無賴是揚州」(徐凝：《憶揚州》) ㉟。元為揚州路治，明、清為揚州府治。清初順治二年 (1645)，清軍南下，明史可法（河南祥符〈今開封〉人，1602～1645）督師揚州，率全城軍民堅守孤城，夏曆四月二十五日城破後，被屠城 10 日，史稱「揚州十日」。由於鹽業和漕運的發展，清代揚州又迅速恢復了繁華。揚州的緞子街，經營的都是綢緞鋪；北門橋和虹橋地段，則集

㉟　《全唐詩》卷 474。

中了許多酒肆茶樓。宋邢昺《爾雅疏》卷 7 解釋揚州得名的由來，引前人之語說：「江南其氣燥勁，厥性輕揚。」揚州人性格比較張揚，表現為崇尚財富而不作諱飾，其實這也是中國古代工商業走在前頭城市風俗的共同特點。㊱有醬菜、玉器、漆器、絨絹紙花等特產，瘦西湖、揚州城遺址、普哈丁墓、史可法墓、何園、个園、蓮花橋和白塔、吳氏宅第、揚州大明寺、小盤古等古跡。

常熟　位於江蘇省南部、北臨長江。商末稱「句吳」。西晉置海虞縣，南朝蕭梁改常熟縣。城內有琴川河，西北隅有虞山伸入，向稱「七溪流水皆通海」，「十里青山半入城」（沈似潛：《過海虞》）㊲。常熟花邊非常有名。有昭明太子讀書臺、崇教興福寺塔、黃公望墓、趙用賢宅、彩衣堂等古跡。

徐州　位於江蘇省北部。相傳堯封彭祖於此，春秋屬宋，戰國屬楚，秦屬泗水郡。楚漢相爭期間西楚都彭城，即今徐州。西漢建楚國，東漢建彭城國。曹魏為徐州治，唐為徐州都督府駐地。明代直隸京師，清為徐州府治。自古兵家必爭，是有名的戰略要地。有雲龍山、雲龍湖、漢楚王墓群（含漢代採石廠遺址）、徐州墓群（與銅山縣共有）、戶部山古建築群等名勝古跡。

淮安　位於江蘇省北部。春秋末吳王夫差十年（公元前 486）開邗溝，此地為其北端終點，稱末口。漢置射陽縣，東晉改山陽縣，宋改淮安縣，元復名山陽縣。隋、唐至清為州、郡、府治，元、明以來為運河要邑。有青蓮崗遺址、洪澤湖大堤（與洪澤縣共有）、勺湖園、梁紅玉祠、鎮淮樓、吳承恩故居、清淮安府衙等古跡。

無錫　位於江蘇省南部、太湖北岸，京杭大運河和錫澄運河在此交匯。漢初高祖五年（公元前 202）置無錫縣，新莽改有錫縣，東漢仍復無錫縣。其地先秦產錫。有「惠山泥人」、刺繡、水蜜桃、太湖新銀魚等特產，惠山、錫山、黿頭渚、鴻山墓群、惠山鎮祠堂、天下第二泉庭院及石刻、寄暢園、泰伯墓和廟、東林書院、昭嗣堂等名勝古跡。

上海　位於東海之濱、長江的入海口。相傳戰國楚春申君黃歇曾封於此地，所以上海簡稱「申」；又因晉代今上海吳淞江（即蘇州河，古稱「吳江」、「松江」）下游的居民發明了一種竹編的捕魚工具，叫做「扈」，形成

㊱ 參見程薔、董乃斌《唐帝國的精神文明》第170～207頁，中國社會科學出版社，1996年。

㊲ 刊《康熙常熟縣志》卷 24。

「扈瀆」的地名，後來「扈」字加水旁，這是上海簡稱「滬」的由來。秦屬會稽郡，唐為華亭縣地。南宋紹興元年 (1131)，移兩浙路市舶司至秀州華亭縣，在今上海松江；咸淳三年 (1267) 於今上海外灘以東至十六浦附近的上海浦西岸設上海鎮。元至元二十九年 (1292) 設上海縣，清康熙時置江海關，以後日趨繁榮。上海的黃浦江和吳淞江，是航運要道，也是太湖主要泄水道。有福泉山遺址、玉佛寺藏北魏佛像及唐人寫經、松江唐經幢、宋興教寺塔、龍華塔、元真如寺大殿、黃道婆墓、明古松、磚雕照壁、徐光啟墓、豫園 (含清沈香閣)、清醉白池等古跡。

紹興　位於浙江省東北部、錢塘江南岸、寧紹平原西部。傳說大禹治水，在此計功行賞。春秋末越王勾踐（生年未詳，卒於公元前 465 年）七年（公元前 490）在今城區府山南麓築小城，接著又建大城，積極進行生聚教訓。後世盛傳有「臥薪嘗膽」㊳的故事，雖然頗有可以致疑的地方，但越國終於完成復國沼吳的大業，卻是事實。秦置山陰縣，漢為會稽郡治。南北朝時期，山陰的繁榮程度在富甲天下的三吳地區僅次於南都建康（今南京），而與作為建康門戶的京口（今江蘇鎮江）不相上下。隋為吳州治，其「銅鹽材竹之貨殖，舟車苞篚之婁輸，固已被四方而盈二都」（崔元翰：《判曹食堂壁記》）㊴。唐為越州治。南宋升越州為紹興府，自南宋紹興元年 (1131) 至明、清，均為紹興府治。有「紹興老酒」等特產，會稽山、鑑湖、古縴道（以上與紹興縣共有）、八字橋、呂府、大禹陵、越王臺、蘭亭、沈園、青藤書屋等名勝古跡。

寧波　位於浙江省東部沿海、杭州灣南。當甬江上游奉化江與姚江匯流處，交通方便，唐、宋以來就成為對外貿易港口。唐為明州治，宋、元為慶元府、路治，明、清為寧波府治。有它山堰、寧波天寧寺、保國寺、廟溝後和橫省石牌坊、東錢湖石刻、永豐庫遺址、阿育王寺、天一閣、鎮海口海防遺址、慈城古建築群、天童寺、白雲莊和黃宗羲萬斯同全祖望墓（與餘姚市、奉化市共有）、慶安會館等古跡。

衢州　位於浙江省西部、衢江上源。常山港和江山港在此匯合。春秋為越國姑蔑地；秦置太末縣；唐高祖武德四年 (621) 設衢州，因境內有三衢

㊳ 此語首見於蘇軾《擬孫權答曹操書》(《蘇軾文集》卷 64)；其中「嘗膽」則先見於趙曄《吳越春秋》卷 8：「(句踐) 懸膽於戶，出入嘗之。」

㊴ 《全唐文》卷 523。

山而得名。元為衢州路治，明、清為衢州府治。有爛柯山、南孔廟、衢州城牆等名勝古跡。

臨海　位於浙江省東部沿海、靈江下游。三國吳置縣，後歷為郡、州、路、府治。有巾子山、台州府城牆、桃渚城、東湖、抗倭表功碑等名勝古跡。

金華　位於浙江省中部偏西、金華江沿岸。戰國秦王政二十五年（公元前 222）置烏傷縣。東漢初平三年 (192) 為長山縣治；孫吳寶鼎元年 (266) 為東陽郡治，南朝蕭梁改東陽為金華。隋開皇九年 (589) 置婺州，治金華。元末至正十八年十二月（1359 年初），朱元璋改婺州路為寧越府，二十年 (1360) 又改金華府，金華皆為治所。清代仍為金華府治。有「金華火腿」等特產，北山（雙龍、冰壺、朝真）三洞和法隆寺經幢、天寧寺大殿等名勝古跡。

福州　位於福建省東部沿海、閩江下游。簡稱「榕」。漢初為閩越王都「冶城」所在地，唐為福建節度使治，五代為閩都，宋為福建路治，元末以後為福建省治。有脫胎漆器、雨傘、角梳、瓷雕等特產，崇妙保聖堅牢塔、華林寺大殿、鼓山摩崖石刻、三坊七巷和朱紫坊建築群、福州文廟等古跡。

泉州　位於福建省東南沿海、晉江下游北岸。周屬東越；秦屬閩中郡；漢初屬閩越國，武帝以後屬會稽郡。唐景雲二年 (711) 改武榮州置泉州，治晉江，治所在今泉州市城區。宋元祐二年 (1087) 置市舶司，南宋和元是全國最大的對外貿易城市、東方第一大港、海上絲綢之路的起點；城南有蕃坊，為阿拉伯商人聚居區。元至元十四年 (1277) 設行宣慰司兼行征南元帥府事，越年改宣慰司為行中書省，後又改泉州路，均為治；明、清為泉州府治。有清淨寺、青源山老君巖造像、九日山摩崖祈風石刻、開元寺、洛陽橋、泉州府文廟、德濟門遺址、泉州港古建築 (與石獅市共有)、伊斯蘭教聖墓、泉州天后宮等名勝古跡。

廈門　位於福建省東南沿海。明於同安縣嘉禾嶼築廈門城，鄭成功（福建南安人，1624～1662）據此時置思明州，清改廈門廳。有文昌魚、龍眼、文旦柚、晚白柚、漆絨雕、人造花等特產，鼓浪嶼、南普陀、萬石巖、集美鰲園等名勝。

漳州　位於福建省南部、九龍江下游。南朝蕭梁設龍溪縣；唐垂拱二年 (686) 分泉州置漳州，乾元 (758～760) 初移治龍溪，治所在今漳州市城區；元、明、清為漳州路、府治。唐代陳元光（河南固始人，生卒年未詳）對開發漳州做出過重大貢獻，後來漳州先民大批遷居臺灣，現在臺灣的「開漳聖王」陳元光廟超過 300 座。漳州的薌劇，其前身是臺灣的歌仔戲。漳州盛產柑橘、柚子、香蕉、鳳梨、龍眼、荔枝等水果，特產水仙花、樟腦、蜜餞。有芝山、江東橋、漳州府文廟大成殿、漳州林氏宗祠、漳州石牌坊等名勝古跡。

長汀　位於福建省西部、汀江上游。西晉置縣，唐至清為州、郡、路、府治。有新石器時代遺址、雲驤閣、朝斗巖等名勝古跡。

廣州　位於廣東省中部、珠江三角洲北部、西北東三江匯合處。相傳遠古時代，南海有 5 位仙人，各騎一羊，帶著五穀良種來廣州，所以廣州又簡稱「穗」，別稱「五羊城」。廣州還有「花城」之稱，這裏萬紫千紅，終年彌漫著花的芳香。秦置番禺縣，為南海郡治；東漢末為交州治；三國吳永安七年 (264) 分交州設廣州，治番禺。漢代「中國往商賈者，多致富焉」（《漢書・地理志下》）。唐為嶺南道治，又置市舶司，為外商海舶湊集之地，「外國之貨日至，珠、香、象、犀、玳瑁，奇物溢於中國，不可勝用」（韓愈：《送鄭尚書序》）㊵。唐乾符六年 (879)，黃巢（曹州冤句〈今山東曹縣西北〉人，生年未詳，卒於 884 年）領導的起義軍攻克此地。五代時南漢定都於此。元以後為廣州路、府治，廣東省治。清代廣州被譽為「金山珠海，天子南庫」（屈大均：《廣東新語》卷 15），廣州一帶所產物品，統稱「廣貨」，在國內外久享盛名。廣州的西城，「昔起樓榭，為夷人居停」（《道光香山縣志》卷 22）和「異省商人雜處」（《乾隆廣州府志》卷 10）之地；南城則「多貿易之場」（《道光南海縣志》卷 8），當地諺語所謂「西俏南富」（《廣東新語》卷 17），即是指此。鴉片戰爭前夕，廣州人口已達 100 萬左右。有白雲山、越秀山、流花湖、秦代造船遺址、南越國官署遺址及南越文王廟、南越國木構水閘遺址、懷聖寺光塔、光孝寺、南漢二陵、六榕寺塔等名勝古跡。

韶關　位於廣東省北部。城內橋梁甚多，自漢代建城以來，因其形勢險要，一向為嶺南重鎮。五代南漢為韶州治，元以後為韶州路、府治。有石峽遺址（含馬壩人遺址）、風采樓等古跡。

潮州　位於廣東省汕頭市東北部、韓江下游。晉置海陽縣；隋開皇十

㊵　《昌黎先生集》卷 21。

一年 (591) 分循州置潮州，治海陽；唐代韓愈因諫迎佛骨，觸犯皇帝，曾被貶為潮州刺史；元、明、清為潮州路、府治。有「潮州蜜柑」以及工藝品抽紗、刺繡、木雕等特產，西湖、韓山、潮州開元寺、廣濟橋、筆架山潮州窰遺址、許駙馬府、韓文公廟、己略黃公祠等名勝古跡。

肇慶　位於廣東省中部、西江北岸。漢設縣，隋置端州，北宋重和元年 (1118) 升端州為肇慶府，以後歷為肇慶府、路治。有花草席、端硯等特產，鼎福山、七星巖摩崖石刻、梅庵、肇慶古城牆等名勝古跡。

佛山　位於廣東省珠江三角洲北部。原為南海縣屬地，以產香雲紗和陶瓷器、木版年畫著名。有佛山祖廟、南風古竈高竈陶窰、東華里古建築群等古跡。

梅州　位於廣東省東部、韓江西源梅江中游。南齊中興元年 (501) 置程鄉縣，五代南漢設敬州，北宋開寶四年 (971) 改梅州，元為梅州路治，明屬潮州府，清升嘉應直隸州。號稱「客都」，是歷史上客家人的聚居中心。有竹簾畫等特產，千佛塔、八角亭等古跡。

雷州[41]　位於廣東省南部。漢屬徐聞縣地，隋置海康縣。唐貞觀八年 (634) 改東合州為雷州，治海康，即今雷州市，後歷為郡、州、道、府治。城內許多清代民居保存完好。有新石器時代遺址及雷祖祠、三元塔等古跡。

澳門　位於珠江口西側、廣州灣南端。明、清屬廣東省香山縣（今中山市）管轄。正德十一年 (1516) 開始在澳門半島設貿易站，嘉靖 (1522～1566) 末年以來成為葡萄牙向中國、日本等國家、地區進行貿易的基地，並成為耶穌會的傳教據點。16～17 世紀臻於極盛，市區「高樓飛甍，櫛比相望」(《崇禎南海縣志》卷 12)。萬曆年間，「聚澳中者，間可萬家，至十餘萬眾矣」（王臨亨：《粵劍篇》卷 3），其中「大抵西籍共六七千人」（汪庸叟：《澳門雜詩》頁 10)。鴉片戰爭後，葡萄牙又先後於咸豐元年 (1851)、同治三年 (1864) 侵佔氹仔島和路環島，面積總計達 25.4 平方千米。有澳門歷史城區等古跡。

南寧　位於廣西壯族自治區南部、西江支流邕江沿岸。東晉大興元年 (318) 置晉興縣。唐初貞觀六年 (632) 改南晉州稱邕州，為邕州、邕州都督府治。元泰定元年 (1324) 改邕州路置南寧州路，治宣化，在今南寧市城區範圍內。明、清為南寧府治。雨量充足，種植豐盛，除果品甚多外，花木

---

[41] 即海康。1994 年 4 月，海康縣改雷州市。

也很繁茂。有南湖、青山、大王灘、伊嶺巖等名勝。

桂林　位於廣西壯族自治區東北部、西江支流桂江上游。秦始皇三十三年（公元前 214）置桂林郡，可知桂林之名，所起甚早；但秦桂林郡治在今廣西桂平西南。明洪武初改靜江路為桂林郡，治臨桂，治所在今桂林市城區。此地漢武帝元鼎四年（公元前 113）設始安縣，三國吳為始安郡治，南朝梁為桂州治，明、清為桂林府治。「桂林山水甲天下」，有「三花酒」、辣椒醬、腐乳等特產，獨秀峰、疊彩山、洑波山、南溪山、象鼻山、蘆笛巖、七星巖、甑皮巖遺址、桂海碑林、靖江王府及王陵等名勝古跡。

柳州　位於廣西壯族自治區中部偏東、西江支流柳江沿岸。唐貞觀八年 (634) 改南昆州置柳州，治馬平，治所在今柳州市城區。憲宗（805～820 在位）時，著名思想家、文學家柳宗元曾被貶為柳州刺史，世稱「柳柳州」。元以後為柳州路、府治。有魚峰山、馬鞍山、駕鶴山、小龍潭、都樂巖、白蓮洞遺址、鯉魚嘴遺址、柳侯祠碑刻等名勝古跡。

貴陽　位於貴州省中部，烏江支流南明河流貫。簡稱「筑」。春秋屬牂牁國，戰國屬夜郎國，西漢隸牂牁郡。唐在烏江以南設羈縻州，貴州屬矩州。北宋宣和元年 (1119) 更矩州為貴州。元世祖至元二十九年 (1292) 設八蕃順元宣慰司都元帥府於順元城。明隆慶三年 (1569) 改程番府置貴陽府，治所在今貴陽市城區。明設新貴縣，清改貴筑縣；明、清兩代皆為貴州省治。有富麗蘋果等特產，黔靈山、花溪、扶峰山、文昌閣和甲秀樓、陽明祠等名勝古跡。

遵義　位於貴州省北部。自古以來是西南地區的軍事重鎮。春秋時分屬鼈、鰼、巴、蜀和牂牁等國，戰國時屬大夜郎國。漢置鼈縣，南朝梁廢。唐置播州，治遵義縣，「遵義」之名始自唐貞觀十六年 (642)，取義於《尚書・洪範》「無偏無陂，遵王之義」句。北宋大觀 (1107～1110) 中置遵義軍，治所在今遵義市西南。明、清為遵義府治。明屬四川，清雍正七年 (1729) 改屬貴州。有銀耳、杜仲等特產，紅花崗、芙蓉江、桃溪寺、湘山寺、婁山關、禹門山、海龍囤、宋代楊粲墓等名勝古跡。

鎮遠　位於貴州省黔東南苗族、侗族自治州北部、㵲水上游。史稱「雲貴門戶」。明置縣。有「陳年道茶」、苗侗族刺繡和藥材茱萸、天麻、三七、五倍子等特產，青龍洞、中元洞、㵲陽三峽等名勝。

大理　位於雲南省白族自治州中部、洱海沿岸。漢置葉榆縣。唐、宋時為南詔、大理等國的國都。元設大理縣，為大理路治。是唐、宋、元以來雲南地區的政治、經濟、文化中心。明、清為大理府治。有大理石、茶花、雪梨、弓魚等特產，洱海、太和城遺址、崇聖寺三塔（三塔一大兩小，大塔即千尋塔）、佛圖寺塔、元世祖平雲南碑、喜洲白族古建築群等名勝古跡。

昆明　位於雲南省中部、滇池盆地之北。三面環山，一面臨水，奇花異卉，常開不敗，是有名的「春城」。漢為穀昌、建伶等縣地。唐置益寧縣，為昆州治。元世祖至元十三年 (1276) 建雲南行中書省，置昆明縣，為中慶路治。明以後為雲南省治。有富麗蘋果、雲南白藥等特產，滇池、西山、翠湖、圓通山、惠光寺塔和常樂寺塔、地藏寺經幢、妙湛寺金剛塔、真慶觀古建築群、大觀樓、太和宮金殿、筇竹寺等名勝古跡。

麗江　位於雲南省西北部，金沙江流貫。麗江木家橋東北漾弓江左岸曾發現新人頭骨化石一具，地質年代屬更新世晚期，定名為「麗江人」。此地元屬麗江路；明洪武中改麗江路為麗江軍民府，移治通安州，即今麗江市城區和玉龍納西族自治縣。清設麗江縣。麗江古城古而幽，古而雅，古而樸，建築群完整地保持著自宋元以來形成的歷史風貌，城依水存，水隨城走，旱季無塵，雨天不濘。有藥材當歸、雲木香、鹿茸、蟲草等特產，玉龍雪山、「長江第一灣」、虎跳峽、黑龍潭古建築群、麗江壁畫、木氏土司府邸、五鳳樓、大寶積宮琉璃殿、玉峰寺、普濟寺、金龍橋等名勝古跡。

圖 10　麗江古城

建水　位於雲南省南部。縣城為南詔時所建。元初置建水千戶，後改建水州，清設建水縣。手工陶器精緻美觀。有燕子洞、文廟、雙龍橋等名勝古跡。

巍山　位於雲南省西部、禮社河上游，哀牢山貫穿。漢置邪龍縣，元置蒙化州，清改蒙化直隸廳。古城街巷呈典型的明清時代棋盤式格局，不可多得。特產雞㙡菌，有文廟、書院及眾多道教建築等古跡。

拉薩　位於西藏自治區中部、雅魯藏布江支流拉薩河北岸。全年無霧，日照充足，有「日光城」之稱。「拉薩」，藏語意為聖地，自 7 世紀時吐蕃王朝松贊幹布定都於此，向為西藏地區首府。盛產地毯、毛紡、民族服裝和旅遊、宗教用品。除知名中外的布達拉宮、大昭寺、八角街外，另有羅布林卡、藥王山、唐蕃會盟碑、小昭寺、哲蚌寺（在郊區）、色拉寺（在郊區）等名勝古跡。

日喀則　位於西藏自治區西南部，雅魯藏布江和年楚河在境內匯流。為黃教領袖班禪的駐錫地。在日喀則德欽頗章宮裏，保存有壁畫《八思巴見忽必烈圖》。離日喀則 80 多千米的薩迦，是西藏花教的起源地，也是八思巴的故鄉。日喀則特產藏靴、氈毯、馬具，精美絕倫。有建於宋元祐二年 (1087) 的夏魯寺和建於明正統十二年 (1447) 的扎什倫布寺，以及那當寺等古跡。

江孜　位於西藏自治區南部、年楚河上游。有白居寺及寺內「十萬佛塔」等古跡。

臺南　位於臺灣省本島西南部。原名「赤嵌」，為土著「赤嵌社」所在。鄭成功收復臺灣後，為東寧省承天府治。清康熙二十三年 (1684) 設臺灣縣，為臺灣府治，是臺灣地區最早興起的城市。稱臺南已在近代。有延平郡王祠、孔廟、赤嵌樓、安平古堡等古跡。

圖 11　臺南安平古堡

臺北　位於臺灣省本島北部淡水河與支流基隆河、新店溪交匯處，中心區域在臺北盆地底部。早年是平埔族凱達格蘭 (Ketagalan) 人的生活地，明初開始有漢人來此居住。本名「大加蚋」，源自土語「tagai」；後稱「艋舺」(也有作「莽甲」的)。

原來範圍約當今臺北市萬華區。清中葉鼎足臺南、鹿港，稱「一府二鹿三艋舺」㊷，估客輳集，近則福州、漳州、泉州、廈門，遠則寧波、上海、乍浦、天津以及廣東，凡港路可通，爭相貿易。「臺北」一辭，始見於當年藍鼎元《東征集》卷 6《紀竹塹埔》文，但其含義係指竹塹以北之臺灣北部而言。光緒元年 (1875) 建臺北府，「臺北」之名才正式確立。有圓山文化遺址、陽明山、北投溫泉、臺北觀音山、龍山寺、指南宮、保安宮等名勝古跡。

高雄　位於臺灣省本島西南部下段，面臨臺灣海峽南口。本為平埔族馬卡道 (Makatao) 人的居住地，土語謂「takau」，意即「竹林」，漢語音譯「打狗」(或作「打鼓」)。明、清之際，在鄭成功政權下，此地屬萬年縣。清代統一臺灣後，曾設鳳山縣治於興隆莊，就在今高雄市的左營區。17 世紀 80 年代形成港口，因地理條件優越，港闊水深，風平浪靜，但近代以前，規模一直未能擴大。日本侵占期間，改「打狗」為「高雄」，因日語「高雄」發音為「taka-o」，與「打狗」相近。有高雄港、高雄山、西子灣、半屏山、愛河、蓮池潭等名勝古跡。

海口　位於海南省東北部南渡江口。漢為瑇瑁、朱盧等縣地，開埠於宋末元初，是古代海上絲綢之路的重鎮。宋設海口浦，元設海口港，明設海口都、海口所、海口所城，清設海口商埠、瓊州口。民國十五年 (1926) 從瓊山縣析出立市，其現所轄瓊山區——即海口立市後仍一度保留的原瓊山縣，自唐至清為瓊州府治。有椰雕、海石花、天然椰子汁等特產，五公祠、邱濬故居及墓、海瑞墓等古跡。㊸

第二節　傳世名勝

本節具體談著名風景區，所謂「名勝」，主要是指以自然景色為基礎、

㊷ 參見陳孔立主編《臺灣歷史綱要》第 83 頁，九州出版社，2008 年。

㊸ 據《光明日報》海口 2007 年 4 月 1 日電（記者王曉櫻、魏月蘅），海口是中國第 103 座被國務院正式下文批准的國家歷史文化名城。而截至本年 3 月底，中國已有 107 座國家歷史文化名城，分別屬於古都型、傳統城市風貌型、風景名勝型、地方特色及民族文化型、近現代史跡型、特殊職能型、一般史跡型等 7 大類。其中近現代史跡型，本節雖破格予以著錄，惟其主要史跡，則循例未作記述。

但往往滲透著一定的人文內涵、能滿足人們某種精神文化需求的著名的地域空間綜合體。

中國古代並沒有「風景區」這個名稱，但古人實際上已經開發了許多風景區，其中主要是城郊風景區和名山風景區。並且有不少風景區，當時雖未及開發，可是後世的開發，亦不能沒有歷史上的淵源。本節談中國古代風景區，由於篇幅的關係，僅限於部分地介紹上述兩類風景區和若干水文風景區；對其他風景區，只好暫時擱置起來了。

一　城郊風景區

西安驪山　驪山在西安城東，林木蒼鬱，遠遠望去，狀如一匹青色驪馬，「驪山」之名，由是而得。周、秦、漢、隋、唐王朝皆在驪山修離宮，論規模要算唐玄宗所修華清宮，自山麓至山頂都屬華清宮宮苑範圍。「驪宮高處入青雲」（白居易：《長恨歌》）㊹，「長安回望繡成堆」（杜牧：《過華清宮絕句三首》其一）㊺，這是何等的氣派！華清宮的華清池溫泉水溫度在 43°C 左右，屬中性硫酸氯化物鈉性水，據測定，每 L(l) 驪山溫泉含二氧化硅 44mg、氟離子 700mg、鎂離子 8.6mg、硫酸根離子 276.99mg、碳酸氫離子 221.44mg、氡氣 63.5 埃曼，這些均達到醫療用水的標準。古人對其醫療價值早已有所認識，「於是殊方跋涉，駿奔來臻，士女曄其鱗萃，紛雜遝其如絪」㊻，東漢張衡的《溫泉賦》記錄了當時人們從四面八方趕來浴療的盛況。驪山東麓有秦東陵；北麓有秦始皇陵和兵馬俑坑；西北不遠處，有姜寨母系氏族社會村落遺址；東北有鴻門宴遺址。山頂烽火臺，傳為周幽王舉烽火戲諸侯處，斯人雖去，陳跡猶在，可資鑒戒。

洛陽伊闕　伊闕山在洛陽城南，也叫「龍門山」，係由西向東延伸的熊耳山之分支。此分支至龍門突然斷裂，伊水切谷中流，形成天然門闕。所謂「洛都四郊山水之勝，龍門首焉；龍門十寺觀遊之勝，香山首焉」（白居易：《修香山寺記》）㊼。西岸即為龍門山的主體，山勢陡峭，自北魏開鑿

㊹　《白氏長慶集》卷 12。

㊺　《樊川文集》卷 2。

㊻　歐陽詢輯《藝文類聚》卷 9《水部下》、《張河間集》卷 3、徐堅《初學記》卷 7《地部下・驪山湯第三》「如絪」皆作「如烟」。

㊼　《白氏長慶集》卷 68。

佛教石窟，龍門現有窟龕 2137 個、佛像 9.7 萬餘尊、碑刻題記 3680 種，大部分在西岸，其中小型的占絕對優勢，這應當與石質堅硬的奧陶紀灰岩有關。龍門佛像表情生動，刀法精細，召來了絡繹不絕的朝拜者。東岸就是香山，以香山寺著名，白居易居洛陽 18 年，自號「香山居士」，去世後即葬香山琵琶峰上。

南京鍾山 鍾山在南京城東，因山岩暴露處，陽光照耀，遙觀之呈紫金色，故又稱「紫金山」。由於地處南北植物引種過渡帶，所以植被品種繁富，鬱鬱蔥蔥，昂藏有態。相傳蜀漢諸葛亮論南京地理形勢，特別強調此山的軍事意義，認為它像龍一樣地盤在老虎似踞著的石頭城旁，南京真是「帝王之宅」（《太平御覽》卷 156 引晉張勃《吳錄》），從此「龍盤虎踞」幾成特指南京的專用詞。南京山丘起伏，鍾山為諸山之骨架，與玄武湖相接，湖山輝映，倍顯魅力。鍾山南麓的明孝陵，為明太祖朱元璋墓，墓前石人、石獸群，氣勢磅礴；東南坡靈谷寺的無量殿，建成於明初洪武十四年 (1381)，構架別致，沒有梁柱，都是特別有名的文物古跡。1929 年 6 月 1 日，中國國民黨葬總理孫先生於此，但這已是本書範圍以外的事情了。

北京皇家宮苑 金代皇城西部，有同樂園；東北郊二三千米外，有瓊華島。元代曾在瓊華島的周圍對岸造皇帝的大內、太子的隆福宮和皇太后的興聖宮。三宮鼎立，中間的湖泊按照傳統稱「太液池」，亦稱「西華潭」，明稱「金海」。明代沿用元大內的舊址而稍向南移，營建紫金城。紫金城後三殿（乾清宮、交泰殿、坤寧宮）北通御花園。出紫金城北門（玄武門，清代改稱「神武門」），有人工堆築的萬歲山，俗稱「煤山」。紫金城午門前方御道兩側，分別布置了太廟和社稷壇。在太液池南端，又增開南海。此外還在南郊興建了天壇和山川壇（後改稱「先農壇」）；其後又在東郊、西郊和北郊，分別興建了日壇、月壇和地壇。早在元代，北京西郊海淀的天然湖泊，已成為都下文人遊覽的場所，雅其名叫做「丹稜沜」。明代貴族武清侯李偉在海淀修建了清華園。到了清代，海淀一帶園林的興建達到了鼎盛期。康熙帝一馬當先，在清華園舊址上修建了暢春園，又在暢春園之北新建圓明園，親題額賜給皇四子胤禛，並陸續修建了長春園、綺春園（後改稱「萬春園」）；另在瓮山（今萬壽山）、玉泉山和香山分別興建了清漪園、靜明園、靜宜園。以上都是皇帝的夏宮。其中圓明園堪稱「萬園之園 (Jardin des jardins)」（巴德尼：《致達沙》）㊽。圓明園開闢於康熙四十八年 (1709)，

圖 12 被毀後的圓明園西洋樓

乾隆年間更進行了大規模的擴修。現在所說的圓明園，包括緊相毗連的長春園和萬春園，面積總計 3.47 餘平方千米。康熙以後諸帝，不僅長期居住在圓明園，還在圓明園設有朝署值衙，舉行重大國務活動。圓明三園共有景點 100 多處，雖由人造，宛自天開。布局模仿江南名園，以水景為主，水面縈繞和陸地交錯，多作小面積分割。而建築風格又各有特色：圓明園建築物分布有嚴格的中軸綫；長春園有西洋巴洛克 (baro-que) 式樓閣和噴泉等西工建築；綺春園水陸規劃較為自由，建築意匠趨於小巧玲瓏。三園在湖溪、山石、殿閣、臺榭之間栽種無數珍貴花木，並保存大量的歷代文物精華。雨果 (Victor Hugo, 1802～1885) 在《致巴特雷上尉的信》中，把圓明園和雅典的巴黛農神廟、埃及的金字塔、羅馬的競技場、巴黎的聖母院分別作為東、西方藝術的代表，他盛讚圓明園是「絕無僅有，舉世無雙」的「夢幻藝術」「傑作」。㊾可惜後來遭到英法聯軍 (1860)㊿和八國聯軍 (1900) 的兩次浩劫，一代名園，從此再也難以恢復了。至於清漪園，後來亦為英法聯軍所毀，清末光緒十四年 (1888)，慈禧太后挪用海軍經費，重修為頤和園。

杭州佳勝　杭州佳勝，在於西湖。西湖本來是與錢塘江相連的淺灣，後因泥沙淤塞，出口被隔斷而形成內湖，歷史上曾名「武林水」、「金牛湖」、

㊽ 《耶穌會士通訊集》第 12 冊，1743 年。

㊾ 參見曹讓庭《雨果——全世界被壓迫民族和人民的忠誠朋友》，《法國研究》1985 年第四期。

㊿ 據說 1860 年 10 月 18～19 日焚毀圓明園係英軍所為。參見耿昇《孟斗班與第二次鴉片戰爭——新公布的檔案文獻揭露英軍焚毀圓明園之真相》，《學術月刊》2006 年第一期。

「明聖湖」、「錢塘湖」、「西子湖」。由於在杭州城西，故通稱西湖。西湖從唐代起，就以其迷人的景色吸引四方遊客。唐代大詩人白居易和宋代蘇軾，對美化西湖，都下了很大的功夫。但據最新研究表明，如今的白堤，很可能是當年重修蘇堤的一段；如今的蘇堤，則亦非蘇軾所造。51蘇軾造的，不久即遭政敵「呂惠卿奏毀之」（王象之：《輿地紀勝》卷 2）。到了清代，在康熙、乾隆諸帝的著意經營下，西湖形成了「蘇堤春曉」、「平湖秋月」、「柳浪聞鶯」、「花港觀魚」、「雙峰插雲」、「三潭印月」、「曲院風荷」、「斷橋殘雪」、「南屏晚鐘」、「雷峰夕照」等十景。西湖畔飛來峰下的靈隱寺，始建於東晉咸和元年 (326)，林木茂密，殿宇壯觀。又有岳飛、于謙（浙江錢塘〈與仁和同治今杭州〉人，1398～1457）墓可供憑弔，文瀾閣藏書可供觀覽。其他名人墓葬，古代碑碣，不可勝紀。蘇軾讚美西湖的美麗景色，說是「水光瀲灩晴偏好，山色空濛雨亦奇。欲把西湖比西子，濃粧濃抹摠相宜」（《飲湖上初晴後雨》之二）52。真是有此景方足當此詩！杭州還有錢塘江的江景也很有名。白居易《憶江南》詞云：「江南憶，最憶是杭州。山寺月中尋桂子，郡亭枕上看潮頭。何日更重遊?」53白居易懷念旖旎的江南風光，最不能忘懷的是杭州，他舉了郡亭看潮為例，足見錢塘江潮給他的印象太深了。總之，杭州挾西子、錢塘之美，如果要選舉中國的風景城市，實在當之無愧地可以坐上頭把交椅。

蘇州園林 中國古典園林，發展到清代，首推北京圓明園，其次則為頤和園和承德的避暑山莊，但是可榮獲「園林城市」桂冠的，卻還推蘇州。蘇州以擁有眾多的園林馳名中外。在清代，已有名園 200 餘處。其中歷史最悠久的，莫過於滄浪亭和拙政園。滄浪亭在蘇州城南，五代時為吳越中吳軍節度使孫承祐的別墅，後易主北宋詩人蘇舜欽，始建亭，取《楚辭・漁父》「滄浪之水清兮」句義，命名為「滄浪亭」。南宋時為抗金名將韓世忠住宅，元代改為庵堂，明代復建並恢復舊名，歸有光曾為之作記。清康熙間巡撫宋犖重建，奠定布局，成為後來的基礎。此園中疊假山，建築皆環山布置。登山小徑曲折清幽，徑旁樹木蔥鬱，翠竹成林，滄浪亭即在山

51 《蘇堤並非蘇東坡所造》，《江南遊報》1999 年 7 月 7 日訊。

52 《蘇軾詩集》卷 9。

53 《白氏長慶集》卷 34。「憶」字俞平伯《唐宋詞選釋》作「望」，見該書目錄第 2 頁和正文第 18 頁，人民文學出版社，1979 年。

圖 13　蘇州網師園池西風來月到亭和濯纓水閣

頂。山周圍有明道堂、清香館、五百名賢祠，另有藕香水榭、聞妙香室、瑤華境界等景觀，皆自成院落。拙政園在蘇州婁門內，初為唐陸龜蒙住宅，元代為大宏寺，明王獻臣改建為別墅，取晉潘岳《閑居賦》「灌園鬻蔬……此亦拙者之為政也」[54]語意，命名為「拙政園」。乾隆時曾改名「復園」。此園面積達 70 餘畝，水面占 3/5 左右。園內三十一景，主要建築推見山樓、遠香堂、玲瓏館、鴛鴦廳等，大部分皆臨水。亭臺樓閣參差有致，山徑廻廊曲折起伏，古木參天，綠竹成林，結構緊湊，素雅宜人。蘇州其他園景，也皆富有特色。如寒山寺，唐人張繼《楓橋夜泊》詩云：「月落烏啼霜滿天，江楓漁火對愁眠。姑蘇城外寒山寺，夜半鐘聲到客船。」[55]寒山寺以此聞名中外。大凡到蘇州的遊客，沒有兩三天的時間，是不能全攬奇勝的。

桂林山水　桂林簪山、奇石、帶水、幽洞，可稱盡岩溶地貌之極致。中國岩溶分布很廣，類型眾多，以岩溶為基礎構成的風景名勝區，如肇慶七星巖、雲南路南石林、北嶽恆山，皆其尤享盛名者，而桂林則更有代表性。桂林山水之美，主要在於山、石、水、洞以及亞熱帶植被的有機結合，自南宋末年以來，即以「甲天下」（李曾伯：《重修湘南樓記》）[56]馳譽宇內。從桂林向東南蜿蜒而去的灕江，澄碧如鏡，處於萬山叢中，沿途景物有 300 多處。或值薄霧輕煙，乃至細雨濛濛，「煙雨灕影」──灕江、峰影、漁舟、翠竹、榕樹，層層如錦，就會越發令人如醉如迷了。而沿灕江而下，便到了陽朔。所謂「桂林山水甲天下[57]，陽朔堪稱甲桂林，羣山倒映山浮水，無水無山不入神」。陽朔城外群山環抱，如蓮瓣開放。附近著名景點有書僮

[54] 《文選》卷 16。

[55] 高仲武編《中興間氣集》題作《夜泊松江》，蘅塘退士《唐詩三百首》收入卷 8。

[56] 刊《嘉慶臨桂縣志》卷 18。

[57] 據近年考古發現，知道這句足以抵得一部詩集的名言，是南宋嘉泰元年 (1201)，時任廣南西路提點刑獄公事的慶元（治今寧波）人王正功所作。

山、榕蔭古渡、穿巖山和月亮山等。在陽朔登高遠眺，可見山水競秀，雲蒸霞蔚；鳥瞰則房舍街道，錯落有致。桂林又有中唐以前的摩崖造像200餘尊、晚唐摩崖造像293尊、宋代摩崖造像96尊、歷代摩崖碑刻僅位於城區者2000多處。而山村、水寨、田園、人家，散處其間，又可見此地仍然充滿著人間煙火。

秦皇島的北戴河和山海關　北戴河在今秦皇島市西南，山海關在秦皇島市東北。北戴河海濱，背依聯峰山，南臨渤海，海岸漫長曲折，灘面平緩，沙軟水清，是一處優良的海水浴場。聯峰山岡嶺連屬，松柏繁茂，奇峰異石，或拔然天際，或直插蒼海；山上有南天門、通天洞、駱駝石、老虎石、觀音寺、鷹角亭等古跡。登聯峰山蓮花石觀濱海景色，水天一碧，風帆片片，松風海濤，交響成樂。山海關建於明初洪武十四年(1381)，北依燕山，南臨渤海，山海關之名由此而得。當時大將軍徐達（濠州〈治今安徽鳳陽東北〉人，1332～1385）在此設防，關口為高12米的長方形城臺，臺上築箭樓，有兩層檐，上為九脊歇山頂，上層檐下高懸「天下第一關」匾額，乃明代進士蕭顯墨跡。登樓觀景，南眺渤海，煙波浩渺，北望長城，龍騰雲山。出關約7千米有望夫石，相傳為孟姜女哭長城之處。

承德的避暑山莊和外八廟　避暑山莊清代又稱「承德離宮」和「熱河行宮」，在今承德城區北部，始建於清康熙四十二年(1703)，乾隆五十五年(1790)竣工，面積5.6平方千米，有建築物110多處，是中國現存最大的帝王宮苑。整個山莊，分宮區和苑區。宮區在南部，宮殿全由青磚素瓦建成，院內古松疊翠，環境清幽。苑區是園林風景區，又分湖區、平原區和山區3部分。湖區主要模仿江南名園；平原區當年曾是綠草如茵、麋鹿成群的地方；山區有如天然畫屏，與湖光互相輝映。山莊西部有文津閣，原藏《四庫全書》和《古今圖書集成》各1部。山莊地勢高峻，氣候清涼，確是避暑勝地。外八廟包括建於清乾隆二十年(1755)的普寧寺、建於清乾隆三十一年(1766)的普樂寺、始建於清乾隆三十二年(1767)歷時4年才建成的普陀宗乘之廟、建於清乾隆四十五年(1780)的須彌福壽之廟和殊像寺、溥仁寺、普佑寺、安遠廟等8座寺廟，吸收了漢、滿、藏、蒙古等民族的藝術文化特點，巍峨壯觀，光彩奪目，不失為宗教建築藝術的典範。

歷史上早就知名的城郊風景區，尚有重慶的縉雲山、長沙的嶽麓山、廣州的白雲山等，無論就規模和特色而言，都是不同尋常的。

二　名山風景區

東嶽泰山　泰嶽淩駕於陀河平原、齊魯丘陵之上，主峰玉皇頂海拔 1532.7 米[58]。由於地質構造上共斷塊的隆起，泰山上升，陀河平原下陷，相對高度竟達 1360 多米，大有「天下雄」之勢，所以被古人視為是直通帝座的天階。《尚書・舜典》說舜「歲二月東巡守，至于岱宗，柴，望秩于山川」。後世帝王封禪泰山成為制度，使泰山居於五嶽獨尊的地位。其他 4 嶽，帝王一般不親臨，只派臣工代祭。泰山「天階」共 6293 級，沿途三里一旗杆，五里一牌坊，另有一天門、中天門、南天門和其他各種因山就勢而分列的建築，造成一種步步升天的氣勢。南天門又稱「三天門」，建成於元代中統五年 (1264)。進入南天門後，山頂「仙界天府」，奇峰異石，瓊花瑤草，雲霧中隱約著巍峨的宮觀。泰山與道教有密切的聯繫，自宋真宗封碧霞元君後更盛極一時。歷史上孔子和孟子都曾在泰山留下足跡。東漢學者應劭的《泰山封禪儀記》，是現存最早的泰山遊記。在泰山的文化遺跡中，還有大量的碑碣摩崖，據近年調查，共 1837 處。泰山無論從時間或空間來說，都包含著極其豐富的內容。在中國人心目中，泰山是至高無上的。

圖 14　泰山玉皇頂

西嶽華山　華嶽崛起於黃河和渭河之濱，勢蓋秦川，有「天下險」之譽。「遠而望之，又若華狀」(《水經注》卷 19)，所以名「華山」；又因其西有少華山，故亦稱「太華山」。主峰高程 2154.9 米，有蓮花（西峰）、落

[58] 2007 年 4 月 28 日，國家測繪局和建設部在國務院新聞發布會上聯合公布了泰山、華山、衡山、恆山、嵩山、五臺山、雲臺山、普陀山、雁蕩山、黃山、九華山、廬山、井岡山、三清山、龍虎山、嶗山、武當山、青城山、峨眉山等 19 座風景名山的山峰高程數據，採用正常高系統，精確度達小數點後一位，茲遵用之。

雁（南峰）、朝陽（東峰）、雲臺（北峰）、玉女（中峰）等峰。山形突兀，壁立如削。西嶽廟位於華山北麓，始建於漢武帝時期。玉泉院亦在華山北麓，為登山谷口，相傳此院為五代道士陳摶所建。由玉泉院登山，至青柯坪谷道已盡，俗諺說「自古華山一條路」，主要是指從青柯坪往主峰攀登的險道。青柯坪海拔 1125 米，既是登山路途之半，亦是海拔高度之半。此坪為一較開闊的山谷臺地，其下是峽谷，其上是西峰，兩地水平距離只有六七百米，而高差竟達千米。攀登這千米危崖，須經五大險道和無數小險處。及至華頂，恍如置身太虛幻景，外險內幽，一切險景都看不見了。華頂有鎮嶽宮，西登百米便是西峰。近處有巨石中裂，狀若斧劈，傳為《寶蓮燈》中沉香劈山救母處。南峰略高於西峰，是華山頂峰。登南峰要通過一段「長空棧道」，是華山最險的通道，它懸於垂壁，上覆危崖，下臨深淵，非勇敢沉著者不能過此。華山登道，幾乎無路不險，無險不路，卻又險而不危，只要勇於攀登，就能享受無限風光。

中嶽嵩山　嵩嶽挺立於河南省登封市境內，由東部的太室山和西部的少室山組成，主峰峻極峰，高程 1494.7 米。相傳堯時稱「方山」，夏時稱「崇山」，春秋時稱「嵩山」、「大室」、「嶽山」等；漢武帝封五嶽後，稱「嵩山」。696 年，武則天登嵩山封太室、禪少室，改元「萬歲登封」。此山介於古都洛陽和開封之間，形勢險要。主要人文景觀，有中嶽廟（廟中有相繼建成於 118～125 年間的「漢三闕」）、嵩嶽寺、法王寺和由始建於北魏太和八年 (484) 的嵩陽寺改建而成的嵩陽書院。始建於北魏太和十九年 (495) 的少林寺，是中國少林武術的發源地。嵩山東南麓的告成古鎮有周公觀星臺等古跡。

南嶽衡山　衡嶽凝翠於湘江之濱，南自衡陽的回雁峰，北至長沙的嶽麓山，綿延 400 千米，主峰祝融峰高程 1300.2 米。此山植被濃密度很高，峰巒溪谷之間，有方廣寺之深，水簾洞之奇，藏經殿之秀。方廣寺在蓮花峰下，始建於蕭梁天監二年 (503)，寺居幽谷中，澗水潭瀑，交響並作，益顯寺之幽深；水簾洞在紫蓋峰下，水由山頂流下，經山洞匯入石池，石池水滿溢出，垂直下瀉，形如水簾，堪稱奇絕；藏經殿在赤帝峰下，相傳南朝陳廢帝妃曾來此避亂學佛，附近花草芬芳，古木疊翠，異常秀美。南嶽廟位於南嶽鎮，始建於唐開元十三年 (725)，內外有石柱 72 根，象徵南嶽七十二峰。南嶽祝融峰上有祝融殿，砌石牆，覆鐵瓦，祀火神祝融。南嶽又是佛教的名山，除方廣寺外，還有佛教聖地福嚴寺，始建於陳光大元年(567)，寺旁銀杏樹，是當時舊物；又有被稱為祖源的磨鏡臺，被日本曹洞宗視為祖庭的南臺寺。南嶽的學術空氣也很濃，宋代以來，相繼創建了鄴侯、清獻、文足、南軒、甘泉、白沙、集賢等有名的書院。

北嶽恒山　恆嶽威鎮於山西渾源城南6千米外，主峰玄武峰，又名天峰嶺，高程2016.1米，其西為翠屏山，東西雙峰對峙，渾水從中流過，是控關帶水的絕塞，歷來為兵家所必爭，有許多關隘、城堡、烽火臺等古戰場遺跡。天峰嶺上松柏參天，古代有懸空寺等勝景18處。懸空寺今尚存，在嶺下金龍口西崖峭壁上，創建於北魏晚期，係鑿穴插懸梁為基，整個建築皆為木質結構。天峰嶺東側石窟內的北嶽寢宮，背依懸崖，下臨深谷，亦是奇構。此外，北嶽廟、會仙府等，並皆以氣勢莊嚴著稱。

金五臺　五臺布列於山西省五臺縣北部，東臺望海峰、西臺掛月峰、南臺錦繡峰、北臺叶斗峰、中臺翠巖峰；主峰北臺叶斗峰高程3061.1米。五臺西北高而顛連，東南低而開口，臺內有臺懷鎮。五峰上下，臺內臺外，山青水秀，氣候涼爽，而寺宇如林。顯通寺在臺懷鎮北，始建於東漢永平(58～75)年間，面積8萬餘平方米。中軸綫七進三路布局，無一雷同。顯通寺北靈鷲峰上建有菩薩頂，相傳文殊菩薩曾在此居住，亦名「大文殊寺」，丹牆黃瓦，金碧輝煌。顯通寺南側有塔院寺，寺內舍利塔又稱「白塔」，巍然凌空，異常壯麗，為五臺山之標誌。五臺山的寺廟分青廟、黃廟兩種，青廟住僧尼，黃廟住喇嘛。在五臺山眾多的寺廟中，建於唐代建中三年(782)的南禪寺大殿和建於唐代大中十一年(857)的佛光寺大殿，均為中國現存最早的木結構建築。五臺山是佛教供奉文殊菩薩的道場，歷代佛事活躍，唐、宋以來，日本、尼泊爾、印度尼西亞等國的佛徒也常來進香朝拜。

銀普陀　普陀置身於東海舟山群島上，是一座島嶼，面積只有12.5平方千米，頂峰高程286.3米。《華嚴經》有善財參觀音於普陀洛伽之說，「普陀」為梵語“Potaraka”的音譯，與「布達拉」同。五代後梁貞明二年(916)，日本僧人慧鍔自五臺山請得觀音像準備歸國，途經普陀山為大風所阻，遂於紫竹林造寺供觀音像，以後寺院相繼興建，其中以始建於北宋元豐三年(1080)的普濟寺（亦名「前寺」）、始建於明代萬曆八年(1580)的法雨寺（亦名「後寺」）和始建於明代的慧濟寺（亦名「佛頂山寺」）最為著名。從南宋嘉定七年(1214)起，普陀山被規定供奉觀音菩薩，普陀的「南海觀音」

在中國盡人皆知。海是普陀景觀的基礎，未到普陀先入海，登上普陀四面見海，許多景色都離不開海，如「東海觀日出」、「潮湧金沙」、潮音洞、梵音洞等。島是普陀景觀的基礎，珞迦島為普陀的天然侶伴，無論在教義上、構景上，都早已與普陀聯成一體。登上菩薩頂，環視四周，除了東方極目東海和太平洋無島嶼外，其餘各方，都有大小島嶼，遠近有致，如碧蓮出水，信為天工。普陀慧濟寺南有「海天佛國」4 個字的石刻，用這 4 個字來作對普陀山的評語，真是最恰當也沒有了。

銅峨眉　峨眉舒展於四川盆地西南沿樂山地區，從宏觀形態看，雲鬟凝翠，鬢黛遙妝，有如螓首蛾眉細而長，向稱「天下秀」。此山山勢蜿蜒，重巒疊嶂，主峰萬佛頂高程 3079.3 米，由山麓至頂峰約 50 餘千米。山中因高度不同，有寒、溫、熱 3 帶之氣候，鹼、中、酸 3 性之土壤，上、中、下不同之降雨量，形成非常豐富的動植物資源，單珍稀樹種，就達 100 多種，使人聯想到湖北神農架的原始森林。自佛教在中國鼎盛以來，此山就成了佛教的名山，供奉普賢菩薩，現存比較完整的寺廟還有 10 多座。報國寺為進山第一座寺院，周圍楠木高聳，但寺頂不存敗葉。寺內有明代永樂十三年 (1415) 彩釉瓷佛一尊，高 2.4 米，極為名貴。峨眉山次峰金頂景區冷杉參天，花草鋪地，杜鵑林夾雜其間，瑰麗無比。金頂臥雲庵旁的捨身崖，每當晴日過午，遊客平眺還可見雲際有外紅內紫的彩色光環，中間顯現出本人身影，且人動影隨，人去環空，如果幾個人在一起，則能看到幾個人的身影，此即峨眉光，是屬自然界的特異景觀，在古代被當做是「佛光」、「寶光」；峨眉山又有喜歡與人嬉戲的靈猴和鳴聲富於音樂感的彈琴蛙，因此關於峨眉山的各種神奇的傳說也就特別多。峨眉山景區還有樂山大佛。該大佛在岷江、青衣江、大渡河交匯處的棲鸞峰，唐開元元年 (713) 由海通和尚倡議開鑿，至貞元十九年 (803) 完成，高 58.7 米，體態魁偉，面相慈祥，為世界石佛像之特別莊嚴者。

鐵九華　九華橫絕於長江和青弋江匯流的平原上，唐以前稱「九子山」、「陵陽山」、「幘山」，大詩人李白「削其舊號，加以九華之目」(《改九子山為九華山聯句序》) ⁵⁹，從此稱為九華山。有大小山峰 99 座，其中十王峰高程 1344.4 米，為群峰之冠。此山呈南北走向，在長江上遠看如一道翠屏。「閔園竹海」是九華山的著名景觀，海拔 800 米以下為竹，800 米以

59 《李太白全集》卷 25。

上為松，竹海松濤，氣象闊大。自唐代新羅國（今朝鮮）僧人金喬覺在九華山坐化，因其肉身酷肖地藏菩薩，被認作地藏菩薩轉世，九華山就成為佛教的地藏道場，至清代一直未衰。九華山的寺廟主要集中在九華盆地，盆地海拔 600 多米，四面環山，頗有「佛國天界」的意境，比較著名的寺院有化城寺、月身寶殿、衹園寺、百歲宮、通慧庵、上禪堂、旃檀林、回香閣等。從九華街到天臺峰，風景奇秀，廟宇錯落在雲霧中，而天臺寺則為構築奇特的極頂寺廟。九華山的佛寺建築布局自然，且具濃厚的民居特色，這一點也很可注意。

匡廬天下文　廬山飛峙於長江中游南岸、鄱陽湖之畔，主峰漢陽峰，高程 1864.8 米，下臨茫茫九派，上接冥冥蒼穹，重山疊嶺，俊偉奇詭，雲霧繚繞，變幻莫測。為中國第 4 紀冰川發育的典型。山城牯嶺鎮海拔 1167 米，著名景觀有花徑、仙人洞、龍首崖、含鄱口等。此山是人文薈萃之地，有白鹿洞書院，朱熹、陸九淵、王守仁等都曾來此講學。始建於東晉太元六年 (381) 的淨土宗東林寺和秀峰寺、觀音寺、歸宗寺等叢林，更使廬山與佛教也結下了很深的緣分。歷史上有文獻可徵首登廬山的名人是司馬遷，其後王羲之、陶淵明等都接踵而至。《桃花源記》的環境構想，《歸去來兮辭》的意境，無疑都是受了廬山景觀的啟迪。「匡廬飛瀑」使李白寫下了「飛流直下三千尺，疑是銀河落九天」（《望廬山瀑布》其二）[60]的不朽名句。民族英雄岳飛，駐軍江州時，曾多次遊歷廬山，表現了他對廬山的眷戀。廬山開發很早，興起於東晉，盛於唐、宋。

黃山天下奇　黃山雄視於安徽歙縣、太平、休寧、黟縣間，共 72 座山峰，其中天都峰位於黃山東南部，海拔 1829 米，古稱「羣仙所都」，峰頂有「登峰造極」石刻，又有石室（即仙人洞）和人形石。蓮花峰位於黃山中部，高程 1864.8 米，當中主峰兀立，四周有大小山峰圍繞，形似蓮花，是黃山最高峰。光明頂也位於黃山中部，海拔 1841 米，一峰孤出，為觀賞雲海日出的勝地。天都峰之西北，是玉屏峰，有山道「一綫天」可通。一綫天極狹，仰望高空，藍天如綫，故得此名。玉屏峰上的「迎客松」，松齡已逾千年。煉丹峰在黃山中部，相傳為黃帝煉丹處。黃山西部有西海群峰，當雲霧彌漫山腰之際，無數山峰有如海中島嶼，形態各異，有「仙女繡花」、「武松打虎」等奇觀。黃山南部有九龍、百丈、人字 3 瀑布；又有凝碧潭，

[60]《李太白全集》卷 21。

是幽谷奧景。黃山峰奇，石奇，松奇，雲奇，水也奇，是一座通體皆奇的名山。

武當天下璞　武當蜿蜒於湖北省西北部，有七十二峰、三十六巖、二十四澗，峰奇岩險，澗谷幽邃。主峰天柱峰高程1612.1米。此山為道教聖地，東漢陰長生、晉謝允、唐呂洞賓、五代宋初陳摶、明張三丰等皆曾修煉於此。自古均州（治今丹江口市）城至天柱峰一綫70餘千米，分布有數十組元、明、清宮觀建築，或踞峰巒之巔，或嵌峭壁之內，或隱現於山麓、深谷、石洞之中，與地形完美結合，形象地展示了道家守璞返真、回歸自然的文化精神。其著者，首推建於明代的銅鑄鎏金金殿；稍次則紫霄、太和、玉虛、南巖、五龍、遇真六宮，復真、元和二觀。此山又為武當拳術的發源地。

青城天下幽　青城深藏於四川省都江堰市岷江峽谷之中，地處亞熱帶濕潤季風氣候區，山上林木蔥蘢，四季常青，諸峰環繞，狀若城郭，故稱為「青城」。東漢末年，道教創始人張道陵曾在此山設壇傳教，道書稱青城山為「第五大洞寶仙九室之天」。晉以後山上宮觀漸多，至唐代臻於全盛。青城山的宮觀建築，依山臨谷，取材木石，格局簡練，色調素雅，既體現了道家崇尚自然的思想，也反映了巴蜀文化灑脫、質樸的風格。青城自然景觀以幽取勝，人文景觀則以雅見長。現存主要人文景點有建福宮、「天然圖畫」、天師洞、三島石、祖師殿、朝陽洞、上清宮等。青城主峰高程1620.0米，登高一呼，眾山皆應。青城山北麓岷江對岸是中國古代偉大的水利工程都江堰，壯麗的自然景色和輝煌的人工業績互相映輝，使得這個風景區更加錦上添花。

武夷天下罕　武夷濃縮於福建省武夷山市城南，這是指狹義武夷山，面積僅60多平方千米，卻具有各種自然景觀美的形象特徵，屬罕見的自然美地帶。有夾岸森列的三十六峰，形象生動的九十九岩。主峰三仰峰海拔717米，品質精，密度大。大王峰的百丈危梯、白雲巖的千仞絕壁和接筍峰的雞胸、龍脊，險勢可敵華山諸峰。其山水的巧妙組合，尤以九曲溪最為典型，如一曲的暢曠豁達、二曲的幽谷丹崖、三曲的虹橋奇觀、四曲的秀山媚水、五曲的深幽奇險、六曲的天遊覽勝、七曲的三仰雄偉、八曲的青山奇石、九曲的錦繡平川，真是曲曲備幽奇，而由一條九曲溪盤繞貫串起來，堪稱極天工化境之妙。這裏還是全球生物多樣性保護的關鍵地區，又有「古閩族」、「閩越族」的文化遺存，更是朱熹理學的搖籃。武夷山有摩崖石刻 400 餘處，明穆宗隆慶元年 (1567) 抗倭名將戚繼光題刻：「大丈夫既南靖島夷，便當北平勁敵。黃冠布袍，再期遊山。」後人仰視，鮮有不動容起敬者！

武陵天下奧　武陵迷離於湘西山區，包括張家界、索溪峪和天子山 3 個景區，以多迷宮式的深谷和封閉式的洞穴景觀著稱。武陵源奇峰林立，峰峰拔地，或上尖下削，或上下相仿，或上大下小，其相對高度多在 100～200 米之間，形態各異，呈種種物象。並且千峰披翠，萬木崢嶸，四季花不斷，終年春常在，珍禽與異獸出沒，清泉共飛瀑爭鳴，到處都顯得生機勃勃。武陵金鞭溪、礦洞溪和索溪的「十里畫廊」等，縈迴於千峰之底，步入其間，非午時不睹日光。沿溪順谷，曲水繞峰林。若遇薄霧輕煙姍姍而來，仰觀蒼岩勁松，如剪影層疊；而壁間藤蘿，腳下彩石，兩岸花木，披露帶水，咚咚泉聲，啁啁鳥語，如夢中遊。然而登上黃獅寨或天子山，俯瞰四周萬般起伏，則又如萬叢珊瑚出於碧海煙波，深不可測。武陵溶洞中的細長石筍森立如林，使人嘆為觀止。

雁蕩天下靈　雁蕩趺宕於浙江省東南沿海，綿延數百里，主峰高程 1108.0 米。此山是環太平洋大陸邊緣復活型破火山形成與演化的典型代表，也是一座流紋岩的天然博物館，歷史上沈括、徐霞客等大科學家都曾對之作過細緻的考察。雁蕩之靈，靈在景觀豐富、變化無窮上。而尤以座落在今樂清市境內的北雁蕩為冠，有奇峰 102 座、名嶂 22 列、較大規模的瀑布 23 條、溶洞和裂隙崩塌洞不計其數。其中靈峰拔地摩天，入夜近觀之，厥狀殊類相偎的戀人；靈巖四面峰嶂壁立，為一桃源式小盆地，入口「南天門」有「淩空飛渡」；大龍湫瀑布單級落差達 190 米，居全國之最，水勢變幻多姿，清人袁枚稱其「五丈以上尚是水，十丈以下全為煙，況復百丈與千丈，水雲煙霧難分焉」(《觀大龍湫作歌》)[61]。雁蕩還有「雁湖」、「顯勝門」等景區，亦甚具靈氣。劉宋詩人謝靈運任永嘉太守（422～423）時，足跡遍及南、中、北雁蕩的山麓地帶。但雁蕩的真正開發，實始於唐；南宋雁蕩能仁寺日食遊客千餘人，可謂盛矣！

三清天下純　三清不羈於江西省東北上饒市境內，其山因玉京、玉華、玉虛 3 峰如道教所尊「三清」列坐其顛而得名。主峰高程 1819.9 米，比黃

[61]　《小倉山房詩集》卷 28。

山略低。該山與黃山相距不到 200 千米，質地相同，形態相仿，都是誕生於燕山運動的花崗岩斷塊隆起山體，向稱黃山的姊妹山。景區在相對較小的空間內，主峰高擎，群峰湧起，峰峰插天，風格奔放，以千壑萬笏、古樹名花、流泉飛瀑、雲海霧濤和第四紀冰川遺跡構成豐富的自然景觀內容，創造了獨特的美學效果。其中南清園的「巨蟒出山」、「司春女神」，就造型之逼真而言，誠天工示範的稀世傑作！與之相匹的還有梯雲嶺下的「觀音聽琵琶」，也是形神俱臻極致。三清山森林覆蓋率達 80% 以上，一年有大半雲霧天，年降雨量保持在 2000 毫米左右，濃綠重翠，氤氳吞吐，因此更顯得生機無限而神秘莫測。作為道教名山，三清山的人文景觀主要集中在山間小盆地上，有許多宋明時代的摩崖造像和三清宮、玉靈觀等道教宮觀建築。過去隨著道教的衰落，該山曾一度乏人問津，猶如空谷幽蘭，足當「純」的品評。

中國古代還有天台山（浙江）、龍虎山（江西）、嶗山（山東）、雲臺山（江蘇）等名山，也都是與上述名山不相上下的。

三　水文風景區

三峽　三峽為瞿塘峽、巫峽、西陵峽，是長江橫切巴渝、鄂西群山而成的峽谷，西起重慶奉節的白帝城，東至湖北宜昌的南津關，全長約 200 千米，最大切割深度達 1500 米。奉節小寨「天坑」的容積，以及與之毗鄰的「地縫」的長度，均堪稱世界之最。[62]三峽景觀，絕壁對峙，深谷急流，江山雄險，驚心動魄。三峽之美，在於壯偉，在於奔涌飛騰。瞿塘峽（又名「夔峽」）江濤翻滾，巫峽江流曲折，西陵峽江水迴環。巫峽有巫山十二峰和峽中峽之奇觀。巫山十二峰中的神女峰，俏麗動人。戰國楚宋玉《高唐賦》記楚懷王（公元前 328～公元前 299 在位）遊巫山，「昔者先王，嘗遊高唐，怠而晝寢，夢見一婦人」，並記下婦人臨別之辭：「旦為朝雲，暮為行雨，朝朝暮暮，陽臺之下。」[63]「巫山神女」之名於是大噪。神女峰鍾靈毓秀，在漢代果然出了個流芳百世的王昭君（即王嬙，南郡秭歸〈今屬

[62] 參見呂由《天坑地縫給你無限驚喜》，《廣州日報》1999 年 5 月 15 日。據該文稱：小寨天坑上口直徑 622 米，下口直徑 522 米，深 666 米；與天坑毗鄰的地縫，全長 37 公里（千米），寬 1～500 餘米，深 4～900 餘米。

[63] 《文選》卷 19。

湖北〉人，生卒年未詳)，也許不能算是巧合。

圖 15　神女峰

黃果樹瀑布　黃果樹瀑布在貴州省鎮寧布依族、苗族自治縣境內白水河上，共 7 股，夏季洪峰時匯成巨瀑，寬 81 米，落差 74 米，流量達 2000米^3 / 秒。急流從懸崖跌入犀牛潭中，激起陣陣浪花，水珠飛濺如同濛濛細雨，瀑布轟鳴不啻雷霆萬鈞，這是中國首屈一指的大瀑布。每當夏日，夕陽斜照，瀑布前有時會出現一道瑰麗的彩虹，整個山谷像披上一層金黃色的輕紗。瀑布對岸看水亭上，可正面欣賞瀑布壯觀，以及「峽谷回流」、「銀灘輕瀉」等景色；瀑布附近天生橋上，還有一片奇形怪狀的石林。

九寨溝　九寨溝在四川省九寨溝縣境內，周圍共 9 個藏族村寨，數十座雪峰高插雲霄，百餘個湖泊璨若明珠，鑲嵌在彩帶般的溝谷中。湖泊與湖泊之間，由於河谷高低不平如臺階，又形成許多瀑布，飛瀑流泉，有聲有色。這裏水的基調是藍，有淺藍、粉藍、深藍、鈷藍、墨藍、青藍、綠藍、碧藍、翡藍、翠藍等等，又且間雜紅、黃、紫、緋等異彩，波光閃爍，賞心悅目。不少湖泊沿岸植被未經破壞，天生麗質，沉魚落雁，其中熊貓海、野鴨池、天鵝湖等，顧名思義，皆為珍禽異獸棲息出沒的場所。與九寨溝毗連的黃龍寺景區，在四川省松潘縣境內，面對白雪皚皚的玉龍山，遍地奇花異草，彩池密布，其知名度不下於九寨溝。

富春江　富春江是錢塘江的中游，植被良好，含沙量很低，使春江美景聞名古今。「日出江花紅勝火，春來江水綠如藍」(白居易:《憶江南》)[64]，這一江透底的碧水，流經層次分明、綿延起伏的青山腳下，穿過時開時闔的平原、盆地，江上漁舟白帆，沙汀綠洲，使遠近上下的空間變化異常豐富。而兩岸富有特色的村落、小鎮，黑瓦白牆高低錯落的建築群，掩映在山水田園之間，這是元畫壓陣之作《富春山居圖卷》的真實藍本。富春江七里瀧有嚴子陵釣臺，崖壁如削，相傳東漢光武帝故友嚴子陵不願應召做

[64]　《白氏長慶集》卷 34。

官，在此垂釣自娛。「春江第一樓」是眺望江景的最好地方——春天，富春江兩岸，草子鮮紅，菜花金黃；夏天，碧江倒映青峰嶺，爽心提神；秋天，紅楊丹楓，稻浪陣陣；冬天，也仍是田疇青蔥，生機盎然。

楠溪江 楠溪江在浙江省永嘉縣境內，青山夾峙，亦江亦溪。水流所至，時而涓細如絲，時而寬闊似湖，時而湍急如峽，時而平緩似鏡。上游飛瀑，交響成樂。溪中江畔，奇峰屹立，怪石嶙峋。其中石桅巖，三面環水，一峰挺出，通體皆石，高 300 餘米，頂上有群猴嬉戲。岸邊沙灘，雜樹生花，嬌禽亂飛，撩人情思。又有「陶公洞」，為南朝陶弘景隱居處，他曾賦詩答梁武帝（502～549 在位），道是：「山中何所有？嶺上多白雲。只可自怡悅，不堪持贈君。」（《隱居貞白先生陶君碑》）[65]一方面，固然表現了詩人高潔的品格；另一方面，也讚美了楠溪江山中幽秀的自然景色，現在這個勝跡就叫「白雲嶺」。

洞庭湖 洞庭湖有始建於唐代開元四年 (716) 的岳陽樓，與武漢始建於孫吳黃武二年 (223) 的黃鶴樓、南昌始建於唐代永徽四年 (653) 的滕王閣，合稱「江南三大名樓」。在岳陽樓上觀洞庭，八百里洞庭可以盡收眼底。湖中有君山，相傳遠古舜帝南巡，死於途中，他的兩個妃子聞訊趕至君山，被水圍困，無路可走，於是扶竹痛哭，淚痕使君山的竹變成了斑竹。這是因為君山很美，人們發生這種聯想是並不奇怪的。洞庭湖東側的汨羅江，是愛國詩人屈原懷沙自沉的地方。

鄱陽湖 鄱陽湖與長江、廬山一起，在古代中國南北交通的樞紐上，構成了一幅氣魄宏大的巨景。湖口的石鐘山形如倒扣之鐘，為一石灰岩小丘，高 60 餘米，絕壁臨水，怪石崢嶸，上下溶洞眾多，風鼓浪擊，聲如洪鐘。蘇軾曾夜泊於此，留下了聲態並作的《石鐘山記》。登上石鐘山頂懸崖上的「江天一覽亭」，憑欄遠眺，浩浩長江天際流，茫茫鄱陽萬頃波，巍巍廬岳接蒼穹，天公有此大圖畫，使人一讀開心顏。

太湖 太湖煙波浩茫，西和西北群山環列，如屏如障；東和東北，則平疇中有數山突起，伸向湖中，形成許多港灣和半島；在廣闊的湖面上，錯落有致地分布著 48 個島嶼，與環湖群山相呼應。從整體上看，太湖就像神話中的瀛洲蓬萊。「浩波三萬六千頃，向暮群山溟；壟頭渚上掛橫雲，點點歸帆，唱晚漁家人。」記不清這是哪個人的詩句，太湖也有「漁舟唱晚」[66]，

[65] 《文苑英華》卷 873。

非常富於詩意。蘇州和無錫──還有浙北的著名絲綢之鄉湖州都在太湖邊，太湖是母親，蘇州、無錫、湖州是女兒，太湖的許多名勝古跡，就是分屬於蘇州、無錫和湖州的名勝古跡。太湖還輸出「宛自天開」的太湖石，為中國園林的建造提供了必要的物質條件。

洱海　洱海在大理旁，是構造湖，海拔 1974 米，與點蒼山平行展開，點蒼山計 19 座峰、18 條溪，主峰海拔 4122 米，山高水長，相襯成趣，舟行碧波上，似在天上遊。海上名景有三島、四洲、五湖、九曲；又有「上關花」、「蒼山雪」、「洱海月」等傳統景觀。

滇池　滇池在昆明南部，也是構造湖，西山隆起，滇池陷落成湖，這一起一落，形成蒼崖萬丈、綠水千尋、月印澄波、雲橫絕頂的壯麗畫面。登上南臨滇池的大觀樓，眺望西山，西山活脫脫是個體態豐滿的睡美人，睡美人那長長的一頭青絲還浸在滇池之中。大觀樓有清人孫髯翁所撰一付 180 字的對聯，上聯寫景，下聯抒情，對仗工整，情景交融，被譽為是「古今第一長聯」。春城昆明緊緊地偎依著滇池，風景這邊獨好。

天池　天池為高山堰塞湖，水面海拔 1910 米，群山環抱，海拔 5445 米的天山博格達峰聳立於湖之東南，雪峰排天，冰川綿延。湖畔森林茂密，綠草如茵，山花爛漫。由於景區高差大，形成 4 個明顯的自然景觀垂直帶。當夏日遊天池，可一目領略四季景象倒映於一池碧水之中。古來相傳，這就是王母娘娘的瑤池。

鏡泊湖　鏡泊湖在黑龍江省寧安市西南，是一座火山堰塞湖。湖面海拔 351 米，南北長約 45 千米，東西最寬處 6 千米。湖岸丘陵起伏，峰巒疊翠，植被茂密，宛如江南山水，有弔水樓瀑布、大小孤山、白石砬子、老鴰砬子、珍珠門、道士山等著名景點。

鼓浪嶼　鼓浪嶼是一座小島，與廈門隔海相望。島上花木青蔥，天風浩蕩；巨石磊磊，多呈球狀，最高的一塊叫「日光巖」，傳為鄭成功操練水師的地方，上面有「閩海雄風」、「與日爭光」等題詞。建築物有天界寺等。在天界寺的長嘯洞壁上，鐫刻著明代萬曆年間抗倭將領所題詩句。鼓浪嶼對岸為廈門的萬石巖，前人因石勒字，賦予各種頑石以藝術生命，亦屬耐人尋味的景觀。

---

66 「漁舟唱晚」首見王勃《滕王閣序》：「漁舟唱晚，響窮彭蠡之濱。」（《王子安集》卷 5）「彭蠡」，即鄱陽湖。

圖 16 阿里山之晨

臺灣島 臺灣島上有雄偉的高山、險峻的峽谷、起伏的丘陵、坦蕩的平原，還有盆地、臺地、火山、沙丘、泥岩埡地等。北部為沉降海岸，凹凸曲折，岬灣相間，形成許多奇岩怪石；南部為珊瑚礁海岸，色絳紫，在碧海白浪藍天雲影下，顯得格外艷麗；東部為斷層海岸，通天峭壁，拔海而起；西部為隆起海岸，地勢平緩。很早以來就流傳「臺灣八景」之說，是指「雙潭秋月」、「大屯春色」、「玉山積雪」、「清水斷崖」、「魯閣幽峽」、「澎湖漁火」、「祝山曉日」、「安平夕照」。日月潭在臺灣中部南投縣叢林中，古稱「水莎蓮」，是高山族原住民曹（1998 年 11 月更名為「鄒」）人的聚居地，有南、北兩潭，水面原先海拔 740 米，民國二十年(1931) 在下游山麓興建水電站，海拔增至 760 米，面積也由原先的 4.4 平方千米擴大至 7.73 平方千米。因從輪廓看來，北潭似日，南潭似月，兩潭相接，故名「日月潭」。潭中有圓形小嶼珠仔山（現名「光復島」）浮現，形成「青山擁碧水，明潭抱綠珠」的奇妙景觀。潭周圍濃翠重蔭，峰巒環繞，有文武廟、玄奘寺等古跡，氣候宜人，夏日平均氣溫僅 20°C 左右。阿里山在臺灣嘉義市以東，縱貫本島西部，近南北走向，主峰大塔山海拔 2663 米。山上紅檜，高 50 餘米，樹齡已達 3000 餘年，惜 1953 年、1956 年兩次遭雷擊起火，從此枯死。阿里山林木茂密，景色奇秀，「祝山曉日」就在此山。除日出、雲海、森林、晚霞外，在櫻花季節，山上櫻花、射干、菖蒲、森氏杜鵑、臺灣一葉蘭、石楠、毛地黃、李都會依序或同時進入綻放期，真正一望無際的花的海洋。太魯閣在臺灣中東部，橫跨花蓮、臺中、南投 3 縣。「太魯閣」(Taroko) 係高山族原住民語言，意思是「偉大的山脈」。而「魯閣」在泰雅語中，指的是桶，正好用來比喻這裏一夫足以當關的地勢。景區以峽谷和山體險峻雄偉、深邃壯麗的組合為地形特色：自蓬萊造山運動以來，豐沛的立霧溪水不斷向下侵蝕，造就了 20 千米長深度超過 1000 米的垂直壁立的 U 型世界上最大規模的大理石峽谷；而區內主要山峰多達 27 座，同樣以地質之美盡顯神奇。

海南島　主要景觀有「天涯海角」，在海南島南端海濱。古人來此，觀海天茫茫，似乎已經到了大地的盡頭。這裏奇石圓渾突兀，遍布海岸沙灘，海濤撞擊，頗有情趣。又有無邊無際的椰林，那鬱鬱蔥蔥、軀幹筆直、亭亭玉立的椰子樹在「南天一柱」的特殊地理環境的襯托下，更使遊客留下難忘的印象。「天涯海角」的「海判南天」石刻群，乃清代康熙五十三年(1714)十一月測繪欽差欽天監五官正苗受、理藩院郎中綽爾代及法國傳教士湯尚賢所為，是當時中國陸地版圖的南端地標。[67]

此外享有盛名的水文風光，尚不在少數。

附　錄

中國已有各類世界遺產一覽表

1976年，世界遺產委員會成立，並建立《世界遺產名錄》。中國於1985年12月12日加入《保護世界文化和自然遺產公約》，1986年開始向聯合國教科文組織申報世界遺產項目，自1987年至今，中國先後被批准列入《世界遺產名錄》的世界遺產已達38處：

地域名稱	批准列入時間
長城	1987.12
北京故宮[68]	
陝西秦始皇陵及兵馬俑	
甘肅敦煌莫高窟	
周口店北京猿人遺址	
山東泰山	
安徽黃山	1990.12
湖南武陵源國家級名勝區	1992.12
四川九寨溝國家級名勝區	

[67] 楊其元：《揭開天涯海角石刻群的歷史面紗》，《光明日報》2006年9月27日。

[68] 2004年6月28日至7月7日，世遺會第28屆會議在中國蘇州召開，會議批准在明清皇宮項目下擴展瀋陽故宮，與北京故宮並列。

四川黃龍國家級名勝區	
西藏布達拉宮	1994.12
河北承德避暑山莊及周圍寺廟	
山東曲阜的孔廟、孔府及孔林	
湖北的武當山古建築群	
江西廬山風景名勝區	1996.12
四川峨眉山—樂山風景名勝區	
雲南麗江古城	1997.12
山西平遙古城	
江蘇蘇州古典園林	
北京頤和園	1998.11
北京天壇	
重慶大足石刻	1999.12
福建省武夷山	
四川青城山和都江堰	2000.11
河南洛陽龍門石窟	
明清皇家陵寢：明顯陵（湖北鐘祥市）、清東陵（河北遵化市）、清西陵（河北易縣）[69]	
安徽古村落：西遞、宏村	
山西大同雲崗石窟	2001.12
雲南「三江並流」	2003.07
吉林高句麗王城、王陵及貴族墓葬	2004.07
澳門歷史城區	2005.07
四川大熊貓棲息地	2006.07
安陽殷墟	
「中國南方喀斯特」：重慶武隆喀斯特與雲南石林、貴州荔波喀斯特	2007.06
開平碉樓及村落	

[69] 2003 年 7 月 3 日，世遺會第 27 屆會議決定增加明孝陵（江蘇南京）和十三陵（北京昌平）作為明清皇家陵寢的一部分列入該名錄；而在 28 屆世遺會上，這處遺產再次獲得擴展，又列入了盛京三陵（遼寧瀋陽）。

福建土樓　2008.07
江西三清山風景名勝區
山西五臺山　2009.06

《中國世界文化遺產預備名單》重設目錄

國家文物局 2006 年 12 月 15 日

1. 大運河（北京市、天津市、河北省、山東省、江蘇省、安徽省、浙江省、河南省）
2. 北京雲居寺塔、藏經洞及石經（北京市房山區）
3. 中國白酒釀造古遺址：劉伶醉燒鍋遺址（河北省徐水縣）、李渡燒酒作坊遺址（江西省進賢縣）、水井街酒坊遺址（四川省成都市）、瀘州大麯老窖池群（四川省瀘州市）、劍南春天益老號酒坊遺址（四川省綿竹市）
4. 晉商大院：喬家大院、渠家大院（山西省祁縣），王家大院（山西省靈石縣），曹家大院（山西省太谷縣）
5. 山陝古民居：丁村古建築群（山西省襄汾縣）、党家村古建築群（陝西省韓城市）
6. 五臺山佛教建築群（山西省五臺縣）
7. 明清城牆：興城城牆（遼寧省興城市）、南京城牆（江蘇省南京市）、西安城牆（陝西省西安市）
8. 牛河梁遺址（遼寧省淩源市、建平縣）
9. 元上都、中都遺址（內蒙古自治區正藍旗、河北省張北縣）
10. 瘦西湖及揚州歷史城區（江蘇省揚州市）
11. 江南水鄉古鎮：周莊（江蘇省昆山市）、甪直（江蘇省吳縣[70]）、烏鎮（浙江省桐鄉市）、西塘（浙江省嘉善縣）
12. 杭州西湖・龍井茶園（浙江省杭州市）
13. 良渚遺址（浙江省杭州市餘杭區、德清縣）

[70] 根據 2000 年 12 月 31 日《國務院關於同意江蘇省撤銷吳縣市設立蘇州市吳中區相城區的批復》（國函〔2000〕136 號）精神，吳縣（市）早已撤銷，析為吳中區和相城區，甪直屬吳中區。

14. 中國古瓷窰遺址：上林湖越窰遺址（浙江省慈溪市）
15. 福建土樓（福建省永定縣、南靖縣、華安縣）
16. 古銅礦遺址：銅嶺銅礦遺址（江西省瑞昌市）
17. 臨淄齊國故都與齊王陵（山東省淄博市）
18. 絲綢之路中國段（陸路部分：河南省、陝西省、甘肅省、寧夏回族自治區、新疆維吾爾自治區；海路部分：浙江省寧波市、福建省泉州市）
19. 嵩山古建築群（河南省登封市）
20. 鳳凰古城（湖南省鳳凰縣）
21. 廣東開平碉樓及村落（廣東省開平市）
22. 南越國遺跡（廣東省廣州市）
23. 靈渠（廣西壯族自治區興安縣）
24. 花山岩畫（廣西壯族自治區寧明縣）
25. 白鶴梁古水文題刻（重慶市涪陵區）
26. 古蜀文化遺址：金沙遺址、古蜀船棺合葬墓（四川省成都市），三星堆遺址（四川省廣漢市）
27. 藏、羌碉樓與村寨（四川省丹巴縣、理縣、茂縣）
28. 黔東南苗族村寨：苗嶺山區雷公山麓苗族村寨（貴州省雷山縣、台江縣、劍河縣、從江縣）
29. 黔東南侗族村寨：六洞、九洞侗族村寨（貴州省黎平縣、從江縣、榕江縣）
30. 哈尼梯田（雲南省元陽縣）
31. 坎兒井（新疆維吾爾自治區吐魯番市）
32. 「蘇州古典園林」擴展項目：蘇州古典園林及歷史街區（江蘇省蘇州市）
33. 「皖南古村落」擴展項目：棠樾（安徽省歙縣），理坑、汪口（江西省婺源縣）
34. 「曲阜孔廟、孔府、孔林」擴展項目：尼山孔廟（山東省曲阜市），孟廟、孟府、孟林（山東省鄒城市），顏廟（山東省曲阜市），曾廟（山東省嘉祥縣）
35. 「明清皇家陵寢」擴展項目：潞簡王墓（河南省新鄉市）

第二編

經　濟

第三章

經濟結構

第一節　處於支配地位的自然經濟

在整個中國古代，自然經濟始終占支配地位，這種經濟不是為了交換，而是為了滿足生產者或經濟單位（如農村公社、封建莊園、家長制的小農家庭）本身的需要而生產，每個生產者或經濟單位不但生產自己需要的農產品，而且生產自己需要的大部分手工業成品。這種經濟生產單位分散，生產規模狹小，生產工具簡陋，生產技術因循停滯，人與人的關係簡單明瞭。而所謂地主制經濟，不過是中國古代農業自然經濟的一種形態。

春秋、戰國之際，由於技術進步，社會生產力大發展，個體農民的獨立地位有所鞏固，大批沒落貴族則喪失了往日的尊榮，紛紛投靠那些風雲際會的改革者，結果使後者的力量大大超越了原先的氏族領袖。原先氏族所放棄的森林和沼澤地帶，現在由後者投資組織農民去定居開發，後者的身分也就從領主進到地主。

地主制的形成，土地買賣是個很重要的前提。因為「諸侯不專封，富人民田踰限，富過公侯，是自封也」（荀悅：《申鑒・時事》）。大多數地主的土地，主要是通過買賣才獲得的。❶

秦代和漢代是土地買賣制度的確立時期，「秦者古今之界也。自秦以前朝野上下所行者，皆三代之制也；自秦以後朝野上下所行者，皆非三代之制也」（惲敬：《三代因革論四》）❷。從此以後，不僅權貴豪門、各級官吏和富商大賈在搶購土地，有時候甚至連皇帝也參加了這個行列，所謂「王

---

❶ 地主從以前領主貴族的改革派蛻化而成的，是後世豪門地主的前身。另外，通過軍功賞田也是形成地主階級的一條重要途徑。

❷ 《大雲山房文稿・初集》卷1。

者畜私田財物，為庶人之事」(《漢書・五行志中之上》)。如史載東漢靈帝「又還河間，買田宅，起第觀」(《後漢書・宦者傳》)。並且，在通常情況下，貧苦農民也在節衣縮食，積蓄一點錢財來購買土地。有了土地，甚至就什麼都不想幹了，《史記・蘇秦列傳》記蘇秦之言云:「使我有雒陽負郭田二頃，吾豈能佩六國相印乎!」無疑是如實反映了這種現象。

顯而易見，中國傳統社會地主制經濟，在土地占有方面，歸納起來，地產的分割、轉讓或出賣，除了許多偶然的原因外，還有必然的原因，那就是多子繼承制度。中國古代富家大室，都是三妻四妾，兒孫滿堂，經過兩傳三傳，一分再分，不論多大的地產也會被分割成零星小塊，小地主自然不及大地主容易保住自己的地產。

正是因為這樣，中國傳統地主制封建社會地無常主，「人家田產只五六年間，便自不同，富者貧，貧者富」(《朱子語類》卷109)。這就發生了土地兼并問題。在以農業為主要生產部門的社會中，購買土地是最有利的投資手段，土地能夠生息，又不憂水火，不懼盜賊，「舉天下之物不足較其堅固」(張英:《恆產瑣言》)❸，於是有錢的人，對此就樂而不疲了。無疑，每當易代之際，人口稀少，農業生產力尚未恢復，土地給所有者帶來的經濟效益並不十分顯著，許多無權無勢的中小地主和自耕農因賦役太重，反「視南畝為畏途，相率以有田為戒」(葉夢珠:《閱世編》卷1)，這種情形也在情理之中，但絕不是主流。

土地兼并致使大批農民喪失土地，流離失所，加劇了社會階級矛盾，造成嚴重的社會危機和社會動亂。歷代王朝面臨這個致命的威脅，也曾試行過種種辦法，力圖加以彌縫補救，如漢代的限田制度、王莽（魏郡元城〈今河北大名東〉人，公元前45～23）的王田制度、西晉的占田制度、北魏和唐的均田制度等等，但都沒有能限止住土地兼并的滾滾狂瀾。其實這些辦法的失敗乃是必然的，因為既然土地私有，土地可以自由買賣，那麼，又怎能避免土地兼并呢?

土地兼并還不只是個土地問題，而且更直接抵消了社會總資本的活力。對於兼并者來說，他們買進土地，大多並不是經營土地，而只是要把土地出租，正是通過這些人，把貨幣一筆一筆地分散出去。而土地原來的所有者，賣出土地，都是出於不得已，他們亟思獲得的乃是購買手段和支付手

❸　《篤素堂文集》卷8。

段，而不是為了換取資本，誰也不會把地價用於投資。因此，無論買者和賣者，他們都是把社會財富化整為零，分散消耗了。❹

在地主制封建社會，地主要多收地租，就要兼并土地，要兼并土地，就要有購買手段，為了這一切，地主總是力求把剝削率提到盡可能的高度。而失去土地的農民，佃耕的機會，也不是容易獲得的。無地的農民越多，則佃耕土地的競爭越激烈，爭相承佃的結果，自然是加重了佃租條件的苛刻程度。地主常以「撤佃」、「易佃」等辦法來迫使農民自動加租。❺

這就形成了一種惡性循環，無論地主還是農民，陷身其中，都永遠無法自拔。

作為土地的經營者，中國傳統社會的農民，不同於奴隸，他們有一定的人身自由和自行組織生產的自由；也不同於村社成員，他們有自己固定的耕地，不再需要定期輪流了。但早在先秦戰國，「今一夫挾五口，治田百畝。歲收畝一石半，❻為粟百五十石，除什一之稅十五石，餘百三十五石。食，人月一石半，五人終歲為粟九十石，餘有四十五石。石三十，為錢千三百五十，除社閭嘗新春秋之祠，用錢三百，餘千五十。衣，人率用錢三百，五人終歲用千五百，不足四百五十。不幸疾病死傷之費，及上賦斂，又未與此。此農夫所以常困」（《漢書・食貨志上》）。這還是按一戶百畝來計算的，實際上自耕農的私有土地大多少於這個數目，❼這些僅占小塊土地的農民繼續被迫出賣自己的土地，成為佃農。而除了佃農要受地主（包括「二地主」、「三地主」和「監

圖 17　明清風俗畫《農事圖・耕田》

❹ 說詳傅筑夫《中國古代經濟史概論》第 74～78 頁，中國社會科學出版社，1981 年。

❺ 與之相反，也不可避免地會出現「富民召客為佃戶，每歲未收穫間，借貸賙給，無所不至，一失撫存，明年必去而之他」（《宋會要輯稿・食貨・免役錢》）的情況。

❻ 此指平年，若是豐年，則據同書提供的數據，畝產可達 3～6 石，但是還有更多的荒年，故用平年的情況來說明問題應當是比較合理的。

❼ 據 1973 年 9 月湖北荊州鳳凰山十號漢墓出土的景帝二年南郡江陵縣鄭里廩簿和《居延漢簡》，西漢至東漢初年自耕農的耕地，一般每戶不超過 50 畝。

莊」，其說詳後）的敲骨吸髓的剝削外，佃農和一般的自耕農還要受商業資本和高利貸的剝削。在地主、商人和高利貸者的重重剝削下，農民的生活已十分困苦。至於「隸農」，「雖獲沃田，而勤易（治）之，將不克饗，為人而已」（《國語・晉語一》），他們是沒有自己的經濟的。倒是像陳勝、吳廣那樣的雇農，似乎比較自由，他們甚至有「王侯將相，寧有種乎」（《史記・陳涉世家》）的意識，但是卻「無立錐之地」（《呂氏春秋・為欲》），當然也是沒有自己的經濟的。

事實上，小農業生產甚至很可能使農民淪為技術改良和經濟進步的犧牲品。如在東漢，農業和工商業都有發展，對於富有者來說，無疑更能提供諸多享受，但因為政府不再實施農具分配，農民或無力購置先進農具，或為購置先進農具而陷身債務，結果被嚴重邊緣化，生活水準比起西漢晚期來，反而是實實在在地下降了。

顯然，由於小農業生產所得有限，大多數農民不能專靠小土地來維持生活，而必須兼營一點家庭小手工業，以織助耕，來補充生活的不足。《墨子・非命下》云：「今也婦人之所以夙興夜寐，強乎紡績織紝，多治麻絲葛緒，捆布縿，而不敢怠倦者，何也？曰：彼以為強必富，不強必貧；強必煖，不強必寒，故不敢怠倦。」可謂深得其情。這種小農業和家庭手工業相結合的經濟，經濟學上稱為「小農經濟」。

圖 18　在男耕女織的中國傳統社會　婦女大都以紡織終其一生　春秋末年幫助越王復國沼吳的絕代佳麗西施就是個浣紗女　《浣紗》　現肖（蕭）玉田繪

這種小農經濟，早在先秦文獻中就有具體的反映：「五畝之宅，樹之以桑，五十者可以衣帛矣。雞豚狗彘之畜，無失其時，七十者可以食肉矣。百畝之田，勿奪其時，數口之家，可以無飢矣。謹庠序之教，申之以孝悌之義，頒白者不負戴於道路矣。老者衣帛食肉，黎民不飢不寒，然而不王者，未之有也。」（《孟子・梁惠王上》）

小農經濟把農民世世代代束縛在一小塊土地上，離不開這塊土地，而且也離不開作為農村副業的家庭手工紡織業。但「男樂其疇，女修其業」（《史記・秦始皇本紀》）的小農經濟，卻是歷代王朝的統治基礎。

因為在中國傳統社會，有納稅能力的小農的戶數極難隱匿，小農又沒有免除賦役的特權，所以如果小農的戶數減少，則國家財政必隨之短絀。所以歷代王朝都致力於勸課農桑，「欲天下之民，皆盡力南畝」（《清通典・食貨上》），把維護和加強這種經濟結構，當作為政之首務。早在先秦時代，商鞅制定重農法令，就規定「繆力本業耕織，致粟帛多者，復其身」（《史記・商君列傳》）。西漢高后元年（公元前 187）「置孝弟、力田二千石者一人」（《漢書・高后紀》），更在全國樹立標兵，給予相當於地方一級行政長官的俸祿。唐初屢次下詔，命有司停一切不急之務，以避免耽誤農時。在歷史上，只要不是已經面臨末日或自取滅亡的政權，都無不千方百計地積極為農民提供必要的生產條件。即使像五代十國這樣兵荒馬亂的時期，後梁建國前後，還是做到了「以夷門一鎮，外嚴烽堠，內闢污萊，勵以耕桑，薄其租賦，士雖苦戰，民則樂輸」（《容齋隨筆・三筆》卷 10）；閩是小國，但閩的早期創立者王潮（光州固始〈今屬河南〉人，生年未詳，卒於 898 年）在唐末占領閩地後，也仍然「還流亡，定租稅」（吳任臣：《十國春秋》卷 90），把恢復和發展農業生產提到重要日程上來。元世祖忽必烈所以在歷史上被譽為英主，關鍵的一條，就在於他雖然來自「不待蠶而衣，不待耕而食」的漠北，可是面對現實，卻很快就接受了「國以民為本，民以食為本，衣食以農桑為本」的觀念。（《元史》卷 93）明初在朱元璋運作之下，土地占有以無數小農為主體；❽清承明制，朝廷財政的主要目標是保障小農經濟的現狀，制度上無任何突破性可言。

在小農經濟占主導地位的社會裏，手工業勞動者也有束縛於土地的特點，也有農業與手工業相結合的特點，他們有條件的，大都巴望有朝一日能進到農民的地位。

小農經濟的長期存在，嚴重阻礙了中國社會經濟的向前發展。這不但是因為，小農經濟本身就排斥勞動的社會形式，排斥協作，排斥生產技術的交流和傳播，排斥社會對科學不斷擴大的應用；而且更因為，小農經濟是造成商品經濟不能發展的重要障礙，因而也是使中國早已萌芽了的資本主義因素嚴重受挫的根本原因。道理很簡單，因為商品經濟的發展，是從

❽ 洪武三十年 (1397) 年，據户部統計，全國有田產 700 畝以上的地主共 1.4341 萬户，他們被朱元璋批准保持自己的產業，但同時又加之以很多服役的義務，目的在對其產業的擴大起到阻遏作用。參見黃仁宇《萬曆十五年》第 170 頁，三聯書店，2006 年。

商業的發展開始的，而商業的發展，關鍵在於市場的擴大，市場的擴大會使商業超越販運性的形式而與生產結合起來，讓產業支配商業，這樣的發展達到一定水平時，就是資本主義產生的歷史前提。所謂市場範圍的擴大，當然首先要打破市場的地域限制，但是更重要的，還在於必須把完全不仰賴於市場供給的小生產者，都變成向市場購買生活資料的消費者。這樣的情況顯然不是自然形成的，而是在剝奪了小生產者的生產資料，同時又使小生產者轉化為雇傭工人之後才是可能的。因為，被剝奪了生產資料的小生產者不轉化為雇傭工人，他們就沒有錢，沒有錢當然也就談不上去市場參加購買者的行列了。但小農經濟因為經營規模太小，在本質上是排斥雇傭工人的。❾

小農在農事之餘，從事家庭手工業，通過男耕女織來解決衣食之需，他們與市場經濟猶如南轅之於北轍。那麼，地主莊園的情況又如何呢？因為中國傳統社會農業的經營單位，除了家長制的一家一戶的小農外，還有地主的莊園。

秦漢時代的莊園，大都稱為「園」、「田園」和「園圃」，絕少稱為「田莊」、「莊墅」的。魏晉南北朝時代，莊園已比較發達，大莊園一般都是「僮僕成軍，閉門為市，牛羊掩原隰，田池布千里」（葛洪：《抱朴子・外篇・吳失》），擁有雄厚的經濟力量。當時莊園，多數分布在遠離城市的山湖地區。唐宋時代，私莊較為發達，且多置在大城市的附近。明清時代，莊和園逐漸分離，莊主要指田莊，以農業生產為主；園則多指園林，專供遊樂玩賞。

莊園除地主私莊外，還有「皇莊」、「官莊」、「寺院莊園」和「旗莊」等名目。皇莊是皇帝私人的莊園；官莊是政府機構所掌握的莊園；寺院莊園或屬僧侶個人私有，或屬某個寺院集體所有；旗莊為清代所特有，是八旗的莊園。這幾種莊園，其經營性質，與地主私莊是完全一致的。

明代皇帝莊園占地之多，超過以往的任何一代。據記載，弘治 (1488～1505) 時，京畿皇莊只有 5 座，占地 1.28 萬餘頃。到了正德（1505～1521 在位）登極，不到 1 個月，就增加了 7 座，以後又增至 26 座，占地 3.75 萬餘頃。❿北直隸順天、河間、保定、真定 4 府皇莊與民田的比例由原來的

❾ 說詳傅筑夫《中國古代經濟史概論》第 95～102 頁，中國社會科學出版社，1981 年。

❿ 夏言《查勘皇莊疏》，見《明經世文編》卷 202。

1 : 12.9 上升為 1 : 4.4。清代嘉慶十七年 (1812)，皇帝私人的土地，占全國耕地總面積的 11%，⑪更非明代之所及。

在莊園中，除了處於統治地位的地主階級和主要從事家務勞動的奴婢外，人數最多的是從事農業生產的農民，即所謂「客戶」，他們本來都不是國家的編戶齊民。唐、宋以後，政府正式承認了客戶的社會地位，他們才比較自由了。

由於農業生產是莊園賴以生存的基礎，所以大莊園往往擁有大地產，不僅包括耕地，而且還有竹林、果園、瓜園、菜圃、魚塘等。莊園的農業經營範圍十分廣泛，就種植方面而言，有糧食、蔬菜、水果、林木、藥材、花卉等，另外還有漁業、畜牧業和手工業的存在。如唐代江陵柳氏莊園，「有宅一區，環之以桑，僮指三百（30 人)，有田五百畝，樹之穀，藝之麻，養有牲，出有車，無求於人」(柳宗元：《送從弟謀歸江陵序》) ⑫。這個例子規模不算大，尚且如此。

由此可見，莊園更是一個自給自足的經濟體系，它與小農經濟一樣，並不仰賴於市場的供給。莊園的普遍存在，使市場經濟為之一籌莫展。何況更重要的是中國莊園的經濟不像西歐莊園的經濟比較穩定，能夠積累大量資本。如上文所提到的那樣，中國傳統社會兼并者的大地產，是維持不了多久的，他們要兼并人家，又要防止被人家兼并，他們大多不可能成為農業企業家。但明代後期，江南地區一些土地所有者，已開始經營以商品生產為目的的農場。如蘇州府常熟縣的譚曉，他開發低窪地，挖池造田，「歲之入視平壤三倍」；又出賣農場裏出產的魚、果、蔬菜、烏龜、昆蟲之屬，「視田之入復三倍」。(李詡：《戒庵老人漫筆》卷 4)

以上就是中國傳統社會自然經濟的基本情況。

中國傳統社會自然經濟的黃金歲月，可以唐太宗的「貞觀之治」來作代表——貞觀三年 (629)，關中豐熟，逐食外地的人民「咸自歸鄉，竟無一人逃散」(《貞觀政要・政體》)；八年 (634)、九年 (635)，「頻至豐稔，米斗四五錢」，至十五年 (641)，「米每斗值兩錢」，(《通典・食貨七》)「足食」完全不成問題了。

---

⑪ 岳琛：《中國農業經濟史》第 221 頁引戴逸《中國近代史稿》，中國人民大學出版社，1989 年。

⑫ 《柳河東集》卷 24。

在中國傳統社會，這種自然經濟，符合人們的價值取向和保存家族的理想，所以頗感非此莫屬。清代鄭燮在回他弟弟的一封信中說：「十月二十六日得家書，知新置田穫秋稼五百斛，甚喜。而今而後，堪為農夫以沒世矣，要須製碓、製篩籮簸箕、製大小掃帚、製升斗斛。家中婦女，率諸婢妾，皆令習舂揄蹂簸之事，便是一種靠田園長子孫氣象。天寒冰凍時，窮親戚朋友到門，先泡一大碗炒米送手中，佐以醬薑一小碟，最是暖老溫貧之具。暇日咽碎米餅，煮糊塗粥，雙手捧碗，縮頸而啜之，霜晨雪早，得此周身俱暖。」（《鄭板橋集・家書・范縣署中寄舍弟墨第四書》）你看，像這樣僅求溫飽的日子，在他的筆下，是何等的美好？直到近代，曾國藩還固執地認為，大抵仕宦之家，子孫習於奢侈，繁榮只能延及一二世；經商貿易之家，勤勉儉約，則能延及三四世；而務農讀書之家，淳厚謹飭，則通常可延澤五六世。⑬

第二節　受自然經濟支配的商品經濟

中國古代當然也有商品經濟。所謂「商品經濟」，具體說來，就是商業交換和商品生產的總和。當商品經濟發展到：一. 生產過程已經把流通過程吸收進來；二. 生產的目的是為了謀取剩餘價值；三. 有發達的貨幣制度與之相輔而行；四. 勞動力也成了商品——這時，社會經濟中就含有了資本主義的成分。

在中世紀的歐洲，工商業者的行會是資本主義的剋星。對比之下，中國古代工商業者也有自己的組織。隋、唐以後，這種組織的名稱叫做「行」，行的作用是為了保護同行商人的利益，避免同業競爭。明代中葉以後，行更向「會館」發展，會館內按行業分成「幫」，會館、行幫都是鄉土性的，這些同鄉又同行的會館行幫組織，為了合力對外，往往共同協商價格，相互借貸、調劑資金。清代還另外出現了「公所」，性質與會館相同。它們既能發揚傳統，又能適應社會的發展變遷。但中國工商業者的組織，雖然也抵制官府的過分剝削，卻既不是自治的，更不是獨立的，無法做到說一不二，這與歐洲工商業者的行會，在組織的目的和所起的作用上，有很大的不同。易言之，中國古代工商業者自己的組織，雖然遲緩了工商業者分化

⑬　據《林語堂文集》第八卷第44頁，作家出版社，1996年。

的速度，使工商業者普遍停留在舖戶作坊的水平上，消極作用不容低估，但於資本主義因素，並不構成歐洲中世紀行會那樣致命的威脅。⑭

並且中國古代商業發展很早，原始社會後期就有了商業活動。最早的交換是部落內部的交換，交換地點在井旁，時間是早上。隨著社會分工的日益擴大，部落與部落之間的交換也應運而生，交換的地點是在森林邊沿的空曠處，時間則是在晌午，所以有「日中作市」(《世本・作》) 之說。距今近 5000 年的青海樂都柳灣齊家文化遺址出土有貝和骨貝、石貝，這是早期商貿活動的一般等價媒介物。到商代，開始出現專門經營商品買賣的商人，《尚書・酒誥》說殷遺民「肇牽車牛，遠服賈，用孝養厥父母」，對之進行了肯定。西周時，商業由官府壟斷，「大市日昃而市，百族為主；朝市朝時而市，商賈為主；夕市夕時而市，販夫販婦為主」(《周禮・地官・司市》)。並設有專門的職官來管理市場，《周禮・地官》所記載的「質人」，就是管理市場的經紀人，凡成交的商品都要由質人給買賣雙方簽立書契券約。商與工一樣，多半隸屬於官府和貴族，稱為「工商食官」(《國語・晉語四》)，他們「不貳市，不移官」(《禮記・王制》)，既不能兼做他事，也不能改變行業。春秋時期，由於經濟的發展，產品流入市場增多，民間獨立的商人異軍突起，大為活躍。鄭桓公（公元前 806～公元前 771 在位）就與商人訂過盟約：「爾無我叛，我無彊賈。」(《左傳・昭公十六年》) 此後恪守 200 餘年。有的大商人周遊列國做生意，甚至倚仗財貨勢力參與各國的政治活動，「千金之家比一都之君，巨萬者，乃與王者同樂，豈所謂『素封』者邪」(《史記・貨殖列傳》)。孔子的弟子端木賜，曾經商於曹魯之間，「結駟連騎」，帶著禮品聘問各國，「國君無不分庭與之抗禮」。(同上) 另如鄭國商人弦高，「將市於周」(《左傳・僖公三十三年》)，道遇秦師正欲偷襲鄭國，遂矯鄭君之命，用私財犒勞秦師，從而使得秦國誤以為鄭國有備而放棄了原來的計劃，挽救了鄭國的覆亡。當時越國大夫范蠡（楚國宛〈今南陽〉人，生卒年未詳）棄官經商，「之陶為朱公……十九年之中三致千金」，使「言富者，皆稱陶朱公」。(《史記・貨殖列傳》) 陶（今山東定陶）是商業都會，其繁榮始於春秋末年，為「天下之中，諸侯四通，貨物所交易也」(同上)。又有白圭其人者，以「人棄我取，人取我與」(同上) 的原則經商，得心應手，如孫吳用兵，商鞅行法。

⑭ 說詳傅筑夫《中國古代經濟史概論》第 149～155 頁，中國社會科學出版社，1981 年。

戰國時商業有了進一步的發展，許多舊城邑都成了商業城市，布帛、陶器、鐵器、糧食、牛馬、皮革、魚鹽等皆流入市場成了商品，甚至出現了商人壟斷居奇的情況。「用鹽鹽起」的猗頓、「以鐵冶成業」的郭縱，皆「與王者埒富」。（同上）

秦王朝建立後，統一了貨幣和度量衡，並修築馳道，開發交通，大大促進了商業的繁榮。秦始皇對經營絲織商品的烏氏倮「比封君，以時與列臣朝請」，對擅丹穴之利而致富的巴寡婦清則「以為貞婦而客之，為築女懷清臺」。（同上）西漢「開關梁，弛山澤之禁，是以富商大賈周流天下，交易之物莫不通」（同上）。到張騫通西域後，中外貿易大規模發展起來。首都長安（今西安）及雒陽（今洛陽）、邯鄲、臨淄、成都、宛（今南陽）和南方的江陵（今荊州）、吳（今蘇州）、番禺（今廣州）等大城市，都是著名的商業中心，各中等城市也都設有市場。城市的市場有固定的地點，叫做「市」。長安有 9 個市，「其六市在道西，三市在道東」（李善《文選》卷 1 班固《西都賦》注引《漢宮闕疏》）。⓯。市井與住宅區用圍牆分開，市內設有各種店舖，叫做「商肆」，同類商品集中在一起，叫做「列肆」。「九市開場，貨別隧分」（《後漢書・班彪傳上》）。另有存放貨物的倉庫，叫做「店」，或稱「邸舍」、「廛」。在通都大邑裏流通的商品，有牲畜、毛皮、腱角、衣服、氈席、穀物、果菜、酒類、醬醋、曲蘗、豆製品、水產、帛絮、布匹、染料、生漆、朱砂、木材、竹竿、車輛、木器、漆器、銅鐵器等。當然，官府對市的管理很嚴，市門有專職門吏掌管，賣買皆市開而入，市罷而散，「物無二價」（《三輔黃圖》卷 2）。市內設官署，置市長管理監督交易，還有專管治安的人員。

隨著專業性商人的出現和商業資本的積累，大型工礦企業也發展了起來。那些富商大賈，有別於市場的坐賈，不一定登記市籍，什九都是亦工亦商的大資本家，其所經營的企業，主要有煮鹽、採礦、冶煉和鑄造銅鐵器皿等。《鹽鐵論・復古》云：「採鐵石鼓鑄、煮鹽，一家聚眾或至千餘人。」鹽、鐵兩項，是人民生活、生產的必需品，卻「非編戶齊民所能家作，必卬於市，雖貴數倍，不得不買」（《漢書・食貨志下》），由於社會需求量大，故經營此業者，往往獲得巨額利潤。

⓯ 據文獻資料，漢代長安尚有「柳市」（《漢書・文帝紀》注引「張揖曰」）、「槐市」（《太平御覽》卷 828 引《三輔黃圖》）。

正是在商品經濟突飛猛進的前提下，中國古代從春秋末年到戰國時期，開始形成了國民經濟的體系。至秦漢時代，國民經濟體系已完全確立。

所謂「國民經濟」，乃是一個歷史範疇，其特點是建基於廣大的國內市場，在國民經濟體系中，流通的地位舉足輕重。

當時營利思想非常高漲，「天下熙熙，皆為利來，天下攘攘，皆為利往」（《史記・貨殖列傳》），司馬遷以他歷史學家的非凡識見，充分肯定了這種思想：「倉廩實而知禮節，衣食足而知榮辱」。「禮生於有而廢於無，故君子富，好行其德；小人富，以適其力。淵深而魚生之，山深而獸往之，人富而仁義附焉」。（同上）而營利思想是與自然經濟在觀念形態上的平均主義反映格格不入的。

上述事實說明，到西漢中葉，中國古代商品經濟的發展，已達到相當高的水平。

但遺憾的是，這樣一種發展，並沒有保持住它的勢頭。正相反，恰恰是到西漢中葉，在各種內在的和外來的力量的交互作用之下，這種發展勢頭突然被扼殺了，後來雖漸漸有所抬頭，但變得緩慢了。這些力量是由多方面的原因形成的，據傅筑夫在其《中國古代經濟史概論》第四章第三節的前半部分歸納，主要有以下幾點：一．社會經濟的頻繁波動和不斷遭受破壞。大動亂和大破壞每每延續數十年或百餘年，有時可長達二三百年之久，當整個社會經濟陷入凋敝或經濟崩潰後，商品經濟就完全失去了存在的基礎。二．缺乏相應的國內市場。地主制經濟使得人們普遍貧窮，而小農經濟又使得小生產者對市場沒有大的需求，這都導致了市場的全面萎縮。三．貨幣經濟的衰落和實物貨幣的阻礙。貨幣和商品，是兩個相反而又相成的形態變化。而從東漢起，不但黃金退出了流通領域，並且連銅錢也屢遭貶斥。曹魏黃初二年 (221)，「文帝罷五銖錢，使百姓以穀帛為市」（《晉書》卷 26），大宗商貨沒有一種便利的貨幣制度來與之相輔而行，這就使販運交易活動無法順利開展了。

傅筑夫在該第四章第三節的後半部分同時指出，商品經濟面臨上述困境，已是步履艱難，又何況還有歷代王朝的抑商政策。抑商政策原是為貫徹重農政策而提出來的。本來韓非已把商人列為「五蠹」之一，西漢鼂錯更率先提出了「農本商末」（《論貴粟疏》）⑯的理論。為了達到抑商的目的，

⑯ 引自清吳楚材、吳調侯編選《古文觀止》卷 6。

統治者很早就採取了兩種頗為有效的辦法，可以完全不通過商業市場，來滿足對各種商品的需求，這就是土貢制度和官辦工業制度。土貢即「任土作貢」(《尚書・禹貢》)，是國家用徵收的形式，要地方「上貢」各種珍異的土特產。客觀的經濟規律決定了商業的供應對象，主要是社會上層階級，如果這些人所需要的大部分物品不從市場購買，而是直接向民間索取，則商業活動的範圍就大大縮小了。土貢制度正是起了這個作用。官辦工業即由官家自行設置作坊或手工工場來製造皇室的御用物品和政府各機關的公用物品以及軍需用品，所以工官成為古代官制中的一個重要組成部分。有了官辦工業制度，包括宮廷貴族在內的整個統治集團，就可以聽憑自己的意志，更有效地繞過市場，完全不通過購買而得到滿足。所以在貫徹抑商政策方面，官辦工業制度比土貢制度發揮了更大的作用。

土貢制度和官辦工業制度對商品經濟所起的主要還是限制作用和阻礙作用，而不是直接的扼殺作用。但是到了西漢中葉實行了禁榷制度以後，情況就完全變了。

禁榷制度簡單地說就是把產銷兩旺、獲利最豐的工商業收歸官營，並完全由官家壟斷，禁止私人經營。當時漢武帝接受桑弘羊（雒陽〈今洛陽市東〉人，公元前 152～公元前 80）的建議，雷厲風行地實施了這個制度。非常明確，「排富商大賈」(《鹽鐵論・復古》)，使「富商大賈無所牟大利」(《史記・平準書》)，是實行禁榷制度所要達到的主要目的。

桑弘羊還主持制定了均輸法和平準法。均輸法是在郡、國設置均輸官，把原來要郡、國繳錢後再從商賈手中購買的貨物，改由郡、國作為貢賦上交，由工官製造運輸工具，運至京師。中央不需要的貢品，地方可以不再運送京師，而運到行市高的地方去賣，把賣得的錢交中央。平準法是在京師設置平準官，專管收集各地的貨物，賤時買進，貴時賣出，以調劑有無，平抑物價。這兩個辦法，都有利於國家的財政，也同時起到防止富商大賈把持市場、牟取暴利的作用。後來北宋王安石熙寧變法中的均輸、市易等法，就是對此兩法的發展和變通。

桑弘羊是一位優秀的政治家，是成就漢武帝各項功業的不可或無的得力輔佐。他出生商人家庭，也很重視商業，認為商業同樣可以富國。但在客觀上，他所行諸法，其中特別是禁榷制度，卻給了中國古代商品經濟的發展以致命的打擊。由於禁榷制度在財政上是成功的，所以一直為歷代王朝所踵行。而問題不在於有利的工商業收歸官營後，私營企業是被扼殺了；問題更在於官營企業並沒有成功，也不可能成功。因為官營企業的所有者是政府，負責營運的是官吏，在官僚主義的作用下，由於管理不善，用人不當，不計成本，實行無償勞動和半無償勞動，加之經辦者剋扣原料，冒支工糧，夾帶私造，其結果必然導致產品質量下降，價格昂貴，公私兩敗。

漢代還頒行算緡、告緡制度。當時向工商業者徵收的現金稅，叫做算緡，緡是以1000錢穿成一串，為計稅單位。向工商業者和車船業者徵收的財產稅，則另稱「占租」。算緡和占租的稅率相當高，對逃漏者更要沒收其財產，這本來已是沉重地打擊了工商業者。而告緡制度又規定，凡有人檢舉商賈隱匿財產不報或報告不實，以沒收財產的一半給檢舉人。此法一行，各地爭相告緡，「於是商賈中家⓱以上大氐破」(《漢書・食貨志下》)。不過這項制度，可能僅行於武帝時。

同時，漢代對商賈的政治歧視，也達到頂點，西漢規定商人不得衣絲乘車，市井之子孫，不得仕宦為吏。當時有「七科謫戍」之法：吏有罪一，亡命二，贅婿⓲三，賈人四，故有市籍五，父母有市籍六，祖父母有市籍七。⓳商人和曾經做過商人的，甚至是父母做過商人、祖父母做過商人的，其政治待遇與罪徒同列，這也是非常不利於工商業的發展的。

不過，儘管漢初以來，「今法律賤商人，商人已富貴矣，尊農夫，農夫已貧賤矣」(《漢書・食貨志上》)。客觀的經濟規律，是不以人們的意志為轉移的。事實上自漢武帝死後，他的登峰造極的抑商政策已開始動搖，東漢、魏晉南北朝商品經濟仍有所發展。兩晉之際魯褒著《錢神論》，可以從側面說明當時貨幣流通的情況：「……親之如兄，字曰『孔方』。失之則貧弱，得之則富昌。無翼而飛，無足而走。解嚴毅之顏，開難發之口。錢多者處前，錢少者居後。處前者為君長，在後者為臣僕……」⓴使人聯想到歐洲文藝復興時期莎士比亞 (William Shakespeare, 1564～1616) 在《雅典的

⓱ 據《漢書・景帝紀》，當時「中家」的財產標準，有可能為4～10萬錢。

⓲ 他們因債務而在主家服役，如逾期未能清債，則將淪為奴隸，但也有可能成為主家的女婿。

⓳ 《史記・大宛列傳》，《漢書・武帝紀》，《漢書・李廣利傳》及注。

⓴ 引自《晉書》卷94。按《錢神論》有兩篇，另一篇為魏末晉初成公綏所著，從殘存內容來看，兩篇基本精神是一致的。

泰門》中對黃金權力的描述。東漢章和二年 (188)，朝廷曾宣布暫時放棄對鹽鐵的壟斷，甚至軍隊武裝用的劍和盾，也一度由私營工商業生產供應。㉑在東漢，銅錢被用作衡量財富的正常尺度。前秦盛時，「自長安至于諸州皆夾路樹槐柳，二十里一亭，四十里一驛，旅行者取給於途，工商貿販於道」(《晉書》卷 113)。史稱北朝魏初至於太和 (477～499)「錢貨無所周流」(《魏書》卷 110)，不免誇大其辭。北魏時，「南貨」成為北方暢銷的商品，江南人在洛陽永橋市出售魚鱉水產，有「洛鯉伊魴，貴於牛羊」(楊衒之：《洛陽伽藍記》卷 3）之諺，今吐魯番、庫車、西寧、太原、陝縣等地，都發現過這一時期遺存的拜占庭金幣，可見還有對外貿易。不過這也許是太和十九年 (495) 鑄了五銖錢以後的事情。北齊鄴城（在今河北臨漳西南）市場上凡大宗買賣仍須立券，諺云「博士買驢，書券三紙，未有驢字」(顏之推：《顏氏家訓・勉學》)，這是諷刺博士的書呆子氣，但同時卻反映了即使博士也不能免俗在參加交易活動的商業現象。至於南朝，則廣州是南海貿易的大港口，史載劉宋和蕭齊，凡在廣州做地方官的，無不發大財，「刺史但經城門一過，便得三千萬也」(《南齊書》卷 32)。

唐、宋兩代，商品經濟進一步發展，並超過了西漢前期的水平。

唐代商業在性質上已經與過去有所不同，是完成了古代型商業向近代型商業轉變的過渡期。一方面，城市還保持著歷久相沿的坊市制度，市場設於固定地點，入市交易有固定時間，仍然是古代日中為市的遺風；但後來長安（今西安）和南方城市揚州、蘇州、成都都出現了夜市。另一方面，商業已不再是偶然交換和特產品販運，而發展為固定的城市商業，長安、洛陽不少商業活動也離開市場而在坊中進行，有了經常開設的市肆和店舖，同時商業經營的內容也有了一些變化，即由特產品和珍異品的販運，而轉向於經營普通日用品。㉒當時規定全國凡州縣之所就可以設市，長安和洛陽的市最大。首都長安是國內外貿易的中心，城內有東西對稱的商業區——東市和西市。在市內，出售同類貨物的店肆，集中成「行」。堆放商貨的貨棧，則叫作「邸」。邸招徠外地商客，提供食宿，並替他們代辦大宗批發交

㉑ 崔寔：《政論》，刊《全後漢文》卷 46。

㉒ 唐代除專業性商店外，還有一種「列貨叢雜，如星之繁」的「星貨舖」(李匡乂：《資暇集》卷中）——即雜貨舖。在歐洲，1345 年，義大利商人始在倫敦開設了同樣性質的商店。

易。據北宋宋敏求《長安志》卷8原注記載，東市有「二百二十行，四面立邸；四方珍奇，皆所積集」。西市則更為繁華。市場上商品有米、肉、菜、油、鹽、布、絹、綿、鐵、炭、木器、珠寶等，凡生活用品，基本齊備。揚州乃漕米、海鹽、茶葉的集散地，「富庶甲天下」(《資治通鑑》卷259)。杭州有俞大娘者，擁萬石大船，「操駕之工數百，南至江西，北至淮南，歲一往來，其利甚溥」(李肇:《國史補》卷下)。唐代對商業的管理，除市場活動有時間規定外，商業區和居民區仍然是分開的，居民則非高官不得臨街開門；市有市令，負責維護秩序，嚴禁欺行霸市、哄抬物價，並徵收商稅。唐代還有遍布於全國農村的各種形式的從秦、漢定期市發展而來的「草市」，如村市、墟市、藥市、蠶市等。這種定期市發軔於東晉以前。

唐代後期出現了「飛錢」(《冊府元龜》卷501)，在貨幣匯兌業務的經營範圍內，一度與朝廷進行對抗，可見私人貨幣資本已成為操縱市場的重要力量。

唐玄宗天寶二年(743)，水陸轉運使韋堅開鑿運渠，把全國各地商品用船隻運到長安廣運潭陳列，「若廣陵郡船，即於栿背上堆積廣陵所出錦、鏡、銅器、海味；丹陽郡船，即京口綾衫段；晉陵郡船，即折造宮端綾繡；會稽郡船，即銅器、羅、吳綾、絳紗；南海郡船，即瑇瑁、真珠、象牙、沉香；豫章郡船，即名瓷、酒器、茶釜、茶鐺、茶碗；宣城郡船，即空青石、紙筆、黃連；始安郡船，即蕉葛、蚺虵膽、翡翠。船中皆有米，吳郡即三破糯米，方丈綾」(《舊唐書》卷105)。這正是開、天盛世商品種類增加並能進行長途販運的集中表現，顯示當時社會對商品的總需求的增長。

唐初放任鹽、鐵私營，並且還給予免稅的優惠。唐末鹽商勢力空前膨脹，㉓他們憑恃特權，最大限度地釋放其政治、經濟能量，如王仙芝、黃巢、王建、錢鏐等，都在動亂局面中扮演了重要角色。

唐代的對外貿易也很發達，陸路貿易比較重要的有緣邊互市，中國商人輸出大量絲織品、珠寶、金銀、銅器、鐵器等。有時因輸出量太大，政府不得不加以限制。同時外國商人來華經商的也非常多，許多西域「商胡」深入內地，從開設邸店和販賣珠寶的富商巨賈，到鬻胡餅的窮波斯，無所不有，甚至窮鄉僻壤也有他們的足跡。至於海上貿易，則市舶貿易即始於

㉓ 自戰國至秦漢，鹽和鐵一向並稱，但後世私營冶鐵業發展了起來，鹽則越來越為國家財政所倚重，從晚唐開始，歷代王朝都對鹽的徵稅或壟斷生產設立了嚴密的制度。

圖 19　《清明上河圖》的這一部分描繪了北宋都城開封汴河兩岸商業繁盛的場景

唐代，㉔航海而來的外商在中國通商城市均可「列肆而市」(王虔休:《進嶺南王館市舶使院圖表》) ㉕，廣州和揚州都是著名中外的最繁華的國際市場。廣州因為寄居的外商過多，政府特劃一固定區域，謂之「蕃坊」，令其聚居，有蕃長進行管理。㉖唐帝國保證外商的合法權益，本著平等互利的原則，顯示了泱泱大國之風，這一傳統在後世宋元時代得到了繼承和發揚。

宋代隨著國家對土地分配的終止，政府對商業的控制也放鬆了。都市商業已轉向近代型，具備了近代都市商業的各種色調，住宅和店舖、作坊等都面臨街道建造，有些街道已成為各行各業集中的地段。東京經商者達 2 萬餘戶，其中以資本稱雄的有 640 家，分屬 160 行，不但許多繁華的大街中有房屋氣派、門面廣闊的大商店，經常進行著動輒千萬的大宗買賣，而且「夜市直到三更盡，纔五更又復開張，如耍鬧去處通曉不絕」(孟元老:《東京夢華錄》卷 3)。酒樓「正店七十二戶，此外不能徧數」(同上卷 2)。開始出現了賣貨時不用現錢的信用交易——「賒賣」，又開始出現了標誌其產品榮譽性的專用商標。除商店和攤販外，還有定期的廟會。廟會懸旗結

㉔ 「市舶」之名，初見於《新唐書》卷 112。據日人桑原騭藏考證，開元二年 (714) 方設使，見其所著《蒲壽庚考》陳裕青譯本第 8 頁，中華書局，1929 年。

㉕ 《全唐文》卷 515。

㉖ 《國史補》卷下；朱彧:《萍洲可談》卷 2；顧炎武:《天下郡國利病書・廣東下・雜蠻》。或謂唐代廣東並不存在行政組織的「蕃坊」，《國史補》所稱「蕃坊」，僅指蕃客居所而已，不同於宋人筆記《萍州可談》所稱「蕃坊」，顧炎武不察，將兩者混為一談是錯誤的。

彩，戲曲開場，百貨雲集，無奇不有。其中相國寺的廟會，已成為全國物資交流的一個批發市場，與清代都市中的定期市沒有什麼不同了。地方都市商業則東南地區以杭州和蘇州為中心，西北地區以京兆（今西安）和太原為中心，巴蜀地區以成都和興元（今漢中）為中心，都有大規模的市場。據有關專家統計，北宋全國商品交換的價值相當於 1500～1800 萬盎司黃金，約合 20 世紀 90 年代的 60～70 億美元。㉗到了南宋，都市商業更加發達，街坊上招幌錯雜，大小鋪席，連門俱是，生意興隆，並且又有種類繁多的作坊店鋪，販賣著形形色色自己生產的商品。臨安街頭，諸如補鍋、修鞋帽、穿珠子、磨鏡、磨刀剪之類的臨時工匠，到處可以找到，計達數十種。㉘南宋貨棧，叫做「塌房」，規模之大和組織管理之完備，已完全近代化。當時的質庫是從唐代的櫃坊發展而來的，唐代櫃坊除接受物品為質進行放債外，還兼營存款業務，建中 (780～783) 初，朝廷曾借長安櫃坊儲款的 1/4 以助軍費。宋代質庫也仍然從事典當業，不過資本更大。宋代另外還有專營銀錢鈔引兌換——即「便換」的錢舖。錢舖經營錢鈔業務，必須遵守官方規定的比價和其他法令，並且還必須承領政府一定的借貸款項，「不敢虧損」(李光裕輯：《四民便用積玉全書》卷 16)。

關於掌握貨源，則「江商海賈，穹桅巨舶，安行於烟濤渺莽之中，四方百貨，不趾而集」(吳自牧：《夢粱錄》卷 18)。其中組織運輸和進行躉買批發等活動，可以米舖為例窺見大概情形。據《夢粱錄》卷 16 載：「杭州人烟稠密，城內外不下數十萬戶，百十萬口，每日街市食米，除府第官舍宅舍富室及諸司有該俸人外，細民所食，每日城內外不下一二千餘石，皆需之鋪家。……本州所賴蘇、湖、常、秀、淮、廣等處客米到來……米市橋、黑橋俱是米行，接客出糶……城內外諸鋪戶每戶專憑行頭於米市做價，徑發米到各處出糶，鋪家約定日子支打米錢，其米市小牙子親到各鋪支打發客。……且叉袋自有賃戶，肩馱腳夫亦有甲頭管領，船隻各有受載舟戶，雖米市搬運混雜，皆無爭差，故鋪家不勞餘力，而米徑自到鋪矣。」

熙寧六年 (1073) 七月，王安石頒布「免行法」，各行按月或按季交納「免行錢」，這是以賦稅形式代替行戶提供物品和服役的進步政策，有利於工商業的發展。

㉗ 黃仁宇：《中國大歷史》第 171 頁，三聯書店，2007 年。

㉘ 《夢粱錄》卷 13。

宋代的地方商業也比唐代發達，南宋又盛於北宋。例如唐代的草市，至南宋很多都發展成草市鎮，有的已與明、清的市鎮差不多了。鎮在宋初還都是駐軍地點，南宋時大都演變成商業發達的地方市場，所以南宋的府、州、縣志多於「鎮」字下繫「市」字，而連稱為「鎮市」。

宋代通過對茶、鹽、酒的專賣，平均年收入在3000餘萬貫，占當年財政總收入的70%以上。

兩宋還在邊境設立榷場，以通對遼、夏、金的互市貿易；遼與夏、金與夏之間也有榷場貿易。

兩宋的對外貿易，在通商的範圍和貿易的數量上，都大大超過了唐代。宋初只在廣州設市舶司，後來始在杭州、明州（今寧波）、泉州、密州（在州境板橋鎮，今山東膠州）、秀州（今浙江嘉興）置司。南宋初年，貿易中心由廣州轉移到泉州，當時來泉州通商的國家和地區共達50多個，輸入的商品有數百種，除香藥寶貨等奢侈品外，還有各種布匹、染料、棉花、貴重木材等。由於輸入量過大，以致造成金錢外泄，引起國內嚴重的金融恐慌。這種繁榮興旺的貿易，一直繼續到元代末年，當元初馬可・波羅和稍後的伊本・拔圖塔到泉州觀光時，都慨嘆泉州乃當時世界的最大商港。

宋代市舶機構的權力較大，商船出海，必須向它申報，外國商船進港亦如之，一般稅其什一。宋高宗說：「市舶之利，頗助國用。宜循舊法，以招徠遠人。」（《宋會要輯稿・職官四四》）北宋市舶收入由每年30萬貫增至50萬貫，南宋由於變內陸國家為海陸國家，市舶收入更增至200萬貫，占全國稅收總額的1/5；其中廣州一港，紹興十年(1140)的市舶收入就達110萬貫，超過國庫總收入的1/10，遠非北宋可比，更非後來16世紀的明代可比。

元代建國前，成吉思汗黃金家族很早就與商人結下了不解之緣，後來在國內外各地經商的大多是回回人，並有不納商稅的特權。元皇室嗜好珍異珠寶，泰定帝(1323～1328在位)時，所欠商人珠寶價達10萬錠，相當於全國包銀歲額的近4倍。朝廷購取珍玩，或竟以市舶番貨和鹽引墊支，使回商利外獲利。一部分蒙古貴族、寺院僧侶和漢族官僚地主也都因經商而致巨富。

如果說中國傳統社會秦、漢已有資本主義因素，唐、宋這種因素已有成長，那麼，明清時代，中國的資本主義已進入了萌芽階段。當時「雖士大夫之家，皆以商賈遊於四方」（《康熙徽州府志・風俗》）。娼優僕隸，其子弟因經商而提高了社會地位，「初縉紳皆醜之，而今則樂與為朋矣，即地方監司亦多與往來，宴飲饋遺，恬然無復廉恥之色」(伍袁萃:《林居漫錄》卷 3)。

明代「燕趙秦晉齊梁江淮之貨，日夜商販而南；蠻海閩廣豫章南楚甌越新安之貨，日夜商販而北」(李鼎:《借箸編》) ㉙。商品以人民生活和生產的必需品為主，全國出現了更多的商人，工商業城鎮大量興起。當時工商業發展比較顯著的城市，除南、北兩京外，大多分布在江南、東南沿海和運河沿岸等 3 個地區。其中，以江南地區的蘇、松、杭、嘉、湖等 5 府最為繁華。蘇、松地區在 16 世紀初，「百姓什一在官，什九在田」，四五十年後，放棄農業而經營工商業者，增加了 3 倍，「游手趁食者又十之二三矣」。(何良俊:《四友齋叢說稿鈔》卷 3) 湖州的菱湖，吳江的震澤、盛澤，絲綢產銷兩旺。如盛澤，《醒世恆言・施潤澤灘闕遇友》中描寫道:「綢絲牙行，約有千百餘家，遠近村坊織成綢匹，俱到此上市，四方商賈來收買的，蜂攢蟻集，挨擠不開，路途無佇足之隙。」著名的明清四大鎮，景德鎮明代以來製瓷業很發達，有官窰 58 座，民窰近 1000 座；佛山鎮明代有相當規模的冶鐵、鑄鐵業，清代絲織業和棉染織業也迅速發展了起來；漢口鎮因為是交通要衝，商業經濟更得天獨厚，特別繁盛，尤以鹽、當、米、木、花布、藥材 6 行為最興隆；朱仙鎮自元代賈魯河開通後，貨運由此轉陸路到達開封，商業的發達自然也是占了地利的便宜。

這裏提到漢口鎮的「當」行，就是典當業。典當業在明代也大大發展了起來，到後來逐步有了「當鋪」、「典鋪」、「按鋪」、「押鋪」、「質鋪」、「代鋪」等名稱。當鋪在經營中，對抵押品一律冠以貶詞，如稱金飾為「淡金」、皮貨為「光板」；在當票上，又注明「蟲傷鼠咬，霉爛不測，各由天命」字樣，以示不負賠償的責任。開張典當的多為山西、陝西和徽州的商人。典當中管事的店員稱為「朝奉」。清初在關外時期，曾一再重申:「凡人不許開當鋪。」(《崇德會典》卷 14) 後來開始徵收當稅。在典當業的發展史中，唐宋時代的典當業，雖有高利盤剝的性質，但更有活躍金融的作用，而明清時代的典當業，卻是惡性發展了它的負面的意義，使人為之望而生畏，這從許多歷史文獻中都可以找到證據。典當通過按月計息、「出輕入重」等辦法剝削貧民，也剝削其他商人，在明清時代，完全是商業經營中的害群

㉙ 《李長卿集》卷 2。

之馬。㉚

圖 20　開封的山陝會館遺址

明代中、後期乃至清初，不少地區性商幫，如徽州商幫、山陝商幫、廣東商幫、福建商幫、江西商幫、洞庭商幫、龍游商幫等，縱橫馳騁於商界，顯得頗有活力。在這些商幫中，論資本之雄厚、人數之眾多、經營範圍和活動地域之廣闊，當推徽州商幫和山陝商幫。徽州商幫宋以後逐漸形成，「盡天下通都大邑及窮荒絕徼，乃至外薄戎夷蠻貊，海內外貢朔不通之地……足跡無或不到」（金聲：《壽明之黃太公六袠序》）㉛；「其俗，男子受室後，尊者即督令行賈，無贏折皆不得速歸，久者數十年，近亦踰紀」（方苞：《王彥孝妻金氏墓碣》）㉜。他們經營品類繁多，應有盡有，其中以鹽起家者尤稱豪富。山陝商幫的活動範圍最初僅局限於黃河流域，後來實力增強，逐步向南推移，也是足跡遍及東西南北。「吳越州郡，察其市肆，貿遷多係晉省之人」（《清聖祖實錄》卷 139）；「陝地繁華，以三原、涇陽為第一，其人多服賈吳中」（屈大均：《宗周遊記》）㉝。他們經營的主要項目有鹽、糧食、棉布、絲綢、茶葉、鐵器、木材、牲畜、陶瓷、金融典當等。

在劇烈的市場競爭中，商家為謀生存和發展，訂立了許多行之有效的制度。如蘇州孫春陽南貨舖，「其為舖也，如州縣署，亦有六房：曰南北貨房、海貨房、醃臘房、醬貨房、蜜餞房、蠟燭房。售者由櫃上給錢取一票，自往各房發貨，而管總者掌其綱，一日一小結，一年一大結」（錢泳：《履園叢話・雜記下》）。可謂井井有條，嚴密之至。

合資制度、伙計制度、掌事制度、賬目制度的確立和發展，體現了商業經營文化的新水平。

商人已牢牢地把握住了商業經營中有效地避免入不敷出的幾條基本原

㉚　參見戴逸主編《簡明清史》第一冊第 365～368 頁，人民出版社，1980 年。

㉛　《金忠節公文集》卷 7。

㉜　《望溪先生文集》卷 13。

㉝　《翁山文外》卷 1。

則。㉞

商人經濟上的成功，刺激了他們的自信，他們一方面攀附官府，一方面也追求儒商形象，投資教育和文化事業，中國傳統商業道德上的愛國、敬業、進取、忍讓、誠信、節儉、好義、樂施等崇尚進一步形成。但他們缺乏獨立的政治要求，不能發展成為資產階級，從而實現社會變革。㉟

而就對外貿易來看，明代自鄭和七下西洋後，中國商人雖還不斷「通蕃下海」，所謂「去外國盜易，去中國盜難，去中國瀕海之盜易，去中國衣冠之盜尤難」（《明史》卷 205），許多官僚、富室、巨賈都參與了非法的對外貿易。但外國商人來華較少，如自弘治元年 (1488) 到弘治六年 (1493)，海外國家由廣東入貢的僅占城、暹羅各一次。過去長期與中國通商的波斯、大食等國的商人來華者更少，進口商品的種類和數量亦遠遠不及宋元時代。明代市舶的含義已與宋、元不同，宋、元時對進行海上貿易的船隻，不論中外，均稱市舶，明代則專指在中國近海停泊的外國商船。其市舶原則，也與宋、元大不相同，宋、元市舶課已是國家財政收入的大宗，明代市舶則既無財政目的，又無互通貨物的意義，唯以通好懷柔為目的。對於海外諸國來華貿易的貨物，國家不徵市舶課，有時官府對海舶帶來的貨物進行抽分，但卻從優償給其值。對於貢品，國家亦高於原價給其值。不過，從隆慶元年 (1567) 部分解除海禁開始，一直被視為走私的民間海外貿易取得了合法地位，應當說是進入了一個新的歷史時期。

明代弘治十五年 (1502)，全國鈔關收入 2719 萬餘貫，折合白銀約 8 萬兩，約占當年太倉收入的 3% 左右。萬曆六年 (1578)，鈔關收入增到 32.5 萬兩，為當年太倉收入的 8%。萬曆二十五年 (1597)，達 40.75 萬兩；天啟五年 (1625)，全國 8 大鈔關歲入正、餘銀達 480 萬餘兩，為萬曆二十五年鈔關歲入正銀的 12 倍，㊱足見商稅在國家政治經濟生活中占有了多麼重要的

㉞ 參見崔瑞德、牟復禮編《劍橋中國明代史》下卷第 670 頁，中國社會科學出版社，2006 年。

㉟ 參見傅衣淩《中國傳統社會：多元的結構》，刊《中國社會經濟史研究》1988 年第三期。

㊱ 孫承澤：《天府廣記》卷 13。鈔關是明清時代特有的商稅徵收衙門，出現於宣德四年 (1429)，是在交通要道和關津處設卡對過往商人徵收寶鈔，一則推動寶鈔的流通，同時也增加國家財政收入。其中較著名的有河西務（在天津市武清區西北北運河西岸）、臨清、淮安、揚州、滸墅（在蘇州附近）、北新關（在杭州附近）、九江等 7 處；另有京師（北京）崇文門關稅，雖然不在運河碼頭上，但收繳河西務、臨清的未完餘

地位！

清代除原有的城市商業繼續保持繁榮外，在西北和西南各地也出現了許多商業城市。截至 19 世紀初，在世界擁有 50 萬以上居民的十大城市中，中國的北京、江寧（今南京）、揚州、蘇州、杭州和廣州，人口均超過西方最先進的倫敦。北京是全國貿易的中心，在市場上，西藏、新疆、蒙古、雲貴地區等少數民族的特產皆有出售。

圖 21　清人所繪雜貨鋪

隨著商品經濟的發展，特別是江浙地區，市鎮的數目逐步增加。如蘇州府的震澤縣，原本屬吳江縣，在明代弘治年間，有 3 市 4 鎮；到明代嘉靖年間，有 10 市 4 鎮；到清初康熙二十四年 (1685)，有 7 市 5 鎮；康熙中期以後，則變為 5 市 7 鎮。「有商賈貿易者謂之市，設官將防遏者謂之鎮」(《乾隆震澤縣志》卷 4)，2 個世紀，這種勢頭，接近於翻了一番。

清代景德鎮雍、乾之際，「商販畢集，民窰二三百區，終歲煙火相望，工匠人夫不下數十餘萬」(《乾隆浮梁縣志》卷 5)，「陶器行於九域」(同上卷首)；佛山鎮乾隆至道光（道光：1821～1850）年間，舖區從 25 個增加到 27 個，街巷從 233 條增加到 596 條，墟市從 3 墟 6 市發展到 4 墟 11 市，碼頭津渡從 11 處發展到 28 處；㊲漢口鎮在乾嘉時期，年貿易額達白銀 1 億兩左右，居全國工商業城市之首位；朱仙鎮有年畫店 300 餘家，行銷各省，乾隆年間有戶 4 萬，人口 20 餘萬。四鎮中，佛山鎮、漢口鎮的工商業均超過作為省會城市的廣州和武昌，景德鎮陶瓷的地位遙遙領先於全國其他產區，朱仙鎮則是華北最大的水陸交通聯運碼頭。四鎮的經濟意義大於政治意義，生產意義大於消費意義，它們沒有轉化為郡縣駐地，比之西歐中世紀的自治城市，在城市人口、城區規模以及工商業水平等方面都毫不遜色。㊳

清代最富有的商人是徽商、晉商和行商（即「廣東十三行」)，這些人很

額，也很重要，當年主管財政的戶部出於統計上的方便，將其歸入同一體系。明代末年，運河七關的歲入，約占全國鈔關總歲入的 90% 左右。

㊲　《乾隆佛山忠義鄉志》卷 1，《道光佛山忠義鄉志》卷 1。

㊳　白壽彝總主編：《中國通史》第十卷（上）第 633 頁，上海人民出版社，1996 年。

多為官商或政府官員。徽州商幫「其貨無所不居，其地無所不至，其時無所不鶩，其算無所不精，其利無所不專，其權無所不握」(《萬曆歙縣志・貨殖》)。山西晉商明代已與徽商並稱，晚期晉商開設的票號、銀號，主要業務是代官府解錢糧、收賦稅以及代官商辦理匯兌、存款、放款、捐納等事。

票號又稱「票莊」，其匯兌業務，是承唐之「飛錢」、宋之「便換」、明和清前期的「會票」而來的，目的在使作為商業資本的「銀兩」便於流通攜帶。最初辦理匯兌的是乾嘉時期山西平遙西裕成顏料鋪，道光三年(1823)，由西裕成發展而來的專營匯兌的日昇昌票號正式開張，接著便「南至兩廣雲貴，北至伊犁新疆，凡各通商大埠，無不有票號之招牌」(《中央銀行日報》1935 年第 4 卷第 1 期)。票號在各地設有聯號，後來發展為兼辦存款和放款；進而又以存款為基礎，開展匯兌和放款。票號吸收的存款主要是公款和官吏的私款。在清政府沒有成立國家銀行前，公款入國庫前多暫存票號，不計利息。官吏的私人錢財，存入票號利息雖微，但能嚴守秘密，遇事又能為之隱匿，並能根據存款人的指示隨時將款匯出，所以官吏的私蓄大都存入票號。銀號就是錢莊，明中葉以來，因幣種繁多，比價經常波動，經營銀錢兌換業務的銀號遂大有用武之地。清代乾隆年間，銀號已相當活躍，銀號的存款以吸收地方政府和私人企業的餘款為主，而放款對象則是商業行號和工業企業，不同於票號的專以官吏和候選、候補官吏為放款對象。由於銀號放款利率較典當業約低一半，所以對工商業是有利的。銀號在經營兌換、存放款的基礎上，還發行錢票和銀票，進入市場流通，並與外商和外國銀行發生聯繫。後來票號由於存款利息太低，放款又只重信用，不要抵押，一遇變亂，放出之款無法收回，在近代銀行業的衝擊下，紛紛倒閉；而銀號由於與工商業休戚相關，經營的業務項目又向銀行看齊，所以進一步躋入了近代新式金融業的行列。

清代的對外貿易，截至康熙五十九年 (1720)，在出口商品中，就價值而言，絲綢始終位居第一，後來茶葉取代了絲綢的地位，但絲綢的出口量仍與日俱增，其他商品的出口量也很可觀。不過由於時值西方資本主義國家早已開始了世界性的征服和掠奪，世界歷史已經進入近代階段，近代意義的中西通商，在很大程度上是一場侵略和反侵略的鬥爭，所以逐漸變得不正常起來。當時來中國通商的，先後有葡萄牙、西班牙、荷蘭、英吉利、法蘭西、丹麥、瑞典、米利堅（美國)、雙鷹國（比利時)、單鷹國（普魯士)、義大利、墨西哥，還有從陸路東來的俄羅斯，雙方往往弄得以兵刃相見。而清代前期，老大的專制帝國，仍處處以「天朝」自居，覺得自己「物產豐盈，無所不有，原不藉外夷貨物以通有無」(乾隆帝:《諭英吉利國王敕書》) ㊴，允許通商，只是在施恩，而不是在求利，既然外國人要生事，就盡量使之不來或少來。當然，清初對外貿易，形式上還是持開放的立場，康熙二十三年 (1684) 正式開海禁，次年宣布澳門、漳州、寧波和雲臺山 (今江蘇連雲港) 4 處為對外貿易口岸，分別設置了粵海關、閩海關、浙海關和江海關。㊵從此，唐宋以來的市舶制度就結束了，而開始了設置海關的歷史。但總的來說，清代前期實行的是限制性對外貿易，外貿要經過嚴格的審批，許多商品如鐵器、米糧、書籍被禁止出口。康熙五十六年 (1717) 再頒禁海令，停止與南洋貿易。既禁之後，「濱海之民半失作業」(方苞:《廣東副都統陳公墓銘》) ㊶，「百貨不通，民生日蹙」(藍鼎元:《南洋事宜論》) ㊷。乾隆二十二年 (1757)，清政府更進而取消了閩、浙、江等海關，封閉廈門㊸、泉州、福州、寧波、上海、天津等口，限定廣州為唯一的口岸，對絲綢、茶葉等傳統商品的出口量嚴加控制，並逐步實行壟斷貿易，由廣東十三行為代表的行商操縱進出口貿易。廣東十三行簡稱「洋行」，意即外洋商行，產生於康熙二十五年 (1686)，是一種半官方組織，最少時 4 家，最多時達 26 家。㊹十三行每年進出口總值在 18 世紀已達 1300～1800 萬銀元，19 世紀 30 年代則約值 4000 萬銀元。但官府對十三行進行掠奪，十三行一重吃一重，又對外商盡其防範、限制、剝削、侮辱之能事，更與外商通同作弊，「狼狽為姦」(夏燮:《中西紀事》卷 3)，其腐朽性是不言而喻的。不過，16～17 世紀的中國商人在與西方殖民者爭奪西太平洋貿易制海權的鬥爭

㊴ 《高宗聖訓》卷 276。

㊵ 這 4 處海關設置的具體地點究竟在何處，除浙海關為寧波外，文獻記載不盡一致，茲暫從姜宸英《湛園未定稿·海防總論》。而海關沿綫及鄰近地區也都允許進行對外貿易，例如廣東的潮州、瓊州等 40 餘處，福建的廈門、艋舺 (今臺北) 等 30 餘處。

㊶ 《望溪先生文集》卷 10。

㊷ 《鹿洲初集》卷 3。

㊸ 據周凱《廈門志·關賦略·海關》和英國東印度公司的檔案記載，不排除閩海關設於廈門的可能性。

㊹ 參見徐恒彬《南海「絲綢之路」概述》，刊《南海絲綢之路文物圖集》，廣東科技出版社，1991 年。

中仍占優勢。

至於漢以後商品生產的情況，在農產物的商品化方面，較之漢代，唐代又有了新的發展，這主要表現為茶的種植和運銷。唐後期茶的種植已遍及山西、淮南、浙西、劍南、浙東、黔中、江南、嶺南八大茶區 43 個州郡，並且出現了很多名品。如「南有蒙頂萬花，或小方，或散芽，號為第一」（《國史補》卷下）。安徽祁門「茗色黃而香。賈客咸議，愈於諸方」（張途：《祁門縣新修閶門溪記》）㊺。可見這裏已經出現了商品茶生產的專門區域。「老大嫁作商人婦，商人重利輕別離，前月浮梁買茶去，去來江口守空船」，浮梁的茶葉市場被白居易寫進了他的《琵琶行》㊻。唐中葉以來，這裏「每歲出茶七百萬馱，稅十五餘萬貫」（《元和郡縣志》卷 28）。正是由於唐後期茶葉商品生產的蓬勃發展，商品流通過程中茶的流轉額越來越大，因此在中國歷史上第一次實行了茶專賣。德宗建中元年 (780) 開始對茶葉課稅，到德宗貞元十年 (794) 對「出茶州、縣若山及商人要路，以三等定估，十稅其一，自是歲得錢四十萬」（馬端臨：《文獻通考・征榷四》）。歷史上有名的茶馬互市，也發端於唐代。㊼當時經營茶園的農戶很多都雇用傭工，規模較大的茶場在採茶季節常常雇工達百人以上。茶園一般都設有焙茶作坊，茶葉焙製上所需要的技術工人多來自各地，他們完全是工資勞動者。他們工作完畢後，應得的工資，或以茶支付，也往往兼作茶販。㊽

唐代手工業除官辦工業外，基本上都是商品生產，計有絲織品、麻織品、毛織品、編織品、皮革品、金屬品、顏料品、日用品、陶瓷品等。唐代的大型手工業作坊，雇傭工人為數眾多，工場內部有簡單的協作和分工是無疑的。據文獻記載，唐代大型作坊和手工工場還實行按質論酬的計件工資制。㊾

宋元時代，茶更加成為行銷國內外市場的主要商品。宋代產茶地區，遍及秦嶺以南及淮河地區，其中產茶最多的是四川成都府（西川）路和利州路，其次是江南東、西路，再次是淮南、荊湖和兩浙；福建路產茶只限

㊺ 《全唐文》卷 802。

㊻ 《白氏長慶集》卷 12。

㊼ 《新唐書》卷 196。

㊽ 《太平廣記》卷 24 引《廣異記》。

㊾ 同上卷 84 引《集異記》。

建、劍 2 州，產額較少，而品質特佳，製造也很優良。由於茶的運銷量巨大，收入可觀，所以兩宋政府都把茶的產銷收歸官營，政府除自設茶園和製茶作坊外，並設置榷貨務都茶場來收購私營「園戶」的「民茶」，進行統銷業務。僅江南、兩浙、荊湖、福建地區輸送政府專賣機構的茶葉，每年就達 1400～1500 萬斤。(50)元代南方茶葉生產更多，今福建、浙江、四川、湖南、湖北、江西、安徽、江蘇都是產茶區。而雲南西雙版納，以普洱為茶葉集散地，「交易五日一集，以氈、布、茶、鹽互相貿易」(李京:《雲南志略・諸夷風俗・金齒百夷》)，稱「普洱茶」。仁宗延祐五年 (1318)，茶的產量已達 1.2 億斤以上，還不算無引私茶在內。

糖是宋代開始普及的一種由農產品加工製成的新商品，主要產區有福唐、四明、番禺、廣漢、遂寧等 5 地，尤以遂寧產量最大，品質也最優。遂寧「繖山在縣北二十里，山前後為蔗田者十之四，糖霜戶十之三」(洪邁:《容齋五筆》卷 6《糖霜譜》)。這些地區有許多糖霜戶，專門種蔗製糖，不僅銷往國內其他地區，而且還遠銷海外。製糖業雖然還密切聯繫著農業，但它的專業性很強，實際上已經使農業本身變成了工業。

北宋麻布的生產集中在南方，而以廣南西路（治所在今桂林）為最，其所生產的「柳布」、「象布」，「商人貿遷而聞于四方者也」。(周去非:《嶺外代答》卷 6《服用》) 其他如兩浙路剡縣（今浙江嵊州）生產的強口布，「商人販婦往往競取」；諸暨（今屬浙江）生產的山後布，「頗需厚價」。(施宿:《嘉泰會稽志》卷 7) 這些都是市場上的搶手貨。元代苧麻從南方傳至北方，因麻布不能抵稅，所以往往被出售。如河東（今山西）「地宜麻，專紡績織布，故有大布、卷布、板布等。自衣被外，折損價值，貿易白銀，以供官賦」(郝經:《河東罪言》) (51)。

元代蘇、湖等地區運往大都的糧食，世祖至元二十年 (1283) 才 4 萬多石，以後逐年增加，到文宗天曆二年 (1329) 達 350 多萬石。政府規定:「江、淮等處米糶，任從客旅興販。」(《通制條格》卷 27) 由於廣州軍民憑藉交通上的便利，往往「于鄉村糴米佰（百）碩、阡（千）碩至萬碩……搬運前去海外占城諸番出糶」(同上卷 18)，以致元廷特於至元二十五年 (1288)

(50)　《宋史》卷 183。宋代實行專賣的，主要是鹽和茶。此外，對酒、鐵、炭、礬、香藥、寶貨等，也都實行專賣。

(51)　《陵川集》卷 32。

下令予以禁止❺❷。這說明流通中的糧食數量很大，南方的糧食生產已與市場發生日益密切的關係。

宋元時代，農村的商品生產除了上述以外，絲、棉、紅花、水果等，也都是引人矚目的。

宋代的手工業，從組織形態看，作坊工業已有了普遍的發展。在技術上，更遠比唐代進步。工匠須在規定的時間內進行培訓，某些產品政府要預為立樣，並將生產者的姓名題識於上，以明確責任。當時種類之繁多，見於記載的不下數百種。

明清時代，由於國家法令明定白銀為本位幣，又規定過去長期以來集中表現自然經濟特徵的實物地租和以實物繳納的賦稅，還有徭役等，都改以白銀繳納和折償，幾千年來的粟穀布帛之徵，至是已完全變成了貨幣。❺❸這樣一來，農民的一切負擔就都貨幣化了，農產品也都商品化了。於是農民不僅要生產自己所需要的生活消費品，而且必須生產容易換取貨幣的商品，甚至完全生產這種商品，而以其所得的貨幣來購買自己所需要的生活消費品。人們的生活消費品既不必都由自己生產，這說明自然經濟已有初步的分解，而農業也可以實行一定程度的地方分工，即各地農民可以各就其土地所宜，而生產可供廣大地區需要的商品，其不適宜在本地生產的物品則仰賴於外部供給。資料顯示，清前期，在省際流通的商品糧食計達 240 億斤左右，約占全國總產量的 1/10。徽州五縣，「仰給浙江、江西等處商販之米」(《雍正硃批諭旨》❺❹第六函第二冊伊拉齊奏)，而「江浙糧米，歷來仰給于湖廣，湖廣又仰給于四川」(同上第四函第二冊王景灝奏)。嘉、道之際，蘇州雖然產米很多，但「槽坊酤於市，士庶釀於家，本地所產，耗於酒者大半」，所以「無論豐歉，江、廣、安徽之客米來售者，歲不下數百萬石」(包世臣:《安吳四種》卷 26)。從接濟民食解決衣被的實際出發，清廷對轉運糧米、棉布的商販的作用也相當重視，遂使商業的社會功能，逐步得到官方的肯定。

在明清時代農產物的商品中，尤為發達的部門有：棉、茶、絲、蔗、染料植物、油料植物、煙草等。其中棉花種植的普遍和棉紡織業的發達，

---

❺❷ 《元史》卷 94。

❺❸ 《明史》卷 78；顧炎武：《日知錄》卷 11。

❺❹ 光緒十三年 (1887) 上海點石齋縮印本。

在國民經濟中的地位最重要，其所產生的影響也最深遠。

殷墟和福建崇安武夷山白巖崖洞殷墓都曾出土棉織物；[55]戰國時期，棉花從南海地區輸入；到唐代，新疆棉業一路領先，非常有名。而內地的棉業，則無疑發端於宋元時代，南布北運，北花南販。明清時代，「棉花種遍天下」，「織機十室必有」，（宋應星：《天工開物‧乃服》）既促進了商品經濟的發展，又限制了商品經濟的發展。從棉業對商品經濟的促進一面看，由於棉花和棉布是重要的衣著材料，那些特別適宜於種棉和織棉地區的經濟自然都因此繁榮起來。如松江，就有「布藪」之稱，其所生產的棉花和棉布，「衣被天下，而民間賦稅公私之費，亦賴以濟，故種植之廣與秔稻等」，秦、晉、湖、廣、浙、贛、閩、粵「富商巨賈，操重貲而來市者，白銀動以數萬計，多或數十萬兩」。(《閱世編》卷 7）據清代林則徐（福建侯官〈今福州〉人，1785～1850）估計，該地棉花種植在全部農業經營中約占 70～80% 左右，從事紡織業的男女人數，亦占該地總人口的 60% 左右。[56]而無錫，則又有「布碼頭」之稱，其布雖輕細不及松江，但「堅緻耐久則過之，一歲所交易，不下數十百萬」。(黃卬：《錫金識小錄》卷 1）在清代，以直隸省（今河北省）為中心的華北平原一帶，也發展成為新的產棉區。更為值得注意的是，明清時代個別地區還出現了棉業的包買商。如明後期，松江西郊有暑襪店百餘家，經營用潔白尤墩布縫製的「尤墩暑襪」，極其輕美，四方爭購，「合郡男婦，皆以做襪為生，從店中給籌取值」（范濂：《雲間據目鈔》卷 2）。毫無疑問，這裏在暑襪店包買商的運作下，已經形成散工制經營方式，包買商的商業資本變成了工業資本。「吳民生齒最煩，恆產絕少，家杼軸而戶纂組，機戶出資，機工出力，相依為命久矣」（《明神宗實錄》卷 361）。當時圍繞著一家包買商經營的布號，即有「數十家賴以舉火」（《民國吳縣志》卷 52 上引《乾隆元和縣志》），這賴以舉火的數十家，實際上他們已受制於資本，與歐洲放貸制度[57]下的工人沒有本質的區別了。

[55] 《小屯殷墟出土龜甲上所粘附的紡織品》，《中央研究院國際漢學會議論文集‧歷史考古組》，1981 年；《福建崇安武夷山白巖崖洞墓清理簡報》，《文物》1980 年第六期。

[56] 《林文忠公政書》甲集《江蘇奏稿》卷 2《太倉等州縣衛幫續被歉收請緩新賦摺》。

[57] 歐洲的放貸制度是經營者以原料的形式預付資金給工人，並保證他們的勞動收入，通過提供原料和規定生產進度的方式直接購買勞動力，從而達到在生產過程內部控制生產過程。

而清代前期，蘇州共有染踹坊450餘處，每坊踹匠數十人不等，他們都是工資勞動者，他們的雇主，如果沒有相當的資本，無疑是難以想像的，資本主義的萌芽已經破土而出了。但從棉業對商品經濟的限制一面看，因為它給了農民家庭副業以一種新的生命，使小農業和農民家庭小手工業的結合更加緊密，從而縮小了作為資本主義前提條件的國內市場，正是這種與小農業緊密結合的棉紡織業，對外國的機製廉價商品布進行了長時間的頑強抵抗。這就是中國傳統地主制封建社會晚期資本主義萌芽不能得到很好發展的原因所在。當然，棉業對商品經濟的限制作用是不及促進作用的。因為中國古代經濟發展的總趨勢，畢竟是在進步，在這種總趨勢中，棉業作為中國古代工商業的後起之秀，是不可能逆歷史潮流而動的。

明清時代的手工業，不僅產量和技術比前代有所提高，而且有了專業化的細緻分工。如清代松江地方有一句俗諺，「金澤錠子謝家車」(《光緒青浦縣志》卷 2 引舊志)，意思是說金澤所生產的紡錠和同縣謝家所製造的紡車特別有名，由此可知紡織生產工具製造上專業化發展的情況。另外，在一些手工業部門中，生產過程的某些環節，也有逐漸分離的現象，如棉紡織業中就出現了軋花、紡紗、織布、印染等專業化的分工。

總起來看，從唐、宋到明、清，中國商品經濟是向前發展的，但它並沒有衝破各種固有的消極因素的束縛，當商品經濟增長的同時，各種消極因素的萎縮極其緩慢。在全國範圍內，商品經濟始終處於受自然經濟支配的地位。

第三節　經濟重心的變遷

在自然經濟的制約下，中國傳統社會經濟常常不能抵禦各種大規模的天災人禍，而出現大幅度的經濟波動。

歷史上，曾長期流行六年一穰、六年一旱、十二年一大饑的說法。中國災荒之多，是可想而知的。據李約瑟統計：「在過去的二千二百多年間，中國共計有一千六百多次大水災，一千三百多次大旱災，很多時候旱災及水災在不同地區同時出現。」(《在香港中文大學的演講》[58])

戰爭之為害，更遠遠超過了自然災害。戰火一起，玉石俱焚，頃刻之

[58] 刊 1974 年 5 月 29 日香港《大公報》。

間，就可以使一切文明化為灰燼，實為破壞力無以復加的人禍。

天災和人禍，有互相激發、互相影響的作用。天災引起人禍，人禍又加重天災。這樣的情況每間隔若干年即集中爆發一次，一次又一次地復發，社會經濟就一次又一次地波動。事實上，中國傳統社會略帶周期性的經濟波動，是從戰國以後的秦漢時代開始的。

人口，是中國古代農業經濟的主體；耕地，則是中國古代農業生產賴以存在和發展的最根本的物質條件。綜觀中國傳統社會人口和耕地面積的發展趨勢，其頻率大致與王朝的盛衰更替相一致。從這個現象中，也可以看到中國傳統社會經濟波動的情況。

歷史上的中國人口，始見於甲骨文的零星描述，「登婦好三千，登旅萬，乎伐羌」(《庫》310)，表明殷代的一次徵兵已有 1.3 萬人之多，由此可以想見當時人口狀況之一斑。據《後漢書・郡國志一》劉昭注引《帝王世紀》記禹至東周的人口數和其他有關資料，估計先秦時代，中國人口浮動在一二千萬這樣一個數目之內。至於當時的耕地，大致與人口相適應。

真正見於正史記載的人口、耕地資料，當從西漢平帝元始二年 (2) 算起。這一年，全國人口達 5959.4978 萬口，耕地為 82705.36 萬畝，㊾反映了文景之治以後西漢社會經濟的繁榮景象。事隔 55 個年頭，到東漢光武帝中元二年 (57)，經過動亂之後，人口銳減至 2100.782 萬口。㊿由於東漢政府採取了一系列有效措施，東漢中期，以和帝元興元年 (105) 為例，人口又恢復至 5325.6229 萬口，耕地為 73201.708 萬畝。(61)西晉武帝太康元年 (280)，人口又減至 1616.3863 萬口，(62)這是因為當時司馬氏享國未久的緣故。經過南北朝經濟的恢復和發展，到隋煬帝大業二年 (606)，人口又增至 4601.9956 萬口；大業中，耕地為 558540.4 萬畝。(63)唐前期從貞觀 (627～649) 開始，經過唐太宗、高宗和武則天的勵精為理，偃武修文，向庶人開放政權，開元 (713～741) 初年，「米斗之價錢十三，青齊間斗才三錢，絹一

㊾ 《漢書・地理志下》。

㊿ 《後漢書・郡國志一》注引伏無忌所記。

(61) 《東漢會要・民政上》。

(62) 《晉書》卷 14。

(63) 戶口數見《隋書》卷 29，耕地數見《通典・食貨二》、《通志・食貨略一》、《文獻通考・田賦二》。

匹錢二百」(《新唐書》卷 51)，發展到開元十四年 (726)，人口又增至 4141.9712 萬口；[64]天寶十四年 (755)，人口復增至 5291.9309 萬口，耕地為 143038.6213 萬畝。[65]從中宗神龍元年 (705) 到該年，短短 50 年，人口增幅達 40%。但不到 5 年，肅宗乾元三年 (760)，在安史之亂中，人口竟減至 1699.0386 萬口。[66]宋神宗元豐六年 (1083)，人口 2496.93 萬口，耕地 46165.56 萬畝。[67]南宋寧宗嘉定十六年 (1223)，南半個中國，人口達 2832.0085 萬口，[68]說明了南宋經濟的繁榮。元世祖至元二十八年 (1291)，人口達 5984.8964 萬口；[69]明太祖洪武十四年 (1381)，人口達 5987.3305 萬口，耕地為 36677.1549 萬畝，[70]這是元初和明初經濟恢復速度的反映。洪武二十六年 (1393)，人口增至 6054.5812 萬口，耕地增至 85076.2368 萬畝，[71]與 12 年前相比，耕地增加了近 1.3 倍，明初生產力的發展，於此可以概見。明神宗萬曆三十年 (1602)，人口為 5630.505 萬口，耕地達 116189.48 萬畝。[72]清初易代之後，順治十二年 (1655)，人口銳減至 1403.39 萬口，耕地亦減至 38777.1991 萬畝。[73]清高宗乾隆十八年 (1753)，人口增至 10275 萬口，耕地為 70811.4288 萬畝。[74]到清宣宗道光十三年 (1833)，全國人口達 39894.2036 萬口，[75]接近了 4 億大關。

---

[64] 《舊唐書》卷 8。

[65] 戶口數見《通典・食貨七》，耕地數見《通典・食貨二》、《通志・食貨略一》、《文獻通考・田賦三》；而據復旦大學出版社 2002 年版葛劍雄主編《中國人口史》第二卷第 182 頁所提供的估算數據，知該年的前一年——天寶十三年 (754)，全國實際人口應在 7475 萬至 8050 萬之間。

[66] 《通典・食貨七》。

[67] 戶口數見《宋會要輯稿・食貨十一》、《文獻通考・戶口二》；耕地數見《文獻通考・田賦四》，原書作「元豐間」，按：元豐年號截至 1085 年，是年神宗棄世。

[68] 《文獻通考・戶口二》。

[69] 《元史》卷 16。

[70] 《明太祖實錄》卷 140。

[71] 人口數見《萬曆會典》卷 19《戶部六・戶口一》，耕地數見同書卷 17《戶部四・田土》。

[72] 《明神宗實錄》卷 379。

[73] 《清世祖實錄》卷 96。

[74] 《清文獻通考・戶口一》、《田賦四》。

[75] 《東華續錄》道光朝卷 28。

當然，上述統計數字，是未必絕對準確的。如大業年間的耕地統計數字，恐為應受田數，唐代杜佑已疑其非實，[76]這是特例。此外，統計數字要受統計尺度、統計方法、疆域盈縮、政權強弱等諸多因素的影響。事實上，歷代官方的統計數字大都是低於實際數字的，而宋、明時代的統計數字尤其偏低。據有關專家估算，北宋全國人口應達 1.43 億左右；至於明代崇禎三年 (1630) 前後，全國人口則已接近 2 億。[77]這些估算無疑是比較可信的。

根據以上統計數字和估算，還可以看到，中國傳統社會人口和耕地面積發展的周期性波動，並不是簡單的循環，而是在劇烈的升降中呈緩慢的增長之勢。這也雄辯地說明了中國傳統社會的經濟結構，並不是超穩定的。

必須附帶指出，清代順、康、雍三朝，人口與耕地的增長比率大體是相近的：晉、冀、魯、豫、陝、甘地區，人口增長 59. 44%，耕地增長 64.24%；蘇、皖、川、粵地區，人口增長 30.3%，耕地增長 22.49%；浙、贛、湘、鄂、閩地區，人口增長 6.4%，耕地增長 9.64%；奉、吉、新、桂、雲、貴地區，人口增長 3.77%，耕地增長 3.63%。[78]乾隆中葉以後，人口增長的速率大大超過了耕地增長及農業生產發展水平增長的速率，日益成為國民經濟的沉重負擔，這是不正常的。歷史記載人均畝數最高是唐代開元十四年 (726)，為 34.78 畝。清世宗雍正二年 (1724)，人均畝數為 34.11 畝，乾隆十八年 (1753)，猛跌至 6.89 畝；乾隆三十一年 (1766)，又跌至 3.56 畝。[79]這一點，乾隆晚年也感覺到並非興旺跡象，他說：「以一人耕種而供十數人之食，蓋藏已不能如前充裕……於閭閻生計誠有關係。」(《清高宗實錄》卷 441)

在經濟波動中，中國傳統社會的經濟重心也發生了變遷。

中國古代農業經濟，最初發祥於黃河中游的黃土谷地，包括汾河、渭河、涇河、洛河、泌河等大支流的河谷。時值距今 8500～3100 多年前，是全球性的氣候溫暖期。在這種氣候條件下，黃土高原一帶風沙很少發生，

[76] 《通典·食貨二》杜佑原注。

[77] 葛劍雄主編：《中國人口史》第三卷第 621 頁，第四卷第 470 頁，復旦大學出版社，2000 年。

[78] 樊樹志：《國史概要》第 419 頁，復旦大學出版社，2007 年。

[79] 參見梁方仲《中國歷代戶口、田地、田賦統計》，上海人民出版社，1980 年。

風塵堆積速率極低，強烈的生物風化成壤作用使高原東南部河谷地表形成褐色土。

黃土高原東南部黃河各支流的河谷，特別是兩岸的河坎，因為高出河流的洪水綫，比較易於避免和防禦水害；褐色土顆粒均勻，疏鬆肥沃；加之黃河中游的雨量，能集中在夏季。這些自然條件，當然是適宜於生產力低下的原始農業的。

後來農耕綫逐漸向東推移，進入黃河的大沖積扇以及太行山麓成串的小沖積扇，而山東半島沿海，復有魚、鹽之利。大致到春秋時期，北方發達的經濟區，已奄有黃河的中游和下游流域。但同時，由於西北季風的增強，黃土高原原來的褐色土和棕壤、黑壚土等優質土壤，已開始逐漸地被黃土所侵蝕。

從春秋到戰國，黃河中下游地區的經濟在全國遙遙領先，農業普遍實行了牛耕，土地基本上得到了開發。《尚書・禹貢》記載當時各地土地利用的情況。把全國列為 9 等，其第一至第六等分別為雍、徐、青、豫、冀、兗 6 州，皆集中分布於本區。[80]特別是秦國所在的關中地區和齊國所在的山東半島一帶，經濟非常發達。司馬遷曾經說過：「故關中之地，於天下三分之一，而人眾不過什三，然量其富什居其六」，而「齊帶山海，膏壤千里，宜桑麻，人民多文彩布帛魚鹽」。（《史記・貨殖列傳》）隨著農業的發展，手工業也發展到相當的規模，出現了一大批手工業中心和商業都會。齊國都城臨淄，人口一度發展到 7 萬戶，若以每戶 5 口計，也有 35 萬人之多。所產絲織品馳銷全國各地，「號為冠帶衣履天下」（《漢書・地理志下》）。趙國都城邯鄲的冶鐵業，曹國都城陶的商業，亦皆為天下冠。

秦漢時代，黃河中下游地區經濟繼續高漲。據西漢元始二年 (2) 統計，當時全國的戶口和墾田，絕大多數皆集中分布在本區。糧食生產有了明顯的增長。漢初自黃河下游漕運至關中的糧食不過 10 萬石，到元封元年（公元前 110）增加到 600 萬石。個別農業部門開始走向商品化，「安邑（今山西夏縣西北）千樹棗；燕、秦千樹栗；蜀、漢、江陵千樹橘；淮北、常山（即恆山）已南，河濟之間千樹萩；陳、夏千畝漆；齊、魯千畝桑麻；渭川千畝竹；及名國萬家之城，帶郭千畝畝鍾之田，若千畝巵茜、千畦薑韭，

[80] 一說《禹貢》中的田等，是按「地形高下」來劃分的。參見李約瑟、魯桂珍《中國古代的地植物學》，《農業考古》1984 年第一期。

此其人皆與千戶侯等」（《史記・貨殖列傳》）。城市更加繁榮，「燕之涿（今河北涿州）、薊，趙之邯鄲，魏之溫（今河南溫縣西南）、軹（今河南濟源東南），韓之滎陽（今河南滎陽東北），齊之臨淄，楚之宛丘（今南陽），鄭之陽翟（今河南禹州），周之三川（今洛陽），富冠海內，皆為天下名都」（《鹽鐵論・通有》）。王莽始建國二年 (10) 建立六筦制，對鹽、鐵、酒、山澤的自然產物、採銅和鑄錢進行壟斷，曾於京師長安（今西安）及雒陽（今洛陽）、邯鄲、臨淄、宛（今南陽）、成都等「五都」設均輸官，以加強市場的管理。上述經濟上有顯著優勢的地方，幾乎全部屬於本區。在手工業方面，西漢政府在全國共設鐵官（主鼓鑄之官）44 縣，其中本區占 36 縣；工官（主造武器、日用器物和各項手工藝品之官）8 縣，其中本區占有 5 縣；服官（主織造宮廷服用衣料之官）3 縣，都集中分布於本區。[81]當時淮河以南的南方地區，人口和物產，尚不受朝廷重視。

但到了東漢末年，由於北方政局動亂和南方較佳的農業生產條件的吸引，北方開始向南方作大規模的移民運動。南方氣候溫潤，雨量充沛，河川滿布，便利灌溉和交通，雖然地多丘陵，土質堅實，但當時的社會生產力，已足以解決這個問題。移民們帶去北方先進的生產技術和生產經驗，使南方的經濟發展出現了前所未有的勢頭，人口也隨之迅速增長，揚州地區由原先的 320 多萬增加到 430 多萬，荊州由 370 多萬增加到 620 多萬，益州由 470 多萬增加到 720 多萬。

三國鼎立，南方有吳、蜀兩個政權。吳和蜀為維持軍隊，並收容南來的人口，必須加強土地開拓，發展經濟。這對於南方的開發，實有推動的作用。如孫吳自創業以來，先後建立新郡 33 個，安置了大批民戶並設有屯田。晉武帝咸寧四年 (278) 十月，晉軍攻破皖城，「焚其積穀百八十餘萬斛，踐稻田四千餘頃，毀船六百餘艘」（《資治通鑑》卷 80），說明孫吳的生產是很有成績的。

不過，直到西晉末年，北方經濟發展的水平，仍遠遠超過南方。關中和山東（指河南省西部崤山以東至齊魯濱海廣大地區）這兩個經濟區在全

[81] 原注較長，惜已於 2001 年 6 月 16 日～7 月 5 日書稿遭劫持期間被毀去，此處仍然保留這段一時記不清出處的被注文字。惟西漢鐵官、工官的數目，由於記載含混和計算方法不同，歷代史家的統計數字不盡一致，如鐵官，張步天統計為 49 處，亦可備一說，詳其所著《中國歷史地理》第 324 頁表 3–8，湖南大學出版社，1987 年。

國的地位，絲毫也沒有動搖。

永嘉 (307～313) 之亂和晉室南遷，初步改變了上述傳統形勢。《宋書》卷 54 云：「自晉氏遷流，迄於太元之世，百許年中，無風塵之警，區域之內，晏如也。……地廣野豐，民勤本業，一歲或稔，則數郡忘飢。會土帶海傍湖，良疇亦數十萬頃，膏腴上地，畝直一金。鄠、杜之間，不能比也。荊城跨南楚之富，揚部有全吳之沃，魚鹽杞梓之利，充仞八方，絲綿布帛之饒，覆衣天下。」《資治通鑑》卷 163 亦云：「自晉氏渡江，三吳最為富庶，貢賦商旅，皆出其地。」這與《史記・貨殖列傳》所說的「江南卑濕，丈夫早夭。……楚越之地，地廣人稀，飯稻羹魚，或火耕而水耨」的情況已經大不一樣了。

但儘管如此，隋、唐之際，北方在經濟上依然雄視南方。唐初黃河以北百姓殷富，只是糧食的供應，已經有賴東南的接濟，「唐都長安，而關中號稱沃野，然其土地狹，所出不足以給京師，備水旱，故常轉漕東南之粟」(《新唐書》卷 53)。

西漢司馬遷在《史記・貨殖列傳》中記載的農牧分界綫是：自碣石（在今河北昌黎縣南瀕海之處）至於龍門（在今山西河津和陝西韓城之間)。據司馬遷觀察，這條分界綫還可再向西南延伸，以至隴山，更南達到岷山附近。就在此後不久，這裏的牧區不斷有所變化。但直到隋唐時代，農牧分界綫仍是保持司馬遷所說的舊規，只是其東段稍稍向北移動，到了燕山山脈，東南達於海濱。應當說，唐代中葉以前，黃河中下游的關內、河東、河南、河北 4 道農耕地區所產糧食，已足可供應當地民食和皇朝的需要。當然，江淮漕運也有必要，以作倉儲，尤其災荒之年更是少不得的。

待到安史亂 (755～763) 起，繼之以藩鎮割據，北方一再受到破壞。從此在經濟發展上，南方終於超過了北方。本來隨著整個社會生產力的不斷提高，南方的自然條件得到利用，趕超北方乃是歷史的必然，何況又有許多人為的原因。史稱天寶 (742～756)「以後，中原釋耒，輦越而衣，漕吳而食」(呂溫：《故太子少保贈尚書左僕射京兆韋府君神道碑》) [82]。北方在供應方面，要仰仗南方的接濟，已經成為定局。由於商業和交通的發展，揚州和成都成為空前繁榮的城市。此時唐朝廷的財政，幾乎全部依賴東南。「每歲縣賦入倚辦，止於浙西、浙東、宣歙、淮南、江西、鄂岳、福建、

[82] 《全唐文》卷 630。

湖南等道，合四十州，一百四十四萬戶」(《唐會要・戶口數》)。也就是在這個時候，韓愈指陳「賦出於天下而江南居十九」(《送陸歙州詩序》)[83]。後來杜牧則更進一步說:「今天下以江淮為國命。」(《上宰相求杭州啟》)[84]

唐末和五代的大部分時間，北方繼續混戰，居民流徙，田園荒蕪。相反地，偏安江南的小國政權，利用可以全面掌控地區財政的機會，為了鞏固自己的統治，採取了一些有利於生產發展的措施，如興修水利、獎勵農業等，使南方的經濟更加繁榮起來。北宋王朝的確立，人力靠北方，財力靠南方，當時官方承認，軍國之費自開國以來，多出於東南。蘇軾《進單諤吳中水利書狀》云:「兩浙之富，國用所恃，歲漕都下米百五十萬石;其他財賦供饋，不可勝數。」[85]在北宋，全國的經濟重心，已經轉移到了東南。

北宋時，「二浙薄旱，已軫宸慮」(方勺:《泊宅編》卷 8)。宋初太平興國元年 (981) 定制，「歲運江淮米三百萬石、菽一百萬石，黃河粟五十萬石、菽三十萬石，惠民河粟四十萬石、菽二十萬石，廣濟河粟十二萬石」(《宋史》卷 175)，漕糧來自江淮地區的達 400 萬石，占總數的 72.5%，而黃河中下游地區僅占 27.5%。在絲織手工業和商業方面，江南地區亦明顯優於黃河中下游地區。至道 (995～997) 中，全國年共收絲織品 678.5391 萬匹，其中江淮諸路達 384.3726 萬匹，占總數的 56.6%，而黃河中下游地區僅占 25.4%;全國年共收商稅 422.5352 萬貫，其中江淮諸路達 143.4153 萬貫，占總數的 33.9%，而黃河中下游地區僅占總數的 32.9%。隨著農業、手工業和商業的發展，江南大批城鎮相繼興起，蘇、杭、常、湖、宣、潤、越、洪、吉、江、饒、福等名郡大州，在唐代基礎上進一步繁榮。並且由於海上貿易的發展，明州、泉州也繼唐代的廣州之後成為對外通商中心。到北宋末年，除首都開封外，全國重要城市，幾乎都在南方。尤其是杭州，柳永《望海潮》詞描寫北宋中葉杭州的繁華，道是「東南形勝，三吳都會，錢塘自古繁榮。煙柳畫橋，風簾翠幕，參差十萬人家。雲樹繞堤沙，怒濤卷霜雪，天塹無涯。市列珠璣，戶盈羅綺競豪奢。　　重湖疊巘清嘉，有三秋桂子，十里荷花。羌管弄晴，菱歌泛夜，嬉嬉釣叟蓮娃。千騎擁高牙，乘醉聽簫鼓，吟賞煙霞。異日圖將好景，歸去鳳池誇」[86]。杭州在當時就

[83] 《昌黎先生文集》卷 4。

[84] 《樊川文集》卷 16。

[85] 《蘇軾文集》卷 32。

有「東南第一州」(《輿地紀勝》卷 2)之譽，以致後來成了南宋小朝廷的首都。

在北宋，南方物產豐富，經濟條件已為北方望塵莫及。南方人食物的精美，使北方人感到十分羨慕。大文學家歐陽修和大科學家沈括，皆以南方人而久居北方，都認為北方食物不堪咀嚼。

因為中央政府在財政上要靠江南的支持，在這種情況下，政權無法不對南方人士開放。宋初所有重臣幾乎全是北方人，真宗起用臨江人王欽若為相，才打破了南方人不為相的傳統。神宗朝極力反對王安石變法的司馬光曾啟奏神宗，說「閩人狹險，楚人輕易；今二相皆閩人，二參政皆楚人，必將援引鄉黨之士充塞朝廷，天下風俗何以更得淳厚」(朱熹:《三朝名臣言行錄》卷 7)。但歷史潮流，浩浩蕩蕩，縱有神力，難挽狂瀾，宋神宗先後任命了 7 位宰相，有 6 位是南方人。

而靖康 (1126～1127) 之難，再次重複了對黃河中下游地區的浩劫。據專家估計，迄南宋紹興十一年 (1141) 和議簽訂前，北方人口被迫南遷者達 500 餘萬。[87]及至蒙古崛起，這一地區又當其衝。當時南方因受地形——特別是長江的保護，所受戰爭災禍較少，南宋已有「蘇湖足，天下熟」(范成大:《吳郡志》卷 50)的說法。發展到明代，人口和財富集中於東南的現象就越來越明顯了。

中國傳統社會人口分布的南北消長，安史之亂是個轉折點。根據歷史上的戶籍記載，西漢元始二年 (2)，江南戶口不過占全國的 1/15，而北宋元豐八年 (1085) 的全國戶數為 1485.2684 萬戶，江南包括四川合計為 985.2016 萬戶，約占全國 2/3，這一情況恰好與安史亂前唐天寶年間的統計數字形成反比例。當時兩浙、淮南、江南東、江南西 4 路，戶數都超過 100 萬，其中兩浙路且接近 200 萬戶，冠於全國。元初至元二十七年 (1290)，在全國除去腹裏的 11 個行省中，以江浙（每平方千米 91.23 人）和江西（每平方千米 42.95 人）兩省人口最稠密，兩省皆在長江以南；在全國 239 個路、府、州、軍、安撫司、總管府中，人口超過 200 萬的只有江浙地區的嘉興路（224.5742 萬）、平江路（243.37 萬）和福建地區的福州路（387.5127 萬），江西地區的饒州路（403.657 萬），說明全國人口稠密的地區已在長江

[86] 《樂章集》卷下。

[87] 參見樊樹志《國史概要》第 282 頁，復旦大學出版社，2007 年。

三角洲、東南沿海和贛江上游、鄱陽湖流域。此時地處北方的各行省，無一人口密度超過每平方千米 10 人。[88]明代萬曆六年 (1578)，官方統計南方有 820.018 萬戶，北方僅 342.2256 萬戶，南方的南直隸獨占 206.9067 萬戶，加上浙江的 154.2408 萬戶，便超過了整個北方的戶數。南直隸的蘇州、松江、常州 3 府，合計有 107.3574 萬戶，超過中原地區河南、陝西兩省的戶數。[89]

明代全國的商業，主要分布在長江下游和大運河的沿岸。萬曆六年全國商稅課鈔，南直隸一省達 1300 多萬貫，為全國總數的 1/4。

行政區域的劃分，主要根據戶口和財賦的多少。綜觀中國傳統社會行政區劃，唐代以後，南方是越來越細，北方則很少分析而只見歸并。盛唐開元年間的郡縣，有所謂「六雄」(陝、懷、鄭、汴、魏、絳) 和「十望」(虢、汝、汾、晉、宋、許、滑、衛、相、洛)，全在北方。當時全國屬於「望」級的縣，共有 85 個，南方只占 20 個；而在此 20 縣中，四川又占了 9 縣，江、浙、荊、襄僅占 11 縣。但從唐代中葉起到北宋初年，全國增設 113 個縣，其中南方卻占了 97 個縣。這南方的 97 個縣中，分布在長江以南的又占了 79 個縣，其餘分布在淮南江北一帶和四川盆地，僅有 18 個縣。

事實上，隨著經濟重心的南遷，中國人的「南方」觀念，是越到後來越向南移。先秦以黃河中下游為南北方的分界綫[90]；唐宋時代，一般指淮河、漢水以南為南方；至明代取士所定標準，已向南推到長江南岸。

總之，一句話，中國傳統社會的經濟重心，本來是在黃河中下游地區，但自北宋以來，已遷移到了江南地區。唐代後期開始至宋初完成的經濟重心由西向東遷移，使周、秦、漢以來的關中優勢不復存在；北宋中期開始的經濟重心由北向南移動，使有史以來的北方優勢不復存在。北宋後，政權力量已不能左右經濟重心所在地，從此首都就不再是西京和東京，而是北京和南京。

---

[88] 以上數據，除元初至元二十七年 (1290) 嘉興、平江、福州、饒州 4 路人口數依《元史》卷 62 外，其餘悉依梁方仲《歷代中國戶口、田地、田賦統計》，上海人民出版社，1980 年。

[89] 參見陳正祥《中國文化地理》第一章，三聯書店，1983 年。

[90] 參閱劉先放《論南方之學與北方之學的辯證發展》，見唐明邦、羅熾等編《周易縱橫錄》，湖北人民出版社，1986 年。

第四章

土地制度和賦役制度

第一節　土地制度

中國古代土地制度，在原始氏族公社時期，土地由氏族集體占有，實行公有共耕。後來由於生產發展，形成了農村公社。社是祭祀地神的地方，自遠古以來，社也是社會組織，這種社會組織，今人稱之為「公社」，農村公社為公社的最後形態。農村公社的特徵是土地公有私耕。這種土地公有私耕，大體上可以概括為 4 個階段：一．生產過程中土地部分共耕部分私耕；二．定期互相更換和在較大範圍內用統一標準分配；三．對肥沃程度不同的各類土地都進行等分分配；四．對土質較差的土地加授休耕地以體現均分原則。❶

進入文明社會後，農村公社生產關係繼續普遍存在。夏、商奴隸主貴族改造農村公社分配土地的形式，推行井田制，把土地劃為方塊，作為課驗奴隸勤惰的單位。而甲骨文「(乙巳卜) 㱿貞：王大令眾人曰劦田！其受年?」(《粹》868) 這裏的「眾人」即「眾」，是商王的族眾，他們是自由民。甲骨文更把耕作的「眾」寫成「耤臣」，「耤」就是「籍」，所謂「籍田」，其本義，就是農村公社的始耕儀式。事實上商王幾乎介身農業生產的全過程，有一系列農作之禮，看來他對籍田禮❷更加重視，而耤臣耕籍田就叫做「助」。所以說商族自己內部，依然維持著原來的農村公社生產關係，雖有損益，變化不大。井田制卻變化頗大，井田制是農村公社生產關係土地

❶ 參見岳琛主編《中國農業經濟史》第 24～32 頁，中國人民大學出版社，1989 年。

❷ 《後漢書・禮儀志》李賢注引晉干寶《周禮注》，稱籍田的意義主要有 3 項：「一曰以奉宗廟，親致其孝也；二曰以訓於百姓在勤，勤則不匱也；三曰聞之子孫，躬知稼穡之艱難，無逸也。」

關係向領主制土地關係的過渡，具有雙重色彩。西周滅商以後，井田制得到了完善，據《孟子・滕文公上》充分理想化的記述，此時井田制的情況是：「方里而井，井九百畝，其中為公田，八家皆私百畝，同養公田。公事畢，然後敢治私事。」❸殖民領主把份地分配給被征服者的「野人」，目的既不是為了共同使用，也不是為了全部榨取，而是為了讓他們分攤封建負擔。至於同族的「國人」，則除耕作私田外，也須集體去耕種周王和諸侯的大面積「籍田」，從而出現那種「千耦其耘」（《詩・周頌・載芟》）的場面。

從西周末年「宣王即位，不籍千畝」（《國語・周語上》）開始，到春秋晉國「作爰田❹」（《左傳・僖公十五年》），到戰國秦國「廢井田，制阡陌」（《通典・食貨一》），中國的土地制度再次發生重大變革。

從此以後，封建地主土地所有制伴隨著中國的長期傳統社會一直延續到近代。當然，在各個歷史階段，土地制度的具體內容也不盡相同，除了地主、商人、貴族據有大量私田外，歷代王朝也都直接掌握有相當數量的土地。

秦始皇三十一年（公元前 216），「令黔首自實田」（《史記・秦始皇本紀》）。「黔首」指老百姓，這是命令占有土地的老百姓，向政府自報占有土地的數額，國家將以法律形式予以承認。由秦代確立起來的中國傳統社會的保護土地所有者共同利益❺的土地制度，就土地占有形式來看，有 3 種類型，即土地國有制、地主土地所有制和自耕農土地所有制。但「尊為天子，富有四海」（《禮記・中庸》），「六合之內，皇帝之土」（《史記・秦始皇本紀》），只有皇帝才有真正的所有權，上述後二種所有權，一旦與皇帝的所有權發生衝突，都是不受法律保護的。

秦漢時代，凡被稱為「公田」、「官田」、「草田」的，就都屬於國有土地。國有土地的來源，除繼承前代的以外，尚有大動亂後的無主荒地、政府組織民力開墾的土地和用法律手段獲得的沒入田、絕戶田等。當時地主，按其政治經濟地位，可以分為 3 大類：一. 封君地主，二. 官僚地主，三.

❸ 理想化的井田制，據說公田需要耕種的，只有 80 畝，其餘 20 畝，分配給 8 戶人家建宅子，每戶 2.5 畝。

❹ 「爰田」是把田賞賜給村社成員。《漢書・地理志下》顏注引孟康曰：「『爰』，自在其田，不復易居也。」

❺ 參見翦伯贊《秦漢史》第 286 頁，北京大學出版社，1983 年。

庶民地主。前兩類，尤其是封君，包括宗室、勳貴和漢代新興的外戚、儒宗，皆有政治特權；後一類中的「大姓」、「高資」等「豪傑并兼之家」(《漢書・地理志下》)，其勢力也足以武斷鄉曲，在法制和秩序不夠健全的情況下，簡單的恫嚇就能輕易地獲取弱勢對象的土地，這些都是土地兼并的強大力量。至於自耕農的小土地所有制，從秦代到西漢前期，曾一度占據統治地位，是全國農業經營中的主要形式。

在秦漢時代，土地私有制已是制約土地所有制結構的決定因素；土地買賣已成為普遍的經濟現象，對土地的占有，已完全打破了傳統的等級制度。

秦漢時代，地主占有大量土地，其經營主要是以租佃制為依託的。❻中國地主制封建社會自建立之初起，租佃制就顯示了它的優勢，甚至自耕農，也可以出租離家宅較遠的土地，而另行佃種近便的土地。當時國有土地也部分採取租佃方式。在租佃制度下，土地所有者以地租形式剝削佃農，照正常情況，地租比賦稅要重得多。租佃制度並且使佃農對地主產生了人身依附關係。但這種依附關係既不緊密，也不穩定，在漢代法律中，只有庶民與奴婢之分，而沒有居間的依附農概念。漢武帝後，隨著土地兼并的加強，依附關係中出現了以部曲、佃客結合方式受豪強奴役的現象。不過，部曲和佃客，一般說來並不隨土地轉讓。

秦漢社會上同時也存在著一定數量的地主經營，他們經營土地使用的農業勞動者是奴婢（奴客、僮客）、雇工。大地主往往「多畜奴婢，田宅亡限」(《漢書・哀帝紀》)。當時國家也占有大量官奴婢，其中也有一部分人從事農業生產。中國雇傭勞動始於春秋，秦漢時雇傭勞動使用的範圍更加廣泛，農業生產中也出現使用雇傭勞動的現象，秦末農民起義領袖陳勝就「嘗與人傭耕」(《史記・陳涉世家》)。雇工出賣勞動力，所得報酬，極為微薄，雖然仍有編戶齊民的身分，但為社會所賤視。

地主階級發展到東漢時期，出現了士族地主的田莊。士族地主是依靠家族自身的傳統地位而形成的，不承擔國家的賦役義務，他們廣霸田園，設置壁壘，蔭庇著大批徒附（或稱「佃客」)、賓客（或稱「衣食客」）和奴婢，表現出經濟上的兼并性和政治上的割據性。❼田莊利用宗法關係控制

❻ 據金文《衛鼎》記載，邦君厲曾把他獲賜的「五田」出租了「四田」，說明早在西周時，就已經有了土地租賃關係。

❼ 漢族塢堡壁壘，到了十六國時期，更大多為流民所建。參見田昌五、馬志冰《論十

同姓的貧苦農民和失去土地的歸附貧民，是租佃經營和使用奴婢經營的結合體。徒附是田莊中農業生產的主要承擔者，大都為破產的自耕農，他們已脫離國家的編戶籍，被迫接受士族地主的蔭庇。他們要把收穫的一大半繳給士族地主，還須承擔士族地主的家庭雜役，世代受士族地主剝削，實際上就是農奴。賓客是食客群，雖然有時也參加生產，但主要是供士族地主家內役使。賓客往往仗勢欺人，以氣力魚肉閭里。士族地主把賓客、徒附中的青壯年按軍事編制組織起來，稱為「部曲」、「家兵」等，他們除從事農業生產外，還執行對內治安保衛、對外征戰攻伐的任務。至於奴婢，則是最廉價的勞動力，他們的勞動果實全部歸士族地主，只是吃一口飯而已。

秦漢時代的軍屯和民屯，是當時經營國有土地的主要形式。屯田起始於秦、漢，秦代只利用謫戍邊境的罪人進行屯田；入漢後，國有土地的屯田，又開創了軍屯和民屯。元狩四年（公元前 119），「漢渡河自朔方以西至令居，往往通渠置田，官吏卒五六萬人」（《史記・匈奴列傳》），這是在邊疆地區實行軍屯。東漢時，「（馬）援以三輔地曠土沃，而所將賓客猥多，乃上書求屯田上林苑中，（帝）許之」（《後漢書・馬援傳》），這是內地屯田之先例。軍屯營中設有軍吏管理屯田事宜，經營屯田的士卒，皆著有軍籍，嚴禁逃亡。民屯的勞動者是應募攜帶家屬到屯田區定居的農民，其性質屬於官田出租。

中國地主制封建社會中的自耕農，是小土地生產者，他們無須向地主交納地租，而只承擔國家的賦稅徭役。這是中國所特有的一個大量存在的土地所有者階層，他們容易立足於長遠打算，來設法培育自己所有土地的地力，在通常情況下，往往體現其集約化程度較高的優越性。但如本書上章所曾經指出的那樣，自耕農經營規模小，基礎薄弱，稍有不虞，就會破產。明清時有的自耕農迫於差徭過繁，規避無門，甚至寧願把土地投獻給地主，走上這一步，實在是無可奈何。自耕農的破產導致土地兼并的惡性發展，加劇了社會階級矛盾，同時使承擔國家賦役義務的民戶大為減少，陷國家財政於困難。

漢哀帝（公元前 7～公元前 1 在位）時，針對土地兼并所產生的嚴重後果，政府第一次發布了限田令，限止私人占有土地的數量。❽但實際上，

六國時代塢堡組織的構成》，《中國史研究》1992 年第二期。

❽ 《漢書・哀帝紀》。

由於權貴的阻撓，歷代的限田令都是雷聲大雨點小。王莽代漢，曾下令將民間田改稱為「王田」，屬朝廷所有。❾當然，這種過早出現的違背客觀經濟規律的硬性措施，並不能夠阻止豪強對土地的兼并狂瀾，反而加速爆發了社會大混亂。

漢末以後，政府又實行了幾種授田法：

建安元年 (196)，曹操採納棗祗（潁川〈治今河南禹縣〉人，生卒年未詳）、韓浩（河內〈治今河南武陟西南〉人，生卒年未詳）的建議，在北方屯田，分民屯和軍屯。民屯是把流亡農民以屯為單位編制起來，由政府配給土地，在各級典農官統率下進行耕種，使用官牛的將收成的 6/10 交納地租，不使用官牛的，交納收成的一半作地租。屯田戶一般不屬地方官管理，不得隨便脫離編戶組織。❿軍屯有帶甲之士的屯田，其收穫物全部歸軍隊所有；又有士家屯田，則亦如民屯一樣，交納分成租，所不同的是，士家是軍籍，隨時可能被徵發入營服兵役。⓫在整個三國時期，孫吳和蜀漢也都先後設置了屯田。⓬屯田制後世沿襲不廢。唐、宋屯田又稱「營田」，但規模和成效皆不及曹操的魏國。曹魏屯田，一方面恢復和發展了農業生產，興修了不少水利；另一方面，對抑制土地兼并，也起到了一定的作用。但曹魏屯田，社會上私人占有的土地仍然大大多於屯田土地，民屯點人數又少於軍屯；並且，屯田還只是斷斷續續的實行，並未能成為國家財政的正常收入。

西晉創占田制，普通農民「男子一人占田七十畝，女子三十畝。其外丁男課田五十畝，丁女二十畝，次丁男半之，女則不課。男女年十六已上至六十為正丁，十五已下至十三、六十一已上至六十五為次丁，十二已下、六十六已上為老小，不事」(《晉書》卷 26)。占田不須向國家交納地租，課田須交納地租。占田制還規定了從王公貴族到各級吏民占田的最高數額，使土地兼并受到一定的限制。但占田制在具體執行中問題很多，如勢要之家先前多占的土地獲得默認，而少於限額者卻可據而補占，占田不足，課

❾ 《漢書・王莽傳》。

❿ 曹魏屯田，也有屬地方官管理的情況，如建安十四年 (209) 的「開芍陂屯田」，見《三國志・魏書・武帝紀》，即屬此類。

⓫ 王應麟：《玉海》卷 177。

⓬ 《三國志・吳書・陸遜傳》，《三國志・蜀書・諸葛亮傳》、《呂乂傳》。

田固定，以致少地農民感到負擔過重。占田制推行了不到 20 年時間，地區也極有限。東晉偏安江右，未實行占田制。

北魏太和九年 (485)，孝文帝採納李安世（趙郡平棘〈今河北趙縣〉人，443～493）的建議，頒布了均田制，授田的種類有露田、桑田和麻田。露田指專種穀物的田，在男女達到成丁年齡時，就可以受田；死亡後，由政府收回改授他人。露田之肥力較差者，依休閑的程度得以倍給，此倍給的部分稱為「陪田」。桑田指種桑的田，丁男得分受 20 畝以種植桑、棗、栗等作物，男奴也有同數的桑田。麻田限於須交納麻布以為「調」的地區，男子達課稅年齡時，分給麻田 10 畝，女子 5 畝，奴婢依良。照北魏均田制規定，授田又有寬、狹鄉的區別，田多人少的地區為寬鄉，田少人多的地區為狹鄉，寬鄉授田比狹鄉多，這樣可以鼓勵狹鄉的人遷往寬鄉，有利於均衡人口，調節地力。至於授田的遠近距離，進丁授田，就在其已受田的附近授予，使進丁得到照顧；授田的先後次序，同時受田，先貧後富，再倍受到的田，也是先貧後富。桑田（還有宅地）只受不還，子孫得以為永業，這是因為桑田需要長期栽培的緣故。桑田數量依現時人口為定，有盈者得賣出；不足者得買入補足，但不得賣出，亦不得買過人口應有之額。如養牛，按牛數受田。⓭唐代對均田制又有新規定，按男女、年齡、健康等情況授予不同面積的田，把露田稱為「口分田」，桑田稱為「永業田」。⓮「工商者，寬鄉減半，狹鄉不給」(《新唐書》卷 51)。

均田制的推行，使無地、少地的農民和浮游人口在「均田」的名義下不同程度地得到了一部分土地，他們基本上可以安居下來從事農業生產。均田制對豪強地主兼并土地、侵占勞動人口，在一定程度上也有限制作用。均田制增加了政府的財政收入，促進了社會經濟的恢復和發展。但是，均田制在根本上當然還是維護了貴族和地主的利益，他們當中有官爵者另有優待的規定，即使沒有官爵的，也可以憑恃奴婢、耕牛分到更多的土地。並且問題更在於，均田制在執行過程中並不徹底。北魏實行均田制的時間不長，地區也不廣，至北魏末年均田制已名存實亡。唐代均田制也沒有切實執行，在執行中，普遍存在著授田不足的現象，因為國家能夠支配的僅

⓭ 《魏書》卷 7（上）、卷 110，《通典・食貨・田制上》。

⓮ 《唐會要・租稅上》，《唐六典》卷 3。「永業田」武德七年 (624) 三月二十九日始定均田賦稅，稱「世業」或「世業之田」。

是官荒地，何況這些官荒地，朝廷還要用以賞賜貴族勳臣，真正可以用來授予農民的土地是相當有限的。又況，均田制允許土地買賣，愈到後期，政策愈寬，當均田制推行時，它的剋星地主土地所有制也在成長。由於均田制以戶籍為依據，天寶末年，安史之亂起，戶籍失實，均田制也就從此而廢了。

上述授田法，包括王莽的「王田」措施和歷代的限田令，從一定角度看，是中國古代「求均」思想在制度上的反映。求均思想是儒家經濟思想的骨架，在孔子那裏已有發端。後世儒家繼承和發揚了這種思想。這種思想實際上來自農民的平均主義，所以歷史上的農民起義，大都以均平財富相號召。

歷史上的授田法，都是在政權較有能力而無主土地較多時才得以實現的。唐代後期，均田制被劇烈的土地兼并和繁重的賦稅負擔所摧毀，大批農民的耕地，轉為官僚地主的田莊。到了北宋，國家直接控制的土地為數已很有限，⓯因此政府索性採取了「不抑兼并」的政策，認為「富室連我阡陌，為國守財爾。緩急盜賊竊發，邊境擾動，兼并之財，樂於輸納，皆我之物」(王明清:《揮麈錄・餘話》卷 1)，在更大程度上允許土地自由買賣。這固然是因時制宜，對促進兩宋的經濟繁榮不無積極意義，但由於無法超前建立有效的資源優化機制和合理的財富分配機制，也勢必導致貧富的更加懸殊。⓰「而田之所入，己得其半，耕者得其半。有田者一人而耕者十人，是以田主日累其半以至於富強，耕者日食其半以至於窮餓」(蘇洵:《衡論・田制》) ⓱。於是官僚、地主、商人無限占田，使得自耕農和半自耕農相率陷為佃農。元、明、清以來，總的趨勢就是這樣。但每當新朝開國，動亂之餘，土地荒蕪，政府獎勵墾耕，招集流亡，情況便會逆轉。特別是明太祖朱元璋，由於多種原因，他對沒有身分的江南地主，竟一點也不客氣。在他的嚴厲打擊下，「三吳巨室享農之利而不親其勞，數年之中，既盈而覆，或死或徙，無一存者」(貝瓊:《橫塘農詩序》) ⓲。朱元璋也就

⓯ 北宋神宗熙寧七年 (1074)，全國墾田數為 545 萬多頃，其中官田才 44.7 萬頃，不久又降至 6 萬多頃。見岳琛主編《中國農業經濟史》第 171 頁，中國人民大學出版社，1989 年。

⓰ 鄭輝:《宋代土地政策對經濟發展的積極作用》，《光明日報》2009 年 2 月 24 日。

⓱ 《嘉祐集》卷 5。

⓲ 《清江集》卷 19。

因此而在洪武二十一年 (1388) 以前造成了一大批自耕農，之後則是造成了一大批國家佃戶。

魏晉南北朝時代，地主明顯地形成了兩個階層：一．士族地主；二．庶民地主。唐後期到宋元時代的地主有官僚地主、僧侶地主和庶民地主。官僚地主有政治身分和特權，但所擁有的世襲特權是有限度的，不過他們占有土地，卻可以不受數量的限制。這個階層後來發展壯大，成為明清時代的官紳地主，即除官僚外，還包括絕大多數獲得科舉功名的人。

元代北方漢族的軍戶地主，也往往「田畝連阡陌，家貲累巨萬」(王惲：《上世祖皇帝論政事書》) ⓳。

自魏晉至唐代中葉，農民除郡縣領下的編戶民外，依附民有軍屯中的士卒、士家和民屯中的民屯戶等，還有大量屬於地主私家的佃客、部曲、門生、故吏等。門生故吏為了謀取政治地位而投靠於達官貴人之門，成為依附民。另有僧祇戶，是僧侶地主的依附民。當時奴婢被普遍地轉移到土地上從事農業勞動，久而久之，這些奴婢就逐漸變為地主的客戶，「是謂免奴為客」(《資治通鑑》卷 111 胡三省注引)。「客」，就是佃客。曹魏有賜公卿租牛客戶制，開始承認了地主占有佃客的合法性。⓴西晉的蔭客制㉑和東晉「客注家籍」(《隋書》卷 24) 的規定，使地主占有佃客的權利在法律上被正式肯定了下來。這一時期是依附關係突出和盛行的時期，即使是郡縣領下的編戶民，朝廷也可以隨時使之變成依附民，他們的身分比起秦漢來，顯然已經降低了。

北魏以來，一直到明初，政府授給品官作為俸祿的土地，稱為「職田」，又叫「職分田」。職田歷代田數有增減，品官在解職時，須將職田移交給後任。職田由農民耕種交租。明、清不授職田，另有「養廉田」、「莊田」、「公田」等。

隋、唐時又有所謂「公廨田」、「公廨園」、「公廨地」，是各官署占有的田地，以所收地租充作辦公經費。

現在再回過頭來談魏晉以後田莊的經營。魏、晉之際，大族莊園有舉族遷徙、舉族投靠軍閥、築塢自保、據險自守等形式。由於大族莊園帶有

⓳ 《秋澗集》卷 35。

⓴ 《晉書》卷 93。

㉑ 同上卷 26。

很強的地方割據性，通常享受國家的免稅待遇，所以在戰亂紛紛、官府課役異常繁重的時代背景下，這些莊園客觀上起到安定社會、保護勞動者和發展局部地區經濟的作用。到了唐代，莊園無論公私，都派人負責經營管理，兼收地租，這些人，有的稱為「莊吏」，有的稱為「別墅吏」，有的稱為「監莊」，他們成為莊園主在莊園經營中的代理人。宋代莊園地主親自督耕的很多。由於分片設莊，大地主多設監莊，北宋稱為「勾當人」，南宋稱為「幹當人」。監莊也是佃戶所得罪不起的，如毛珝《吾竹小稿・吳門田家十詠》「其四」云：「今年田事謝蒼蒼，儘有瓶罌卒歲藏，只恐主家增斛面，雙雞先把獻監莊。」㉒即為生動的寫照。監莊多由投充者擔任，亦有從莊丁中選拔出來的。

唐代設置度支營田使，專管西域屯田，以軍屯為主，在 11 個屯田區中，有 7 個是戰略要地。唐代屯田始於貞觀四年（630），終於貞元七年（791），屯田遍及天山南北。唐後期參加屯田勞動者，主要已不是從事傜役的人，而是對屯田進行佃種的農民或士兵，這是一種進步。

從北宋開始，到明清時代，在農業土地關係方面，隨著社會經濟發展的特定條件，在地主土地所有制得到急速發展的同時，也逐步出現了比較自由的租佃關係和雇傭關係。佃農獨立的個體經濟有所增長，佃農對地主的人身依附關係有所鬆弛，法律對「雇工人」的範圍作了限制，「止是短雇月日，受值不多者，依凡論」（《明律集解附例》卷 20）。但在南宋，「岳太尉飛，本是韓魏公家佃客」，他後來成了朝廷的重要將領，卻對韓琦後人仍「執禮甚恭」。（《朱子語類》卷 132）㉓

在金、元，國有土地曾顯著增多。㉔到明代前期，國有土地的數量，更擴大到前所未有的規模。但中葉以後則逐漸趨於衰落。到清代，可謂江河日下。《明史》卷 77 稱：「明土田之制，凡二等：曰官田，曰民田。初官田皆宋元時入官田地，厥後有還官田、沒官田、斷入官田、學田、皇莊、牧馬草場、城壖苜蓿地、牲地、園陵墳地、公占隙地、諸王公主勳戚大臣

㉒ 《全宋詩》卷 3135。

㉓ 應當說，宋代和元代，佃農的身分仍然很低。《元典章》卷 42 云：「亡宋以前，主戶生殺，視佃客不若草芥。」這是南宋末年的情況。而元代江南有的地區的佃農子女，甚至一生下來即為地主的法定奴婢。

㉔ 韓國磐：《試論金元時代官田的增多》，《中國史研究》1979 年第一期。

內監寺觀乞賜莊田、百官職田、邊官養廉田、軍民商屯田，通謂之『官田』。」實際上，上述官田中的皇莊和乞賜莊田，應該屬於私田性質。明代特權地主一般享有乞賜莊田，還通過納獻、侵奪等手段，兼并大量土地。清初康熙八年 (1669) 把明代宗室勳舊的田地編入所在地方行政區的州、縣，給民為業，稱為「更名田」。這種更名田在直隸、山東、山西、陝西、甘肅、河南、湖廣等省，達 20 餘萬頃。清自順治元年 (1644) 下令圈地，前後繼續 20 多年，共圈占 16.348 萬頃，占全國耕地面積的 1/30，稱為「八旗莊田」。八旗莊田分為 3 類：一. 內務府官莊；二. 撥給宗室的土地；三. 撥給八旗駐防官兵的土地。圈地致使民生失業，㉕毫不足取，康熙八年即行停止。雍正三年 (1725)，清政府在內務府莊田中撥出 200 餘頃，分給八旗中無生業者，仿行古代井田制，而輔之以租佃制，但不久亦告失敗。

明清時代國有土地的農業經營方式，主要採取屯田制。明代軍屯數量，為歷代軍屯之冠，洪武年間，軍屯田就達 89.3 萬頃，約占官田總數的 7/10。由於軍屯中存在著私有制，「良田美池，多歸長官，壯夫餘丁，半為服役」（李東陽：《西北備邊事宜狀》）㉖，所以正統 (1436～1449) 後，「屯軍益不堪命」，至正德時，「其法盡壞，天下不復有屯政矣」。（《明史》卷 77）明代民屯有募民屯田、移民屯田和徙罪民屯田 3 大類——前一類主要是招募無業流民屯田，如洪武六年 (1373)，曾令招集流民屯田於寧夏、四川；後兩類帶有半強制性和強制性。明代還有商屯，召商輸糧而與之鹽，謂之「開中」，開中商人為了便於在邊地納糧，就在各邊雇人墾種。㉗明中葉以後，由於權勢把持，私鹽泛濫，鹽商不能正常行鹽，政府權衡利弊，鹽法改為納銀領引，故商屯漸廢。清代屯田承襲明制，但規模不及明代。㉘

明、清開國之初，自耕農經營均有相應的發展。

明清時代民田的經營，除自耕農經營和莊田的農奴制經營外，地主經營主要採取租佃制，略呈「業主止以得租為期」（《嘉慶柳州志》卷終「附

㉕ 順治二年 (1645) 二月規定：「凡民間房產，有為滿洲圈占兌換他處者，俱視其田產美惡，速行補給，務必均平。」（《清世祖實錄》卷 14）但實際上被圈占者大部分並沒有得到補償。

㉖ 《明經世文編》卷 54。

㉗ 《明史》卷 77。

㉘ 參見戴逸主編《簡明清史》第二冊第 220～221 頁，人民出版社，1984 年。

三」）的勢頭。這種比較自由的租佃關係廣泛發展於沒有政治特權的庶民地主經濟之中。但也有採取佃僕制和雇傭制的——佃僕依附性較強，雇傭經營和比較自由的租佃經營為資本主義農業的萌芽逐步孕育了條件。而大多數莊田使用農奴進行生產的經營方式，也終為租田制度所取代。

清代統一臺灣後，臺灣的土地分「官地」、「民地」、「番地」3 大類。官地不多，由於佃戶的抗爭和豪右的侵占，官地逐漸向民地轉化。民地盛行墾佃制，「有力之家視其勢高而近溪澗淡水者，赴縣呈明四至，請給墾單，召佃開墾」（《同治淡水廳志》卷 15 上），謂之「墾戶」。墾戶負擔國家的賦稅，是清代臺灣地區地主階級的主體。至於番地，如係高山族自行墾種者，政府予以免賦的優待。清代在臺灣的土地政策，應當說是較為寬鬆的，大大有利於臺灣地區的開發。

在地主土地所有制下，農民租賃地主的土地，繳納地租，正租有「穀租」、「錢租」、「力租」等。穀租是實物地租的通稱，穀租按產地不同，所繳實物也不同。顧炎武《日知錄》卷 10 稱：「（吳中）一畝之收，不能至三石，少者不過一石有餘，而私租之重者，至一石二三斗，少亦八九斗。」㉙錢租是貨幣地租的通稱，明末福王在湖廣的莊田，每年由莊客認繳白銀 1 萬兩；民田一般按市價折租，明清地主常用抬高穀價、規定期限等方式加強向佃戶榨取。力租是勞役地租的通稱，清代江蘇寶山、嘉定（今皆為上海市轄區）一帶有一種「腳色田」，規定佃戶每租田 1 畝，須為地主無償耕作 1 畝；或每租田 1 畝，須自帶工具為地主服勞役 50～80 日不等，佃戶常因此而誤了自己所承租田的農時。

佃戶除繳正租外，還要繳「押租」、「小租」等。押租是地主出租土地時向佃戶收取的保證金，地主為了多得押租，往往只許佃種二三年，甚至 1 年，就要奪田換人。這種現象，明、清兩代在江蘇、浙江、安徽、廣東、湖南、四川等省大量存在，尤以江西、福建更為普遍。如果佃戶父死子承，或父子兄弟分居，地主更得乘機提出換佃，以便加租加押。小租是額外剝削，明代有「批賃」、「批佃」、「移耕」、「寫禮」、「冬牲」、「豆稞」、「年肉」、「芒掃」等名目，清代有「腳米」、「附租」、「攬田」、「送節」等名目。

地租又有「分租」、「虛田實租」、「預租」、「包租」等講究。分租是租、佃雙方按收成物分成的一種地租，亦稱「分種」、「伙種」。秦漢以來，比較

㉙ 如以每畝 1 石計之，不啻超過唐均田制的 50 倍——唐租 100 畝才 2 石。

普遍，而以對半分成制為主，四六制或倒四六制也很常見。一般只分穀物，也有兼分副產品的，其間有「定租」、「活租」之分。定租即定額租，漢代已見記載，有兩種：一是定租呆交，不問年成豐歉，都要按規定繳租，亦稱「包租」、「鐵板租」、「死租」；另一是定租活交，如遇荒年可酌情減繳或緩繳，亦稱「花租」、「軟租」，租額要比呆交高。定租使佃農分享生產力提高成果的可能性得以增長，從而有效地激發其向生產投入的熱情，明清時代漸占主導地位。活租亦稱「看租」、「勘租」，即先不定租額，而到莊稼將熟時，由地主察看成色，用議租方式決定雙方應分的比例。虛田實租是地主出租土地有虛額，卻要照實收租。預租是地主在出租土地時，規定在收穫或播種前預收數額不等的地租。包租除定租呆交稱包租，還有豪富串通官府以較低租額租得土地，如官田、學田等，再提高租額轉佃給農民，也叫包租，這種包租人有「大佃」、「大包」、「包佃」、「二佃東」、「二地主」等名稱。

佃戶付出一定代價，取得永久租佃地主土地的權利，叫做「田面權」，亦稱「永佃權」。地主出賣、轉讓土地時，不影響佃戶繼續佃種。享有田面權的佃戶，可以將土地轉給別人租種，收取小租。為佃戶取得田面權的土地，地主仍享有所有權，叫做「田底權」。地主根據田底權向佃戶收取正租。正租相對於小租來說，亦稱「大租」。清代臺灣贌耕制下，小租額竟達到大租額的 4 倍，當然這是臺灣地區特例。㉚

農戶因借貸關係抵押的田地，叫做「押地」，亦稱「抵田」。押地僅作為償還借款本息的擔保，使用權仍歸原農戶。

農戶因借貸關係而典質的田地，叫做「典地」，亦稱「典田」。典價一般低於賣價，典得的一方因此獲得使用權，並可轉典。農戶在典出土地後可以繼續在所典的土地上耕種，但要向承典人繳納典租。㉛

在土地（房屋也一樣）出賣時，賣主要保留回贖的權利，將賣價降低，叫做「活賣」。活賣有期限，過期不贖，即成「絕賣」，一般的典地都屬活賣。無論活賣還是絕賣，都要先盡親房、原業。如成交，清代親房要收「畫字銀」，原業要收「脫業錢」，這些開支都要新業主承擔。

典押、買賣土地要立契約（即地契），在契約上要寫明土地面積、所在

㉚ 白壽彝總主編：《中國通史》第十卷（上）第 480 頁，上海人民出版社，1996 年。

㉛ 典賣起於唐中葉，《宋刑統・戶婚》開始對典賣有明確的規定。

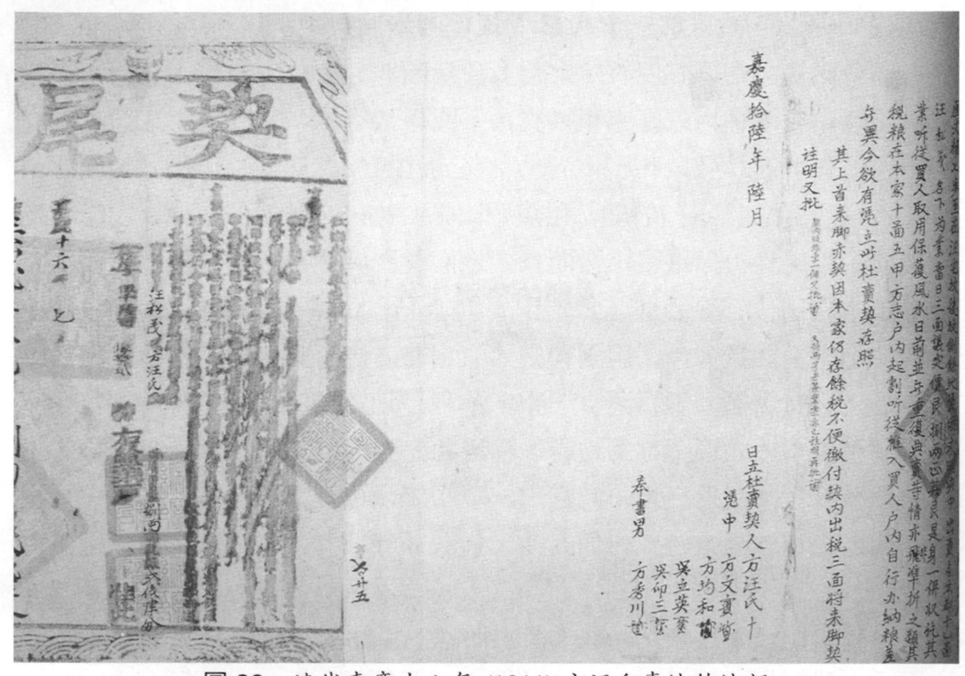
契尾

稅粮在本家十啚五甲方志戶內起割聽從推入買人戶內自行办納粮差
無異今欲有憑立此杜賣契存照
其上首來腳赤契因本家仍存餘稅不便繳付契內出稅三面將來腳契
註明又批
嘉慶拾陸年陸月　日立杜賣契人方汪氏
憑中　方文賓　方均和　吳立英　吳卯三
奉書男　方秀川

圖 22　清代嘉慶十六年 (1811) 方汪氏賣地的地契

地、四至㉜、價格以及典、買的條件——如地面種植物和有可能發現的地下埋藏物的歸屬等，還要由當事人和見證人簽字畫押。辦好以上手續的叫做「白契」。北宋太平興國八年 (983)，太宗接受知開封府司錄參軍事趙孚的建議，頒布了契約的標準格式。

佃農租種地主土地也要立契約，通稱「佃契」，亦稱「租約」、「佃約」、「租契」、「租帖」。佃契內容包括：租地面積、座落地點、租佃期限、地租種類、數額以及繳租期限等。簽訂時要由中保人㉝簽字畫押，「無致爭訟」(《宋大詔令集》卷 182)。但地主倚仗權勢，往往任意毀約。

古代官府為控制民間田地等產權轉移，有「推收」的手續規定，亦稱「過割」，使白契進而成為更具法律舉證效力的「紅契」。元代民間典賣田宅，繳稅後辦理推收手續，實行契尾制度，即將稅票粘連契約之尾，契尾和經過「官給半印勘合公據」的契約，都是封建國家驗證契約是否合法的主要依據。明代規定，不辦理推收的，按田畝多少，分別處以笞、杖等刑，

㉜ 指四周界限。傳統社會地契於書東、西、南、北四至後，通常又有套語總之曰：「四至分明，永泰無窮。」參見王芑孫《碑版文廣例・書地界四至例》。

㉝ 宋代「中保人」，大抵由眾民戶推舉而由官府任命的農師會同里正、村耆等擔任。

田地沒收。清代推收稱為「過戶」，要新業主在繳納契稅之後，照章辦理。

以上簡要地介紹了中國古代土地制度的大概情況，與此密切相關的，則有中國古代的戶籍和地籍制度。

中國古代的戶口、土地統計始於夏，備於周。史載周宣王三十九年（公元前 789）曾「料民於太原」（《國語・周語上》），「料民」就是大規模的人口調查。戰國時，商鞅（衛國人，公元前 390～公元前 338）在秦國重編戶籍，「生者著，死者削」（《商君書・境內》）；平民 5 家為伍，10 家為什；審報如有不實，自報者和審查者都要受到懲處；伍什內一家犯法，別家如不告發，就得連坐；另有一種「削籍」，則為入於刑徒名冊；遷徙戶口須「更籍」；還有「官籍」、「宗室籍」等特殊戶籍，從此奠定了秦以後 2000 多年中國傳統地主制封建社會戶籍編制和鄉里組織互為表裏的基礎。

古代戶籍有所謂「市籍」者，列入市籍的是商人。又有「官戶」[34]、「雜戶」、「匠戶」、「軍戶」等不少名目，登記的都是被歧視的戶口。戶籍將戶口固定於所居住地，以承擔賦役，叫做「主戶」，亦稱「土戶」、「實戶」、「正戶」。與主戶相對的，叫做「客戶」。唐代主戶只占人口的少數，在武則天當政的時候，已「天下戶口，亡逃過半」（《舊唐書》卷 88）。建中元年 (780) 實行兩稅法，只好不分主、客戶，均按現居住地立籍。宋代有「鄉村戶」和「坊郭戶」，並根據「稅產物力」，確定其為主戶或客戶，主戶失去土地的即為客戶，客戶如有土地就升格為主戶。政府盡力扶持和擴大主戶，在兩宋的戶口統計中，主、客戶的比例大體為 2 : 1，但各地情況差異很大，江南的蘇州、杭州，主戶常占 80～90%，川中的嘉州（今四川樂山）、昌州（今重慶大足），則主戶甚至不到 17%。元代以後不再用主、客戶的名目。元初始立不世襲的儒戶，由於數量不多，至元十三年 (1276) 只有 3890 戶，所以政府給予生活費，並且還享受免除丁稅、勞役和從軍義務的優待。[35] 滅南宋後，儒戶增至 10 萬餘戶，但仍不及全國總登記戶口的 1%。後來儒戶是否世襲，史料記載說法不一。至於古代沒有戶籍的農民，則叫做「逃

[34] 此「官戶」常指上番服役的賤民，也稱「番戶」，其地位僅高於奴隸，與宋代的「品官戶」是截然不同的兩回事。宋代已取消傳統意義的官戶，而省稱品官戶為「官戶」，指的是品官之家。

[35] 參見蕭啟慶《元代的儒戶：儒士地位演進史上的一章》，《東方文化》第十六期，1978 年。

圖 23 明代徽州府祁門縣江壽戶帖

戶」，由於災荒和兵火所致者則稱「流民」。逃戶「壯者散而之四方」（《孟子・梁惠王上》），往往會引起一系列社會問題，統治者常用搜查、招撫、脅令自首等辦法來對付逃戶。在政策上，對富戶嚴而對貧戶寬。唐玄宗開元九年 (721)，命宇文融以兵部員外郎兼侍御史，充搜括逃戶使；開元十二年 (724)，又命他以御史中丞充諸色安輯戶口使。從搜括逃戶使到安輯戶口使，反映了幾年來宇文融主持的這項工作取得了階段性的成績。㊱古代另有託庇於貴族、品官以及僧侶的所謂「蔭附」，如戰國的「庶子」，漢代的「奴客」、「僮客」，魏晉的「衣食客」、「佃客」、「僧祇戶」、「佛圖戶」，明清的「投獻戶」，他們因為不是編戶齊民，可以免除賦役，但他們也必須注籍於主人的戶籍。

政府對冒籍和其他籍注不實者，則有檢籍的措施。

唐中葉以前，戶籍（漢稱「名數」）編製是歷代王朝最重視的工作之一，目的如上文所述，在於為分配賦役提供依據，「以分田里，以令貢賦，以造器用，以制祿食，以起田役，以作軍旅」（徐幹：《中論・民數》）。因此土地和賦役記錄大體是登記在戶籍上的。魏晉南北朝另有「資簿」登記土地、財產、奴隸、戶等。後來土地私有制逐漸發展，土地分配愈益不均，土地對編排戶等的高下——從而對賦役徵發輕重的作用更加重要，於是各種地冊相繼出現，從戶籍中脫離出來，結果反而使戶口的統計退居其次了。但中國傳統社會戶口和土地的統計，自始至終具有兩大特點：一．調查工作是全國統一的；二．地方向中央匯報是有期限的。

唐代在編造戶籍時，除了由縣的行政長官「親貌形狀」外，主要還是

㊱ 參見寧志新《唐代戶籍的編製、管理與檢察》，《光明日報》1999 年 3 月 5 日。

依靠民戶自報的「手實」而編造的。所謂手實，即在造籍前一年的歲終，由戶主將所有戶口、年齡、田畝等內容填寫在專門的文書上，並保證所報內容完全屬實，同時由鄉里組織的負責人加以核準，所以可信程度較高。然後「每一歲一造計賬，三年一造戶籍」（《唐六典》卷 3）。新籍造好後，舊籍並不馬上廢棄，而是要保存一段時間。武德六年 (623) 規定，「州縣留五比，尚書省留三比」（《唐會要・籍賬》）。按「一比」即 3 年，「五比」就是 15 年，「三比」就是 9 年。至於運送京師，則由州、府負責。㊲唐代戶籍的形式，基本上是按戶口、賦役、田畝的順序登載的，戶籍上還要注明戶等。

兩宋至明、清，保持了前代戶籍制度的基本特徵，而對地籍的編製則更趨嚴密。北宋熙寧五年 (1072)，頒行《方田均稅條約》，所謂「方田」，就是每年九月由縣官派人丈量土地，以東西南北各千步為一方，核定等級，並設置方賬等作為憑證。南宋紹興十二年 (1142) 在平江府設經界局，丈量土地，編造砧基簿。明初從洪武十九年 (1386) 開始，朝廷派官員到州、縣會集里甲居民，丈量土地方圓四圍，繪成簡圖，編上字號，登記田主姓名、土質優劣、方圓大小，最後編製成「魚鱗圖」，二十年 (1387) 二月浙江布政司、南直隸蘇州府率先進呈。㊳後來萬曆八年 (1580) 底，張居正（荊州江陵〈今荊州〉人，1525～1582）下令進行全國性的土地丈量，可惜不到兩年後他去世，但所得數據在很大程度上具有權威性。

第二節　賦役制度

賦役具有強制性和無償性的特點。中國古代隨著私有制和國家的形成，賦役制度也就產生了。據說「夏后氏五十而貢」（《孟子・滕文公上》），「貢」就是原始的稅收形式。商代甲骨文中有「工典」的記載。「工典」就是貢典，這是南方中、小奴隸主向商王進貢而刻在甲骨上的納貢清冊。

西周徵收貢物的名目繁多，「一曰祀貢，二曰嬪貢，三曰器貢，四曰幣

㊲ 《冊府元龜》卷 486。

㊳ 魚鱗圖冊不是明王朝所首創，其起源至遲可以追溯到宋代，元代也曾準備在南方的幾個省編製這種圖冊。參見黃仁宇《十六世紀明代中國之財政與稅收》第 50 頁，三聯書店，2007 年。

貢，五曰材貢，六曰貨貢，七曰服貢，八曰斿貢，九曰物貢」（《周禮・天官・大宰》），總稱「九貢」。《兮甲盤》銘文云：「淮夷舊我員畝人，毋敢不出其帛其積，其進人其貯。」這裏所說的「進人」，就是向周王室輸送奴隸。「周法什一而稅，謂之徹。徹，通也，為天下之通法」（《論語・顏淵》何晏集解）。徹法通行於「國人」，相對於「野人」的井田「九一」之制，無疑是一種優待。此外，還有關市之徵和罰課。罰課是寓懲於徵，是對游惰者的處罰，後世歷代皆有其制。為了軍事需要，各級貴族還直接向臣屬徵發力役及軍隊武備的牛、馬、兵車和其他軍需品，叫做「賦」。中國古代最初的賦，就是軍賦。軍賦實際上包括徭役。西周徭役，還有其他力役，法律規定貴者、賢者、能者、服公事者、老者、疾者得免役。㊴「施取其厚，事舉其中，斂從其薄」（《左傳・哀公十一年》），這是周公旦提出的貢賦法3原則。

春秋時期，齊國率先實行「相地而衰徵」（《國語・齊語》）。繼而，晉國也跟了上去。接著魯國實行「初稅畝」（《左傳・宣公十五年》）、「履畝而稅」（《公羊傳・宣公十五年》），以土地面積為依據，向田主徵收實物稅。還有諸侯國向農民隨時任意攤派的雜稅，叫做「斂」。軍賦也有所變化，魯國於「初稅畝」後4年——公元前590年「作丘甲」（《春秋・成公元年》），按土地面積（丘）出一定數量的軍賦（甲），使賦和稅混合在一起。

戰國由於七雄並立，賦役也因區域和時間先後的不同而有不同的名稱。田稅又稱「田租」、「田賦」、「租禾」等，是以土地為徵收對象的賦稅。魏文侯相李悝（約公元前455～公元前395）曾定農民要交納什一稅。當時各諸侯國都有戶口稅，有的按戶徵，有的按口徵。秦國商鞅變法規定收口賦，稅額相當重。㊵還開徵芻、稿稅，凡能作飼料的樹葉和乾草等都可以充稅，這是中國傳統社會田畝附加稅的開始。秦代正式劃分了國稅和私稅之別，使國家財政收入和王室財政收入各有不同的來源。國家財政收入靠徵收田地租稅，王室財政靠徵收人口稅、工商稅以及開發山川的稅。又規定男子自15～60歲都得服徭役，有爵一級以上者，56歲可以老免；服役者衣物自備。㊶對土地、戶口和人丁進行徵發，這3項，乃是此後整個中國傳統

㊴ 《周禮・地官・小司徒》。

㊵ 《商君書・墾令》云：「祿厚而稅多，食口眾者，敗農者也。則以其食口之數，賤（賦）而重使之，則辟淫游惰之民無所於食。」

社會賦役的主要組成部分。秦代賦役的原則是國家根據軍政需要，然後組織徵發，先發閭右（住在里右邊的富強戶），後發閭左（住在里左邊的貧弱戶）。這也對後世的賦役制度——特別是唐代的兩稅法有一定的影響。

自秦以後2000多年，中央政府直接向農民徵稅，中國是世界上僅有的一例。㊷

漢代有田賦，按土地產量之十五稅一，這是劉邦輕賦薄徭的主要內容。文、景之治繼續執行與民休息的政策，文帝（公元前180～公元前157在位）曾全免全國田租一年，景帝二年（公元前155）「令民半出田租，三十而稅一」（《漢書・食貨志上》），從此終漢之世，成為定制。但實際上經常超過，有時甚至超過50%，㊸條文與具體執行情況的這種不一致，乃是歷代的通病。並且田賦減免，對於失去土地的農民來說，通常也談不上有什麼實惠。人口稅西漢初年規定，凡年15～56歲的人，不分男女，每人每年納賦120錢（文景之治更為40錢）為一算，叫做「算賦」；凡年7～14歲的小孩，每人每年納賦20錢，叫做「口錢」。㊹又有「獻費」的陋規，名義上是諸侯王和地方官吏獻給皇帝的錢，實則也是由老百姓負擔的。武帝元狩四年（公元前119）實行鹽鐵專賣前，皇室還享受豐厚的鹽鐵稅所入。東漢光武帝以後，宮廷財政全部納入了政府財政，大司農成了唯一的中央財政機構。

漢代成年男子每年（文帝、景帝時每3年）要服勞役1個月，因為是輪流承擔，所以叫做「更」，不能踐更（服役）的人，可以出錢由政府雇人代替，叫做「更賦」。除更役㊺外，還要服延期的和遠離本地的「外徭」、依法被罰的「貲徭」和代替罰款、贖金、債務的「居役」。

漢代農民如果屢屢不完口稅和勞役，而又得不到豁免，那麼，除非亡命逃匿或自行賣身投主，就會被政府罰充官奴婢。

漢代稅目，除本書第三章第二節所提占租外，還有「算訾」，也是財產

㊶ 據《雲夢秦簡・編年記》，秦行此法，至晚可追溯到秦始皇元年（公元前246）。

㊷ 參見黃仁宇《中國大歷史》第52頁，三聯書店，1997年。

㊸ 《漢書・食貨志上》。

㊹ 據《漢書・昭帝紀》顏注引如淳曰：「《漢儀》注：民年七歲至十四歲出口賦錢，人二十三。二十錢以食天子；其三錢者，武帝加口錢，以補車騎馬也。」則「口錢」後來增加為每人23錢。

㊺ 高敏：《秦漢徭役制度辨析》（上），《鄭州大學學報》1985年第三期。

稅，稅率為 127 / 萬。㊻

諸侯王須獻酎金，用於資助宗廟祭祀，數額按封地人口比例計算，每 1000 人黃金 4 兩。武帝元鼎五年（公元前 112），有 106 個侯王因獻酎金成色不足而被貶為平民。

為了限制諸侯王在封國內任意徵發，漢代有《事國人過律》，凡「過律」（《漢書・高、惠、高后文功臣表》）者，一律免除爵位。此外，官吏如「擅興徭賦」（《漢書・王子侯表》），也要追究刑事責任。

漢代賦役的減免措施，有災歉減免、行幸減免、勸農減免、移民減免和對老年人的優免等項；另外還有一些釋逋貸和賜予租賦的辦法。

本來戰國以來，工商雜稅的名目已很繁多，到漢代，更加一應齊全，諸如山澤稅、關市稅、宅園稅、牲畜稅、農具稅、蠶桑稅、酒稅之類，都納入了賦稅體系。並且對工商稅的徵收特別苛重，鮮明地體現了中國古代稅制抑制工商的基本精神。

對奴隸加倍徵收人口稅，由主家負責繳納。這項制度沿襲到唐代改革以前。

魏晉南北朝時代，逐漸把田租和人口稅合并在一起。建安九年 (204)，曹操頒布戶調制，田租每畝每年交納粟 4 升，平均每戶每年交納絹 2 匹、綿 2 斤，貲多之戶多交，貲少之戶少交，租調之外不得以其他名目擅自徵發，亦不得以他人代交租賦。㊼戶調制在當時人口大量流徙、土地荒蕪、戶籍散亂的情況下，對恢復和發展農業生產，是有積極意義的。因為農村離開城市單獨發展，農民越來越難得到現金，所以自戶調制至後世均田制，都規定以實物納稅，也有出於便農的考量。西晉在占田制基礎上，實行課田制和戶調制並行——規定丁男課田，收田租 4 斛（合每畝 8 升）。丁男是戶主者，每戶每年向國家交納絹 3 匹、綿 3 斤的戶調；婦女和次丁男是戶主者，減半交納；邊遠地區減收 1/3 或 2/3。㊽北魏孝文帝時，頒布均田令和新的租調制，規定一夫一婦的均田戶，每年向國家交納粟 2 石、戶調帛 1 匹，隨鄉土所產還要繳部分絲、麻等實物，㊾而徭役在外。

㊻ 《漢書・景帝紀》顏注引「服虔曰」。

㊼ 《三國志・魏書・武帝紀》裴注引《魏書》載曹操令，同書《曹洪傳》注引《魏略》。

㊽ 徐堅《初學記》卷 27 引《晉故事》，《晉書》卷 26。

㊾ 《魏書》卷 110。

在田賦的減免方面，北周規定，豐年交納全賦，中年只交納一半，下年交納 1/3，遇到大災之年，則免交全部賦稅。㊿至於官僚士族，除曹魏有例外，當然是享有免賦、免役的特權的。西晉還有按官品蔭庇食客和佃戶的規定。反過來說，北魏均田制卻是有利於把蔭庇戶從世家大族手中奪回來，從而壓縮了免除賦役的對象。

魏晉以來，下迄南北朝，雜稅很多，徭役也很重，不僅役及老稚，還役婦女，[51]人們為了避免服徭役和兵役，被迫偽造戶籍乃至為僧為道。

蕭梁「凡所營造，不關材官，及以國匠，皆資雇借」(《梁書》卷 38)，營造工人不再是徵發而來，在役法上，是一個重大的進步。

隋初沿襲北魏以來的均田制，按財產和人丁多少劃分若干戶等，根據戶等高下規定賦稅數額。並採取租調力役制：租指交納糧食，按規定丁男每年交租粟 3 石；調指交納布帛，如交絹，數為 1 匹（4 丈)，另加綿 3 兩，如交麻布，數為 5 丈，另加麻 3 斤，單丁及僕隸減半；力役承北周制度，定丁男每年服徭役 1 個月——即「十二番」，中年十八番，下年三十六番，凶年無力徵，家起徒役無過 1 人。開皇三年 (583)，又把成丁年齡由 18 歲提高到 21 歲，後來又提高到 22 歲，把每年服役日數改為 20 天，調絹由原來的 4 丈減為 2 丈，而原來 18 歲受田的規定不變；同年實行「大索貌閱」、「輸籍定樣」(《隋書》卷 24）以核實戶口，解決賦役攤派不均的問題。「大索貌閱」重在用行政手段，而「輸籍定樣」則發揮了經濟因素的作用，一方面將編戶齊民進一步穩定在朝廷的控制之下，另一方面又給那些逃亡戶和依附民以回歸的機會。隋文帝「末年，計天下儲積，得供五六十年」(《貞觀政要・論貢賦》)，可見上述措施是收到了很好的效果。當時還規定「百姓年五十者輸庸停防」。隋煬帝登極，更下詔廢除婦女的全部課役，[52]但不消說隋煬帝此舉的主要目的，還在於解決均田土地的不足問題，對婦女不再授田，隋煬帝時徭役其實是很繁重的，隋亡於濫用民力，這一點歷史已有結論。

唐開國後，租調制發展成為以丁為徵收單位的租庸調制。規定男女始生為「黃」，4 歲為「小」，16 歲為「中」，21 歲成「丁」。丁男（21～59 歲）

㊿　《隋書》卷 24。

[51]　如《陳書》卷 3 載：陳天嘉元年 (560)，曾規定「夫妻三年於役，不幸者，復其妻子」。

[52]　《隋書》卷 24。

每年向政府交納粟 2 石，嶺南諸州納米，上戶 1 石 2 斗，次戶 8 斗，下戶 6 斗，叫做「租」；絹（或綾、絁）2 丈、綿 3 兩，不產絲織品的地方，納布 2 丈 5 尺、麻 3 斤，叫做「調」；每年服力役 20 天，若不服役，每天折納絹 3 尺或布 3 尺 7 寸半，叫做「庸」。53 以庸代役是唐王朝新創的制度。應當指出，唐前期的賦役仍然保持著傳統以來的特點：重役輕稅。「庸」的價值比重，遠遠超過「租」和「調」的總和。除租、庸、調外，唐代還徵戶稅和地稅。戶稅按戶等徵收，以收錢為主；地稅定每畝 2 升。戶稅和地稅屬財產稅，徵及自王公以下的所有民戶，與租庸調的只徵均田戶不同。

唐代徵收地稅，本來是把所收粟米儲存於義倉，以備賑濟之用的。唐中期後，國家財政困迫，遂一改常法，把義倉儲存的粟米運往京師，用於國家財政的支出。

對於遭受水旱蟲蝗等自然災害的地方，唐代規定，災情在 4 分以上，免租；在 6 分以上，免租、調；在 7 分以上，課役全免。

歷代中央政權在各地徵收租賦後，由水道轉輸集散，或供宮中消耗，或充軍旅糧餉，或作廒倉屯儲，這種運輸制度，叫做「漕運」。由於中國歷史上長期存在的政治中心與經濟重心的偏離，漕運的主要任務是南糧北運。秦代開始漕運。從西漢到唐代，將東南、中南等地的糧食，經黃河、渭水運往關中、洛陽；北宋則由汴河、黃河、惠民河、廣濟河運糧到開封；元代主要通過海運運糧到北京；明、清的東南漕糧在相當長的時期內由大運河運到通州、北京。宋以前漕運皆用民力；元代開始軍運；明代軍運、民運並行，逐漸由民運改為軍運；清代改為官收官兌。漕運運輸量大，路程長，加上虧耗、苛索、追賠等弊端，使老百姓受難深重。清代中期「歲漕江南四百萬石，而江南則

圖 24 《通惠河漕運圖卷》（局部） 清 沈喻繪

53 《唐六典》卷 3。

歲出一千四百萬石。四百萬石未必盡歸朝廷，而一千萬石常供官旗及諸色蠹惡之口腹」（陸世儀：《漕兌揭》）(54)。為暢通漕運，人民又要負擔修河、築堤、建閘、防沙等一系列勞役。但漕運的暢通，除解決南糧北運問題外，也促進了南北經濟交流，推動了運河沿岸城市的繁榮，在客觀上還帶動了運河地區——特別是黃淮地區的水利事業。這些積極的作用，應是不容低估的。

唐自肅宗上元元年（760）至代宗大曆十四年（779），用劉晏（曹州南華〈今山東東明〉人，718～780）辦理漕運。過去因運輸途中風大浪高，舟船常因此覆沒，所以運1石能得8斗，就算完成任務。劉晏認為「江、汴、河、渭，水力不同」，「各隨便宜，造運船，教漕卒」，是唯一的對策，他使「江船達揚州，汴船達河陰（在今河南滎陽市境），河船達渭口（渭水入黃河處），渭船達太倉（京城的總倉庫），其間緣水置倉，轉相受給。自是每歲運穀或至百餘萬斛，無斗升沈覆者」（《資治通鑑》卷226）。劉晏是中國地主制封建社會繼桑弘羊之後最有成就的理財家，他在改革鹽政和培養財源方面也都有獨到的措施。他辦鹽政，是把官運官銷制改為就場專賣制，其原則是民製、官收、商運、商銷。這樣，官府控制了食鹽的貨源，掌握了批發環節，而商人也仍然有利可圖。他又注意培養財源，平抑物價，力求老百姓能夠安居樂業，應民之急，未嘗失時，不是待其困敝、流亡、餓殍，然後賑之。可惜像劉晏這樣的人物，歷史上並不多見。

唐代又承北魏舊制，有和糴制度，「和糴」就是加價收購農民的剩餘農產品。「憲宗即位之初，有司以歲豐熟，請畿內和糴，當時府縣配戶督限，有稽違則迫蹙鞭撻，甚於稅賦，號為和糴，其實害民」（《新唐書》卷53）。後來宋代的「博糴」、「結糴」、「兌糴」、「寄糴」，明、清的強制攤派，都屬同類性質的弊政。

除和糴外，還有「和買」，是官府發放貸款而規定百姓按期上繳紬、絹等物，亦稱「預買」。這一制度沿至宋元時代，也日益成為常賦外的苛擾。明清時官府購物雖有必須作價的規定，但仍有少給或不給的行為。如明代地方官向商人採購進貢物品，叫做「採辦」，承辦商人由於吃不消官府的敲詐勒索，往往弄得家破人亡。

唐代的「宮市」，由宦官主持向民間收購宮廷用品，「率用直百錢物，

(54)　《清朝經世文編》卷46。

買人直數千物，仍索進奉門戶（額外費用）及腳價銀」(《舊唐書》卷 140)。其臭名昭著，更遠甚於和買。

安史之亂後，均田制破壞，租庸調制已無法實行，於是唐德宗（779～805 在位）用楊炎（鳳翔天興〈今陝西鳳翔〉人，727～781）策，廢除租庸調制和一切雜稅，改行以戶稅和地稅為基礎的兩稅法。兩稅法的主要內容是：一．確定同歷代在名義上奉行的「量入制出」的賦稅基本原則相反的「量出制入」法則，即先估計支出的數額，然後再確定收入的總額，分配到各地；二．以戶為徵收單位，納稅戶在居住地區按資產多少定出戶等，確定交納戶稅的稅額；三．以代宗大曆十四年 (779) 墾田數字為依據，按畝數多少徵收田畝稅；四．沒有固定住處的商人，於所在州、縣，按其收入徵收 1/30 的稅；五．除田畝稅交納穀米外，其餘一律折合成錢交納；六．每年的稅，分夏、秋兩季徵收，夏稅無過六月，秋稅無過十一月。

唐代的兩稅法，確定了土地、財產為納稅的主體，同時規定以錢為納稅的計算單位，為以後 800 年間的稅制打下了基礎，在中國賦役史上，具有重大的意義。

隋唐時代由於工商業的發展，新的工商稅種、稅目不斷增加，唐中期以後，不但恢復或開始對鹽、酒、茶實行徵課，並且還恢復或開始了對鹽、酒、茶的專賣，工商稅在國家稅收中的地位變得重要起來。而後期有所謂率貸，乃是向商人按財產比例強行舉債，往往十收其二；又有所謂「借商」，則純粹是借而不還，這都是國家為應付財政困難而對工商業者所實施的赤裸裸的剝奪。

終唐一代，礦稅「舉天下不過七萬餘緡，不能當一縣之茶稅」(《唐會要・轉運鹽鐵總敘》)。屬於市舶稅性質的「舶腳」，所入也不多。屬於房產稅性質的「間架錢」和屬於交易稅性質的「除陌錢」，則都是唐王朝所創之雜稅。

宋代仍行兩稅法，但當時的兩稅主要指土地稅，已不包括唐代兩稅中的戶稅。宋代在兩稅之外，還有許多雜稅，實際上都是兩稅的附加稅。唐代兩稅原本已將徭役包括在內，到宋代，兩稅僅指田畝稅。宋代按資產將農村主戶分為 9 等，後來又改為 5 等，[55]各戶按等輪番差充職役和雜徭，

[55] 宋代農村主戶，三等以上為上戶，四、五兩等為下戶，上戶中的二、三等戶也稱中戶，上戶均屬地主階級。說詳王曾瑜《從北朝的九等戶到宋朝的五等戶》，《中國史

所以又稱為「差役」。一般說來，上等戶多任職役，其任務是擔任地方下級公吏，中、下等戶多充雜徭，供州、縣地方驅使。

宋代革除了唐初以來的「官課戶」。這種官課戶，專充官府特殊需要之役，而得免除其他徭役，甚至免除兩稅。

宋代諸役，以衙前役為最苦。衙前負責保管倉庫，運輸糧草、物資，不僅負擔所需費用，如有損失，還需賠補。

王安石[56](1021～1086) 字介甫，晚年號半山老人，撫州臨川（今屬江西）人。熙寧四年 (1071)，他在同中書門下平章事任上制定免役法，民戶不再服原衙前等役，改為按戶分等定不同數額，隨同夏、秋兩稅繳免役錢，原來不負擔差役的坊郭戶（分10等）、女戶、單丁、寺觀、品官戶等，按定額半數繳助役錢，窮苦下戶免繳，而由官府雇人充役，照執役的輕重分別給酬。[57]王安石罷相後，除衙前仍行雇役外，其餘都恢復了差役。

圖25　南京半山園王安石故居

王安石還推行過方田均稅法，「以東西南北各千步——當四十一傾(頃)六十六畝一百六十步為一方，歲以九月，令佐分地計量，驗地土肥瘠，定其色號，分為五等。以地之等，均定稅數」(《宋史》卷 327)。可惜執行者良莠不齊，僅取得一些局部的經驗。[58]

歷代徵收田賦，都有閏年加徵的陋規，宋代在平年編製「空行簿」，在閏年編製「實行簿」，進行加徵。

宋代田賦蠲免，包括災傷蠲免、墾荒減免、逋賦蠲免和新歸附之地的優免。對和糴、和買的蠲免，主要行於災傷之地。在災荒嚴重的地方和新

研究》1980 年第二期。

[56] 關於王安石，《列寧全集》中文第二版第 12 卷第 226 頁的那條注釋其實是很容易讀懂的，列寧 (Владимир Ильич Ленин, 1870～1924) 自己何曾說過「王安石是中國 11 世紀時的改革家，實行土地國有未成」這句話。說這句話的人，充其量，對中國歷史只能算是一知半解者。

[57] 《續資治通鑑長編》卷 227。

[58] 王安石變法失敗，與其用人不當也有很大的關係。

歸附的地區，也偶行雜徭減免。對有品級的文武官員和豪族勢家，免除賦役。

宋代工商稅的課稅範圍日趨擴大，就徵收的項目來說，計有穀、帛、金鐵、物產4大類27品。其對國家用度的重要性，已經獲得朝野人士的共識。沈括《夢溪筆談》卷12云：「今國用未減，歲入不可廠。……孰若賦之於商貿。」所謂「藝祖開基之歲，首定《商稅則例》，自後累朝守為家法」（《文獻通考・征榷一》）。南渡後，《則例》每半年一修，以便根據物價，增損稅錢。宋代工商稅也有減免之例，但減免的次數和額度都十分有限。

北宋財政歲入最高額為6000多萬貫，南宋時達到8000萬貫，土地減少1/3，稅收卻增加1/4。正供之外，雜項著者，有「經制錢」、「總制錢」、「月樁錢」、「板帳錢」、「折帛錢」等，名目不一而足。朱熹說：「古者刻剝之法，本朝俱備。」（《朱子語類》卷110）這話不算牢騷太盛。

金代物力稅「上自公卿大夫，下逮民庶，無苟免者」（《金史》卷46）；金的牛頭稅，以25口為單位從國家分得一牛具（4頃4畝有奇）土地為徵課的基礎，不是向猛安謀克戶中的奴隸口徵收，而是向占有土地的猛安謀克戶徵收，並且不分貴族和平民，這些都是很有特點的。

元代江南地區仍實行兩稅制度，租額按地畝計算。北方則徵丁稅，僧、道、也里可溫、答失蠻、儒戶和工匠例外，但有土地者仍須納地稅，全科戶每丁納穀3石，半科戶、新交戶、協濟戶另有標準；地稅卻都是每畝納穀3升。當時盛行包稅制，田糧的輸納多由富戶和勢要之家包攬，貧民所受盤剝就更嚴重了。元代還有「科差」，分「絲料」和「包銀」兩項，主要有民戶負擔。元代的畜牧稅很重要，太宗元年(1229)規定蒙古民有馬百者輸牡馬一，牛百者輸牸牛一，羊百者輸羒羊一。成宗（1294～1307在位）時擴大到所有養馬、牛、羊之家，「百至三十者官取其一，不及數者勿取」（《元史》卷21）。元代的工商稅制度多沿襲宋代。元代徭役包括職役和雜泛兩大類。「雜泛」為臨時徵調的夫役，或銀、鈔、車、馬等，凡築城、修路、修治水利、營造官衙私第、運送糧草等，無不隨時派役。「諸夫役皆先富強，後貧弱；貧富等者，先多丁，後少丁」（《元史》卷93）。元代對賦役的豁免和減免，也都有具體的規定。

明代地方財賦管理，縣主要負責徵收，府負責會計，布政使司負責中轉運輸。南、北兩直隸因沒有布政使司的設置，所以其轄下26個府、直隸州的財賦資料直接報送戶部，與其他省的布政使司並列。

明代對戶類的劃分，承元制，俱以職業為標準。役法採取配戶當差制，最重要的戶役，有籍隸戶部的民戶、灶戶和籍隸兵部的軍戶、籍隸工部的匠戶 4 種，全部各類役戶都是國家的編戶齊民。徭役方面，有里甲之役，里甲為當時州縣統治的基層單位，設里長、甲首之屬，由丁多田多者承擔，負責一里一甲稅糧的督催，傳達官府的命令，編排各種差役；均徭之役，以丁為主，驗丁糧多寡，產業厚薄，編造等第，均輸徭役，供官府役使；雜泛之役，或稱「雜差」，為臨時編簽，無定額，通常由下戶擔任。其中均徭之役，名目繁多，且係按累進稅原則進行分配，家室愈是殷實，負擔就愈是沉重，目的在於調節貧富。田賦方面，登記在封面為黃紙的冊子裏的地主和農民結合「魚鱗圖」每年向政府交納夏稅和秋稅，交糧稱「本色」，將糧折合成銀錢交納稱「折色」。[59]浙江、南直隸、湖廣、江西、福建等地，以每稅糧萬石為一區，選交糧最多的地主 1～4 人為糧長。糧長之役，父死子繼，專掌田賦的徵收，其役重於里甲，但行掊克之私，亦往往甚於里甲。山東、山西、河南也很可能設立過糧長，四川雖然沒有糧長的名目，卻有管理稅糧的「大戶」。糧長制度後來受到運河上運軍組織的衝擊，不過糧長一職，仍始終與明王朝同步。

天順 (1457～1464) 後，南方各省在里甲組織的基礎上曾逐步推行過「十段錦法」，官府預先將 10 年內的賦役進行統一分配，用現金抵付義務，使銀差款項在丁多、地多的年份有盈餘，這種盈餘被規定用於補貼丁少、地少的年份。初行於福建，而雲南地區直到萬曆年間仍繼續施行。

明後期，在張居正主持下，於萬曆九年 (1581) 頒行「一條編」新稅法。「編」俗作「鞭」，所以也叫「一條鞭法」。其特徵主要是：以州縣為單位，把所有的田賦、勞役（或代役的丁銀）、貢納和雜差，統統折合成銀兩，歸并成一個總數字，然後按本州縣田畝分攤，向土地所有者徵收。[60]由於南北經濟情況的差異，一條編法在江南實施後，立即取得了明顯的效果。

一條編法簡化了徵收項目和手續，減少了中間環節，相對地抑制了豪強漏稅的弊病。而賦役徵銀，使稅制從賦役制走向租稅制，從實物稅走向貨幣稅，其影響是非常深遠的。但「一條鞭法」並沒有將絕大部分賦役負

---

[59] 明代商稅也有「本色」和「折色」的名目，折色當然是指折成白銀，本色卻包括實物和錢鈔。

[60] 《明史》卷 78。

擔轉移到大土地所有者上，由於稅率很低，以致他們掂量其不值得逃避；而且，該法在阻止鄉村稅收代理人濫用權力的同時，卻為衙門吏胥作弊創造了機會。❻❶說實在的，該法的實施也不順利，《明史》卷 78 透露說：「條鞭法行十餘年，規制頓紊，不能盡遵」；「糧長、里長，名亡實存」。

萬曆二十年 (1592)，據北京宛平縣知縣沈榜稱，他每年要向 27 個不同的機構交納稅收，總數則不過白銀 2000 兩。❻❷明代的財政方針，在於保護農業經濟，儘管其稅率比起同時期的日本和英國來，要低得多，可是由於制度上的種種弊端，終至國庫空虛而農民卻並未受惠。

明代末年有「遼餉加派」、「剿餉加派」、「練餉加派」，這些田賦加派，雖出於田，但負擔者是廣大勞動人民，所以弄得怨聲載道。

明代賦役的蠲免，太祖時，凡遇水旱災荒，盡蠲二稅；弘治時定全災免 7 分，9 分災免 6 分，8 分災免 5 分，以下遞減至 4 分災，免 1 分，又只免存留，不免起運，以後為永制。明代徭役的減免，除為表示敬老、敬賢和表彰之意而有減免外，其他減免不常見。明代對官吏和士大夫優惠備至，給予種種賦役的豁免權。

明代工匠在服役期間之外生產的成品可在市場上出售。成化二十一年 (1485)，工部奏准，輪班匠不願當班者，聽其出銀代役，南匠每月 9 錢，北匠 6 錢。❻❸

明初工商稅制度簡約，尤其是商稅，國家雖有限額，但不求增餘。對不完成定額的稅課司局，只核實而不問罪。稅率一般為 1/30，且免稅範圍極廣，凡嫁娶喪祭之物、自織布帛、農器、食物及既稅之物，車船運自己的物品，魚蔬雜果非市販者皆可免稅。還多次裁并稅務機構。為了防止稅課官吏的侵漁，規定在徵收商稅之地設置店歷，登記持引客商姓名、人數、行業日期等內容，以備核查；同時明示徵收商稅的貨物名稱，未標明需要納稅的貨物，概行免稅。但商賈須占籍，才能取得居住和營業的權利。中葉以後，統治者追求財富的欲望越來越強烈，「薄夜拘之，如緝巨盜」（《明神宗實錄》卷 440)，占籍的商賈規避無術，苦不堪言。而礦稅和商稅，終至成為多次激起民變的惡政。

❻❶ 黃仁宇：《十六世紀明代中國的財政與稅收》第 180、183 頁，三聯書店，2007 年。

❻❷ 沈榜：《宛署雜記》第 49～50 頁，北京出版社，2006 年。

❻❸ 《大明會典・工部九》。

宋、元以來，有關賦稅違章處理的法規日趨精詳，明代在這方面更是有過之而無不及。從明初的規定來看，其總的特點是，對納稅人拖欠的罰則較元代為輕，對課稅官吏枉法作弊的罰則卻較以往任何一代為重。宋代曾規定私製鹽 3 斤以上者，處死刑。明代為禁止私鹽起見，鹽課罰則仍很苛嚴。私茶也一樣，但比鹽法稍寬。清代因襲了下來。如鹽法，雍正六年 (1728) 定例：「凡拿獲私販，務須逐加究訊，買自何地，賣自何人，嚴緝窩頓之家，將該犯及窩頓之人，一併照興販私鹽例治罪；若私鹽買自場灶，即將該管場使並沿途失察各官，題參議處，其不行首報之灶丁，均照販私鹽例治罪」(《大清律例》卷 13)。

清代開國後繼續奉行一條鞭法。康熙五十一年 (1712)，鑒於戶口繁衍而地畝並未加廣的情況，下令依照上年各地所報 2462.1324 萬人丁應徵的 335 萬餘兩丁銀，作為固定稅額，以後「新增人口，永不加賦」(《清史稿》卷 120)。丁口固定，丁銀因之固定，於是到雍正七年 (1729)，除山西、貴州等少數地區外，全國基本上實行了「攤丁入畝」的做法。這樣，丁銀就成了田賦的一項附加數額。攤丁入畝使農民對國家的人身依附有所減輕，客觀上也有利於無田或少田的農民。當然，攤丁入畝主要是出自統治者的利益需要才推行的，所謂「永不加賦」，是一句欺騙的話，實際上攤丁入畝時不少地區丁銀的實攤額已超過了原額。後來田賦加派甚多，愈來愈重，其重要項目，有「耗羨」、「平餘」、「漕糧附加」等。耗羨也稱「火耗」，是地丁徵銀，上解戶部熔成錠銀，銷熔之中不無損耗，稅吏藉補償損耗，就多徵一些，後來有增無減，是朝廷默許官吏作弊掠奪人民的一種手段；平餘是地方政府上繳正項錢糧時另給戶部的部分，後來由地方政府和戶部瓜分，有的在耗羨內劃扣，也有的另立名目加徵；漕糧附加是對漕糧的浮收，有「輕齎」、「席木」、「正耗加耗」、「船耗」、「官軍行糧月糧」，以及「貼贈雜費」等項目，其間弊端不少。農民「不苦於賦，而苦於賦外之賦」(《皇朝政典類纂》卷 7)，正是制度缺陷和管理不善導致了國家元氣的傷失和人民負擔的加重。

清代徵稅方法，在前代基礎上日趨改進，很值得一提。計有：一.「易知由單法」，由單之式，每州縣開列上中下田畝、人丁、正雜本折錢糧、起運存留各項總數，還開列各戶人丁田畝數和應納稅額，在開徵前一月發給納稅戶，令其按期繳納，此法行於清初，止於康熙二十六年 (1687)；二.

「截票法」，截票也稱「串票」，票上開列地丁錢糧實數，分為10限，月完1分，完則截去，票中蓋印，從印字中分為兩半，一半存官府，一半付納稅戶收執，後來改為三聯串票，一聯存官府，一聯給差役，一聯付納稅戶收執；三.「滾單法」，每里之中或5戶或10戶為一單，於納稅戶名下注明田地若干、銀米若干，分為10限，發給甲首，依次滾催，自封投櫃，不交或遲交者，予以嚴懲；四.「順莊編里法」，據田地定納稅戶，從戶而徵稅，可以防止漏稅；五.「張貼榜示法」，將每年應完之數和完欠之數詳列榜示，讓民周知，使官吏不得額外溢徵。

清代減免賦稅，據記載，在康熙年間，全國普免1次，各省輪流減免和區域性蠲免，重要的有30餘次。為了使佃戶也得到免賦的好處，曾規定遇蠲免之年，免業主7分，佃戶3分。乾隆時期，還先後4次普免錢糧，3次普免漕糧。有清一代，蠲免賦稅的次數之多，範圍之廣，堅持時間之久，額度之巨，都是歷史上沒有先例的。

清代漕運承襲前代，制度更趨完備。開國之初即設漕督一人，駐淮安（治山陽，今楚州區），管理全國漕運事宜。又特設河督，對運河水系的暢通負有全責。承運漕糧的運丁，由漕船運官統領。漕船有統一的式樣，康熙二十二年(1683)定制為長7丈1尺，寬1丈4尺4寸，載重量560石，各省「一律成造」（楊錫紱:《漕運例纂》卷2），使用期10年。漕糧的徵收，從每年十月開始，到十二月完結。漕運全程總計2350餘里，南起淮安府山陽縣的黃輔地方，北至天津衛，所需航行時間也有規定。至於漕糧的收貯，則北京有「京倉」13座，通州（今屬北京）有「通倉」2座。

清代攤丁入畝，賦中本已有役，人民不應再服力役。但清代徭役仍很繁雜苛重，官府的無償徵調，形成差外有差的現象。

清代工商稅較前代有所發展，當時鹽法大備，鹽稅分「灶課」、「引課」、「雜課」、「稅課」、「包課」5種。灶課是對鹽的生產者——即灶丁所徵的課，既按丁徵糧，又按丁徵鹽，對於曬鹽的鹽灘，還按畝徵土地稅；引課是對鹽商徵的稅，這是鹽稅的主要部分，所謂「引」，是指「鹽引」，係鹽商通過合法手續辦理的營業執照；雜課是衙門官吏的浮徵，形成陋規；稅課和包課僅施行於偏僻地方的產鹽地，對這些地區，許民間自製自用，國家課以稅銀，或由包商交納一定數量的稅，然後自行收納。清代的鹽稅收入，初期約200萬兩，中葉為550萬兩，到末年更激增至1300餘萬兩。

粵海關稅收漸成廣東地方財政收入之大宗，廣東兵餉「不敷之數，在粵海關歲收盈餘銀兩內酌籌撥給」(《嘉慶戶部則例》卷 61)。

清代雜稅沒有定制，所以苛擾之弊，在所難免。對當舖徵稅，是清初所創；但截至鴉片戰爭前夕，尚沒有屠宰稅，屠宰稅是清末才有的。

在賦役的冊籍方面，宋代所有丁戶、錢穀簿書，皆依法置造，總計共 40 種。明代制定了統一的賬簿格式，頒行全國，稱為「印信文簿」，具有總賬的性質。清代則於順治十一年 (1654) 修定《賦役全書》，內容包括：地畝、人丁原額，逃亡人丁及拋荒地畝數，開荒地畝及招募人丁數，賦稅的實徵、起運、存留數。每州、縣發 2 本，一存州、縣主管部門，一存州、縣所辦學校。還有流水簿，是州、縣記載日收錢糧的簿籍；會計冊，是備載州、縣正項本折錢糧數和錢糧起解到中央日期的冊籍；奏銷冊，是各地方一級行政區的省詳列錢糧起運存留、撥充兵餉、買辦顏料等數字上報中央核銷的冊子。

中國傳統社會的賦稅收入，理論上都屬於中央。但事實上，中央常常對地方鞭長莫及，就只好分割財權。唐代後期實行「上供」(地方向中央提供財賦)、「送使」(地方向節度使提供財賦)、「留州」(各州所徵賦稅，留一部分以備本州之用) 制度，並延續至宋代，就是一個顯例。但總起來看，賦稅收入歸中央總理，應為主流，是沒有疑義的。

中國傳統社會以賦稅收入為依據，又相應建立了預決算制度。相傳「禹會諸侯江南，計功而崩，因葬焉，命曰『會稽』。會稽者，會計也」(《史記・夏本紀》)，既稱會計，就是與預決算分不開的。《周禮・天官》下有「司會」一職，即為一國總會計，主天下之大計，編造總預算。漢代「百僚用度，各有數」(《漢書・翟方進傳》)，可知是有預算的。

上計制度始於戰國，漢代的「上計」，與先秦一樣，兼具預決算性質。上計是地方官派員帶上賬表，在一定期限內，到都城去向中央報告，方法是把地方一年的稅收預算數字和戶口、墾田、社會治安等有關情況寫在木券上，一剖為二，中央執右券，地方執左券，中央根據右券考核官吏，予以升降。漢代對上計十分重視，除郡、國得於每年歲末上計於朝廷外，郡、國所屬各縣、道每年也得上計於郡、國。漢武帝親自主持過多次「受計」(《漢書・武帝紀》)；宣帝時規定，報告弄虛作假者要依法處理。

唐初預算為每年一次。開元年間，又進一步將預算項目分為穩定的和不穩定的兩部分，穩定的項目不再每年更動，不穩定的部分則仍然每年編報。唐代根據各地報來的賬目，對賦稅收入、經費開支逐一審核，形成了一套比較嚴格的審計辦法。同時會計制度在唐代也得到了空前的加強。「會計錄」始於唐憲宗元和二年 (807) 宰相李吉甫（趙郡〈治今河北趙縣〉人，758～814）編撰的《元和國計簿》，上面登載了全國的戶口數、州縣數、歲出入數、官員數、養兵數等，成為後世會計錄的藍本。

宋代會計制度較唐代更為完備。太宗淳化四年 (993) 將總管財政的三司（鹽鐵、度支、戶部）改為總計司，令每州、軍歲計金、銀、錢、繒帛、芻粟等費，逐路關報總計司。這種會計報告制度——州、軍報告給路，路報告給三司，三司每年按期編造會計簿上報皇帝，成為皇帝掌握財政情況的重要途徑。宋代會計制度對監督財政、平衡財政，也有積極的意義。仁宗慶曆三年 (1043)，「三司具在京出納及十九路錢帛芻糧之數」（《玉海》卷185）；皇祐四年 (1052)，「校慶曆、皇祐總四年天下財賦出入，凡金幣絲行薪芻之類，皆在數，其參相耗登……為書七卷……詔送三司，取一歲中數以為定式」（《續資治通鑑長編》卷 172）。這就起到了監督、平衡國家收支的作用。

此外，宋代「比部郎中、員外郎掌勾覆中外帳籍」（《宋史》卷 163）。南宋建炎元年 (1127) 還設立了專管稽核財政收支的審計院，這是中國歷史上首次出現以「審計」命名的國家機構。

自宋、元至明、清，由於會計制度的日益完備，預決算制度在財政管理方面所起的作用就更加舉足輕重了。

中國傳統社會的財政總特點，是賦稅收入取之於民，但卻不是把主要部分用之於民。不過遇到荒年時，也有對人民的救濟措施。《周禮・地官・大司徒》稱：「以荒政十有二聚萬民。」荒政包括發放救濟物資、薄徵、緩刑、放寬力役、取消山澤的禁令、停收關市之稅、省去吉禮的禮數、省去凶禮的禮數、停止演奏舞蹈音樂、鼓勵多婚、向鬼神祈禱、除去盜賊等內容，其中首先是發放救濟物資。所謂「兼而覆之，兼而愛之，兼而制之，歲雖凶敗水旱，使百姓無凍餒之患，則是聖君賢相之事也」（《荀子・富國》）。在這方面，古人非常盡心。如北宋范仲淹曾實施過以工代賑，既局部落實了災民的生活問題，也為興辦公益事業提供了勞動力。[64]又如清代陸曾禹

[64] 《夢溪筆談》卷 11《官政一》。

更對歷史上一直奉行的禁止流民入境、平抑糧價之類的片面做法提出了尖銳的批評，他說：「凡在版圖，莫不令安養而生全之，寧肯令此境阜安、彼方饑餓乎?」「商不通，民不救；價不抑，客始來。此定理也。」(《康濟錄》卷 3）這些都是認真總結出來的經驗教訓。

從荒政派生出來的，有常平倉制度。漢宣帝五鳳四年（公元前 54)，「邊郡皆築倉，以穀賤時增其賈而糴，以利農，穀貴時減賈而糶，名曰常平倉」(《漢書・食貨志上》)。漢末廢，晉泰始四年 (268) 重設。隋開皇五年 (585) 改稱「義倉」，又名「社倉」，「令民間每秋家出粟、麥一石已下，貧富差等，儲之閭巷」(《隋書》卷 46)。五代周顯德 (954～960) 年間設惠民倉。北宋沿隋、周制度，設常平倉以平穀價；設義倉以備災荒；設惠民倉，遇歉收減價售給老百姓。王安石變法時，「以常平糴本作青苗錢，散與人戶，令出息二分，春散秋斂」(《宋史》卷 327)。明代「州縣則設預備倉，東西南北四所，以賑凶荒」(《明史》卷 79)，這是與常平倉性質相同的倉庫。清代在州縣設常平倉，在市鎮設義倉，在鄉村設社倉。

與賦稅相關的，還有國庫制度。周代有內府、倉人、廩人主管國家倉庫和糧食的收支。秦漢時代，政府規定要定時或不定時地對庫存實物加以核查，如發現損失，有關官吏負有賠償的責任。魏晉南北朝時代，南朝的庫藏，銀帛和穀粟是分開來進行管理的；北朝的庫藏，由太府掌管。唐代太府寺中的「左藏庫」，即是國庫，凡國家的經費、官吏的俸祿、宮中的用度，均按國家財政由左藏庫撥出。當時皇帝的私庫，叫做「大盈庫」，大盈庫在原則上不得侵犯左藏庫。明代倉庫如出庫錢糧不足數，監臨主守通同有關官吏虛出憑據者，計虛出之數並贓以監守自盜論；監守之官不按規定收納錢糧，而折收其他財物，亦以自盜論；官府收支錢糧，必須專款專物專用，否則即使挪移官用，也要准監守自盜論。

發展到清代，庫藏分工已相當嚴密，戶部（中央財政機構）庫藏有：一. 銀庫，為國家財賦總匯，各省歲輸田賦、漕賦、鹽課、關稅、雜賦，除存留本省支用外，凡起運至京的，都入此庫；二. 緞匹庫，凡各省所輸綢緞、絹布、絲綿、棉麻之類，都入此庫；三. 顏料庫，凡各省所輸銅、鐵、鉛、硼砂、黃丹、沉香、黃茶、白蠟、桐油、并花等，都入此庫。地方倉庫有：一. 盛京（清故都，今瀋陽）的戶部銀庫，收貯金銀、幣帛、顏料諸物；二. 直省（清代各省皆直屬於朝廷，所以也叫做「直省」）布政使司庫，為一省財賦總匯，各州、縣的田賦、雜賦，除存留支用外，其餘都輸入此庫；三. 糧儲道督道庫，儲漕賦銀，由州、縣徵輸此庫；四. 鹽運使司鹽法道庫，貯鹽課；五. 各稅務由部差者（監督庫），貯關鈔，分四季輸部，其由地方官兼者，貯於兼理官庫，歲終輸戶部；六. 州、縣、衛、所（衛、所是軍事區，又兼理民政）庫，貯本色正、雜賦銀，存留者照數坐支，運輸者輸布政使司庫。

又有捐納制度和賣官鬻爵制度，是中國古代國家為彌補財政虧空，增加財政收入而實施的，從某種特定的意義來說，可以認為這是對賦稅的一項補充。

漢武帝規定，富人捐一定數目的奴婢，可以免除終身的傜役，超過規定數目的，可以為郎官，原來是郎官的則增加薪俸。元朔六年（公元前 123），又實行賣武功爵，新置武功爵 11 級，各級爵位都定了價錢。後來又規定了入穀補官的辦法。西漢的賣官爵，是在文帝時就開始了的，當時實行賣虛爵的辦法。到武帝時，賣官已不再是賣虛爵，而是可以補賣官。

當然漢代賣官所得是入於國庫的，可是到了西晉，則賣官鬻爵所得，竟歸皇帝私人所有了。

後世歷代都有捐納和賣官鬻爵之例。

清代乾隆初年，因江、皖災荒，政府規定，捐銀米者可得儘先補用。後來由於河工軍需的開支，也有特捐。又有常例捐輸，專捐貢監，為買儲倉穀粟之需，《儒林外史》所描寫的那個要尋死的周進，就是通過此途而後得飛黃騰達的。鴉片戰爭前夕，清王朝內囊已覺羞澀，捐例最多，僅道光七年 (1827) 即收入捐銀 2000 餘萬兩。當時捐納中的商人報效，多出於淮、浙鹽商，也有廣東洋商，合總其數不下千萬。報效的辦法，也有先呈明報效之數，分年攤繳，再給獎敘。

從清代官僚的出身來看，不外乎科舉、軍功、幕賓、恩蔭、捐班等 5 條途徑，其中恩蔭、捐班出身者，大都非庸即貪。捐錢買官的人，表面上看，錢是他自己出的，但歸根到底，真正的負擔者還是老百姓。

第五章

貨幣和度量衡

第一節　貨幣

貨幣是商品經濟發展的產物。

人類在最初進行商品交換的時候，只能是以物易物，「以所有易所無，以所工易所拙」(《淮南子・齊俗訓》)。隨著交換範圍的擴大，以物易物的交換發生了困難，於是就從無數商品中自發地分離出某種大家都能接受的商品，作為交換的媒介。當這種媒介被固定下來時，就成為貨幣。貨幣是表現和衡量其他一切商品價值的尺度，是商品流通的手段。

中國古代原始社會末期的主要貨幣是牲畜、農具、刀箭等。後來人們進一步尋找便於攜帶的東西來作貨幣，這樣，美麗的海貝，由於具有很多作為媒介物的優點，自然就被選中了，成為「貨貝」。貨貝輕便靈巧，堅固耐磨，產量不多，得來不易，是當時在社會上受到普遍珍視的吉祥物❶和裝飾品；並且以枚為單位，也便於計算。貨貝的品類很多，其中紫貝最貴重，黑貝次之，白貝則最普遍。據記載，商代使用貨貝，從「二貝」、「五貝」發展到幾朋、幾十朋，如「王商（賞）戍嗣子貝廿朋」(郭沫若：《安陽圓坑墓中鼎銘考釋》❷)。「朋」，是貨貝高一級的計算單位，兩個 10 貝或 20 貝為 1 朋。

貝幣在鼎盛時期，真貝的數量不足，仿製貝就日漸增多。目前已知的仿製貝種類有珧貝、石貝、骨貝、陶貝以及各種金屬貝，如銅貝、金貝、包金貝等，屬金屬鑄幣。西方所推許的鑄幣發明者，是小亞細亞的呂底亞

❶ 貝類酷似女性生殖器，先民從生殖崇拜的觀念出發，所以很自然地把貝類視為是吉祥物。參見肖（蕭）雲儒《歷史方圓》，《收藏》2002 年第九期。

❷ 刊《考古學報》1960 年第二期

(Lydia) 人，他們在公元前 7 世紀開始鑄造貨幣，而安陽大司空村殷代晚期墓中出土的銅貝，比西方早好幾百年。

從中國古代的文字結構看，凡與價值有關的字都從貝，說明貝幣在古代流行的情況。在貝幣流通的同時，金、銀、銅、龜甲、珠玉、布帛等物品，也都起著價值尺度的作用，但並不占主導地位。到西周末年，銅貝以及金屬銅塊的流通使用已相當廣泛，其作用和流通範圍超過了以往的天然貝。春秋以後，金屬貝也逐漸衰落。不過，在邊遠地區和雲南一帶，直到清初，貝幣還沒有消失。

中國早在商代，青銅製品已達到相當精美的水平，各類銅鑄貨幣也隨之出現。西周青銅彝器銘文中，有許多關於用銅來賞賜、處罰或繳獲銅貨幣的記述。初始類型的銅鑄幣（包括銅貝和無定形銅塊）屬稱量貨幣，其計算單位是「寽」。

《詩・衛風・氓》云:「氓之蚩蚩，抱布貿絲。」《毛傳》釋「布」為「幣」，後世多不是之。但西周已出現原始布幣——「里布」❸，卻是事實，今河南洛陽、汝州，山西太原等地都有出土，傳世品也很多。

春秋戰國時代，各諸侯國自行鑄造新型銅幣，錢幣史上稱為「早期銅鑄幣」，主要形制大都與生產工具有關，不排除對貝幣的承襲，有鏟形（布幣）、刀形（刀幣）、橢圓形（蟻鼻錢）、圓形（圜錢）等 4 種。鏟形的布幣，「布」通「鎛」，鎛是農耕用具，即後世所稱的鏟，布幣的形狀完全與鏟一樣，所以後世又稱為「鏟幣」。初期布幣鑄有裝柄的空首，叫做「空首布」。後來幣首變成扁平，就叫做「平首布」。布幣又按照兩足的形狀而分為「方足布」、「夾足布」和「圓足布」等種類。《呂氏春秋・報更》載趙盾與桑下餓人百錢，是晉成公五年（公元前 602）的事，說明晉國在春秋中期已經鑄行布幣。這種幣主要流通於三晉以及附近地區，幣面有的鑄有地名，有的還鑄有幣值面額等。古代與鎛同類的農耕工具，還有「錢」，古義作「泉」，貨幣既稱布、又稱泉的另一含義，是取廣行、流通的意思。刀形的刀幣是仿照刀的形狀而鑄造的，也有多種，上面鑄有鑄造地點等文字，主要流通於齊、燕、趙等國。齊刀體型較大，製作也較精細，幣面都鑄有「齊法化」等銘文，「法化」，意即標準貨幣；燕刀有「明刀」、「尖首刀」、「針首刀」，明刀正面鑄有「ᘐ」（明）字，是燕地最流通的燕刀幣；趙刀或圓首，或平

❸ 里布大率長 2 尺，寬 2 寸，上面有文字符號，標誌年月、地址、價值和發行人。

首，刀身平直薄小而有彈力，銘文多為「甘丹」(邯鄲)、「白人」(柏人)兩種地名。橢圓形的蟻鼻錢是從仿製貝轉化而來的，正面突起，背面磨平。幣面鑄有陰文，有的為「𠔃」，狀似螞蟻；有的為「咒」，筆畫深凹像鬼臉，故蟻鼻錢又稱「鬼臉錢」。已發現蟻鼻錢的幣文多達 19 種，很可能不是字，而只是圖案，是符號，是反映楚文化特色的儺面形象。蟻鼻錢製作粗陋，主要流通於江淮流域的楚國。圓形的圜錢（又稱「環錢」）出現較晚，形狀可能受紡輪或玉環和玉璧的影響，主要流通於周、魏、秦等國。圜錢圓形中間有圓孔，叫做「穿」，分無郭（「郭」，突起的邊緣綫）和有郭兩種，鑄有鑄造地或重量等文字。早期圜錢已經出土的，有河南輝縣固圍村戰國墓的「垣」字錢，及山西聞喜縣東鎮戰國墓的「共」字錢。秦國圜錢以兩為單位，幣面只記單位不記地名，這表明貨幣鑄造權集中於朝廷，在制度上更具有進步性。由於秦圜錢大小適中，便於授受，適合形勢的需要，後來得到迅速的發展。

因為貨幣已成了當時主要的流通手段，所以隨之就有了「長袖善舞，多錢善賈」(《韓非子・五蠹》) 的俗諺。

當時與早期銅鑄幣並行使用的，還有黃金。凡大宗交易，都用黃金支付。上層社會朝貢、饋贈、賞賜、賄賂也都使用黃金。早期銅鑄幣，使用都受地域的限制，而黃金則可通行於各諸侯國。黃金的計算單位，有時論斤，合 16 兩；有時論鎰，合 20 兩。實際上這兩種單位是經常混用的。楚國的黃金單位叫「爰」，所以楚國的金幣叫做「爰金」。爰金銘文通常為兩個字，一是「爰」字，另一是地名，如「郢爰」、「陳爰」、「鄟爰」等。爰金的形制，似由餅狀而版狀，最初無銘文，後來發展為鈐印若干小方格和銘文。零星使用時，根據需要把小方塊鑿開，以天平稱量支付。爰金銘文有稱「盧金」者，大概是比較晚期了。❹至於北方諸國使用的金幣，則叫「圜金」，形狀像圓餅，又有像馬蹄的。早期黃金貨幣的購買力，據《管子・輕重甲》「粟賈平四十，則金賈四千」之語，大概在齊國，1 斤黃金等於 4000 銅幣，以 1 石粟值 40 銅幣計，1 斤黃金可購買粟 100 石。

中國古代提煉白銀的技術比較落後，因此白銀的使用時間應較黃金為晚，但至遲在春秋前期，白銀鑄幣也已出現。

---

❹ 根據對實物的化驗分析，爰金含金量為 97～98%，盧金含金量為 94～95%。參見涂書田《安徽省壽縣出土的大批楚金幣》，《文物》1980 年第十期。

秦始皇統一中國後，廢除秦國原先「袤八尺，幅廣二尺五寸」、「錢十當一布」的法定實物布幣和各國的布、刀、貝等幣（《睡虎地秦墓竹簡・秦律十八種・金布律》），把貨幣定為兩種：黃金為上幣，單位是鎰；銅錢為下幣，單位是半兩（秦制 24 銖為 1 兩，半兩即 12 銖），又稱「半兩錢」。半兩錢為方孔圓形，正面鑄「半兩」2 字，但大小不一，並非「重如其文」（《漢書・食貨志》）。秦的錢幣是禁止私鑄的。自秦代開始，方孔圓錢成為中國銅錢的固定形式，因為這體現了中國古代天方地圓的宇宙觀，象徵著皇權君臨萬方的思想。

漢初法定貨幣也是黃金和銅錢。黃金單位改為斤，在中國貨幣史上，這是使用黃金最盛的時代。但截至西漢中葉，黃金貨幣尚沒有固定的形制。出土的金餅、金鈑，大的重 1 斤，折合 1 萬枚銅錢，小的重 1 兩，折合 625 枚銅錢。漢武帝太始二年（公元前 95）鑄「麟趾裹蹏」（《漢書・武帝紀》），據北宋沈括說，「麟趾中空，四傍皆有文，刻極工巧；裹蹏作圓餅，四邊無模範跡，似於平物上滴成」（《夢溪筆談》卷 21），開始打破了這種局面。此外，尚有「金五銖」，形制與當時五銖銅錢一樣，體重超過銅錢 1 倍多。西漢末年，黃金大量上流，到王莽地皇四年 (23) 國庫所藏黃金「萬斤者一匱，尚有六十匱」（《漢書・王莽傳下》），約合今 14.298～15.48 萬千克左右。❺可是，從東漢開始，黃金愈加貴重，黃金在貯藏保值和其他方面的用途大大增加，導致黃金流通量急劇減退。後世黃金雖然仍舊以其本身的重量參加流通，但形制再也不是法定的了。魏晉時代，黃金除金餅外，金鋌逐漸多了起來，鋌由鈑發展而來，形狀有如大臣們朝見用的笏。唐代以後，金、銀製的錢幣已較普遍，但多用作他途，與流通中的銅錢是有區別的。兩宋時金銀開始以錠的形式出現。錠，兩端寬，中間窄，狀如繞綫板。1999 年 7 月 8 日杭州湧金路、定安路的交叉口施工現場，出土了南宋金鋌 32 件、金牌 3 件，製作規範，金鋌為 1 兩（約合今 4 克）、金牌為 1 錢（約合今 0.4 克），兩面都刻有文字，分別標誌鑄匠、鋪號、成色及信譽擔保，是屬民間自由流通的貨幣。元代金、銀錠又改為元寶形，即錠的兩端尖起。明清時更有了中錠（小元寶形）、錁子（小饅頭形）以及珠形的滴珠、福珠

❺ 彭信威《中國貨幣史》以 70 匱計算，約合今 17.92 萬千克，這個數字與羅馬帝國奧古斯都（Augustus, 公元前 63～14）全盛時期庫藏黃金曾達 100 億金馬克（折合今 17.91 萬千克）幾無二致。

等。漢代稱黃金 1 斤為「一金」，後世「一金」是指黃金 1 兩。

西漢前期，繼續鑄行半兩銅錢，但嫌其笨重，改鑄輕錢。呂后當政時（公元前 187～公元前 180）鑄的半兩錢重 8 銖，文帝時鑄 4 銖重的半兩錢，文帝五年（公元前 175）又「除盜鑄錢令，使民放鑄」（《漢書・食貨志下》），民間私鑄的錢更是越鑄越小，有的重量不足 1 銖，好像用 4 片榆樹莢組成一個口字形的小銅片，所以稱「榆莢半兩」或「莢錢」。文帝且賜嬖臣鄧通蜀郡嚴道之銅山，「鄧氏錢布天下」，後鄧通被案，客死人家，「竟不得名一錢」。（《史記・佞幸列傳》）漢武帝改革幣制，將鑄幣權全部收歸中央，於元狩五年（公元前 118）罷半兩錢，行五銖錢。五銖錢是方孔有內、外郭的圓錢，重量和錢面文字都是 5 銖，為中國歷史上數量最多、流通最久的貨幣。據統計，西漢除去王莽居攝的幾年（6～8），鑄五銖錢總數在 280 億枚以上，❻在持續 120 多年中，年均超過盛唐時期的 2/3。

西漢在鑄半兩銅錢的同時，還始鑄半兩鐵錢。❼

漢武帝還用白鹿皮製幣，邊緣飾花紋，面值 40 萬錢，但只用來徵集歲入。❽

西漢末年王莽託古改制，廢除五銖錢，恢復刀、布、貝等貨幣形制。「美人贈我金錯刀，何以報之英瓊瑤」（張衡：《四愁詩》）❾，姑娘送他一枚金錯刀，就要考慮用英瓊瑤去回贈她，王莽時鑄造的金錯刀，是堪與瓊瑤比美的藝術品。其他貨幣形制，也都非常考究，如「貨幣」，長 2 寸半，寬 1 寸，4 枚連放在一起，恰等於漢制 1 尺。但王莽經常改變幣制，光怪陸離，共計「五物六名二十八品」（《漢書・食貨志下》），造成極大的混亂，人們無法接受。因此到了東漢，又恢復鑄行五銖錢。

魏晉南北朝時代，因為戰亂紛紛，相對來說，布帛穀物成了主要的支付手段。布帛穀物是生活必需品，具有較穩定的價值。在「雖有千黃金，無如我斗粟，斗粟自可飽，千金何所直」（《太平御覽》卷 840 引《述異記》）的歲月，最受歡迎的支付手段當然就是布帛穀物。後趙前期曾鑄「豐貨錢」，以「豐貨」為名，說明當時對貨幣的作用還是有足夠的認識的，並且豐貨

❻ 《漢書・食貨志下》稱「成錢二百八十億萬」，衍「萬」字。

❼ 參見高至喜《長沙衡陽西漢墓中發現鐵「半兩」錢》，《文物》1963 年第十一期。

❽ 《史記・平準書》、《漢書・武帝紀》。

❾ 《張河間集》卷 4。

錢錢文不記重，對五銖錢制已有突破。成漢漢興 (338～343) 年間鑄「漢興」錢，這是中國傳統社會鑄造年號錢之始。

在整個南朝，既有通貨膨脹，也有通貨緊縮，都不是好現象。

建德三年（574)，北周武帝鑄造「五行大布」錢，與「布泉」並行，以一當十。此錢品質較優，鑄此錢是歷史上政府利用虛價大錢來緩解國家財政困難的一個比較典型並取得一定成效的事例。

隋代和唐代前期，承前代制度，貨幣繼續以布帛穀物為主。如唐玄宗開元年間規定——「布帛為本，錢刀是末，賤本貴末，為弊則深」，「至今以後，所有莊宅口馬交易，並先用絹、布、綾、羅、絲、綿等物，其餘市價至一千以上，亦令錢物兼用，違者科罰」，(《唐會要・泉貨》)「綾羅絹布雜貨等，交易皆合通用」(《通典・食貨九》)。至於布帛穀物貨幣的規格和購買力，唐代與前代一樣，亦曾有規定。如唐代規定絹以 4 丈為匹，布以 5 丈為端，均寬 1 尺 8 寸；又規定 1 匹絹價錢 550 文。唐代中葉以後，布帛穀物的貨幣作用逐漸衰落，導致錢幣升值。隨著商品經濟的發展，從北宋開始，在中國歷史上，布帛穀物不再發揮占主要地位的貨幣作用，當然，動亂時是例外。

隋初改鑄新五銖錢，「背面肉好⑩，皆有周郭，文曰『五銖』，而重如其文，每錢一千，重四斤二兩」。開皇三年 (583)，「詔四面諸關，各付百錢為樣。從關外來，勘樣相似，然後得過。樣不同者，即壞以為銅，入官」。開皇五年 (585)，「又嚴其制，自是錢貨始一。所在流布，百姓便之」。(《隋書》卷 24)

唐錢形狀也與前代相同，但不再以重量為錢幣名稱，而改稱「寶」。唐高祖武德四年 (621) 始鑄「開元通寶」，徑 8 分，重 2 銖 4 絫，每 10 文重 1 兩，約合 37.3 克。這種錢影響中國後來的衡制也不再以銖、絫計算了，而改用兩、錢、分、釐的 10 進位法，其中 1 錢為開元通寶 1 枚的重量。所謂「開元通寶」，「開元」即開闢紀元之意，「通寶」是通行寶貨的省稱。「通寶」這個名稱為以後歷代王朝所沿用，而在「通寶」(或「元寶」、「重寶」) 2 字前冠以年號。自秦始皇採用李斯的小篆，首創了名家書寫錢文的先例，直到明代中葉，錢文大多出於名家的手跡，「開元通寶」書法穩重大方，即為當時大書法家歐陽詢所書。

⑩ 「肉好」為表述錢體的專用術語，「肉」指錢幣的金屬部分，「好」指錢幣中間的空。

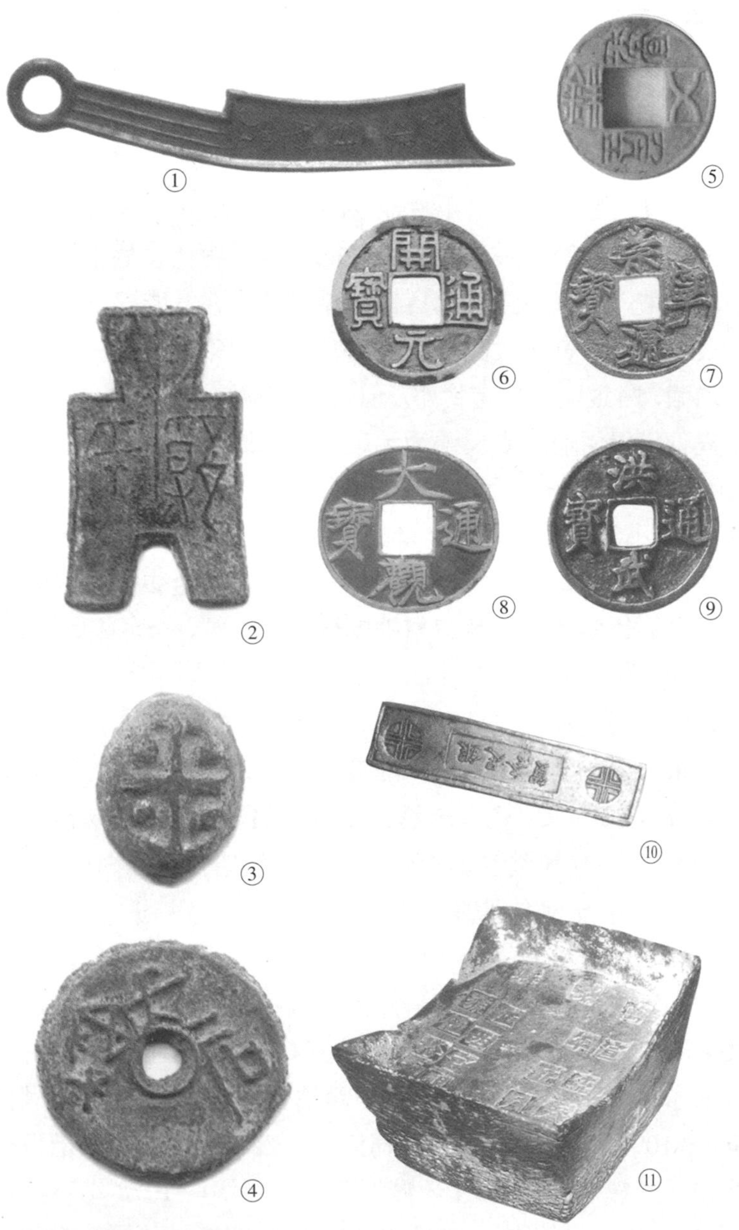

圖 26　①戰國齊刀幣　②戰國方足布　③戰國楚蟻鼻錢　④戰國圜錢　⑤漢五銖錢　⑥唐開元通寶　⑦北宋崇寧通寶　⑧北宋大觀通寶　⑨明洪武通寶　⑩銀錠　⑪元寶

開元通寶錢，有金質和銀質的，數量極少，屬紀念幣性質；還有白銅鑄造的，輪廓深峻，頗耐觀賞，時稱「青錢」。杜甫《北鄰》詩云：「青錢買野竹。」⓫「青錢」也指普通的銅錢。

從中唐到五代，白銀改變了過去主要用於裝飾和貯藏的狀態，其貨幣作用被空前地重視了。秦代對白銀是禁止用來作為貨幣的。漢代沒有明令禁止白銀，有銀餅和銀鋌，屬稱量貨幣，但數量不多。漢武帝元狩四年（公元前 119）用銀、錫合金鑄造「白金三品」，「三品」是 3 種銀幣，因作價太高，不利於發行，僅是一次失敗的嘗試。到了唐代，儘管法律不承認白銀為合法的貨幣，可是白銀作為貨幣的優越性，在當時歷史條件下卻得到了充分的表現，後來竟導致政府的經費都使用白銀了。兩宋白銀的貨幣性質進一步增強，白銀成了法定貨幣。但兩宋的物價，還是用錢幣來表示的，白銀尚未充分獲得價值尺度及流通手段的基本職能。唐代白銀，通行形式是鋌；而兩宋則改為錠，正面記有地名，用途，重量，官吏、匠人名稱等，大錠重 50 兩，小錠重量不一。金章宗承安二年 (1197)，鑄「承安寶貨」銀幣，其制「一兩至十兩分五等，每兩折錢兩貫」(《金史》卷 48)，這是中國傳統社會白銀作為法定計數貨幣的開始。宋以前，金、銀比價大約為 1 : 5 左右，宋初則為 1 : 6.52。

宋代是中國傳統社會商品經濟發展勢頭最好的時期，貨幣的需求量大幅度猛增；宋錢曾一度成為國際間的通貨。⓬宋初每年鑄錢僅 7 萬貫，太宗時直綫上升至 80 萬貫，仁宗時達到 160 萬貫，王安石變法後的宋神宗元豐三年（1080），一年所鑄竟為 506 萬貫，超過唐代年鑄 30 多萬貫的頂峰量近 17 倍。宋錢的品種多得難以統計，主要實行年號錢，皇帝每改一次年號，大都用新的年號命名，鑄一種新錢。從宋仁宗起，實行鑄「對錢」的制度，即同一種錢，銅質、大小、厚薄、內外郭完全一樣，只是錢幣文字用兩種或多種字體，可以配成對。宋徽宗（1100～1125 在位）用「瘦金體」親自書寫的「崇寧」、「大觀」等對錢，鑄造得非常精美，稱為「御筆錢」。元祐 (1086～1094) 通寶的文字則有司馬光、蘇軾寫的。蘇軾還書有「皇宋通寶」錢和「元豐通寶」錢，「元豐通寶」錢（鑄於 1078 年）共篆、隸、楷 3 體，聲名最著。而從南宋淳熙七年 (1180) 開始，不再鑄對錢，代之以紀地和紀年的錢文。兩宋嚴禁私鑄。北宋時，開封府等 13 路專用銅錢，川、蜀 4 路專用鐵錢，陝西、河東 2 路銅錢和鐵錢並用，法律規定不得任意流

⓫ 《杜少陵集詳注》卷 9。

⓬ 武斌：《中華文化海外傳播史》第一卷第 802 頁，陝西人民出版社，1998 年。

出境外。由於銅貴鐵賤，所以有一段時間，陝西、河東定 3 個鐵錢頂 1 個銅錢。

太平興國二年 (977) 九月「丁酉，詔所在悉用七十七為百」(《續資治通鑑長編》卷 18)，通常稱為「省陌」或「省」。但這只是政府標準。北宋末年東京開封「都市錢陌，官用七十七，街市通用七十五，魚、肉、菜七十二陌，金銀七十四，珠珍、雇婢妮、買蟲蟻六十八，文字六十五陌，行市各有長短使用」(《東京夢華錄》卷 3)。

圖 27　元中統交鈔

宋真宗初年，四川成都以王昌懿為首的 16 戶富商自己印行了一種叫做「交子」(《文獻通考・錢幣二》) 的紙幣，可以兌現錢，也可以代替鐵幣流通。這是中國使用紙幣的開始，也是世界上最早的紙幣。仁宗天聖元年 (1023)，設益州交子務，開始由政府發行交子。徽宗大觀元年 (1107) 改名「錢引」(李心傳:《建炎以來朝野雜記》中集卷 16)。南宋發行的紙幣叫做「關子」、「會子」(同上)，紹興三十一年 (1161)，南宋政府在杭州設立了專門印行會子的「行在會子務」，印刷工匠有 204 人，負責供應專用紙張的工役有 1200 人。[13]在南宋，由於紙幣的廣泛發行和流通，錢幣實際上已經降到了輔幣的地位。金於貞元二年 (1154) 起仿宋制，發行「交鈔」(《金史》卷 48)。元世祖中統元年 (1260)，發行「中統元寶交鈔」，以白銀為本位，面額仍沿用銅錢單位，從 10 文到 2 貫分為 10 等，每一貫同白銀 1 兩。「公私貴賤，愛之如重寶，行之如流水。」(胡祗遹:《寶鈔法》一) [14]但中統鈔不久因發行量過大，即無法兌現。不過，元政府當局已懂得貨幣運動的某些規律，能夠加以駕馭了。如至元二十七到二十九年 (1290～1292) 印至元鈔，每年都只印 50 萬錠。明、清兩代也曾發行過鈔幣，與金屬幣同時使用，由於信譽極低，只能以行政手段強制推行。

[13] 《夢粱錄》卷 9。

[14] 《紫山大全集》卷 22。

元初曾廢止銅錢，但民間用錢者仍多。元錢幣在數量上、種類上都比其他朝代為少。

明代開國以前，1361 年（元順帝至正二十一年），朱元璋在應天府（今南京）設寶源局，鑄「大中通寶」，以 400 文為 1 貫、40 文為 1 兩、4 文為 1 錢，與歷代錢幣同時流通。又在江西等省設寶泉局，也鑄大中通寶。洪武八年 (1375)，頒布《洪武通寶錢制》，銅錢分 5 等，即當十、當五、當三、當二、當一小平錢；並規定百分之百用銅，生銅 1 斤（16 兩），鑄小平錢 160 枚，即為 1 小平錢應含生銅 1 錢，餘類推。但後來鑄錢越多，分量越輕，到了洪武二十三年 (1390)，小平錢每文只含銅 2 分，不足 8/10。以後因推行寶鈔，很少鑄錢；鑄的錢，也都摻有鉛、錫。明末鑄幣至百餘種之多，但幣值跌落，已無信用可言。

明末崇禎錢中，有背面鑄有馬的圖案者，此錢一出便有「一馬亂天下」的謠言，因為起義軍領袖李自成自稱「闖王」，「闖」字是「一馬進門」，寓李自成滅明之兆，結果謠言攻勢幫了李自成的大忙。

清初仿明代辦法，開鑄「順治通寶」，後來又在各省設局鑄造，而私鑄者更多。當時制定順治錢法，規定 5 種錢式：一式為光背；二式仿唐開元錢；三式錢背有「一釐」2 字；四式錢背有兩個滿文，標誌鑄造機關；五式錢背有滿、漢各 1 字，標誌鑄造機關。年羹堯督川時，把佛教寺廟的鎏金羅漢熔掉，鑄成「康熙通寶」錢，民間稱為「羅漢錢」，形制特殊，質地精細，不可多得。清王朝全盛時，幣值比較穩定。

明、清兩代鑄造的銅錢，因其形式、文字、重量、成色都有定制，所以稱為「制錢」，用來區別於前朝舊錢和本朝偽錢。在與前朝舊錢對比時，制錢又稱「今錢」；在與本朝偽錢對比時，制錢又稱「官錢」。

在中國傳統社會，農民起義軍也鑄造過自己的貨幣，如明末李自成鑄造「永昌通寶」，張獻忠鑄造「大順通寶」等。至於近代太平天國鑄造的「太平天國聖寶」錢，流通時間之長、範圍之廣，更是為史家所樂道的。

自金、元以來，白銀已成為主要貨幣。元代實行銀本位制，為了推行紙幣，曾明令禁止民間交易使用白銀，但這種禁令收效甚微。明初也曾禁止民間交易使用金、銀，但實行的結果，白銀仍然禁而不止。此時與宋元大部分時間相比，單位白銀可以購買的大米幾乎是原來的兩倍，可以換取的絲綢則是 3 倍。[15]到英宗正統元年 (1436)，國家開始放鬆禁令。弘治時，政府錢鈔皆折銀計算，至此，白銀又正式成為法定通貨。嘉靖四十一年(1562) 實行的「班匠」徵銀和萬曆九年 (1581) 的一條鞭法「計畝徵銀」，使得白銀的社會需求量穩中有升。清代規定以銀為本，以錢為末，國家財政收支一律以白銀為準，白銀作為貨幣的地位就更加不可動搖了。

元、明、清 3 代，白銀貨幣的形制均為元寶狀，又稱「寶銀」，以重量計算。明中葉金、銀比價為 1 : 7～8，明末為 1 : 10 左右，清乾隆朝為 1:14 左右。清代銀、錢比價初年為每銀 1 兩合銅錢 1400 文，康熙後 1000 文左右，道光年間漲至 2000 文以上；而銀質有「足銀」(含純銀 99.15%)、「紋銀」(含純銀 93.5374%)、「市銀」(市場通用，含銀量因地而異)、「票銀」(市銀之一種，憑居間通用)、「二八寶」(含銀量達標準以上者)、「九二寶」(含銀量不及標準者) 等之區別。⑯

明代嘉靖年間西方銀幣流入中國，僅廣東市舶司每年收取的關稅和外商租地稅就達 200 萬銀元，萬曆以後，墨西哥鷹洋已在廣東、福建等地通行。據郭沫若先生考證，鄭成功曾採用西法，自鑄「漳州軍餉」銀元，重 1 兩，但多數專家予以否定。清代乾隆五十八年 (1793)，清政府與西藏地方政府協議鑄造「乾隆寶藏」銀幣，分大、中、小 3 型，背書藏文，這是中國鑄造的早期銀元。道光十八年 (1838)，臺灣也鑄造過有壽星圖像的「足紋銀幣」。進入近代以後，光緒十五年 (1889)，經張之洞奏准朝廷，在廣州試製庫平 7 錢 2 分的銀元，以龍為圖案，即所謂「龍洋」。到清代滅亡，龍洋有「光緒元寶」、「宣統元寶」和「大清銀元」3 種。中華民國成立後，又先後鑄行過有袁世凱頭像和孫中山頭像的銀元。

清末又有銅元，俗稱銅板，是光緒二十六年 (1900) 開始在廣東鑄造的。從第二年起，清廷令沿海沿江各省仿造，分當五、當十、當二十 (即當制錢 5 文、10 文、20 文) 等幾種，頗受社會歡迎。其後更有鎳幣，光閃奪目，製作尤為工細。

第二節　度量衡

⑮ 全漢昇：《宋明間白銀購買力的變動及其原因》，《新亞學報》第 8 卷第 1 號，1967 年 2 月。

⑯ 參見高桑駒吉《中國文化史》第 525 頁，商務印書館，1931 年。

度、量、衡在一定意義上講，應當屬於科技領域，但中國古代度量衡制度，與經濟行為的關係特別密切，故列入本編。

《尚書・舜典》說，「協時月正日，同律度量衡」，這是中國古代關於度量衡的最早文字記載——度是測長短的，量是定大小多少的，衡是秤輕重的。

傳說黃帝設衡、量、度、畝、數，少昊有正度量之官，夏禹巡狩會稽，「審銓衡，平斗斛」（袁康：《越絕書》卷 8）。而現在分別收藏於中國歷史博物館和上海博物館的兩支商代牙尺，不但有寸格，還刻有分格，分、寸都是 10 進位。至於周代，則中央政府設內宰和大行人，前者頒行度量衡制度，後者兼管國家統一標準器；地方度量衡，由管市場的「質人」統一管理，傳統的「市尺」、「市斗」、「市升」、「市秤」之名，即由此而生。這些有關度量衡制度的記載和史實從不同角度反映了中國先秦時代手工業的發展、商業的興旺，以及農業生產、賦稅制度等各個方面的社會政治、經濟狀況。

那麼在古代，人們最初是用什麼來作為度、量、衡的標準的呢？原來，主要是借助於人體的某些部位。《大戴禮記・王言》云「布指知寸，布手知尺，舒肘知尋，十尋而索」。《說文・尺部》云「婦人手八寸，謂之咫」。這裏說了測長短的辦法。《孔叢子・小爾雅・廣器》云「跬，一舉足也；倍跬謂之步；四尺謂之仞（仞在古代，或又指 7 尺、8 尺、5 尺 6 寸）；倍仞謂之尋，尋，舒兩肱也；倍尋謂之常。一手之盛謂之溢；兩手謂之掬；掬四謂之豆；豆四謂之區；區四謂之釜；釜二有半謂之缶；缶二謂之鍾；鍾二謂之秉，秉十六斛」。這裏不但說了測長短的辦法，而且還說了定大小多少的辦法。至於秤重量，當然是用手，《說文・冓部》：「爯，并舉也，从爪、冓省。」此即用手秤物的本字。古代秤量單位的寽（又名「鋝」、「鍰」），合後來市秤 6 兩，2 寽為 1 斤，這「寽」字，亦從爪。另外，古代計算路程、地積的里、畝等單位，也都是建築在步的基礎之上。周、秦、漢之制，皆以「步」當 6 尺，300 步為 1 里。由於古代平方尺、步皆記為尺、步，所以「古者建步立畝，六尺為步，步百為畝，畝百為夫，夫三為屋，屋三為井，井方一里」（《漢書・食貨志上》），1 里見方，合 900 畝。又，古代用發矢之器弓來量步，作為計算單位的「弓」，可想而知，當然也只能是由步而來。古代還用兩手合拱的長度來計算圓周，稱為「圍」。等到後來，古人進一步採取了新的辦法。這些辦法所用標準，一是頭髮，用10進法累進——10髮為程，10程為分，10分為寸，10寸為尺；二是蠶絲，古代度的名稱，分以下，尚有釐、毫、絲、忽等，「忽」就是「一蠶口出絲」（《史記・太史公自序》張守節正義）；此外，還有免毫之類。總之，人體部位有長短的差異，有時差異會很大，而頭髮、蠶絲和免毫這類東西的粗細，差異就不是很明顯的了，用作度的基本單位，確實是不錯的。

不言而喻，古人是不拘一格的，他們在這方面還採用了其他標準。如《考工記・匠人》所說的「王宮門阿之制五雉，宮隅之制七雉，城隅之制九雉」。所謂「雉」，就是5堵之長；而所謂「堵」，就是5塊板疊起來的高度。堵作為民間習用的單位，在北方農村一直流傳了下來。至於對古代度量衡制度的初步完成起了決定性作用的秬黍黃鐘標準，也是由來已久，很早就採取了的。這一點，留待下文再說。還有《漢書・食貨志下》稱「黃金方寸，而重一斤」；《後漢書・禮儀志中》又稱「水一升，冬重十三兩」。可見至遲到漢代，中國已能運用金屬比重和固定溫度、固定容量的水來作為重量標準了。

迄今為止，考古發掘未見殷商、西周的量、衡器和西周尺的實物。前文提到的商代牙尺，1尺一支合今15.78釐米，另一支合今15.8釐米；安陽殷墟尚出土一支商代骨尺，1尺合今16.95釐米。看來《說文・夫部》稱「夫，丈夫也……周制以八寸為尺，十尺為丈，人長八尺，故曰丈夫」，是把商制誤成了周制，因為根據文獻記載，西周1尺，合今都在22～23釐米之間，[17]古代男子哪得有周尺10尺之長？應當說沒有這種可能。而西周在仲春月的日夜分「同度量，鈞衡石，角斗甬，正權概」、仲秋月的日夜分「同度量，平權衡，正鈞石，角斗甬」（《禮記・月令》），這是因為其時溫差變化不大，所以校器較為準確。

春秋戰國時代，度、量、衡的單位量增加較快，各諸侯國差別很大。如齊國每斤等於198.4克，魏國每斤等於212.6克，楚國每斤等於227.2克。傳世及出土的春秋戰國尺不少，其長度均在22.5釐米與23.1釐米之間。《左傳・昭公三年》載春秋時姜齊的量器是「齊舊四量，豆、區、釜、鍾，四升為豆，各自其四，以登於釜，釜十則鍾」。到了戰國田齊，則增加了鋓（釜形），並使升、鋓成10進關係。田齊的量值，每升約等於205.8毫升。

[17] 參見張傳璽主編《中國古代史教學參考資料》第506～507頁，北京大學出版社，1985年。

圖 28　1991 年陝西華縣赤水鎮出土的秦銅權（左）　1930 年山東鄒縣（今鄒城）出土的秦陶量（右）

秦孝公十八年（公元前 344），商鞅製造了銅方升，據自銘容積為 16.2 立方寸，實測方升長、寬、高，便可計算出當時秦國 1 尺約合今 23.1 釐米，1 升容 201 毫升。這個銅方升後來成為秦代統一全國量器的標準器。⑱ 1964 年，西安阿房宮遺址出土了一枚秦國銅權，銘文有「禾石」2 字，據考證，秦 1 石為 120 斤，實測權重 30.765 千克，折算每斤重 256.3 克。此權亦為標準器。以上兩件標準器，確切地提供了戰國末年秦國度、量、衡 3 個基本單位的量值。

中國古代利用銅來作為製造度、量、衡標準器的材料，乃是鑒於「銅為物之至精，不為燥溼寒暑變其節，不為風雨暴露改其形」（《漢書・律曆志上》），無疑是非常高明的。

古代衡器的最初形制是取一橫桿（衡），在正中繫一紐，兩端繫盤，一盛權，一盛物。權上記有斤兩之數。這實際上就是天平，權就是砝碼。用經過秤量的環形黃金飾件作砝碼，當時稱為「環權」。大約從春秋戰國時代開始，天平逐步向桿秤過渡。三國時天平中間的提紐從衡桿中心移到一端，並刻斤、兩標記於衡桿之上，出現了提紐桿秤的雛形。後人臨南朝畫家張僧繇《執秤圖》中有迄今所見最早的桿秤形象，該秤釘 3 紐，第三紐約在秤桿的 2/5 處，其結構類似明代的萬曆戥子。敦煌莫高窟北魏壁畫中執秤者所提桿秤與此屬同一時代，卻顯得原始得多。⑲直到北朝後期，才有了帶錘秤，錘秤秤錘呈瓜形或葫蘆形，與後世秤砣形制相同。

---

⑱ 商鞅銅方升現藏上海博物館。

⑲ 參見丘光明《我國古代權衡器簡論》，《文物》1984 年第十期。

秦代建立後，推廣以前秦國的制度，「一法度、衡、石、丈、尺」(《史記・秦始皇本紀》)。秦始皇統一度量衡的詔書共 40 個字：「廿六年（公元前 221)，皇帝盡并兼天下諸侯，黔首大安，立號為皇帝，乃詔丞相狀、綰『法度量則不壹歉（嫌）疑者，皆明壹之』。」目前出土的大批秦權、秦量上都用各種方式鑄、刻或戳印上這 40 字詔書，可見其決心之大，涉及面之廣，幾乎做到了家喻戶曉。

漢承秦制。西漢末年，曆律家劉歆（沛〈今江蘇沛縣〉人，生年未詳，卒於 23 年）考證歷代度量衡制度並整理成文，使之更加規範化、條理化，後來收入《漢書・律曆志上》。其說認為度「本起黃鐘之長，以子穀秬黍中者一黍之廣，度之九十分，黃鐘之長。一為一分，十分為寸，十寸為尺，十尺為丈，十丈為引，而五度審矣」。這是取中等黑黍一粒作為 1 分，然後按 10 進得到寸、尺、丈、引。漢代以 90 分作為黃鐘長度。黃鐘是十二律中最長的，又取其聲為五音中最低者即波長最長的宮音製成黃鐘律管，並由此進而決定量、衡的標準。所以他接著說量「本起於黃鐘之龠，用度數審其容，以子穀秬黍中者千有二百實其龠，以井水準其槩。合龠為合，十合為升，十升為斗，十斗為斛，而五量嘉矣」；權「本起於黃鐘之重，一龠容千二百黍，重十二銖，兩之為兩，二十四銖為兩，十六兩為斤，三十斤為鈞，四鈞為石」。這是以一黃鐘律管所容 1200 粒中等黑黍作為 1 龠的容量或 12 銖的重量，進而建立合、升、斗、斛等量器容積及兩、斤、鈞、石等的重量。

劉歆認為度、量、衡皆起於黃鐘樂律，這種說法有點倒果為因的味道。因為黃鐘樂律的發明，是較晚出的事物，而度量衡制度的產生，肯定要早得多。但中國古代度量衡制度的初步完成，是取秬黍、黃鐘為標準，乃是不容置疑的定論。並且後世度量衡制度，亦不離秬黍、黃鐘之說。

度、量、衡的基本單位，經劉歆作了總結以後，大體上就這樣定了下來。須要補充說明的是，在度方面，分以下尚有微數單位釐、毫、絲、忽，「絲」原作「秒」，宋代始改作絲，忽以下宋、元間又增加了 10 多個單位；在量方面，合以下，尚有微數單位勺、撮、抄、圭等，皆為 10 進，而 6 粟為 1 圭，歷代相承，宋代抄、撮顛倒。此外，衡單位石兼為量單位，自趙宋以後，改 5 斗為 1 斛，則獨「石」為 10 斗之名。

劉歆又設計製造了以戰國時齊國的標準量器栗氏量為模式的新莽銅嘉

量。新莽銅嘉量包括了龠、合、升、斗、斛這5個容量單位，即上為斛，下為斗，左耳為升，右耳為合、龠。每一個量又有詳細的分銘，根據銘文，不但可以精確地計算出各量的容積，還可推算出當時所用的圓周率。

劉歆還設計製造了與現代游標卡尺的測量原理相同的銅卡尺，正面上下共6寸，中4寸有分刻。旁附一尺，作丁字形，可上可下，計5寸，無分刻。該尺為王莽始建國元年(9)所製，既能測直徑，又能測深度，比1631年法國數學家皮爾・維尼爾(Pierre Vignier)發明游標尺早1600多年。

兩漢400餘年的度、量、衡值基本上是穩定的。出土的銅、鐵、木、竹尺，均為23～24.1釐米，比戰國略有增長；量器每升為194～205毫升，權每斤238.3～258克，均與秦代持平。

西晉武帝泰始九年(273)，中書監荀勖（潁陰〈今河南許昌〉人，生年未詳，卒於289年)「校太和八音不和，始知後漢至魏，尺長於古四分有餘」(《晉書》卷16)。荀勖依新莽尺重定律尺，但荀勖律尺並未成為法定尺度，民間常用尺仍依增訛之制。

圖29　新莽銅卡尺（上）新莽銅嘉量（中）新莽銅環權（下）

自此以後，律尺與常用尺形成兩套發展系統。常用尺沿用魏尺，在南朝370年中，尺度增長了1.6釐米。北朝後期1尺為30.9釐米，更增長了7釐米以上。南北朝量、衡值的增長比尺度還快，這種情況主要是北朝造成的，北朝增長的速率遠遠超過南朝宋、齊、梁、陳，「魏齊斗稱於古二而為一」,「周隋斗稱於古三而為一」,（《左傳・定公八年》孔穎達正義）甚至出現了南方人到北方把升誤認作斗的事情。1974年河南澠池出土北魏2斤鐵權重1.031千克，1斤當515.5克，已相當於漢代的兩倍左右。而到了隋初，卻又法定「以古稱三斤為一斤」(《隋書》卷16)，短短幾十年，增長率竟超過自戰國至清末2000多年除此以外的總增長率。這種急劇的增長，原因很多，但基本上還是與統治者不斷提高對民眾的剝削有關。

隋代把北朝增大的度量衡制度及量值固定下來，並推向全國。冀州刺史趙煚曾為「銅斗鐵尺，置之於肆，百姓便之。上聞而嘉焉，頒告天下，以為常法」(《隋書》卷 46)。隋、唐之際，度量衡制正式分為大、小兩種，小制是古制，主要用於調樂律、測日影、定藥量以及製作禮服、禮器等；大制用於日常生活，即所謂「俗制」。唐代度量衡本於隋，其制度更加完備。《唐律疏議・雜律》規定，校斛斗秤度，依關市令，每年八月詣太府寺平校，不在京者，詣所在州縣官校，並印署，然後聽用。還對違犯規定者制定了處罰措施，更嚴禁民間私造度量衡器。唐代分、寸、尺、龠、合、升、斗、銖、兩之由秬黍校驗及進位關係一如古制，當時規定小制 1 尺 2 寸為大制 1 尺，小制 3 斗為大制 1 斗，小制 3 兩為大制 1 兩。宋、明度量衡承襲唐制，但宋代不是每年而是遇改元時校驗。

唐末 1 尺約 31 釐米。宋標準尺為三司布帛尺 (因主管徵收布帛的是三司使)，長 31.2 釐米。宋代還有許多地方尺，如浙尺、淮尺、京尺，「浙尺僅比淮尺十八，而京尺者又多淮尺十二」(程大昌：《演繁露》卷 16)。明清時代，常用尺分為營造尺、裁衣尺和量地尺 3 種。目前所見明代尺僅 5 支，參以明末朱載堉提供的資料，當時營造尺長 32 釐米，裁衣尺長 34 釐米，量地尺長 32.7 釐米。清代由工部頒布營造尺，俗稱「魯班尺」，凡營造、量地、河工等用尺均照此長度，1 營造尺約合今 32 釐米，並規定營造尺與民間裁衣尺的比例為 1 : 0.9。

律尺比較穩定，據清代康熙五十三年 (1714) 頒布的《律呂正義》卷 1，當營造尺 8 寸 1 分，則為 25.92 釐米，應當說是去古未遠。自元代開始，專門用於天文測量和製造天文儀器的尺度從律尺中分了出來，稱為「量天尺」，自成系統，因為要驗證古今的測量數據，所以基本上與古制是保持一致的。

至於量器，古制石並無實際的量器；斛本來是圓筒形的，唐、宋斛大，若仍為圓筒形，則上口大而不易平準，所以改為口狹底廣；南宋斛、斗、升一律為截頂方錐形。唐代大制 1 升合 600 毫升；宋代為 600～670 毫升；元代為 860～960 毫升；明代曾多次由國家鑄造鐵斛、斗、升標準器，用於校驗地方上使用的木質斛、斗、升，當時 1 升為 1022.5 毫升左右；清代量器沿襲明制，鐵鑄的為標準器，木質的為常用器，當時 1 升為 1043 毫升左右。民間使用的量器，除斗、升外，還增加了合、勺兩種，並規定都有方、圓兩種形式。同時又有槩一種，為丁字形。

唐代每斤重693克左右。1975年，湖南湘潭出土北宋嘉祐元年(1056)銅則，自銘100斤，實測64千克，則1斤重640克。中國歷史博物館藏元代大德八年(1304)2斤銅砣重1.275千克，則1斤重637.5克。宋、元基本持平，較唐代為輕。明、清衡器的量值又有所下降，1斤多在582～598克之間。清代規定由營造尺、漕斛和庫平兩組成的三者可以互校的營造庫平制，以營造尺1立方寸的純水比重為庫平1兩，等於37.301克。

明、清衡器有檳秤、天平和精巧的戥子等。清末對天平進行改革，把天平原來的方環改成圓圈，兩夾改為對稱，砝碼從扁平形改為圓筒形。砝碼的組成也有所改進，即每一單位內用砝碼4個，如分位有1分砝碼1個，2分砝碼2個，5分砝碼1個；同時還增加釐和毫兩位砝碼。又增加重秤（即臺秤）一種，引用了英國的磅秤形式，民間後來都習慣叫做「磅秤」。

關於地積，西周以100平方步為1畝，[20]1平方步合36平方尺，1畝為3600平方尺；春秋、戰國之際，趙襄子（公元前475～公元前425在位）改為以240平方步為1畝，1平方步合36平方尺，1畝為8640平方尺，這種畝制適應經濟形勢的發展，有利於生產力的恢復和小農經濟的形成。從唐代開始，直到清末，以240平方步為1畝，1平方步合25平方尺，1畝為6000平方尺。畝位以上，100畝為1頃，自周、秦以來，歷代皆然。東北民間或以15畝為垧，西北地區則以3畝或5畝為1垧。畝位以下，古有角名，以4角為1畝，民間則有分、釐等單位，皆以10退，自宋、元以來，亦歷代皆然。

[20] 《通典・州郡四》。

第三編

政　治

第六章

君主制度和行政構架

第一節　君主制度

「君主」的「君」，從尹從口，從文字學來看，尹字與甲骨文中的父字近形，寓有父輩掌權的意思，君則是諸尹中最尊者，可以用口來指揮諸尹。❶

在夏、商、周三代，中國國家政權的組織形式，是實行宗法貴族君主制，行使國家最高權力的主體有互相依存、互相制約的君主和貴族元老組成的議事會。在任期方面，不但君主實行終身制和世襲制，貴族官員的任期也都是終身制和世襲制。至於國家組織的原則，則是以血緣關係上的親疏遠近來決定政治地位上的尊卑高低。當時的國家結構基本上是方國聯盟。周代實行分封制，貴族議事會的成員，大都又為封國之諸侯。這種政體到春秋戰國時代才逐步解體。夏代君主先稱后，後稱王。「后」的本義是生育、祖先；「王」者，「天下所歸往也」（《說文・王部》），「能攻人者也」（《韓非子・五蠹》）。商代君主稱王，商王常自稱「予一人」，如《尚書・湯誥》：「嗟！爾萬方有眾，明聽予一人誥。」「予一人」是表示其獨尊的地位。周代君主也稱王、稱后，又稱「元君」、「辟王」、「辟君」等。周王是天地、社稷、祖先的主祭者，他握有土地和臣民的最高所有權，決定國事，統帥軍隊，任命官吏，進行賞罰予奪、巡狩和接受諸侯的朝見。他行使權力的手段有誓、誥、命、訓、令等，通過召、使、告、呼以及會的形式來加以傳達或申明。他居住的地方，「有先君之舊宗廟曰都」（《說文・邑部》），「都曰城」（《左傳・莊公二十八年》）。

秦代以後，是實行以地域區劃為基礎的中央集權的君主專制制度，從秦代到清代，君主都稱皇帝。「六合之內，皇帝之土，西涉流沙，南盡北戶，

---

❶ 參見李孝定《甲骨文字集釋》第二卷，臺北中央研究院專刊五十，1965 年。

東有東海，北過大夏。人迹所至，無不臣者。」（《史記・秦始皇本紀》）皇帝終身任職，皇權至高無上，皇位世代相承；國家政權機構的組織原則是尊君卑臣。官吏是中央委派的，官位不是終身的，更不是世襲的，官員對轄區有行政管理權，而沒有占有權。在中國，這種中央集權的君主專制，大體上又可以劃分為兩個發展階段：明初以前是宰相制的君主專制；明清時代，宰相制取消，皇帝直接行使中央政府的各種權力。

本節談君主制度，重點是談皇帝制度。

甲骨文、金文和上古典籍中，已屢次提到「帝」、「皇」等稱號。皇是傳說中的遠古帝王；而在夏商周時代，「帝」大都指天神，如上所述，當時最高統治者一般稱「王」。到了春秋、戰國之際，由於周王室逐漸衰微，各諸侯國紛紛稱王，「王」這一稱呼失去了獨尊的意義，於是秦昭王（公元前306～公元前251在位）自稱西帝而使齊湣王（約公元前300～公元前284在位）稱東帝。❷等到秦始皇統一全國，就結合群臣所進的「皇」和他自己本來有意的「帝」制定「皇帝」位號。❸漢代對皇帝的獨尊地位以及有關稱謂作了進一步明確的規定：「漢天子正號曰皇帝，自稱曰朕，臣民稱曰陛下。其言曰制詔，史官紀事曰上。車馬衣服器械百物曰車輿；所在曰行所在；所居曰禁中，后曰省中；印曰璽；所至曰幸；所進曰御。」（蔡邕：《獨斷》卷上）自漢武帝開始，臣下朝見或謝恩，均須為皇帝祝壽，呼「萬歲、萬歲、萬萬歲」。❹皇帝「奉天承運」，❺挾天命以馭臣庶，仗天命以立權威，借天命以成人事，以「天子」❻自居。

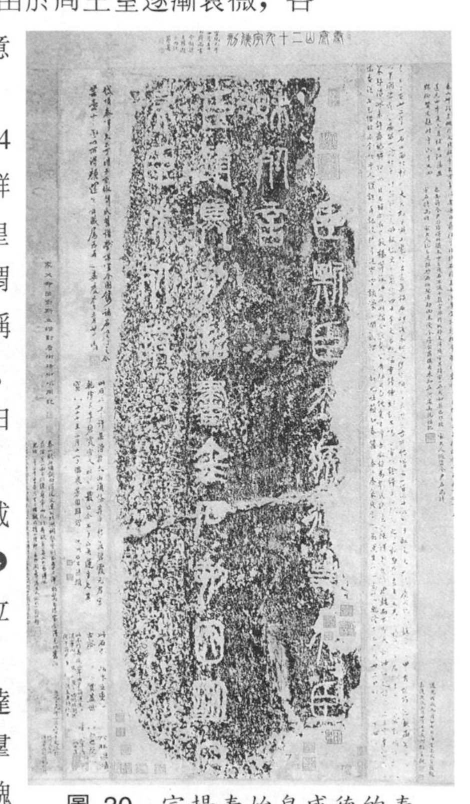

圖30　宣揚秦始皇威德的泰山刻石（明拓片）

經過秦漢王朝的實踐，至晚到漢末，朝野已達成共識：「天命不可以辭拒，神器不可以久曠，羣臣不可以無主，萬幾不可以無統。」（《三國志・魏書・文帝紀》裴注）

❷　《史記・田敬仲完世家》。

❸　《史記・秦始皇本紀》。

❹　參見王春瑜《「萬歲」考》，《歷史研究》1979年第九期。

皇帝制度的建立，表明專制君主統治的確立和逐步發展，而皇位的繼承替代，則是皇帝制度的核心問題。中國傳統社會皇位世代相承，或預立太子，或密定皇儲，或內禪於子，或逼宮奪位，都只限於在開國皇帝的父系後代中進行。正如《漢書・佞幸傳》所記有人提醒漢哀帝的一句話說的那樣：「天下迺高皇帝天下，非陛下之有也。」皇位並非某個皇帝一己所有，授受得按規矩辦事。皇帝的兒子稱皇子，其中太子是法定的皇位繼承人。唯清代自雍正以後，不立太子，皇位繼承人由老皇帝生前在諸皇子中選定，親自寫成密旨，保藏在乾清宮正中高懸著的「光明正大」匾額的後面，直到老皇帝臨去世或去世後才公布。❼除此之外，歷代立太子的法則是「立嫡以長不以賢，立子以貴不以長」（《公羊傳・隱公元年》）。太子繼位，皇帝如尚健在，稱為太上皇。皇帝的父、祖，即使生前窮得當叫化子，亦莫不被追尊帝號。另有異姓相代的情況，如新莽之代西漢，曹魏之代東漢，❽武周之代李唐，這是利用遠古相傳的禪讓形式，以外戚、權臣、后妃的身分取得皇位，實際上是改朝換代。

圖 31　重慶奉節白帝城　蜀漢章武三年 (223) 三月　昭烈帝劉備在此託孤於丞相諸葛亮

在老皇帝臨終之前到新皇帝即位之初的一段時間內，宮廷往往會發生激烈的鬥爭，甚至引起動亂。諸皇子、后妃、權臣垂涎帝位者，外戚、宦官思久專其政者，無不把這段時間當作爭奪帝位或控制新主的大好時機。為了防範和消除在皇位繼承問題上引發的禍亂，歷代統治者除預立太子、密定皇儲外，還採取過一些其他措施。其中最駭人聽聞的，莫過於漢武帝欲立幼子劉弗陵為太子，又怕主少母壯，「女主獨居

❺　明、清兩代皇帝的詔旨皆以「奉天承運皇帝詔曰」開頭。

❻　《尚書・召誥》：「皇天上帝，改厥元子。」殷王和周王都已被目為「天子」。

❼　《清史稿》卷 9。

❽　因為曹魏代漢頗獲成功，故後世「漢魏故事」成了這類「禪讓」的代名詞。

驕蹇，淫亂自恣，莫能禁」（《資治通鑑》卷 22），於是將其母鉤弋夫人殺死，然後再立劉弗陵。但此事查無實據，不怎麼可信，並且即使真有這種行為，在中國歷史上畢竟是比較少見的。通常的做法，是頒布明詔禁止母后干政。如魏文帝曹丕就曾下詔：「夫婦人與政，亂之本也。自今以後，羣臣不得奏事太后，后族之家不得當輔政之任，又不得橫受茅土之爵；以此詔傳後世，若有背違，天下共誅之。」（《三國志・魏書・文帝紀》）這種對母后和后族預作防範、嚴禁擅權的做法，歷來被奉為楷模。由於新主剛即位，與其共事的往往都是老一輩的功臣貴戚，這些人無論從資歷、權勢和政治影響來說，都是新主難以駕馭的。為了對付他們，有些帝王採取誅戮的辦法，一再造成屠殺功臣、誅滅宗藩的歷史悲劇；有些帝王則採取選擇重臣以「託孤」的辦法，讓他們盡心盡力地輔佐新主。

中國傳統社會皇帝進行統治，其所處理的政務，有日常政務和非常政務兩大類。所謂日常政務，就是指皇帝對專職官員實行定期檢查的常規性統治活動。如果國家政治生活中出現了非常事件，皇帝要與主要官員商議決策，這可以稱為皇帝的非常政務。在其間，形成了朝議制度。朝議制度由來已久，早在夏代，就有所謂「四鄰」，是承遠古「四岳」而來的，夏王遇有大事，要恭敬地向他們請教。商代巫史高高在上，往往對政事具有實際決定權，巫史中的師、保，甚至可以代行王權。周代貴族中的長老和執政的卿士擁有更多的實權，他們可以隨時向君主提出自己的政見，他們的話，君主一般都得聽。夏太康「為羿所逐，不得反國」（《史記・夏本紀》裴駰集解引「孔安國曰」）；商太甲被伊尹「放之於桐宮」（《史記・殷本紀》）；周成王年少，周公旦「乃攝行政當國」；周厲王被逐，「二相行政，號曰『共和』」。（《史記・周本紀》）皇帝制度建立後，這種現象就不多見了，除非有人敢冒天下之大不韙。而皇帝的朝會，則與朝議有關，但大朝只是典禮性的，往往在冬至、元旦和皇帝生日舉行，雖然相當

圖 32　北京太和殿寶座

隆重，這一天皇帝大會文武百官、王國諸侯和外國使臣，不過這種場合一般不處理國政；皇帝處理政務的是常朝。常朝是皇帝每天或間隔數天於早晨會見政府骨幹人員，在常朝上開展廷議，宣布詔令，決定重大政治行動。勤政的皇帝，是不廢常朝的；當然並非所有國家政務都是在常朝上處理的。

應當說，傳統社會皇帝的日常統治活動，主要是通過各級的奏事來瞭解全國政務，有一套核心班子來幫助他進行處理。

奏事有面奏和書奏的區分。面奏是有一定品級的大臣、貴族當面向皇帝反映情況，在皇帝臨朝時，入朝的官員也可以採用這種形式。書奏是通過寫好的文書向皇帝反映情況，這種文書形成於各級政府和官員之手，通過嚴密的輸送渠道呈遞到皇帝那裏。書奏有各種區別，使用的範圍和作用各不相同，不允許混淆錯用。

武則天垂拱二年 (686) 三月，「初置匭於朝堂，有進書言事者，聽投之，由是人間善惡事多所知悉」(《舊唐書》卷 6)。

雖然「天下之事無大小皆決於上」(《史記・秦始皇本紀》)，皇權無所不包，無所不統，但大體說來，皇帝總是讓宰相和百官去行使權力，再通過自己的侍從、機要秘書人員和機構來直接貫徹意圖。「明君無為於上，羣臣竦懼乎下」(《韓非子・主道》)。皇帝往往採取多綫控制的辦法，千方百計地駕馭和運用上述人員和機構，有意使之處於職、權、責交叉和相互牽制的狀態，以便保證不受任何方面的蒙蔽或阻礙。一旦有什麼人員和機構與皇權發生衝突，皇帝就會運用權力，適時地調整官位設置和職責範圍，以便更嚴密地控制政治信息和傳承渠道。這樣，有時也會導致相權的轉換和官制的變化。當然由於各種政治原因，由於各時期形勢的不同和皇帝在能力、素質上的差別，並不是每個皇帝都能牢牢地駕馭和運用所有人員和機構的，因此造成大權旁落。這個時候，后妃、外戚、宦官、權臣就會乘機控制皇帝，藉以達到弄權或

皇帝聖旨中書省官我根前題奏西安行都衛
文書裏呈來說烏思藏哈尔麻剌麻卒尔
普寺在那里住坐修行我想修行是好的
勾當教他穩便在那里住坐諸色人等休
教搔擾說與那地面裏官人每知道者
洪武八年正月　日

圖 33　明太祖朱元璋洪武八年 (1375) 頒發的一道聖旨

篡權的目的。

秦代皇帝制度剛剛建立，中央官制是三公九卿制，各官都直接向皇帝負責。史載秦始皇每天要批閱 1 石重的竹簡奏章。當時皇帝對某些重大事務作出決定之前，要先交丞相等集議，參加集議的官員可以發表各種不同的意見。對群臣的議論皇帝只做參考，也有根據議論對議論者實行賞罰乃至治罪的。漢初全國奏章均集丞相府，丞相會聚百官，處理政務，然後與主要官員會銜上奏，經皇帝批准後實施。武帝時，丞相田蚡驕橫，「薦人或起家至二千石，權移主上」，武帝甚至問他：「君除吏盡未？吾亦欲除吏！」（《漢書・田蚡傳》）於是始設內朝，丞相議定的事，內朝權臣可以否決。

其後政治制度幾經變遷，形成了三省六部制。實際上是將原來丞相的權力分給了三省，這種制度既能抑制權臣，又較有利於發揮官僚機構的集體作用。唐代為提高效率，中書、門下省實行聯合辦公，其官署稱為政事堂。唐前期，皇帝詔令通常由中書舍人起草，❾玄宗以後翰林學士也參加起草工作。起草好的詔令以一本為底，一本為宣，底本留中書省存檔，宣本經門下侍中審查，給事中駁正後，呈皇帝批准。批准後，由皇帝親筆簽署的正本留門下省，另由門下省抄出複本，寫上「制可」字樣，蓋上印，然後才交尚書省去執行。而有關日常行政事務和普通人事變動的發日敕之類，則往往是皇帝對各種上奏的批復。以皇帝名義發出的詔敕嚴防行文失誤。詔令文書下達到尚書省，由尚書都省負責簽發，按內容分送諸司限期辦理。緊急的詔令尚書省必須當天發出，不得拖延到次日。其他文書的處理，也以尚書省為總匯，其運轉方式同於詔令文書，同樣有程限規定。有司對應收到而沒有收到的文書必須追查。至於地方上行文書，總的精神是：「事之大者奏聞，次申中書門下，小者各牒諸司」（《唐會要・匭使院》）。有程限規定的，同樣不得遲延。唐中期以後，在長安設有諸道進奏院，作為文書下達上行的收發傳遞機構。清代雍正後實施密摺奏事，等皇帝認可，才上正式報告的題本，題本實為官樣文章。而清代乾隆十三年 (1748)，從前與題本並行的奏本亦被下令取消。在明代，乃至清前期，奏本僅奏私事，是不用印的。

宋代完善文官制度，設樞密使、樞密副使，與宰相（同中書門下平章

❾ 唐初中書舍人起草詔令，凡遇大事，往往各執所見，雜署其名，時謂「五花判事」（《資治通鑑》卷 193）。

事)、副相(參知政事)合稱宰執,在皇帝領導下分掌軍政要務。這樣,宰相就失去了軍權。而樞密使的官署樞密院與宰相辦公的中書省並稱二府,同為最高國務機關。在宋代,還建立了直屬朝廷的財政系統和司法系統,皇帝集權得到了空前的強化。

自從皇帝制度確立以後,直到明初為止,朝議制度(包括皇帝在場的廷議和皇帝不在場的集議)與宰相制度是密切相關的。以宰相為首的官僚系統受命於皇帝,皇權是絕對的、根本的,相權則是相對的、孳生的。但為了保障國家機器的正常運轉,皇帝還是主動地賦予宰相以若干重要權力,用來制約皇權的脫軌行為。這不僅表現在朝議上,皇帝比較尊重宰相的意見,而且宰相對皇帝,還可以採用某些合法的對抗措施,其中特別重要的有「封還詔書」⑩和「不肯平署」⑪兩種手段:皇帝下一詔書,命宰相辦理某事,而宰相認為不可者,則可予以封還,拒不辦理;臣下有所奏請,已由皇帝裁可,案經宰相,宰相不肯贊同者,則可拒絕簽署,表示不負責任。當然,如果皇帝一意孤行,那是任何人也阻擋不住的。因為在絕對皇權下,不存在任何足以與之相抗的制衡力量。

秦、漢丞相皆自辟僚屬,開府治事。漢代丞相的辦公廳,下設13個機構——曹,從分工情況來看,除皇室事務外,沒有管不到的事情。魏晉南北朝時代,宰相制開始向參議輔政機構制過渡,這以後的宰相,沒有開府宰相的那種單獨辦理政務的權力。

明初,朱元璋深受淮西勳貴集團的牽制,淮西籍的丞相胡惟庸被誅後,明太祖索性宣布永遠廢除宰相制,於是相權的主要部分被收歸皇帝獨攬,⑫所有官制、人事、行政區劃、立法、司法、財政、民政、軍事各方面的權力均由皇帝親掌。而此後文獻上通常所稱當時的「相權」,則僅指剩下來的議政權部分而已。

明成祖命以官品較低的翰林院編修、檢討等入午門內的文淵閣當值,

⑩ 如《漢書·王嘉傳》載:「嘉封還詔書。」

⑪ 《後漢書·李膺傳》載:「案經三府,太尉陳蕃卻之……不肯平署。」其時太尉與司徒、司空並為三公,分別開府,太尉即是宰相之職。兩宋封駁事例屢見不鮮,很多都是三省中次一級的官員在出面辦理,如《宋史》卷338載「給事中范祖禹封還詔書」,卷367載「給(給事中)舍(中書舍人)不肯書黃」等。

⑫ 《明史》卷2。

參預機務，正式形成「內閣」。⑬皇帝常與這些親信密議國政。到了明宣宗（1425～1435 在位）年間，內閣制度漸趨定型，皇帝處理奏章的辦法也有了變化。「內閣之擬票，不得不決於內監之批紅，而相權轉歸之寺人」（《明史》卷 72）。在章奏上，先由內閣大臣附小紙條提出初步的審處意見，謂之「票擬」。皇帝認可，就讓司禮監秉筆太監改用紅筆批出「條旨」；遇有大事大疑，則召閣臣當面討論，議定之後，直接傳旨處理，不再批答。這樣「廷議」的結果，全憑皇帝個人好惡決定取捨，對皇帝無絲毫約束力。有時廷議還直接受宦官的操縱。不過內閣大學士執掌票擬，比之不直接草詔的丞相，弄起權來也有更方便的一面。但事實上，明代真正握有實權的首輔，僅為嚴嵩、張居正兩人，其前提則是皇帝昏庸和幼弱。到了清代，雍正十年 (1732) 又正式設立軍機處代替內閣。軍機處在宮內駐有值班房，非供職人員一律不准進入或在附近停留。其所起草的詔旨，有的「明發……內閣，以次及於部院」（徐珂：《清稗類鈔・爵秩・軍機處》），有的由驛傳直接「廷寄」（昭璉：《嘯亭雜錄》卷 1）給地方督、撫，地位雖然顯赫，卻僅是個有官無吏，「祇供傳述繕撰」（趙翼：《簷曝雜記》卷 1）的衙門。清前期有維護滿洲貴族特權地位、淩駕於內閣之上的議政王大臣會議，經順、康、雍 3 朝不遺餘力地加以打擊、削弱，後來乾隆五十六年 (1791) 下令取締這項制度，一切皆歸「乾綱獨斷」（王先謙：《東華錄》乾隆朝卷 28）。至此，皇帝獨裁已達到頂峰。

與皇帝獨裁相應，中國傳統社會為了維護以君權為核心的統治秩序，還建立了監察制度，監察官是君主的耳目，他們只對君主負責。周初置「三監」，監視殷商殘餘勢力的武庚政權，就寓有監察的性質。《周禮・春官》有「御史」，青銅器衛尊銘文載「中御史」，互相印證，似為歷史上第一代專職的監察官員。秦始皇始設御史大夫，即是中央政府的監察長兼秘書長。西漢承秦制，御史大夫繼續起監察長的作用。當時廢秦常駐地方的監御史，由丞相府派丞相史監察地方官吏。漢武帝為加強中央集權，除進一步加大力度遷徙郡國豪強、任用酷吏以懲治地方豪俠、行「推恩」令使藩國「不削而稍弱」（《史記・主父列傳》）外，還建立州刺史制度。刺史於每年八月

⑬ 洪武十五年 (1382)，明太祖任命了 4 名殿閣大學士，其職責是提出建議和批閱公文，他們對國事「鮮所參決」（《明史》卷 72），不聚集在一起，品級或保持原品，原品低的，則依翰林院長官的級別，應為內閣制度的初始形態。

巡視所部郡國，「以六條問事」(《漢書・百官公卿表上》注)，「六條」中有5 條都是關於監察地方官的。京師所在的州置司隸校尉，權力較大，可以糾察包括丞相在內的京師百官。又置丞相司直，位在司隸校尉之上。郡設督郵，分郡督察郡屬各縣。各部門和郡縣的長官對其下屬官吏，也均有督察的責任。東漢御史中丞為御史臺長官，轉屬少府，成為專門的監察機關。

魏晉以後，御史臺從少府脫離出來，權力很大，「自皇太子以下，無所不糾」(《通典・職官六》)。州變為地方行政區以後，沒有固定的地方監察機關，而東晉又廢司隸校尉，所以，中央和地方的監察權都集中於御史臺。御史臺除御史中丞外，屬官有治書侍御史、侍御史、殿中侍御史、符節御史等。下分 13 曹，監察的對象主要是官僚。當時規定，世家顯宦不得任御史臺長官。百官有罪，御史中丞失糾，要被免官，而弄錯了不負任何責任。另外，魏晉南北朝時代，還開始有秘密偵探的設置。

隋唐時代，御史臺以御史大夫 1 人為長官，御史中丞 2 人為輔佐，分臺院、殿院和察院。臺院設侍御史 4 人，資歷淺者稱「侍御史內供奉」，掌糾彈中央百官，參與大理寺審判並審理皇帝制敕交付的案件。殿院設殿中侍御史 6 人，資歷淺者也加「內供奉」3 字，掌糾察朝會時失儀，並隨駕檢舉非違。察院設監察御史，每道 1 人，也稱「巡按使」，資歷淺者稱「監察御史裏行」，掌巡察所屬州縣，設判官 2 人佐之。⓮御史在官僚機構中有特殊的地位，最受尊寵，「察舉無所回避，彈奏無所屈撓」(虞世南輯《北堂書鈔》卷 62)。開元時，用御史中丞為採訪使，出外巡察，其後所有觀察使、節度使等，多加御史大夫或御史中丞銜。當時侍御史彈劾官員，事先不必經長官同意，⓯但一定要得到皇帝的許可。⓰彈劾時，「大事則冠法冠，衣朱衣纁裳，白紗中單以彈之，小事常服而已」(《舊唐書》卷 44)。對五品以上官員的彈劾，有相應的儀仗。御史對著儀仗宣讀彈文，十分莊嚴肅穆，不管是多大的官，為侍御史所彈，必須恭敬趨出，立朝堂待罪。監察御史也很重要，雖只是八品小官，但因手握天憲，氣派很大，「御史出

⓮ 這是唐玄宗開元年間的編制，見《唐六典》卷 13。《新唐書》卷 48 及其注文則載侍御史為 6 人，其中包括侍御史內供奉 2 人；殿中侍御史為 9 人，其中包括殿中侍御史內供奉 3 人。

⓯ 劉肅：《大唐新語・持法》。

⓰ 劉餗：《隋唐嘉話》卷下。

使，不能動搖山岳，震慴州縣，為不任職」（《新唐書》卷 116）。監察御史還有分察尚書六部、監軍、巡查館驛和監督倉庫等職責。

在中國傳統社會的君主制政體中，沒有任何代議機構，但備顧問、掌諫議之類的官職卻很早就已經有了。漢代創言諫體制，諫議為言官，有權駁議制詔中的失誤，對皇帝提出面諫。皇帝納諫，是發揮臣僚作用鞏固自身地位的有效手段。唐代對顧問、諫議性質的官職尤為重視，三師、三公都屬於顧問官，散騎常侍、諫議大夫和新增的補闕、拾遺都是諫官，分屬中書、門下兩省。門下省的主要職責就是諫議、封駁，「毋得妄有畏懼，知而寢默」（《貞觀政要・政體》）。門下省設給事中，擁有廣泛的職權，凡詔旨和百司的奏疏由中書宣出者，都必須經給事中審議。唐太宗建立了諫官隨宰相入閣議事的制度，使諫官的作用得到更充分的發揮。魏徵（鉅鹿曲城〈今河北鉅鹿〉人，580～643）一生諫諍「前後二百餘事」（《貞觀政要・任賢》），其次數之多，涉及面之廣，言辭之激切，態度之堅定，受到唐太宗的高度評價。魏徵死後，唐太宗對侍臣說：「人以銅為鏡，可以正衣冠，以古為鏡，可以見興替，以人為鏡，可以知得失，魏徵沒，朕亡一鏡矣。」（《資治通鑑》卷 196）他賦詩懷念魏徵曰：「勁條逢霜摧美質，臺星失位夭良臣。唯當掩泣雲臺上，空對餘形無復人。」（王方慶：《魏鄭公諫錄》卷 5）無疑，諫議制度是對監察制度的補充，諫議制度重在糾正君主的過失，稱職的諫官是非常難得的。果然魏徵死後，唐太宗求治之心日減，驕逸之心日增，漸不克終，情況雖然還不至於特別嚴重，但很快導致了「貞觀之治」過早地謝幕。不過，即使魏徵不死，這種結局早晚總是會出現的，因為歷史有其必然的規律性。

宋代監察制度承唐制，但御史大夫向無實任，監察御史又主要是分察尚書六部，對地方的監察，則另由中央派出的轉運使、提點刑獄公事和州一級的通判來執行。

北宋初置諫院，設知院官 6 人。宋代諫院和御史臺並稱臺諫，諫官可以下諫三省六部和百司長官，因此宰相成了言諫的主要對象，這與以往諫議制度重在糾正君主過失是很不一樣的。元豐 (1078～1085) 改制以後，因左、右散騎常侍永不受職，其長官實為左、右諫議大夫，下轄左右司諫、左右正言等。諫院屬門下省。南宋時又設門下後省，以給事中為長官，其主職為封駁書牘。

元代御史臺又稱「內臺」，以御史大夫為長官，其職非蒙古貴族不授。⑰全國分為 22 道監察區，設肅政廉訪使常駐地方，負責對地方官吏的監察。為了加強對廉訪使的領導，在江南和陝西兩地設置行御史臺，行御史臺是中央御史臺的派出機關，又稱「外臺」，也有御史大夫等官。

明代改御史臺為都察院，設左、右都御史（正二品），左、右副都御史（正三品），左、右僉都御史（正四品）為長官，其屬先有 12 道，後增到 14 道，宣德十年 (1435) 始定 13 道監察御史 110 人（一般為正七品）。各省的提刑按察使也兼有監察的職權，還有監察御史代表皇帝出巡的制度。朱元璋說：「國家立三大府，中書總政事，都督掌軍旅，御史掌糾察，朝廷綱紀盡繫於此，而臺察之任尤清要。」（《明史》卷 73）在提高六部地位以後，為加強對六部的監察，又設立六科給事中。各科設都給事中 1 人，左、右給事中各 1 人，給事中吏科 4 人，戶科 8 人，禮科 6 人，兵科 10 人，刑科 8 人，工科 4 人。都給事中正七品，左、右給事中、給事中均從七品，品級不高，但權力卻不小。六部執行皇帝交給的任務，均規定日期，在六科給事中處登記，到時給事中即去檢查，未完成或發現問題都要受到彈劾。明代的權臣，從胡惟庸到嚴嵩到魏忠賢，無一例外地因遭到監察部門的猛烈抨擊而從權力的頂峰跌落下來，從這一點來看，明代的監察官員——即所謂「言官」是盡責的。明代御史必須由進士或監生擔任，不許從吏員中提拔。地方的監察御史，1 年一換。給事中也必須是進士出身而且年齡超過 30 歲的人才能充任。⑱立法之意，未嘗不善。明代言官甚至往往敢於犯顏直諫皇帝。當時對官吏的監察，有兩個方面的問題處理特別嚴峻，一是對皇帝不忠順⑲，二是貪污⑳。明代對官吏的貪污行為監察極嚴，處罰極重，貪污 60 兩銀子，至以剝皮實草。因此明初百餘年間，吏治比較清明。但法久而弊生，加上監察官員品低俸薄等制度上的原因，徇私舞弊的現象後來也日趨嚴重。明初還設置檢校官，是進行秘密偵探的特務機構，凡風聞之事，無不上奏。其後又設置錦衣衛、東廠、西廠和內行廠等，專搞特務活動。東廠、西廠和內行廠，都由宦官提督，以陷害忠良、打擊異己為

⑰ 屠寄：《蒙兀兒史記・賀惟一傳》。

⑱ 參見左言東編著《中國政治制度史》第 381 頁，浙江古籍出版社，1986 年。

⑲ 參見吳晗《朱元璋傳》第 270～272 頁，三聯書店，1965 年。

⑳ 趙翼：《廿二史箚記》卷 33。

能事。

清代都察院的權力空前加強，長官為左都御史和左副都御史。右都御史為地方行政長官總督兼銜，右副都御史，則為巡撫以及河督、漕督的兼銜，都察院皆不設專員。都察院所屬有六科、十五道、五城察院、宗室御史處和稽察內務府御史處等單位。六科掌勘察官府公事，雍正初始隸都察院，凡城、倉、漕、鹽，與御史並差；十五道按省區劃分，分掌稽核該省刑名案件，並稽察在京各衙門事務。六科給事中和各道監察御史，合稱科道，多由翰林院編修、檢討、內閣中書、各部郎中、員外郎等考選。五城察院掌稽察京都地方，宗室御史處掌稽察宗人府事務，稽察內務府御史處掌稽察內務府事務。對地方官的監察，除監察御史外，總督、巡撫、按察使、道員也都有監察的職責。清初曾令左都御史為議政大臣參與議政，㉑還規定科道官員實行密摺言事制度。㉒當時監察官首先致力於肅清皇帝左右的故明宦官勢力，接下來就把重點長期放在抑制財政腐敗和貪污之風的蔓延上。但毫無疑問，在絕對專制的政治局面中，皇帝時刻關心的是皇權的鞏固，不允許有絲毫觸犯，官僚的仕宦秘訣是「但多磕頭，少說話耳」（朱克敏：《暝庵雜識》卷 2），監察官自然也不例外。因此雍、乾以來，科道的監察作用就接近於被取消的狀態。有時皇帝查抄一些大官僚的家，那並不都是因為犯了貪污受賄的罪，而主要是統治集團內部矛盾的反映。在清前期納入預算的 15 項財政支出中，皇室開支特別大。康熙 6 次南巡，所費僅一二萬兩，而乾隆仿康熙 6 次南巡，每次所費都達二三十萬兩以上，不啻超過近 20 倍，監察官除了歌功頌德，竟一句話也沒有說。

上文一再提到所謂宦官，在中國傳統社會，宦官制度是君主專制制度的衍生物。宦官又稱「閹人」、「寺人」、「中官」、「內侍」、「太監」，可能出現於奴隸社會晚期，因為只有在奴隸主階級內部等級差別制度化和醫學外科閹割技術已經相當穩定的前提下，才能使宦官的產生具備必要的歷史條件。宦官最初是指在王宮中擔任看守宮門、傳達命令、侍奉起居等雜役的刑餘之人和未成年的貴族子弟；作為後世意義宦官的專稱，則是東漢初年宦官悉用閹人以後才有的事。由於他們是君主的近侍，容易受到君主的寵信，所以能對君主施加某些影響，甚至干預朝政，成為「手握王爵，口含

㉑ 《清史稿》卷 115。

㉒ 《東華錄》雍正朝卷 2。

天憲」(《後漢書・宦者傳》序)、「擅利擅害」(《資治通鑑》卷 8)的掌權者。從春秋戰國時代起，外臣和貴族結交宦官以謀取權勢或發動宮廷政變的事件史不絕書。其實，自古以來，君主寵信的身邊人，無非是后妃、外戚和宦官。但后妃、外戚一俟羽翼豐滿，往往會形成尾大不掉之勢，對皇權來說是個嚴重的威脅。而中國傳統社會，擁有絕對權力的皇帝要想事事躬親是不可能的，他必須尋找代理人。比起后妃和外戚來，宦官自幼與皇帝作伴，在社會上又無根基，其特殊身分更適合擔當此任。顯然，宦官勢力是依附於皇權的，是皇帝為了壓抑外臣而特意培植起來的。從歷史上看，宦官專權始於秦二世(公元前 210～公元前 207 在位)時指鹿為馬的趙高；漢武帝用中書宦者辦理政務，是宦官在制度上正式參政之始；後來最為嚴重的是東漢後期、唐後期和明中葉以後，它是黑暗年代的產物。而宦官的專權，又使政治更加黑暗。隨著中國傳統社會君主專制制度的走向頂峰，宦官專權的程度和危害也就越來越加深。

撇開宦官專權問題，宦官制度在本質上也是腐朽的、滅絕人性的。東漢以前，有一些士人也擔任宦官，他們終身執行宮廷勞作，連平常人家能夠享受的起碼的人生歡樂也與他們絕緣，他們的遭遇是應予同情的。同時，宦官的上層，曾經有少數雄才大略的能人和清慎自守的賢者，對於他們，也應當給予公正的評價。

中國古代儘管在地理學意義上並未認為自己是世界的中心，但由於一向處於社會和經濟發展的領先地位，所以形成了政治文化意義上世界秩序的中國中心觀念，表現在外交禮節方面，長時期地沒有形成與外國平等交往的概念。在皇帝制度尚未形成的整個先秦時代，中國統治者從來就把同外國元首或使節的交往與同其屬下的邦國諸侯或使臣的來往看作是一回事。周代這種禮儀的主要程序有：一. 郊勞。在來賓到達王畿邊境時，周天子要派官員前往迎接，互贈禮品。二. 賜舍。派人將來賓迎入城內招待所下榻，由一些官員出面設宴款待來賓。三. 朝覲。先由周天子確定接見日期，接見時來賓向周天子獻上圭玉，然後行再拜稽首禮。四. 享獻。來賓以玉帛、馬匹獻給周天子。五. 請罰。來賓肉袒，表示有罪，周天子則加以安撫。六. 賜車服、饔餼。周天子派人向來賓贈送車馬、服飾和食品。然後再由官員出面宴請來賓，直至送出境外。㉓

㉓ 《禮記・王制》。

後世的藩國朝覲及外藩遣使來聘之禮的程序通常也是如此。在一般情況下，外國元首來華，也主要是借此表示對中國皇帝的臣服之意，因此都行跪拜的大禮。明代外國使臣來華仍然要行「藩國遣使進表儀」。使臣在殿前向皇帝進表，要鞠躬、跪拜凡四，並且跪奉進表於受表官，同時獻上貢品清單。在宣讀表文和清單後，才能「平身引退」。清代禮儀上已有在使節奉表後重新入殿被「賜坐」、「賜茶」等儀節，但當皇帝慰問來使時，來使仍然必須跪聆。直到乾隆五十八年 (1793)，英國特使馬嘎爾尼來華覲見清帝，雖經力爭，依舊行了三跪九叩禮。㉔

中國古代君主在禮儀上還有許多其他制度，其中包括衣、食、住、行、婚姻、喪葬等等方面的種種講究，限於篇幅，就不多談了。總之，這些制度的核心內容，無非是為了突出君主的無比神聖。以儀仗制度而言：古代帝王都有儀仗隊。周天子的儀仗隊，據《周禮・夏官》記載，是由許多專職的和非專職的人員組成的，已經相當龐大。而後世皇帝的儀仗制度，史籍稱為「鹵簿」，較之先秦則尤為顯赫。秦、漢皇帝「大駕」的侍從車隊，多達 81 乘；另一種規格稍低的皇帝出行儀仗「法駕」，也有車 36 乘；甚至「小駕」，也得用車 12 乘。㉕皇帝祭陵，「春二月，青龍在前；秋八月，白虎在前」(應劭:《漢官儀》卷下)。唐代皇帝儀仗隊的總人數，超過 1 萬名。㉖當皇帝的儀仗隊前呼後擁地出行時，臣庶在路上遇見必須迴避，衝撞了不是鬧著玩的。至於稍有仿冒，那當然更是僭越犯上，大逆不道，要受到法律的嚴厲制裁。

這裏再附帶介紹一下中國傳統社會皇帝的祭孔禮。孔子於西漢元始元年 (1) 被追封為「褒成宣尼公」，後來到元大德十一年 (1307) 累封至「大成至聖文宣王」，清順治十四年 (1657) 又加至「至聖先師」。歷代皇帝在追尊孔子的同時，把祭孔也目為國之大典。漢高祖十二年（公元前 195），劉邦自淮南過魯，以祭天之禮祭孔子，並封孔子九世孫孔騰為奉祀官，這是歷代帝王到曲阜祭孔的開始。五代時，後周太祖（951～954 在位）於廣順二年 (952) 拜孔子墓，臣下勸他說，天子不應拜，他駁回道，孔子是百世帝王之師，能不拜嗎？北宋真宗於大中祥符元年 (1008) 恭謁孔廟，行再拜獻爵

㉔ 參見王開璽《馬嘎爾尼跪謁乾隆帝考析》，《歷史檔案》1999 年第二期。

㉕ 《後漢書・輿服志上》。

㉖ 對此，《新唐書》卷 23（上）有詳盡的記載。

之禮。清聖祖於康熙二十三年 (1684) 到孔林，行一跪三叩頭禮。以後，乾隆帝 9 次到曲阜祭孔。總計歷代帝王到曲阜祭孔共 11 人 19 次。除此之外，平常祭孔，最初每年只有秋祭一次，後來甚至二十四節氣都有祭典了，並且還發展為在孔子生日的那天（農曆八月二十七日）舉行大祭，屆時連村塾中的學童，都要放假 1～3 天。而祭孔受祭的除孔子外，又陸續增加了顏回、曾參、孔伋、孟軻等「四配」，還有閔損以下至朱熹等「十二哲」、「先賢」79 人、「先儒」77 人。

自夏代以來，中國古代君主還有許多禮器，一般用於祭祀、喪葬、朝聘、征伐、宴享和婚冠等活動，都是從日用器物發展而來的。特別重要的禮器，往往被視為祖宗和社稷的化身。所謂「青銅文化」，從政治層面來看，意義就在這裏。傳說夏禹曾鑄九鼎，用象九州。夏亡，鼎歸於商；商亡，鼎歸於周，成為傳國重器。春秋時，楚莊王（公元前 613～公元前 591 在位）路過周地，周天子派大夫王孫滿前往表示慰問，楚莊王乘機向王孫滿詢問九鼎的輕重，意在覬覦周室政權。王孫滿當即予以駁斥，說「周德雖衰，天命未改，鼎之輕重，未可問也」(《左傳・宣公三年》)。從此「問鼎」成為奪取政權的同義詞。春秋、戰國之際，禮崩樂壞，作為禮治附庸的禮器也就趨於衰敗了，很多禮器又恢復了日用器物的本來面目。後世傳國之寶為皇帝的玉璽。

秦、漢皇帝除「乘輿六璽」(《晉書》卷 25）外，又有傳國璽，是秦始皇用和氏璧刻成的，文曰「受命之天，皇帝壽昌」(同上)。這個玉璽傳至十六國時期「沒於劉聰，後又沒於石勒……穆帝時乃還江南」(同上)，但到五代後唐末帝自焚，就不知下落了。隋以後確立皇帝八璽制度。璽由門下省符寶郎負責保管，如詔敕文書需要用璽，符寶郎應在皇帝面前啟用。宋代嚴格用璽制度，「應合用寶，外符寶郎具奏，請內符寶郎御前請寶，印訖，付外符寶郎承受」(《宋史》卷 154)。這樣做的目的，在使內外相制，防止其中發生弊端。八璽名稱不同，用途也不同，現將隋、唐、宋 3 代八璽的名稱和用途介紹於下：一.「神璽」，隋代寶而不用，唐代以鎮中國，藏而不行，宋代稱「鎮國寶」，不常用；二.「受命璽」，隋代封禪用，唐代以封禪禮神，宋代稱「受命寶」，封禪用；三.「皇帝行璽」，隋代封命諸侯及三師、三公，唐代以報王公書，宋代稱「皇帝行寶」，降御札則用；四.「皇帝之璽」，隋代賜諸侯及三師、三公書，唐代以勞王公，宋代稱「皇帝之寶」，答鄰國書用；五.「皇帝信璽」，隋代徵發國內兵，唐代以召王公，宋代稱「皇帝信寶」，賜鄰國書及物用；六.「天子行璽」，隋代封命蕃國君用，唐代以報四夷書，宋代稱「天子行寶」，封冊用；七.「天子之璽」，隋代賜蕃國君書用，唐代以勞四夷，宋代稱「天子之寶」，答外國書用；八.「天子信璽」，隋代徵蕃國兵用，唐代以召兵四夷，宋代稱「天子信寶」，舉大兵用。八璽主要用於大政，如係常行詔敕，在隋代「則用內史門下印」(《隋書》卷 12)；唐代用中書門下印；唐後期至宋，按不同政務分別用中書門下、樞密院、三司使印。明初寶璽增為 17 方，至嘉靖十八年 (1539)，又增加 7 方。清中葉，乾隆帝欽定二十五寶，其中二十寶完全承襲明代，只有「大清受命之寶」、「大清嗣天子寶」、「皇帝之寶」(滿文)、「制馭六師之寶」、「敕正萬邦之寶」五寶是清代新增的。

崇宮室以威四海，宮省是君主詔令的發源地，歷代宮省制度都是非常嚴格的。「漢興以來，深考古義，惟萬變之備。於是制宮室出入之儀……故司馬、殿省，門閥至五六重……近臣侍側，尚不得著鉤帶入房」(《太平御覽》卷 354 引《漢名臣奏》)。漢代皇帝的宮省，庶民、諸生、郎吏以下只能到宮門，公卿大夫也只能到「廷中」或「伏省戶下」。而歷史上三省制的形成，就是皇帝權力由內向外延伸的結果，與宮省制度有密切的關係。

關於君主的后妃制度——周代「天子娶十二女」(《公羊傳・成公十年》何休注)，因為「十二」這個數，在當時，「以為天之大數也」(《左傳・哀公七年》)。這 12 人之中，只有一個是后。後世皇帝的后妃制度，大體上承襲周代，總的趨勢是級別增多，數量增大。秦代明確規定皇帝的正妻為皇后，但秦始皇未立后；妃的級別則有八品。漢承秦制，皇后之外，妃稱夫人，武帝時級別增至 14 等。王莽託古改制，貴妾之屬有 120 人，歷代相沿以此為嬪妃的常數。北魏道武帝 (386～409 在位) 開始設立中宮，其餘嬪妃稱夫人，「擬外百官，備位內職」(《唐六典》卷 12 注)。唐初以貴、淑、德、賢四妃為夫人，㉗以下有正二品的昭儀、昭容、昭媛、

圖 34　咸陽出土的西漢「皇后之璽」

㉗　《舊唐書》卷 51 載，開元時，玄宗以為「既立正后，復有四妃，非典法也，乃於皇

修儀、修容、修媛、充儀、充容、充媛為「九嬪」，再下依次有婕妤、美人、才人各 9 人，寶林、御女、采女各 27 人。宋代妃的稱號沿襲唐代，增設宸妃。明代妃號有賢、淑、莊、敬、惠、順、康、寧等，妃下還有嬪御多人，諸妃之中，皇貴妃的地位僅次於皇后，貴妃又次於皇貴妃，為第三夫人。在「妃」前加「皇」，表示總攝六宮事務。㉘清代皇后之外，有皇貴妃一、貴妃二、妃四、嬪四，常住、答應無定數。皇帝的母親則稱皇太后，有時有太皇太后，那是皇帝的祖母。在皇帝幼小、昏弱或皇嗣中斷時，皇太后（包括太皇太后）可以監護人的身分監督、選立嗣位人，乃至臨朝稱制。皇太后（包括太皇太后）臨朝稱制，權力與皇帝相等。在這方面，漢初呂雉（沛縣〈今屬江蘇〉人，公元前 241～公元前 180）率先作出榜樣，曾實際掌握政權 16 年，《史記》、《漢書》皆專門為之立紀。東晉建元二年 (344)，褚蒜子（潁川陽翟〈今河南禹州〉人，324～384）稱制聽政，則開創了垂簾的形式。而外戚，又稱「戚黨」或「后黨」，亦即裙帶政治集團。其勢力，往往足以與作為皇族的宗室集團相抗衡。在中國傳統社會，外戚干政起到的，大都為消極作用。

至於宗室制度，當然是皇帝制度的重要組成部分。秦代罷封建，僅保留了部分享有分封食邑的封君，卻不封宗室。漢初，劉邦規定「非劉氏不得王」（《漢書・周亞夫傳》），劉氏宗室親貴者可以封王，後來諸侯王曾在反對外戚諸呂篡權的鬥爭中起到一定的作用。但諸侯王依恃實力，胡作非為，畢竟嚴重地破壞了中央集權的政治體制。因此無論如何，秦的罷封建是不錯的。

中國傳統社會標誌某皇帝當政的帝王年號，起於漢武帝建元元年（公元前 140）。㉙以後只要是獨立的政權，就會有年號。取消了年號，是臣服的表示，叫做「奉正朔」。除個別沒有年號的，一個皇帝的年號，少則 1 個，多則 10 餘個，並沒有定制。傳統社會新皇帝登極，第一件大事，就是建年號，以示與民更始。年號雖然名稱繁多，但不外是圖吉祥、粉飾太平和顯示皇權的神聖性。年號的更改，還有一些特殊情況，有的因避廟諱而改了

后之下立惠妃、麗妃、華妃等三位以代夫人」。

㉘ 《明史》卷 113 載朱元璋李淑妃、郭寧妃等皆曾「攝六宮事」。

㉙ 此前漢文帝有「後元」，漢景帝且有「中元」、「後元」，但僅為「改元」，並沒有建立年號。

年號，有的改元而不改號，有的還透露出宮廷的政治鬥爭。年號的用字，多為兩個，如唐「貞觀」、清「康熙」等。

而皇帝生前接受褒美他功德的稱號，則叫做尊號。上尊號要舉行儀式，以通告天地祖宗。皇后、皇太后也有尊號，後來一般稱作徽號。清代皇太后的徽號與她死後的諡號相關聯。皇帝死後的諡號是對他生前事跡行為和品德的評定，表示褒揚、貶斥或哀矜。「諡者，行之迹」（《逸周書・諡法解》）。唐以前皇帝的諡號都比較簡約，後世人們往往用以稱呼這些皇帝。唐宋以後諡號繁複，全稱不便，於是人們相率以廟號來稱呼前代皇帝。所謂廟號是指皇帝去世後在太廟立室奉祀的稱號，如元代開國者忽必烈的漢語廟號是「世祖」，蒙古語廟號是「薛禪合罕」，「世祖」廟號僅行於中土，「薛禪合罕」廟號則行於整個蒙古汗國。原先要有功德者才有廟號，祖有功而宗有德，㉚後世「自唐以來，諸帝廟號莫不稱宗，而此義泯矣」（《資治通鑑》卷 13 胡注）。皇帝的陵寢也有號，大都是根據皇帝的功過和世系來命名的，還有以地處命名的，如漢文帝的霸陵等，但這種情況較少見。皇陵設有奉守官，皇陵旁有時還要遷徙人民去居住。

第二節　行政構架

本節談行政構架，主要是談中國傳統社會國家行政系統的職官設置情況，但有時候也不得不兼及宮廷服務系統，因為在中國傳統社會，君主的家事與國事本來就有分不清楚的一面。

夏代尚無文字可考，相傳有「三正」（《尚書・甘誓》）、「四輔臣」（《史記・夏本紀》）、「三老五更」（《通典・職官二》）之屬的輔政官員；商代甲骨文、金文中已經發現許多官名，如「卿史」、「卿事」、㉛「大史」、「臣」、「宰」、「士」、「吏」、「尹」等，並發現有專門的貞卜機構。總起來說，夏、商兩代神權在政治生活中占支配地位，「國之大事，在祀與戎」（《左傳・成

㉚ 如西漢才一祖二宗，而東漢則只有一祖。

㉛ 「卿事」也出現於《尚書・微子》。據王國維考證，卿事即卿史，《毛公鼎》、《小子師毀》、《番生敦》作「卿事」，殷墟卜辭作「卿史」，見中華書局 1959 版《觀堂集林》第一冊第 269 頁。西周《令彝》「卿士寮」作「鄉士寮」，「鄉」即「饗」，有跡象表示，卿事在殷商，乃主持王室宴饗事務的重量級巫史。

公十三年》)，國家機構比較簡單，王的親族和巫史組成國家官吏的主體，如商代的內服官「殷正百辟」(《大盂鼎》)，已有明確的職務分工。除王族和巫史外，王的家臣，也參與一些政治事務。相傳夏代的曆法官，「掌天地四時」(《尚書・胤征》)。「惟殷先人有冊有典」(《尚書・多士》)，商代設置掌「冊」、「典」的職官。夏的下屬邦國有仍氏、有窮氏、有易氏等，實際上還是一些部族，談不上是地方政權。商有所謂「外服」，指王朝所屬各部落的首領，包括《尚書・酒誥》中說的「侯、甸、男、衛、邦伯」，都不是爵位名稱，僅表示職事上略有不同而已。當然分封制始於夏，繼行於商，是沒有問題的，㉜如商代封諸子、諸婦，有大量封國，就是為了藩屏王朝的統治。

據考證，商代的小耤臣、小臣、小眾人臣、小兵臣、州臣等職，均與農業有關。㉝

西周官制，《周禮》一書作了系統的記述。有三公，即太師、太傅、太保；三孤，即少師、少傅、少保，都是天子的顧問。政務官員有六卿，又叫「六官」：一. 天官冢宰，為六官之首，總理國政，有大宰、小宰、宰夫和其他許多屬官，稱為治官；二. 地官司徒，有大司徒、小司徒、鄉師等職，掌民政教育，稱為教官；三. 春官宗伯，有大宗伯、小宗伯、肆師等職，掌祭祀禮樂，稱為禮官；四. 夏官司馬，有大司馬、小司馬、軍司馬等職，掌軍事征伐，稱為政官；五. 秋官司寇，有大司寇、小司寇、士師等職，掌刑法獄訟，稱為刑官；六. 冬官司空，掌土木興造。現存《周禮》亡佚冬官，漢人以春秋以來逐步累積成書的《考工記》代替。《周禮》不是全真也不是全偽，至少「六部分典」還是可以從多方面得到印證的。

另據金文和其他文獻記載，周初王室的主要官職，有師、傅、保，即所謂三公；㉞有卿事寮，其中卿士（即「卿事」）為最高政務官，總理行政、軍事和四方諸侯，下面設司徒、司馬、司空等「三右」，也稱「三事大夫」；有太史寮，設太史、太祝、太卜等「三左」，是周王的秘書處。㉟很可能太

㉜ 參見郭沫若主編《中國史稿》第一冊第209頁，人民出版社，1976年。

㉝ 參見于省吾《甲骨文字釋林・釋小臣的職別》，中華書局，1979年。

㉞ 三公不常設。或以為三公是百官之長，即卿事寮的首腦，見張晉藩主編《中國法制史》第35～36頁，群眾出版社，1991年。該書「三公」作「師、保、尹」。

㉟ 甲骨文未見「卿事（士）」所屬「卿事寮」；「太史寮」甲骨文作「大史寮」，見《殷

史之職，僅次於卿士，如周初太史畢公，與卿士召公、周公一樣，都有「公」的爵稱。總管王家事務的稱「宰」或「太宰」，所屬有膳夫、綴衣、太僕、趣馬等。負責王宮警衛的稱「師氏」，衛士稱「虎賁」，近侍稱「小臣」，宦者稱「寺人」。又有為王駕車的御、看守宮門的門尹、掌宮內侍女的九御、掌庭燎的火師、掌洗濯的水師、掌宮廷用酒的大酉等。中期以後宰（即家宰）的地位開始提高，所管不再限於王家事務方面，而是向政務方面發展；卿事寮的規模也擴大起來。

周初實行分封，《國語・周語上》云：「邦內甸服，邦外侯服，侯衛賓服，蠻夷要服，戎狄荒服。」這裏所謂「侯服」，就是指王畿以外的諸侯國，據說其面積有百里、七十里、五十里之等差，當然後來遠不止此。《荀子・儒效》云：「周公兼制天下，立七十一國，姬姓獨居五十三人焉。周之子孫苟不狂惑者，莫不為天下之顯諸侯。」這大概是周公的發明。諸侯又分封大夫，因此西周地方行政分為國、邑兩級，諸侯的封地稱國，大夫的封地稱邑；此外，還有邊境地區的邦鄙。大國諸侯有時還可以擔任王室要職。諸侯國的官制略如中央政府，不過規模要小得多，名稱也有不同。政務總理官叫卿，或稱「正卿」、「政卿」。司徒等主要官職，諸侯國大體上都有。大夫的封邑由家臣進行管理，其家務總管和管理私邑的都稱宰，還有馬正、工師、御騶和祝宗，分掌軍賦、工匠、駕車、祭祀等事務。用家臣管理封邑，這是傳統行政制度的開始。在天子和諸侯的直屬領地，城外建郭，城、郭之間和近郊劃分為若干鄉，鄉為國人的居住區。郊外劃分為若干遂，遂是野人的居住區。無論國人和野人，其聚落通常也稱「邑」，《左傳・莊公九年》曰：「十室之邑，可以逃難，百室之邑，可以隱死。」邑又稱「鄙」，邑或鄙雖有「十室」、「百室」之別，但大率以「三十家為邑」（《國語・齊語》）。出入邑的道路只有一條，管理非常嚴格，邑人「死徙無出鄉」（《孟子・滕文公上》），逃走的可能性是極小的。

圖35　位於陝西岐山縣北的周公廟

墟甲骨前編》5・39・8。

春秋時期，周室的官制大致沒有什麼變動，各諸侯國的官制則有所增減改易。特別是有些不是封國，就不採用周制。如楚國國君不像封國那樣稱公、侯、伯、子、男，而自稱王。楚國行政長官稱「令尹」，軍事長官稱「司馬」，還有左徒，為拾遺、補闕之官，基本上不設大夫，這都是與其他諸侯國很不同的。到了戰國，「官分文武，惟王之二術也」(《尉繚子・原官》)，產生了文官的首長相、武官的首長將。秦國設相較遲，直到秦惠文王十年（公元前 328)，始任張儀為相，但張儀仍統帥軍隊作戰。秦國設相後，原來相當於相位的大良造變成了武職。相即宰相，相本是司禮儀的，宰則是執家務事的，這些人由低級官佐躍為國君的輔弼，易於控制使用。此外秦和各國新增和改易的官制尚多。

春秋小國有邑，大國有縣；其長官，魯、衛稱「邑宰」，晉稱「縣大夫」，楚稱「縣尹」。邑、縣大小不等，貴族往往還有私邑。秦設縣最早，在武公十年（公元前 688)，「伐邽，冀戎，初縣之」(《史記・秦本紀》)。後來秦、晉各諸侯國更開始在邊地設郡，地位比縣低，面積比縣大。戰國時在郡下又分設若干縣，郡的長官稱「守」，縣的長官稱「令」，由國君隨時任免，不再世襲。郡守有徵發一郡壯丁出兵的權力，皆以武官充任。

秦代中央官制，設丞相以掌全國政務；太尉掌軍事；御史大夫相當於副丞相，掌監察兼秘書。以上謂之三公，其中丞相、御史大夫又合稱兩府。三公、兩府之下有諸卿（也稱「九卿」）——奉常掌祭祀禮儀，郎中令掌宮殿掖門，衛尉掌警衛，中尉掌京師治安，太僕掌車馬，廷尉掌刑罰，典客掌少數民族及對外事務，宗正掌皇族事務，治粟內史掌財政，少府掌稅收，將作少府掌治宮室。此外尚有典屬國、主爵中尉，也在諸卿之列。

秦代稅收宮廷占用的大於政府占用的。少府除掌稅收外，還專管皇室雜務，機構最為龐雜，從屬部門很多。其中尚方令掌製造皇室所用器物及軍器，尚書令掌殿內文書，中書謁者令掌宮內文書傳遞，樂府令掌宮廷音樂，太醫令掌宮廷醫療，宦者令掌閹臣，永巷令掌宮內監獄，都比較重要。

皇室其他近官，還有少傅，輔導皇帝；㊱太子官，詹事等；皇后官，將行等。

博士、議郎等，為顧問應對之官。

秦代全面推行郡縣制，實施垂直統御式中央集權。郡置郡守掌行政，

㊱ 左言東：《中國政治制度史》第 128 頁，浙江古籍出版社，1986 年。

郡尉掌軍事。郡守、郡尉皆有丞，邊郡守有長史，無丞。郡守屬官有斷獄都尉、卒史、舍人。關都尉掌關。縣萬戶以上設令，萬戶以下設長，令、長皆有尉、丞，是為長吏；令、長的屬官有功曹掾、獄掾、令史、廄騶、倉吏等。縣以下有鄉，鄉置三老、嗇夫、游徼，三老掌教化，嗇夫掌訴訟、賦稅，游徼掌治安。鄉下有里，里有里正和監門。5 家為伍，有伍老；伍之上有什。10 里設亭，為行旅宿舍之官，有亭長，掌開閉掃除，「民有訟諍，吏留平辨，得成其政」（《史記・高祖本紀》正義）；有求盜，掌搜捕盜賊。在川西南、雲貴泛稱「西南夷」的地區，不設郡縣，僅派官員駐在那裏，監護各少數民族首領治理地方事務。「鄉」、「里」蓋承西周「國人」聚落的「鄉」和「野人」編制的「里」而來，作為新型的地方行政機構，其形成實較郡縣為早。

自秦以來，不管地方一級政區如何劃分，縣的數目始終明顯地保持比較穩定。

秦代的官制，對於中國的長期地主制封建社會來說，具有奠基的意義。

漢承秦制，而頗多更改。三公行使宰相職權，「入則參對而議政事，出則監察而董是非」（《後漢書・陳忠傳》）；太尉西漢為軍事顧問，東漢則綜理軍政。三公之上，元始元年 (1) 設太師、太傅、太保，不負具體責任；太傅呂后、哀帝時皆曾置。三公的名稱也屢有改易，武帝時改太尉為大司馬，而西漢末改丞相為大司徒，御史大夫為大司空。東漢去掉上述兩個「大」字，並恢復太尉，分別開府。

漢代九卿名稱較秦代有所不同，奉常改太常，郎中令改光祿勳，中尉改執金吾，廷尉改大理，典客改大鴻臚，將作少府改將作大匠，職掌基本不變。只有治粟內史改大司農，職權逐步擴大；而少府的屬官尚書，到東漢時期由原來的事務官變成政務官，有尚書令、尚書僕射、尚書郎等大批官員分曹辦事，地位雖然不高，但實權不小，以致三公成為虛位。

秦漢九卿由三公考察他們的政績，但並非三公的直接下屬，九卿與三公的職責有不同程度的交叉重疊。

除九卿外，漢代又設負責太子事務的詹事、負責園圃的水衡都尉等官職。還有一批郎官，如議郎、中郎、侍郎、郎中等，無專職，無定額，其任務是陪從、護衛皇帝，備顧問，舉建議，或供臨時差遣。還有太中大夫、中大夫、諫大夫等，都以議論政事為職，不專任行政事務。漢代的郎官和大夫，因經常接近皇帝，很容易得到皇帝的寵信，為郡、縣地方長官的重要來源。又有博士，為學術顧問官，也參加朝政問題的討論。

謁者漢代設臺，稱為外臺，與尚書的辦事機構尚書臺（中臺）、御史的辦事機構御史臺（憲臺）合稱三臺。三臺同屬少府，少府的機構和職能在東漢時期得到最充分的發展。

秦代皇后將行，漢景帝時更名大長秋。

漢武帝在加強中央集權的過程中，增設由皇帝直接調遣的侍衛武官，以牢牢地控制全國軍隊的指揮權，並委任高級武官加侍中或給事中頭銜掌理朝政，形成中朝官系統。重號將軍（如大將軍、驃騎將軍等）往往「領尚書事」，成為中朝官的首領，其權出於宰相之上。中朝，內朝也，而以丞相為首的中央政府則變成了外朝。中朝官議事通常是秘密的。

漢代最高行政長官，從主要由功臣擔任的丞相、太尉、御史大夫轉到主要由外戚、宦官擔任的大將軍領尚書事、中常侍手中，這是漢帝國由盛而衰走下坡路的標誌。

漢初地方政權體制，郡縣制和封國制並存，封國的機構設置與中央無異。後來通過「眾建諸侯而少其力」（《漢書・賈誼傳》）和「請諸侯之罪過削其地」（《史記・鼂錯列傳》），「令諸侯王不得復治國」（《漢書・百官公卿表上》），封國政權收歸中央，封國名義上雖仍存在，但實際建制與郡縣相同。

秦以內史治京師，漢初分置左、右內史。武帝太初元年（公元前 104），右內史更名為京兆尹，左內史更名為左馮翊；秦代主爵中尉掌列侯，至此更名為右扶風，以右內史西半部為轄區。以上合稱三輔，職掌與郡太守相當，但得參與朝政。東漢治京師的長官，稱「河內尹」。

郡設太守掌行政，都尉掌軍事。東漢初，并郡都尉之職於太守，太守遂總攬軍政大權。太守之下，郡丞（邊郡為「長史」）由中央署置，其他曹掾幕僚，均用本郡人，由太守自行辟除。這些人忠於太守，深得太守信任，他們操地方實權，在政治上的作用甚至超過佐貳官。王國職官，漢初內史治民，中尉掌軍，丞相統眾官；並特別制定《左官律》、《阿黨法》、《附益法》以約束之。

縣的主要長官為令、長，如秦制。令、長的佐官丞、尉由中央署置，其他掾屬由令、長自署。㊲列侯所食縣曰「國」，置相如令、長。皇太后、

㊲ 據 1993 年在江蘇連雲港東海縣溫泉鎮尹灣村出土的簡牘記載，西漢東海郡 38 個縣

皇后、公主所食曰「邑」，治少數民族曰「道」，置令、長與縣相同。漢初列侯多居京師，文帝承統後始遣列侯就國，列侯如有不法行為，即使奴婢也有權告發。

縣以下有鄉、里、什、伍組織。鄉有三老、孝弟、力田，掌教化。大鄉置有秩，郡所署；小鄉置嗇夫，縣所署，皆掌聽訟、賦稅。游徼、亭長掌逐捕盜賊，游徼為流動逐捕，亭長則有一定地段，亭又為傳送文書之驛站。㊳里有里正，掌一里百家。什長主 10 家，伍長主 5 家。

很多典型的新建鄉、里，缺乏往昔血緣氏族的內部秩序，國家控制里中社會等級的辦法是爵制，它始於戰國時期，在漢代，從十三級起到最低的二十級，共 8 個爵位，可以授予奴隸之外的所有男性平民。

漢武帝時分全國為 13 州，是監察區而非行政區。州的長官刺史，年俸僅六百石，與銅印黑綬的郡丞同級，後來有時候改稱「牧」。隨著刺史權力的逐漸增加，州變為郡以上一級的地方行政區。刺史（牧）的幕府成員有別駕、治中、都官等從事史以及主簿、門亭長等假佐，凡軍政、民政、財政、選舉之事無不統之，形成地方割據勢力。

漢元帝初元元年（公元前 48），漢在車師前王庭（治今吐魯番市西交河故城遺址）設戊己校尉（或分戊校尉和己校尉），主要負責西域的屯田、移民和駐軍後勤事務。

漢代西域都護府，都護為加官，佐貳副校尉秩比二千石，其所管轄下的諸城國，自王以下，全由當地人擔任，但皆佩漢印綬。㊴這些城國多設有「擊胡官」，是專門對付匈奴的；又皆設有「譯長」，則是因為語言不統一的緣故。

曹丕代漢，改丞相為司徒，後來或稱「相國」。增設中書監，置中書令，即皇帝的秘書長，權位也相當於宰相。吳、蜀仍設丞相。魏太守以上的行政官員多兼武職，凡屬這種情況，屬官也往往分為行政、軍事兩個系統。

邑侯國中，有 13 個沒有「尉」的設置。

㊳ 對亭、鄉關係，過去多有爭議，尹灣簡牘鄉官設置中亭數與鄉數的對應序列及亭、鄉的分別記載，說明亭、鄉互不隸屬。但漢代歷時久長、地域遼闊，情況不可一概而論，《漢書・百官公卿表上》「大率十里一亭……十亭一鄉」等記載仍應予以尊重。

㊴ 漢安帝永初元年 (107) 罷都護，而由長史行都護之職，稟命於敦煌太守，其所領諸城國也就在某種程度上成了敦煌郡的轄地。漢末西域長史又改而稟命於涼州刺史，因此時敦煌太守已形同涼州刺史的部屬，沒有什麼實權了。

丞相、司徒、司空等屬官有軍師、參軍之類，都屬於軍府幕僚。

晉代中央大員有八公，包括太宰（即太師，以避晉武帝伯父司馬師諱改）、太傅、太保、太尉、司徒、司空、大司馬、大將軍，地位最高。權臣開府，不拘名目，「晉主雖有南面之尊，無總御之實，宰輔執政，政出多門，權去公家，遂成習俗」（《晉書》卷 117）。宰相制度上無此官，而實際上則有其人，八公和三省長官都可以成為宰相，而真正總攬事權的則帶「錄尚書事」稱號。魏晉以來，領此職者往往專制於朝，進而奪位改統。

三省即尚書省、中書省、門下省。尚書省萌芽於東漢少府之尚書，光武帝加強其職權，「出納王命，敷奏萬機」（《通典・職官四》），到兩晉，機構日益龐大，勢權越來越重，「職無不總」（《宋書》卷 39），成為最高政務機關。尚書省設尚書令為長官，尚書僕射為副長官，下轄分曹尚書 6 人，即吏部、殿中、田曹、五兵、度支、左民，合尚書令和尚書僕射，共稱八座，其下又有尚書郎，分隸於六曹尚書，這就大體相當於後世的六部了。中書省即曹魏之中書監，設中書監、令各 1 人，中書侍郎、中書舍人若干人。門下省亦源自曹魏，集中侍從顧問之官，設侍中 4 人，給黃門侍郎、散騎常侍若干人。

在皇權與相權矛盾鬥爭的過程中，三省長官由原來的內臺小吏、近侍卑職而升登宰相之位，這就為後世的三省長官同為宰相的體制準備了條件。

由於尚書省總攬政務，九卿至魏晉與實際政務的關係漸漸疏遠了。

魏晉時主管太子事務的詹事府較漢代擴大，有詹事、詹事丞、太子中庶子、太子庶子、太子中舍人、太子洗馬等官。雖是閑散職位，但一旦太子做了皇帝，這些人就成了新貴。

南朝中央官制與兩晉大致相同。北魏官制初期帶有少數民族特點，三公貴人通謂之「羊真」，㊵設八部大人，相當於八座；後來逐步向南朝看齊。北齊以錄尚書事、尚書令或尚書僕射為宰相，多兼侍中職，以便接近皇帝。㊶北周曾一度實行《周禮》中的三公、六卿制度，但時間很短。

魏晉南北朝時代朝廷大臣和地方官的重要僚屬有主簿（相當於辦公室主任）和參軍（相當於秘書或參謀）等，權力很大，但往往不在正式任命

㊵ 《南齊書》卷 57。

㊶ 參見祝總斌《兩漢魏晉南北朝宰相制度研究》第 300～305 頁，中國社會科學出版社，1998 年。

的官職之內，而由長官自行徵聘。

當時地方行政機構為州、郡、縣 3 級制。州、郡長官，大都兼領軍事；州刺史的屬官別駕每被朝廷特命代行刺史的職權；又有典籤，是監察官，不常設。西晉封皇族子弟為王，建立王國，自置官吏和軍隊。從魏晉開始，還有幾項特殊的地方制度：一．遙領制，將尚未歸於版圖的地區，設置州和郡，任命刺史或太守遙領；二．虛封制，僅有爵位而無封地或封地尚未歸於版圖；三．僑州、郡、縣制，有幽、冀、青、并及南兗、南徐等州，晉室南渡以安置北方移民，造成州中有州、郡中有郡；四．都督制，都督諸州軍事的都督區，都督亦干預行政，都督區實際上成為州以上的特別行政區；五．行臺、行省制，行臺和行省，是中央政府派駐地方的機構。

東晉南朝共行 9 次「土斷」，咸康七年 (341)「實編戶，王公以下皆正土斷白籍」(《晉書》卷 7)，後 8 次目的在於把僑寓戶的「白籍」編入所在郡縣的「黃籍」，以恢復籍無黃白之分的西晉舊制，使僑寓戶承擔賦役。土斷後，僑寓政府便陸續取消了。

劉宋和蕭齊，在邊境地區設左郡、左縣。蕭齊又在少數民族地區設狸郡、獠郡，這是大漢族主義的露骨表現。

在整個魏晉南北朝時代，地方制度都相當混亂。到後期，甚至出現了「百室之邑，便立州名；三戶之民，空張郡目」(《北齊書》卷 4）的荒唐局面。南朝末年，儘管名義上還是 3 級制，其實只有州刺史和縣令到職理事，郡太守往往並不上任，只是領乾薪。北朝情況也是這樣，北周亡時全國有 253 州，不過 600 多個郡，平均每州只轄兩郡上下，根本用不著州、郡重疊了。

兩晉縣下有鄉，500 戶以上置 1 鄉，3000 戶以上置 2 鄉，5000 戶以上置 3 鄉，萬戶以上置 4 鄉。鄉置嗇夫 1 人。不足千戶的鄉置治書史 1 人；千戶以上的鄉置史、佐各 1 人，正 1 人，校官掾 1 人。百戶置里，設里吏 1 人。北魏孝文帝太和十年採納李沖（隴西狄道〈今甘肅臨洮〉人，450～498）的建議，改革原先的宗主督護制，實行鄉官三長制，5 家設一鄰長，5 鄰設一里長，5 里設一黨長，三長多由豪強充任。「立三長，則課有常準，賦有恆分，苞蔭之戶可出，僥倖之人可止」(《魏書》卷 53)。

隋代中央重要官職在煬帝大業三年 (607) 以後有三師、三公、五省、三臺、九寺、五監等。

三師即太師、太傅、太保，天子所師法，蓋「坐而論道者也」(《隋書》卷 28)。三公即太尉、司徒、司空，參議國家大事，置府僚，無其人，則闕之。

五省是：一．尚書省，為全國政務總匯；二．門下省，是一切侍從官的總匯；三．內史省，即魏晉之中書省；四．秘書省，掌藝文圖籍；五．殿內省，負責宮廷起居。三臺是御史臺、謁者臺、司隸臺，謁者臺掌通政，司隸臺掌巡察。九寺是太常寺、光祿寺、衛尉寺、宗正寺、太僕寺、大理寺、鴻臚寺、司農寺、太府寺。五監是國子監、將作監、少府監、都水監、長秋監。五監主要是管營造的，把培養人才的國子監列在首要地位，其中道理是最明白也沒有了。

唐代官制，基本上是隋代的改進。三師「無所統」(《舊唐書》卷 43)，三公「無所不統」(同上)，皆無實權，為榮譽性極品。隋代尚書令、尚書僕射、門下納言和內史令共同執行宰相職務，內史省——即唐中書省取旨，門下省審議，尚書省執行。唐代也大體如此。除三省長官外，皇帝還經常委派其他官員參與其事。有時候，皇帝委派的品級較低的官員竟成為宰相會議的核心人物，即「政事堂執筆」者。當時一般以「同中書門下三品」或「同中書門下平章事」為特任宰相。不過，並沒有機構，也沒有僚屬，遇事只能以皇帝名義發布命令。開元以後，中書省和門下省的職能逐漸合併，從前宰相議事的政事堂成為宰相機關，遂有「中書門下」專印。[42]

唐代尚書省，固定為吏、戶、禮、兵、刑、工六部[43]。這六部名稱一直沿用到清代。尚書令因唐太宗李世民曾經擔任過，所以不設，而以尚書左、右僕射為尚書省的長官。中宗神龍元年 (705) 定制，「專拜僕射者，不復為宰相」(《資治通鑑》卷 208)。六部每部設尚書（相當於今之部長）1 人，侍郎（相當於今之副部長）2 人。每部之下轄四司，每司設郎中（相當於今之司長）1 人，員外郎（相當於今之副司長）1 人，主事（相當於今之處長）若干人。這些官職也一直沿襲到清代。

唐代改隋代內史省為中書省；改門下省之納言為侍中；秘書省未改，秘書省有監、丞、郎等官職。又改隋代殿內省為殿中省，或稱「中御府」，長官為殿中監，管理皇帝日常生活，所屬單位有尚食局、尚衣局、尚藥局、

[42] 《文獻通考・職官四》，《冊府元龜》卷 308。

[43] 其中戶部隋和唐初本稱「民部」，貞觀二十三年 (649) 唐太宗卒後繼位者因避其諱改。

尚乘局、尚舍局、尚輦局。三臺、九寺如隋制。唐初，有一些文詞經學藝能技術之士住在別院「待詔」，以備皇帝隨時召見，沿稱翰林。乾封 (666～668) 以後，始有「北門學士」，其職區別於普通翰林，但非正式官稱。他們「可奏議，分宰相權」(《新唐書》卷 76)，從北門出入，是為了避免與朝廷機關所在的「南衙」發生衝突。唐玄宗開元二十六年 (738) 置學士院，主要任務是代皇帝起草文件。學士又稱「翰林供奉」，入直「承旨」者，寵遇尤甚。據統計，自德宗至懿宗（859～873 在位），任翰林學士共 150 餘人，其中 50 餘人後來皆升任宰相。

唐代三省職權趨重，特別是門下省和中書省，原班在吏部尚書下的左相門下侍中、右相中書令大曆二年 (767) 終由正三品升至正二品。

唐代還擴大詹事府，有詹事、少詹事，為太子事務總管。另有太子賓客，與詹事並級，不同衙，為太子之輔導。置左春坊以比門下省，右春坊以比中書省，主要官員為左、右庶子。

內樞密使為唐代宗 (762～779 在位) 所置，專用宦官，執掌機密章奏，傳達詔旨，釀成宦官亂政的惡果。

五代中央常設官制與唐代相差無幾。從後梁起，樞密院職務改由士人擔任。

隋唐時代州、郡無別，不過比漢代的郡小得多。唐代在州之上，有道的設置。道初為監察區，其長官稱觀察使。中唐以後，節度使的轄區亦稱道，而且成為事實上最高一級的行政區。節度使的道由軍區性質的都督府發展而來。都督帶使持節者，謂之「節度使」。後來節度使常兼任觀察使、安撫使、度支使、營田使、招討使、經略使等職，於是原監察區的道無形中被撤銷了。節度使往往自置官屬，不服從朝廷命令，父死子繼，有的傳位給部下，稱為「留後」。這些節度使就是所謂「藩鎮」。節度使的屬官有：節度副使、行軍司馬、判官、支使、掌書記、推官、巡官等。

唐代的州（郡）按戶口多少分為 3 等：4 萬戶以上為上州，3 萬戶以上為中州，以下為下州。天寶年間，全國共有 315 個州。州設刺史（改郡時稱太守），其屬官有別駕，長史（下州缺），司馬，錄事參軍事，錄事，司功、司倉、司戶、司兵、司法、司士等參軍事，典獄，問事，白直，市令、丞、佐、史、帥，倉督，經學博士、助教，醫學博士、助教等。

唐代首創府制，京都所在稱京都府，國內重要衛戍地區稱都督府，邊疆衝要地稱都護府。京都府有京師的京兆府，陪都或行都的河南府（治今洛陽）、太原府（治今太原市西南晉源鎮）、鳳翔府（在今陝西）、江陵府（治今荊州）、河中府（治今山西永濟蒲州鎮）、成都府（在今四川）等。京師和陪都皆設牧 1 人，由親王擔任，不知事。所有府的實際長官或長官稱尹，副長官稱少尹，屬官有司錄參軍事㊹，錄事，功曹、倉曹、戶曹、兵曹、法曹、士曹參軍事，經學、醫學博士等。都督府長官為都督，屬官大致與京都府相同。都督府分大、中、下 3 等。管轄 10 州以上的為大都督，例由親王遙領，事務由長史掌管。都護府長官為都護、副都護，屬官有都統，其他也與京都府略同。大都護府亦由親王遙領。

貞觀十一年 (637)，太宗曾令諸王、功臣世襲刺史。㊺

唐代縣不分大小，長官都稱令，屬吏有丞、主簿、尉、錄事、司戶、司法、倉督、典獄、問事、白直、市令、博士、助教等。京都所在的縣稱京縣或畿縣，其餘縣分為 4 等。

縣以下的基層組織是鄉、里、保、鄰，4 家為鄰，5 鄰為保，百戶為里，5 里為鄉。鄉置耆老 1 人，里設里正 1 人。500 戶以上的市鎮設坊，置坊正 1 人；城郭外設村，置村正 1 人，村滿百戶以上的增置 1 人。

另設羈縻府、州、縣，管轄邊區少數民族。

宋代以同平章事為宰相，參知政事為副宰相。其具體名稱先後曾有 5 次變化。北宋前期沿唐制，宰相例兼三館，由集賢相，升史館相，升昭文相，宋人書函中所稱「昭文相公執事」㊻，即首相。宋初三省長官「不預朝政」（《宋史》卷 161），中書門下機構已獨立於三省之外。元豐改制後，有時以尚書左僕射兼門下侍郎行門下侍中職，為首相；以尚書右僕射兼中書侍郎行中書令職，為次相。次相在中書省取旨擬詔，故其權重於首相。由於尚書僕射已等於宰相，所以原來相當於尚書省秘書長的尚書左、右丞就成為尚書省的實際長官。相權比較穩定，但宰相在朝儀上卻被廢去了「坐論」之禮。

宋初中央要柄操於二府。二府中樞密院的長官樞密使，品級同於同平章事，副長官為樞密副使，品級同於參知政事，但地位皆稍低。北宋有時

㊹ 《舊唐書》卷 44 作「司錄參軍」，缺一字。

㊺ 楊希義：《「刺史世襲」——貞觀年間的一大弊政》，《光明日報》1999 年 7 月 2 日。

㊻ 如蘇轍《欒城集》卷 22《上昭文富丞相書》。

也以宰相兼樞密使，稱為「使相」；南宋成為常例。宋代學士之官比唐代多，翰林學士院發展成為與翰林院截然不同的衙署，組織結構嚴整，官員設置依次有承旨、學士、直院、權直等，地位已與中書門下、樞密院平等。新增若干殿閣學士，如觀文殿學士、龍圖閣學士等。學士之下又有直學士，都是皇帝的顧問官或侍從官，也用作封贈的虛銜。

宋代官職交叉重疊現象十分嚴重，常以臨時設置代替正式機構。如設三司度支使（位亞執政，號稱「計相」），負責鹽鐵、度支、戶部，從而代替了戶部職權；禮儀院代禮部；審刑院代刑部。㊼結果造成互相推諉，工作效率極低。

宋制在這方面實不足取，可為後世殷鑒。

宋代的地方行政分為路、州（府、軍、監）、縣 3 級。宋最盛時，有路二十六（包括燕山、雲中兩路），府三十八，州二百五十四，軍五十九，監四。

路設經略安撫司（南宋稱「帥司」）掌軍政，以經略安撫使為長官，如以二品以上大員充任，稱安撫大使，得兼宣撫使，負責軍事指揮和安定邊境的重任；轉運司（南宋稱「漕司」）掌財政，以轉運使為長官，又有副使、判官等；提刑司（南宋稱「憲司」）掌司法，以提點刑獄公事為長官；提舉常平司（南宋稱「倉司」）掌賑災和鹽鐵專賣，以提舉常平使為長官。宋制外官有「親民」、「釐務」兩個系統，上述監司官皆專治一事，屬於釐務官系統。

府、州、軍、監為同級行政組織。首都、陪都、特要之地以及皇帝即位前居住過或任過職的州，都稱為府；衝要之地設軍；監多設在礦區。京師間或置府尹，多以太子或親王任之。東京開封府（首都）、西京河南府（在今洛陽）、北京大名府（其地今屬河北）、南京應天府（在今商丘），地位相當於路一級。其他府、州、軍、監設知府事（知府）、知州事（知州）、知軍事（知軍）、知監事（知監）為主要長官，㊽如以二品以上或帶中書、樞密、宣徽等職銜者，稱為「判某府事」、「判某州事」等。除長官之外，另設權力很大直接向皇帝負責的通判以相牽制。節度使、防禦使、團練使、刺史等，僅存其名，變為優寵將帥、宗室、勳戚的空閑職位。

景德四年 (1007) 以後，開封城內不再由附郭縣（即「赤縣」）管理，而

㊼ 至宋神宗元豐改制，始裁去三司使、禮儀院和審刑院等。

㊽ 「知」，本意為臨時差遣。

改由「權知開封府事」直接管轄，下轄 8 廂 121 坊。廂，相當於今之街道；坊，相當於今之社區。坊只是沿舊名，實已向巷轉化。熙寧三年 (1070) 五月，以京朝官二人分治開封府新舊城的左右廂，當時稱「都廂」，相當於今之區政府。城市設區，這在中外歷史上都是創舉。

宋代縣分為赤縣（京城內）、畿縣（京城郊）、望縣（4000 戶以上）、緊縣（3000 戶以上）、上縣（2000 戶以上）、中縣（千戶以上）、中下縣（不足千戶）、下縣（500 戶以下）8 種。縣有縣令，主職在治理民政，也有兼兵馬都監或監押的。縣的其他官員有縣丞、主簿和縣尉。縣尉統管六案、倉庫、刑獄。重要地區又設立巡檢，或數州、縣設 1 人，或一州一縣設 1 人，負責治安。

縣下有鄉，設鄉書手 1 人。鄉下有坊（城廂）、里（鄉村），設坊正或里正 1 人；里下有戶，設戶長㊾1 人。王安石行保甲法時，鄉村農戶以 10 戶為一保，置保長 1 人；5 保為一大保，置大保長 1 人；10 大保為一都保，置正、副都保正各 1 人。㊿

當時「收鄉長、鎮將之權悉歸於縣，收縣之權悉歸於州，收州之權悉歸於監司（轉運司、提刑司、提舉常平司），收監司之權悉歸於朝廷」（范祖禹：《范太史集》卷 22《轉對條上四事狀》），中央對地方的控制達到了前所未有的程度。

從宋代開始，地方普遍實行城、鄉分治；宗族組織成為國家行政的基礎。

也從宋代開始，府、州、縣衙署大都立有「戒石銘」。對「戒石銘」的內容和形式，朝廷曾有劃一的規定，「戒石銘」南向刻「公生明」3 字，北向則刻「爾俸爾祿，民脂民膏，下民易虐，上天難欺」16 字銘文。這 16 字銘文，為宋太宗刪繁就簡，改後蜀主孟昶（934～965 在位）《頒令箴》而成。51

衙署照例坐北朝南，大門左右均有一道磚牆，沿門側向前方斜伸開去，

㊾ 這個「戶長」不是一家一戶之長，而為第二等戶差役，主要負責催繳夏、秋兩稅，其職務相當於王安石變法時的大保長。

㊿ 保甲法原先稱《畿縣保甲條例》，是針對開封地區郊縣的情況而制定的，故一縣可編若干都保。若是戶數不足 500 的當時第八等縣的「下縣」，則這種編制的都保豈非大於縣了。故保甲法的具體執行情況，尚有待進一步深入研究。

51 《野客閒話・頒令箴》，《容齋續筆》卷 1，《吏學指南・戒石銘》，俞樾《茶香室叢鈔》卷 6。

轉折呈「八」字狀。由於衙門保持敞開，磚牆視覺上與門連成一體，所謂「衙門八字朝南開」，這種設計真是到位極了。八字牆很早以來就已經形成，更起到官方新聞發布處的作用，凡皇帝的諭旨，官府的教令和一切告示、榜文等均張貼於這個地方。此制後世一直沿襲了下來。

遼代「以國制治契丹，以漢制待漢人」(《遼史》卷 45)，官制分為北面、南面兩大系統。北面官又稱「遼官」，治理契丹本部，其中于越，位在百僚之上，但無具體職掌；「北樞密視兵部，南樞密視吏部，南北二王視戶部，夷離畢視刑部，宣徽視工部，敵烈麻都視禮部」(《遼史》卷 45)，南、北宰相總之。另有惕隱治宗族，林牙修文告。南面官又稱「漢官」，是治理漢人的，權任極輕，不能與北面官相比，制度多仿唐、宋。

遼代地方官制也有兩套，即北面部族官系統和南面州縣官系統。遼的投下州縣制，是一種特殊的地方行政制度。這種州、縣是以被俘掠的漢人或渤海人建立的，民戶少則 1000，多則四五千，起初只有皇帝、皇后才有，後來大貴族也有。較低的貴族雖不能建州建縣，但也有自己的「投下」。投下實際上是契丹貴族大大小小的領地，那裏除節度使外，其他官員都由所領的貴族委派。隨著中央集權的加強，投下州、縣才逐漸減少。

金代官制初期多用女真族名號。其長官皆稱「勃極烈」，意為治理眾人。金太祖即位前原稱都勃極烈。其次則諳版勃極烈，為儲嗣，「諳版，尊大之稱也」(《金史》卷 55)。以下是國論忽魯勃極烈，猶總帥也；國論勃極烈，有時左右並置，即國相。此外尚有國論阿買勃極烈，居第三位；國論昃勃極烈，居第四位；國論乙室（移賚）勃極烈，居第五位。與南宋對峙時期，女真名號大多廢止。曾行三省制；正隆元年 (1156) 以後，只設尚書省，無中書、門下兩省，以尚書令、左右丞相、平章政事為宰相官，左右丞、參知政事為執政官。

金代地方行政仿遼、宋制設京、路、府、州、縣。五京設留守司，帶本府尹兼本路兵馬都總管。路設兵馬都總管統領軍隊。路治所在的府稱為總管府，兵馬都總管兼任總管府的府尹。各州刺史、防禦使、節度使掌軍政，兼管民政。京、路、府、州的軍事和行政系統是合一的。縣級的縣令只管民政。總管府下面與州、縣並級的，有從軍事編制沿變而來的「猛安」、「謀克」，猛安相當於防禦州，位在節度州之下，謀克相當於縣。金後期完成封建化，猛安、謀克轉化為屯田官。

天會十五年 (1137) 至天德二年 (1150) 曾在中原地區設行臺尚書省，後來的行省制，即可溯源於此。

元代設中書省，不常設尚書省和門下省。有中書令，往往以皇太子兼任。有右丞相，為首相；左丞相，為次相。其下有平章政事、參知政事。屬官有參議中書省事、左右司郎中及員外郎、都事等。具體處理事務的有吏禮房、知除房、戶雜房、科糧房、銀鈔房、應辦房、兵房、刑房、工房等。各房之內又設若干科。中央政務部門仍有吏、戶、禮、兵、刑、工六部，並且六部權力也較集中，取消了一些交叉兼代機構。元代樞密院、御史臺，與中書省鼎足，分掌軍事、監察、行政，但其法定地位長官皆下右、左丞相一級。樞密使也往往由皇太子兼領，實際事務由知院掌管。

元代翰林國史院，職責以修撰國史為主。新設宣政院，掌釋教僧徒及吐蕃軍政事務。擴大將作臺為將作院，以加強手工業。武備寺，掌繕治戎械，大禧宗禋院，掌神御殿儀制禮典。另外，還有集賢院管理學校，通政院管理驛站，太常禮儀院掌禮樂、祭祀、封贈，太史院掌曆法，太醫院掌醫藥，宣徽院掌膳食，大司農掌農桑、救荒，都水監掌河渠水利，太府監掌庫藏及錢帛出入，秘書監掌歷代圖籍。

元代中外軍民官署通常設「達魯花赤」，蒙古語為鎮壓者、制裁者、蓋印者，轉意為監臨官、總轄官，均由蒙古人充任，漢員至多任副職。

元代設行中書省，為地方最高一級行政管理機構，凡一省軍政大事，無不統領。這是分寄式中央集權，順應了歷史發展的進程。其長官有丞相、平章政事等。丞相多由蒙古貴族充當，權力很大。靠近大都的今天津、河北、山東、山西等地直接由中書省管轄；吐蕃由宣政院直轄，本書第一章第一節已有交代。行省之下設路、府、州、縣，皆置達魯花赤 1 人，掌管並監察轄區的行政。元代共有路一百八十五，府三十三，州三百五十九，軍四，安撫司十五，縣一千一百二十七。縣之下，城關設坊、隅，農村設鄉、都，構成一鄉一都的各自然村中，則建社，有社長，負責勸農及民事，由蒙古提點官進行監督；同時置里正（或稱「里長」），掌課稅徭役。20 戶為一甲，置甲主（或稱「甲首」），由蒙古人或色目人擔任，甲主的衣食由所屬居民供給。

元代曾把蒙古地區的投下分封制度移植過來，把占領區分給諸王貴族領有，作為他們的食邑。分封內容結合賦役制度，除保留原來的「草原兀魯思」外，主要有「漢地五戶絲」和「江南戶鈔」。[52]諸王貴族在其食邑內自置官吏，向所屬民戶橫徵貢役，或把大量民田改為牧場，對社會經濟——特別是北方地區的農業生產造成極大的破壞。

元代按各少數民族首領所轄地區的大小、人口的多少，分別設置宣慰使司、宣撫使司、安撫使司、招討司、長官司等，並授予宣慰使、宣撫使、安撫使、招討、長官等職，通謂之「土司」。

元代強調「惟執政出典，外郡申部公文」，凡「不由中書而輒上聞，既上聞而又不由中書徑下所司行之者，以違制論」；（《元史》卷 102）而有司如遺失印信，即使「隨即尋獲」，也要「罰俸一月」，否則「原掌印官解職坐罪」。（同上）

明代和清代皆有三公（太師、太傅、太保）和三孤（少師、少傅、少保），合稱「宮保」，都是榮譽性虛銜。

明、清均不設三省和宰相。明代宰相的部分職權為內閣所代替。內閣成員為大學士，天順間，始分首輔、次輔和群輔。當其盛，首輔權任極重，儼然漢、唐之宰臣。清初順治十五年 (1658) 改內三院（國史、秘書、弘文）為內閣，以內閣大學士分兼中和殿、保和殿、文華殿、武英殿、文淵殿、東閣等殿閣職。乾隆十三年 (1748) 除去中和殿，增補體仁閣，以三殿三閣為大學士銜，遂為定制，唯保和殿不常置。當時官分九品 18 等，明代內閣大學士不過正五品，但後來權位逐漸提高，署稱「某部尚書兼某殿閣大學士」，都是一品大員。天順以後，非進士不入翰林，非翰林不入內閣。清代大學士實為滿、漢 4 人，又設協辦大學士 2 員，滿、漢各 1 員，亦皆正一品。內閣地位仍極優崇，為文官的最高職銜。但康熙時「南書房行走」已分其權，雍正以後實際擔任輔臣職務的為軍機大臣。清代大學士如不兼軍機大臣，僅示尊榮，乃是虛銜。

明、清六部直接對皇帝負責。吏部為六部之首，俗稱天官，長官擬古稱大司徒。其次是戶部地官大司農，禮部春官大宗伯，兵部夏官大司馬，

---

[52] 草原兀魯思，「其民戶皆出牛馬、車使、人夫、羊肉、馬奶為差發，蓋韃人分管草地，各出差發，貴賤無有一人得免者」（「王國維遺書」本《黑韃事略》）。漢地五戶絲，規定「每二戶出絲一斤，以供官用；五戶出絲一斤，以與所賜之家」（《元文類》卷 57《中書令耶律公神道碑》）。江南戶鈔，世祖時每戶交領主中統鈔五錢，成宗時改為二兩，其增加部分由政府支出，原則上「准中原五戶絲數」（《元史》卷 12）。

刑部秋官大司寇，工部冬官大司空。六部尚書俗稱「部堂」，明正二品，清從一品。六部侍郎左、右各 1 人，擬古稱少司徒等，明正三品，清從二品。每部轄 4 司，後也有增加的，戶部、刑部例外，明代各轄 13 司，清代戶部轄 14 司，刑部轄 18 司。司設郎中 1 人，正五品；員外郎 2 人，從五品；主事若干人，正六品，都是實際政務官。清代中央各部門長官，大都設滿、漢複職。只是「名為吏部，但司籤掣之事，並無銓衡之權；名為戶部，但司出納之事，並無統計之權；名為禮部，但司典儀之事，並無禮教之權；名為兵部，但司綠營兵籍、武職升轉之事，並無統御之權」(朱壽朋:《東華續錄》卷 202「光緒三十二年九月奕劻等奏」)。

明、清均不設樞密院。

明、清改御史臺為都察院，又叫「憲臺」，長官為左都御史，正二品或從一品，與六部尚書並級，明代稱「七卿」。

清代設理藩院，負責少數民族事務，在前期，還兼管中外交涉事宜。有尚書、侍郎等，長官例用滿人，與六部、都察院同為部院級。

明、清均有通政使，正三品，負責內外奏疏封駁之事。

明代翰林學士為正五品，經筵官、史官皆歸入翰林院，內閣學士亦從翰林院分出；清代翰林院掌院學士為從二品，其下為侍讀、侍講、修撰、編修、檢討、庶吉士等。清代翰林院下轄庶常館、起居注館和國史館 3 機構，[53]職能已回歸唐舊翰林院。

明、清均有六寺：大理寺掌審判，光祿寺掌典禮，鴻臚寺掌交際，太常寺掌祭祀，太僕寺掌車馬，司農寺掌倉廩。各寺長官稱卿，副長官稱少卿。又有二監：國子監，長官祭酒，從四品，副長官司業，正六品；欽天監，即中央天文臺。還有宗人府，掌皇族事務。此外還有太醫院。

明代負責京城治安的是九門提督，清代為步兵統領。

明、清均有詹事府，詹事兼侍讀學士銜，少詹事兼侍講學士銜，左、右春坊庶子兼侍讀、侍講銜，左、右中允兼編修銜，左、右贊善兼檢討銜。這些人因為主管太子事務，與前朝一樣，往往是大官的預備隊。

明代宮廷服務機構，主要由宦官二十四衙門組成，還有內府供用庫等機構，也是由宦官任職。宦官干政，漢、唐兩代已有前車之鑒。從明成祖開始，宦官勢力又遠遠超越了宮廷服務範圍，操有出使、專征、監軍、鎮

[53] 《清史稿》卷 115。

守地方及掌管特務機關等重要權力。特別是司禮監的秉筆太監，往往利用「批紅」特權，挾持皇帝的權威來推行自己的意圖。明初宮內還設置許多女官，成祖以後，女官職務多移於宦官。清代設內務府為總管宮廷事務的機關。最高長官為主管內務府大臣，其下有堂郎中 1 人，掌管內務府文職官的銓選，並查核所屬各司處承辦事務。內務府所屬有七司三院，還有文淵閣、武英殿修書處、敬事房等。敬事房又名「宮殿監辦事處」，為專門管理宦官的機構。內務府機構相當龐雜，除大批匠役、軍丁、太監不計外，僅內務府官員就達 3000 餘人，超過政務機構六部職官的總數將近 1 倍。

由於歷史的原因，明、清在建都北京後，分別在南京和盛京（今瀋陽）保留有一套微型的中央機構，[54]但其職權是比較低的。

明代地方行政機構為布政使司、府、縣三級制；另有州的設置，或與府並級，或與縣並級。

明初撤銷行中書省，改為承宣布政使司，但習慣上仍稱「省」。京師和南京直屬中央。布政使司有左、右布政使各 1 人，從二品；左、右參政無定員，從三品；左、右參議無定員，從四品。下設經歷司經歷 1 人，從六品；都事 1 人，從七品。照磨所照磨 1 人，從八品；檢校 1 人，正九品。理問所理問 1 人，從六品；副理問 1 人，從七品；提控案牘 1 人。司獄司司獄 1 人，從九品。庫大使 1 人，從九品；副使 1 人。倉大使 1 人，從九品；副使 1 人。雜造局、軍器局、寶泉局、織染局各大使 1 人，從九品；副使 1 人。布政使司稽核戶籍，徵調賦役，興辦水利、學校，督促生產，兼掌民政和財政。

與布政使司並列的有提刑按察使司和都指揮使司，為主管司法和軍政事務的機關。三司互不統轄，各聽命於朝廷，地方有大事，三司合議辦理。提刑按察使司設按察使 1 人，副使若干。屬官有僉事，經歷司經歷、知事，照磨所照磨、檢校，司獄司司獄等。

布政使司以下為府，府按納糧多少分為上、中、下 3 等，明初全國共有府一百二十[55]。府的長官和屬官有知府，同知，通判，推官，經歷司經歷、知事等。

---

[54] 《明史》卷 75、76，《清史稿》卷 114、118。

[55] 這是洪武四年 (1371) 的情況，下文州、縣資料同。其後數目分別上升，州的增幅最大，到明末翻了一倍多。

京師和陪都所在的府長官為府尹，正三品。

明代州有兩種：一種是直隸州，其地位與府同；另一種是屬州，其地位相當於縣。全國共有州一百零八。州有知州 1 人，副職為同知。

府（直隸州）以下為縣。縣亦以納糧多少分為 3 等。全國共有縣八百八十七。縣設知縣 1 人、縣丞 1 人、主簿 1 人，其屬有典史等。「洪武時，州縣父老有詣闕上言縣官善政當罷任而保留者」(余繼登輯《皇明典故紀聞》卷 4)。朱元璋認為宜順其情，並且對這樣受百姓擁戴的地方官「賞而勸之，非濫恩也」(朱國禎輯《皇明大訓記》卷 8)。56

縣（屬州）以下的基層組織，城內稱坊，近城稱廂，鄉村稱里。110 戶為一里，編入同一個黃冊，設里長 10 人，推選丁糧多的地主充當，輪流為首，10 年一輪。其餘沒有人充當里長的百戶人家，編為 10 甲，每甲設甲長（或稱「甲首」）1 人。里、甲長主要負責地方民政。鰥寡孤獨和僧、道無田土者以「畸零」身分帶管於 110 戶之外。57

關津、衝要之地設具有軍事武裝性質的巡檢司，歸地方行政管轄，主要任務是盤查過往行人，「察奸偽，期在士民樂業，商旅無艱」(《明太祖實錄》卷 130)。巡檢秩從九品。

在雲貴、兩廣等少數民族聚居的地區設立土司，屬於軍事部門管轄的，有宣慰司、宣撫司、安撫司、招討司、長官司，58其長官為宣慰使等；屬於行政部門管轄的，有軍民府、土州、土縣，其長官為按漢族地區制度設置的知府等。這兩類官職都由少數民族頭人擔任。土司的職位是世襲的。明政府在平定叛亂後，實行「改土歸流」，把這些地區的土司撤換，用可以調遷的「流官」代替，客觀上有利於國家的統一。

明初宗藩都據有重要城市；成祖以後才削除了諸王的軍事和政治實權，僅保留其經濟特權。

---

56 朱元璋在拔用人才方面，確實表現為相當的開放和明智，他說：「朕但期得賢，名爵非所悋。若曰起自田里，不當驟用，如伊尹在莘野，孔明在隆中，一旦舉之於朝臣之上，遂至建功立業，何嘗拘以官職。」(《明太祖實錄》卷 197）故明初數十年，自山林巖穴、草茅窮居，以布衣而登大僚者不可勝計，有力地推動了「洪武之治」。

57 一說正戶之外，有畸零戶和帶管戶，畸零戶與帶管戶是兩回事——畸零戶有田土者，須繳納田賦，帶管戶指僧、道無田土者。而從洪武二十四年 (1391) 起，另有寄莊戶，則只按座落田土承擔相應的納賦義務，而另在其作為正戶登記的里甲服徭役。

58 明代共有宣慰司十一、宣撫司十、安撫司十九、招討司一、長官司一百七十三。

清代改布政使司為省，地方行政一般分為省、府（州、廳）、縣 3 級。

總督和巡撫（英 grand coordina-tor），是省一級的最高軍政長官。[59]總督管理 1 省、2 省至 3 省，例兼兵部尚書和都察院右都御史銜。巡撫總管 1 省，例兼都察院右副都御史，並多帶兵部侍郎銜，其地位略次於總督。總督和巡撫，習慣上又稱為封疆大吏，或稱「疆吏」、「疆臣」。督、撫之下，設布政使和按察使。布政使總管 1 省的財賦和人事；按察使專管 1 省的司法和監察，兼辦驛傳事務，鄉試充監試官。布政使、按察使並稱兩司，與督、撫合稱三大憲。其輔佐官，都稱道員。清初，設布政使左右參政、參議，駐守在一定地方，叫做「守道」；又設按察使副使、僉事，分巡某一帶地方，叫做「巡道」。乾隆時裁參政等名稱，專設分守、分巡道，多兼兵備銜，成為省級行政派出機構的長官。

省級機關除上述外，還有學政、鹽法、督糧、兵備、海關等部門；而專管漕運的漕督和專管河道的河督，也都是與督、撫不相上下的設置[60]。

省以下的地方行政為府，直屬布政使司的州（直隸州）和廳（直隸廳）與府同級。府的長官為知府，掌一府的政令，總管所屬州、縣的賦役、訴訟等事，匯總於兩司，起承上啟下的作用。知府的副職有同知、通判，分掌督糧、捕盜、水利等事。知府衙門的內部組織，有經歷司掌收發文書，照磨所掌照刷案卷，司獄司掌刑獄。直隸州的長官為知州，副職有州同、州判。州的屬官吏目，掌佐理刑獄及官署事務。直隸廳多設於邊疆各省，其長官為同知、通判。

京師順天府、陪都盛京奉天府，府尹之上，加設兼管府尹事大臣。府尹正三品，高於普通的知府 2～3 級；奉天府尹且是滿缺正三品。

縣的長官為知縣，凡一縣之賦役、訴訟、文教諸事，都由知縣親自辦

[59] 各省專設巡撫的制度，始於明宣宗宣德五年 (1430)，巡撫均帶侍郎銜，其任務是「總督稅糧」（《明宣宗實錄》卷 70）。當此之際，巡撫即總督，總督即巡撫。

[60] 漕督始設於明代景泰二年 (1451)，當時全稱「總督漕運兼提督軍務巡撫鳳陽等處兼管河道」，駐淮安（今淮安市楚州區）；河督始設於明代成化七年 (1471)，專職主持運、黃二河的治理和維護，駐濟寧。清初正式將此納入官制，漕督、河督均秩正二品，兼兵部尚書或都察院右都御史銜者則秩從一品。康熙十六年 (1677)，河督衙門由濟寧遷至江蘇清江浦（今淮安市清河區）。雍正二年 (1724)，增設副河總一職，駐河南武陟；雍正七年 (1729)，改總河為總督江南河道提督軍務，副河為總督河南、山東河道提督軍務。雍正八年 (1730) 至乾隆十四年 (1749) 間，清廷又曾設直隸河道水利總督。

理。縣或屬於府，或屬於直隸州。繁要的縣則升為州。縣的佐貳官——即副職，有縣丞和主簿，分掌錢糧、戶籍、徵稅、巡捕、河防等事。屬官典史掌刑獄事務，如無縣丞、主簿的，則兼掌其事。散州、散廳與縣同級，州的地位比縣略為重要些。

府、州、縣的其他屬官和從屬機構尚有儒學、巡檢、驛丞、庫大使、倉大使、稅課司大使、閘官、河泊所大使、醫學、陰陽學、僧司、道司等。

從督、撫到州、縣長官，大都要聘請幾位能幹的或有學識的人才，來幫助自己處理行政事務，俗謂之「師爺」，文獻上常稱「幕賓」、「幕客」、「幕友」、「幕僚」、「賓師」、「西賓」、「館賓」等。師爺由官署主人自己選聘，不屬於國家正式官吏，工作報酬由官署主人自行致送。師爺的工作，以刑名、錢穀為主，其他如編書、著書、評閱試卷、批答文件等，也常交給師爺去辦。過去紹興籍人士，讀書不成，就去當師爺，憑藉他們廣泛的社會聯繫，尤為官署主人所器重。[61]而師爺竊權，也就成為不可救藥的「叢弊之藪」（《續清文獻通考・選舉六》）。

縣以下的基層組織實行牌甲制。「州縣城鄉十戶立一牌長，十牌立一甲長，十甲立一保長。戶給印牌，書其姓名丁口。出則注所往，入則稽所來……其客店令各立一簿，書寓客姓名、行李，以便稽察」（《清史稿》卷 120）。而牌長、甲長、保長則由有身家之人報官充任。

在東北設奉天將軍、吉林將軍、黑龍江將軍，實行將軍制下的州縣、八旗並存制。

對邊境地區的行政管理，細目尚繁，在本書「少數民族」編裏還要談到。

[61] 參見任桂全總纂《紹興市志・叢錄・紹興師爺》，浙江人民出版社，1996 年。當然不僅清代如此，地方官如此，事實上顧炎武在《日知錄》卷 13 裏就已經指出，晚明戶部所有在任的吏胥都是紹興人。

第七章

軍制和刑法

第一節　軍制

原始社會末期，父系氏族之間互相攻打，只是臨時聚合各自的群眾，手持漁獵工具彼此毆擊而已。到後來，從工具轉化而成的兵器，射擊的，有裝有石、骨、蚌鏃的弓箭，以及用「飛石索」投擲的石球（或陶球）；另外還有大木棒，石製的錘、矛、戈、鉞等（也用獸骨等製作），分別具有錘砸、扎刺、劈砍、鉤啄等功能；又有石、骨製的匕首，或嵌有石刃的骨匕首，主要用於防衛；護體裝具則有以藤木或皮革等製作的原始盾牌和甲冑。

而所謂「城」，是指有各種形式圍牆的防禦性地理實體，其形制與時俱進。在中國古代，城之存亡，猶國之興滅，「傾城」與「傾國」同義。「城不固，而求敵之不至，不可得也。」（《管子・度地》）

夏代開始有了軍隊，經常由夏王親自統帥作戰。協助夏王統領軍隊的是「六卿」，❶大概皆為王族。軍隊則由各族臨時徵集，編制以族為最小單位，「族」的本義，便是在同一旗幟下作戰。胞族、部落和部落聯盟，既是軍事組織又是生產組織。

商承夏制，商王擁有軍隊的最高指揮權。除了王和諸侯的侍衛親軍之外，軍隊也多是從各部族徵調來的，各族的族長是當然的指揮官。由於商代軍隊已經有了固定編制，所以出現了馬、多馬、亞、多亞、射、多射、箙、多箙、犬、多犬、三百躬、衛等軍事職官的名稱。❷商代的軍事編制，可以考見的有行、大行、旅、師。每行為百人；對行以上的編制目前尚有

❶ 《尚書・甘誓》鄭玄注。

❷ 參見郭沫若《中國史稿》第一冊第211頁，人民出版社，1976年；陳夢家《殷墟卜辭綜述》第513頁，科學出版社，1956年。

爭議；而師，則是最大的建制單位。

西周實行「鄉遂」兵役制，即「王國百里為郊，鄉在郊內，遂在郊外，六鄉謂之郊，六遂謂之野」(《玉海》卷 136)，六鄉出兵役，六遂出軍賦和勞役，六遂的「野人」(也可能是自由民性質，因為在史籍中，從未見到他們被任意殺戮的記載) 只有在急需兵源補充時，才偶爾徵發，主要是作為徒兵使用。從金文上看，西周主管軍隊的最高長官為司馬，稍次有大師、師、師氏，再次有虎臣、走馬，此外還有守堧、王行、司稟、司弓矢、司旗、戍、射、戲等，出現了指揮、政務、後勤等系統，以師、旅、卒、兩、什、伍為編制單位。

夏、商、西周的兵種主要有步兵和車兵。車兵每車 3 人，一人御車，一人持矛或戈，一人操弓箭。❸隨著戰爭經驗的豐富，以弓弩作為遠兵器的「射」，逐漸成為既混編於步兵和車兵之中，又具有獨立編組的兵種。諸兵種在戰爭中合成作戰，互相配合。

當時兵器，主要是用青銅製造的。進攻性兵器，用於射擊的，有弓箭、弩；用於格鬥的，有戈、矛、戟、殳、鉞等，以及匕首、短刀之類貼身短器。防護性兵器，有甲冑和盾牌，盾牌雖然主要由皮革、木材製作，但常在盾面上裝有青銅的盾飾。

春秋時期仍普遍實行徵發自由民當兵的制度。到了戰國時，國、野差距已經泯除，後來出現郡縣徵兵制。郡縣徵兵制是以郡、縣為單位，成年男子皆有當兵作戰的義務，秦國的法定年齡為 15～60 歲。❹當時，各諸侯國還組建了數目不同的精銳部隊——即常備兵，最初如「魏氏之武卒，以度取之，衣三屬之甲，操十二石之弩，負服矢五十个，置戈其上，冠軸帶劍，贏三日之糧，日中而趨百里。中試則復其戶，利其田宅」(《荀子・議兵》)。這是實行了招募制。

春秋戰國的軍事編制，基本上還是保持寓兵於農和兵農合一的形式。齊國管仲「制國五家為軌，軌為之長；十軌為里，里有司；四里為連，連為之長；十連為鄉，鄉有良人焉。以為軍令，五家為軌，故五人為伍，軌長帥之；十軌為里，故五十人為小戎，里有司帥之；四里為連，故二百人為卒，連長帥之；十連為鄉，故二千人為旅，鄉良人帥之；五鄉一師，故

❸ 《尚書・甘誓》孔穎達疏。

❹ 據《睡虎地秦墓竹簡・編年記》，知秦國男子自 15 歲起即須服兵役。

萬人為一軍，五鄉之帥帥之」(《國語・齊語》)。這樣將地緣的行政組織與軍事編管高度結合起來，使官兵之間、兵兵之間互知根底短長，可以人盡其才，有效地發揮監督互助作用。

當時還有適合於作戰的戰鬥編制，如「戰車之制」，通常以一輛戰車配備甲士 10 人，步卒 20 人，車上主力 3 人，執矛者居右，執弓者居左，御者居中，駟馬駕車，餘者為預備和護從。古代進行車戰，大致只是將戰車橫列一綫，分別組成若干車隊相繼投入戰鬥。作戰過程中，往往由兩輛戰車，一主一副，互相配合。當交戰之際，雙方先以有組織的戰陣對抗，戰陣衝散後，又以雙車編組為單位混戰廝殺，如果其中一方的甲士被擊潰，便很難重整旗鼓，繼續再戰，所以勝負也就隨之決定了。《左傳》所描寫的春秋的幾次大戰，都是車不過千乘，兵不過 10 萬，打得時間最長，也不過從早打到晚，從沒有打到次日的。《左傳・僖公二十二年》記宋、楚泓之戰，宋師敗績。這個戰例很著名，宋軍的統帥襄公（公元前 650～公元前 637 在位）慈父為後世提供了「宋襄之仁」的典故。其實宋襄公除了不自量力是他致命的失誤外，他所堅持的「君子不重傷，不擒二毛」、「不以阻隘」、「不鼓不成列」等原則，正是體現了對堂堂大國正義之師雄風的追求。❺《左傳・成公十六年》記晉、楚、鄭鄢陵之戰，晉郤至「見楚子（楚共王）必下，免冑而趨風」，以表示敬意；晉韓厥追鄭成公，將及而又停下來，認為「不可以再辱國君」。當時列國都未擺脫血緣組織的殘餘形態，沒有完整的主權，爭霸主要是政治較量，所以戰爭仍保持著傳統的禮貌。

春秋時期又出現了許多新的兵種，如楚、吳、越等國有水師，在船上配備手持弓、戈、戟、劍、盾等不同兵器的戰士和專門的划船手。吳王夫差十一年（公元前 485），吳聯合魯、邾、郯國伐齊，取海道進兵，這是中國古代最早的海軍。

自戰國開始，由於鐵兵器廣泛應用於戰爭，龐大的步兵和縱橫千里的騎兵成了戰爭的主要兵種。步兵最初是在春秋初年晉、鄭諸國對北方和西北戎狄的頻繁交戰中發展起來的；❻騎兵的出現則在春秋、戰國之際。❼裝備鋒利鐵兵器和遠射程弓弩的步、騎兵不僅要求單兵有較強的格鬥技能，

❺ 參見日本竹添光鴻《左氏會箋》卷 6 第 24 頁，臺北鳳凰出版社影印本，1974 年。

❻ 《左傳・隱公九年》、《成公二年》、《昭公元年》。

❼ 《韓非子・十過》，《史記・趙世家》。

而且要求組成比戰車陣更靈活和多樣的隊形以便有組織地協同作戰。古代盛傳的各種陣勢，就是這些與敵人作戰的基本隊形。每個隊形都由若干單位組合而成，其中某些單位擔任主攻，某些單位擔任側擊，某些單位為預備隊，步、騎、車和兵器如何搭配，都有一定的講究。根據敵情變化，陣勢也在將帥指揮下做相應的變動。在實際交戰中，要求將領不可太暴露自己。當然，對能起到威懾敵膽作用的戰將來說，他們旗幟鮮明地出現在戰陣中，這種個別的例外也不是絕無僅有。

隨著步、騎兵的興起，戰鬥規模日益擴大，每次用兵，動輒投入大量的兵力。作戰的時間也長了，到後來甚至出現了連續數年的持久戰。野戰中長距離的戰場機動、迂迴、牽制、側擊等多種作戰形式，使戰爭變得複雜起來。馬陵（今河南范縣西南）之戰、閼與（今山西和順）之戰、長平（今山西高平西北）之戰，無一例外都是在險要地區進行的。應用地圖研究軍事行動和作戰模擬等，都成為實戰中的作業。

上古三代，進攻者往往缺乏有效的進攻手段，所以軍隊都避免攻打要塞。戰國以後，由於戰爭形式的轉變，深溝高壘的堅城攻防在軍事對抗中無疑具有舉足輕重的意義。攻城，一般採取長期圍困的辦法，使城內守軍彈盡糧絕，最後不攻自破。如果時間不允許，採取強攻，進攻者通常要在城外壘建接近城牆高度的土山，壓制敵方防守矢石。然後藉轒轀之類的戰車掩護，接近城垣，或用雲梯登城，或以衝車撞門，從而摧毀守軍的防禦體系。有的還在城外挖掘地道，攻入城中。在防守方面，大都依託城外的制高點和臨時搭起的城頭工事，作居高臨下的反擊。同時在邊境、前綫和交通要道上設瞭望臺和報警的烽燧。另外還有多種防禦手段，如以灰瓶、石塊、箭矢打擊接近城垣的敵軍；用火焚燒敵方的衝車和掩護的牛皮車；在地下設置「地聽」，防止進攻者挖掘地道。有的城還築有箭樓，箭樓闢有洞戶，專門備發箭之用。春秋以來，城牆頂部還出現了女牆，是城牆上呈凹凸形的矮牆，其凸部稱為「垛」。而在城垛上所設的射口，又稱「轉射」，則有保護射手的作用，可以用來觀察敵人，又不易被敵箭射中。漢代城牆上還出現了突出的矩形墩臺，叫做「馬面」，可以使防守者從側面攻擊敵人。北宋東京開封府，有 3 套城牆，夾帶 3 套護城河，反映了城市防禦職能的加強。

城守中，還使用一種叫拋車的射遠器，又稱「發石車」或「拋石車」，它根據槓桿機械的原理，通過多人合力，利用離心慣勢，將石塊拋向敵方。據說戰國時期的拋車已能將 12 斤重的石塊拋擲於 300 步之外的地方。因發出的石彈在空中飛行有聲，所以另有「霹靂車」(《三國志・魏書・袁紹傳》)之稱。到後來，宋代將拋扔的石彈改為火藥彈；元代拋石機用重物代替人力，能拋出重 150 斤的石彈。拋石機也用於野戰。明以後，由於火器的發達，才被自然淘汰。

城門樓之制，始於商代，漢以後至隋，多是兩層或三層；唐代通常為單層；明清時代，兩層門樓又多了起來。

至於長城，因本書第一章第二節已經述及，茲不贅。

春秋戰國時代，君主們害怕軍權旁落，總是盡可能把持著軍隊的調動部署權。在戰國，軍隊的調動以君主行文命令為準，並必須根據調兵的兵符行事。兵符亦稱「甲兵之符」或「虎符」，是調兵的憑信。據秦「新郪虎符」的銘文記載：「甲兵之符，右才（在）王，左才（在）新郪，凡興士披甲，用兵五十人以上，必會王符，乃敢行之。」為了加強對軍隊的管理，各諸侯國還相繼建立了一整套軍事刑罰制度，軍法較一般刑法遠為嚴厲。

到了秦代，政府在全國普遍推行徵兵制。徵兵以郡縣為單位，籍隸於伍什的編戶齊民是徵兵的主要兵源，軍功爵在五級以上者，享有免役的特權，賤民和刑徒奴隸，沒有正式服兵役的資格。當時朝廷直屬的軍隊，有宮廷禁軍，其成員稱為「郎」；有宮城近衛軍，其成員稱為「衛士」；又有京畿駐軍。禁軍和近衛軍，肯定是經過嚴格挑選的；京畿駐軍，初年也限於從故秦民中徵發。正規的邊防軍稱「戍卒」，除邊郡的常備兵外，主要來源於內地的服役對象，還徵發大量罪人和有市籍的商人去戍邊。此外還有民兵和屬國兵。地方之兵，平時由郡都尉組織訓練。太守是一郡的最高軍事行政長官，但只能在規定的閱武時間內調集本郡軍隊。朝廷所派監郡御史，也有將兵的職權。

西漢開國後沿襲徵兵制，規定不分貴賤，男子從 23 歲起到 56 歲止，必須服兵役兩年。前一年為「材官」（步兵）、「騎士」（騎兵）、「輕車」（車兵）、「樓船」（水兵）等「正卒」，即郡國的常備兵。每年八九月間舉行一次檢閱，稱「都試」。後一年到京師或邊疆去當禁衛軍或戍卒。諸侯王國徵調正卒作「衛士」，則只在王府服役，這種情況要到景帝平定「七國之亂」後才有所改變。中央軍有南軍和北軍，起初由郡國輪番徵調，南軍守衛皇宮，由衛尉統領；北軍警衛京師，由中尉統領。北軍於戍衛京畿之外，還須經常出征。又置期門、羽林 2 軍，屬南軍，人員來自西北邊郡。一說羽林郎無員，「常選漢陽、隴西、安定、北地、上郡、西河凡六郡良家補」(《後漢書・百官志二》李注)，邊郡只有這 6 郡良家子弟才能到京師參加朝廷的禁軍。武帝為擴大北軍，在原有中壘營基礎上，除新設屯騎、步兵、長水、射聲、虎賁外，還招募熟悉北方少數民族情況的人組成「胡騎」，招募熟悉南方越事的人組成「越騎」。❽又在西北邊地「開田官，斥塞卒六十萬人戍田之」(《漢書・食貨志下》)，在邊地屯田戍守。東漢光武帝廢除地方兵制度，地方上原來的正卒和戍卒都改由中央招募來的職業軍人擔任。中央不再設南軍；北軍於建武十五年 (39) 定型，由屯騎、越騎、步兵、長水、射聲五校尉分掌。長水校尉的騎兵徵自烏桓和匈奴，其餘大概都徵自漢族，一律父死子襲，成為世襲兵。罷戍卒後，邊防更多依賴屬國兵。東漢末年，天下塢堡林立，很多壯丁都成了大大小小的土著豪強的家兵，這樣，全國性的徵兵制度就無法實行了。

漢代軍隊的編制，5 人為伍，有伍長、卒長；2 伍為什，有什長、火子；5 什為隊，有隊將、隊率、士吏；2 隊為官，有五百將、將；2 官為曲，有候、千人；2 曲為部，有部司馬；2 部為校，有校尉、都尉；2 校為裨，有裨將；2 裨為軍，有將軍。1 軍約 8000 人。軍隊作戰時，校以上的軍官都由皇帝任命。

秦漢時代的邊防設施有堡寨亭障。軍隊開赴前綫屯駐，或為營，或為壁。營以兵車圍成，出口處車轅相對，叫做「轅門」；壁以土、石、木壘成，四周掘壕，叫做「塹」。

漢代車兵已退出戰場，車輛轉而用於運輸軍需輜重，戰爭地點的遠近決定所需後勤輜重兵的數量。

軍營之內有嚴格的紀律，「軍中聞將軍之令，不聞有天子之詔」(《漢書・周亞夫傳》)。軍中還有專門負責檢查軍紀的官員，如軍正、刺奸督等，即使對比自己職位高的軍官，也有先斬後奏權。❾

士兵的生活特點是絕對準時；對軍餉和軍需品的分配，皆有詳細的登

❽ 參見勞榦《論漢代的衛尉與中尉兼論南北軍制度》，《歷史語言研究所集刊》第 29 本下，1958 年。

❾ 《漢書・胡建傳》。

記。後世凡有戰鬥力的軍隊，都莫不如此。

將軍有兩類，一類是常設的，如衛將軍，左、右、前、後將軍等；一類是臨時性的，如渡遼將軍等。渡遼將軍在東漢永平八年 (65) 重設後成為常設，但他的駐地不再在東北而是在西北。少數顯貴加大將軍、驃騎將軍、車騎將軍等稱號。將軍中最尊者為大將軍、驃騎將軍，其次為車騎將軍、衛將軍，這 4 種將軍，地位都相當於丞相；而前、後、左、右將軍，地位則相當於諸卿。以上是謂重號將軍，此外都是雜號將軍。將軍的屬吏有長史、司馬、從事中郎等。

《通典・兵二》載有曹操的多條軍令，集中反映了他治軍以嚴的作風。如《船戰令》規定：「鼓三通鳴，大小戰船以次發，左不得至右，右不得至左，前後不得易處。違令者斬。」

三國以來，推行世兵制，世兵就是父子世代為兵，其戶籍由軍府管理。曹魏的士家、孫吳的兵戶都是世兵的兵源，世兵只有得到放免才能取得平民身分。魏承漢制，於京師置南、北兩軍，由中領軍和中護軍統率。州置都督，掌地方軍。吳則多置舟師。吳亡時，有兵 20 餘萬，其中半數以上是少數民族的山越人，他們「放逸山險，則為勁寇；將置平土，則為健兵」（《三國志・吳書・張溫傳》）。諸葛亮也用少數民族兵，平南中後，「移南中勁卒青羌萬餘家於蜀，為五部，所當無前，號為飛軍」（《華陽國志・南中志》）。

西晉形成以七軍（左衛、右衛、前、後、左、右、驍騎軍）、五營（屯騎、步兵、越騎、長水、射聲營）、四率（東宮前、後、左、右衛率）和牙門軍為主力的中軍系統。⑩中軍以中領軍為主帥，中護軍為副帥，除宿衛皇宮、拱衛京師外，還經常受派外出征戰，總數約 10 餘萬人。平吳以後，大減州郡兵，大郡不過百人，又命諸王皆得制軍，諸王如兼領重要軍職，加上本國所部——大國 5000 人，次國 3000 人，兵力往往足以左右朝廷。

東晉朝廷武備薄弱，每用兵，或發諸大族及地方軍閥的部曲家兵，或由將帥自募，如謝玄之北府兵，淝水之戰即以該軍為主力；又有西藩兵，亦是一大軍閥勢力。南朝 4 代開國皇帝都以軍功起家，因此這個時期軍職特別重要。軍中將軍稱號很多，一些文職官員，雖然並不帶兵，也加將軍

---

⑩ 「五營」、「四率」有統計作「七營五率」者，則多翊軍、積弩二營和中衛率。說詳何茲全《魏晉的中軍》，《讀史集》，上海人民出版社，1982 年。

頭銜。庶姓為州而無將軍銜的「單車刺史」為世所輕。軍府系統的幕僚多稱「參軍」或「參軍事」。當時都督中外諸軍事的大將出征，往往加「假黃鉞」稱號，表示他代表皇帝。地方軍政長官為都督兼刺史者加「使持節」稱號，給以誅殺中級以下官吏的特權；次一等的加「持節」，得殺無官職的人；再次的加「假節」，得殺違犯軍令者。⓫「節」與「虎符」有本質的不同：一.「節」始終在地方官手中，持「節」即可發兵；二.「節」不受地域的限制，一「節」可發多個地方的兵。刺史領兵造成方鎮權力擴張，是南朝軍制的大弊。北朝沒有刺史領兵的定制，雖然有時候也有刺史領兵的情況出現，但北朝中央軍隊的實力足以威懾州郡，所以北朝刺史領兵之弊不及南朝顯著。

北魏初期，實行部落兵制，鮮卑族成員壯者皆兵。建都洛陽後，也有中央兵與州郡兵之分，並在邊塞要地設有鎮兵，駐紮專門的軍隊進行鎮防。與鎮同時設置的有戍。北齊戍隸屬於州、鎮。西魏宇文泰（代郡武川〈今屬內蒙古〉人，507～556）結合鮮卑部落兵制度和漢族傳統兵制度，首創府兵制。⓬府兵專管打仗，不負擔其他賦役，另立軍籍隸屬於軍府，但卻是自由民，社會地位還高於一般農戶。大統十四年 (548)，任命了實際統率六軍的 6 個柱國大將軍，每個柱國大將軍下有 2 個大將軍，每個大將軍下有 2 個開府，每個開府下有 2 個儀同；一儀同領兵約千人，一開府領兵二千，一大將軍領兵四千，一柱國大將軍領兵八千，六柱國合計有兵 4.8 萬人；另有兩柱國，一為虛設，一為總領者，稱「加持節都督」。後來周武帝 (560～578 在位) 於建德三年 (574)「改諸軍軍士並為侍官」(《周書》卷 5)，可見府兵是直轄於皇帝的禁衛軍。

魏晉南北朝，曹魏和北方少數民族軍事集團依靠騎兵的機動性實施突襲，橫行中原，創造了不少騎兵作戰的新戰術，如步騎協同、長途奔襲、四面包抄、中心突破、疲擾、牽制、窮追、巧布奇陣等。克制騎兵，則主要體現在如何有效地削弱敵方騎兵的突襲能力，然後予敵騎以大量殺傷上。

水戰船艦趨向大型化，施放阻遏裝置，實行水上火攻，都不乏成功的戰例。

⓫ 《晉書》卷 24。

⓬ 《周書》卷 23 載蘇綽（京兆武功〈今屬陝西〉人，498～546）「并置屯田以資軍國」，說明府兵制的形成，應與宇文泰的這位元輔有關。

隋及唐初實行的是經過改革的從兵農分離轉變為兵農合一的府兵制。府兵挑選身家殷實的中上戶壯丁充任，平時務農，服役時自備兵器資糧，分番輪流宿衛京師，防守邊境。戰時由政府下令徵集，交將帥統率出征；戰爭結束後，「兵散于府，將歸于朝」(《新唐書》卷 50)。唐代內、外軍府分別統屬於中央的十二衛和東宮十率府，據《唐六典》卷 5、《舊唐書》卷 43 記載，有 594 個，這是唐初貞觀十年 (636) 的數目。軍府有半數以上集中在關內、河東兩道，體現了「舉關中之眾以臨四方」(《唐會要・府兵》) 的布局。府兵制是與均田制相結合的系列賦役制度，它與當時的經濟狀況是適應的，對隋唐王朝的強盛曾起到一定的推動促進作用。但府兵制在執行上缺乏靈活性，一旦均田制被破壞，府兵制也就難以維持下去了。

唐初直接統屬於皇帝的南衙十六衛，除府兵十二衛外，尚有左右監門衛、左右千牛衛，所轄不是府兵，負責檢校京城諸門出入和宮廷侍衛儀仗。

景雲二年 (711) 始有「節度使」的正式官稱；玄宗時，邊境有安西、北庭、河西、朔方、河東、范陽、平盧、隴右、劍南九節度使和嶺南五區經略使，兵力合計 48.69 萬人。

中唐以後，節度使的設置遍於內地，有的還自立軍號，其所轄兵則皆來自招募。其實唐代募兵制作為府兵制的補充，史有明文者，早在貞觀十八年 (644) 唐太宗攻打高麗的時候就曾經採用過。玄宗開元十三年 (725)，朝廷將彍騎 12 萬人編為正規軍，用於宿衛，這彍騎，也是招募來的。

此外，唐代尚有團練兵，屬地方武裝。團練之見於唐代史冊，始自高宗上元 (674～676) 年間。安史之亂後，有管轄數州團練事務的都團練使，其地位相當於節度使。

唐初府兵基層的編制相對穩定，其編制情況：軍、衛由大將軍、大總管統領，轄部據調兵數臨時制定；軍府、軍營由將軍、總管統領，轄 2～8 折衝府；府為 800、1000、1200 人，由都尉統領，轄 4～6 團；團為 200 人，⑬ 由校尉統領，轄 2 旅；旅為 100 人，由旅帥統領，轄 2 隊；隊為 50 人，由隊正統領，轄 5 火；火為 10 人，由火長、火子統領。有邊兵戍守的地區，大的叫做「軍」，小的叫做「城」、「鎮」、「守捉」，皆有使。唐代授給統兵將帥的權力較大，一般執有皇帝頒發的旌節，旌以專賞，節以專殺，節度使的由來就與旌節有關。

---

⑬ 《舊唐書》卷 44《職官志三》、《新唐書》卷 50《兵志》皆記為「三百」人，誤。

唐代在平定安史之亂中，騎兵的作用很顯著。

唐後期，中央政府所恃僅為禁衛軍，又稱「衙兵」，都是招募來的。當時北衙兵有左右羽林、龍武、神武、神威、神策等 10 軍，歸皇帝直轄。各軍置大將軍、將軍。又設護軍中尉和中護軍，實為禁軍統帥，以宦官充任。遇有戰事出征，多以宦官監軍，最高的稱「觀軍容使」，主帥反而沒有指揮權，結果造成軍制更加混亂。唐亡之前，其僅存的左右神策軍也被宣告廢除了。

唐代藩鎮割據，當時方鎮任意擴展軍隊，其主力形成「牙兵」，即衛隊。牙兵驕橫跋扈，常常廢立其主。至五代時，這些牙兵就成為新建王朝的禁軍。五代禁軍的最高編制是司，其中侍衛司，統領馬、步兩軍。馬、步軍各帶有護聖、奉國等番號。帶有番號的軍分為左、右廂，由廂都指揮使統領。廂下設若干軍，由軍都指揮使統領；軍下設若干指揮，由指揮使統領；指揮下設若干都，由都頭統領；都下設若干隊，由隊長統領。另有獨立的特種部隊，亦稱「都」，兵員則數百人至上萬人不等。

晚唐五代，多採用在軍士面上刺字的手段，以防士卒逃亡。

宋代軍隊有禁兵、廂兵、蕃兵、鄉兵的區別。禁兵是皇帝的親軍，是招募來的，半數駐守京師，半數戍衛地方。在裝備、訓練、待遇方面，都特優；人數也最多。廂兵是地方軍兼雜役，開始是由各地方鎮兵中的老弱和新設的雜役軍卒合并組成，後來由禁兵中淘汰的老弱充當，還有一些罪犯被發配充軍的，也歸入廂兵。蕃兵由西北沿邊諸路羌族的壯丁所組成，有「熟戶」和「生戶」，生戶不列入編制。蕃兵以部落為單位，「九丁以上取五，六取四，五取三，三取二，二取一」（《宋史》卷 191），1 戶最多抽 5 丁。鄉兵是非正規的地方武裝，一般不脫離生產，也有少數是應募的。徵發的方式是按戶攤派，3 丁抽一，5 丁抽二。⑭

宋代在五代基礎上完善了禁軍的編制。「三衙」——殿前都指揮使司、侍衛親軍馬軍都指揮使司、侍衛親軍步軍都指揮使司以下設廂，廂有廂都指揮使、副使、都虞侯，兵員 2.5 萬人；廂下設軍，軍有都指揮使、副使、都虞侯，兵員 2500 人；軍下設營，營有指揮使、副使，兵員 500 人；營下設都，都有馬軍使、副馬軍使、（步）都頭、副都頭，兵員 100 人；都下設

⑭ 據粗略估計，北宋開國時，總兵力為 20 萬人，到英宗治平 (1064～1067) 年間，雖經裁減，已增至 116.2 萬人。

隊，隊有隊將，兵員 50 人；隊下設什，什有什將，兵員 10 人。

地方各路軍事長官為都監，州、府亦設都監或押監。

宋代武將羣體被極度鄙視⑮，三衙長官俯首聽命於宰（同平章事）執（參知政事），只在平時負責對禁軍的訓練和管理。禁軍的調動權歸樞密院，說到底只有皇帝才能調兵遣將。禁軍的將領雖由朝廷任命，但不使久於其位，造成兵不識將、將不識兵。又用文臣充軍職，每個編制又都設正、副職以互相制衡，軍事要塞由禁軍戍守，1 年一換，謂之「番戍」，時間一長，訓練荒疏，武備廢弛。在對外作戰中，由於將帥什麼事都要請示皇帝，有時朝廷還特設「走馬承受公事」來送達皇帝的指示，以致貽誤戎機，屢次吃虧。

王安石變法，裁減禁軍，每路和要衝，皆置將，以加強訓練。全國共置將 92 員，另編馬軍十三指揮。又實施保甲法，每戶有 2 丁者，以其一為保丁，教保長為弓弩戰陣，再轉教保丁，有事即可徵發，⑯但不久即廢。南宋又將「大軍」（正規軍）分立為五軍，改「都指揮」制為「都統」制，番號先後有「御營」、「御前」、「神武」、「行營護軍」等，隸屬樞密院。孝宗（1162～1189 在位）以後，較注重水師的建設，在沿江和沿海駐有水師。

靖康元年 (1126) 閏十一月，金軍第二次圍攻北宋首都汴京，宋陝西五路宣撫使范至虛曾自行設立「御前會合軍馬入援所」，作為勤王軍的臨時指揮機構。⑰

宋神宗熙寧五年 (1072) 始建武學，朝廷命國子監將成書於先秦時代的《孫子兵法》、《吳子兵法》以及相傳為春秋時期齊國人司馬穰苴所撰的《司馬法》、相傳為秦漢之際隱士黃石公所撰的《黃石公之略》、相傳出於西周初年姜太公的《六韜》、相傳為孟子同時人尉繚作的《尉繚子》、相傳為根據唐太宗與其主要軍事將領衛國公李靖討論軍事問題的談話筆錄整理而成的《李衛公問對》⑱等 7 部書進行校訂，頒發給武學作為軍事教科書。這

⑮ 北宋嘉祐元年 (1056)，樞密使狄青（汾州西河〈今山西汾陽〉人，1008～1057）遭頗著清望的翰林學士歐陽修以不實之辭連上三疏攻罷，次年三月含冤死於陳州（治今河南淮陽）。儘管狄青英名蓋世，位居極品，但並不曾引起多少關注；相反，輿論卻偏向歐陽修這一邊，寬容地為其進行開脫。

⑯ 《宋會要輯稿・食貨四》。

⑰ 張春蘭：《宋勤王軍的統帥部》，《光明日報》2008 年 3 月 30 日。

⑱ 《李衛公問對》係宋人託名所撰。參見藍永蔚《李靖問對偽辯》，《安徽大學學報》

圖 36 「武經七書」書影

就是所謂「武經七書」。武經七書是當時和後世軍事將領的必讀書。武經七書中沒有成書於先秦時代的《孫臏兵法》，是因為該書當年已經失傳，許多人以為《孫臏兵法》就是《孫子兵法》，把兩部書混為一談。

遼的主力分為御帳親軍（前期有左右皮室軍、屬珊軍；中、後期皮室軍長期屯戍邊地，宮衛由宮分軍負責）、部族軍，都以部族為基礎，實行全族皆兵。還有五京鄉丁軍，屬民兵性質。又有屬國、屬部軍，不歸遼直接指揮。

金代女真族也實行全族皆兵的部落兵制。部落之首領稱為「孛堇」，行軍時稱為「謀克」，意為百戶長，轄 300 戶。大部族首領稱「猛安」，意為千戶長，轄 7～10 謀克。猛安之上設軍帥，軍帥之上設萬戶，萬戶之上設都統，而以都元帥為總領。金太祖（1115～1123 在位）起兵之後，亦以猛安、謀克之職授予歸降之遼人、漢人。熙宗（1135～1149 在位）以後，不再新授，而專以兵權歸其本族。

元代實行軍戶制度。軍戶主要分為蒙古、探馬赤、漢、新附 4 大類。規定軍戶世代相襲，如沒有復還為民戶的命令，永遠不能更改。又有奧魯組織，負責起發丁男出征，拘防在役軍人的逃亡和徵發財物。元初部族兵，凡蒙古男子年 15 以上 70 以下全部當兵，上馬征戰攻伐，下馬屯聚牧養。占領中原後，徵發老百姓為兵，規定富家每戶出 1 名，稱「獨軍戶」；貧家二三戶合出 1 名，有「正軍戶」和「貼軍戶」之分，正戶當兵，貼戶補助

1979 年第一期。

供應。又取工匠從軍，稱為「匠軍」。元代主力軍有宿衛諸軍、鎮戍諸軍和屯田諸軍 3 大部分。宿衛諸軍是中央的禁軍，包括蒙古國原有的「怯薛」⑲和入主中原後新建的侍衛親軍；鎮戍諸軍是駐守全國各地的軍隊；屯田諸軍是由宿衛諸軍和鎮戍諸軍中調撥出來的。

上述諸軍的編制是以 10 人為牌，設有牌頭；牌以上有百戶翼，設有百戶；百戶以上有千戶所，設有千戶；千戶以上有萬戶府，設有萬戶；再往上是都指揮使司。萬戶和千戶均設達魯花赤為監臨官，千戶還設有彈壓官。全國軍事由樞密院總領。

除以上正規軍外，還有專管驛站的站赤兵，專管遞送緊急文書的急遞鋪兵和專管巡邏緝盜的弓手。又有相當於宋之鄉兵者，如遼東之乣軍、契丹軍、女真軍、高麗軍，雲南之寸白軍，福建之畬軍等。⑳

元和以前的遼、金，主力都是騎兵，步兵也很發達，特種兵如炮、弩、水兵，也都曾在戰爭中起過重要作用。

當時「以兵籍係軍機重務，漢人不閱其數。雖樞密近臣職專軍旅者，惟長官一二人知之。故有國百年，而內外兵數之多寡，人莫有知之者」(《元史》卷 98)。

明初起義時期，朱元璋以都元帥身分主持行樞密院事，親自指揮全盤軍事。後來，改行樞密院為大都督府，設大都督 1 人，名義上是節制中外諸軍事。洪武十三年 (1380) 撤銷大都督府，設前、後、左、右、中五軍都督府管理全國軍隊。都督府內有左、右都督、都督同知、都督僉事、副都督等，俱為負責官員。某一都督府統率地方有關都司、衛、所，不得隨便變動。五軍都督府有統軍之權而無出兵之令，負責軍事行政工作的兵部則有出兵之令而無統兵之權。遇有軍事行動，兵部奏請某一都督府的某都督率兵出戰，而分調其他各都司、衛、所的兵丁歸其指揮。戰事結束，將領繳印回任，兵士回歸原來的建制。

衛、所是明初的軍事基層組織。5600 人為一衛，1120 人為千戶所，112 人為百戶所，其長官分別是指揮使、千戶和百戶。百戶之下有總旗 2 人，小旗 10 人。衛、所兵是世襲的，任務是出征、防守和屯田。衛、所制來源於元代而又有所發展，是結合了世兵制和府兵制的特點。衛、所的分布，

⑲　由宿衛、侍衛、環衛 3 隊組成，是成吉思汗時設置的護衛軍。

⑳　《元史》卷 98、101。

主要根據軍事需要，一般在形勢險要的地方設衛，以下再分設千戶所作為據點。

每省設一都司，長官稱都指揮使，副職稱都指揮同知，統轄省內各衛、所。

衛、所軍士番上京師宿衛，是謂「班軍」。後來班軍每年由中都（鳳陽府）、山東、河南、大寧各都司抽調，全國大部分地區的衛、所軍也就不必番上了。

除衛、所軍外，還有皇帝直接控制的親軍和京軍。親軍是皇帝的御林軍，又叫「上十二衛」，其中錦衣衛還發展成為特種的鎮壓部門。京軍三大營，是駐紮在京師的機動精銳部隊。

至於邊防要地，則「九邊」統兵者為總制（後改稱「總督」），其下有總兵、副總兵、參將、游擊、守備、千總、把總等職。總兵初為臨時派遣，以後逐漸改為長期駐守。總兵之上除總督外，尚有巡撫、經略、督師等，都是與總督不相上下的設置。此外，總領一方軍務的稱鎮守；鎮守以下，獨守一路的稱分守，協同鎮守的稱協守。自英宗正統開始，出征多由文臣統帥軍隊，武臣只負責作戰。

明中葉後，衛所兵由於被軍官任意役使，加上生活無保障，因而大量逃亡。正統以降，招募來的士兵逐漸變為軍隊的主力。明末在鎮壓農民起義軍時，還不得不起用民間武裝。

清兵入關之前，主力是八旗軍，最初僅有滿洲旗兵，分正黃、正白、正紅、正藍 4 旗，後來又增編了鑲黃等 4 旗，所以叫「八旗軍」。天聰九年 (1635)，再編蒙古八旗；崇德七年 (1642)，另編漢軍八旗。滿、蒙、漢軍共 24 旗，兵額達 10 餘萬人。各旗以旗統人，即以旗統兵，旗主身兼行政長官和軍事指揮官雙重責任，㉑組織比較單純，指揮也比較靈活有效率。入關後，由於八旗子弟繁衍甚多，而各旗的軍額卻有限，所以除入伍的「額兵」和軍官的「隨甲」（隨從）外，「餘丁」僅能領一份錢糧以維持生活，不能領全份軍餉。餘丁和不滿 16 歲的「幼丁」，可以被挑選為「養育兵」，亦即預備兵。

在編制上，八旗兵又分為禁旅八旗和駐防八旗。禁旅中的郎衛，是皇帝身邊的親軍，由領侍衛府統轄，全部官兵都是從正黃、正白、鑲黃等所

㉑ 《清文獻通考・兵一》。

謂「上三旗」中挑選的，這3旗各派2人為正一品的領侍衛內大臣以率領之。禁旅中還有兵衛，主要負責衛戍京師。兵衛又分護軍、驍騎、前鋒、步軍各營。禁旅中另有神機營、健銳營、火器營、虎槍營等特種兵，都是精選出來的，在訓練和裝備方面，遠非其他兵種所敢望其項背。其長官為總統大臣或管理大臣，由親王、郡王等兼任。駐防八旗分3類：一類為省會所在地，設將軍、都統、副都統率領之；一類為各省重鎮，設都統、副都統率領之；一類為各省要害之地，設城守尉或防守尉率領之。八旗軍駐防各地，規定必須保持「國語騎射」的習慣，不許與當地人通婚，不許應科舉考試，另立「旗城」居住。

八旗兵士計丁受田，一丁30畝。京師八旗的親軍、護軍、前鋒，月餉銀4兩，米2石，比翰林院編修、國子監監丞、七品父母官的知縣還略多一些，這是清代基本國策的體現。

清代又有綠營兵，或稱「綠旗兵」，在很大程度上是因襲了明代的軍事建制。順治(1644～1661)時約80萬，後來大體上保持在60萬上下，除少數留駐北京的稱「京營」，隸屬於步軍統領外，絕大多數都分駐各省。由總督統轄的稱「督標」，巡撫統轄的稱「撫標」，提督統轄的稱「提標」，總兵統轄的稱「鎮標」。總督、巡撫為文職，綠營的日常操練、管轄和征戰防戍，由武職的提督、總兵等將弁負責，提督為從一品，總兵為正二品。在有些地區，還設有軍標、河標和漕標。標以下設協，由副將統之；協以下設營，由參將、游擊、都司、守備分別統之，每營大約有兵員500人；營以下還有汛，由千總、把總、外委分別統之。兵種有馬兵、步兵、守兵之別，在沿海、沿江之地有水師。

順治七年(1650)後，八旗滿洲兵、蒙古兵戰鬥力下降，新、舊漢軍成為主力。康熙十二年(1673)平吳三桂之亂，倚仗的是漢軍綠營兵。鴉片戰爭後，綠營也已腐敗，於是又有鄉勇和新軍。

清代在邊防劃疆分界，設置「卡倫」(哨所)、「鄂博」(石塊壘成的界標)，重要關卡駐兵把守，有嚴格的巡邊制度，在海疆也有嚴格的巡哨制度。這些防範措施，都是歷代所未有的。

秦、漢以來，中國上古將士所用的靠內刃的勾割、外刃的推杵以及刃尖的啄擊來殺傷對方的戈和兩角上翹、具有弧形闊刃、適合於揮舞劈砍的鉞等著名兵器已退出了實戰。由於鋼鐵冶鍛工藝的不斷提高，軍隊的常規

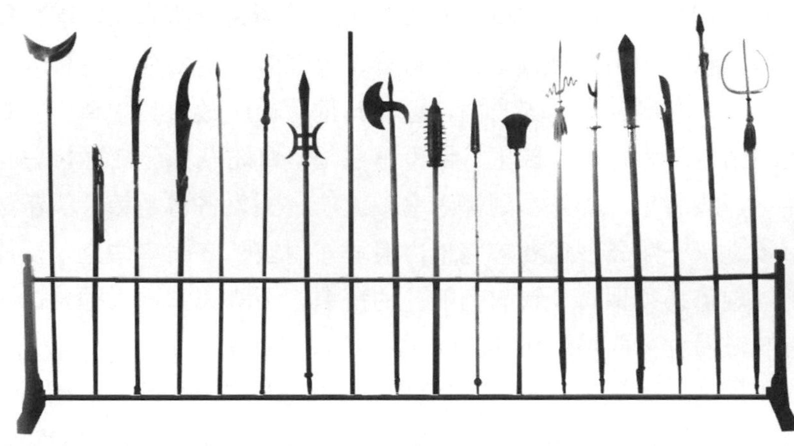

圖 37　十八般兵器

進攻性武器，都是不斷改進的鐵製冷兵器。主要有：矛，又稱「刺兵」、「槊」，是靠矛頭的雙鋒來刺殺對方，有三刃矛、四刃矛和兩頭矛，適宜於車戰和步騎戰，後來被槍所代替；戟，又叫「鏝」、「鏔」等，可勾可刺，是矛和戈的結合，萌芽於上古殷商或西周，在戰國和秦漢時代，常用「持戟」者多少來衡量軍隊的戰鬥力，南北朝以後，由於甲冑的製作日趨精良，逐漸被淘汰；槍，也是刺兵，秦代和漢代，槍、矛形制相近，後來槍頭改進為短而尖的形式，比矛輕便鋒利，唐以後，有「百器之王」的稱呼；刀，原為短兵器，從東漢開始，出現了裝有長柄的大刀，都用於砍劈，元以後，長柄刀在軍隊中降為次要武器，短柄刀依日本式，刃長 5 尺，柄長 1.5 尺，用雙手握柄以砍人，利於步戰；殳，也叫「杵」、「杖」、「棒」等，是一種打擊兵器，殳加上銅、鐵製成的棱頭，殺傷效果更好，後世的棍，即是殳的演進；钂鈀，始創於明代，形似馬叉，上有利刃，兩面出鋒，刃下橫兩股，向上彎，既可刺擊，又可抵禦，還可以作為火器的發射架；劍，由矛演化而來，開始形制較短，作近戰防身之用，也就是匕首，秦、漢之際，多使用長劍，劍在砍殺效能和堅韌度上都不如刀，所以劍到了晉代，已不再是習見的進攻性武器了。另外還有弓箭和弩：弓箭是通過手拉的弓將具有殺傷力的箭射向遠方，擔負遠距離的殺傷任務，中國古代弓箭箭頭的殺傷力、命中的準確度和發射速度與時推進，一直是軍隊所恃的射遠利器。明後期推行軟弓長箭，弓所用箭矢，是比較長的。弓還可以發射彈丸。所謂「軍器三十有六，而弓稱首；武藝一十有八，而弓第一」(華岳：《翠微北征錄》卷 7)。弩，原始木弩的發明不晚於殷周時期，春秋末年開始在實戰中受到重視，漢代已普遍使用並趨向大型化，是可以借助腰力、腿力和其他機械力發射的弓。1964 年在四川郫縣發現一件蜀漢景耀四年 (261) 製造的銅弩，號稱「十石機」，有 600 千克的射擊能力。弩又可以預先拉開弓弦，選擇適當時機而發，還可以一次連續發射多枝箭矢，增強命中率。但弩的攜帶沒有弓輕便，自明以後，由於受火器影響，弩就比較少見了。

中國古代防禦性裝具，用於個人防護方面的，南宋以後主要是盾牌。元世祖至元十一年 (1274) 孫拱（大同〈今屬山西〉人，生卒年未詳）所設計的盾牌，可以摺疊。用於集團防護方面的，除城堡、掩體外，有鐵蒺藜，亦稱「渠答」，俗稱「鐵菱角」，是鐵製的三角物，布於敵來要道，可以阻攔敵馬突闖，或阻礙敵方車輛的行動；又有鹿角木，選用鹿角形的堅木鋸斷做成，長數尺，作戰時遍植鹿角木，可以攔敵馬足，使敵不能前進；還有揭蹄，也是阻攔敵馬之具，用木 4 根做成四方形，徑 7 寸，橫施鐵逆須釘於其上，馬蹄一經踩著，就無法掙脫，痛不可忍。

唐、宋以降，火藥武器在實戰中逐步應用，使得傳統的作戰方式又起了若干新的變化。首先是新出現的獨立的炮兵成了軍隊的驕子，騎兵的作用開始下降。其次是由於火器的殺傷力比冷兵器大為加強，在野戰中步兵隊形因而由大陣趨向小陣，由密集轉為疏散，野戰築城也應運而生；在要塞攻防戰中，進攻方占了上風，而守方必須進一步在要塞周圍構築工事，改變了過去單憑城垣為屏障的做法。並且戰鬥面貌也不同了，過去戰鬥的勝敗全賴面對面的廝殺格鬥，有了火器之後，火力成果才是最重要的；而戰鬥動作，則低姿、躍進成為常識。

關於中國古代的火藥武器，本書「科技」編將有介紹，這裏就略去不談了。

宋、明以來，將領除必須熟讀「武經七書」外，通常選讀的軍事著作，有北宋曾公亮（泉州晉江〈今屬福建〉人，999～1078）的《武經總要》，前集 20 卷，論述軍事組織、軍事制度、步騎兵教練、行軍、營陣、戰略、戰術、武器的製造使用、邊防地理等；後集 20 卷，主要輯錄歷代用兵故事。又有明末茅元儀（浙江歸安〈與烏程同治今湖州〉人，約生於 1594 年，卒年未詳）輯《武備志》240 卷，更是在採錄歷代有關軍事典籍 2000 餘種的基礎上編成的。這2部書都是帶有軍事百科全書性質的著作。另有宋代陳規的《守城錄》、明代戚繼光的《紀效新書》和《練兵紀實》等，內容多詳實具體，大體上是實戰的經驗之談。

第二節　刑法

中國古代素稱「禮義之邦」，《荀子・禮論》云：「禮有三本，天地者生之本，先祖者類之本，君師者治之本。」三本涉及人與神、人與鬼、人與人三大關係，因此禮的範圍非常廣泛，它實際上形成了一個合適的框架，人在其中如果處於恰當的位置，而與上下左右保持穩定的關係，就不會出亂子，本書前後許多章節都有涉及和反映。而刑，作為禮的補充，與禮是相輔相成的。「禮以導其志，樂以和其聲，政以一其行，刑以防其姦，禮樂刑政，其極一也」（《禮記・樂記》），基本精神都在於維護社會的統治秩序。在中國傳統社會，刑與法不分，所以本節談刑，也勢必連帶刑法之外的其他法律，但只是連帶而已。事實上，中國傳統社會的其他重要法規，在本書中，談到的機會還是不少的。

《說文》：「刑，剄也。」《玉篇》：「刑，罰總名也。」古代「刑」字就兼包這兩種含義。

《尚書・舜典》記載：「流宥五刑，鞭作官刑，扑作教刑，金作贖刑。眚災肆赦，怙終賊刑。」這是氏族公社末期為維護首領權力和保護私有財產而為整個社會所遵循的習慣法。

舜、禹之際，皋陶為法官，他說「與其殺不辜，寧失不經，好生之德，洽于民心」（《尚書・大禹謨》），這與現代死刑適用觀念中疑罪從無的原則是一致的。他又說「罰弗及嗣，賞延于世；宥過無大，刑故無小；罪疑惟輕，功疑惟重」（同上），這與現代法治理念中刑罰輕緩、刑罰必須執行以及刑法的謙抑性也可謂異曲同工。他還率先提出了以「法」輔「德」最終實現沒有犯罪現象的思想。[22]

夏代有「禹刑」（《左傳・昭公六年》），夏啟攻伐有扈氏時，曾宣布命令：「用命賞于祖，弗用命戮于社。」（《尚書・甘誓》）在夏代，聽從王命的有賞，不聽從王命的有罰，王命就是法律。夏代對官吏瀆職，處罰極嚴，

[22] 參見郝文婷《中國古代的第一位法官　皋陶》，《人民政協報》2008年12月22日。

如「掌天師」預報「天時」過早或過遲，均「殺無赦」。(《尚書・胤征》)夏代監獄叫「圜土」㉓，如「夏臺」(《史記・夏本紀》)之獄。

商代刑罰總稱「湯刑」(《左傳・昭公六年》)，主要刑名有墨刑，又稱「黥刑」，即以刀割受刑人額部或面部，然後塗黑的刑罰；劓刑，即削除鼻子的刑罰；剕刑，又稱「刖刑」、「臏刑」，即斷足的刑罰；宮刑，又稱「腐刑」、「蠶室刑」，即男子去勢、女子幽閉㉔的刑罰；大辟，即剝奪生命的刑罰，就是死刑。以上是謂「五刑」，五刑相傳在夏代已經具備。五刑除墨刑外，皆可得到殷墟甲骨卜辭的印證；墨刑也可以得到西周金文的印證。㉕

商代刑法以殘酷著稱，表現在死刑的種類上，有活埋、斬戮、劓殄(族誅)、焚炙、刳剔、炮烙、烹、醢、脯和剖心等。除了包括死刑和肉刑的五刑，商代還有徒刑和流刑。徒刑是將罪犯拘繫，罰使其參加體力勞動；㉖流刑即流放，僅適用於貴族。

商代立法權屬於商王，一些權臣的訓、誥亦具有法律性質。假借「神判」和「天罰」是商代司法的一大特點。商代監獄仍然叫圜土，如「羑里」(《史記・殷本紀》)之獄。

西周繼承了商代法律中的適用部分，又用禮制來指導立法活動。「周有亂政，而作九刑」(《左傳・昭公六年》)。「九刑」一是指「刑書九篇」(《逸周書・嘗麥解》)；二是指在五刑外增加流、贖、鞭、扑刑。穆王時，又命呂侯作《呂刑》，《呂刑》是對《九刑》的補充修訂，總的精神是增加輕刑，減少重刑，並且規定五刑均可以金相贖。

西周統治者吸取殷商滅亡的教訓，特別強調明德慎罰。㉗當時規定了許多量刑定罰的基本原則，有關於矜老恤幼方面的、不事株連方面的、正當防衛方面的、寬嚴適中方面的、疑罪從赦方面的、因時制宜方面的，並且還首次提出了要區別對待過失犯罪還是故意犯罪、偶發犯罪還是一貫犯罪的問題，這是已經注意到考量犯罪者的主觀因素。

㉓ 長沙商務印書館 1940 年版《海寧王靜安先生遺書》第十二冊《古本竹書紀年輯校》：「夏帝芬三十六年作圜土。」

㉔ 幽閉是用人工造成子宮脫垂的酷刑。說詳樓肇明《「幽閉」考略》，《學林漫錄》六集，中華書局，1982 年。

㉕ 趙佩馨：《甲骨文所見的商代五刑》，《考古》1961 年第二期。

㉖ 《史記・殷本紀》：「箕子懼，乃佯狂為奴，紂又囚之。」

㉗ 《尚書・呂刑》。

西周時期最嚴重的罪名有：違抗王命罪、亂暴罪、改變制度罪、不孝不友罪、奸宄罪、殺人越貨罪、盜竊罪、拐騙奴隸罪和群飲罪。另外還有「三風十愆」罪（指官員由於巫風、淫風、亂風而導致的侮職罪、瀆職罪和犯上作亂罪，具體表現有「恆舞于宮」、「酣歌于室」、「殉于貨色」、「恆于遊畋」、「侮聖言」、「逆忠直」、「遠耆德」、「比頑童」等等）㉘、「五過」罪（「惟官」、「惟反」、「惟內」、「惟貨」、「惟來」，法官依仗權勢、私報恩怨、暗中牽制、敲詐勒索、貪贓枉法等 5 種職務犯罪）㉙、誤農罪、違約罪、違軍罪、傷梏罪、盜賓罪、破壞罪、功有不當罪、聚眾出入罪、侵奪財物罪。上述罪名，有些是因襲前代的，有些則是周代新增的。值得注意的是，其中很多罪，平民要想犯，也沒有這種資格。

重大案件或諸侯之間的爭持，由周天子裁決。周天子下設司寇，專理刑獄，並主持刑事法令的制定和頒布等事宜。各諸侯國的司法制度仿效周天子。周代司法機關具有「家」、「國」一體的特點。

當時凡訴訟必須具訴狀（後世亦稱「訟諜」、「辭諜」，即俗所謂「狀子」），不管刑事案件還是民事案件，原告和被告都要繳納訴訟金。審理在繳納訴訟金後 3 天進行，必須兩造俱到，雙方出庭，坐地對質。在對質之前，兩造要「盟詛」起誓，然後開始審訊。對不服判決的，原則上不准上訴，但對堅決上訴者，則不得橫加壓制。不准「父子將獄」，認為這「是無上下也」（《國語・周語中》）。審訊重口供，不過也並不排斥人證、物證和書證；提倡用察言觀色的方法來區別口供真偽。「簡孚有眾」，「無簡不聽」，（《尚書・呂刑》）對司法官，還實行監督。

死刑和肉刑，由司寇下面的掌戮執行。執行死刑要擇日子，通常是刑大夫於朝，刑庶人於市。刑殺庶人，肆之三日，此即所謂「與眾共棄」㉚。相對於上述明正典刑來說，婦女採取隱刑，不公開處死。對貴族違反禮制行為的處理，首先是發動輿論加以譴責，其次則用「象刑」（強迫犯人穿上特殊的服飾以示羞辱）、「髡刑」（斷去犯人自然生成的頭髮，使之由長變短）之類的恥辱刑，嚴重的也要處死，「元惡大憝……刑茲無赦」（《尚書・康誥》），但無一定的律文，《九刑》、《呂刑》均不適用於貴族。《禮記・曲禮

㉘ 《尚書・伊訓》。

㉙ 《呂刑》「五過之疵」條。

㉚ 語出《禮記・王制》：「刑人於市，與眾弃之。」

上》孔穎達疏云：「刑不上大夫者，制五刑三千之科條，不設大夫犯罪之目也。」貴族犯罪，通常都會得到寬大處理。貴族或「磬（縊死）于甸人」（《禮記・文王世子》），或「賜死」，令其自殺，就是執行死刑。

西周監獄稱「囹圄」（《禮記・月令》），習慣上仍稱圜土。《說文・㹜部》考釋「獄」字的本義是用二條犬守住犯人，這大概是最古老的監獄。到了西周，監獄也還是畫地為牢，白天強迫犯人服勞役，夜裏給犯人戴上獄具鎖禁在巨石上。㉛獄具之設，始於商代。西周獄具有梏，是加在頸上的；拲，是加在手上的；桎，是加在腳上的，都用木頭做成。㉜

春秋時期，姜齊倒行逆施，國人都受刖足之刑，以致市場上鞋子因賣不出去而落價，假腿因供不應求而漲價。㉝當時「君臣上下貴賤皆從法」（《管子・任法》）的呼聲日益高漲，各諸侯國不再保持法律的秘密性，相繼公布了成文法。周景王九年（公元前536），鄭國子產（生年未詳，卒於公元前522年）「鑄刑書於鼎，以為國之常法」（《左傳・昭公六年》杜預注）。周敬王七年（公元前513），晉國趙鞅「鑄刑鼎，著范宣子所為刑書」（《左傳・昭公二十九年》）。在鄭國，繼子產之後，鄧析（約公元前546～公元前501）又私造《竹刑》，㉞這是反映了時代的深刻變化。

戰國初，李悝「集諸國刑典，造《法經》六篇」（《唐律疏議・名例》），把懲治「盜」、「賊」㉟列為首要任務，在當時發生了很大的影響。《法經》中有「金禁」的條文：「丞相受金，左右（下屬）伏誅。犀首（將軍）以下受金則誅。金自鎰以下罰，不誅也。」這是中國古代最早規定懲治官吏受賄的法律。其後商鞅在秦國進行法制改革，「燔詩書而明法令」（《韓非子・和氏》），把貴族和平民的行為都一體納入了法律調整的範圍。㊱從商鞅開始，

㉛ 參見齊文心《殷代的奴隸監獄與奴隸暴動》，《中國史研究》1979年第一期。

㉜ 《左傳・昭公三年》。

㉝ 《周禮・秋官・掌囚》鄭玄注。

㉞ 《左傳・定公九年》。據《呂氏春秋・審應覽・離謂》記載：「子產治鄭，鄧析務難之」，專門幫人打官司，大案收一件衣服，小案收一條褲子，能把有罪辯成無罪，無罪辯成有罪，弄得鄭國「是非無度，而可與不可日變」，於是子產就把他殺掉了。儘管這條記載的真實性很成問題，但在中國傳統社會，諸如此類接受報酬提供法律服務的訟師行業，卻由來已久，只是名聲十分不佳而已。

㉟ 《荀子・修身》：「竊貨曰盜，害良曰賊。」在先秦文獻中，「盜」指經濟犯罪，「賊」指政治犯罪。

後世大都稱「法」為「律」。㊲當時各諸侯國還頒行了一系列單行法律，內容涉及面很廣。

戰國時期的刑罰手段，見於《法經》的有笞、臏、刖、膩、宮、誅、夷族、夷鄉等；此外名目，不可勝紀。

各國都實行地方行政長官兼理司法審判的制度，這種制度一直延續到清末。至於訴訟制度，則分告訴和告奸。告訴即公訴；告奸法律規定人人有責，秦國結合「連坐」制度，實行不告奸即與奸同罪，告奸有獎，伍什連坐，「從事於官府」的「吏」不在連坐之列（《睡虎地秦墓竹簡・法律答問》）。㊳秦國的「害盜」（相當於今之民警或保安）如 5 人結伴行盜，即使只搶一文錢，參與者都斷去左足，並黥面，強制勞動；但平民犯小偷行為而不使用暴力，所得不足一錢，則罰處勞役 30 天。

在這個時期裏，法醫檢驗制度已經趨於規範化。如秦國制定的《秦律》，在活體檢驗方面，不僅明確規定對造成不同程度的損傷處以不同的刑罰，還記載了對外傷造成的流產和痲風病的診斷方法，以及流產胎兒的檢驗和鑒定。在屍體檢驗方面，對他殺和自殺的損傷性狀、衣服傷和肉體傷的關係、兇器的推定等問題，都作了描述；並且已經注意到生前縊死和死後再縊的區別。另外，在檢驗文書體例上，出現了標準格式。㊴

秦代建立後，從水德主運的思想出發，「法繁於秋荼，而網密於凝脂」（《鹽鐵論・刑德》），厲行法治，頒布了一系列法規，包括吏制、戶賦、兵政、刑獄、科技 5 個主要部分。在刑律方面，除沿用戰國時期秦國的法律條文外，又有以詔令形式發布的新律。新律的主要內容是為了維護絕對皇權而加強對思想言論罪的懲治。如「有敢偶語詩書，棄市；以古非今者，族」；「敢有挾書者，族」；「誹謗者，族」；「耦語者，棄市」等（《秦會要・刑法上》），都是前所未有的，其對象主要是知識分子。

為了防範人民的反抗，秦律規定民間不得私藏兵器；戍卒誤期，斬首；教唆、累犯、集團犯罪，從嚴加重㊵。又規定「羣臣侍殿上者不得持尺寸

㊱ 《商君書・刑賞》。

㊲ 《唐律疏議・名例》。

㊳ 秦的「連坐」，除伍什連坐外，尚有親屬連坐和職務連坐，皆極為酷烈。

㊴ 《睡虎地秦墓竹簡・法律答問》。

㊵ 同上。

之兵；諸郎中執兵者皆陳殿下，非有詔召不得上」(《史記・刺客列傳》)。

秦始皇處理政務，主要就是斷獄。㊶他強調「以刑去刑」(《商君書・畫策》)的立法指導思想，鼓勵吏民互相檢舉告發。秦的酷刑名目繁多，單是死刑，《史記・秦始皇本紀》記載的有「戮」、「坑」、「梟首」、「車裂」、「棄市」、「從死」等，《史記・李斯列傳》記載的有「腰斬」、「磔」、「具五刑」、「夷三族」等，另外還有「絞」(《戰國策・秦五》)、「定殺」(《睡虎地秦墓竹簡・法律答問》)、「鑿顛、抽脅、鑊烹」(《漢書・刑法志》)、「囊撲」、「蒺藜」(《史記・秦始皇本紀》正義引《說苑》)、「剖腹」(董說:《七國考・刑法》)等。就是徒刑，亦皆為無期的，如城旦、鬼薪、白粲、隸臣、隸妾、候、司寇、下吏等，一經判定，則終身服刑。㊷當時學習法令，有「以吏為師」(《史記・李斯列傳》)的規定，可見秦代刑吏，都是精熟法理的。

秦代中央掌刑政的官員叫廷尉，廷尉的屬官有廷尉正、左右廷尉監。地方行政長官下面則都配有專職官吏協理司法，㊸凡起訴，規定必須先通過專職官吏。㊹

訴訟有公室告和非公室告。公室告為官府准告的案件，內容主要是危害社會秩序和侵犯統治階級生命財產的行為，凡屬公室告，被害人都有權告發，各級行政、司法機關要負責公訴，雖陌路之人也可以提出舉報。而非公室告則反之，如完全為以卑告尊的非公室告，法律甚至還要對控告者加以處罰。

秦律雖然規定誣告必須反坐，但在具體量刑上，仍視情節和性質予以區別對待。㊺

秦代審判制度，對刑事案件，均須經過現場勘驗和司法鑒定，並寫出「爰書」(報告書)；有的還得「封守」(《睡虎地秦墓竹簡・封診式》)，「封」即查封財產，「守」即看守家屬。法定的訊獄程式為：認真聽當事人陳述，詳加記錄；待陳述完而問題未交代清楚，始進行詰問；發現矛盾再詰問；直到當事人理屈辭窮，多次編造謊言，更改口供，拒不服罪，然後依法施

㊶ 《漢書・刑法志》。

㊷ 「城旦」等刑有年限，始於漢文帝時。見《漢書・刑法志》。

㊸ 《漢書・百官公卿表》。

㊹ 《睡虎地秦墓竹簡・法律答問》。

㊺ 同上。

行拷掠。這種訊獄程式，實際上是對西周察言觀色方法的繼承和發展。判決之後，要讀鞫，即宣讀判決書。讀鞫之後，如被告或其親屬不服，可以請求再審，謂之「乞鞫」。乞鞫其實也是承西周制度而來的，所不同的只是增加了他人也可以為被告乞鞫。

秦代還有赦罪制度。「夫赦令者，將與天下更始」(《漢書・平帝紀》)，秦的赦罪制度，體現了統治者的政治需要，談不上是什麼慈仁。後世歷代皆有赦罪之制，其指導思想是恤刑和禮治，「皇恩大赦」是連魯迅小說中的七斤嫂都不陌生的。[46]但歷代赦罪，罕見赦及貪官污吏，唐代可以赦免叛逆判死刑者，唯獨官吏犯貪污受賄，則絕對不予赦免；清代「大貪罪至死者，遇赦不宥」(《光緒大清會典事例》卷 820)。

西漢開國，鑒於暴秦的速亡，遵循黃老刑名之術，下決心改革秦法。早在公元前 206 年，劉邦率軍攻克咸陽時，就曾與秦父老約法三章：殺人者死；傷人及盜，抵罪。後來天下已定，感到三章之法不足以御奸，於是命相國蕭何捃摭秦代遺規，取其宜於時者，作律九章。[47]除《九章律》(盜、賊、囚、捕、雜、具、戶、興、廄)外，漢代尚有《旁章律》、《越宮律》、《朝會正見律》等單行律令，到武帝時，總計已「凡三百五十九章……文書盈於几閣，典者不能徧睹」(《漢書・刑法志》)，內容涉及刑事、行政、民事、經濟等各個領域。呂后當政時，又曾頒布過以「繁法」、「嚴刑」為指導思想的《二年律令》，在該律令的《具律》中，同時也強調重視案件的事實和證據，防止出入罪。

漢代法律大致有律、令、科、比等形式。律是比較穩定的法律條文；令是在位皇帝的詔令，「先主所是著為律，後主所是疏為令」(《漢書・杜周傳》)，令具有優於律的效力；科，「課也」，是「課其不如法者罪責之也」，(劉熙：《釋名・釋衣服》)所謂「作奸犯科」，犯科就是犯法；比是把典型判例作為斷案的依據，具有靈活性。除此之外，漢代還確認可以援引儒家經義來解釋法條。[48]所謂《春秋》決獄，盛於漢武帝時期，基本精神是融情入法。這種做法固然有利於穩定社會統治秩序，提升人們的道德水平，

---

[46] 赦的名目很多，除施於全國範圍內的大赦外，通常還有施於局部地區的曲赦、施於特定對象的特赦等等。又有所謂郊赦，則是皇帝舉行郊祭典禮後的大赦。

[47] 《漢書・高帝紀》。

[48] 《漢書・刑法志》。

但其消極作用，卻很容易導致同罪易罰，也為後世以言論定罪埋下了伏筆。

漢代法律標榜刑德並用，矜老憐幼；判案不溯及既往；自首除罪；誣告反坐；官僚犯罪須奏請皇帝裁斷；直系親屬得互相包庇；可以用錢贖罪；一人有數罪，以重者論；故意者從重，過失者從輕；「罪疑者予民」（《漢書・刑法志》），對證據不足的嫌犯，交付民間，免予處罰。所有這些原則，在中國古代法制史上，都有承前啟後的意義。

在漢代法律中，對皇帝的不忠、不敬，罪名有很多，都是極其可怕的。漢律嚴格保護財產私有權，甚至規定：「無故入人室宅廬者，上人車船，牽引人欲犯法者，其時格殺之，無罪。」（《周禮・秋官・朝士》鄭注引漢律）但漢律對債權人「取息過律」（《漢書・王子侯表》），也是要打擊的。漢代的最高刑罰為夷三族和具五刑，「三族」即父母、妻子、兄弟；「五刑」即「先黥、劓，斬左右趾，笞殺之，梟其首，菹其骨肉於市。其誹謗詈詛者，又先斷舌」（《漢書・刑法志》）。漢初彭越、韓信之屬皆受此刑。漢文帝廢株連刑㊾、誹謗法和妖言罪；他又廢肉刑，用笞刑代替了殘酷的肢體刑。但終漢之世，宮刑、刖刑、劓刑、黥刑依然未除。漢代還有罰金、徙邊、禁錮、籍沒等刑罰手段。罰金容易理解，徙邊是減死的措施，禁錮有行政禁錮和刑罰禁錮之分，籍沒是收錄其妻子為奴。對女徒，漢代不親役之，令出錢雇人代役，稱為「顧山」，是一種優待的辦法。㊿

漢代與秦代相比，在吏治制度上，側重於嚴厲打擊官吏利用職務進行的經濟犯罪。

漢代中央司法機關及其長官均稱廷尉，負責審理皇帝交下來的案件——即所謂「詔獄」，以及地方送來的疑案。遇有大案，其他高級官員也參與審判，叫做「雜治」。在特殊情況下，皇帝特別任命的繡衣直指，也握有司法權。漢初軍隊有專門機構，負責審理軍隊違令、擾民事件，這個制度後世有發展。

郡、縣長官均有死刑的處決權。51上級司法機關派出官吏到地方巡視，稱為「錄囚徒」。

㊾ 後以「新垣平事覺，夷三族」（《史記・孝文本紀》），族誅又得以恢復，只有不全部執行死刑的「收」確實不再普遍使用了。

㊿ 《漢書・平帝紀》：「天下女徒已論，歸家，顧山錢月三百。」

51 趙翼：《陔餘叢考》卷16。

對普通人，只要有人告發或被官吏舉劾，不須偵查就立即予以拘捕；[52]對危及朝廷的犯罪，凡有牽連者，都要拘繫；對皇帝詔旨所名的案犯，要發通緝令。對以上案犯，皆加以刑械，投進監獄羈押。對貴族官僚犯罪，如需逮捕，要先奏請皇帝批准。[53]此等人被捕後，通常不加刑械。對 80 歲以上、8 歲以下、孕婦及瞽盲樂師，拘繫後亦可不加桎梏。[54]對民間輕微爭訟，著重調解，不予逮捕。[55]

審判制度，有傳覆的形式。傳覆即審訊取得供辭後，過 3 天復核一次。經過復審，如仍不服，允許繼續上訴，「在期內者聽，期外者不聽」(《周禮・秋官・朝士》鄭注引漢律)。皇帝接受直訴。另外，還有疑獄上報的奏讞制度。[56]

秦漢時代，監獄遍布天下。兩漢許多政府部門都附設監獄，除大理[57]寺獄以外，更有中都官獄 26 所，少府有囚禁皇親國戚的都司空獄，另外還有暴室、導室、郡邸獄、共工獄、都船獄等獄名。元、成之際（公元前 49～公元前 7），全國監獄竟達 2000 餘所，[58]當時使用鐵索、鐵鏈等拘禁罪犯，又有法繩之設。

王莽攝政期間，他的 3 個兒子、1 個孫子和 1 個侄子皆因罪而被勒令自盡，以示法不阿貴，無論其動機如何，這種事例在中國歷史上是很少有的。

曹魏置律博士，專習鄭玄學解釋律令。魏明帝（226～239 在位）時制定《魏律》，共 18 篇，「於正律九篇為增，於旁章科令為省」(《晉書》卷 30)，並集罪例以為刑名，冠於律首，對後世很有影響。西晉又依據《魏律》，按照「蠲其苛穢，存其清約」（同上）的原則，編定《晉律》20 篇。其特點是將原來屬於禮的「服制」也用作了定罪量刑的標準，而同時頒行的律注又「皆網羅法意，格之以名分」(《晉書》卷 34)。由於晉律確立了禮教對法典的指導地位，所以其影響超過前代諸律。而晉令則首開教令法之先例，

---

[52] 《漢書・于定國傳》。

[53] 《漢書・高帝紀》。

[54] 《漢書・刑法志》。

[55] 《後漢書・吳祐傳》。

[56] 《漢書・刑法志》。

[57] 即廷尉。景帝中元六年（公元前 144）更名大理，武帝建元四年（公元前 137）復名廷尉，哀帝元壽二年（公元前 1）又改稱大理。

[58] 《漢書・刑法志》。

晉代令集中於制度，不再作為刑律的補充形式。南北朝時，東魏有《麟趾格》，西魏有《大統式》，分別創造了格和式的法律形式；而《北齊律》以「法令明審，科條簡要」（《隋書》卷 25）著稱。從魏、晉律開始，到北齊律制定，是中國古代傳統法制由低級階段向高級階段轉變的時期。

《魏律》首先引進了《周禮・秋官・小司寇》的「八辟麗邦灋」：議親、議故、議賢、議能、議功、議貴、議勤、議賓，凡夠上這 8 種資格者，即使犯死罪，也要奏議裁定，有司不敢與奪，[59]突出表明了地主制封建社會法律的公開不平等性。而北魏和南陳猶嫌不足，還別出心裁創建了官當制度，即允許用官品來抵罪，這種立法自然也同樣只是對特權階層有利。

至於《北齊律》，則在全面總結前代法制建設的前提下，第一次規定了「重罪十條：一曰反逆，二曰大逆，三曰叛，四曰降，五曰惡逆，六曰不道，七曰不敬，八曰不孝，九曰不義，十曰內亂」（《隋書》卷 25）。凡在此十者，不在八議論贖之限。重罪十條後經隋代損益定名為「十惡」：「一曰謀反，二曰謀大逆，三曰謀叛，四曰惡逆，五曰不道，六曰大不敬，七曰不孝，八曰不睦，九曰不義，十曰內亂。」（同上）基本精神是將禮和法進一步結合，更嚴厲地懲辦危害皇帝安全和傳統倫常秩序的犯罪行為。所謂「十惡不赦」，後世自唐初「武德以來，仍遵開皇」（《唐律疏議・名例》），歷代皆恪守不渝。

魏晉南北朝進一步廢止肉刑，西魏大統十三年 (547)，宇文泰除去了宮刑；把流刑固定為 5 個等級，規定服流刑均附加相應的鞭刑。北朝死罪須覆奏，無異詞才行刑。族刑株連的範圍有縮小的趨勢，對婦女更網開一面，「除謀反適養母出女嫁皆不復還坐父母棄市」[60]（《晉書》卷 30）。減刑有三宥三赦：宥不識，宥過失，宥遺亡；赦幼弱，赦老耄，赦愚蠢。[61]並且禁屠殺孕婦。除出現了格、式等新的法律形式外，法典的體例，由總類及分類，也嚴謹起來。這些變化都是有積極意義的。如規定服流刑均加鞭笞，鞭笞數多少，視等級而定，這樣做就可以避免執法的隨意性。當時許多律學家，如西晉的張斐（籍貫、生卒年未詳）、杜預（京兆杜陵〈今西安東南〉

[59] 程樹德：《九朝律考・魏律・八議》。

[60] 這句話有語病，但意思卻非常明確，就是說廢除了謀反罪出母（包括嫡母、養母）、嫁女連坐處棄市刑的這條律文。

[61] 「三宥三赦」之制首見《周禮・秋官・司刺》。

人，222～284），他們在解釋法律中，使法律概念規範化，有些意見，至今仍有參考價值。

在審判制度上，中央司法機關空前擴大，[62]不准越訴的制度有所鬆動，[63]由朝廷委派特使巡行州郡受理冤案，皇帝更多地親自參與審判活動，[64]這都有利於加強中央對司法權的控制和防止司法官吏舞弊。但北朝刑訊一直入律，南朝則蕭梁是始作俑者；蕭梁還首創測罪之制，就是對嫌疑犯根據測度而施以刑罰，使之招供，「民多不勝而誣引，或絕命於杖下」（《魏書》卷 111）。

士族的特權雖無明文規定，但事實上是存在的。

隋初頒布《開皇律》，曾除去鞭刑、宮刑、梟首、轘裂等酷刑以及孥戮相坐之法，正式確定了新的五刑，為死、流、徒、杖、笞，共 20 等。在律文上，減去死罪 81 條，流罪 154 條，徒、杖等千餘條，只留 500 條刑律，還准許有冤者可以上訴，因此號稱「寬平」（《舊唐書》卷 50）。為了保證法律的實施，又於大理寺設律博士，州、縣設律生，教習法律；要求管刑法的官吏熟習法令。開皇十二年 (592) 詔「諸州死罪，不得輒決，悉移大理按覆，事盡，然後上省奏裁」（《資治通鑑》卷 178）；十六年 (596) 詔「決死罪者，三奏然後用刑」（同上），這就取消了州刺史對死刑的處決權，奠定了後世的覆奏制度。但隋文帝晚年喜怒無常，不復依准科律；隋煬帝繼位，「又敕修律令，除十惡之條」（《隋書》卷 25），後來卻更立嚴刑，蓋「煬帝之先輕刑而後淫刑，與文帝如出一轍。……善法而不循法，法亦虛器而已」（沈家本：《歷代刑法考・刑制總考三》）。

唐代建國後不久，先後頒布《武德律》、《貞觀律》。高宗永徽元年 (650) 至二年 (651)，命長孫無忌（洛陽人，生年未詳，卒於 659 年）等「以貞觀所修為定本」（《歷代刑法考・律令考》），修成《永徽律》。《永徽律》沿襲《開皇律》以來的體例，仍為 12 篇，計 500 條（現存《唐律疏議》為 502 條）。其篇名和主要內容為：一. 名例，是關於刑罰和刑罰適用原則的規定；二. 衛禁，是關於宮廷、宗廟和關津要塞守衛的規定；三. 職制，是關於

[62] 如北齊以大理卿掌廷尉，少卿副之，下有正、監、評各 1 人，律博士 4 人。此外又設明法掾 24 人，提事督 24 人，檻車督 2 人，掾 7 人，司直、獄丞、獄掾各 2 人。

[63] 如《晉書》卷 3 載：「西平人麴路，伐登聞鼓」鳴冤。

[64] 如《三國志・魏書・明帝紀》載：「每斷大獄，（帝）常幸觀臨聽之。」

官吏職責和違法行為的規定；四．戶婚，是關於婚姻、家庭、戶籍管理和賦稅徵收的規定；五．廄庫，是關於牲畜和倉庫管理的規定；六．擅興，是關於軍兵徵發、後勤供應、城陣攻守和工程興造的規定；七．賊盜，是關於反叛國家、謀殺尊長、戕害人命和劫掠公共財物的規定；八．鬥訟，是關於毆鬥傷人、控告申訴的規定；九．詐偽，是關於詐騙和偽造行為的規定；十．雜律，是關於擾亂公共秩序和其他作奸犯科行為的規定；十一．捕亡，是關於逮捕罪犯、逃丁的規定；十二．斷獄，是關於訊囚審判和監獄管理的規定。《永徽律》頒行後，長孫無忌等又奉敕編撰疏議，按篇章逐條進行解釋，於永徽四年 (453) 十月奏進，當時稱《律疏》，元以後稱《唐律疏議》。史稱其內容詳備，節目簡要，條文清晰，「一準乎禮……出入得古今之平」(《四庫全書總目提要》「史部二・政書類二」。「自是，斷獄者皆引疏分析之」(《舊唐書》卷 50)，「成為二千年來東亞刑律之準則也」(陳寅恪：《隋唐制度淵源略論稿》四《刑律》)。

唐律 12 篇，除「職制」為專門的官吏律，其餘 11 篇，亦莫不涉及怎樣追究官吏「應為不為」和「不應為而為」的刑事責任，於澄清唐前期的吏治，提供了有力的法律保證。

唐代法律除刑律外，還輔之以「令」和「格」、「式」。四者之間的區別，古籍解釋不盡相同。《唐六典》卷 6 云：「律以正刑定罪，令以設範立制，格以禁違止邪，式以軌物程式。」大體上講，這種解釋是不錯的。此外還有敕、例、典等形式。敕，即詔敕；例，即辦案成例；典，即《唐六典》。《唐六典》題唐玄宗御撰、李林甫等注，開元十年 (722) 由集賢院承旨，先後經過「十六年，知院四人，參撰官十二人」(《玉海》卷 51)，是唐代官方所定的法令大全，屬於行政法典，在中國傳統社會立法史上，還是破天荒地有這樣的法典。從此以後，行政法與刑法開始分編。

唐初統治者的立法思想是「先春風以播恩，後秋霜而動憲」(《隋書》卷 25)。「化之不足，然後威之，威之不變，然後刑之」(陳子昂：《諫用刑書》) [65]。與前代一樣，唐代法律都是皇帝意志的體現，只有皇帝才有權頒布。

唐律嫌「八議」、「官當」尚有不周，對特權階層，還有其他優惠辦法。同罪異罰是唐律的重要原則，唐律如此，等而下之者自然更加不在話下了。

[65] 《陳拾遺集》卷 9。

圖 38　吐魯番出土的唐律殘片

唐前期法律內容的主要特點是省刑和慎刑。法律制定以後，保持了較長時期的穩定，不輕易更改。

唐代還完善了法醫檢驗制度，明確規定實行檢驗的對象有 3 種：屍體、傷者及詐病者。凡經檢驗發現不實，要給予刑事處罰。為了正確實施檢驗，又專門規定了傷的標準——以見血為傷，以及各種傷的分類。對於傷的程度也提出了標準，並且還相應制定了量刑的標準。

唐律重視運用法律手段來調整經濟關係和民事關係，在農業立法、財政立法、工商立法和民事立法方面都有積極而具體的建樹，[66]標誌著中國古代封建法制的成熟。

唐代中央的司法機關為大理寺、刑部和御史臺，高級司法官，均須由科舉出身者擔任。大理寺是中央最高審判司法機關，負責審理中央百官犯罪及京師徒刑以上案件。刑部是中央司法行政機關，負責覆核大理寺流刑以下及州、縣徒刑以上案件。御史臺主要監督大理寺和刑部的司法審判活動，遇有重大疑案，也參與審判，並受理有關訴訟案件。案情特別重大的大案要案，由大理寺卿會同刑部和御史臺的長官審理。御史臺的侍御史，「凡三司理事，則與給事中、中書舍人，更直直於朝堂受表，若三司所按而非其長官，則與刑部郎中員外、大理司直評事往訊之」(《舊唐書》卷 44)。

唐代地方司法機關與地方行政機關合一。州、府設司戶、司法參軍事或戶曹、法曹參軍事，縣設司戶、司法佐，協助長官處理司法審判事務。基層的里正、坊正、村正等有裁判民事訴訟的權力，但不能審理刑事案件。[67]

[66] 唐代有關這幾方面的法規，主要彙集在《唐令》中，《唐令》雖已佚，但基本上可以復原，尤其是唐《開元令》後 10 卷 12 篇的全貌，都比較完整地保存在明抄本北宋《天聖令》中。參見宋家鈺《明抄本北宋〈天聖令〉的重要學術價值》，《光明日報》2007 年 1 月 12 日。

唐代對案件的起訴，有公訴性質的舉劾和私訴性質的告發；還有告訴。告訴分自訴、越訴、直訴和親屬代訴等。對告訴有許多限制，如：除謀反等罪外，卑不得告尊，賤不得告貴；在押犯人和年 10 歲以下、80 歲以上以及篤疾者，通常情況下無控告權。一般訴訟須逐級陳告，越訴者笞四十。有重大冤屈，可「擊登聞鼓」或「邀車駕」申訴，主管官吏不受理者論罪；但申訴不實者，要杖一百，情節嚴重的還要加重論處。

關於審判，唐律規定：一. 所有案件，皆由案發所在的州、縣審斷，若有牽連兩個以上州、縣的案件，則按輕從重、少從多、後從先等原則，歸其中一州一縣審理；二. 審判官要據律斷案，不得故意或誤失出入人罪，刑訊 20 日一度，不得過三度，總數不得過訊杖二百，杖罪以下，不得過所犯之數；三. 審判只能以原告的訴狀為准，不得在狀外別求他罪，否則以故意入人罪論處，但因搜檢而查出當事人犯有他罪者，不在此限；四. 判決書應具引律令格式正文，對徒罪以上的判決書，不僅要向罪犯及其家屬宣讀，還要令罪犯立「服辯」文狀，如不服，即應重新審理；五. 官吏「緣公事致罪而無私曲者」、「共犯」中的從犯、過失犯罪者從輕，自首和老小廢疾減免，累犯加重，同居相隱。又規定「斷罪無正條，其應出罪者，則舉重以明輕，其應入罪者，則舉輕以明重」；「諸化外人同類自相犯者，各依本俗法，異類相犯者，以法律論」。此外還有親屬迴避制度，因後面第九章將有介紹，所以不多談了。

在執行方面，徒、流刑應送配所，稽留 1 日笞三十，3 日加一等。但如由加等而入死刑的，則至絞不復加。死刑的執行，必須奏報皇帝批准，京師五覆奏，諸州三覆奏，惟犯惡逆以上和奴婢殺主的重罪，實行一覆奏。覆奏返還後滿 3 日執行，違者處徒、杖刑；同時還規定禁刑日不得執行死刑。人命關天，死刑案件由最高統治者親自過問，這是中國傳統社會對人的生命的重視的文化精神在立法、司法實踐上的反映。

唐代州、縣均設監獄，京兆河南獄負責關押京城罪犯，皆由典獄官管理。官員犯罪和執金吾逮捕的重要犯人則送大理獄收押，大理寺設獄丞、獄吏管理大理獄。法定獄具有枷、鎖、鐐銬，並有長短廣狹之別，量刑輕重而用。大致死罪枷和鐐銬並用，婦女和流罪以下僅用枷，七品以上官員鎖而不枷。對病囚發給醫藥，允許家屬探望，並除去獄具。獄吏不執行規

[67] 左言東：《中國政治制度史》第 275 頁，浙江古籍出版社，1986 年。

定的杖六十，因此而致病囚死亡的判處徒刑 1 年；獄吏剋扣囚犯口糧的笞五十，因此而致囚犯餓死的處絞刑。

五代十國立法的基本內容，大抵與唐代差不多，但用刑偏於嚴苛，對盜竊罪的處罰，較唐代顯著加重。後晉時，河東節度判官蘇逢吉在皇帝生日，對囚徒不問輕重曲直，全部加以殺害，名之曰「靜獄」(《新五代史》卷 30)。當時法律竟規定盜竊一錢以上者皆是死罪。(68)分割犯人肢體的慘不忍言的淩遲刑，俗稱「千刀萬剮」，即始於五代。(69)

宋代於建隆四年 (963) 編定《刑統》30 卷，「詔刊板模印頒天下」(《續資治通鑑長編》卷 4)，一直使用到南宋。但宋代更重要的立法是以詔敕形式進行的。宋代皇帝大都要編定詔敕，初由大理寺掌管，仁宗天聖五年 (1027)，命呂夷簡「詳定編敕」(同上)，後來的「編修敕令所」，均由宰相提舉，執政同提舉。神宗思「正法度」(陳亮：《上孝宗皇帝第一書》)(70)以宰天下，定下統編敕令格式的體例，「禁於未然之謂敕，禁於已然之謂令，設於此以待彼之謂格，使彼效之之謂式」(《宋史》卷 199)，《元豐編敕令格式》有 2006 卷之多。

「法所不載，然後用例」(同上)；而「指揮」者，是尚書省和中央其他官署對某事作出的指示或決定，亦具法律效力，「原降指揮」等於成例。

宋律有許多新特點，首先表現在對租佃制的保護上，法律確認租佃制下的人身依附關係；其次是加重了對人民觸犯統治秩序的懲罰，「待之以待盜賊之意，而繩之以繩盜賊之法」(邱濬《大學衍義補・慎刑憲・遏盜之機》引北宋蘇洵語)。

史載真宗曾詔：「捕賊送所屬，依法論決，毋用淩遲。」(《宋史》卷 199) 可是北宋中葉以後，淩遲刑已廣泛使用；到南宋，終於成為法定刑。(71)宋代平時判刑，雖然仍沿用隋、唐以來的五刑，但對徒、流刑均附加杖刑，流刑犯要在臉上刺字，叫做「刺配」，對此，讀過《水滸傳》的人是很熟悉的。除使用笞、杖等法定刑具外，宋代還經常隨意濫用「掉柴」、「夾幫」、「腦箍」、「超棍」等酷刑。(72)另外，又有截斷手足、坐釘立釘、懸背烙筋

(68) 《宋史》卷 199 載：「(五代) 漢乾祐以來，用法益峻，民盜一錢抵極法。」

(69) 沈家本：《刑律分考》卷 2。

(70) 《龍川集》卷 1。

(71) 《慶元條法事類・部送罪人》。

等刑罰手段，其慘毒並不下於淩遲刑。

不過以上酷刑大都用於下層民眾。至於官吏士大夫，則宋代對官吏在執法上相當寬鬆，宋太祖曾傳下秘密誓碑，規定不得殺害士大夫和上書言事的人。(73)南宋初年岳飛被處死，在宋代是極為罕見的。

宋代皇帝越來越廣泛地、直接地行使審判權，法無明文規定的案件必須上奏，司法官員均由皇帝親自選任，中央行政機關參與司法活動，對地方司法權的控制也更加嚴格——凡此種種，都是宋王朝強化集權中央的司法制度的具體表現。

北宋太祖、太宗和神宗時期的立法都比較審慎，特別是有些專門法，在起草過程中往往注意博採眾議。如熙寧變法的免役法，就是擬成條文後「先自一兩州為始」，「揭示一月，民無異辭」，然後再「著為令」，頒行全國的。(74)

宋仁宗重用包拯（廬州合肥〈今屬安徽〉人，999～1062），「舊制凡訴訟不得徑造庭下，拯開正門，使得至前陳曲直，吏不敢欺」（同上卷 316），對傳統的訴訟程序進行了改革。

凡大理寺審判的案件，大事不得超過 25 日，中事 20 日，小事 10 日。

南宋慶元 (1195～1200) 年間頒布的《慶元條法事類》，專門立了「驗屍」一章，彙集了有關法醫驗屍制度的法律規定，這些規定大致有兩方面的內容：一．有關驗屍制度的規定；二．有關驗屍人員及其職責的規定。正是在法醫制度發展和完善的基礎上，產生了中國傳統社會第一部系統的法醫學著作——《洗冤集錄》。

宋代於戶部設戶口案、農田案、檢法案，從這 3 個部門的職能來看，戶部成為民事訴訟的終審機關，也是民事方面的立法機關，應當說是中國傳統社會司法制度史上值得注意的一項創新。而在整個中國傳統社會，民法是不受重視的。

宋代對外貿易特別發達，因此在這方面的法規也日趨周詳。

宋初大理寺不設監獄，犯人或送開封府獄，或關押在御史臺。元豐年間，開封府獄和御史臺人滿為患，於是恢復了大理獄。後來中央禁軍、開

(72)《宋史》卷 200。

(73)王夫之：《宋論》卷 1。

(74)《宋史》卷 177。

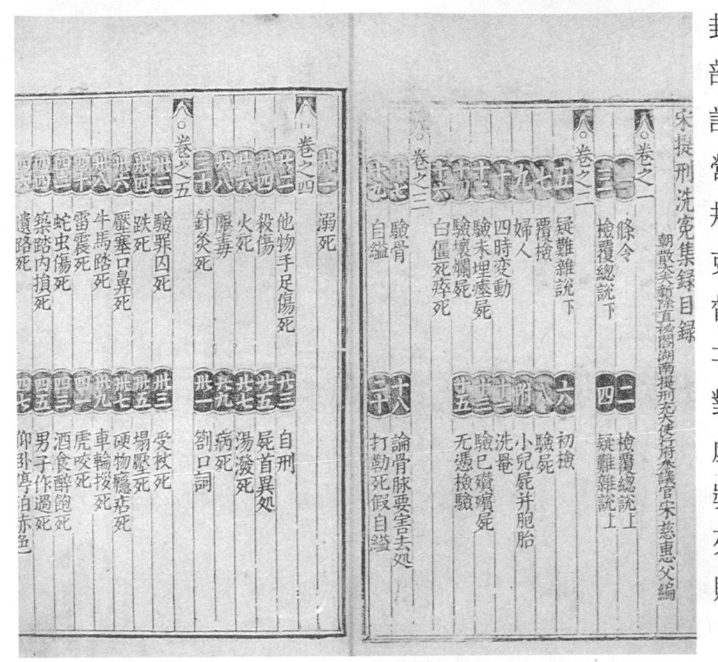
宋提刑洗冤集錄目錄
朝散大夫新除直秘閣湖南提刑充大使行府參議官宋慈惠父編
卷之一
一 條令　二 檢覆總說上
三 檢覆總說下　四 疑難雜說上
卷之二
五 疑難雜說下　六 初檢
七 覆檢　八 驗屍
九 婦人　附 小兒屍并胞胎
十 四時變動　十一 洗罨
十二 驗未埋瘞屍　十三 驗已攢殯屍
十四 驗壞爛屍　十五 无憑檢驗
十六 白僵死瘁死
卷之三
十七 驗骨　十八 論骨脉要害去处
十九 自縊　二十 打勒死假自縊
廿一 溺死
卷之四
廿二 他物手足傷死　廿三 自刑
廿四 殺傷　廿五 屍首異処
廿六 火死　廿七 湯潑死
廿八 服毒　廿九 病死
三十 針灸死　卅一 劄口詞
卷之五
卅二 驗罪囚死　卅三 受杖死
卅四 跌死　卅五 塌壓死
卅六 壓塞口鼻死　卅七 硬物瘾痁死
卅八 牛馬踏死　卅九 車輪拶死
四十 雷震死　四十一 虎咬死
四十二 蛇虫傷死　四十三 酒食醉飽死
四十四 築踏內損死　四十五 男子作過死
四十六 遺路死　四十七 仰卧停泊赤色

圖 39　清嘉慶孫星衍校刊本《洗冤集錄》書影

封府和其他重要城市的衛戍部隊、各州的司理院也都紛紛設置監獄，還產生了近代集中營、專役營形式的監獄。政府規定獄具由國家統一頒給，獄吏不得擅自增損。並要求官吏督責獄卒每隔 5 日打掃牢房 1 次，同時洗滌獄具、醫治病囚，對因輕微過失而入獄者從速處理釋放。又制定了對獄吏的獎懲辦法，1 年中沒有犯人病死獄中的可以升官 1 級，反之則予降級處分。[75]

遼代太祖（907～927 在位）制定《決獄法》，很不完備；對奴隸的鎮壓使用多種酷刑；京師有百尺牢拘繫囚犯。後來根據唐律制定法典，但同罪不同罰的現象比較常見，世宗（947～951 在位）時，天德等謀反，誅天德，杖蕭翰，流劉哥，遣盆都出使轄戛斯，「四人之罪均而刑異」（《遼史》卷 61）。舊制以夷離畢院掌刑獄；聖宗（982～1031 在位）時，北、南院樞密使自理訟事。[76]

金初無成文法，法制簡易，無貴賤輕重之別。犯罪應沒為奴隸者，可以用財物贖免。犯重罪也可以自贖，但要被削去鼻子或耳朵。掘地深廣各數丈作為監獄，用以囚禁罪人。後來參酌宋、遼之法，逐步編定了刑法。一般「輕罪笞以柳葼，殺人及盜劫者，擊其腦殺之，沒其家貲，以十之四入官，其六償主，並以家人為奴婢」（《金史》卷 45）。在刑罰的執行中，女真人殺傷漢人和契丹人無罪，而漢人和契丹人對女真人稍有觸犯，就處死刑。

元代在統一全國以前，斷案處事，多依金律。元世祖至元二十八年(1291) 頒布《至元新格》。英宗至治二年 (1322) 制定《大元聖政國朝典章》

[75] 《宋史》卷 201。

[76] 《遼史》卷 61、75。

（即《元典章》）60 卷，為元代地方政府所編，有些內容，不見於元史。次年又頒布《大元通制》，是元世祖以來歷朝條格、詔令、判例的彙編。有元一代，始終沒有編成一部完備的法典，「法之不立，其原在於南不能從北，北不能從南」（胡祗遹：《論治法》）[77]。

元律既吸收唐、宋舊律，又糅合蒙古習慣法和回回法律，「但取宜於今者」（《元史》卷 20），表現出明顯的民族不平等。法律規定：蒙古人打漢人，漢人不得還手；蒙古人打死漢人，只流放充軍。又規定漢人、南人不得聚眾畋獵和迎神賽會，不得執弓矢，甚至連養狗、養鵲鳥都不許可。

元律為了維護地主階級的利益，還規定了地主的種種特權，如地主打死佃戶，只須罰杖 107 下[78]，賠燒埋銀就可以了事。

由於海外貿易的發展，規定舶商出海，大船需取得「公驗」，小船需取得「公憑」，不得夾帶私貨，或填寫貨物不實，或「轉變滲泄作弊」（同上卷 104）。又嚴禁販運人口，違犯者「舶商、船主、綱首、事頭、火長各杖一百七，船物沒官，有首告者以沒官物內一半充賞」（《續文獻通考・市糴二》）。

元代大宗正府掌審判權，凡重大案件和蒙古人犯法，須由蒙古大臣決斷施刑。刑部掌司法行政和審判，部分行使審判權。身分不同，刑事訴訟案件往往由不同機關審理，如正官屬中政院，校尉屬拱衛司，軍人歸樞密院，僧有宣政院，道有道教所。路於總管府下置推官，專理刑獄；州、縣官皆兼掌司法。

訴訟代理的範圍，進一步擴大到致仕官和一般老百姓；在民事訴訟中運用民間調解和司法調解，其結果，均有法律效用；除重大案件，不得夜審。

大德 (1297～1307) 年間頒布的《檢屍式》，具體規定了懸縊、水中、火燒、殺傷等各類屍體的現場檢驗方法，表現了這一時期法醫檢驗制度已完全法律化了。

自元代開始，由刑部掌管中央監獄，地方各級行政機構也都設置監獄。刑部下轄司獄司，有司獄、獄丞、獄典等官，並設有部醫負責治療刑部監獄內的病囚。另有刑部屬官輪流擔任提點牢獄，定期督察各處監獄。

---

[77] 《紫山大全集》卷 22。

[78] 元代笞杖刑，根據忽必烈提出的天饒他一下、地饒他一下、人饒他一下的原則，其尾數皆「減為七」（《元史》卷 102）。

明帝國建立前一年──吳元年(1367)，朱元璋制定《大明律令》，凡律285條，令145條，體現了他「網密則水無大魚，法密則國無全民」(《明史》卷30)的見解。其後洪武二十二年(1389)，更修定《大明律》，計：名例、吏、戶、禮、兵、刑、工等7篇，30卷，460條。至此，隋、唐以來沿襲已久的法典篇目為之一變。洪武三十年(1397)，又將《欽定律誥》147條附於其後，正式頒行，仍總稱《大明律》。條文簡於唐律，精神嚴於宋律。同時，朱元璋更手訂《大誥》4編，共236條，強調指出治亂世用重典(79)的必要，無異乎是當時制律用刑的說明書。明初朝廷把《大誥》遍發全國，規定「一切官民諸色人等，戶戶有此一本，若犯笞、杖、徒、流罪名，每減一等，無者各加一等」(《大誥・頒行大誥第七十四》)；並將《大誥》作為府、州、縣和社學學生的必修課程。於是全國上下爭購《大誥》成風。但朱元璋死後，就被繼承者棄置不用，到了明中葉，御製《大誥》已經很難見到了。(80)

明代法律形式除律、誥外，還有例、令和會典。例就是皇帝對某些案件的決斷，而後逐漸演變成通行條例；令即皇帝頒發的命令。由於朱元璋曾留下遺訓，不許子孫更改《大明律》，為使法律適應不斷變化的形勢，後代皇帝就頒布各種例和令，使這2種法律形式日益重要起來。《大明會典》則仿《唐六典》。

明律反映了中國傳統社會後期君主專制統治的加強，對所謂「謀反」、「謀大逆」等，均視為罪大惡極，一律從重從嚴處理；為防止臣下結黨，增加了懲辦「姦黨」的條文。(81)並且對土地制度和經濟管理的條文也有所增加，著重點尤在保護土地所有權和促進社會經濟的發展。

明律對懲治貪官污吏毫不手軟，(82)這與明太祖朱元璋的來自民間很有關係，基層老百姓之所切齒痛恨者，莫過於貪官污吏。由於朱元璋決心很大，相當認真，所以「一時守令畏法，潔己愛民，以當上指，吏治渙然丕

(79) 《周禮・秋官・大司寇》有「刑新國用輕典」、「刑平國用中典」、「刑亂國用重典」語。

(80) 陸容：《菽園雜記》卷5。

(81) 孫星衍《重刻故唐律疏議序》云：「惟明代……又增『姦黨』一章，以陷正士。」

(82) 《大明律・吏律・職制》專列「受贓」名目共11條；此外，在《戶律》「課程」、「鹽法」中皆有懲治貪官污吏的條文。而《大誥》所列80%以上的案件都是懲治官吏的，處刑均較《大明律》為重。洪武五年(1372)，朱元璋還頒布了懲治公侯犯贓罪的《鐵榜》，這在中國傳統社會刑法史上是沒有先例的。

變矣」(《明史》卷 281)。[83]明律禁止民間手工業問津皇帝或政府專用的產品；並且強調產品必須符合質量要求，規定「凡造器用之物不牢固真實，及絹布之屬紕薄短狹而賣者，各笞五十，其物入官」(《明律集解附則》卷 3)。

明律對高利貸和典當業採取限制的措施，規定「凡私放錢債及典當財物，每月取利並不得過三分，年月雖多，不過一本一利」，違禁者「笞四十」(《大明律・戶律・違禁取利》)。

自秦以來，歷代王朝大都制定了對見義不為者予以懲罰和對見義勇為者予以獎勵的法律條文。明律對見義勇為者，還試行了賞官制。洪武元年(1368) 頒布《大明令》，其中《刑令》規定「凡常人捕獲強盜一名、竊賊二名，各賞錢二十貫；強盜五名以上、竊賊十名以上，各與一官」。

明代刑罰手段，比過去更殘酷了。增設了近似流刑但較流刑為重的充軍刑，充軍的地方最遠達 4000 里，如罪犯本人死亡，子孫親屬仍須繼續充軍，直至補足刑期。還有「帶枷發遣」刑，枷重 150 斤，罪犯通常不數日就被折磨至死，實與死刑無異。對大臣的廷杖，也是明代才制度化的，許多大臣都在上朝時給活活打死。[84]

明太祖朱元璋早年討過飯，當過和尚，做了皇帝以後，生怕臣下瞧不起他，疑心病很重，於是大興文字獄。文字獄雖古已有之，但直到明初，才以酷烈著稱。

朱元璋還屢次製造大獄，殺人動輒以萬計，他大批地誅殺觸犯法網的勳貴，應當說也並非完全是出於他的殘忍。《明史》卷 132 說：勳貴等臣，「身處富貴，志滿氣溢，近之則以驕恣啟危機，遠之則以怨望扞文網，人主不能廢法而曲全之，亦出於不得已，而非以剪除為私計也」。從法律的觀點看，這段話是不無道理的。並且必須指出，自上古以來，得國之正，無過劉邦和朱元璋，而朱元璋又為劉邦所不及，他是出身於社會最底層真正的草根皇帝，他的殘忍，或出於一種報復心理，因為他所刑皆官吏，實未嘗濫及平民，他以保護老百姓的利益為己任。[85]

---

[83] 明清鼎革之後，順治帝謂「歷代諸君不及洪武也」(《清世祖實錄》卷 71)，康熙帝則題南京明孝陵稱朱元璋「治隆唐宋」，這樣的評價無疑不是言不由衷的客套。

[84] 相對於「刑不上大夫，禮不下庶人」的傳統而言，「廷杖」以往通常只較多出現在少數民族政權下。

[85] 參見孟森《明代史・開國》，臺灣華北出版社，1995 年。

在司法制度上，明代凡重大案件，均由皇帝親自審判，皇帝擁有最後裁決權，皇帝還常常以錄囚的形式對一些冤案和久滯不決的案件進行干預。

明代司法機關，中央一級是刑部、大理寺和握有一定司法權的都察院。刑部的下屬機構由 4 個司擴充為 13 個清吏司，分別受理地方上訴案件以及審核地方的重案和審理中央百官的案件。刑部有權判決流刑以下案件，但定罪以後，須將罪犯連同案卷送大理寺覆核，再由刑部具奏行刑。死刑案件須奏請皇帝批准。刑部判錯案件要受處罰。刑部的審判和大理寺的覆核，都須接受都察院的監督。

凡大案，均由刑部、大理寺和都察院組成三法司會審。遇有特大要案，則由三法司會同吏、戶、禮、兵、工各部尚書及通政司共同審理，謂之「圓審」。

地方司法機關，府（州）、縣 2 級仍與行政機關結合在一起。省級司法機關為按察使司。此外，還在基層里甲設申明亭，以調解民間糾紛及民事爭執為主要職責。

軍戶與民戶截然分開，軍人案件的審理，由軍事系統負責，重要的要申報五軍都督府，或由兵部奏報皇帝。

禁止誣告，對誣告加重懲罰。

明中葉，訟案往往四六開判，理直者罪四分，理虧者罪六分。理直者只求伸冤，雖然賠進去仍覺得夠本；理虧者見對方同樣受罪，自然更加樂於接受。這種判法除了缺乏公正性外，倒是可以省去很多麻煩。

皇帝直接控制的特務組織錦衣衛和東、西廠，雖不是正式的司法機關，但也被特令兼管刑獄。只要片紙朝入，就會嚴命夕傳，但有株連，立見敗滅，「或以一人而牽十餘人，或以一家而連數十家」（《明史》卷 192）。

明代錦衣衛和東、西廠也都設有監獄，刑部對衛、廠之獄是無權過問的。但政府又規定，對虐待囚犯的獄吏要給予處分，而且連知情不報的其他官吏都要問罪。清代沿襲之。當時監獄條件惡劣，每當盛夏暑熱多雨，疾疫流行，囚犯大批死亡，於是又制定熱審制度，在農曆五六月份釋放輕罪犯人，對尚未結案而案情不重的在拘犯人也允許出獄聽候審判。[86]熱審始於永樂二年 (1404)。此外尚有寒審制度，始於永樂四年 (1406)；春審制度，始於宣德七年 (1432)。又有恤刑會審，定制於成化十七年 (1481)，即

[86] 《明會典・刑部・熱審》。

值每 5 年一次的「大審」之年，朝廷遣部、寺官分往各地，會同巡按御史詳審疑獄，發現原判過重的，可以奏請減刑直至釋放。

清初入關時，治罪用刑，准依明律。順治三年 (1646)，頒行《大清律集解附例》，其後迭經增附，於乾隆五年 (1740) 定《大清律例》，奉旨「刊布內外，永遠遵行」(卷首館臣奏摺引)。《大清律例》採用明律體式，仍為 7 篇，共分 47 卷，計 436 條，附例 1400 條。除此之外，另有各部院則例的編纂，如《欽定吏部則例》、《理藩院則例》、《軍器則例》等；又制定了適應各少數民族的《蒙古例》、《回疆例》、《番例》、《西寧番子治罪條例》、《苗人例》等專門律。清代還仿照前代編會典的體例，制定《大清會典》，後來屢經修改增補，到光緒時正文多至 100 卷，事例 1120 卷，是中國傳統社會最完備詳細的行政法典。事實上，會典是斷代的政治制度史，這一點，本書「學術」編還要談到。

清代貴族官僚之家普遍採用私刑，「向來八旗官兵人等，待家人過嚴，微小之失甚至毆責斃命」，對此，法律「照例不問」。(《清文獻通考・刑三》) 而如果包衣（奴僕）逃亡，則有嚴厲的《逃人法》以隨其後。清初規定：「有為剃髮、衣冠、圈地、投充、逃人牽連五事具疏者，一概治罪」(《清世祖實錄》卷 28)。

例在清代法律中的地位和作用進一步提高，乾隆以後，5 年一小修，10 年一大修，[87]成為重要的立法活動。

清律的調整範圍可以說從政治到經濟、從軍事到文化、從生產到生活、從家族到個人、從學校到寺廟，無不包羅在內，其宗旨在於「以端風俗，以肅官方」(《清史稿》卷 142)。清律明確規定，特權階層之下是庶人，其次是雇工人，最低層是奴婢和倡優皂隸，法律面前，等級森嚴，人與人是不平等的。從律文來看，清律維護滿人的特權，滿人犯法，宗室歸宗人府審理，在京的普通滿人歸步軍統領衙門審理，外省的由滿洲將軍或都統審理，一般皆可依法減等、換刑，服刑者不入普通監獄。但實際上清律「用例不用律」(《大清律例》卷 40)，對滿人的優渥範圍逐漸萎縮，宗室、覺羅[88]、官員犯罪，如觸皇帝之怒，罕有不受到從重從嚴處理者。清律極力

[87] 《增修律例統纂集成》序。

[88] 清制稱努爾哈赤父親塔克世伯叔兄弟的子孫，因以繫紅帶子為標誌，故亦稱「紅帶子」，其政治地位僅次於作為塔克世直系子孫的宗室。

鉗制人民思想，不斷製造文字獄；限制資本主義發展，阻撓民間開礦以及手工業、商業和對外貿易活動。

清律對官吏貪污行為繼續堅持嚴懲不貸，康熙帝特別指示:「別項人犯，尚可寬恕；貪官之罪，斷不可寬。」(《康熙政要》卷 15)

清代司法審判，地方分為 4 級。縣為第一審級，有權決定笞、杖、徒刑案件；府為第二審級；按察使司為第三審級；督、撫為第四審級。越訴者即使情況屬實，也要笞五十，或連代書訴狀的人一體按「老棍」例治罪。督、撫僅能決定流刑以下案件，流刑以上案件須呈報刑部審理。刑部執掌全國刑罰政令，同時也是中央審判機關，審核地方重案和上訴案件，以及發生在京師的笞、杖以上案件，有權決定流刑案件，但須將判決送大理寺覆核，受都察院監督。死刑案件會同都察院、大理寺組成三法司審理。三法司互相制約，而「部權特重」(《清史稿》卷 144)。又有九卿會審制度，審判死刑，參加者為六部尚書、都察院左都御史、通政使、大理寺卿。某些特殊的案件，皇帝命王公、大學士參加會審或親自審問。會審的結果最後須皇帝認可，才能執行。

清代司法制度的變化主要反映在朝審、秋審制度的正式形成上。朝審始於明英宗天順年間。清代朝審是對京師死刑犯的會審；秋審是對各省監候死刑犯的會審，均於每年秋天舉行，朝審略早於秋審。朝審、秋審的結果分「情實」、「緩決」、「可矜」、「留養承祀」4 類，由刑部總其成，具奏皇帝以待敕裁。朝審與秋審不同的地方有兩點：一是在押囚犯需解至當場審錄；二是直至嘉慶二十年 (1815) 以前，朝審一直保持三覆奏程序，而秋審只須一覆奏。[89]

監獄分為：一. 內監，繫禁死囚；二. 外監，囚禁流、徒以下犯人；三. 女禁，幽禁女犯。徒罪以上監內鎖收，杖以下散禁。清代還有高牆圈禁之制，是專為旗人而設的，乾隆以後逐漸廢除。

在執行方面，中國傳統社會重自然法，認為「王者生殺，宜順時氣，其定律，無以十一月、十二月報囚」(《後漢書・章帝紀》)，西漢以來皆相沿於秋、冬行刑，清代也是於秋、冬行刑。清代死刑如入「情實」，在京的，仍須於行刑前 5 日再覆奏 1 次，決於西市，由刑科給事中和刑部侍郎監斬；在外的，由刑部各司將勾單連同榜本釘封送兵部發驛，文到之日行刑。如

[89] 《欽定臺規》卷 14。

孕婦犯死罪，須待產後百日乃決。對所謂「江洋大盜」，實行就地正法。死刑過期執行的，1日杖一百，2日加一等。

第八章

教育、銓選和職官管理制度

第一節　教育制度

本章共 3 節，具體內容都是談中國傳統社會的文官制度，而先從教育制度談起，這是因為在中國傳統社會，學校教育的核心任務，就是為了培養各級官吏，故教育制度不但應當歸口於文官制度，並且還是文官制度的根本所在。

相傳帝堯末年，由舜居攝，「扑作教刑」(《尚書・舜典》)，已有學校，叫做「成均」(《禮記・文王世子》)。商代有「太學」，則更得到甲骨文記錄的證實。❶西周學校分為國學和鄉學兩種，國學又分為小學和大學兩個階段。京城的辟雍和諸侯國的泮宮，都是大學。辟雍也叫「明堂」❷，設在西郊，四周有水，天子可以泛舟，每年在辟雍舉行大耤和大射，教師和貴族子弟都參加宮射，這也是一種教育活動。鄉學據《周禮・地官・大司徒》賈疏說「鄉立庠，州、黨及遂皆立序」；但據《禮記・學記》又說「家有塾，黨有庠，術（遂）有序」；而《孟子・滕文公上》卻說「周曰庠」。這些材料互相矛盾，不可全信。大體說來，西周不會有這樣普遍的鄉學網，但有鄉學，這一點是無疑的。

西周專職的教育官稱師氏，有大師和小師的級別。「春秋教以禮樂，冬夏教以詩書」(《禮記・王制》)。還有專門的樂師，可見很重視樂教。

春秋、戰國之際，「天子失官，學在四夷」(《左傳・昭公十七年》)。當

❶ 參見王貴民《從殷墟甲骨文論古代學校教育》，《人文雜誌》1982 年第二期。

❷ 明堂起源甚早，其制度由簡而繁。夏、商、周三代，明堂是祭天、祀祖、聽政、施教、尊賢、養老之所。古籍中講到明堂的言人人殊，很不一致，王治心《中國宗教思想史大綱》第 36～44 頁有較扼要的討論，上海三聯書店，1988 年。

圖 40　孟母教子　天籟閣舊藏宋人畫

時只有部分諸侯國的執政者還注意教育，有些貴族甚至公開宣言「可以無學，無學不害」(《左傳・昭公十八年》)，像鄭國子產不毀鄉校讓國人在那裏議論是非的事，❸可以說很少有。與此相應，民間辦的私學卻勃興起來，自孔子以下，諸子百家所辦私學，大多為流動性的。

秦代設三老以掌教化，禁私學，推行吏師制度。

西漢武帝於元朔五年（公元前124）採納丞相公孫弘（菑川〈治今山東壽光南〉人，公元前 200～公元前121）的建議，始創太學，這是以傳授知識、研究專門學問為主要內容的最高學府，實為中國傳統社會正式步入文治軌道的重要標幟。太學的教官就是五經博士，博士的領袖叫做僕射，東漢改名祭酒。博士武帝時為 7 人，元帝（公元前 49～公元前 33 在位）時增加到 15 人。當時所謂「十五博士」，除「穀梁春秋」還有爭議外，其餘全是今文經學。關於博士的選擇，西漢以名流充當；東漢採取考試的辦法，並且還要寫保舉狀。西漢成帝陽朔二年（公元前 23）規定，博士必須「明於古今，溫故知新，通達國體」(《漢書・成帝紀》)。東漢規定，博士要品行端正，符合淳厚、質樸、謙遜、節儉的「四科」標準，專習的經業足以勝任，沒有嚴重疾病，且年齡在 50 歲以上的人，才能擔任。

西漢太學生稱博士弟子，東漢稱諸生或太學生。漢代太學生的來源很複雜，可以由太常補送，郡國保舉，也可以直接因「父任」而入學。由太常補送的稱「弟子員」(正式生)，有名額，享受官費；由郡國保舉的稱「受業弟子」(特別生)，沒有名額，不享受官費，因此有的特別生還搞半工半讀。太學最初名額只有 50 人，以後規模逐漸擴大，東漢順帝（125～144 在

❸　《左傳・襄公三十一年》；又據同書《襄公三十年》記載，當時鄭國的「野」裏也有鄉校之設。

位）時，雒陽（今洛陽）太學生竟達 3 萬餘人，有校舍 1850 間，這在 2000 年前的中外教育史上是絕無僅有的，儘管其中掛名的學生也許不在少數。後來還附設童子科，招收 12～16 歲通一經的少年入學，相當於大學預科性質。

太學主要教授儒家經典，弟子隨所從師博士專攻一經。必修的公共課有《論語》、《孝經》。教學方式一是大班上課，二是高年級學生輔導低年級。東漢太學有內、外講堂，講堂長 10 丈，寬 3 丈，可同時容納數百人聽講。由於教師少學生多，所以主要靠自學，並允許學生向校外的專家學習，❹ 這是中國傳統社會最可寶貴的教學經驗。

漢代太學沒有規定肄業年限，只要通過了考試就可以畢業並按成績高低授以一定的官職。考試開始規定每年 1 次，叫做歲試，其辦法一是口試，一是射策——就是抽籤擇題而後筆答。然後依成績高低分為甲、乙兩科。能通一經以上者，可補文學掌故之類的小官，高材生可任郎中。平帝（公元前 1～6 在位）時規定甲科 40 人為郎中，乙科 20 人為太子舍人，又設丙科 40 人補文學掌故。東漢改為兩年一試，分上、中、下 3 等，不及格者開除，後改為可以補考。漢代的考試制度彌補了教學制度不嚴密的缺點，也起了督促檢查的作用，使學生平日自動地用功。

與太學教學相關的，是東漢在太學立石經的事情。自此以後，曹魏、唐、宋也有立石經的舉動。東漢石經始刊於熹平四年 (175)，共約 20 萬字，經過 8 年的時間才刻完，是當時唯一合法的教科書。

本來太學講究師說，弟子雖可兼習多經，但不得兼師他家。經師們講經，為了賣弄學問，常常愛鑽牛角尖，天寬海闊，離題萬里，培養出來的都是些「章句小儒」（《漢書・夏侯勝傳》）。東漢鼓勵通才，後來又取消了以今文經取士的制度，所以不少太學生不但博通「五經」，並且又兼通古、今文經，有的還研究自然科學。

早在西漢末年，由於外戚專權，阻賢用私，太學生激於義憤，就曾發起過一次學潮。在東漢「黨錮」（《後漢書・黨錮傳》）之禍中，太學生更表現出了不屈的精神，他們與社會名流相結合，提倡砥礪名節，明辨是非，這些都是有一定歷史意義的。

東漢靈帝（168～189 在位）又設鴻都門學，學生專門學習辭賦、小說、

❹ 參見毛禮銳《漢代大學考略》，《北京師範大學學報》（社會科學版），1962 年第四期。

尺牘、字畫，多取庶族地主子弟，畢業後提拔他們做官。從教育史上看，這是中國傳統社會第一所國立專科大學。中國傳統社會專業教育，處處受經學的影響，有的還成為經學的詮釋和附庸，只有鴻都門學，辦學者的宗旨，卻是為了與經學對抗。

漢代還有貴冑學校和宮廷學校。

漢代郡國官學不受重視。西漢景帝末年，蜀郡守文翁（廬江舒縣〈今安徽廬江西〉人，生卒年未詳）立學官於成都，為開發蜀地培養了不少人才。後來武帝下令「天下郡、國皆立學校官」(《漢書・文翁傳》)。平帝元始三年 (3) 規定:「郡、國曰學，縣、道、邑、侯國曰校。校、學置經師一人。鄉曰庠，聚（村）曰序。序、庠置《孝經》師一人。」(《漢書・平帝紀》) 地方學校教材以識字為主，此外，《論語》、《孝經》也是必讀書。

漢代民間私學很盛，學生多者上千。有的相當於大學，叫做「精舍」或「精廬」；有的相當於小學，叫做「蒙館」或「書館」。教師中有不少是屬於古文經學派的著名學者，他們治學嚴謹，作風樸實，重視考據訓詁，後世所謂「漢學」，即以他們為主要代表。

漢代私人教學的小學可分為 2 個階段，前段教識字，後段灌輸倫理道德。4 字為句的字書始於周之《史籀》，秦李斯作《蒼頡篇》，趙高作《爰歷篇》，胡母敬作《博學篇》。漢初，閭里之師將《蒼頡》等 3 篇合而為一，仍稱《蒼頡篇》。《蒼頡篇》現存 4 簡，這是現在所能見到的最早的字書了。3 字 7 字為句的字書始於司馬相如的《凡將篇》，元帝時史游仿之而成《急就篇》，間以三言、四言、七言成句，內容是姓氏、衣著、飲食、農藝、器用乃至飛禽走獸等應用字彙。此書通用到唐代以後才逐漸衰微。後世的《千字文》、《百家姓》、《三字經》等，皆承其緒而來。當時小學結業，大小也算是個人物，既可任小官吏，也可以在社會上謀些職業。

魏晉南北朝時代，南方教育事業有所發展。西晉於太學之外另立國子學，收五品以上官員子孫，於是太學就成為六品以下子弟的學校。劉宋立儒學、玄學、史學、文學四館，相當於大學下屬的 4 個系。中國傳統史學教學，主要靠家傳，劉宋立史學，是個創舉；立玄學則是時代的產物。北魏禁止私學，規定了大、中、小郡學博士、助教及學生的不同名額。

隋、唐由於科舉制度興起，學校逐漸成為科舉的附庸。唐承隋制，中央所辦各類大學的情況據《唐六典》卷 21 所載，大略如下:

國子監——即教育部所屬，有：一．國子學，設博士 2 人、助教 2 人，學生名額為 300 人，收文武三品以上子孫，若從二品以上曾孫，勳官二品、縣公、京官四品帶三品勳封之子。二．太學，設博士 3 人、助教 3 人，學生名額為 500 人，收文武五品以上子孫，職事官五品期親，若三品曾孫，勳官三品以上有封之子。三．四門學，設博士 3 人、助教 3 人，學生名額為 1300 人，其中 500 收勳官三品以上無封、四品有封、文武七品以上之子，800 收庶人之俊異者（俊士）。以上三學，以分習「三禮」、《毛詩》、《左傳》為 5 專業，兼習《周易》、《尚書》、《公羊傳》、《穀梁傳》，而以《論語》、《孝經》為公共課，學書日紙一幅，間習時務策，選修《國語》、《說文》、《三蒼》、《爾雅》、《字林》等書。四．書學，設博士 2 人，學生名額為 30 人，收八品以下之子及庶人之通其學者，以《石經》、《說文》、《字林》為專業，兼習其他字書。五．算學，設博士 2 人，學生名額和招生範圍同上，有 2 個專業，分別學習《九章》、《海島》、《孫子》、《五曹》、《張丘建》、《夏侯陽》、《周髀》、《五經算術》和《綴術》、《緝古》，兼習《記遺》、《三等數》。六．律學，設博士 1 人、助教 1 人，學生名額為 50 人，招生範圍同上，以律令為專業，兼習格式法令。

除此之外，門下省所屬有弘文館，東宮所屬有崇文館，教師都稱學士，無定額；學生弘文館收 30 人，崇文館收 20 人；招生範圍均為皇帝緦麻以上親，皇太后、皇后大功以上親，散官一品、中書門下三品同中書門下平章事、六部尚書、功臣身食實封者、京官職事正三品、供奉官三品子孫，京官職事從三品、中書黃門侍郎子；學習內容同國子學。兩館皆兼教學和研究的雙重任務。

又有尚書省祠部所屬崇玄學，設博士 1 人、助教 1 人，學生名額兩都各 100 人，是專門的道教學院。太醫署所屬醫學，設醫科博士 1 人、助教 1 人，學生名額為 40 人；針科博士 1 人、助教 1 人，學生名額為 20 人；按摩科博士 1 人，學生名額為 15 人；咒禁科博士 1 人，學生名額為 10 人；藥科教師無定員，學生名額為 16 人。太卜署所屬卜筮學，設博士 2 人、助教 2 人，學生名額為 45 人。司天臺所屬天文學，設博士 2 人，學生名額為 50 人；曆數學，設博士 2 人，學生名額為 55 人；漏刻學，設博士 20 人，學生名額為 40 人。太僕寺所屬獸醫學，設博士 4 人，學生名額為 100 人。校書郎所屬校書學，學生名額為 30 人。

長安有京師學，為專門研究五經之地。軍隊系統的屯營、飛騎也有學校。

另據《新唐書》卷 48，國子監所屬還有廣文館，設博士 4 人、助教 2 人，但廣文館存在多久，現在尚有疑問。

上述各學，皆收日本、高麗、高昌、吐蕃子弟留學。

唐代國子監六學，除律學 6 年外，餘皆 9 年畢業，諸學生通二經、俊士通三經已及第而自願留校的，四門生可補太學，太學生可補國子學。各學畢業皆可參加科舉。

地方學校包括京都學、都督府學、州學和縣學。除縣學只設經學外，各學均設經學和醫學兩科。京都學經學生 80 名，醫學生 20 名。府、州之學學生名額依府、州人口多寡而有差異，經學生分別為 60～40 名，醫學生分別為 15～10 名。縣學名額 50～20 名。地方學校的學生通一經者可升入四門學。

各學皆有考試制度，分旬試、月試、歲試和升補試。每 10 日給假 1 天，稱旬假，另外還有五月的田假和九月的授衣假，200 里外的可給路程所需日數。旬假前一日即旬試日，經學試讀者每千言內試 1 帖，試講者每兩千言內問義 1 條，總試 3 條，通一及全不通，要斟酌決罰。歲考要考全年的學業，分上、中、下 3 等，第三等為不及格。學生有不率師教者、連續 3 年下等或在學無成者、違假不返校及作樂雜戲者，要開除學籍。博士要把所擔任的課目講完，不得中途改授其他科目。助教佐博士教授；另外還有直講，地位在助教之下，專門擔任講授。教法有讀有講。

學生入學時須送「束脩」之禮，規定國子、太學每人送絹 3 匹，四門生每人 2 匹，律、書、算學生每人 1 匹，州、縣學生每人 2 匹。另外每人酒 1 壺、肉 1 案。束脩分為 5 成，博士得 3 成，助教得 2 成。博士、助教的官品，因學校而不同，博士自正五品至從九品，助教自從六品至從九品。據代宗大曆十二年 (777) 所定月俸，博士自 25 貫至 2 貫，助教自 5 貫 300 文至一二貫，其間差距是頗大的。

唐代還鼓勵私人辦學。到五代時，官學衰微，私學轉趨興盛。許多學者隱居勝地，開學館，立精舍，設書院，群居講習，為宋初書院的起源。其中最著名的是南唐昇元四年 (940) 創設的白鹿洞書院，洞主為李善通。

村學散布各地，教材除前代的《急就章》、《千字文》外，還有唐人自撰的《蒙求》、《兔園冊》之類，甚至有教元、白詩篇的。村學也教《文選》，程度已經不淺了。

宋代國子監所屬有國子學和太學。對照唐代制度，學生入學在身分等級上的限制，顯然寬得多了。特別是王安石變法後，大觀二年 (1108)，銀匠之子李邦彥在太學以上舍及第，10 年後升任宰相。❺除了國子學和太學，宋代中央官學尚有律學、算學、書學、醫學、畫學、武學。又有為皇族子孫設立的宗學，為八品以下至庶人子弟設立的「小學」。徽宗時小學極盛，學生將近千人，年齡自 8～12 歲止。崇寧 (1002～1006) 中建辟雍，專容外舍生；四門學和廣文館相當於應舉的預備學校，開辦時間不長，影響也不大。

地方除州、縣學之外，在廣州等地，又有為外僑特設的蕃學。但多數州、縣學，往往有名無實。

上文提到「上舍及第」、「外舍生」，所謂上舍、外舍，是王安石變法的產物，緣於他所創立的三舍法。三舍法是將太學分成外舍、內舍和上舍 3 部分。外舍生成績優異者升內舍，內舍生成績優異者升上舍。上舍生學行卓特者，主判直講薦之中書，得直接補官，中等者可免尚書省試而直接參加殿試，下等者可免「解試」(州府試) 而直接參加省試。這樣既嚴格了升級考試制度，又把養士和取士的職能都歸於學校了。❻王安石還更新教材，改用他自己主編的《詩經》、《尚書》、《周官》三經新義，目的在於抵制章句傳注的學風。

兩宋民族矛盾比較激烈。欽宗 (1125～1127 在位) 時，金兵圍汴京，抗戰派大臣李綱 (邵武〈今屬福建〉人，1083～1140) 因被投降派排擠而遭到罷黜，太學生陳東帶頭上書要求復李綱官職，城中軍民聲援者數萬人，寫下了中國傳統社會學生運動史上光輝的一頁。

但宋代官學總起來說是不景氣的。當時民間各類蒙學相當發達，而書院更盛極一時。書院提倡自由研究學問，講求身心修養，政治上多少代表「清議」，實為在野反對派的學術基地。在書院學習，學生儘管可能取得一種社會承認，但卻不是身分。宋初著名書院有 6 處：一. 江西廬山白鹿洞書院；二. 湖南衡陽石鼓書院；三. 湖南長沙嶽麓書院；四. 河南登封少室山嵩陽書院；五. 河南商邱應天府書院；六. 江蘇江寧茅山書院。南宋書院越來越多，比宋初尤盛，許多書院都與理學家有密切的關係。

❺ 《宋史》卷 352。

❻ 《續資治通鑑長編》卷 68。

書院一般都擁有大量的藏書。自置田產，經濟獨立，有的學生還可以領取一定數量的膏火費（生活補助費）。招收學生不問家庭出身，訂有學規。教師自身特別重視「身教」，以「人師」自勉自任。教學精神主要是自學。大師主講書院，又多自有其學術宗旨。

圖 41　白鹿洞書院

宋代以書院為基礎，提倡教學與研究相結合，經常開展不同學派間的學術交流，強調創新，鼓勵獨立思考，除讀經書外，兼重文史，形成一代學風，後世稱「宋學」。它不同於漢學的煩瑣，而注意義理的闡發，對中國傳統社會學術文化的發展有所推動。

遼、金學校多仿宋制。

元代有國子學、蒙古國子學、回回國子學，由大司農掌管，始分三齋，後擴充為六齋。學生依學習成績以次遞升，對漢人嚴，對蒙古人和色目人寬。蒙古國子學的主要課程是譯成蒙古文的《通鑑節要》，回回國子學是教習波斯文字的學校。地方有路、府、州、縣之學，❼但事實上並未普遍設立。元代書院亦盛，設山長，可以自講，也可以請名流講學；教學和行政人員還有副山長、助教等，已經具有官學化的性質。

明代中央國學，有南、北兩京國子監。國子監長官為祭酒，從四品；副長官為司業，正六品。除正、副長官外，有監丞 1 人，即訓導長，正八品；博士 5 人，助教 15 人，皆從八品；學正 10 人，正九品；學錄 7 人，從九品。生員不受出身和年齡的限制，其來源，一是秀才中的貢生，總稱「貢監」；二是三品以上官員子孫，稱為「蔭監」或「蔭生」；三是捐錢買得入監讀書的資格，稱為「例監」；四是舉人入監，稱為「舉監」，萬曆以後很少有。監生全部享受公費，已成家的還有家庭補助費。

監生學習的主要課程是程朱學派注釋的「四書」、「五經」、《性理大全》及律令、書、數等。八股文是必修課。特別重視習字，每日書 200 餘字。

❼　《元史》卷 81；畢沅：《續資治通鑑》卷 188。

教育活動除朔、望給假，餘日升堂「會饌」、「會講」，學生「復講」、「背書」，亦可互相交流，名為「輪課」。學校分作率性、修道、誠心、正義、崇志、廣業6堂，每堂由1名學正管理，也收外國留學生。凡通四書未通經者居正義、崇志、廣業；1年半以上，文理條暢者，升修道、誠心；又1年半經史兼通、文理俱優者乃升率性。用積分之法，合格者給予出身。

政府對監生思想的控制極嚴，「監規」規定：「凡在學生員，當以孝悌忠信禮義為本，必須隆師親友，養成忠厚之心，以為他日之用，敢有毀辱師長及生事告訐者，即係干名犯義，有傷風化，定將犯人杖一百，發雲南地面充軍。」（《明會典・國子監》）

明代省以下的行政區，府有府學，州有州學，縣有縣學，稱「學宮」。學宮按制度設在「文廟」後面，文廟是祭祀孔子的地方。學宮實際上是秀才的管理機關，不是秀才不得入學。府學長官為教授，州為學正，縣為教諭，副職都稱訓導。照規定，生員須專治一經，並分習禮、射、書、數四科。習禮由中央頒發教科書；習射設有射圃；習書依名人法帖，每日500字；習數須精通九章算法。學官每月一講，生員每季一考。但後來，也有不少生員只是在觸犯刑律時方被送到學校來查辦，平日根本不進學校門，僅為了占個名額才不退學。這是因為在明代，「科舉必由學校」（《明史》卷69），不但秀才的情況是如此，就是監生，也未必真正在國子監讀書。

制度對府、州、縣學生員的思想控制卻亦極嚴，比起對監生來有過之而無不及，如鐫刻臥碑，規定生員有大事干己者，許其父代陳訴，非大事，毋輕至公門，一切軍民利病，農工商賈皆可言之，惟生員不許建言，生員聽師講說，毋恃己長妄行辯難，或置之不問。

明代在各衛、所設置學校，亦屬地方學校性質。

清代學校制度，大體上承襲明代，在北京設國子監，在地方設府、州、縣學。清代「監生」，有時專指例監。國子監課程增「治事」一類，包括兵刑、河渠等實際知識，每生各習一項。乾隆四年（1739），設國子監算學，收滿、蒙、漢肄業生60人，學習5年期滿，分授欽天監天文生和博士。中央官學除國子監外，另設宗學、覺羅官學和八旗官學，以教育皇族和八旗子弟。初期除讀書外，尚有騎射之類的課目，後來徒具形式。

清代武生亦附於儒學。

康熙時頒發《聖諭十六條》，雍正時又演為《聖諭廣訓》，其內容較明代臥碑更為廣泛，主要是勸誘學子敦孝悌、篤宗族、和鄉黨、黜異端、明禮讓、定錢糧、聯保甲等，規定儒學教官於每月一日和十五日兩日傳集該學生員宣讀，令遵守。

明清社學（清代稱「義學」）是官方教育體系的第三級。

明、清兩代書院仍在發展。明代因政治上的原因，書院被毀廢先後達 4 次之多，萬曆、天啟（天啟：1621～1627）年間，無錫東林書院把批評的矛頭指向宦官頭子魏忠賢，後來受到殘酷的鎮壓，各地書院也一時同歸於盡。清初害怕書院宣傳反清復明思想，對書院頗加抑制，順治九年 (1652) 宣布禁令，不許另行創辦。直至雍正十一年 (1733)，清廷才命令在各省城設立書院，並各給予銀子 1000 兩作為開辦經費。乾隆二年 (1737) 的「上諭」把書院比作「古侯國之學」(《大清會典・禮部・學校》)。此後書院多為官辦，實際上已經成了省立大學，與宋明的書院名同而實異。當時書院多以八股為專業，為科舉作準備。但在乾嘉學風的影響下，仍有少數民辦書院保持自由研究學問的傳統，對清代樸學的發展，作出了重大貢獻。

宋元明清時代，民間蒙學相當發達。元代程端禮於延祐二年 (1315) 制訂《程氏家塾讀書分年日程》。照程氏的計劃，大致 8 歲未入學前，讀《性理字訓》(程逢原增廣者)。8 歲後，讀《小學》書正文；次讀「四書」正文、《孝經刊誤》；次讀《易》、《書》、《詩》、「三禮」、《春秋》並「三傳」正文。15 歲以後依朱熹法讀「四書」注，讀《論語集注》、《孟子集注》、《中庸章句或問》；次抄讀《論語或問》、《孟子或問》之合乎集注者；再溫讀「五經」本文，全抄正文，節抄選定注釋。「四書」、本經既明之後，自此 5 日內 3 日日間讀書，其餘時間復習向日所學。及至 20 歲或稍後，進而用二三年之力，專學作文。程氏認為：「此法似乎迂闊，而收可必之功，如種之穫。」程氏的《日程》，反映了當時的實際教學情況，明、清儒者亦皆奉為準繩。

明、清兩代的蒙學，有蒙館、家塾、族學等，總稱「私塾」，都相當於小學。

私塾有教師在自己家裏開門授徒的，有專門延請教師在家教子弟的，也有宗族或村落聘教師在公共場所執教的，形式很多。這種小型的教學點，大半是以沒有成年的兒童為教育對象，繳納一定的學費，下層民眾的子弟也有入學的機會。

私塾用的教材，明清時代最流行的莫過於《三字經》、《百家姓》、《千字文》和《千家詩》，《老殘遊記》第七回總之謂「三、百、千、千」。《三字經》文字簡練，善於概括，全書以 3 字為句，從教育的重要性談起，進而介紹一些名物常識和古代書籍的名稱、作者，並指示讀書次第和治學途徑，對歷代史跡，也能有所涉及。相傳此書為南宋名儒王應麟（浚儀〈今開封〉人，後遷居慶元〈路治在今寧波〉，1223～1296）所作。《百家姓》首句「趙、錢、孫、李」以「趙」居第一，可能出於北宋初年人之手。南宋陸游在《劍南詩藁》卷 25《秋日郊居》詩自注中說：「農家十月乃遣子入學，謂之冬學，所讀《雜字》、《百家姓》之類，謂之村書。」可見此書南宋時已流行於農村中。此書是 4 字為句。《千字文》亦是 4 字為句，計 250 句，唐代通行，原有兩本，流傳下來的是蕭梁周興嗣本，首句為「天地玄黃」。此書拓取王羲之遺書不同的字 1000 個，介紹方方面面的知識。以上 3 書，都是歌括體的識字教材。此外，尚有「雜字」一體，這一類的書，主要以記錄天地、山川、草木、鳥獸以及日常家用器物的名稱為最詳，讀來也很順口，亦以識字為主。

私塾學童在認識普通常見的文字之後，塾師就教他們記取典故，諷誦詩歌。其教材，早在唐代，就有《蒙求》兩卷，採古代故事，特別是經傳中的善惡故事，兩兩相比，編為四言韻語，以便童蒙誦習。宋代這類書更多，呂本中編《童蒙訓》，是「其家塾訓課之本」（《四庫全書總目提要》「子部・儒家類二」）；朱熹編《小學》，旨在「受之童蒙，資其講習」（《題小學》）❽。到明代，依照《蒙求》體例而成書的，有《龍文鞭影》，後來又有續集，觀其首句云「搜羅子史，誘掖兒童」，則這類書的宗旨是一目瞭然的。其次又有《幼學故事瓊林》，全書 4 卷，計分 32 類，凡天文、地理、文治、武備、人事、製作，以及倫常典範，無不具備。又經後人一補再補，內容更加充實。還有一種《名賢集》，搜集成語或流傳的謠諺而成，皆為古人生活經驗之談。

塾師對識字較多的學童，則進一步教以詩歌的作法，通常日課為對句，所用的教材，除《千家詩》外，有《神童詩》和《唐詩三百首》等。《千家詩》、《唐詩三百首》，都是優秀的詩歌選本；而像《神童詩》所說：「天子重英豪，文章教爾曹，萬般皆下品，唯有讀書高。」這類思想內容，在往昔，

❽ 《朱文公文集》卷 76。

也確實是很容易深入人心的。另外還有《綱鑑易知錄》、《古文觀止》等。

私塾接著教下去的，如上文《程氏日程》所開，大都是科舉時代的必讀書。

中國傳統社會非常重視以官德為中心而以規範政事為目的的吏治教育，其真正行之有效的辦法有：一. 將典型的循吏和酷吏載入正史；二. 借助筆記小說之類，使吏治思想廣為流傳；三. 利用古訓格言，勸勉和引導官吏的思想行為。❾

中國古代還有各種方式的社會教育，起到「化民成俗」的作用。古代政府也搞傳播生產知識的教育工作，如元統治者比較重視農業教學，國家設立司農司和勸農司，地方成立社學，舉凡農田、水利、樹藝、漁畜等教育都在社學中進行。社學明初成為半官方的蒙學，但不久廢之。古代還有許多「賤業」（所謂「百工技藝」，也包括民間的醫學、藝術等）教學，主要通過家學淵源和投師學藝、刻苦自學來進行。有些秘傳是「巧者述之，守之世」（《周禮・考工記・序》），寧可失傳也決不外傳的。而投師學藝，期限大率為 3 年，個別行業也有 4 年的，在未滿師前，徒弟必須「晝夜不敢息其勞，寒暑不敢辭其苦」（光緒十三年〈1887〉北京《老羊皮會館匾額》）❿古代人民還有進行反抗鬥爭的教學活動。所有這些，目的都不是為了培養官吏，這裏就從略不談了。

第二節　銓選制度

中國古代社會，在父系氏族制階段，凡是擔任首領和在首領下面負責某項具體工作的人，前者都通過選舉產生，後者也受到長老會議的推薦，不是首領可以根據個人意志隨便決定的。到了後來正式形成國家，這種「天下為公，選賢與能」（《禮記・禮運》）的選舉制度，就為公門有公、卿門有卿、賤有常辱、貴有常榮、賞不能勸其努力、罰亦不能戒其怠惰的世襲制⓫

❾ 參見陳淑乾《我國古代吏治教育考》，《人民政協報》2000 年 3 月 3 日。

❿ 見彭澤益選編《清代工商業行業碑文集粹》第 23 頁，中州古籍出版社，1997 年。

⓫ 世襲制下的官員雖說是世襲的，但新的君主繼位之後，在宗法原則和其他政治原因的制約下，王朝的主要官員，勢必要重新以大宗至親充任，這樣自然也會導致一系列人事上的變更。

所代替。

但由於時代的進步，西周比起夏、商兩代來，已經開明得多了，周初在確立分封、實行「世卿」(《公羊傳・隱公三年》) 制度的同時，又有「選士」(《禮記・王制》) 之制。事實上，據《尚書・立政》記載，夏、商已有任人以賢的經驗，商代把政務、民事、執法作為選拔和任用官吏的標準予以規定，形成「三宅三俊」法。周代「以鄉三物教萬民而賓興之，一曰六德：知、仁、聖、義、中、和；二曰六行：孝、友、睦、姻、任、恤；三曰六藝：禮、樂、射、御、書、數」(《周禮・地官・大司徒》)。這些都是法定的賢能條件。春秋戰國以降，各諸侯國競開「養士」之風，後來更重用客卿，齊桓公「九合諸侯，一匡天下」(《史記・管、晏列傳》)，他唯恐「失士」，總結出一條勿「以其小惡而忘人之大美」(劉向:《新序・雜事五》) 的原則。當時許多政治家、軍事家，紛紛跑到他國去建功立業。反觀那些由世襲得位的官吏，則多庸劣不足以當大任。戰國末期，各國逐漸改變了世襲制，「食有勞」、「祿有功」、「使有能」(同上:《說苑・政理》)，大大小小的官吏皆由國家採用不同方式進行選拔後加以任命。

秦代「審民能，以賃（任）吏」，「凡為吏之道，必精挈（潔）正直，慎謹堅固，審悉無私，微密韱（纖）察，安靜毋苛，審當賞罰」。(《睡虎地秦墓竹簡・為吏之道》) 大多數官吏都是靠軍功而得到爵位和官職的，也有從皇帝侍衛人員中選拔或由官吏推薦而被任用的，還有應召入仕的。縣以上的主要官員都由中央任免和調動。初為吏，有一定的試用期。

漢初劉邦詔令郡國求遺賢，凡賢士大夫肯為西漢政權效勞的，都予以任用。⓬新官吏的儲備和選任，主要通過郎官的途徑。郎官是皇帝侍從，其來源——漢初有任子之制，二千石以上的大官可以保送子弟 1 人到京師為郎，擁有資產 10 萬錢（景帝時改為 4 萬錢）而又非商賈的人也可以候選為郎，還有以從軍、方技、上書為郎的。在這種制度下，「長吏多出於郎中、中郎」(《漢書・董仲舒傳》)。

漢武帝寬待人才，司馬遷受過腐刑，但還是被委任中書令，使之能完成《史記》的寫作；衛青、霍去病皆以微末，不數年間，位至通顯。

但兩漢選拔人才的基本制度應當說還是察舉，漢高祖的求遺賢已開其端，文帝詔「舉賢良方正能直言極諫者」(《漢書・文帝紀》) 踵行之。漢武

⓬ 《漢書・高帝紀下》。

帝元光元年（公元前 134），「令郡國舉孝、廉各一人」（《漢書・武帝紀》），從此郡國歲舉孝、廉的制度就確立起來了。武帝以後，孝、廉逐漸合為一科。被舉的孝廉，多在郎署供職。武帝還「令州郡察吏民有茂才異等可為將相及使絕國者」（同上），不過這類察舉屬特科性質，不經常舉行。西漢察舉制度比較嚴格，國家大吏，不薦人才有罪，薦舉人才不實者亦有罪。

東漢察舉科目有孝廉、茂才（即秀才，以避光武帝劉秀諱改稱）、賢良、文學、明經諸科。惟孝廉由郡國按人口比例察舉，其餘則待詔而行。郡國察舉時，被舉者不惜以君臣、父子之禮對待舉主。豪族為了得到察舉，做盡了醜惡的表演，以致出現「舉秀才，不知書；察孝廉，父別居。寒素清白濁如泥，高第良將怯如雞」（《抱扑子・外篇・審舉》）的怪事，與朝廷勸教化的本意完全背道而馳。

徵辟也是漢代選用官吏的重要方法。徵辟分徵聘和辟舉：徵聘是對特別有名望的人才，由皇帝派專人去聘任。漢初呂后為太子請得商山四皓，⑬由此開創了徵聘的先例。辟舉是按照一定科目徵用所需人才。光武帝曾設四科以辟舉「異德名士」，「一曰德行高妙，志節清白；二曰學通行脩，經中博士；三曰明達法令，足以決疑，能案章覆問，文中御史；四曰剛毅多略，遭事不惑，明足以決，才任三輔令，皆有孝悌廉公之行」（《後漢書・百官志一》注引應劭《漢官儀》載光武帝詔書）。被徵舉者經過試用，確有能力，就正式授予官職。中央各部門和州郡長官徵辟僚屬，或稱「辟除」，有公府辟除和州郡辟除之分。

察舉和徵辟的主要根據是被選者的鄉黨評論。這種鄉黨評論，即「清議」，大多被有勢力、有影響的現任或退休官僚所操縱。汝南地區評論人物，照例在每月初一進行，叫做「月旦評」（《後漢書・許劭傳》）。

不過，絕大多數地方長吏的遷除，都主要靠積功而致。這所謂「功」，不是軍功，而是終日埋頭於日常行政事務的功，⑭此項制度保證了終生與察舉無緣的下層官僚隊伍也有一條合理的流動途徑。

漢代官吏的選用，還實行考試之法。國家考試有對策和射策。對策由皇帝親自主持，策試對象主要是被薦舉或徵辟的賢良之士等。皇帝所策問的，大都是有關國家治亂安危的最高原理及國家當前各種迫切的政策問題，

⑬ 《史記・留侯世家》。

⑭ 據尹灣漢簡《東海郡下轄長吏名籍》。

應試者各以己見對答。試卷由太常初閱，評定等第，然後呈皇帝復閱。對成績優異者，皇帝還再三策問，予以召見。對策獲售者，一般都能得到重任。射策基本上都用於對博士弟子的考試。另外，還有太史對學童的考試，「能諷書九千字以上，乃得為史」（《漢書・藝文志》）。

漢代還有上書拜官、以材力為官、以方技為官者。

漢初規定諸侯王國的居民不得供職於中央政府，以防止他們利用職務上的便利在京城從事危害朝廷的活動。

漢末外戚、宦官都「親其朋黨，用其私人，內充京師，外布列郡，顛倒賢愚，貿易選舉」（《昌言・法誡》），造成吏治腐敗，政治極端黑暗。

漢代中央主管官吏的機關，西漢為丞相府的東曹，東漢為尚書臺的吏曹；武官的選任歸護軍都尉。中央各部門、開府的將軍和州、郡、縣的僚屬大部分都自行署置。

對官吏的任用，西漢規定：「有市籍不得宦，無貲又不得宦」；「入財為官，不署右職」；「宗室不宜典三河」；「王國人不得宿衛」；「王舅不宜備九卿」。（《西漢會要・選舉下》）東漢也有若干原則性的規定。但有些規定並未能堅持執行。

漢代官吏初任有 1 年的試用期，稱為「守」，俸祿較低。經試用，如不稱職，或罷原職，或左遷甚至免官。暫時代理或兼理某項職務的稱為「假」，以本官兼領他職的稱為「領」，一人兼任兩職的稱為「兼」，參決、總領稱為「錄」，官闕未補由他官暫代的稱為「行」，以本官評決尚書事的稱為「平」，以本官兼理尚書事的稱為「視」，被徵召而未正式任用的稱為「待詔」；東漢中央派員督導地方的稱為「督」。「加官」為虛銜，但亦加予官吏以本職之外的特殊權力；「散官」無印綬，不治事，但卻得使官吏擺脫繁雜政務，更可發揮其本人的才智和作用。

兩漢官場，或由卿相一朝而淪為布衣，宦海浮沉，司空見慣，下來之後，鄉黨鄰里，也並不大驚小怪。

魏晉南北朝把漢代的察舉制發展為「中正」制。建安二十二年 (217)，曹操頒布《舉賢勿拘品行令》，提出「負污辱之名，見笑之行，或不仁不孝而有治國用兵之術，其各舉所知，勿有所遺」。⓯「魏氏承顛覆之運，起喪亂之後，人士流移，考詳無地」（《晉書》卷 36），故延康元年 (220)，曹丕

⓯ 《三國志・魏書・武帝紀》及注，令名據《曹操集・文集》卷 2 補。

從陳群（潁川許昌〈今河南許昌東〉人，生年未詳，卒於 236 年）之議，實行「九品官人法」，在朝官中推選有聲望的人擔任州、郡、縣的中正，負責評定人才高低，將人才定為上上至下下等 9 個品級，然後按品級向主管選官的吏部推薦。吏部依據中正的報告，按品級授官，名列上品的，可以做大官，下品的只能做小官。已授官的，由中正定期負責向吏部建議升降，一切皆決定於中正。當時高品第的士族，還很樂意就職於品秩稍低而地望清美的官位，如秘書郎、著作郎等，所謂「上車不落為著作，體中如何則秘書」（《初學記》卷 12）。中正制初行時，貫徹曹操所定唯才是舉的原則，「蓋以論人才優劣」（《宋書》卷 94），只是「以智役愚」，尚未「以貴役賤」，（《通典・選舉四》）是起到了較好的作用。但西晉實行「二品繫資」（《晉書》卷 46），即使德、才合格，如果原有的「閥閱」不夠，也就不能取得「平次人才之高下」（《太平御覽》卷 265 引《傅子》）的中正品第「二品」。⑯由於制度的變本加厲，評定人物逐漸演變為只問門第不論才能的「門選」，於是被評為上品的都是世家大族。這些人鄙薄世事，不親政務。如王羲之之子王徽之任桓沖騎兵參軍，問他做什麼官，他答「似是馬曹」；問他管多少馬，他答「不知馬，何由知數」。（《晉書》卷 80）他的政績，也就不問可知了。

蜀漢諸葛亮「懲惡舉善，量材授任，不計資敘」（《三國會要・選舉》），他既能破格提拔確有才能的人，對不稱職的官員也能果斷地予以罷免。後來武則天也有這種作風，「課責既嚴，進退皆速」（《舊唐書》卷 139），所以受到史家的好評。

北魏也曾設置中正官，又「令在位者皆五人相保，無人保任者，奪官還役」（《文獻通考・選舉九》）。孝文帝整頓吏治，嚴格實行俸祿制度，俸祿之外，官吏貪污滿一匹者處死；又對地方官任期不作硬性規定，把仕途與治績好壞聯繫了起來。但北魏後來創停年之制，「不問士之賢愚，專以停解日月為斷，雖復官須此人，停日後者，終於不得，庸才下品，年月久者，灼然先用」（《魏書》卷 66）。國運於是隨之了結。

不過南朝從劉宋開始，寒門素族在政治上已有抬頭的趨勢，中書通事舍人雖是低級職務，或出身微末，或起自小吏，但都「既總重權，勢傾天

⑯ 西晉時期，人品二品與官品五至一品相對應，如果閥閱在六品以下，則人品只能評為三品以下的卑品，而卑品入仕，又只能擔任六品以下官職。

下」(《南史》卷 77)。

隋文帝廢除維護門閥貴族地位的九品中正制，於開皇十八年 (598) 七月設「志行修謹」、「清平干濟」兩科。⑰煬帝時始置進士科，⑱因為是分科取士，所以名為「科舉」。王朝開始用公開考試的方法來甄別人才高下，從而量材錄用，在籠絡的同時實行控制，這是中國傳統社會銓選制度上的重大改革，為以後歷代所沿用。

唐代科舉有常舉和制舉兩類。常舉每年舉行，於進士科外，復置秀才、明經、明法、明字、明算等多種。學館的生徒可以直接報考，不在學的自行向州、縣報考，合格後再由州縣送中央參加考試，此即所謂「鄉貢」(《新唐書》卷 44)。「對蔽而不舉者，一人徒一年，二人加一等，罪止徒三年」(《唐律疏議・職制》)，處罰相當重。應試者以進士、明經兩科為最多，高宗以後，進士科尤為時人所重。所謂「三十老明經，五十少進士」(王定保：《唐摭言》卷 1)，意思是說明經易而進士難。考試內容，進士著重於詩賦和時務策，明經則著重於儒家經典的記誦。主持考試的，開元二十四年 (736) 以前一直是吏部考工員外郎；以後歸禮部掌管，也有臨時由皇帝委派中書舍人等清要官主持的。武則天當政時，還「殿前試人」(《通典・選舉三》)，親自主持考試。考試及格者稱為「及第」。錄取數進士科約為應試者的 1～2%，明經科為 10～20%。因為考生投送履歷表，叫做「投狀」，所以進士第一名稱「狀頭」或「狀元」。唐代每年參加進士考試的有一二千人，而錄取的，不過二三十人。錄取與否，既看成績，也靠有力者推薦。當時重要官員大多出身於進士，考上進士謂之「登龍門」，「縉紳雖位極人臣，不由進士者，終不為美」(《唐摭言》卷 1)。但考上進士也僅僅只是取得了一種做官的身分，正式授官，還須再經吏部覆試；或者先在地方長官下面當幕僚，經地方長官推薦後，才能正式成為朝廷命官。

唐秀才科每次錄取僅 1 人或 2 人，貞觀年間又規定，凡地方長官舉此科而不第者就要受到處罰，所以考生大都敬而遠之，自玄宗天寶初年以後，實際上已經停廢了。

唐和五代又有童子科，屬常舉。童子的年齡，唐初規定在 10 歲以下，大中十年 (856) 放寬至 12 歲以下，五代後唐應順元年 (934) 更放寬至 15 歲

⑰ 《隋書》卷 2。
⑱ 《大唐新語・釐革》。

以下。童子科登第，一般都授虛官，也有至弱冠才授官的，也有未授官再登制舉或吏部科目選的。童子科的設置，對童蒙教育和唐、五代科舉制的繁盛起了積極的促進作用。

武則天還增設武舉，由兵部主持。⑲

制舉由皇帝臨時立定名目，有賢良方正直言極諫科、文辭清麗科、博學通藝科、武足安邊科、軍謀越眾科、才高未達沉跡下僚科等百十餘種。士人和官吏都可以參加考試。及第共分 5 等，因為第一等和第二等是從來沒有的，所以第三等便稱「甲科」，四、五兩等則稱「乙科」。無論甲科或乙科，及第以後，原是官吏的立即升遷；原來不是官吏的，也立即由吏部給予官職。但制舉出身當時並不被視為正途，而看成是「雜色」（封演：《封氏聞見錄》卷 3）。

科舉制度把讀書、應考、任官三者結合了起來，體現了相對的機會平等性，符合各方參與人的利益，使地主制封建政權具有了更廣闊的社會基礎。它重視學識和才幹，大大激勵了社會對教育的投入，客觀上促進了整個民族的文化素質。這一制度在當時歷史條件下是有積極意義的。

而以詩賦作為考試的主要內容，乃是因為在風花雪月的吐屬中，傳統社會廣大來自農村地區的士子的才、情、品、學，往往更易展示和逗露。⑳

隋、唐「海內一命以上之官，州郡無復辟署矣」（《通典・選舉二》）。唐代官吏的任命分為「冊授」、「制授」和「敕授」3 等。凡諸王及職事正三品以上，文武散官二品以上，都督、都護、上州刺史之在京師者，皆冊授；其下至五品以上皆制授，六品以下及守五品、視五品以下，皆敕授。六品以下，文官由吏部銓選，武官由兵部銓選。常舉考試及第的進士，由吏部再試，叫做關試，又稱「釋褐試」，謂其由此釋去褐衣換上制服也。吏部擇人有 4 條標準，一曰體貌豐偉，二曰言詞辨正，三曰楷法遒美，四曰文理優長。4 條標準皆符合，則先德行，德均以才，才均以勞。五品以上不試，列名上中書門下，聽制、敕處分。㉑開元三年 (715) 規定「凡官，不歷州縣不擬臺省」（《新唐書》卷 45），這是說，凡官員沒有在地方州縣任職的經歷，就沒有擔任中央臺省官的資格。同年，玄宗又明確宣布：「官不

⑲　《新唐書》卷 44、45。

⑳　參見錢穆《中國文化史導論》第 128 頁，三聯書店，1988 年。

㉑　《通典・選舉三》。

濫昇，才不虛授，惟名與器，不可以假人。」(《唐會要・階》) 次年，他召集新選任的縣令入宣政殿，親自考查是否通曉經國治民之道，結果被「放歸學問」(《資治通鑑》卷 211) 達 45 人。但事實上外戚、宦官和侍從學士，往往被授予要職，他們不須經過通常的程序，而由皇帝直接委任。唐代「檢校」某官，有兩種情況：一是代理，屬「斜封官」㉒，與「員外」、「試」等相當；二是使職官所帶中央官銜，因為使職本身沒有階品，其地位高下要以所兼檢校官的階品來代表，也有朝廷重臣受差遣去完成某項緊急而複雜的使命者，後來由臨時性質向固定化發展，通常都帶使職，如觀察使、節度使，而其原來的職權反而逐漸被削奪。在任用官吏當中，有迴避親屬和本籍的規定。根據法律，官僚機構都有嚴格的編制，超過編制要受處罰。「太宗省內外官，定制為七百三十員」(《新唐書》卷 46)。㉓唐初人才比較缺乏，凡應試者，大都可以做官。隨著科舉制度的發展，人才輩出，加之尚有其他入仕途徑，於是出現官少員多難以安排的問題，㉔這個問題是歷代王朝都無法避免的。

五代前期，諸科取士通常少於進士，後唐長興三年 (932) 取進士 8 人，而諸科達 81 人，開五代諸科取士多於進士的先例。

宋代文武官員的主要來源是科舉。開寶八年 (975)，除任命「權知貢舉」任主考官外，又任命「權同知貢舉」為副主考官，以後成為慣例。宋太祖正式確立了殿試制度，即在禮部省試後，皇帝在殿廷主持最高一級的考試，決定錄取的名單和名次。殿試錄取後，直接授官。所有考中的人，不許對考官稱師門或自稱門生，以防止形成宗派。㉕

常舉有進士、九經、五經、三禮、三傳等，進士科與唐代一樣，最受重視。神宗時，罷諸科，只留進士科。哲宗（1085～1100 在位）時，將進士分為經義、詩賦兩科，分別舉行考試。宋代凡寒門士人，「自起程以至還

㉒ 中宗神龍、景龍（705～710）年間韋后、安樂公主、上官昭容等用事，納貲售官，降墨敕斜封授之，故有此稱。

㉓ 據《資治通鑑》卷 192 記載，李世民曾以「官在得人，不在員多」，「命（房）玄齡併省，留文武六百四十三員」，這個數字，甚至還少於《新唐書》所說的「定制」。

㉔ 據黃仁宇統計，唐代文官集團最多有 1.8805 萬個建制職位，加上其他輔助人員和軍官，凡受薪者達 36.8668 萬人，這在中世紀世界範圍內是極其醒目的數字。見《中國大歷史》第 117 頁，三聯書店，2007 年。

㉕ 曾鞏：《元豐類稿》卷 49。

鄉費皆公家」(王栐:《燕翼貽謀錄》卷 1)。又大幅度放寬錄取人數，錄取進士一般每次在二三百人以上。錄取分「及第」、「賜進士出身」、「賜同進士出身」3 等，有一甲至五甲，每甲無定數。考試內容，宋初承唐制，以詩賦為主，王安石認為浮華不切實用，改試經義策論，實際上就是後來八股文的始倆。為防止科場作弊，淳化三年 (992) 開創「糊名」(即彌封，將卷面折疊封藏其姓名) 之法，大中祥符八年 (1015) 又開創了「謄錄」(考卷原件並不直接送試官，而只送由專門的抄寫人員抄寫出來、再由專門的校對人員負責校對的抄件) 之法。而且第一次評定的成績也要加以密封，以利不影響第二次評定，然後才綜合起來確定正式成績。宋代還增設鄉舉一級的考試。唐時應進士試的人，通稱「舉子」(包括經過選拔的「生徒」和投牒自進的「鄉貢」)，並不一定通過地方考試。宋以後，應進士試之前，必先試於本鄉州府。不過與明、清鄉試不同的是，宋、元鄉試及格之後，並不成為一種固定的身分。

英宗治平三年 (1066)，確定了「每三年一開科場」(《宋會要輯稿・選舉一》)，為後世所沿襲。宋代中狀元備極榮寵，但朝廷為獎掖孤寒，抑制勢家，前後 300 餘年 100 多場科考，除政和八年 (1118) 徽宗錯點、南宋初秦檜弄權外，狀元幾乎與貴介子弟無緣。

制舉仁宗時有賢良方正能直言極諫、經學優深可為師法、詳閒吏理達於教化等六科，待京朝之被舉及起應選者；書判拔萃科，待應選者；高蹈丘園、茂材異等科，待布衣之被舉者。現任官員、草澤隱士，都可以參加考試，先試於秘閣，中式後由皇帝親自策試。

「試刑法者」，「自熙寧始」。(《文獻通考・選舉五》)

宋代的文士，為考試及第爭得官做，老死不休，有連續考 15 場不中的。對這些人，皇帝特賜本科出身。[26] 通過科舉，不僅為王朝搜羅了大量的人才，而且使應試者不致由對當局不滿而走上反抗道路。「聖朝廣開科舉之門，俾人人皆有覬覦之心，不忍自棄於盜賊奸宄」(《燕翼貽謀錄》卷 1)。

宋代除了對進士及第、制舉合格者以及太學中的上舍生授予官職，同

---

[26] 據說北宋梁顥一共考了 47 年，82 歲時竟中了狀元，曾作《謝恩詩》稱：「天福三年 (938) 來應試，雍熙二載 (985) 始成名。」其人《宋史》卷 296 有傳。但其實梁顥舉進士及第年僅 23 歲，有關史料的記載是錯誤的，不過既然有這等記載，說明 82 歲中狀元的事例，在當年還是有可能發生的。

時還實行恩蔭制度。此外，遇有災荒，地主出糧可以得官。所以宋代官員之多超過以往任何一代。

宋代官員的職務分官、職、差遣3項，前二項是虛銜，只有差遣才能真正行使權力。如赫赫有名的包拯，他的官銜曾經是「吏部郎中龍圖閣學士權知開封府事」，「吏部郎中」是本官，據以取俸祿；「龍圖閣學士」是榮譽職，表示有學問；「權知開封府事」是差遣，是他當時主管的具體工作，所以他可以做京城吏民的青天大老爺。又如英宗時，王安石官為吏部尚書，職為觀文殿大學士，差遣為江寧知府，他實際上做的，就是江寧知府。許多官員僅有官職而不得差遣，那就無事可幹。由於閑官日增，此輩為了求得早日差遣，紛紛奔走於公卿長官之門，「問遺公行，貨賂旁午」（魏了翁：《答館職策一道》）㉗，加速了吏治的敗壞。至於低級文官及受處罰的官員，則只有「官」和「差遣」而沒有「職」，沒有「職」也是不行的。

當時提倡文治，採取把武官養起來，派文官掌管軍事和地方行政的政策，文官遷轉極快，帶館閣稱號者尤稱上選。熙寧二年 (1069) 始行新政，「詔自今文臣換右職者，須實有謀勇，曾著績效」(《宋史》卷 14)。宋初節度使、刺史的名號仍予保留，但又派出朝官管理州事。終宋之世，一直採用朝官控制地方的辦法。地方官3年一換。

北宋前期所謂「朝官」、「京官」，都包括地方官，朝官指七品以上文官，京官指八、九品低級文官；所謂「選人」，指「幕職、州縣官」，官品與京官相近，他們只有選改京官，才能得到升遷朝官的機會。

宋代又規定，任滿待闕的官員，不得在任地寄居；如在某地寄居滿 7 年，則其寄居地視同原籍，適用迴避本貫的條文；並且「有田產物力在三等戶以上」者，也同樣「不許注授本處差遣」。(《宋會要輯稿・職官六十一》)

遼代重要官職主要由契丹貴族——特別是皇族、后族擔任。太宗會同 (938～947) 年間，開始有一些選拔後備官員的考試，首次進士考試於聖宗統和六年 (988) 舉行，起初確定3年一次，後來不定期，主要為漢人而設，分詞賦、經義兩科。

金太宗（1123～1135 在位）占領遼地後，於天會元年 (1123) 確立科舉制，分詞賦、經義兩科。五年 (1127) 占領北宋統治下的河北、河東地區後，因遼、宋所傳儒家經說不同，設南、北兩科，分別考試，稱為「南北選」。

㉗ 《鶴山先生文集》卷21。

海陵王（1149～1161 在位）天德二年 (1150) 詔增殿試，更定試期為 3 年；又於貞元二年 (1154) 廢除南北選制和經義科，規定各地一律只考詞賦。章宗（1189～1208 在位）時，允許猛安謀克舉進士，這在以前是禁止的。

金代科舉的監檢制度很嚴，乃至解髮袒衣，索及耳鼻。大定二十九年 (1189) 改為沐浴，官家備衣服使其更換。

元代蒙古貴族有做官的特權，無須通過考試，所以開國之初不重科舉。中葉以後，為了籠絡漢人，才開科取士。但分為左、右兩榜。蒙古人、色目人為右榜，只考兩場，題目容易，錄取後授官高；漢人、南人為左榜，要考三場，題目較難，錄取後授官低。據《元典章・吏部》載大德 (1297～1307) 年間內外官員狀況，其中朝官漢人、南人占 55.23%，京官漢人、南人占 70.15%，外官漢人、南人占 71.42%。入仕途徑大體上宿衛占 10%，儒士占 5%，吏員占 85%；進入正三品以後，則只能於本等流轉，非奉特旨，無由再進一步升遷。

儘管至元二十年 (1283) 已制定「官吏贓罪法，自五十貫以上，皆決杖除名不敘，百貫以上者死」(《續資治通鑑》卷 186)。但當時官場腐敗已極——「所屬始參曰拜見錢，無事白要曰撒花錢，逢節曰追節錢，生辰曰生日錢，管事而索曰常例錢，送迎曰人情錢，勾追曰齎發錢，論訴曰公事錢，覓得錢多曰得手，除得州美曰好地分，補得職近曰好窠窟」，甚至連肅政廉訪司官吏也是「所至州縣，各帶庫子檢鈔稱銀，殆同市道」。(葉子奇：《草木子・雜俎》)

明清時代，規定以八股文取士，科舉的起點，須先取得生員、監生等資格。生員——即在地方府、州、縣學學習的士子，又叫「諸生」、「庠生」，俗稱「秀才」、「相公」，其資格的取得，要通過縣試、府試、院試 3 級考試。這 3 級考試通稱「童試」(應試考生不論年齡大小，均稱為「童生」)，童試也叫「小試」或「小考」。

參加童試第一級的縣試，考生要先向縣衙門的禮房報名，填寫姓名、籍貫、年齡、三代履歷，並以同考 5 人為結，復請本縣秀才中的廩生作保，保證不是倡優皂隸之家及居喪者，不是冒籍[28]。參加第二級的府試和第三

[28] 冒籍會占去所冒地區的錄取指標，還會滋生賄賂腐敗行為，故歷來都嚴格禁止。宋代將考生的有關資料進行公示，以便接受社會的監督；清代康熙初年還在童試中開始推行「審音」制度，核對考生口音，以判斷其是否本縣籍人。

級的院試，大抵採取集體報名，其餘手續與縣試略同；院試還要另加派保，保人也須是廩生。縣試、府試都分4場或5場舉行，著重在第一場；院試分正試和覆試兩場。考試內容，四書義一道，200字以上，㉙經義一道，300字以上，文章要求論述明晰，不尚靡麗浮薄。明代無試帖詩，清代增之。試帖詩也叫「賦得體」，有五言、七言兩類，或六韻，或八韻，中段排律格式限制極嚴。上述考試，都是當日交卷，閱卷排除本地學官和書院山長。而試卷姓名彌封，須書所習本經，文字不許犯諱，不許自序門第，書寫認真，這是科場通例。

縣試由本縣知縣主持，試期多在二月。府試由本府知府主持，試期多在四月間。院試由中央委派的學政主持。學政清代定稱為提督學政，簡稱「學道」，俗稱「學臺」，任期3年，每省1人，負責監察一省學校師生之學行和管理所轄地方一切有關教化、文物、學術等事務，地位與督、撫平行。學政衙門設在省城，但院試並不在省而在府。學政分別到本省各府考試童生和生員，叫做「案臨」。縣試及格，方許參加府試；府試及格，方許參加院試。及格稱為「出案」，縣試第一名稱為「縣案首」，府試第一名稱為「府案首」，院試第一名稱為「院案首」。院試實行分縣錄取，錄取名額，因各縣錢糧人丁多少而有不同。對於少數民族，另有專門名額。院試錄取者，得被送入學宮學習，就算進學成了生員。因學宮門前有半圓形池叫「泮水」，所以進學又稱「游泮」。生員明代戴方巾；清代戴銀頂帽，著藍袍。

凡在學的生員，均須參加學政所舉行的歲考和科考，歲考也叫「歲試」，在學政到任的這一年舉行，依其成績優劣，定為6等，一、二、三等有賞，四等以下有罰，其甚者，或被革去資格。科考也叫「科試」，清代在每屆鄉試前1年舉行，其中考得一、二等和三等前10名者，由學政開列名單，報送參加鄉試。

生員有「廩生」、「增生」、「附生」等名目。廩生名額有一定，明代每月給廩米6斗，清沿明制，但改給銀4兩。廩生屬資深的生員，可作廩保，相應拿取保金；增生為廩生以外的名額，通常考績均在一等，增生須等廩生出缺後才能補為廩生，增生不享受月米，也不能作廩保；附生即附學生員，乃額外增取，附於諸生之末。

生員地位比老百姓高出一等，生員不僅有上述食廩的特權，國家還免

㉙ 以四書義作為考試主要內容，始於元仁宗皇慶二年(1313)。

其丁糧，並且生員見官不必下跪，官府須以禮相待。清代順治九年 (1652) 頒布的《訓士規條》稱：「生員如果犯事情重，地方官先報學政，俟黜革後治以應得之罪；若詞訟小事，發學責懲，不得視同齊民一體扑責。」(《欽定大清會典事例》卷 392）這些好處，對小康以上人家是很有吸引力的，他們無不竭力培養子弟讀書，至少也指望家門能出個秀才。

而所謂貢生者，則指已考選升入國子監肄業的生員，明代有「歲貢」、「選貢」、「恩貢」、「納貢」，清代有「拔貢」、「優貢」、「歲貢」、「恩貢」、「副貢」、「例貢」，其中明代的納貢和清代的例貢，是由捐納所取得的資格，另外都是正途出身。

清代拔貢每 12 年選拔 1 次，在酉年，每縣 1 人，由學政會同督、撫合考，進京再經過考試，入選者，一、二等即錄用為官，三等入國子監；優貢，3 年一選，於學政離任前舉行，也要經過學政、督、撫「三院會考」，到京後，再經過考試認可，每省不過數人；歲貢，凡廩生 10 年，挨次出貢，縣學 2 年 1 人，州學 3 年 2 人，府學 1 年 1 人，因挨次出貢，亦稱「挨貢」；恩貢，遇國家慶典，於歲貢之外，臨時增加 1 次選送貢生，稱為恩貢，又有「先賢」後裔特許入國子監的也叫恩貢；副貢，是鄉試列於錄取名額以外的副榜，以後可以不應歲、科試而徑應鄉試，也可以直接進入國子監肄業。以上總稱「五貢」。

明代和清代的正式科舉考試，省級的叫鄉試，中央級的叫會試，會試以後還有殿試。鄉試始於洪武三年 (1370)；會試始於洪武四年 (1371)；殿試的定制，始於永樂二年 (1404)。《明史》卷 70 云：「三年大比，以諸生試之直省，曰鄉試，中式者為舉人。次年以舉人試之京師，曰會試，中式者天子親策於廷，曰廷試，亦曰殿試，分一、二、三甲以為名第之次。一甲止三人，曰狀元、榜眼、探花，賜進士及第；二甲若干人，賜進士出身；三甲若干人，賜同進士出身。狀元、榜眼、探花之名，制所定也。而士大夫又通以鄉試第一為解元，會試第一為會元，二、三甲第一為傳臚。」這是明代的情況，清代也大率如此，只是清代三甲第一就不稱傳臚了。至於俗所謂「連中三元」，三元即是指解元、會元和狀元，集三元於一身，當然是很難得的。據統計，自唐以後「連中三元」的，僅有 18 人。㉚

㉚ 其中唐代 4 人，宋代 7 人，遼 1 人，金 1 人，元 1 人，明 2 人，清 2 人；另有武狀元 3 人，不計在內。

清代順治八年 (1651)，方首次准許八旗子弟應鄉、會試，以後八旗考試，時舉時停；宗室參加鄉、會試，嘉慶六年 (1801) 始著為令。

明、清鄉、會試場所，都是在貢院（鄉試在各省貢院，會試在北京貢院）。貢院外牆很高，輔以荊棘，所以又稱「棘闈」。其大堂東、西側為外簾，後面為內簾，考試官進去後，內外簾隔絕，內簾居考試官，稱為「內簾官」；外簾居其他考務官，稱為「外簾官」。外簾官不得侵奪內簾官的權力，不得干預判卷錄取工作。貢院兩旁建號舍，以《千字文》編號，供考生居住。號舍有兩塊號板，分別架擱在號舍兩邊壁上，一塊坐，一塊寫，夜間則取下寫板與坐板並架，可以睡臥。考生進場，所為「搜檢防禁、囚首垢面、夜露晝曝、暑熱風沙之苦，無異於小試」（李調元《制義科瑣記》卷 3 引《艾千子自述》）。然後領卷對號入舍。號舍門由號卒看守，是落了鎖的，一進其內，即難出入。在整個考試期間，貢院棘牆外都設有巡邏，日夜不斷；還禁止附近居民拋扔磚石，放飛鶉鴿，鳴爆鞭炮。試卷也不得多印一份，實行彌封、謄錄，然後由主考官用抽籤的辦法分送給同考官評閱，同考官閱後寫上評語，認為可以錄取的再推薦給主考官。「凡貢舉非其人，及才堪時用應貢舉而不貢舉者」（《大清律例・吏律》），考試官要受到嚴厲的論處。所有這些做法，制度不可謂不嚴密，但在實際執行中，諸如行賄、夾帶、代考、頂替、傳遞、換卷等醜聞仍層出不窮。

鄉、會試都分 3 場，每場 3 天。考試內容，明太祖設科舉時，初場經義 2 道、四書義 1 道，二場論 1 道，三場策 1 道，中式後 10 日復以騎、射、書、算、律 5 事試之。後頒科舉定式，規定初場試四書義 3 道、經義 4 道；其第二、三場，試論、制、詔、誥、表、策等。降及清代，制度有增損。

鄉試每 3 年（逢子、卯、午、酉年）舉行 1 次，為正科；遇國家慶典臨時增加的，為恩科，因均在秋天舉行，所以鄉試又稱「秋闈」。凡「監生，及府、州、縣學生員之學成者，儒士之未仕者，官之未入流（在九品 18 級之外）者，皆由有司申舉」（《明史》卷 70）。鄉試的考官，主考有 2 人，明初兩京鄉試選派翰林官擔任，各省則有教官擔任，萬曆以後，由翰林或科、部官派往，另外還有監試官、閱卷官（即同考官）和大批事務官。試期從八月初八日開始，八月初九第一場，八月十二第二場，八月十五第三場，每場都於頭一天點名入場，後一天交卷出場，第三場也有當天就提前放牌允許考生交卷以便趕上賞月的——到八月十六日，3 場完畢。錄取名額有定數，因各省錢糧人丁多少而有不同，明代北京順天府、南京應天府皆取百名左右，江西次之，他省稍少，貴州只有 20 名上下；清初順天府最多取 160 餘名，江南亦 160 餘名，貴州則 40 名。正式舉人擬古稱考廉，但與漢代的孝廉是二回事。另外還錄取副榜，也有定額。錄取後張榜公布，因時值桂花飄香季節，所以有「桂榜」之稱。桂榜清代用撫院關防，懸掛於巡撫衙門前。由於明清時稱進士為甲科，舉人為乙科，故桂榜又稱「乙榜」。

鄉試覆試，始於清順治十四年 (1657)，但在道光二十三年 (1843) 前，未正式形成制度。

會試是錄取貢士的考試，在鄉試的次年舉行，因由禮部主持，又是在春天舉行的，所以亦稱「禮闈」和「春闈」。正科之外，若鄉試有恩科，則次年也有會試恩科。參加會試的必須是舉人。會試的考官，主考大率有 4 人，間或至六七人，叫做總裁，均由進士出身的一、二品大員擔任。另外也有監試官、閱卷官和大批事務官，制度與鄉試差不多，只是規模非鄉試之可及。試期從二月初八日至二月十六日，與鄉試只是月份不同而已。錄取的名額，在明代，最初是沒有照顧到南方和北方的平衡的。正統後，分南、北、中 3 卷，以百人為率，南取 55 名，北取 35 名，中取 10 名。北則北直隸（今河北）、山東、河南、陝西；中則四川、廣西、雲南、貴州及鳳陽、廬州兩府，徐、滁、和 3 州；餘皆南卷。後來改為分省定額，最多的

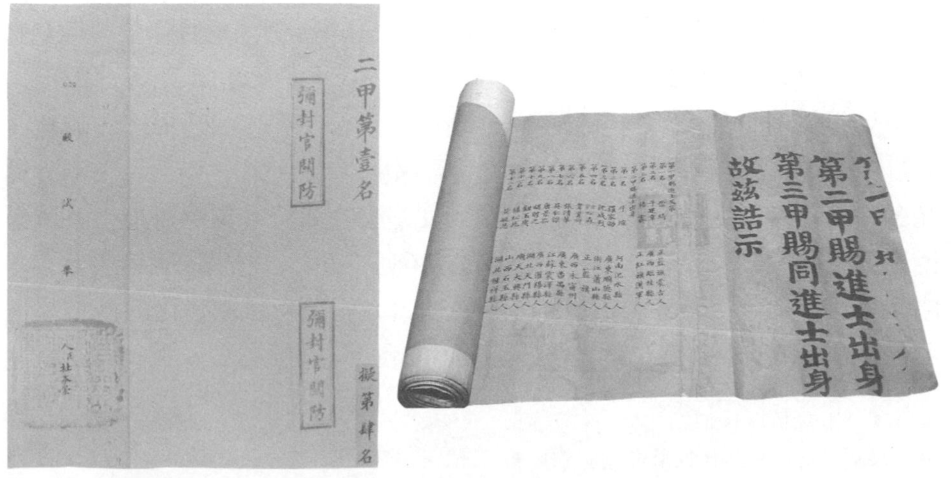

圖 42　清代殿試卷封面（左）和公布殿試結果的金榜（右）

省二三十名，少的 10 餘名或八九名。據《明清進士題名碑錄索引》，清代參加會試的常有七八千人，而每科平均取中的不過 250 人左右。乾隆三年 (1738)，特准臺灣來京參加會試舉子滿 10 人，便可錄取 1 名，以示關照、鼓勵和優待。會試放榜，在二月二十八日，此時正當杏花吐艷，故雅稱「杏榜」。榜用禮部印，張掛於禮部大堂前。

會試榜發，據嚴嵩《南省記》所記，官府差專人馳報得主，雖素不相識者亦可馳報並向得主家中索討喜錢，報得越早得錢越多。往往有惡少無賴埋伏途中毆傷報人，搶奪喜報而去。當報榜者騎馬馳去後，擠在禮部貢院外的考生和其他人再也按捺不住，「二十七日夜二鼓，伺於門者久不勝忿，擲瓦石入；比出，問者嘩噪擁試官馬，途塞不得行」㉛。

會試覆試，始於清康熙五十一年 (1712)，嘉慶初著為令。

被會試所錄取的貢士，再參加殿試，全體成為進士。清初殿試在天安門外，後改在太和殿的東、西石階下，遇風雨則移到殿東、西兩廊下。乾隆後改在保和殿。殿試名義上由皇帝親自擔任主考，氣氛之隆重是可想而知的。殿試待貢士比較「有禮」，不行搜檢；㉜卷子實行彌封，但不必謄錄。

清代殿試例由親王擔任監試官，禮部尚書擔任提調官，只考策論 1 道，道光以後有一條不成文的定例，就是名次的排定，概以書法為准。㉝試卷由讀卷大臣 10 餘人輪流批閱，由首席讀卷大臣主持擬出前 10 名人選，進呈皇帝親自決定一至十的名次，率先予以接見，叫做「小傳臚」；其餘名次由讀卷大臣排列，皇帝在太和殿全體接見，叫做「大傳臚」。大傳臚滿朝文武都須出席，恭聽御旨宣布新進士名次和賜「進士及第」等。於是儀仗鼓吹，將新進士名單以黃綾榜公布於長安街。黃綾榜，俗稱「金榜」，又稱「甲榜」。

如果榜上有名，那就身價百倍。清制新舉人，得參加巡撫衙門的鹿鳴宴；新進士，得參加禮部舉辦的恩榮宴，又叫「瓊林宴」，狀元、榜眼、探花各一席，其餘進士 4 人一席。還要到文廟去謁聖。當年每科進士名單都由禮部刻石立碑於太學，叫做「進士題名碑」。舉人、進士，帽皆用金頂，宗祠可以樹旗杆、懸匾額，進士還可以立牌坊，所費銀兩，由政府按規定發給。舉人和進士都還有拜老師、認同年的習俗，一般稱主考官為「座師」，

㉛ 《鈐山堂集》卷 27。

㉜ 參見商衍鎏《清代科舉考試實錄》第三章，三聯書店，1958 年。

㉝ 《清稗類鈔・考試・朝考殿試重楷法》。

稱閱卷官為「房師」，凡屬同榜者，只要不在親屬、世誼關係上有尊卑之序的，都稱「同年」。

科舉中式，應試者個人的聰明和努力固然起到關鍵作用，但其背景，很多是父祖的節衣縮食、母妻的含辛茹苦。

明代狀元授修撰，榜眼、探花授編修，二、三甲考選庶吉士者皆為翰林官，其餘或授給事中、御史、主事、中書、行人、評事、太常國子博士，或授府推官、知州、知縣等官。會試副榜和舉人、貢生不第入監而選者，或授小京職，或授府推官及州、縣正官，或授教職。進士和舉監，「同一寬也，在進士則為撫字，在舉人則為姑息；同一嚴也，在進士則為精明，在舉人則為苛戾」（《陔餘叢考》卷 18），政治地位是不平等的。明代最重翰林，庶吉士始進之時，已群目為儲相。

清代殿試以後，還有朝考，除三鼎甲（狀元、榜眼、探花）例授翰林官，其餘均按會試、殿試、朝考總成績分別授予官職，前列者用為庶吉士，次者用為六部主事、內閣中書和知縣等職。這種朝考制度，始於雍正元年(1723)。

清初為了廣泛延攬人才，於正科之外，增設特科，如「博學鴻詞科」等，只要在社會上有一些聲望的，一律錄取。

明清時代通過科舉途徑，網羅了大批人才，據何炳棣《明清社會史論》㉞表 9 統計，其中進士來自平民階層者達 42%，對鞏固王朝的統治，是有好處的。但定型於明憲宗成化（1465～1487）末年的以八股文取士的科舉制度，儘管在一定程度上增大了考試標準的客觀性，使之有章可循，有法可依，卻嚴重局限了知識分子的視野，禁錮了人們的思想，阻礙了科學文化的發展，成了時代前進的絆腳石。顧炎武曾經痛切地指出：「八股之害……有甚於咸陽之郊，所坑者但四百六十餘人也。」（《日知錄》卷 16）

明代和清代，都右文左武，但對武科也還是重視的。明思宗崇禎四年(1631) 武會試榜發，頗有疑竇，論者大譁，有司奏請殿試，明、清武殿試自此始。清代初制武狀元授參將，武榜眼授游擊，武探花授都司，二甲授守備，三甲授署守備。後來改制，武狀元授一等侍衛，榜眼、探花授二等侍衛，二甲、三甲授三等及藍翎侍衛、營衛、守備有差。

㉞ *The Ladder of Successs in Imperial China, Aspects of Social Mobility*，哥倫比亞大學，1962 年。

明代「任官之事，文歸吏部，武歸兵部，而吏部職掌尤重。……選人……進士等為一途，舉貢等為一途，吏員等為一途」(《明史》卷 71)。明太祖洪武初年，很多國子監的生員經過短期的學習，即被派往諸司歷事，有的很快擢任要職。㉟

明代內閣、部、院大臣的人選，有廷議會推的制度；清代廢之。清代官吏，凡由皇帝直接任命的叫「特簡」，有功官員或因公殉難官員的子弟可以「蔭襲」得官，皇帝詔令廷臣或各省推薦的叫做「薦舉」，如薦舉不實，或被薦舉人犯罪，薦舉人要受處分。薦舉在明初也曾盛行，劉基（浙江青田人，1311～1375)、宋濂（浙江浦江人，1310～1381）等名臣皆以薦舉得官。

通過科舉考試選任官員被視為正途。此外還有各種非正途出身者，本書第四章第二節已有述及，玆不贅。

清代官吏的任用方式有：一. 署職，初任官試署 2 年（後改 3 年)，稱職，再實授；二. 兼職，以本官兼他職；三. 護理，省級長官出缺，未能及時派員接替，以次級官暫代其職務；四. 加銜，於本官外另加品級稍高的官銜；五. 額外任用，是皇帝特殊的優遇；六. 革職留任，雖革職，但仍留任主事，以觀後效。

在任官制度上，歷代都特別注意避免任用那些被依法剝奪任用資格的人員。清代創設了官缺制，共分滿官缺、蒙古官缺、漢軍官缺、漢官缺 4 種。中央機關的宗人府、理藩院及管理錢糧、火藥、倉庫以及各省駐防將軍、都統、參贊大臣等重要職務，全都是滿官缺，專用滿族官吏。地方督、撫大多是滿族和漢軍旗人。知府以下的官員，漢人占絕對多數。凡屬滿官缺，不許漢人補任，但京內外的漢官缺，卻允許滿人擔任。對漢族官員的任用，採取迴避制度，漢官不能在本省任職；選補外任官，如與上司有宗族親戚關係，也一律迴避。迴避制度本來無可厚非，但行於漢官，而不施之滿官，其間消息是不言而喻的。

第三節　職官管理制度

一　封爵

㉟ 《明史》卷 69。

商代最多時有獨立性較強的方國約 85 個、藩屏王朝的封國約 285 個㊱，但尚無嚴格意義的封爵制度。㊲西周「王臣公，公臣大夫，大夫臣士」(《左傳・昭公七年》)。這裏「公」指諸侯，「大夫」包括卿。諸侯是天子的臣，卿大夫是天子的臣的臣，稱為「陪臣」，士對諸侯也是如此。諸侯、大夫和士都是爵位。爵位是貴族等級的標誌，有爵位表示有土地。

春秋戰國時代，始有關內侯，這種侯並無封地。卿原先屬大夫等級，本身並非爵稱，春秋時卿成了爵稱，且有上卿、中卿和亞卿之別。大夫從官、爵合一發展為官、爵分開。士在西周為貴族爵位的最低一種，春秋時士由武士逐漸變為文士，讀書之士不是爵稱。戰國時期舊的封邑制度基本上被廢除了，而代之以按功、能授予的僅食租稅或領取俸祿的新爵制。當然也有一些是按親屬關係授爵的，不過性質已有區別。當時爵稱有君、侯、卿、大夫等。君、侯都有固定的封地，受封者收取租稅，然後再上交一部分給國家。關內侯、上卿、卿、客卿、五大夫、上大夫等皆無封地，只賜給一定的田宅。「執珪」為楚國的特殊爵稱，略低於侯，是專門用以獎賞功臣的。秦國稱「王」後的二十等爵位制，把爵位同軍功聯繫起來，得一甲首，賜爵一級，只要能斬敵首級，甚至奴隸和刑徒也可以獲得爵位，循序升級。除經濟待遇外，有爵與無爵的政治待遇也不相同，如爵至大夫一級，殺了人可以不償命。㊳

秦代繼續實行二十級軍功爵，稱號為公士、上造、簪裊、不更、大夫、官大夫、公大夫、公乘、五大夫、左庶長、右庶長、左更、中更、右更、少上造、大上造（即「大良造」)、駟車庶長、大庶長、關內侯、徹侯。第七級公大夫以上有食邑，以下為民爵，依爵級分給一定數量的土地和園宅。這些爵位享受的僅僅是「衣食租稅」，而不掌握食邑和封地內的政權、兵權，並且不世襲。

兩漢爵制，綜合繼承西周和秦的制度而有所變更，王為最高封爵，楚漢戰爭期間主要封給高級將領，後來又逐個消滅。漢初封宗室子弟為王，與西周的諸侯國大致相同。武帝以後收其行政權，王只食租稅；東漢承其制。西漢高后曾封諸呂為王，不久被翦除。次於王的爵號為侯，漢初只封

㊱ 參見李雪山《商代分封制度研究》，中國社會科學出版社，2004 年。

㊲ 王國維：《殷周制度略論》第 452 頁，中華書局，1959 年。

㊳ 朱紹侯：《秦漢簡牘與軍功爵制研究》，《光明日報》2002 年 5 月 21 日。

功臣，以後封侯擴大到外戚、王子、丞相、宦官。侯的封地亦稱國。列侯為朝廷所敬異者，賜位「特進」，得參與朝議。二十級爵在漢代不限於軍功。漢武帝為獎勵軍功，又別置武功爵 11 級，受武功爵者可以做官。

曹魏封爵分王、公、侯、伯、子、男、縣侯、鄉侯、亭侯、關內侯 10 等，男以上皆稱國，關內侯為虛爵，不享有實際的封邑。初，建安二十年 (215)「冬十月，始置名號侯至五大夫，與舊列侯、關內侯凡六等，以賞軍功」(《三國志・魏書・武帝紀》)，其特點是「皆不食租」(同上裴注)。後之虛封，蓋源本於此。晉除沿襲曹魏封爵制度外，又有開國郡公、縣公、郡侯、縣侯等名目。

隋唐時代封爵制度又稍有變化。唐太宗定制，皇兄弟、皇子可封為親王，太子男可封為郡王，非宗室而功業特別顯著者也可封為郡王，其餘爵位為國公、郡公、縣公、縣侯、縣伯、縣子、縣男，共分 9 等。唐代封爵在內容上與前代不同之處是，所授爵位一般都是虛封，只有在爵位上加「食實封」3 字，才能享受封地內的租稅，而「食實封」者為數極少。唐代又置勳官 12 等，以賞戰功，十二等勳號為：上柱國、柱國、上護軍、護軍、上輕車都尉、輕車都尉、上騎都尉、騎都尉、驍騎尉、飛騎尉、雲騎尉、武騎尉。

宋代封爵增為 12 級，為王、嗣王、郡王、國公、郡公、開國公、開國郡公、開國縣公、開國侯、開國伯、開國子、開國男。凡封爵都有食邑，從 1 萬戶到 200 戶，共分為 14 等。但宋代封爵的食邑也多為虛數，只有明確規定食實封的爵位才能享受實際收益。宋代食實封約占虛封數的 4/10，並且食實封者，也只是按實封 1 戶每日計錢 25 文，隨月俸向官府領取。宋代對功臣有封王之制。

元代凡宗室、帝婿通稱諸王，有實封的采地。以一字王最貴，二字王次之，無國邑名者最下。

明代以皇子為親王，親王之子為郡王，皆實封。洪武年間並享有軍事、政治實權，成祖以後，僅保留其經濟特權。而襲王位者必以嫡長，若王與正妃年過 50 歲而無嫡子，始得以庶長子為繼。郡王以下，依次有鎮國公、輔國公、奉國公、鎮國將軍、輔國將軍、奉國將軍、鎮國中尉、輔國中尉、奉國中尉等爵位，都按嫡長子承襲、次子以下低一等分封的辦法延續下去。凡皇族出生，由禮部命名，成人後由皇家主婚，一生費用直到死後的喪葬全由朝廷負擔。文武官員的封爵為公、侯、伯3級，也只有歲祿，並無實際的封地。

清代宗室封爵分10等，即：和碩親王、多羅郡王、多羅貝勒、固山貝子、奉恩鎮國公、奉恩輔國公、鎮國將軍、輔國將軍、奉國將軍、奉恩將軍。鎮國、輔國、奉國將軍又各分3等，均按宗親世系分別授予，宗室凡年滿20歲者皆可具名題請。功臣世爵共9等，為公、侯、伯、子、男、輕車都尉、騎都尉、雲騎尉、恩騎尉，自公至輕車都尉，又各分3級。清代封爵概無實地。除睿、禮、鄭、豫、肅、莊、克勤、順承等8王，俗稱「鐵帽子王」，皆世襲罔替外，餘均世降一等。

中國傳統社會婦女雖然也有出任官職的情況，但卻不涉及封爵問題，她們中的上層，自后妃以下，享受的只是相應的封號（內亦含封地和其他封賞財物）。除后妃有封號外，皇帝的女兒、姐妹、姑母和功臣的母親、妻子等往往都有封號。漢代皇帝的女兒稱公主，姐妹稱長公主，姑母稱大長公主，諸王之女都稱郡主。宋代一度稱公主為帝姬。清代將皇后所生女稱固倫公主，妃嬪所生女稱和碩公主，皇族女兒稱格格。唐代諸王母、妻均稱妃，太子妃妾沿漢、魏稱良娣，國公和一品官之母、妻稱國夫人，二品、三品官之母、妻稱郡夫人，四品官之母、妻稱郡君，五品官之母、妻稱縣君。宋代郡夫人以下的命婦稱號有淑人、碩人、令人、宜人、安人、孺人等。

皇帝的女婿一般封駙馬；親王、郡王的女婿也有封號，明代封儀賓。

封號屬封贈性質。封贈還包括官員去世後追贈官銜和賜予財產錢物以助喪事，這都是政治榮譽。高級官員去世後還有另一項政治榮譽待遇，就是獲得皇帝的賜謚，如北宋范仲淹，賜謚「文正」；歐陽修，賜謚「文忠」等。

二　品階

中國傳統社會，官員正式以品來表示等級高低，是從魏晉時期開始的。在此以前，官員雖有高下之分，但其等級標誌尚未正式形成制度。西周官員有九命至一命之差，天子上公九命，三公八命，侯、伯七命，卿六命，子、男五命，大夫四命，上士三命，中士再命，下士一命。官員的命數首先表現在服飾的不同上，所以命數也稱「服命」[39]。如秦代，三公、將軍是金印紫綬，九卿、列卿是銀印青綬。漢代對各級官員實行正規的俸祿制，

[39] 《大戴禮記・朝事》，《周禮・春官・典命》。

官員的位序，主要是根據俸祿級別來定的。秦漢時代，官員因故去職後朝廷並不為之保留既往官資，再仕之職低於原秩者比比皆是。

曹魏將官員分為9品，一品最高，多是大將軍、三公、丞相等官，九品是縣長、縣令、關塞之尉等所謂「芝麻官」。南朝蕭梁在九品制的基礎上，曾將原七品以上官員的等級分為18班㊵，以班多為貴。北魏也從每品中分出正、從兩級，又將第四品以下的正、從品各分為上、下兩階，這樣從正一品起至從九品下階，共為30等。

隋代沿用了北魏的九品制，並將九品三十階以內的官稱為「流內官」，意為正式的官員。而當時所謂「流外官」，則指地方官府所辟的胥吏。

唐代官員所任職務與其實際品階並不完全一致，表示官員實際品級的叫散官，又稱「階官」和「本品」。散官品階又有文散階和武散階之別。文散階共29級，最高一級為從一品，稱開府儀同三司，其次為正二品，稱特進，從二品稱光祿大夫，正三品稱金紫光祿大夫，從三品稱銀青光祿大夫……直至從九品下階，稱將仕郎。自光祿大夫起至從五品下階都稱「大夫」，自正六品上階起至第三十階都稱「郎」。武散階共45級，第一級為從一品，稱驃騎大將軍，第二級正二品稱輔國大將軍，第三級從二品稱鎮國大將軍，以下多以「將軍」、「中郎將」、「郎將」、「校尉」等為號。確定官員的散官品級，所任職務是主要因素，但還要參考每個官員的門蔭、勞績等條件。實際上，有低級散官而任較高級職務的，待遇則都按散官之級別。

散官出現於漢代以後，漢武帝時有光祿大夫等名稱。北魏多讓有德閑居者任特進，也是散官。戎秩、軍號和散階並立的體系，是在北周初步形成的，散階的普授也以北周為盛。㊶唐代「凡九品已上職事皆帶散位」（《舊唐書》卷42），散官從一品至五品，稱為「貴」和「通貴」，以為高級散官，享有薪俸，能參加朝會，品位一般都與職事官品相結合；從六品至九品，屬於低級散官，他們的社會地位比平民要高，且享有通過上番宿衛的途徑由吏部選拔而任職事官的特權，但在其未帶職事品以前，相對於已經任有職事的同級散官來說，他們是被輕視的。

㊵ 魏晉的官品與「人品」相適應，而蕭梁的十八班，則只有跨入「人品」二品（當時稱「門地二品」）門檻者方可銓選。說詳白壽彝總主編《中國通史》第五卷（上）丙編第三章，上海人民出版社，1995年。

㊶ 參見閻步克《隋代階官制度的變化》，《人民政協報》1999年3月24日。

宋代官品承唐制，曾一度出現特殊情況，凡正式官職的名稱都作為階官的稱號。宋徽宗時重定武散官官階名稱，最高一級稱太尉，共52階。同時還增設內官官階12級，醫官官階14級，都屬於散官官階性質。

元代同一品官，蒙古人較漢人為優。明代不入九品的叫「未入流」，又定文散官階42級。

清代文武官的實際等級為18階，正一品，文，光祿大夫；武，建威將軍。從一品，文，榮祿大夫；武，振威將軍。正二品，文，資政大夫；武，武顯將軍。從二品，文，通奉大夫；武，武功將軍。正三品，文，通議大夫；武，武義都尉。從三品，文，中議大夫；武，武翼都尉。正四品，文，中憲大夫；武，昭武都尉。從四品，文，朝議大夫；武，宣武都尉。正五品，文，奉政大夫；武，武德騎尉。從五品，文，奉直大夫；武，武德佐騎尉。正六品，文，承德郎；武，武略騎尉。從六品，文，儒林郎；武，武略佐騎尉。正七品，文，文林郎；武，武信騎尉。從七品，文，徵仕郎；武，武信佐騎尉。正八品，文，修職郎；武，奮武校尉。從八品，文，修職佐郎；武，奮武佐校尉。正九品，文，登仕郎；武，修武校尉。從九品，文，登仕佐郎；武，修武佐校尉。五品以上為「誥授」，六品以下為「敕授」。

三　俸祿

中國傳統社會官吏的俸祿待遇，最初實行食土分茅，井田制祿，「公食貢，大夫食邑，士食田」（《國語・晉語四》）。進入地主制封建社會後，「臣盡死力以與君市，君重爵祿以與臣市」（《韓非子・難一》），君臣之間就特定意義來說成了這種買賣關係。秦代俸祿是發給米，以石計算，如郡守2000石，縣令600～1000石，縣長300～500石。漢代百官俸祿等級為萬石、中二千石、真二千石、二千石、比二千石、千石、比千石、八百石、六百石、比六百石、五百石、四百石、比四百石、三百石、比三百石、二百石、比二百石、百石、斗食、佐史等。㊷實際支付按月計算，如萬石級月穀為350斛，中二千石級月穀180斛，真二千石級月穀150斛等。因為各種官職的俸祿級別都是固定的，所以當時往往以俸祿級別指代官稱。東漢俸祿改為半錢半穀，如延平(106)時，中二千石月錢9千，米72斛。在東漢，逢年

㊷ 這是西漢制度，共20級，見《漢書・百官公卿表上》。成帝陽朔二年（公元前23），除八百、五百石秩，為18級。東漢史厥真二千石和比千石，或為16級。

過節，大將軍、三公等另外還有加俸。如過臘年，大將軍賜錢 20 萬、牛肉 200 斤、粳米 200 斛。

南朝蕭梁把俸祿與官品對應起來，規定一品官年俸為萬石級，二、三品官為中二千石級，四、五品官為二千石級。北魏太和九年 (485)，馮太后（長樂信都〈今河北冀州〉人，約 442～490）始定百官俸祿，實行後官吏貪贓滿帛 1 匹者處死。北齊一品年俸為 800 匹，二品 600 匹，三品 400 匹。給祿方式為 1/3 給帛，1/3 給粟，1/3 給錢；對職事繁忙的官吏，在相應的俸祿之外，還優加 1 成，職事閑者則減 1 成。

隋和唐初，王公百官的俸祿分為土地、實物及貨幣 3 種。土地又分為永業田、職分田兩種。永業田按爵、勳、品級分別授給，與分給農民的永業田一樣，國家不再收回——唐代親王 1 萬畝；職事官正一品 6000 畝；勳官最高 3000 畝，最低 60 畝。職分田按職務品級授給，最高 1200 畝，最低 200 畝。祿粟發給糧食，隋代一品 900 石，其下百石為差，四品以下以 50 石為差，最低 50 石。祿錢稱為「俸料錢」，隋代京官俸祿，高級官高於外官，低級官低於外官；唐代外官的俸祿比京官降 1 級。隋唐時代官署辦公費用和沒有爵位品級的官吏俸食，則發給「公廨本錢」，周轉取息，以供需用，本書前面第四章第一節曾有述及。

唐代中葉，俸料錢在官吏全部俸祿中所占的比重超過一半以上。同時，由於貨幣在稅收結構中成分的增加和商品經濟的發展，促使唐代官吏的俸祿制度由實物制進一步向貨幣制轉化。開元二十四年 (736)，唐玄宗正式改革俸祿制度，「敕百官料錢宜令為一色，都以月俸為名，各據本官，隨月給付」(《冊府元龜》卷 506)，並統一規定了官吏俸祿的等級和形式，如一品官每月俸料錢 6000 文，食料 1800 文，雜用 1200 文，防閤費用 1.5 萬文，共計 2.4 萬文。唐代的月俸制，應當說是後世工資制的初始形態。

到了宋代，俸祿制度被畸形地發展了。較高級的官吏待遇，正俸之外，還有服賜（服裝費）、職錢（辦公費）、祿粟（膳食費）、公用錢、廚食錢、茶湯錢、隨身之衣糧等。例如宰相和樞密使，他們的正俸是每月錢 300 千，服賜是春、冬各給綾 20 匹、絹 30 匹、綿 100 兩，祿粟每月 100 石，有隨身（類似清代之跟班）70 人，衣糧均由國家供給。在京師做官的，於俸錢祿米外，又有職錢，外仕者則有公用錢。「恩逮於百官者，惟恐其不足。」（《廿二史劄記》卷 25）宋代還不斷增加兵員，官俸和銀餉成為宋代財政的沉重負擔。但在熙寧三年 (1070) 以前，吏胥都沒有薪俸，低級官員的報酬也很低，如縣令、參軍等，不過錢 10 千、米歲 2 石而已。

元代官俸很低，但對貴族的賞賜卻很多。武宗（1307～1311 在位）時，政府 1 年的收入僅為 280 萬錠（鈔），可是他即位不到 1 年，就化掉 820 餘萬錠，其中大部分用於賞賜蒙古貴族，「已賜者，其再賜之」（《元史》卷 22）。

明代皇親國戚都享受豐厚的歲祿，所有府第編制人員，都由國家養起來。㊸他們分得的官田，總稱為「諸王公主勳戚大臣內監寺觀乞、賜莊田」，乞，是向皇帝請求；賜，是由皇帝賞給。這些土地多為農民所耕種的良田，乞、賜之後，就歸他們所有。與對皇親國戚的賞賜成反比的，則是百官俸祿很低，比元代還不如。明代曾用嚴刑懲戒官吏貪污，而實際上貪污現象並沒有被制止，當時求官的人很多，雖然各種明文規定的好處不一而足，但顯然在俸祿之外，官吏還是可以獲得非法收入的。對於厚顏無恥的官吏來說，貪污似乎是國家默許給他們的一項經濟待遇，是非俸祿的俸祿。他們無不握有這樣那樣或大或小的權力，他們以權力作資本，進行貪污和敲榨勒索活動。

清初政尚節儉，官員的俸祿，也比元、明有所提高。自中葉以後，由於制度日益腐朽，官吏貪污的現象越來越嚴重。嘉慶四年 (1799) 查抄大貪污犯和珅家產，據清單所載，除去無法估價的財物外，沒收的財產共折銀 2.2389 億兩之多，㊹由此推算，總財產不會下於 8 億兩，相當於這一時期國家 20 年的財政收入，25 年的財政支出，60 多年的財政盈餘，說起來使人以為是天方夜譚。清代的八旗兵，他們一方面享受著國家的銀錢供養，月領銀，年領米；另一方面，又把土地出租，過著取租放債的生活。他們吃了飯不做事，是當時俸祿制度下的寄生階級。

俸祿作為國家發給各級官吏的一種報酬，也要求享受俸祿的官吏履行一定的職責。若官吏違反朝廷有關法令，有瀆職行為，其俸祿有時就要打折扣。中國早在漢代就有對官吏罰俸的記載，到了唐代，形成了比較系統的官吏罰俸制度。傳統社會奉行「明主治吏不治民」（《韓非子・外儲說右下》），在通常情況下，官吏往往承擔較多的法律責任，清代官員罰俸「如一年不完，又罰俸一年，輾轉增加，常有因一二年之罰俸，而積至數年或

㊸　正德時，已有親王三十，郡王二百十五，國公、將軍、中尉數以千計。

㊹　薛福成：《庸庵筆記》卷 3。

十數年者」(《欽定大清會典事例》卷 85)。毫無疑問，罰俸制度是中國傳統社會官吏俸祿制度的有機組成部分。

四　考核

中國古代相傳很早就有「三載考績，三考黜陟」(《尚書・堯典》) 的原始課法。《周禮》所載西周的「大計羣吏之治而誅賞之」(《天官・太宰》) 和「大比六鄉四郊之吏」(《地官・小司徒》)，尚有待證實。而從戰國起，考核官吏的上計制度卻已經確鑿無疑地形成了。當時十分重視對官吏的考核，在雲夢出土的《秦律十八篇・為吏之道》中就規定，凡忠信敬上，清廉毋謗，舉事審當，喜為善行，恭敬多讓，「五者畢至，必有大賞」，若「誇以迣，貴以泰，擅裚割，犯上弗知害，賤士而貴貨貝」，有一即予重罰，過失多者甚至處死。當時對官吏的行政處罰通常有「誶」，即斥責；「貲」，即罰款；「免」，即撤銷職務。還有「廢」，即永不敘用。「廢」是最嚴重的行政處罰，再下去就是流刑，有「遷」和「謫」，前者為依法執行，後者為易科執行。

圖 43　河南內鄉縣衙門的「天理國法人情」匾額概括了中國傳統社會對地方官吏的 3 項基本要求　順天理　遵國法　應人情

兩漢官吏的考核，仍以上計為主，平時一切機關，均有工作記錄，內容除戶口、歲收外，還有治獄、名籍、邊戍、勸農等主要項目。[45]對官吏實行的考課在公開會議中進行，主考課者可提出種種問題，受考課者須如實回答。歲末一小考，3 年一大考。由太守考課屬縣，丞相、御史考課諸卿和郡國守相，公府考課掾吏。考課以後，根據考績進行賞罰。漢代對與地方豪強勢力勾結的官吏懲罰較嚴，中央官吏多由忠心耿耿的地方官升任。

魏晉南北朝時代，考核的對象和方法都有所改變。曹魏把中央百官也

[45] 上計文書的實例，目前僅見尹灣漢牘《集簿》一件。這個《集簿》獨闕治獄方面的內容，很可能此項內容另外尚有專門的簿籍予以登記。

列為考核的重點對象。晉武帝（265〈實為266年1月〉～290在位）泰始四年(268)十二月，詔定考核郡國官吏的具體標準：「一曰正身，二曰勤百姓，三曰撫孤寡，四曰敦本息末，五曰去人事。」(《晉書》卷3）但後來東晉南朝士族專權，考核制度成為虛文。

隋、唐兩代對官吏的考核均歸吏部主持。隋制九品以上的地方官由吏部每年考核1次，地方官於每年年終要到中央報告工作，叫做「朝集」。唐代考核制度更趨嚴密，採用積分的辦法分為上上至下下9等。《新唐書》卷46云：「流內之官，敘以四善：一曰德義有聞，二曰清慎明著，三曰公平可稱，四曰格勤匪懈。善狀之外有二十七最：一曰獻可替否，拾遺補闕，為近侍之最；二曰銓衡人物，擢盡才良，為選司之最……一最四善為上上，一最三善為上中，一最二善為上下……」所謂「善」，是指品德行為；所謂「最」，是指辦事能力。當時各個部門的長官就是按照法定的考核標準，年終一小考，4年一大考，考定屬官的行狀，報至尚書省予以公布。唐太宗時「歲定京官望高者二人，分校京官、外官考，給事中、中書舍人各一人莅之，號監中外官考使。考功郎中判京官考，員外郎判外官考」(同上)。小考賞為加祿，罰為奪祿；大考賞為進階，罰為降職，最重者直至免官治罪。朝廷三品、地方四品以上由皇帝考課，㊻五品以上官的黜陟由皇帝裁定。㊼德宗時宰相陸贄（蘇州嘉興〈今屬浙江〉人，754～805）《論朝官闕員及刺史等改轉倫序狀》在考課基礎上提出了核才取吏的「三術」：「一曰拔擢以旌其異能，二曰黜罷以糾其失職，三曰序進以謹其守常。」㊽唐代根據對官吏的考核結果進行獎懲，對於澄清吏治十分有效。可惜在實際執行中，後來通常是表面文章居多。「考績之司，事多失實，常參官及諸州刺史，未嘗分其善惡，悉以中上考褒之。」(《大唐新語》卷7）

宋代稱考核為「磨勘」，由審官院主持考核京朝官，考課院主持考核幕職和地方官。㊾一年考1次，3考為一任，任滿視考績決定升降。宋代官員凡在任期內不發生過錯的，如地方官不欠科賦，戶口有增，均視為治績，一般都能升遷，所以官員多老成持重，不求有功，但求無過。考核的標準

㊻ 《唐會要・考上》。

㊼ 《新唐書》卷45。

㊽ 《陸宣公翰苑集》卷21。

㊾ 《綱鑑易知錄》卷65。

實際上是以年資為主。㊿仁宗慶曆三年 (1043) 十月，採納范仲淹（蘇州吳縣〈與長洲同治今蘇州〉人，989～1052）等的建議，曾詔中外官吏的考核要著重政績，依據政績好壞決定升降，但不到一年又明令廢止了。

元代在宋代磨勘轉官之法的基礎上，形成了一直持續到明清時代的照刷磨勘文卷制度，地方主要由肅政廉訪司負責執行，是對政府文卷的跟蹤追核，以及時發現和處理其中的問題。元代另外又創設了考功歷制度，具體辦法是：大小官員各給印刷紙一卷，卷首寫明姓名、出身，調任時由上級長官注明任職年月，記載任期內的功過行狀；上級長官在填寫考功歷時，還須結保具狀，以免敷衍塞責或營私舞弊。

明初洪武十五年 (1382)，實行文書半印勘合，有效地限制了腐敗的發生，同時也促進了考核制度的愈益嚴密。朱元璋對官吏的考核工作十分重視，立國不久就曾經親自召見百官，命吏部把他們考定為 3 等。稱職而無過者為上，賜坐而宴；其次有過而稱職者，宴而不坐；最下有過而又不稱職，不預宴，讓他們序立於門，等宴者散盡，然後才可以離去，並把這種公開羞辱不稱職官吏的做法定為永制。後來明代統治者又制定了考滿法和考察法，兩法相輔而行。《續通典・選舉三》云：「考滿者論一身所歷之俸，有上、中、下三等，曰稱職，曰平常，曰不稱職。三年給由曰初考，六年曰再考，九年曰通考，依職掌事例考核升降。諸部、寺所屬，初止署職，必考滿始實授。外官率遞考以待核。」而所謂考察法，即按「貪、酷、浮躁、不及、老、病、罷（疲）、不謹」八法考察官吏。考察可分「京察」和「大計」：中央百官每隔 6 年上書自陳功過，負責監察的御史官指出其中不實之辭，最後決定去留，稱為京察；從州、縣到府、道、司，3 年 1 次，層層考察屬官，省裏匯總後，造冊上報吏部，卓異者皇帝引見後得加 1 級回任候升，下劣者劾以「八法」處分，不上不下者仍按考滿法規定予以升遷，稱為大計。考察的結論如有不當，官吏可以辯白；主管機關考察不實的要受處分；治績特別優異的官吏可以免於考察；(51)在大計中被罷黜者永不敘用。(52)對官吏的考察由吏部尚書和都御史主持。(53)但明代自中葉以後，考

㊿ 《范文正集》卷 8《上執政書》。

(51) 左言東：《中國政治制度史》第 375 頁，浙江古籍出版社，1986 年。

(52) 《明史》卷 71。

(53) 同上卷 72、73。

核制度不僅流於形式，而且弊端叢生，明憲宗（1464～1487 在位）針對這些情況，始有考核連坐之法。後來張居正又擴大六科職權，創「考成法」，以「安靜宜民者」為上，「沿襲舊套虛心矯飾者」列下考，一方面進行逐級考核，一方面又進行「隨事考成」。隨事考成即規定六部、都察院及各衙門之間來往公文、傳達處理均根據「道里遠近，事情緩急，立定程期，置立文簿存照」（《請稽查章奏隨事考成以修實政疏》）[54]，如有延誤，各級官吏都有責任舉報；而六科給事中直接向內閣負責，有利於內閣更有效地控制政府。

清代沿用明代的京察、大計制度，並一律改為 3 年舉行 1 次。考後注定評語，由吏部詳加審查，對成績優良——如「清節素著，才具練達」（《清世宗實錄》卷 3）者給予「議敘」，以示獎勵。議敘之法有二：一為加級；一為記錄在案，以備提拔重用。對有過失或不稱職的官吏則革職降調，嚴重的交刑部治罪。都察院負責監督考核工作，如有造報不實者撤職查辦。清代皇帝都親自過問對官吏的考核。但儘管如此，考核工作仍大多都是走過場，往往有獎無懲，有時揀幾個年老無能的閑官予以休致，朝廷明知也只好作罷。考核的原則，無疑更注重維護體制的穩定，而忽視對具體人事的絕對公允。

五　休假

中國傳統社會官吏的休假，同節慶、時令日的活動有密切的關聯。周代春、秋兩個祭神日，官府都不辦理公事。戰國沿襲了周代秋祭的習慣，以十二月的某一天為臘節開始，屆時人們殺牛宰豬，以祭百神，大慶大祝，官吏當然也休假了。

秦代官吏休事假，稱為「告」，如劉邦「為亭長時，常告歸之田」（《史記・高祖本紀》）。

到了漢代，官吏休假制度開始正規化，法定的休假日，有元旦、臘日、夏至、冬至。除此之外，官吏還享受例行的休假。《初學記》卷 20 引《漢律》說：「吏五日得一下沐。」官吏每隔 5 日可以回里舍休沐 1 次。因事因病或特許休假稱為告寧，「吉曰告，凶曰寧」（《漢書・高帝紀上》顏注）。告又分予告和賜告兩種，「予告者，在官有功最，法所當得者。賜告者，病

[54] 《張太岳文集》卷 38。

滿三月當免，天子優賜其告」(同上)。寧即喪假，漢初只有 30 多天；西漢末至東漢，一般為 3 年，這是為了標榜以「孝」治國。但擔任重要職務的官員一旦歸寧，則政事皆廢，故只好由朝廷來為其提前「釋服」，甚至有「奪服」(《後漢書・桓焉傳》)的強制措施。

唐代天寶年間規定：「每至旬節休假，中書門下文武百僚不須入朝，外官不須衙集。」(《舊唐書》卷 9) 從玄宗起，唐代不少皇帝都以自己的生日命名為一個節日，在這個節日裏，官吏都休假，同百姓一起慶賀。

宋代法定的休假日 1 年多達 76 天。元旦、寒食、冬至都休假 7 天；夏至、臘日等節各休 3 天；六月六日為天書再降日，休假 1 天；三伏天有司也休假。此外，凡遇立春、春分、清明、立夏、立秋、重陽、立冬等時令節日，都規定休假 1 天。

明清時代，官吏的法定休假日不像宋代那樣繁多，體現了休假日和假期比較集中的趨向。當時僅以歲首、端午、中秋為主要休假日。凡過端午節和中秋節，商賈歇業，百工休假，官吏也於節前一日即衣冠楚楚，將端午粽子和中秋月餅互相饋送。而過歲首，官府一般從年底十二月二十日封印，到正月二十日開印，休假長達 1 個月之久。

至於官吏的上下班時間，則唐代規定：「凡內外百僚，日出而視事，既午而退，有事則直官省之。其務繁，不在此例。」(《唐六典》卷 1) 同時還有相應的值班制度，「諸在官應直不直，應宿不宿，各笞二十；通晝夜者，笞三十」(《唐律疏議・職制》)。

六　致仕

中國傳統社會職官管理，還有致仕制度。所謂「有虞氏養國老於上庠，養庶老於下庠；夏后氏養國老於東序，養庶老於西序；殷人養國老於右學，養庶老於左學；周人養國老於東膠，養庶老於虞庠」(《禮記・王制》)。養老致仕就是退休[55]，寓還祿於君的意思。周代大夫七十而致仕。[56]漢代致仕或因年老，或因疾病，臣僚提出申請，卑稱「乞骸骨」，反映了自願但不自由的傾向。宣帝以前，丞相不致仕，後來也有丞相致仕之制。官僚致仕

[55] 韓愈《昌黎先生集》卷 1《復志賦（并序）》有「退休於居」語，或為「退休」一詞的初始出現。

[56] 《禮記・曲禮上》。

後，視其官位、功績和恩寵的高下受到國家不同的禮遇，有歸養之祿，不少官僚享受賜給黃金、車馬和宅第的殊榮。並且每年八月，皇帝多詔令有司送酒肉給致仕官員，以表示慰問。57

《三國志・魏書・田豫傳》記載：豫在官因年老屢乞避位，大傅司馬宣王不允，「豫答曰，年過七十而以居位，譬猶鐘鳴漏盡，而夜行不休，是罪人也」。田豫的這個認識，無疑是正確的。

唐代致仕制度開始完備起來。規定職事官 70 歲致仕，但五品以上職事官，致仕須上表，經皇帝批准後才行。六品以下，只須向吏部提奏聞即可。非職事官，文武候補官吏，六品以下、身體有病不能承擔公務者，或者是有勞考和勳績寧願接受散官品階者，可以允許提前致仕。五品以上，雖然年齡不到 70 歲，但容貌和精神看上去很衰老者，也可以允許提前致仕。若齒力未衰，勝任職守，亦可緩退。致仕官吏，敲鑼打鼓歡送回家，五品以上享受在職時俸祿的一半；六品以下也是半俸，但原先規定只能享受 4 年，天寶後重新規定，致仕待遇可以終其餘年。對「不服致仕」者，社會輿論認為「皆非名教中人，並是王化外物」。（張鷟：《朝野僉載》卷 4）這種輿論是制度的折射。

宋代文臣年滿七十，武臣年達八十，都應自動申請致仕，撰寫表札，通過所在州、府，上呈朝廷，獲得批准後，就能領到致仕告敕，作為致仕的證明文件。官吏致仕，一般都能加銜晉級，享受一半俸祿。曾因戰功而升轉的武臣，致仕後准予領取全俸，如宋初開國元勳王彥超致仕，詔「給金吾上將軍祿」（《宋史》卷 255）。四品以上文官和六品以上武官致仕時，還可以按官品授予其 1～3 名近親子弟低級官銜，五品到七品文官和七品武官，可以蔭補 1 名近親。高級官員更受尊寵，致仕時凡帶平章事銜者，仍可參議朝政，商討軍國大事，同時還賞賜大量粟、帛、羊、酒等物。為安置高級致仕官吏，朝廷還特設祠祿官，令其管理道教宮觀，但不任事，僅借名額領取俸祿。王安石在變法中，曾以此安置反對派。也有安置於館閣，使修群書，厚其廩祿贍給，讓他們卒老於文字之間。為鼓勵官吏及時致仕，仁宗時，一度對到期致仕者發給全俸，對已符致仕條件而不願致仕的官吏，則予以懲罰。

金代世宗（1161～1189 在位）完顏雍首創 60 歲退休制，大定二十七年（1187），宰相宗尹適退，大臣或請留任，遭到他的嚴辭批評。58

57 《白虎通・致仕》。

明代洪武元年 (1368)，規定官吏年七十致仕，洪武十三年 (1380) 改為「文武官年六十以上者聽致仕」(《明史》卷 2)。老病不能任事者，則隨時勒令致仕。致仕官吏仍名列官籍，給予原俸，並繼續享有免除徭役的特權。後來取消俸祿，但對家貧不能自存者，則仍予照顧，每月給米 2 石，終其身。官員致仕後，不得留住京師和任所所在之地。

清代對四品以下官吏到了致仕年齡而致仕者，給予原品休致。對年老有疾，留戀職守，貽誤職事者，則勒令致仕。對原品休致的官吏，或晉秩，或官其子孫，或給予原來的俸祿，都出自特恩，沒有固定的制度。對武官的致仕條件，遠較明代為嚴，規定副將以下年滿六十概予罷職，參將 54 歲，游擊 51 歲，都司、守備 48 歲，千總、把總 45 歲，原則上級別愈低，致仕愈早。

明清時代破除古制，將官吏退休年齡提前 10 年以上，且更具強制性，是高度集權政治的具體反映，無疑也比較合理，所以 60 歲退休之制，相沿至今。[59]

中國傳統社會對於官吏的致仕雖然很早就有制度可循，但歷代總有不少官吏，因出於貪戀權勢、圖謀私利的動機，不願及時退休。

與致仕相關的另一項制度是恤典。除贈送錢物外，往往加官晋爵。官吏因公死亡，恤典會格外從優。

---

[58] 《金史》卷 88。

[59] 仲興永：《中國古代退休制度述略》，《光明日報》1998 年 5 月 29 日。

第九章

親屬、宗族和家庭

第一節　親屬

中國傳統社會在「齊家治國平天下」(《禮記・大學》) 的理論指導下，非常重視親屬關係。根據重男系輕女系的原則，傳統社會法律把親屬分為宗親、外親、妻親 3 類。宗親是指同祖同宗的親屬，宗親有成於自然者，有成於人為者。成於自然者包括同一祖先所出的一切男性親屬和女子本身。成於人為者亦即擬制的宗親。擬制的宗親，彼此原來沒有血統聯繫，因為禮法的擬制，就與血統上的宗親具有同等地位，如繼子與繼父母間、庶子與嫡母間、公婆與子媳間、妯娌間，都是擬制的宗親。宗親範圍歷代皆以九世（亦稱「九族」）為限，九世是以己身為軸心，上推至 4 世高祖，下延至 4 世玄孫，這 9 世親屬，無論嫡庶，都算是宗親。外親是指女系血統的親屬，如母之血統、祖母之血統、姑之血統、姐妹之血統、女之血統、侄女之血統、孫女之血統，都屬於外親。外親的範圍極窄，如母親的親屬僅推及上、下兩世，除了外祖父母、舅父、姨母、舅表和姨表兄弟姐妹之外，其餘都不算。妻親，是指妻子的親屬，妻親的範圍較之外親更窄小，嚴格地說，只有妻之父母，才列為親屬。

從親系上來說，宗親是男系親，而外親和妻親則是女系親。傳統社會親系，還早有直系和旁系的區別，直系是指在血統上自此至彼的聯繫是直上直下的系統；旁系則沒有直上直下的聯繫，只是血統同出於一源。另外，又有尊親屬和卑親屬之分，尊親屬是輩行在己位之上的親屬，卑親屬則反之。至於與自己同輩的親屬，是只別長幼而不分尊卑的。

中國傳統社會沒有親等的名目，但根據親系定有喪服制度，用喪服的不同等級來區分親屬的遠近親疏。

在中國傳統社會，法律的制定與親屬的關係極為密切。

從行政法方面來看，貴族、官僚可以蔭及親屬，使之享受官職、榮譽和免除賦役的特權。如唐代《選舉令》❶規定，「皇帝緦麻以上親，皇太后之周親敘官正五品以上」;「一品至五品之官，其子應敘官從七品至從八品」。唐代《賦役令》規定，「諸皇宗籍屬宗正者，及太皇太后、皇太后、皇后緦麻以上親，內命婦一品以上親……若郡王周親，並免課役」。而凡名列賤籍、家操賤業如官戶、雜戶、部曲、娼優、皂隸之類的賤民，其近親屬永遠屬於賤民，不許參加科舉考試和做官。不僅如此，在良民中也有一定的限制，如上舉唐代《選舉令》又規定:「諸官人身及同居大功以上親，自執工商，家專其業，不得仕。」

從刑法方面來看，親屬之間犯殺傷罪，處理的時候分別尊卑長幼，與普通人迥然有別。尊長越親，傷害卑幼所負的刑事責任越輕，卑幼則反之，這是為了維護尊卑親疏的名分。犯盜竊罪，不分尊卑長幼，只論親疏遠近，懲辦都輕於普通人相盜，親屬關係越近，刑事責任越輕，這是為了提倡親屬間生活相濟，患難與共。但如果犯奸污罪，一般稱為「亂倫」，漢代叫做「禽獸行」，由於中國傳統社會極端強調性禁忌，則法律不但不分尊卑長幼，對相奸者雙方的懲罰完全相同，並且還以從重從嚴為原則。倘使是期親（服齊衰不杖期）以內發生性關係，更被視為滅絕人倫——晉律規定，奸伯、叔母者棄市；唐律規定，奸伯、叔母者絞；元律規定，與侄女或子婦奸者皆處死；明、清律，奸期親親屬以及子孫之婦者，一律處斬。這都是為了整肅倫常綱紀。至於親屬的族刑緣坐，就是一人犯罪滅絕其親屬和家族，這個問題留待本章第二節再作交代。

從訴訟法方面來看，除謀反、謀叛等重大政治犯罪外，法律公然允許包庇親屬犯罪。漢代容隱的範圍僅限於祖父母、父母、夫妻之間，唐以後逐漸擴大。唐律規定只要是同居的親屬，無論親疏都可適用這條法律，部曲和奴婢也應當替主人隱匿罪行。如果予以告發，就要受到懲罰。卑幼告發尊長的，親屬關係越近，對告發者處罰越重。與行政法上的蔭庇制度相聯繫，由於傳統社會的貴族、官僚犯罪享有議、請、減、贖等寬免的待遇，他們這種特權，也蔭及其親屬，品位越高，蔭及的範圍越大，而法律所給予的優待也越多。在訴訟程序上，中國傳統社會也有迴避制度，如元律規

❶ 本書所引唐令，皆據長春出版社 1989 年版日本仁井田陞輯《唐令拾遺》。

定，法官在「事關有服之親并婚姻之家及曾受業之師與所讐嫌之人」（《元史》卷 102）時，須自行迴避。應當說這種制度是文明的、公正的。

從民法方面來看，親屬有扶養義務。傳統社會法律將大功以上的親屬列為近親，強調近親有互相扶養的義務。事實上，傳統社會親屬的扶養義務，照法律的規定，是遠遠超過了近親屬的範圍。如唐代《戶令》有「付鄉里安恤」的條文，傳統社會的鄉里，多是有血緣聯繫的同姓宗族，因此「鄉里安恤」就是確認了較遠親屬的扶養義務。親屬還有對不動產的先買權，其立法始於唐代。先買權的第一順位是本宗有服親屬，第二順位是四鄰。四鄰其實大都為遠房親屬。這些立法的著眼點都是在於維護親屬間的團結。關於四鄰，在傳統社會法律上：一．指土地相鄰；二．距離不超過百步；三．隔著早先就有的溝河以及公共道路的，雖在百步之內，不能算四鄰。四鄰以東南為上，西北次之，或一鄰至著兩家以上，東、西兩鄰以南為上，南、北兩鄰以東為上。❷

親屬關係中，當然沒有比父母和子女的關係更重要的了，在中國傳統社會，區別有各種名分不同的父母和各種親疏不同的子女。關於父母，唐制有「三父八母」之說。三父指：同居繼父、不同居繼父、從繼母嫁繼父。這三父並不包括親生父親在內。八母指：嫡母、慈母、養母、繼母、嫁母、出母、乳母、庶母。元代無名氏的《居家必用事類全集・吏學指南》中有「五父十母」之說，並作了具體解釋——「五父：親，謂生我身之父也；養，謂繼立我之父，遺抱者同；繼，謂父亡母再醮者；義，謂受恩寵結拜之類；師，謂受業之師也。十母：親，謂親生我身也；出，謂生我之身為父離異者；嫁，謂親母因父亡改適者；庶，謂母非正室而生我者；嫡，謂我以妾所生故以父正室曰嫡；繼，謂親母已亡父再娶者；慈，謂妾無子及妾子之無母而父命為母者；養，謂出繼他人為子者；乳，謂曾乳哺我身者；諸，謂伯叔母之類通稱。」上述各種父親和母親，他們與子女的親疏遠近是很不相同的，這在喪服的服制上有明確的反映。

關於子女，有：一．嫡子（女），為正妻所生。「嫡，敵也，言無與敵

❷ 為避免影響不動產買賣的流轉，中國傳統社會對運用先買權也有時間上的嚴格限制，如元代規定：「不願者，限一十日批退，違限不行批退者，決一十七下。願者限一十五日批價，依例立契成交，違限不酬價者，笞二十七，任便交宜。」見《元典章・新集・戶部》。

也」(《增韻・釋嫡》),嫡子的地位是其他子女無與匹敵的。嫡子又有嫡長子與眾子的區別。二. 庶子(女),為媵妾所生。「庶,摭也,摭拾之也,謂拾摭微陋待遇之也」(《釋名・釋親屬》),庶子只有在沒有嫡子的情況下,才能繼承父、祖的爵位。三. 奸生子(女),為非合法婚姻所生。其地位比庶子更低,庶子還有例外繼承宗祧的機會,奸生子則絕對沒有宗祧繼承權。

此外,還有嗣子和養子。嗣子,是過繼來的承接嗣續之子,俗稱「過繼子」,在禮制和法律上的特定名稱叫做「為人後者」。立嗣制度起於宗法時代,但後世立嗣與宗法時代的作法已不完全相同,宗法時代只有大宗可以立嗣,後世凡沒有男性繼承人者均可立嗣;宗法時代立嗣必須選同宗的人,後世常有例外的情況發生;宗法時代獨子不得出嗣,後世對此規定遵守也已不嚴格了。立嗣在本宗要選擇輩分相當的近親屬,以越近為越合適。立嗣以後,倘使嗣父另外生了男孩,嗣子的身分仍不喪失,而與後生子相對稱為「元立子」。此時生父母如願意將嗣子領回,在徵得嗣父母同意後,可以撤銷立嗣關係。嗣子出嗣後,對生身父母仍有贍養義務,在喪服上,只比原來降一等。而養子則包括假子(女)、螟蛉子(女)、收養棄兒、養女、收留子女等。假子(女)是妻帶來的前夫之子(女);螟蛉子(女)是買來或從小要來的;收養棄兒,為歷代政府所勉勵;養女有為養作媳婦者,有為將來招婿者,有為扶助家務勞動者,也有為貪利養大之後賣給人為妾,或為藝女、娼妓者;收留迷失小孩為子女,必須報告官府。以上除棄兒無法辨別身分外,其餘收養行為,都不得違反身分等級的限制。而除養媳不能從養家姓外,其餘則聽從養家姓。養子和嗣子都是擬制子女,但兩者有很大的差別,其中主要是,養子非經過立嗣手續,不得享宗祧繼承權,對於養父母的財產,也無權繼承,只能聽養家酌情給予;並且立嗣可以在嗣父母死後進行,而收養必須是養父母生前的行為。

現在再來具體談談父母和子女在刑法上的關係。

中國傳統社會親權是王權的輻射,孔子說:「夫孝,德之本也,教之所由生也。」(《孝經・開宗明義》)中國文字,這個「教」字,就是「孝」、「文」,就是從「孝」字蛻化而來的。「教」的目的,就是要由孝親而至忠君,所謂「導民以孝,則天下順」(《漢書・宣帝紀》),故歷代統治者都竭力維護孝道。孝道把子女法定為父母——主要是父親的私有財產。所以作為權利人的父親(包括父親的父親等)不得不盡力撫育使之成人。相對來說,則要求子女對他們承擔服從的義務。歷史上有「父慈子孝」的口號，其實在傳統社會，從來沒有認為父親不慈是犯罪行為，而子女不孝，卻是非常可怕的罪名。《孝經・五刑》云：「五刑之屬三千，而罪莫大於不孝。」秦律處「不孝」以種種酷刑；漢、晉律中對「不孝」是殺死後陳屍於市；隋、唐律則把「不孝」列入「十惡」之中，此後歷代相沿。

那麼，何謂「不孝」呢？照唐律，凡檢舉、告發祖父母、父母犯罪行為的；背地裏詛咒祖父母、父母的；罵祖父母、父母的；祖父母、父母生存期間另立戶口、私攢錢財的；❸對祖父母、父母不能盡力奉養，使其得不到生活滿足的；父母喪期 3 年內娶妻或出嫁的；父母喪期作樂的；父母喪期提前脫掉喪服的；得知祖父母、父母死亡消息加以隱瞞，不按期辦理喪事的；謊報祖父母、父母死亡的，都屬於不孝。這些，根據當時的刑法條文，嚴重的要處死刑，其餘除供養有闕者判徒刑 2 年外，都判徒刑 3 年，而聞喪匿不舉哀，則「流二千里」。❹，如《唐律疏議・鬥訟》云：「告祖父母、父母者，絞」；「罵祖父母、父母者，絞」。

另外還有兩種不孝之罪，一種是居父母喪而生子，另一種是在祖父母、父母因犯法被囚禁期間結婚。❺後者猶可避免。前者由於往昔沒有避孕措施，喪期 3 年不許男女性交，人們往往遵守不住，生了孩子怕受法律制裁，只好偷偷溺死。這條禁律，直到明太祖時才予以廢除。❻

至於毆打祖父母、父母的，在唐律中，當然是要處以斬刑。唐代刑罰共 20 個等級，斬刑是最重的一等，而毆打普通人，不過是笞責 40 板，「斬」和「笞四十」，其間加重了 16 等。元代律文對毆打父母的同樣處以斬刑，但倘屬醉中行為，在一定條件下可以從寬處理。《元史》卷 104 載：「諸醉後毆其父母，父母無他子，告乞免死養老者，杖一百七，居役百日。」比較之下，這總算還是網開一面的善政。

法律對於子女完全出於過失殺傷父母的，也是嚴懲不貸。普通人犯過

❸ 對另立戶口，私攢錢財——即所謂「別籍異財」（《唐律疏議・名例》）者，明律的懲罰較唐、宋律為輕，清律則有進一步寬容的趨向，父、祖允許子、孫分家的，不被認為是犯罪。

❹ 《唐律疏議》卷 24「鬥訟」，卷 12、13「戶婚」，卷 25「詐偽」，卷 10「職制」。

❺ 《唐律疏議・戶婚》。

❻ 朱元璋主編：《孝慈錄》序。

失殺傷罪，可以財物賠償對方損失，免除刑罰，而子女犯此罪則絕無通融之餘地。唐、明、清律都規定，過失傷父母徒 3 年，過失殺者流 3000 里。有的父母因對子女不滿意而氣憤自殺，即使子女並未加害，也被認定是逼死父母罪。明律規定，這種情況要判處斬刑。更有父母也不想死，出於偶然事件致父母死亡，只要事情是由子女引起的，子女也是在劫難逃。

殺親之罪，在中國傳統社會是駭人聽聞的。元代以來，對殺親的罪犯都採取凌遲處死的刑罰。清代對殺親罪犯，實際執行中還要處死全家，並且把家屋、家廟全部毀掉，當地的地方官員和學校的教習也都要受到牽連。

反過來父母侵犯子女，又如何處理？唐律規定：「故殺子孫，毆殺者徒二年，刃殺者徒二年半。」（《唐律疏議・鬥訟》）明、清的法律都是故殺子孫者決杖六十、課徒刑 1 年。犯同樣的罪，父母和子女所受到的懲罰是如此懸殊。

但在秦代，「父子同居，殺傷父臣妾、畜產及盜之，父已死，或告，勿聽，是謂『家罪』」（《睡虎地秦墓竹簡・法律答問》）。後世就沒得這種便宜事了。

中國傳統社會往往因子女的哀懇而特許減免人犯的刑罰，有時還允許子女代替父母受刑。漢文帝時，太倉令淳于意犯了罪，將施以肉刑，他女兒緹縈怕損害父親的身體，向官府求情，寧願自己去當官婢為父贖罪，這件事上奏後感動了最高統治者，淳于意獲得了赦免。明代中葉後，替親受刑成了子女的法定義務，代刑成了執行刑罰的制度。

傳統社會還往往特許犯了罪的人留下來奉養老人，其立法始於北魏孝文帝太和十二年 (488)。唐、元、明、清都規定，不屬於十惡重罪的應處死刑罪犯，若直系尊親屬年老或患病，家中無其他成年男子奉養的，都可向皇帝奏請緩期執行❼和免刑❽。犯罪人母親如果是寡婦，更加優惠待遇。清代規定年 70 以上始稱老，而寡婦獨子犯罪，只要守節超過 20 年，不問是否年老或是否患重病，都允許上奏請求優待。

中國傳統社會法律甚至曾竭力向子女煽動應當為父母復仇的觀念，「父之讎，弗與共戴天」（《禮記・曲禮上》）。由於你殺我、我殺你無休止的復仇影響社會安定，後來國家設置了執掌復仇事務的官員，要復仇，必須先

❼ 古代的緩期執行，其意義與現代考驗期內不再犯罪就不執行原定刑罰的緩刑不同。

❽ 一般都是以杖刑、贖刑來代替原定刑罰。

到官府那裏去登記。對復仇的範圍也作了規定：父兄之仇皆使之遠辟，「弗辟，則與之瑞節而以執之。凡殺人有反殺者，使邦國交讎之；凡殺人而義者，不同國，令勿讎，讎之則死」（《周禮・地官・調人》）。但這仍然無濟於事。春秋、戰國之際復仇之風大盛，當時社會上常有代人復仇的俠客和刺客。到了魏晉南北朝時代，政府開始禁止復仇。但就在嚴禁復仇的三國時期，趙娥為父復仇的事跡仍被載入《列女傳》。《南史》卷 74 記張景仁手刃父仇，甚至還得到了官府的嘉獎。在此後漫長的歲月中，國家在一定範圍內，仍是允許私自復仇的。如北宋神宗元豐元年 (1078)，「青州民王贇父為人毆死，贇幼未能復讎。幾（既）冠，刺讎，斷支首祭父墓，自首。論當斬。帝以殺讎祭父，又自歸罪，其情可矜，詔貸死，刺配鄰州」（《宋史》卷 200）。

與私自復仇相對應，中國傳統社會法律對私和親仇的態度卻是毫不含糊的。唐代規定，祖父母、父母被人殺死，子孫與仇家私自和解的，流放 2000 里。明、清兩代規定，子孫私和祖父母、父母之仇，杖 80 並科徒刑 2 年；父母私和子女之仇，減 1 等。若是接受仇家的財物，則被視為不孝不義。唐宋以來，無論子女和父母，都要按照盜賊罪從重從嚴處罰。

中國傳統社會法律對官員們還制定了許多遵守孝道的禁忌規範，其中最主要的有 3 條：一．不得就任犯父、祖名諱的官職，如果官職名稱和赴任的地方名稱與父、祖名諱有相同的字，都應該堅辭不就。二．不得棄親赴任，如果父、祖老病，應該留家奉養，這叫做「侍疾」，即使赴任時父、祖尚未老病，其後或老或病，都必須請假回家侍疾。三．不得冒哀求仕，如果官員得知父、祖死亡消息，不辭職回家守喪，即所謂「丁憂」，或在丁憂期未滿前出任官職，都算是犯了這一條。上述 3 條，如果有所觸犯，後果都是十分不妙的。❾

春秋初年，衛國石厚欲從公子州吁叛亂，其父石碏設計殺死了他。《左傳・隱公四年》讚美石碏的行為說：「石碏，純臣也，惡州吁而厚與焉。大義滅親，其是之謂乎！」但如果設計殺死石厚的不是他的父親而是他的兒子，那麼這個兒子最好的出路，莫過於趁早果斷地結束自己的生命。

所有這些，說到底，正是為了使人們親自己的親人，尊自己的尊長，藉以防止犯上作亂之事。在中國傳統社會，卑幼往往只有義務而沒有權利，

❾ 《唐律疏議・職制》。

尊長有時候甚至可以不負任何責任，過錯永遠要卑幼承擔，美名和功勞應該留給尊長，卑幼應該有「代人受過」和「歸功於上」的思想品質，下不與上鬥，奴不與主鬥，子不與父鬥，妻不與夫鬥，否則等於自尋死路。

但自明、清以來，「宗派失序，淩競日開，視九族為胡越，待本支如仇讎，恃強以淩弱，因眾以侮寡，挾大以欺小，恃富以淩貧。或子孫以抗伯叔，或子孫而犯妣族……種種敗倫之事，尤有不可勝言者」(《嘉慶山東章邱牛氏族譜・原序》)，也是實際情況。

第二節　宗族

中國遠古原始社會，「其民聚生羣處，知母不知父」(《呂氏春秋・恃君覽》)。後來產生了父權家長制的家庭。而宗族──或稱「家族」，則是在一定歷史階段與父權家長制家庭相伴存在的家庭複合體。

西周通過分封的辦法來實行家天下的統治，這就相應產生了典型的宗法制度。「宗法」就是宗族之法。事實上，宗法制度的形成是與夏王朝的建立互為因果的。到商代，宗法制度更有相當的發展。當時貴族奴隸主階級由商王及臣僚、諸子、諸婦、侯伯、史官和《尚書》所說的「眾慼」、「舊人」、「邦伯師長百執事」(《盤庚》)、「百僚庶尹」(《酒誥》) 等組成，總稱「百姓」。百姓的族眾，則稱「眾」、「眾人」，從甲骨卜辭和傳世文獻來看，商王對眾和眾人是關心和愛護的，因為他與他們之間有著血緣關係。

而西周推行宗法制度的實質則是在於維持嫡長繼承權，區分嫡庶是宗法制度進一步發展的結果，而並非宗法制度產生的前提。

《禮記・大傳》云:「君有合族之道，族人不得以其戚戚君，位也。庶子不祭，明其宗也。庶子不得為長子三年，不繼祖也。別子為祖，繼別為宗，繼禰者為小宗。有百世不遷之宗，有五世則遷之宗。百世不遷者，別子之後也。宗其繼別子之所自出者，百世不遷者也。宗其繼高祖者，五世則遷者也。」

所謂「別子」，就是表明他與作為君統的嫡長子相區別。而所謂「別子為祖」則具有兩種含義，一是自卑別於尊，二是自尊別於卑，宗法制度的「別子為祖」，其核心精神，正是取於前者。為了保持君權的神聖不可侵犯性，根據宗法原則，諸子與為君的嫡長子，只能講君臣關係，不能講兄弟關係。諸子要與君統嚴格區別開來，另立區別於君統的宗統，這就叫做「別子為祖」。

所謂「繼別為宗」，就是繼承別子自成一宗。這個由別子的嫡長子孫世代相襲的宗統，即為「百世不遷」的大宗。

所謂「繼禰者為小宗」，就是繼承別子諸弟的後代子孫，稱小宗。「禰」，父也，這裏即別子諸弟的意思。別子諸弟不能繼別，諸弟之子當然更加不能繼別，他們只能繼禰，亦即繼諸弟。這種繼承關係傳至5代以後就與別子關係已超出同一高祖的範圍，依照宗法制度的規定，宗事至此完結，所以這些不能繼別只能繼禰的旁支，即為「五世則遷」的小宗。但即使如此，他們依恃農村公社的殘存遺習，仍然享有部分權利，甚至可以干「國危」、干「國遷」、干「立君」。（《周禮・秋官・小司寇》）

應當說，宗法制度只適用於具有封土和財產可以繼承的統治階級，當時天子有天下，諸侯有國，大夫、士有家。而無論大宗和小宗，世襲的嫡長子都稱「宗子」，宗子有宗主權。從字義上看，「宗」即「主」也，皆可訓為統率。由於在周代，大大小小的宗子經過以上所說那樣的精心設計和安排，正是宗法制天下各級政權的頭目，因此在當時，宗主權和政權是合二而一的。儘管宗法制度似乎容不得異姓，但既然周王是上天的元子，那他就是絕對的「天下共主」了。

宗主權中最重要的是祭祀權，神聖的主祭權是非宗子莫屬的。凡沒有主祭權的大小宗宗子之弟，在祭祀時只能分別敬侍在各自宗子的左右，同父的兄弟共侍父宗宗子祭父，從兄弟共侍祖父宗子祭祖，再從兄弟共侍曾祖宗子祭曾祖，族兄弟共侍高祖宗子祭高祖。祭祀的時候，凡被祭者孳生的子孫都要來參加。而與祭者，每個人都要想到大家同是這個祖宗的後裔，宗子則是這個祖宗的代表人，對待宗子要像對待祖宗一樣。

祭祀的場所，凡有宗廟的，都在宗廟。「宗」從「宀」從「示」，宀象房子之形，示表祭祀之義，其本義就是用於祭祀祖先的房子。所謂「王者擇天下之中而立國，擇國之中而立宮，擇宮之中而立廟」（《呂氏春秋・審分覽・慎勢》），宗廟應當說是宗族存在的主要象徵。在宗廟裏，主祏[10]的排列，皆是始祖[11]居最北正中，南向。以下繼承者，第二代居左，西向，

[10] 類似後世祠堂中的神主牌位。

[11] 即第一代宗子之父，後世通常指宗族開始在該地定居的第一位男性家長。

稱昭；第三代居右，東向，稱穆，對稱排列。第四代又居左，亦稱昭；第五代又居右，亦稱穆，復對稱排列。墓葬亦分昭穆，《周禮・春官・冢人》曰：「先王之葬居中，以左右為昭穆。」宗族祭祀時，活著的族人也照這樣的次序站立跪拜。正因為宗廟由於祭祀的關係是宗族的主要象徵，所以宗廟也是宗族聚會燕飲的場所，按規定，親兄弟每年須在宗廟裏會食 4 次，從兄弟 3 次，再從兄弟 2 次，族兄弟 1 次。

至於宗族的姓，則產生於母系社會。相傳活動於今河南淮陽一帶的伏羲氏自命姓「風」，距今已有 6000 多年了。後來同一祖先的子孫，以「別子為祖」，分成了若干支派，這些支派就成了「氏」。⑫所謂「胙之土而命之氏」（《左傳・隱公八年》），此即以邑為氏。另外還有以官為氏、以職為氏（都是祖輩世守的）和以字（第一代宗子之父的字或謚號）為氏者。姓表家族關係，氏表貴賤身分。「氏同姓不同者，婚姻互通；姓同氏不同，婚姻不可通」（《通志・氏族略》）。戰國以後，人們以氏為姓，「大約姓氏之稱，自太史公始混而為一」（《日知錄》卷 23），通謂之姓。姓氏的傳遞由父母雙向轉為父系單向，不過仍存在以母姓呼其子的習慣，如漢景帝的「栗太子」，就是因為他的母親姓栗，漢武帝的「衛太子」，也是因為他的母親姓衛。在漢代，改姓的事例也很多，後世則受到嚴厲的批評。而少數民族多複姓，乃是源於譯音，如宇文、獨孤、呼延、慕容、賀蘭、尉遲、長孫等。西漢史游《急就篇》列 130 姓，唐太宗命溫彥博定姓氏為 193 姓，宋代《百家姓》上有 438 姓，元代馬端臨的《文獻通考》上有 3736 姓，明代王圻的《續文獻通考》上有 4657 姓。清代有人統計，凡得姓 5129 個。⑬

春秋戰國時代，宗法制度逐漸失去了賴以存在的社會基礎。可是中國歷史的發展有傳習力量的頑固性，社會變革往往不徹底。由於儒家在政治、法律、道德諸方面竭力倡導宗法主義，宗法觀念對後世實行地主制封建統治又確實極為有利，因此宗法制度的殘餘和宗法觀念依然與傳統社會相伴隨，國家承認和默認宗規族法的情況一直延續到清代覆滅。

⑫ 或以為先秦文獻中的「姓」是指姓族，即包括同祖先的若干宗族及其若干家屬的外婚單系親屬集團；「氏」是指氏族，即包括某一姓族所統治的同姓、異姓和與統治者無親系的庶民所組成的王朝。見楊希枚《再論先秦的姓族和氏族》，《中國史研究》1993 年第一期。

⑬ 參見曾濤《中國姓氏的演變》，《江西師院學報》（哲學社會科學版）1979 年第一期。

後世宗族編為鄉里，組織方面不及宗法時代那麼嚴密，但多數宗族都是採取結集形態聚族而居，可謂與宗法時代一脈相承。這些聚居的族人也叫做「鄉黨」。漢代世為部落的大宗族，往往形成政治軍事上的自治團體。魏晉南北朝時期，國家改變了秦以來諸子成年即與父母別籍異財另立小家庭的制度，⓮宗族聚居的風氣更加盛行，一些高門勢族簡直成了獨立王國。高門由血統，勢族由官品，都是朝廷所確認的。高門和勢族互相促成，勢族向高門發展，高門是銓選顯要官職的必要前提。當時東晉南朝所指「門閥」，有「僑姓」、「吳姓」等名目，如僑姓中的琅邪臨沂王氏、潁川鄢陵庾氏、譙國龍亢桓氏、陳郡陽夏謝氏，在東晉南朝就始終是第一等的大姓。士庶界限，非常森嚴，兩者之間不允許婚配，甚至平日相結交，也會引起非議。⓯北魏有「郡姓」、「國姓」，郡姓為漢族，國姓為鮮卑族。孝文帝定族姓，門閥著姓又以父、祖官位之高低分為甲、乙、丙、丁 4 等，即使同為「甲族」，尚有「膏粱」、「華腴」之別，「以貴承貴，以賤襲賤」。(《魏書》卷 60) ⓰並且這些高門勢族的子孫，即使遷徙他鄉，習慣上也仍舉原籍的郡名作為標識，此即所謂「郡望」⓱。高門之下為次門，次門之下為役門，役門是「人士之末」(《宋書》卷 94)。唐初撰《氏族志》，貞觀十二年 (638) 正月書成，列山東崔氏為第一等（上之上），把皇族都壓了下去，使得李世民很不高興，說「不知世人何為貴之」(《資治通鑑》卷 195)。當時魏徵、房玄齡、李勣等開國元勳都爭相與山東士族攀親；而三品以上官，「欲與衰代舊門為親，縱多輸錢帛，猶被偃仰」(《舊唐書》卷 65)。後來高宗禁婚，⓲武則天又修《姓氏錄》，就是為了打擊這等舊士族。但直到唐文宗（827～840 在位）末年，這位皇帝還特別希望將自己的真源、臨真兩公主嫁給士

⓮ 參見祝總斌《略論晉律的儒家化》，《中國史研究》1985 年第二期。

⓯ 沈休文（約）：《奏彈王源》，《文選》卷 4。

⓰ 對此，唐長孺《論北魏孝文帝定族姓》有精闢的論述，載《魏晉南北朝史論拾遺》，中華書局，1983 年。

⓱ 郡望起源於當初郡縣制的改造農村公社，按封建等級領戶，「功大者食縣，小者食鄉亭」(《後漢書・百官志五》)，對所屬吏民實行家長式的統治，使家族和土地結合了起來。

⓲ 《太平廣記》卷 184 引《國史纂異》：「高宗朝，以太原王、范陽盧、滎陽鄭、清河博陵二崔、趙郡隴西二李等七姓，恃其族望，恥與諸姓為婚，乃禁其自相婚娶。」後來這七姓，反自稱「禁婚家」，把來當作榮譽了。

族子弟，並非常感慨地對宰相說：「我家二百年天子，顧不及崔、盧耶!」（《新唐書》卷 172）但事實上此時士族已與王朝融為一體，它們除非依附於王朝，否則就沒有什麼出路了。宋代門閥士族徹底衰亡，可是宗族聚居一如既往，聚居的宗族既訂有宗規、族約等行為規範，又設有義莊、祭田等共同經濟事業，勢力很大。元、明、清 3 代，族譜、宗祠、義莊、義田、祭田等象徵宗族聚居的標誌隨處可見。清代「強宗大姓所在多有，山東、兩江左右以及閩、廣之間其俗尤重聚居，多或萬餘家，少亦數百家」（張海珊：《聚民論》）⑲。

後世宗族的領袖，稱為「族長」、「族正」、「宗長」、「宗正」，以稱族長為多數。族中或仍設宗子，但只掌主祭權，沒有別的權力。宗子是世襲的，族長的產生則多按照輩分、年齡、德行、威望和官爵來推舉。官高祿厚是擔任族長最重要的條件，因為只有這樣，他在族內才有號召力，在族外也有足夠的權勢，可以庇護族人。但也有例外，如明初徽州地區，自耕農不要說了，甚至個別佃戶也當上了族長。⑳族長對族內戶婚、田土房產糾紛及違法族人有初級裁判權和由初級裁判權所派生的懲罰權、捆送權，並且還有事實上的處死權，如「縛而沈之江中以呈官」（劉獻廷：《廣陽雜記》卷 4），這是後世族權的最高表現。凡未設宗子之族，族長也兼行主祭權。有些大宗族除族長總攬全族事務外，還設有許多分管各項事務的負責人，如宗翼，為族長的臂助；宗糾，任糾繩綱紀之責；總理，司宗祠錢穀出入。族下分支，支下分房，房有房長。至於族人，或稱「宗人」，凡屬男系同姓同祖者，包括外姓嫁來的婦女，都屬族人範圍。只要是族人，「同昭穆者百世猶稱兄弟」（《顏氏家訓・風操》）。為了標誌同族的不同輩行，同輩族人取單名者都用同一偏旁的字，取雙名者都帶有同一個字，也有根據五行的排列順序，用偏旁是金、木、水、火、土的命名來標誌輩行的方法。這樣，誰是什麼輩分，族人即使經過多少世代都能瞭如指掌。

後世宗族大都訂有族規，或稱「宗約」，是族人必須恪守的行為準則。清代《張氏宗譜》卷 2 云「王者以一人治天下，則有紀綱；君子以一身教家人，則有家訓。紀綱不立，天下不平，家訓不設，家人不齊矣。夫家中

⑲ 《清朝經世文編》卷 58。

⑳ 高壽仙：《明初徽州族長的經濟地位——以休寧縣朱勝右為例》，《江淮論壇》1994 年第四期。

之有長幼內外之殊，公私親疏之別，賢愚頑秀之不同，苟非有訓以示之，而欲一其性情，遵模範，絕無乖戾差忒之虞，雖聖人不能強也」。可見族規對約束族人的作用是很重要的。族規的思想基礎是宗法主義的綱常倫理，所以宗族是適宜於培養忠於專制皇帝的官吏和順民的。族規還宣揚「安分」、「睦族」、「聽天由命」，輔國家法制之所不及，竭力告誡貧賤者不可有非分的想望和行為。在族規中，雖然也有富不欺貧、貴不壓賤、強不淩弱的規定，但真能這樣行事的人並不多見。不少著名的族規宗約，在社會上曾廣泛流行。而當年同一地域若干家族共同制定的鄉約㉑之類，則不過是重複了族規宗約的內容而已。

宋以後，宗族又大都編有族譜，建有祠堂，置有族田。這三者，乃是中國傳統社會後期宗族制度的主要標誌。

族譜也稱「家譜」、「宗譜」。《史記・三代世表》序稱周秦譜牒，「乃頗可著」，說明這種東西由來已久。「自隋、唐而上，官有簿狀，家有譜系，官之選舉必由於簿狀，家之婚姻必由於譜系」(《通志・氏族略一》)，士族私譜還具有昭示家族文化傳統、固化郡望等差等多重功能。而士族間的「同譜」又常常帶有很強的實用性，通過同譜以謀求政治利益的事例司空見慣。㉒唐末傳統譜學已經衰絕；北宋歐陽修、蘇洵等人為之倡導，㉓譜學死而復蘇。明清時代在農村中可以說既沒有無譜之族，也沒有無譜之人。當時比較完備的族譜，其基本內容大致包括以下 3 大部分：一是全族的世系和血緣關係圖表、人物傳記、墓誌銘、遺像，還有官場經歷、詩文、隨筆等，這是族譜的主要內容，一般占 90% 以上的篇幅；二是全文刊載本族有史以來制定的各種法規訓範、祖宗教誡子孫的言論等；三是祠堂、祖塋、

圖 44 吉林一戶農民家的家譜

㉑ 此事始於北宋呂大鈞兄弟所訂《呂氏鄉約》，大率與約之人，須以德業相勵、過失相規、禮俗相交、患難相恤。朱熹有《增損呂氏鄉約》，見《晦菴集》卷 74。

族產公田的座落方位、形勝地圖，以及義田記、義莊記、契據等等。此外，譜首必有一篇叫做「宗族源流」或「族姓淵源」的小序，敘述本族的歷史。編族譜的指導思想是「正宗派，篤恩義，故獨以書善也」(《嘉慶桐城黃氏宗譜・凡例》)，只許揚善，不許把家醜抖出來。㉔族譜修成後，不得多印，原則上 1 房 1 部，由房長負責保管，嚴禁私自謄錄或借給外姓人觀看。族譜或 10 年一修，或 20 年一修，或 30 年一修，若 30 年不修族譜，會被視為這個族已經沒有人。

圖 45　在山西洪洞縣大槐樹遺址上修建的祠堂外景

祠堂也稱「宗祠」。明清時代，「俗重宗支，凡大小族莫不有祠。一村之中聚族而居，必有家廟，亦祠也。州城則有大宗祠，則併一州數縣之族而合建者」(《光緒嘉應州志》卷 8)。較大的祠堂，「上建龕堂，所以安神主而序昭穆也；中樹廳事，所以齊子孫而肅跪拜也；前列回樓，所以接賓朋而講聖旨也；左右兩廡，所以進子弟而習詩書也」(《雲陽涂氏族譜》卷 12) 神主每一組夫婦一塊，正龕始祖居中，高、曾、祖、考四世列左右，其他祖先，則供於兩旁配龕。祠堂值春、秋和冬至祭祖日㉕，儀式隆重，氣氛極為肅穆。舉行祭典，要「合族晨興，齊集於祭所，隨班次行禮」，「尊者在前，卑者在後，務整齊而嚴肅，如祖考臨之在上，不可戲謔談笑，參差不齊」。(同上) 有官爵者必須官服，「短

㉒ 參見王力平《唐士族家譜的政治文化功用》，《光明日報》1999 年 6 月 11 日。

㉓ 歐陽修撰《〈歐陽氏譜圖〉序》，見《居士外集》卷 24；蘇洵撰《蘇氏族譜》，見《嘉祐集》卷 30。

㉔ 如著名思想家王充在清末民初以前，一向被目為是「有文無行，名教之罪人」(錢大昕：《十駕齋養新錄》卷 6)，就因為其「《自紀》之作，訾毀先人」(同上：《潛研堂文集》卷 27《跋〈論衡〉》，暴露家醜不作回避的緣故，這一條非常致命。

㉕ 據東漢崔寔《四民月令》記載，漢代祭祖，一年中元旦為大祭，此外還有正月上燈之祭、二月大社之祭、五月夏至之祭、八月秦社之祭、十一月冬至之祭，而以十二月的臘祭告終。

衣赤足者，不得列班行禮」(《京江王氏族譜・祭約》)。

族田也稱「公田」，包括祭田、義田、學田等類別，多由族中富貴發達者所捐置，其經營方式，主要是招佃取租，通常都租給外姓人。族田的收益，大致用於：一. 祭祖；二. 賑濟族人；三. 辦學和資助、獎勵族中子弟參加科舉考試，取得功名；四. 興建族中其他公益事業。毋庸諱言，在中國傳統社會保障體系中，宗族也正是主要依靠族田的設置，才發揮它的作用的。族田屬宗族公有，不能買賣、轉讓和饋贈，凡宗族成員，名義上一律平等地共同享有，並有權過問。但實際情況卻不是這樣，族中豪強把持族田，鮮有不假造名目、蒙蔽侵漁、甚至加以兼并者。族田之設，發端於北宋范仲淹的獨資創辦范氏義莊（「莊」即有田有宅）。[26]明清時代，族田發展越來越多，最多的達 2 萬餘畝。尤其是廣東一帶，個別地區的土地，有一半以上都是族田。

宗族在自衛方面，經常發生所謂「打冤家」事件。明清以來，「打冤家」的械鬥事件在廣東、福建、江西一帶尤為盛行。據清代趙翼在《簷曝雜記》卷 4 裏記述福建的械鬥情況說：「漳泉風俗……兩姓或以事相爭，往往糾眾械鬥，必斃數命。當其鬥時，雖翁婿、甥舅不相顧也。事畢，則親串仍往來如故。謂鬥者公事，往來者私情，兩不相悖云。未鬥之前，各族先議定數人抵命，抵者之妻子給公產以贍養之，故往往非兇手而自認，雖刑訊無異詞。」但這樣的事件，畢竟是矛盾激化之所致。在一般情況下，宗族與鄰族間相處發生了矛盾，大多都是力求和平解決的。當然，宗族又往往視外界的一切，都是可以染指、可以掠奪的。

接下來談宗族在政治法律上的連帶關係。

先談政治。在地主制封建社會，宗法組織雖然不存在了，但人們仍然重視同宗血緣關係。而從東漢起，中國就形成了豪門世族壟斷政治的風氣。唐代開始採取打擊舊世族的政策，但不反對新世族，如上文所述，舊世族也仍有聲望。宋代宗族集結把持政治的風氣又逐漸抬頭。明清時代，雖然也曾禁止地方大員任用族人，但說到底，族內有人占據權位，宗族無疑可以受到政治優惠。俗話道：「朝中無人莫做官。」要混跡於專制時代的官場，不靠宗族、親屬、師生關係，是很難如願以償的。因此，宗族勢力對政治仍然具有不可低估的影響。事實上歷代王朝——特別是宋代以後都是以宗

[26] 錢公輔《義田記》，刊《范文正公全集・褒賢集》。

族作為進行統治的橋梁和紐帶的，如清代有人甚至想用它來代替保甲制，[27]儘管在雍正四年(1726)以後實行的族正制度，也有遏制宗族勢力發展的內容。[28]這是因為任何事物，過了頭，都會走向反面，所以不得不為之計。必須指出，宗族還對封建國家收取賦稅起了保證作用，很多族規都明確告誡族人不可拖欠錢糧。當民眾起來反抗政府的時候，宗族武裝往往站在政府這一邊。

再談法律。中國傳統社會的刑法，對於重大政治犯罪歷來實行株連的辦法。這種野蠻的刑罰，是視宗族為一政治教育單位，認為族人犯罪宗族負有管束不嚴的責任，它一方面是想起到威嚇震懾的效果，殺雞給猴看，一方面又是想斬草除根，防止留下隱患。商代已有連同妻子兒女一并處死的作法；秦文公二十年（公元前746)「初有三族之罪」(《史記・秦本紀》)，春秋戰國時代採用族刑不是個別的事例；秦代建立中央集權制度後，繼續使用族刑。自漢以後，歷代族刑，有「三族之誅」、「五族之誅」、「七族之誅」、「九族之誅」等。北魏時稱「門房之誅」。據《魏書》卷7（上）所說：「五族者降至同祖，三族止一門，門誅止身。」看來，門房之誅的範圍縮小了。唐、宋法典中沒有族刑的提法，只有「緣坐」一詞，應是族刑的同義語，只是受株連的人不一定殺掉，有的處以其他刑罰罷了。原來婦女的緣坐罪是雙重的，既要坐夫家的罪，又要坐娘家的罪。晉武帝聽取大臣何曾的建議，規定已嫁婦女只隨夫家緣坐，以後歷代皆從晉律。總起來說，族刑緣坐的範圍多取決於當政者的意圖，明初方孝孺案，他的宗族、母族、妻族以及朋友、門生一律被處死，一共株連殺了873人，或稱「十族」[29]之誅。

第三節　家庭

在中國古代文獻裏，「家」指家庭，「家庭」的意思是家的庭院。從歷史上看，家庭按性質，可以分為群體家庭和個體家庭兩種，本節談家庭，當然是談原始社會末期以來以個體婚姻為紐帶的個體家庭。事實上，中國

[27] 陳宏謀:《選舉族正族約檄》,《清朝經世文編》卷58。

[28] 參見常建華《清代族正問題的若干辨析》,《清史研究通訊》1990年第一期。

[29] 朱國禎輯《皇明遜國臣傳》卷1《文學博士方先生》、《明史紀事本末・壬午殉難》。

古代個體家庭，是隨著父權制的確立而產生，並為父權制服務的。

父權，即父家長的權力。「家長」的概念最早見於《墨子・天志上》：「惡有處家而得罪於家長而可為也。」從這句話中可以知道家長在家中居於威嚴不可冒犯的地位。《墨子・尚同下》說得更明白：「是故古者天子之立三公、諸侯、卿之宰、鄉長、家君（即家長），非特富貴游佚而擇之也，將使助治（亂）刑政也……家君得善人而賞之，得暴人而罰之。善人之賞，暴人之罰，則家必治矣。……家既治，國之道盡此已耶。」這裏闡述了君權和父權不可分割的關係。歷代政權都是把家庭作為組織國家生活的直接對象，而不是把每個人看作是這種對象，因此國家法律承認家長的權威，同時又要求家長對國家負責。家屬觸犯了某些刑律，本人可免予追究，家長倒要受到懲罰。對於全家共同犯罪的，歷代都拿家長是問。

《禮記・坊記》云：「家無二主。」《荀子・致士》云：「父者，家之隆也，隆一而治，二而亂。」家長是獨一無二的。因為家長掌握著全家的命運，一般得此身分者必須是一家中最尊長的人。其理想的人選，要「明禮義，識時勢，諳事體，通人情」，「兼此四者，家運必大昌矣」。（徐三重：《明善全編・家則》）在通常情況下，婦女雖是尊長，但不得立為家長。《尚書・牧誓》云：「牝雞司晨，惟家之索。」意思是說婦女統率家政，這個家就要陷於貧窮了。只有在戶內並無男性時，才可由女性尊長擔任家長，這樣的家庭，戶籍上大都別立為女戶。

至於中國傳統社會家長的權力，則俗諺說，家有家法。家法即家長約束家屬行為的準則。如北朝顏之推《顏氏家訓》中的有關訓條，宋代司馬光的《書儀》、《涑水家儀》，朱熹的《朱子家禮》，都很有影響。歸納起來，中國傳統社會的家長權主要有：一．管理全家的生產和消費，在這方面，都由家長一人說了算，尤其是家庭的財產，只有家長，才有真正的所有權。二．代表全家與官府和社會發生關係，這種代表權，無須取得被代表者的同意。三．任意懲戒家屬，如果說族長懲戒族人，尚須先在祠堂裏加以審訊，那麼，家長懲戒家屬，則完全不必經過這道程序，可以做到更加隨心所欲。四．包辦子、侄輩的婚姻，關於這一項權力，本書後面「社會生活」編還要再詳細談到。

家庭成員除家長外均為家屬，或稱「家人」。家屬原則上是在一起共同生活的人。幾世同居同財的大家庭的家屬包括直系親屬、旁系親屬和有宗族關係的人在內。而凡服期年喪服的近親，即使不在一起共同生活，也仍然被視為一家。家屬在家庭中處於受家長支配的地位，其本分在於孝親。家屬的義務可以說都包括在「孝」字當中。所謂「孝者有三，大孝尊親，其次弗辱，其次能養」(《禮記・祭義》)。尊親就是要出人頭地，光宗耀祖；弗辱是指不損傷、玷污父祖的門望和人格；能養則為很好的扶侍、事奉父祖。

古代家屬的身分範圍，在奴隸社會，奴隸沒有人格，用不著討論。在周、秦以來的傳統封建社會裏，部曲、奴婢依附於各個家庭，與主人共同生活，應當說也是家屬成員。但《唐律疏議・戶婚》的疏文說：「奴婢賤人，律比畜產。」這就不是把奴婢看作家屬了。就實際情況而言，把部曲、奴婢視為家屬是對的。當然，他們與一般家屬的政治地位不同。因此秦律規定：「『盜及諸它罪，同居所當坐。』可（何）謂『同居』，戶為『同居』，坐隸，隸不坐戶謂也。」(《睡虎地秦墓竹簡・法律答問》) 僕人犯罪，主人連坐，但主人犯罪，則不牽連僕人。

部曲的含義，自漢代到唐代有過 3 個階段的變化：第一階段是指軍隊的建制；第二階段是指隸屬於某人的兵員；第三階段是指為私人服役的人員，已不限於兵員。與部曲身分地位相同的還有部曲的妻女。部曲妻不論其婚前是良民還是賤民，婚後都與部曲處於同樣身分地位；部曲所生之女，稱為「客女」，良民娶客女為妻者，即喪失良民身分。但部曲與奴婢不同，法律承認他們有人格。他們的權利能力受到限制的只有兩點，一是不得就任官職，二是沒有遷居自由。明代以來的雇工人，實際上就是唐代的部曲。清代《雇工人法》規定：「如係車夫、廚役、水夫、火夫、轎夫及一切打雜、受雇、服役人等……素有主僕名分者，無論其有無文契年限，均以雇工人論。」(《大清律例》卷 28) 清律中，關於雇工人的律文雖然未變，但附例經過多次修改，卻大大縮小了雇工人條款的適用範圍。如乾隆二十四年 (1759) 定例：「其隨時短雇，受值無多者，仍同凡論。」(同上) 乾隆五十五年 (1790) 定例，則明確從事農業勞動和商業服務的雇工，不屬於雇工人。

奴婢包括男奴和女奴，男稱奴，女稱婢。凡所謂「童」、「僕」、「僮奴」、「奴僮」、「奴僕」、「家僮」、「家奴」、「蒼頭」等，都是男奴；所謂「青衣」、「女奴」、「家婢」、「丫鬟」等，都是女奴。元代稱男奴為「驅」、「驅丁」、「驅奴」；稱女奴為「驅婦」。奴婢可以由主人任意買賣，奴婢及其子女的婚嫁由主人決定。秦漢時代奴婢不入戶籍而入財產籍。但奴婢的人身權利還是受到一定的保護的。秦代奴隸贖身的途徑不一而足；漢代出現了富於財產仗勢欺人的豪奴，「昔有霍家奴，姓馮名子都，依倚將軍勢，調笑酒家胡」(《羽林郎》) ㉚，咏的就是這種現象。絕大多數服務於商業經營的奴隸，物質生活水平非普通自耕農可及。㉛後世奴婢更得為自己所有物的財產權利主體，並且奴婢對自身的身分有訴訟請求權，奴婢又有作證人的資格。可見奴婢的身分帶有半人半物的性質。明代普通庶民之家不得畜養奴婢，否則依律放免為良。㉜不過總起來看，奴婢的地位是更在部曲之下的。

關於家庭的類型，漢代有 3 種：一. 核心家庭，即由夫妻雙方及其未婚子女組成的家庭；二. 主幹家庭，即由夫妻及其直系兒孫輩組成的家庭；三. 複合家庭，即由以上兩種類型複合組成的家庭。在中國傳統社會，複合家庭始終只占極少數。

關於家庭的人數，自古以來下層民眾很少有大家庭，一般不超過 3 代同居，人數在 10 人以下。西周領主制社會，據《周禮・地官・小司徒》記載：「以七人、六人、五人為率者，有夫有婦然後為家，自二人以至十人為九等，七、六、五者為其中。」這反映了當時「國人」和「野人」家庭的人口情況。戰國時秦用商鞅變法，為了多收戶口稅，規定「民有二男以上不分異者，倍其賦」(《史記・商君列傳》)，在這種政策法令下，農民家庭的人數是可想而知的。漢代「五口為一戶，父母妻子也」(《後漢書・循吏傳》注引《風俗通義》)。唐代真正的農民家庭，也以 6、7、8 口為多數。宋、元、明、清以來，農民家庭的人口，與唐代相仿。而富貴家庭的人數，多的時候，就完全不是這樣了。因為他們有經濟支持力，又崇尚門面。自漢代興累世同居之風，官府對所謂「義門」，又往往加以表彰，並且免除其差役，唐代更設了「別籍異財」之禁，後世沿襲不衰，所以豪門大姓之家，人數多達二三百以上的，確實很平常。如《嘉泰會稽志》卷 13 載：「平水雲門之間有裘氏，自齊、梁以來，七百餘年無異爨……蓋二十四五世矣。」像這種人家，家裏有成百上千的人口，應當說是一點也不奇怪的。

宋、元以後，凡大家庭，通常都是庶族地主，它們在數量上遠遠超過前代，並且動輒 7 世 8 世以至 10 餘世同居。這樣的大家庭，當然都有一套

㉚　《樂府詩集》卷 63。

㉛　參見錢穆《中國文化史導論》第 95 頁，上海三聯書店，1988 年。

㉜　《大明律・戶律》。

嚴密的家庭組織系統和一套嚴格的家庭生活管理制度，除家長之外，一般情況下，還設有作為精神領袖的宗子，以及副家長等其他各項職事人員。

中國傳統社會家庭實行共有財產制，原則上不承認家庭成員有私人財產。但在實際生活中，家屬個人持有私人財產的情況是存在的。

家庭共同財產稱作「同財」、「共財」、「公眾產業」、「眾份」、「眾財」、「眾份田業」等。其範圍包括不動產和動產在內。不僅祖傳財產均為共同財產，家庭成員自己取得的財產，也要加入到共同財產中去。家庭共同財產，由家長統理，這在上文已經作過交代。不過還有一點需要補充，就是在旁系尊親擔任家長的情況下，處理共同財產時倘有不公，侵犯了卑幼的利益，則法律是照例要加以干預的。

家屬私人財產在古代文獻中常用「私財」、「私貲」、「私蓄」來表述。根據資料考察，唐代前後，已有家屬積蓄私財的例證。宋代以後，這種情況日趨普遍。其原因是受了商品經濟發展的衝擊，由於消費品種類增多了，家庭內部的供應已經滿足不了家庭的個人需求，人們為追求更多的消費，蓄私財的事情就必然會增多起來。蓄私財有的是買成金銀埋藏地下，有的是寄存在姻親家裏，還有的是假借妻子的名義。從宋代開始，父母去世，兄弟分爨別居時，妻子的嫁產一般是名正言順地歸其丈夫所有的。㉝

中國傳統社會的家庭繼承制度，在財產繼承方面，家長如是直系尊親，臨終前可以用遺言的方式決定處分家庭的全部共同財產，給誰多少都根據他的意願，子孫不得競爭，法律也不加干涉。兩宋遺言以書面為有效，並須「經縣印押」，「又遺囑滿十年而訴者，不得受理」。（《清明集・戶婚》）發展到清代，這項制度已成鐵定。但也有父、祖沒有遺言的情況，這就只有實行法定繼承。對此，歷代律文都稱之為「分割家產」。從總的情況來看，秦、漢以來，特別是唐、宋以後的財產繼承制度有兩大原則：一. 婦女通常沒有繼承權。㉞未嫁女兒只能分得一份嫁資，如宋制「姑、姐在室者，

㉝ 《清明集・戶婚》。

㉞ 宋桂萬榮《棠陰比事》記錄《風俗通》一案：「漢沛郡民，家貲二十餘萬，一男纔數歲，失其母。有一女不賢，其父病，因呼族人為遺書，令悉以財屬女。」儘管後來在爭訟中，判決並未如遺囑，但案例說明，不能完全排除漢代婦女對財產有繼承權。另據2006年湖南省長沙市考古研究所和中國文物研究所公布的長沙東牌樓簡牘《光和六年監臨湘李永、例督盜賊殷何上言李建與精張諍田自相和從書》，知漢末戶絕之家，出嫁女的繼承權——尤其是對田產的繼承權受到娘家近親的分割，在這個案例

減男娉（聘）財之半」（《宋刑統・戶婚》）；㉟寡妻寡妾雖然可承夫份或子份分得部分遺產，但這不能算作繼承，她們如果沒有後嗣，這份遺產既不能變賣，更不許改嫁時帶走。二．實行嫡、庶諸子平分的辦法——只有金代和元代實行嫡、庶異分㊱；宋代奸生子經官府承認者，也有一定的財產繼承權；明代僅對奸生子仍予歧視，連婢生子都同等看待。個別兄弟死亡的，其子代父繼承；老輩兄弟全部死亡的，不再按老輩股份分配，而在從兄弟間平均繼承。

對沒有繼承人的絕戶，死者又未留遺囑的，唐代規定，扣除喪葬的一切開銷，餘下來的給死者的女兒；沒有女兒的，按親疏順序給其他近親屬；連近親屬也沒有的，收歸官府所有。㊲宋初，女兒未出嫁的，「依子承父法給半，餘一半沒官」；寡婦「無子孫并同居無有分親，召接腳夫者，前夫田宅經官籍記訖，權給，計直不得過五千貫」。（《清明集・戶婚》）天聖四年(1025) 以後，才放寬了絕戶遺產繼承人的範圍。明代《戶令》規定：「凡戶絕遺產果無同宗應繼者，所生親女承分，無女者入官。」清代旗人無嗣者，給親生女的家產有 1/3、1/5 等各種不同的情況。在清律中，贅婿和養子也享有一定的繼承份額。

中國傳統社會除財產繼承外，還有身分地位的繼承：

一．宗祧繼承。中國傳統社會家的永存與祭祀的永存是一致的，宗祧繼承關係到香火的接替。所謂「香火」，就是對祖先的祭祀。在傳統社會，嫡長子是合法祭祀繼承人，上節已有交代。唐代對祭祀繼承人的選定順位作了詳細的規定：先嫡長子，次嫡長孫，再次嫡長子同母弟、庶子、嫡長孫同母弟、庶孫……違反順序者，要受法律的懲罰。㊳傳統社會沒有子孫繼承香火的，要立嗣子，說詳本章第一節。而死後才解決立嗣問題的，叫做「繼絕」。繼絕有兩種：寡妻為丈夫確定香火繼承人的，是謂「立繼」；

中，出嫁女之子李建通過追討，得 3/4，她的叔父精張則得 1/4。

㉟ 在中國傳統社會裏，女兒是「賠錢貨」，嫁女費用有時候也是一筆不小的數目，如北宋范仲淹義莊規定，娶婦支錢 20 貫，嫁女卻為 30 貫，嫁女比娶婦多支 1/3，見《青照堂叢書・次編・范氏義莊規矩》。而通常情況下，輿論總是支持嫁女賠錢的，明顯同律文的精神相背。

㊱ 《元典章・戶部・家財》有「諸子均分財產」條，所稱「諸子」，指嫡子而不包括庶子。

㊲ 《宋刑統・戶婚》引唐文宗開成元年 (836) 七月五日敕。

㊳ 《唐律疏議・斷獄》引唐令。

夫妻雙亡，由夫家的近親尊長為之立嗣的，是謂「命繼」。[39]明代不許寡婦立繼，所以繼絕的辦法，只好聽從夫家的近親尊長命繼了。

元代蒙古人和色目人的繼承，各依其本俗法。其中寡婦或無子之家的女子，均一律享有宗祧繼承權。清代則創獨子兼祧，是「乾隆間特別之條」（俞樾：《俞樓雜纂》卷 11）。

二．封爵繼承。中國傳統社會爵位可以世襲，由子孫延續繼承。西漢末年以前，承襲爵位以實子為原則，不允許孫和嗣子繼承爵位。否則構成「非正罪」，如陽新侯鄭業，「元壽二年（公元前 1），坐非正，免」（《漢書・外戚恩澤表》）；平用侯丁滿，「元始三年 (3)，坐非正，免」（同上）。後來不限於實子了，只要有子孫，都可以繼承。南北朝時期，連旁系親屬也有爵位繼承權。唐代貴族身分的繼承權只屬嫡長子、孫。

三．食封繼承。中國傳統社會所謂「食封」，就是在封地內收取租稅，同時領取其他封賞財物。食封繼承不同於爵位繼承，又與財產繼承不完全相同。不同於爵位繼承而與財產繼承相同的，是均分繼承。不同於財產繼承的則有兩點，一點是在均分前提下，嫡長子可以繼承雙份；另一點是承認女子有限額繼承權。另外，皇家公主的食封是不能作為繼承標的的，這是藉以顯示皇族的神聖，不許臣下與之共同享受。

中國傳統社會家庭成員，上下之間，更有一套行為規範，那就是家禮。家禮與族規宗約是互相銜接的。由於傳統社會家庭中的祖輩，其尊嚴遠在父輩之上，所以事祖之禮在家禮中居於核心地位。作為家庭成員的諸孫，包括孫媳婦們，每日晨興，要洗手淨口，束髮冠帶，到祖輩床前請安。對祖輩自稱其名。進餐時，孫輩應按照祖輩的需要供上食物，等祖輩動手進食後，才能退下自己就食。晚上臨睡，孫輩也必須先把祖輩安置好，然後才能回到自己的房間。平日要經常服侍在祖輩身旁，容貌要恭敬，辦事要謹慎，說話要低聲下氣。祖輩出入行走，孫輩要恭敬地扶持。不得在祖輩面前擤鼻涕，吐唾沫。祖輩不讓坐，不能坐；不讓退下，不能擅自退下。坐著的時候恰值祖輩經過，必須起身。對於非直系的祖輩，如果同在一家或一村居住，兩天不見，見後拜兩拜；5 天以上不見，拜 4 拜。冬至、正旦兩天往賀，拜 6 拜；朔望 6 拜。如果祖輩命減之，則從命。

在倫理要求上，祖輩對孫輩也要愛護、仁慈；在財產和贈物方面，對

---

[39] 《清明集・戶婚》。

諸孫不得偏心。

孫輩在外地供職或營生，要時常給祖輩寄送書信，請安問禮。祖、孫間的書信往來，程式有嚴格的規定，主要在於體現祖和孫的尊卑之分，祖、孫都應遵守，否則就是「不謹」或「不敬」。在中國傳統社會，卑幼與尊長的書信往來，程式都是有規定的，也不光祖、孫間是這樣。

至於中國傳統社會家庭中事親之禮，子女居常事親，除大體上同於事祖之禮外，還有一些講究。

這些講究是：子女平日居住，不得占據房屋的西南角。飲食時，父、子不得同坐一席。父母在世的時候，不得為別人去賣命，不得遠遊，㊵遊歷一定要有預定的目的地。對父母的指示要時刻不忘。父母交辦的事情，要迅速辦理；如有異議，要耐心地說服父母，得到父母同意後，才停止行動；假如父母執意不從，而事情又沒有太大的害處，應該屈從父母的主張。為了父母，即使得罪鄉黨鄰里，也在所不惜。父母責罰，不得有任何怨言，「父母怒不說（悅），撻之流血，不敢疾怨，起敬起孝」（《禮記・內則》）。有父母在，不管遇到什麼事，都不得自拿主意。出門必須先告訴父母，回家後也應先面見父母。進殿堂不得從東階上，上下馬不得正對著大廳。父母有過錯，規勸不聽，要等待時機再規勸，不可因此而惹父母生氣。父母愛做的事和喜愛的東西，子女也應當喜愛。兒子未行冠禮前，對外人不得稱自己的字、號和自家的門第，表示未冠之子還沒有資格作為家庭的主要成員，也沒有資格代表家庭。不到60歲以上，不得與叔、伯父等長輩坐在一起。這些講究不消說有很大一部分，也同樣適用於侍奉祖輩。

中國傳統社會家庭，如果父母太以自己為中心，而太專制，時常會剝奪青年人的事業心和發明創造才賦。

在中國傳統社會家庭裏，教育子女是父母當仁不讓的職責。父母必須身體力行，率先垂範。「非澹泊無以明志，非寧靜無以致遠」（諸葛亮：《誡子書》）㊶，這是魏晉時期蜀漢諸葛亮對自身經歷的總結，更是對他兒子的要求，在中國古代影響深遠。傳統社會教子的內容十分廣泛，主要包括飲食起居、禮儀規範、經術詩文、琴棋書畫，以及生產技能、女紅等等方面。傳統社會主張在子女幼小甚至未出生前教起。㊷教子的基本原則是：一.

㊵　《論語・里仁》：「父母在，不遠遊。」

㊶　《諸葛忠武侯文集》卷1。

不能溺愛、嬌慣、縱容；二. 不能過嚴、粗暴；三. 對所有子女一視同仁。

因勢利導，循循善誘，以情境激發才思，這種教育子女的方法是中國傳統社會有較高文化素養的父母所常用的。如東晉謝安（陳郡陽夏〈今河南太康〉人，320～385）非常注重對家族人才的培養，一年冬天，室外飄起了大雪，他就指著雪花問子侄輩：「白雪紛紛何所似?」其侄謝朗答：「撒鹽空中差可擬。」侄女謝道韜答：「未若柳絮因風起。」謝道韞因此而有「詠絮才」之譽，後世傳為佳話。㊸

中國傳統社會家庭還注意建設勤儉持家、誠實守信、刻苦好學的美德，形成良好的家風。這個問題，家長起著關鍵的作用。

中國傳統社會家庭夫尊妻卑，即使在武則天可以稱帝的唐代，法律也規定：凡毆妻者減凡人罪 2 等，而妻毆夫者加凡人罪 3 等。㊹一減一加，同罪異罰，竟相差 5 等。

中國傳統社會家庭非常強調兄弟間的和睦友愛，「兄弟」一倫，歷來受到人們的普遍重視，那些因聽信「婦言」而導致兄弟反目的，往往為社會所不齒。兄弟間的等級序列首先是長幼之序，其次是親疏之別。《大戴禮記・曾子立孝》說：「與兄言，言順弟；與弟言，言承兄。」對兄長來說，最重要的是怎樣使諸弟順從；對諸弟來說，最重要的是怎樣遵從兄長的意志，因此歸根到底，兄弟間的關係是不平等的。

而中國傳統社會家庭的主僕之禮，更是家禮所特別強調的。主僕之禮的總原則是尊卑分明，這種尊卑關係是永恆的，只要有一天的主僕關係，那麼，即使後來情況發生變化，主人淪落，僕人上升，這個僕人在過去的主人面前，也仍然必須保持原來的身分。㊺

㊷ 即所謂「胎教」。

㊸ 《晉書》卷 96。

㊹ 《唐律疏議・鬥訟》。

㊺ 參見《儒林外史》第二十三回有關萬雪齋「不曾破相」的一段插敘。

第四編

社會生活

第十章

「士」和婦女

第一節　「士」

中國傳統社會士、農、工、商，稱為「四民」。《舊唐書》卷 43 云：「辨天下之四人，使各專其業，凡習學文武者為士，肆力耕桑者為農，巧作器用者為工，屠沽興販者為商。工商之家不得預於士，食祿之人，不得奪下人之利。」但「四民」的本義僅指職業分途，其中「士」是一個很特殊的階層。

士在中國起源很早。先秦典籍中，「士」具有多種含義。古代往往稱男子為士。殷和西周，士既泛指包括諸侯在內的各級貴族，又專指貴族中的最低等級。因為士的本義與農業生產有關，士從「十」從「一」，象以物插入土中。《禮記・曲禮上》有「地廣大，荒而不治，此亦士之辱也」之句，士在當時，也是指自由農民。同書《少儀》篇云：「問士之子長幼，長則曰能耕矣，幼則曰能負薪、未能負薪。」士的子弟，要以耕作為首務。但在多數場合，殷和西周，士主要是指政府部門的中下層官吏，他們「不敢知國」（《左傳・昭公二十五年》），終身依附於卿大夫。

如上所述，殷和西周士的一部分是自由民。自由民屬於被統治者。由於士在自由民中是地位最高的，這對後世「士為四民之首」的說法有一定的影響。當時的士，大都為武士。西周時自由農民有服兵役的義務，每家出一人，這些人就是武士。還有一種職業武士，以勇力見稱，平日充當貴族的侍衛，打起仗來，擔任衝鋒陷陣的角色。宗法社會的士不僅對大夫有直接的隸屬關係，而且本身也要按血緣親疏關係來區別大宗、小宗，其內部還要按宗法分成上士、中士和下士。

春秋、戰國之際，宗法制發生動搖，士階層也起了變化。以前「士者大抵皆有職之人」（黃汝成：《日知錄集釋》卷 7），這時候社會上出現了大批有學問、有知識的士，但是他們卻沒有固定的職業。他們與舊士不同，較少受宗法關係的束縛，行動比較自由。他們數量激增，雖然是由貴族下降和平民上升兩種情形造成的，但他們與庶人之間的流通更為活潑暢遂，士、庶界限有些模糊起來。他們是一代新士，有能力理解新事物，創造新事物，管理新事物。他們不拘一格，經世致用，集中了這個時代的人才優勢。他們為謀求發展，常常四處奔走游說或聚徒講學，也以此維持生計。

游士在春秋初期就已經出現。戰國時游士蜂起，最典型的是縱橫家，他們鼓唇搖舌，以善辯的言辭、機智的判斷和豐富的知識活躍在政治舞臺上，朝秦暮楚，「一怒而諸侯懼，安居而天下熄」(《孟子・滕文公下》)。所謂「邦客」和「客士」，他們可以以科入仕，可以以軍功拜爵封侯，可以作為國王的使者出使他國，並且可以向官府申請取得某些經營權。

聚徒講學的文學之士的出現，與私學的興起有著互為因果的密切關係，也與當政者的大力提倡文學有關。先秦諸子百家都是文士，他們的共同特點是「藏書策，習談論，聚徒役，服文學而議說」(《韓非子・顯學》)。齊國臨淄的稷下學宮就是文士聚集講學論辯的場所。《史記・田敬仲完世家》稱：宣王（公元前 319～公元前 301 在位）「喜文學游說之士，自如騶衍、淳于髡、田駢、接予、慎到、環淵之徒七十六人，皆賜列第為上大夫，不治而議論，是以齊稷下學士復盛，且數百千人」。中國古代思想文化在這裏迅速達到了鼎盛狀態。戰國後期齊國有孟嘗君田文（生卒年未詳），趙國有平原君趙勝（生年未詳，卒於公元前 251 年），魏國有信陵君魏無忌（生年未詳，卒於公元前 243 年），楚國有春申君黃歇（生年未詳，卒於公元前 238 年），皆以養士著稱。

自私學興起和文士集團形成後，士分文、武兩途。文士的出現，固然有其禮樂詩書的文化淵源，但最初很大一部分文士，卻確實是由武士蛻變而來的。須知「郁郁乎文哉」(《論語・八佾》)，西周以來，軍事統帥皆尚「說禮樂而敦詩書」(《左傳・僖公二十七年》)，其所轄之士，欲求表現，自然非得文武通才了。就拿孔子來說，不但他父親叔梁紇是有名的武士，以勇力聞於諸侯，便是他自己，也是力能「拓國門之關」(《列子・說符》)，武藝超群，對軍旅之學，頗為在行。孔門弟子多懂軍事，即與他的傳授有關。作為知識分子這一特定含義上的士階層，在中國古代領主制封建社會向地主制封建社會轉變的關鍵時期，起了推動歷史進步的作用。這一時期的士順應各諸侯國為擴展自己實力、競相標榜「禮賢下士」的政治氛圍，紛紛投身到兼并鬥爭中去，為新時代的到來呼風喚雨，立下汗馬功勞。同時，這個階層的傑出代表，他們著書立說，提出了許多寶貴的思想，建立了各自的學術體系，更為值得肯定。其中如孔子，竟以「布衣……學者宗之，自天子王侯，中國言『六藝』者折中於夫子，可謂至聖矣」（《史記・孔子世家》）。這是後話。當時「帝者與師處，王者與友處，霸者與臣處，亡國與役處」（《戰國策・燕一》），君主對士態度上的差別，便決定了他們的命運。上引同書《齊四》記載，齊宣王與顏斶相見，宣王曰：「斶前!」顏斶曰：「王前!」雙方相持不下，經過一番辯論，宣王終於表示：「君子焉可侮哉，寡人自取病耳……願請受為弟子。」對於士來說，這樣的事例是值得永遠懷念的。

秦、漢以後，士成為知識分子的代名詞。漢武帝時，「公孫弘以《春秋》白衣為天子三公」（《史記・儒林列傳》），拜相封侯。❶從此迄於清末，升登相位而欲成就相業者，毫無例外，非士莫屬。從總體上說，士階層在後世主要是指在德行上和文化上有資格、並且有能力擔任政府官吏的知識分子（舊稱「讀書人」），也包括道徒和釋子中的上層人士。在中央集權的專制制度之下，士的人生是「尊之則為將，卑之則為虜，抗之則在青雲之上，抑之則在深泉之下」（東方朔：《答客難》）❷。

中國歷史上的士，一開始就與所謂「道」結下了不解之緣。孔子曾指出：「士志於道，而恥惡衣惡食者，未足與議也。」（《論語・里仁》）以道自任的士階層，「先天下之憂而憂，後天下之樂而樂」（范仲淹：《岳陽樓記》）❸；「保天下者，匹夫之賤，與有責焉」（《日知錄》卷 13），認為自己是道的承擔者，為了道，往往置自身安危於不顧。士之所以受到尊重，基本上是由於他們代表了道，這個道體現了社會的正常秩序，是人們為之心嚮往之的。

士與俳優也有淵源，《史記・滑稽列傳》所傳一流人物，如淳于髡，如東方朔，皆慣常於嬉笑怒罵中履行士的職責。

❶ 公孫弘之前，秦漢丞相大都以軍功封侯拜相，拜相的先決條件是封侯，公孫弘才開始了拜相以後再封侯。

❷ 《文選》卷 45。

❸ 《范文正集》卷 7。

《孟子・告子下》說：「天將降大任於是人也，必先苦其心志，勞其筋骨，餓其膚體，空乏其身，行拂亂其所為，所以動心忍性，曾益其所不能。」《史記・太史公自序》也說：「西伯拘羑里，演《周易》；孔子戹陳蔡，作《春秋》；屈原放逐，著《離騷》；左丘失明，厥有《國語》；孫子臏腳，而論兵法；不韋遷蜀，世傳《呂覽》；韓非囚秦，《說難》、《孤憤》；《詩》三百篇，大抵聖賢發憤之所為作也。」傳統社會優秀的士，大都志存救濟天下，有所作為，故縱然身處逆境，也能堅持操守，積極砥礪，決不自暴自棄。

士而帶一點俠氣，言必信，行必果，獨來獨往，敢作敢為，不矜其能，羞伐其德，所謂「任俠」，則尤為古代閭里民間所津津樂道。當然，這樣的「士」，往往「不軌於正義」，「時扞當世之文罔」，(《史記・游俠列傳》)結局都是很慘的。

士實行社會批評，有時候可以當面採取直言的方式，而為君主所優容，除特殊情形之外，這個時期的政治，大體上都比較清明。

所謂讀萬卷書不如行萬里路，胸懷大志的士，除努力攻讀外，往往很在意游歷，藉此使自己得到充實。北宋蘇轍在《上樞密韓太尉書》中指出：「太史公行天下，周覽四海名山大川，與燕、趙間豪俊交游，故其文疏蕩，頗有奇氣。」❹確實，司馬遷的成功，在很大程度上是得力於他的有目的的游歷。

西漢末葉，士不再單槍匹馬，而是足當「士大夫」之目了。士的背後已附隨了整個的宗族。士與豪門世族結合，就產生了士族，雖然士族的稱呼，出現還較晚。但事實上，東漢政權主要得力於士族的支持。迄桓靈之世 (146～189)，由於察舉徵辟任官演變成專門注重門第閥閱，出現了累世公卿的局面；又由於私人講經之風盛行，逐漸發生了一種封建從屬傾向，形成許多官吏集團。在與外戚、宦官的鬥爭中，士的群體意識日趨明朗，其時士風又競以名節相高，故獨行之士輩出，「匹夫抗憤，處士橫議」(《後漢書・黨錮傳》)，各絕智盡慮以顯一己之超卓。這樣，就迎來了魏晉南北朝士的自覺時代。❺

魏晉「名士風度」，徘徊在魏闕和江湖之間，士對約束個體的「名教」

❹ 《欒城集》卷 22。

❺ 本節以上文字，依據上海人民出版社 1987 年版余英時《士與中國文化》第一、二、三、五、六篇改寫者為多。

頗多貶損和詆毀，但內心深處，卻依然是名教的堅定維護者。這種精神發展到後來宋明時代，成為士所普遍標榜的「聖賢氣象」，士在承擔社會責任的同時，也崇尚閑情逸致。士的精神追求是一脈相承的。❻

魏晉的士，非常重視朋友交情，「苟全性命於亂世，不求聞達於諸侯」（諸葛亮：《出師表》）❼的諸葛亮，之所以甘為劉備集團「鞠躬盡力，死而後已」（同上《後出師表》）❽，除了「漢賊不兩立，王業不偏安」（同上）的政治立場外，很重要的一條原因，在於他忘不了劉備三顧茅廬的知己之情。

自曹魏實行九品中正制以後，西晉的「二品繫資」尚重人品❾德才；東晉南朝出現了「門地二品」（《宋書》卷 60）的專門術語，則僅指閥閱郡望，士族子弟不分愚賢一律定為二品，「士族」遂與「庶族」對舉，正式成為法定的政治等級。本來兩漢興「守文之風」（袁宏：《後漢紀》卷 22），推動士的陣容空前壯大。照桓譚《新論・求輔》的說法，東漢初，士分「鄉里之士」、「縣廷之士」、「州郡之士」、「公輔之士」、「天下之士」5 級。其中「天下之士」，約當稍後所謂的「名士」，他們在魏晉中正品題下，往往居上引「二品繫資」的「二品」，僅次於「一品」的「聖」，達到「人品」之極，即使無官無職，陷於貧困，其身分依舊受到社會的企羨和尊崇。

漢代士族分布在河南、陝西、甘肅、四川、河北、山西等地，以河南為最多。三國孫吳以來，江南也為士族所聚居。東晉元帝（317～322 在位）原本是西晉的琅邪王，在晉室諸王中資望甚淺，後來靠琅邪王氏的扶持登上帝座，東晉開國，「王與馬，共天下」（《太平御覽》卷 495 引《晉中興書》），士族的政治勢力達到頂峰。唐代形成新的士人集團。在中國傳統社會，宰相是士所要爭取的最有吸引力的職位。就宰相籍貫的分布來看，唐代宰相世族幾乎全在北方，唐宰相全部有 369 人，屬 98 族，十之九皆為北方人。北宋中葉以後，南方人當宰相的漸漸多了起來。宋代共有宰相 134 人，北

❻ 參見朱漢民《從名士風度到聖賢氣象》，《光明日報》2007 年 12 月 20 日。

❼ 《文選》卷 37。

❽ 《諸葛忠武侯文集》卷 1。此表《三國志・蜀書・諸葛亮傳》裴注謂「亮集所無，出張儼《默記》」。又「盡力」坊本多作「盡瘁」。

❾ 「人品」的本義，應指人的德才品第。此詞首見《後漢書・郭太傳》李注引謝承書：「人品乃定」。

宋 72 人，南宋 62 人。如果以河南代表北方，浙江代表南方，河南共有 21 人做過宰相，北宋 18 人，南宋 3 人；浙江共有 24 人做過宰相，北宋 4 人，南宋 20 人。到了明代，共有相當於宰相地位的輔臣 189 人，南方占 2/3 強。從宰相籍貫的分布情況，可以推知士的分布總情況。士所密集的地區，也是文化先進的地區。[10]所以清代《四庫全書》正本凡 7 部，內廷藏其四，而江浙亦得藏其三。

中國傳統社會士人在政治上頗能超越自己的社會屬性而為民請命，但有時候卻常常結成朋黨。朋黨排斥異己，「父子異部，更相毀譽」(《三國志・魏書・武帝紀》)，頗為清議[11]所不許，所以孔子有「君子羣而不黨」(《論語・衛靈公》) 的話。《戰國策・趙二》也說：「屏流言之迹，塞朋黨之門。」歷史上因被指為朋黨而釀成的黨禍，有不少極為酷烈。自東漢黨錮之禍興，李膺、杜密等 100 餘人下獄死，累及門生故吏、父子兄弟，都免官禁錮。唐代有牛僧孺、李德裕的黨爭，雙方本無嚴格的政治觀點的區別和根本的利害衝突，卻互相攻訐，糾纏不休，連監察官員也都陷了進去。詩人杜牧早年頗受牛僧孺知遇，後來在政治上傾向於較有政治遠見、也並不反對科舉取士、實際上屬被動捲入的李德裕，結果落得兩邊受軋，仕途上很不得志，這還算是好事。北宋末年，蔡京執政，立黨人碑，將文彥博、呂公著、司馬光、蘇轍、程顥以下 120 人列為元祐（宋哲宗年號）奸黨。後來又在此基礎上，擴展為 309 人，連變法派中意見不合者，也與元祐黨人一樣對待，予以貶逐；甚至他的親弟弟蔡卞，因堅持主張遵循王安石，也被排擠出朝。明神宗萬曆二十二年 (1594)，吏部郎中無錫人顧憲成革職還鄉，10 年後修復宋代楊時講學的東林書院，與高攀龍等以講學為名，諷議朝政，裁量人物，得到一部分士大夫支持，遙相應和，名聲大著，被稱為「東林黨」。東林黨曾抨擊礦監、稅監，力主開放言路，改善政治，遭到權貴的嫉恨。當時趨炎附勢的楚、齊、浙、宣、昆諸黨與宦官魏忠賢勾結，魏忠賢使人編《三朝要典》，借「梃擊」、「紅丸」、「移宮」3 案為題，打擊東林黨。又修成《東林點將錄》，欲將東林黨一網打盡。南明弘光朝，馬士英、阮大鋮等繼續迫害東林黨人。[12]論者或以為，明之亡，亡於東林。其實士人以身

[10] 陳正祥：《中國文化地理》第 22 頁，三聯書店，1983 年。

[11] 所謂「清議」，眾口鑠金，積毀銷骨，有時候也往往淪為黨爭的工具。

[12] 當時繼東林而興者，為復社，東林子弟大多轉為復社骨幹。參見謝國楨《明末清初

許國，其末流至於黨同伐異，重意氣，輕是非，固然可悲。但朋黨之禍，其最慘毒者，應當說是迫害者蓄意造成的。北宋歐陽修曾著《朋黨論》，他認為朋黨有「君子朋」、「小人朋」之分，對「所守者道義，所行者忠信，所惜者名節」的「君子朋」，完全不必緊張。⓭

文化有雅、俗的分野，士是雅文化的倡導者和製作者，這是沒有絲毫疑義的。例如唐代的雅文化，首推李白和杜甫的詩，這李、杜兩人，就都是不折不扣的士。

關於士的生活活動場景，可以從唐代文苑風尚中窺見一斑，這不但是因為唐代的文人，代表了典型的成熟了的士，並且是因為對於士來說，唐代是他們繼春秋戰國和魏晉以來又一個意氣風發的時代。唐代文人那樣廣泛的社會活動、多姿多彩的精神風貌，後世再也見不到了。

唐代文人大都有遠大的政治抱負。武則天萬歲通天二年 (697)，36 歲的陳子昂登上幽州郡的薊北樓，在獨立蒼茫中，喊出了一代文人的心聲：「前不見古人，後不見來者。念天地之悠悠，獨愴然而涕下。」(《登幽州臺歌》) ⓮在對宇宙的無窮和生命的短暫的嘆息中，包含著對建功立業的強烈嚮往。沐浴著開元盛世燦爛陽光而成長起來的李白和杜甫，是唐代文人熱情嚮往建功立業的典型代表。李白的人生理想，不是要做帝王，而是要做帝王師。他企圖通過公卿的援引和薦舉⓯，得到皇帝的知遇，立談而取卿相，從而幹出一番震古鑠今的功業來。當天寶元年 (742) 秋天，他接到唐玄宗的詔書，命他進京陛見，以慰人君求賢之渴的時候，他竟天真地「仰天大笑出門去」，得意忘形地說：「我輩豈是蓬蒿人！」(《南陵別兒童入京》) ⓰杜甫在為躋身仕途而努力時，曾充滿信心地自述其懷抱經綸之志：「甫昔少年時，早充觀國賓。讀書破萬卷，下筆如有神。賦料揚雄敵，詩看子建親。李邕求識面，王翰願卜鄰。自謂頗挺出，立登要路津。致君堯舜上，再使風俗淳。」(《奉贈韋左丞丈二十二韻》) ⓱相對來說，中唐時期的白居易，已沒

的學風》，人民出版社，1982 年。

⓭ 《居士集》卷 17。

⓮ 《陳拾遺集》附錄。

⓯ 到處宦游，干謁先達，以求進身，這樣的經歷，不僅初、盛唐的陳子昂、李白、杜甫有過，並且中唐以後，韓愈、白居易等亦莫不如此。

⓰ 《李太白全集》卷 15。

⓱ 《杜少陵集詳注》卷 1。

有陳子昂、李白、杜甫的那種衝破傳統的叛逆精神和開拓者自信自豪的風骨了。他說:「窮則獨善其身，達則兼濟天下。」(《與元九書》) ⑱表示自己只是在仕途順利時才一顯身手，遇到挫折就會退出政爭的漩渦。但話雖如此，白居易早年在左拾遺任上，有闕必規，有違必諫，朝廷得失無不察，天下利害無不言。他經常為有關國家大事跟唐憲宗爭得面紅耳赤，「陛下誤矣」(《新唐書》卷 119) 成為他的口頭禪，惹得唐憲宗對他十分生氣，但白居易卻毫不退縮。

唐代文人又大都追求邊塞軍功。在初、盛唐邊塞詩的作者中，高適曾任河西節度使哥舒翰的幕府書記，岑參一生 2 次出塞、5 次入幕。此外，王維於開元二十五年 (737) 出使涼州(在今甘肅永昌以東、天祝以西一帶)，做過短時期的判官；崔顥在開元後期也曾在河東代州 (治今山西代縣) 軍幕任職；張渭早年有薊州 (治今天津薊縣) 之行，天寶末年投身到封常清幕府；李白出川後，東北到過幽州 (節度使駐今北京城西南)；王昌齡到過涇州 (治今甘肅涇川縣北)、蕭關 (治今寧夏同心東南)；王翰曾宦遊到魏州 (治今河北大名東北)，又客遊河西 (節度使駐今甘肅武威)；王之渙的足跡，曾留在北方薊門 (即薊丘，在今北京城西南豐臺區)。他們有理想，有抱負，有才能，有報國的熱情。在唐王朝開疆拓土的戰爭中，他們激情地高呼:「男兒何不帶吳鉤，收取關山五十州！請君暫上淩煙閣，若箇書生萬戶侯。」(李賀:《南園十三首》其五) ⑲他們屢出塞外，久佐戎幕，煥發出為國立功的榮譽感和英雄主義。他們積極入世，是不甘心皓首窮經，在書案上消磨自己生命的。特別可貴的是，他們「所願除國難，再逢天下平」(張籍:《西州》) ⑳，「轉戰渡黃河，休兵樂事多」(李白:《塞上曲》) ㉑，雖然透露出堅強的民族精神，卻只有對和平統一的憧憬，而沒有侵略殺伐之氣。「胡雁哀鳴夜夜飛，胡兒眼淚雙雙落」(李頎:《古從軍行》) ㉒，他們對交戰對方的人民也寄予了深切的同情，毫無幸災樂禍的念頭。這些文人「萬里奉王事，一身無所求。也知塞垣苦，豈為妻子謀」(岑參:《初過

⑱ 《白氏長慶集》卷 45。

⑲ 《箋註評點李長吉歌詩》卷 1。

⑳ 《張司業集》卷 1。

㉑ 《李太白全集》卷 5。

㉒ 《全唐詩》卷 133。

隴山途中呈宇文判官》）㉓，其主要的目的，不是為了身家的利益，而是為了保衛中原地區的安寧，維護民族間的和睦平等。當然，他們對自己懷抱功名欲望，也絲毫不加隱諱，顯得開朗而坦蕩。因為在長期的邊塞生活中，他們眼中看到的，是浩瀚的沙漠、入雲的冰崖、飄揚的大旗、威武的軍陣、兵刃血火的搏擊；耳中聽到的，是呼嘯的北風、雄壯的軍樂、將士撕殺的吶喊，他們的心態變得更加開闊和堅強，他們是血性的男兒。

唐代文人更大都崇尚科舉考試。他們無不「酷嗜進士名」（姚合：《寄陝府內兄郭冏端公》）㉔，一旦得售，即視之為「登龍門」（《封氏聞見錄》卷 3）。例如孟郊，他年近 50 歲才中進士，卻寫了一首詩云：「昔日齷齪不足誇，今朝放蕩思無涯。春風得意馬蹄疾，一日看盡長安花！」（《登科後》）㉕其躊躇滿志之態，躍然字裏行間。此處所謂「看盡長安花」者，是有特指的。原來唐代風習，新科進士榜發之後，例舉行杏園宴，主要內容為探花，大家推舉兩位年少貌美的新進士，稱「兩街探花使」，騎馬遍遊長安城內外名園，摘取最初開放的牡丹、芍藥等名花。這項活動使得新進士們顯得特別風光。孟郊所咏，是他真情實感的流露，儘管他本人已經輪不上當探花使了。當時社會賢達，推獎後進，亦莫不致力於使一些優秀的士子在科舉道路上脫穎而出。據王讜《唐語林》卷 3 記載，白居易曾向前輩詩人顧況投獻詩文，顧特別欣賞「野火燒不盡，春風吹又生」之句，「因為之延譽，聲名遂振」。這無疑對白居易後來考上進士名列前茅起了鋪墊作用。又據辛文房《唐才子傳》卷 7 記載，楊敬之苦愛項斯的才華，特贈詩云：「幾度見詩詩總好，及觀標格過于詩。平生不解藏人善，到處逢人說項斯！」由於楊的游揚，項斯次年便巍然中了。

此外，唐代文人愛好詩歌創作，篤於朋友交情，盛行隱居攻讀㉖。在閑暇的時候，他們還郊遊、賞花、歌舞、品詩、論書。他們不護細行，放浪酒色，貧窮如柳宗元，也曾畜有家伎；潦倒如杜甫，還有陪貴公子攜妓納涼的興致；道貌岸然如韓愈，則更好資財、耽聲色。他們不免落魄失意，就奉佛學道，身在江湖，心懷魏闕。

㉓ 《岑嘉州詩集》卷 1。

㉔ 《全唐詩》卷 497。

㉕ 《孟東野詩集》卷 3。

㉖ 參見嚴耕望《唐人習業山林寺院之風尚》，《唐研究叢稿》，新亞研究所，1969 年。

中國傳統社會大概從南宋時期起，民間書坊常有徵集詩文予以印行的業務，最初比較有名的結集有《江湖集》等，並因之形成江湖派詩人集團。《儒林外史》第十三回寫南京文海樓主人約馬二先生編輯《歷科墨卷持運》，他們徵集的，則是科舉中式試卷。

《文選》卷 16 有《長門賦》一首，其序稱，漢武帝陳皇后失寵時退居長門宮，愁苦悲思，聞司馬相如文名，遂致千金求作此賦以感動武帝，這是中國傳統社會文人所榮幸獲得的一次稿酬。

由於士以「仰事俯育」為自己不容規避的最低限度的人生義務，認為「豈有學為聖賢之人而父母妻子之弗能養，而待養於人者哉」(陳確:《學者以治生為本論》) ㉗，所以士在元代以後沒有祠祿可食的情況下，大都進到不恥「治生」㉘，而兼事農、工、商賈等業了。

圖 46　《洛陽耆英會圖軸》宋　佚名繪

士中又有隱士一流，蓋承遠古傳說中堯請其為九州長官、他趕緊跑到潁水邊去洗耳朵、表示不耐煩聽見這等污耳之言的許由而來。其名稱頗不一致，比較常見的除「隱士」外，尚有「高士」、「處士」、「逸士」、「幽人」、「高人」、「處人」、「逸民」、「遺民」、「隱者」等。他們或曾經出仕而告退居，或未嘗見用於世而深藏高蹈。道家思想和農業社會是形成隱士離群索居的重要因素。隱士的政治生活內容有 3 類：一. 以在野之身應在朝之命；二. 以在野之名務在朝之實；三. 以在野之法求在朝之位。㉙大多數隱士隱居總是不得已而為之，「居廟堂之高，則憂其民；處江湖之遠，則憂其君」(《范文正集・岳陽樓記》)。隱士而有憂國憂民的心情，事實上也是不難理

㉗　《陳確文集》卷 5。

㉘　說詳黃宗羲《宋元學案》卷 90 引《魯齋遺書》。

㉙　唐代盧藏用曾隱居終南山，認為「此中大有嘉處」(《新唐書》卷 123)，他是把隱居當作仕宦之捷徑來看待的。

解的。

隱士的衣、食、住有原始化、特殊化、貧窮化的共同點。這一方面固然與他們的鄙視物質享受有關；另一方面，也決定於他們的職業。他們一般過的是教授生徒和耕作的生涯，這種日子當然是艱辛的。至於無業的隱士，除非擁有厚產，否則當更為狼狽。隱士對於非隱士的來客，無論其為鄉親宗族，還是政府官員，大都避之唯恐不及，即使勉強予以接見，接待之間也必非常倨傲，毫無禮貌。道不同不相為謀，隱士過從最密切的還是隱士。隱士在一起的活動，大致不外靜坐、清談、吟詩、讀書、誦經、垂釣、酌酒、啜茗、調琴、煉丹、採藥、弈棋、遊覽等。歷史上有無數隱士集團，如漢代的「商山四皓」，晉代的「竹林七賢」，南北朝的「蓮社十八高賢」，唐代的「竹溪六逸」，五代的「華山三高士」，宋代的「南山三友」，明代的「苕溪五隱」，清代的「海內三遺民」。隱士的分布有明顯的偏倚性，從自然地理的角度來觀察，隱士分布在平原的極少，大部分在山谷和丘陵地；從人文地理的角度來觀察，分布在城市的極少，大部分在鄉村。所以古籍上提起隱士的時候，常用「山林隱逸」和「巖穴上士」這兩個成語。據統計，中國隱士的地域分布以廬山為最密，嵩山次之，武夷山又次之，天台、青城再次之，餘則衡山、華山、太白、中條、洞庭、林慮、蘇門、終南、羅浮、峨眉、四明、武當、王屋、鹿門、大滌諸山順次而降。凡名山，都有隱士的蹤跡。隱士住在這樣的地方，為山川靈秀所鍾，對中國文化也是很有貢獻的，其中尤以繪畫和詩歌創作的成績最為顯著，中國的山水畫和田園詩都是藝術的大宗，所謂「全無一點人間煙火氣」，這些正是出自隱士的手筆。它們的特點不是超越自然，而是與自然相融和。㉚

陳繼儒（華亭〈今上海松江〉人，1558～1639）《清平樂・村居即事》云：「東墟烟綠，葺得黃茅屋，短短竹扉楊柳禿，時有鳧鷖來浴。從來拋俗，況有兒能夜讀，夢後一編閒一局，空笑世人碌碌。」㉛這種隱居生活是不錯的，但其前提是仍然具備可以周旋於官紳間的條件，若是沒有身分和背景，則難免賦役等俗務的追迫，雖欲隱居而不得，也就無從廁身這個群體了。「隱」，就是與政權相游離，而明初朱元璋曾宣布：「寰中士夫不為君用，是自外其教者，誅其身而沒其教，不為之過。」（《大誥三編・蘇州人材第一

㉚ 參見蔣星煜《中國隱士與中國文化》，上海三聯書店，1988 年。

㉛ 《陳眉公集》卷 4。

十三》）可見隱士必須識時務，一意孤行是會吃不了兜著走的。

第二節 婦女

中國上古宗法社會，實行等級制，不僅貴族有等級，連奴隸也有等級；還有跨階級的等級。奴隸的等級有「皂」、「輿」、「隸」、「僚」、「僕」、「臺」（《左傳・昭公七年》）等。皂，本指養馬人，輿，是車夫一類人，這兩等，似乎還有些人身自由；隸的組成較複雜，或戰俘，或罪犯，或因充人質抵債而未能贖回者；至於僚、僕、臺，則地位更為低下，他們甚至連固定的主人都是沒有的。「民不遷，農不移，工賈不變」(《左傳・昭公二十八年》)。

秦、漢以來，等級制繼續存在，最大的等級範疇是良民和賤民的區分。如良民中的士族，本書前面已作過多次不同角度的介紹。秦的隸臣、隸臣妾，雖是終身服刑的罪徒，因其屬於良民，尚有立功拜爵、任官為將的可能，在民事權利方面，是主體而非客體。㉜南北朝時劉宋規定，士族家格最高的稱為「甲門」，以武功取得功名的稱為「勳門」；至於普通良民，則叫做「齊民」；而凡官戶、雜戶、部曲、奴婢，皆為賤民。歷史上專業的手工業勞動者，在商代，「工」和「百工」尚不失平民身分，早期的墨家門徒就是一批工匠。後世則官府往往採取強制手段，把他們集中起來，編成匠戶。唐代的番戶㉝，宋代的當行，都是匠戶。元代匠戶經濟上待遇較優，但規定匠戶世代相承，子女的婚姻不能自主；明代規定匠戶不得脫籍，不得做官。匠戶即屬官戶或雜戶，乃是賤民。明代被法律認定為賤民的，還有廣東的疍戶、山西的樂戶、紹興的惰民、寧國的世僕、徽州的伴當，良賤之間判若天壤，不可逾越。清代雍、乾兩朝對上述賤民實行了開豁賤籍。清代並且終於取消了匠籍制度，同時在一定程度上放鬆了對商人的賤視。當然，隨之而來的，是中國傳統社會的終結。

而中國傳統社會還有一種約定俗成的等級區分，那就是相對於男子來說的婦女等級。未嫁從父，已嫁從夫，夫死從子，「三從」貫穿婦女的一生，是婦女的行為準則和基本義務。㉞婦女的人格不受重視，人權十分低下，

㉜ 《秦律十八種・廄苑律》。

㉝ 《唐六典》卷6載：「番戶一年三番，雜戶兩年五番。」由此可見番戶所受奴役，似尤深於雜戶。

決不能出名有面子，必須在自己的姓前冠以夫姓。應當認為，在古代，無論中外，婦女的地位都是卑下的；不過中國婦女的情況更加特殊。

根據《禮記・內則》記載，上古女子從 7 歲起就要實行與男孩隔離；10 歲的時候，男孩外出就傅，女子則被永遠關在閨閣中。當時貴族女子，還要接受女師的指教。女師當女子未嫁時所施教誨，有「婦德」、「婦言」、「婦容」、「婦功」4 大端。婦德是指貞順，婦言是指辭令，婦容是指婉娩，婦功是指絲麻。女子既嫁後，女師又曲盡督察之責。《說文・女部》保存有兩個「女師」的稱呼——「娶」和「娒」，東漢班昭「號曰『大家』」(《後漢書・列女傳》)，「大家」者，「大娶」之音轉也，這班昭就是負責教導皇后和諸貴人的。傳統社會女子即使身為貴族，言語行動也極不自由。經過嚴格的訓練約束，她們不敢多說一句話，不敢多走一步路，在生活面前，喪失了起碼的應變能力。

所謂「婦女識字多誨淫」㉟，千百年來的習俗把婦女識字與誨淫聯繫混同了起來，頑固地形成「女子無才便是德」㊱的社會陋見。在中國傳統社會，婦女有文化，通常會被視為是有悖常情。

中國傳統社會為了加強對婦女的思想控制，還編了許多教誨婦女的課本。這事始作俑者為班昭，她的《女誡・卑弱第一》，要婦女以「卑弱」兩個字為座右銘。唐代又出現了《女論語》，內容更為深刻具體。如此書詳盡地提出女子立身的原則：「凡為女子，先學立身。立身之法，惟務清貞。清則身潔，貞則身榮。行莫回頭，語莫掀脣；坐莫動膝，立莫搖裙；喜莫大笑，怒莫高聲。內外各處，男女異羣，莫窺外壁，莫出外庭，出必掩面，窺必藏形。男非眷屬，莫與通名；女非善淑，莫與相親。立身端正，方可為人。」(見《立身第一》) 後來明代成祖徐皇后作《內訓》20 篇，偏重在后妃的德性修養。清代有《女範捷錄》，強調「貞烈」、「忠義」的重要。上述 4 部書，總稱「女四書」，諸如此類，對於中國傳統社會的婦女來說，都是沉重的精神枷鎖。

婦女不得干預政事，對政治應當不問不聞，視為禁忌。往往是「君王

㉞ 《禮記・郊特牲》。

㉟ 陳東原：《中國婦女生活史》第 13 頁引歸有園《麈談》。

㊱ 這話首見於明末張岱的《公祭祁夫人文》，「眉公曰：『丈夫有德便是才，女子無才便是德。』」(《琅嬛文集》卷 6) 其「著作權」屬陳繼儒（眉公）。

城上豎降旗，妾在深宮哪得知」(花蕊夫人:《口占答宋太祖述亡國詩》)㊲，歷史上武則天雖然做過皇帝，但她也是父權、男權的代表，而不是女權的代表。

中國傳統社會專制帝王對婦女的摧殘是沒有止境的。秦始皇兼并天下以後，史稱其「令咸陽之旁二百里內，宮觀二百七十，復道、甬道相連，帷帳、鐘鼓、美人充之，各案署不移徙」(《史記・秦始皇本紀》)。270 所離宮別館之內，都長期住滿了固定不移的美人，可以想見當日宮女之多。這些宮女的絕大多數，當然是與秦始皇沒有見過面的。這裏不知斷送了多少婦女的青春，犧牲了多少婦女的幸福。

晉武帝「後宮」、「掖庭」(宮女) 有數萬人，在這方面他是「冠軍」。因為人太多，他不知所適，只得乘羊車隨意而走，車停在什麼地方，他就「幸」在什麼地方。一些希望得「幸」的宮嬪，在宮前放上羊喜愛吃的竹子和鹽，誘使羊停在自己那裏。後來大家紛紛模仿，弄得羊也不知所適了。

隋煬帝是突出的淫亂君主，他即位之初，就依照古代典籍所載，恢復「三夫人、九嬪、二十七世婦、八十一女御」(《後漢書・皇后紀》) 的制度，此外宮女侍婢，也就不在話下了。當時他感到後宮不能遍幸，曾下令選拔一批姿色最好的送到迷樓去與他接近。其中有位侯夫人，未被選送，結果憤而自縊，在她的錦囊中發現有《自傷》詩稱:「初入承明日，深深報未央。長門七八載，無復見君王。春寒入骨清，獨臥愁空房。颯履步庭下，幽懷空感傷。平日親愛惜，自持卻非常。色美反成棄，命薄何可量。君恩實疏遠，妾意徒彷徨。家豈無骨肉，偏親老北堂。此身無羽翼，何計出高牆。性命誠所重，棄割良可惜。懸帛朱棟上，肝腸如沸湯。引頸又自惜，有若絲牽腸。毅然就地死，從此歸冥鄉。」㊳，字裏行間充滿了淒涼。她幸能作詩，尚有一紙之留。其他不識字的後宮佳麗，受不得幽禁之苦，偷偷尋了短見，埋恨終古的，不消說是一個無法統計的數目。

碧水漾漾，漂來幾片宮外的紅葉，勾起了宮女們無限的情思，相傳唐

㊲ 《全唐詩》卷 798。按:花蕊夫人五代前、後蜀有兩位，作此詩者乃後蜀之花蕊夫人，後隨孟昶投北宋，頗受宋太祖寵幸，卻在皇帝跟前遭到晉王趙光義的殺害。相傳《花蕊夫人宮詞》也為她所製，其實與她無關，那是前蜀花蕊夫人的作品。而前蜀花蕊夫人國破後則坐「游燕淫亂」(蔡條:《鐵圍山叢談》卷 6)，亦不得善終。

㊳ 《全隋詩》卷 4。

代有「紅葉題詩」的故事㊴，後世卻連這種故事也難得有了。

以上事實，都是發生在宮廷範圍內的。歷史上有的統治者還要四出漁色，強奪有夫之婦，逼奸未嫁之女，其行為之殘暴，完全可以拿洪水猛獸作比喻。

古代宮女，像明憲宗朝的萬氏，長皇帝 18 歲㊵，憲宗朱見深對她除了依戀之外，只有馴服和敬畏。據說朱見深為了討好她，每天必送她一件稱心的禮品， 至死不渝。當然這樣的情形，是難以用常理來解釋的。

倘遇戰亂，婦女更是首當其衝，承受著比男子更多的痛苦。如北宋末年的靖康之難，據記載，金「原定犒軍費金一百萬錠，銀五百萬，須於十日內輪解無闕。如不敷數，以帝姬、王妃一人准金一千錠，宗姬一人准金五百錠，族姬一人准金一百錠，任聽帥府選擇」(確庵、耐庵:《靖康稗史・南征錄彙》)。於是被欽宗皇帝親自畫押折價充作抵償的各類女子竟一次性達 1.1635 萬人。靖康二年 (1127) 二月初九、初十兩天，有 9 名王妃、帝姬押到金軍統帥完顏宗望跟前，其中一人不從。「二太子（即完顏宗望）曰:『汝是千錠金買來，敢不從!』婦曰:『誰所賣? 誰得金?』曰:『汝家太上（指宋徽宗）有手敕，皇帝有手約，准犒軍金。』婦曰:『誰須犒軍? 誰令抵准? 我身豈能受辱!』二太子曰:『汝家太上宮女數千，取諸民間，尚非抵准，今既失國，汝即民婦，循例入貢，亦是本分，況屬抵准，不愈汝家徒取?』婦語塞氣恧。」(同上）完顏宗望居然說得頭頭是道，使得這位婦女有口難辯，不認賬不行。㊶

中國傳統社會又有「婦女禍水」論，認為夏之亡，由妹喜；殷之亡，由妲己；周之亡，由褒姒；董卓死於貂嬋，而石崇死於綠珠。飛燕、玉環皆「尤物」，《紅樓夢》裏尤二姐、尤三姐所以都姓「尤」，「尤物」不得好死，似乎是天經地義的事情。明明是臭男人造的孽，卻硬派婦女去承擔責任，實在教人莫名其妙。對此，有識之士早就一針見血地指出:「謀臣本自繫安危，賤妾何能作禍基! 但願君王誅宰嚭，不愁宮裏有西施。」(王安石:

㊴ 參見程薔、董乃斌《唐帝國的精神文明》第 303 頁注 1，中國社會科學出版社，1996 年。

㊵ 《明史》卷 113 載朱見深即位時 16 歲，而萬氏已 35 歲，其實萬氏該年以今法計算，至多為 34 歲。

㊶ 參見胡傳志《靖康之難中的女性》，《人民政協報》2001 年 10 月 23 日。

《宰嚭》）㊷可惜在中國傳統社會裏，這種聲音畢竟太微弱了。

在中國傳統社會，婦女受到特別嚴重的經濟壓迫，許多貧家婦女，因為窮，辦不起嫁奩，甚至連婚姻問題都難於解決，加上其他種種原因，逼得她們只好走上一條墮落的道路，她們成為以色事人、出賣自己肉體的娼妓。

中國傳統社會娼妓的稱呼，起始頗遲。在漢代以前，「倡」，係指女樂；「妓」字雖見於《說文・女部》，但指的是「婦人小物」，與妓女意義毫不相干。據考證，純粹以營業為目的的娼妓約至唐代方大行於世，不過，它的原生形態卻早就出現了。史載管仲治齊，曾置「女閭七百」（《戰國策・東周》）以佐軍需；越王勾踐也以寡婦來娛樂軍士。到了漢代，曾普遍地在軍中置營妓，「以待軍士之無妻室者」（張自烈、廖文英：《正字通・女部》引《漢武外史》）。當時公門、私家畜養女樂——即女伎，她們主要提供聲伎舞樂。漢以後逐漸形成的樂戶、教坊制度，就是由女樂演變而來的，而後世的娼妓又有相當部分與女樂有關聯。

魏晉南北朝時代的家伎，平日供玩弄、奸淫，主人生前，可以當作禮物送人；死後，又可由家人作為財產處理。自唐代盛行公娼制度後，又有教坊伎女，也可呼出伴宿，一般公卿士大夫可以隨意冶遊取樂，所以畜養家伎的風氣逐漸衰減了。

唐代官妓在官府注籍登記，由官府供應脂粉，在官府設立的機構中「營業」。其來源，有的從私娼選拔入籍，有的則由鴇母用錢買幼女調教而成，還有的是以罪人的妻女被罰入籍的。妓女一入官籍，往往失去人身自由，連出遊都受到限制。唐代鴇母稱「假母」，是具體管理妓女的老婦，多與妓女以母女相稱。這假母，當時俗呼為「爆炭」，言其鞭撻幼女，威怒發作，如炭之爆也，又呼為「老爆子」，所謂鴇母，就是這一稱呼的訛變。隨著江、浙一帶的開始繁盛，聲妓亦隨之而起，後來盛稱為「南妓」。而妓院稱「平康」、「北里」，這是因為唐代妓女多居於長安北門附近的平康里，後世沿襲了下來。

宋代私妓盛行，宋初有營妓和官妓，兩者的來源，除以罪犯家屬充任外，均取給於私妓。當時買賣女口的現象增多。但宋代對官吏宿妓除皇帝生日外，一般是禁止的。

明代中葉以後由於取締官妓，從此只有私娼照常營業。明後期雖有禁

㊷　《王文公文集》卷73。

令，但形同虛設，官吏士大夫以尋花問柳為生涯。在這種風氣影響下，娼妓大量發展起來，唐宋時代以「藝」為主要欣賞內容的宿娼行為，此時也轉為單重色相；有所謂「私窠子」，是家居而賣淫者。清代娼門，不僅出賣色相，而且還有賭博、鴉片煙流入其中，更成了當時社會腐敗的縮影。

歷代建都之地，是歌兒舞女的集中地，也是娼妓的集中地，像南京的秦淮河、長安的平康里、北京的八大胡同，都成了歷史上有脂粉氣息的地名。至於外埠娼妓最盛行的，則以揚州為第一。揚州在六朝時，歌舞脂粉之盛，已與金陵（今南京）相若。到唐代，更臻於極盛，甚至本地容納不下，就隨著老鴇到他處營業。明清時代，全國通都大邑，都有揚州班的妓院。所謂「揚州瘦馬」，這有專門的稱呼。「瘦馬」，即指雛妓、小妓女。妓女倚門賣笑的痛苦，在明末張岱所著《陶庵夢憶》中，有真實詳盡的敘述，讀了使人連夜做惡夢。總之，就時間論，不獨明末如此；就地區論，不獨揚州如此。妓女的痛苦，有妓女存在，就有這種痛苦的存在。㊸

晚唐有個姓羅名虬的惡棍兼無賴，會作詩，有《比紅兒》詩 100 首，全部讚美在籍官妓杜紅兒的美貌和風姿。其實杜紅兒是被他爭風吃醋殘忍地用白刃殺死的。但他在詩中竟毫無悔罪求恕之意，反而自命「余知紅者」，似乎紅兒的死與他無關。㊹看來在這類狎客心目中，妓女的生命，等於一根草，妓女制度真是太造孽了。

當然，與妓女真心相許，使雙方都嘗到戀愛的滋味，適足以彌補中國傳統社會婚姻制度的缺陷。而南齊的蘇小小，唐代的薛濤，明末清初的馬湘蘭、馮小青、董小宛、李香君、顧橫波、柳如是等㊺，其所受教育的程度較之於良家婦女反遠為勝出。並且經驗豐富、心狠手辣的妓女固不難略施小技，玩狎客於股掌之上，弄得他們骨肉分散，傾家蕩產，此是妓女作惡事。但這些，都不是主流的、本質的。

中國傳統社會由於男尊女卑的思想支配一切，男子把女子當成玩物，盡情地加以蹂躪和摧殘。特別是五代以來，盛行纏足的怪現象，更是直接殘毀了女子的肢體，障礙了她們的健康發育。纏足，相傳與李後主（961～

㊸ 以上有關娼妓的記述，皆見王書奴《中國娼妓史》，上海三聯書店，1988 年。

㊹ 參見《唐摭言》卷 10、《唐才子傳》卷 7 和計有功《唐詩紀事》卷 69。

㊺ 明清鼎革時，正是她們這幾位秦淮名妓所展示出來的堅定的志節和超俗的行為，深深地感動了一大批抗戰志士，所謂「秦淮文化」，絕不是狹邪和艷冶的同義詞。

975 在位）有關，他有一個纏了足的宮女叫窅娘，步姿優美，極為得寵。㊻又據記載，南齊廢帝（498～501 在位）東昏侯蕭寶卷拜潘氏為貴妃，曾「鑿金為蓮華以帖地，令潘妃行其上，曰『此步步生蓮華也』。」（《南史》卷 5）後世因稱婦女纏過的小腳為「金蓮」。此事本來只行於富貴人家，後來出了幾個專門研究小腳的無聊之徒，寫出什麼《香蓮品藻》之類的專著來。㊼由於這些人的推波助瀾，形成社會上崇拜小腳的惡俗。往往「以足之纖鉅，重於德之美涼，否則母以為恥，夫以為辱，甚至親串里黨傳為笑談，女子低顏，自覺形穢」（福格：《聽雨叢談》卷 7）。所以母愛愈深的婦人，對於女兒的纏足，愈是注意，才四五歲，就加上裹腳布，給她死纏，其間痛苦簡直就是「活受地獄」。

中國傳統社會正規的婚姻，實行父母包辦，一切取捨離合，都決定於父母的主觀判斷。所謂男婚女嫁，雖然靠嫁女獲得一筆錢財的行為並不光彩，沒有誰在哪裏提倡，但通常情況下，還是有很多女子等於是被父母賣掉了，事先她對那家要娶她為婦的人家，是瞭解得很不夠的。

婚姻既然由父母包辦，這就確立了父母的威權。婦人稱丈夫的父母叫「舅姑」，也叫「公婆」，她對舅姑要極端恭順。在舅姑面前，媳婦沒有任何地位。其實舅還不可怕，可怕的是姑，因為婆婆與媳婦總是最接近也最容易發生衝突的。婆婆為了保持自己的尊嚴，對媳婦往往不肯寬容和讓步，不但在態度方面異常嚴肅，而折磨媳婦的辦法也層出不窮。

由於倫理觀念維繫了每一個家庭，因此婦女即使有幸碰上私下裏溫存體貼的好丈夫，在公開場合，這個丈夫也幫不了她什麼忙。作為婦女，要取悅於自己的丈夫，還比較容易，要取悅於從媳婦熬出頭來的婆婆，可就難得多了，《孔雀東南飛》和《釵頭鳳》的故事，就是著名的實例。如果夫妻感情不好，舅姑照例會幫助兒子來打擊媳婦，通常都是丈夫一家人聯合起來共同制裁她。並且連小姑、小叔都是得罪不起的，得罪了，就只好自認倒霉。

傳統社會婦女被遺棄的現象十分普遍，除了法律規定有「七出」和「義絕」的條文，自古紅顏多薄命，紅衣剝盡蓮心苦，越是美貌的女子，等到青春不再，韶華逝去，就越是容易被她喜新厭舊的丈夫所遺棄。唐代詩人

㊻ 陶宗儀：《輟耕錄》卷 10 引《道山新聞》。

㊼ 參見左君《纏足瑣談》，《女聲》第二卷第九期，1944 年 1 月。

圖 47 題於紹興沈園壁上的《釵頭鳳》詞共兩首 分別為南宋詩人陸游和他被迫離棄的愛妻唐琬所作 哀怨淒楚 令人不堪卒讀

顧況有一首《棄婦詞》，結尾說：「記得初嫁君，小姑始扶牀，今日君棄妾，小姑如妾長。回顧語小姑，莫嫁如兄夫。」㊽這幾句話，雖然含蓄，卻飽含著淚和血。

西漢名臣王吉，史稱其「少時居長安，東家有棗樹垂吉庭中，吉婦取棗以啖吉，後知之，乃去婦」（《漢書・王吉傳》）。真是「狗咬呂洞賓，不識好人心」！王吉婦此舉，本意在於示愛，卻遭遇王吉這樣把她往死裏整，一點情義也不講。王吉的目的，說穿了，無非是為了借機表現自己，而不惜把摯愛他的妻子作為犧牲。

傳統社會為人作婦，其中養媳的命運尤為悲慘，養媳即童養媳，是由夫家從小撫養長大的。農村中的養媳，其實與奴婢沒有什麼不同。夫家督責她參加無休止的勞動，稍不如意，就對她痛罵毒打。有的雖為夫家做牛做馬幾十年，仍然遭到叱逐，落得無家可歸的結局，根本談不上有人身保障。

在中國傳統社會，婦女應該追求的，不是社會上的功名事業，而是「孝女」、「賢妻」和「良母」的桂冠。婦女的歸宿，只能局限於由婚姻給她帶來的家庭。她必須恪守許多清規戒律，包括授受不親的閨媛之禮，唯命是從的婆媳之禮，柔順屈辱的夫婦之禮。她接受身不由己的定親，低眉順眼的事夫，孀居終身的守節，死作夫鬼的殉身，橫暴專斷的休妻，一切難以忍受的痛苦她都得忍受。她什麼東西都可以失去，唯獨不可以失去貞操。一旦女子失身於他人，她就沒有了存在的價值。歷代王朝表彰「烈女」、「烈婦」，還要看她生前是否保住了貞潔，否則縱然死得多麼壯烈，也是一筆勾銷。

自秦始皇在會稽山樹立石碑，刻上「有子而嫁，倍死不貞」（《史記・秦始皇本紀》）的話，到西漢神爵四年（公元前 58），漢宣帝下詔頒賜貞婦順女帛，這是中國歷史上第一次褒獎貞順。過了 177 年，當東漢安帝（106～125 在位）元初六年 (119)，朝廷又開始旌表貞節。但一直到唐代，

㊽ 《全唐詩》卷 264。「始扶牀」的「始」字，一本作「纔」。

人們對此也還不十分認真，唐太宗收繼了弟媳巢王妃，唐高宗則更收繼了庶母武才人，單就唐前期帝室公主改嫁來統計，也有 27 人之多，占出嫁總數的 32%，其中 3 人是三嫁。㊾而「周祖四娶，皆再醮婦」（《廿二史箚記》卷 22），這種「巧合」，則典型地反映了唐末五代的情況。

對婦女的貞操問題開始大做文章的，是北宋理學家程頤。儘管程頤也只是停留在口頭上，並沒有一味固執，他父親程珦同意外甥女再嫁，又熱心為之操辦，他不僅不加以隱瞞，反而在其所撰《先公太中家傳》裏大加讚揚；㊿程頤的侄兒媳婦改嫁，也是在他的默許下進行的。51實際上他當時的影響力畢竟有限。而北宋稍前於程頤的王安石，其子「少得心疾，逐其妻」，王安石「為備禮嫁之」。（王闢之：《澠水燕談錄》卷 10）在宋代，王安石政敵很多，對他攻擊不遺餘力，惟獨不及此事，這是足以說明問題的。終宋之世，社會對婦女的再嫁依然非常寬容。但從元代起，經過理學家們的大力提倡，再加上官府的旌表和獎勵，如明代，政府規定，凡寡婦守節起自未滿 30 歲的，能保持到 50 歲即可建立牌坊，她的家庭可蒙其蔭庇而享受免除公役的權利；並且沾光她榮譽的人，更可及於整個村落。由於這種理解，後來就出現了兩種走極端的傾向：一是丈夫死了，陪著丈夫一道死，這叫做「烈婦」；二是未嫁夫死，女子一輩子不嫁人，這叫做「貞女」。明、清以來，廣大婦女在「貞烈」虛名下的犧牲，可謂罄竹難書。明代有記載的守節婦女達 2.7 萬餘人，清代僅雍正前就有 9400 餘人。52當然，在特定場合，貞操觀念有助於維護婦女人格的尊嚴，不乏若干積極意義，這也是不可不予以指出的。

其實「有男女，然後有夫婦；有夫婦，然後有父子；有父子，然後有君臣；有君臣，然後有上下；有上下，然後禮義有所錯」（《易・序卦》），古人本來早就清楚地認識到，男女是一切社會生活的源頭，光有男人，沒有女人是不行的。並且，婦女為社會美更重要的載體，在中國古代，無論是婦女對於自身美的展示還是人們對女性美的欣賞，都莫不真切地反映了這種群體意識或群體無意識。真是想不到，為什麼一定要把桃花摧落、鸚

㊾ 《新唐書》卷 83。按：這裏所稱「唐前期」，以肅宗為斷。

㊿ 《河南程氏文集》卷 12。

51 《河南程氏外書》卷 11。

52 參見張邦建《中國古代婚姻文化漫議》，《光明日報》2000 年 5 月 26 日。

鵪煮熟呢?

應當認為，在儒家孔子那裏，婦女基本上還是受到尊重的，這有《詩經》為證。《詩經》第一篇《關雎》的第一句便是「關關雎鳩，在河之洲，窈窕淑女，君子好逑」。《詩經》中眾多的女性，她們或聰慧恬靜，或調皮活潑，一個個都是那麼的善良，那麼的可愛，溫柔多情而又羞羞答答，少女外在之美與心靈內在之美互為表裏，在《詩經》中可以看到完美的東方女性典型。《詩經》為孔子所編，如果不尊重女性，他會編出如此詩篇來嗎?孔子還編《周易》，也說「家人有嚴君焉，父母之謂也」(《彖下・家人》)，認為父母共為一家之長，亦即認為男女是平等的。不錯，孔子曾說過「唯女子與小人為難養」(《論語・陽貨》) 這樣的話，但僅為一時失控之語，並非他一貫的主張。[53]

中國傳統社會無數婦女面對壓迫她們的不平等的社會規範，與之作了針鋒相對的鬥爭，流傳下來許多著名的故事，如「文君當壚」(《史記・司馬相如列傳》)、「任妻飲鴆」(《朝野僉載》卷 3)、「河東獅吼」(洪邁:《容齋三筆》卷 3《陳季常》) 等。而在玄風熾盛，追求瀟灑脫俗的藝術性人生構成了生活主旋律的魏晉南北朝時代，她們也曾有過短暫的比較自由的歲月。毫無疑問，這些人主要是士族婦女，傳統社會重塑人物美、崇尚自然美的「魏晉風度」事實上在她們身上有更鮮明的體現，魏晉風度不消說並非男性「名士」的專利。

魏、晉之際，士族婦女在與名教禮制的衝突中走向了社交的前臺。她們「舍中饋之事，修周旋之好……或宿于他門，或冒夜而反。游戲佛寺，觀視漁畋；登高臨水，出境慶弔；開車褰幃，周章城邑；盃觴路酌，絃歌行奏。轉相高尚，習非成俗」(《抱朴子・外篇・疾謬》)。正是在這種社會風氣中，才有西晉美男子潘岳在洛陽道上行走，被他的容貌醉倒的婦女們敢於「皆連手縈繞，投之以果」(《晉書》卷 55)，以表達愛慕之情的趣事；也才有阮籍「鄰家婦有美色，當壚酤酒。阮與王安豐常從婦飲酒，阮醉，便眠其婦側。夫始殊疑之，伺察，終無他意」(劉義慶:《世說新語・任誕》)的記載。魏晉士族婦女的這種習俗，相沿至北朝，與入室中原的少數民族習俗相融合，婦女的社交活動更加積極普遍。

[53] 相傳自孔子至子思，孔門曾 3 世休妻，曾子和孟子也皆有休妻的事實或嫌疑，其間都順理成章地凸顯了男權，可見人是複雜的，歷史是複雜的。

當時婦女追求性愛的率真自然。西晉王安豐的妻子盡情地舒展她對丈夫的情和愛，《世說新語・惑溺》云：「王安豐婦，常卿安豐。安豐曰：『婦人卿婿，於禮為不敬，後勿復爾。』婦曰：『親卿愛卿，是以卿卿；我不卿卿，誰當卿卿?』遂恆聽之。」置禮於不顧，用當時狎昵之稱的「卿」來稱呼丈夫，無疑是出於心底的摯愛。而徐邈的女兒未嫁時，讓她父親大會部下，自己在暗地裏挑選，終於選出了「博涉墳典，美姿貌」（《晉書》卷 42）的王濬，兩人遂結為伉儷。這類事，在當時屢見不鮮，傳為佳話。更為突出的是，南朝徐孝嗣的母親，丈夫被害後，「年少，欲更行，不願有子，自牀投地者無算，又以搗衣杵舂其腰，自并服墮胎藥」（《南史》卷 15）。她爭取重新尋覓愛的世界，甚至不惜犧牲懷在身上的骨肉。

魏晉南北朝時代的婦女，還普遍地敢於在家庭生活中與自己的丈夫相抗衡。那神情散朗、奕奕有林下風的謝道韞，大薄丈夫王凝之的事已成典故，流傳千古。再如王公淵夫婦為爭高低，竟鬧到互拿對方的父親為戲，《世說新語》的作者把王妻列入「賢媛」一門，加以讚賞，這就充分顯示了魏晉士族階層夫婦關係的平等氣象。又據記載：「王渾與婦鍾氏共坐，見武子（王渾子）從庭過。渾欣然謂婦曰：『生兒如此，足慰人意!』婦笑曰：『若使新婦得配參軍（王渾弟王淪），生兒故可不啻如此。』」（《世說新語・排調》）從這段對話中，可以看出魏晉士族婦女生活觀的清新自然，無拘無束。若在後世衛道者眼裏，王渾妻講這樣的話，簡直就是無恥之尤。顯然，王渾妻在夫婦關係寬仁坦蕩的情況下，將自己與丈夫及自己與小叔在創造人類下一代方面的功能作了聯想，適足見其性情的率真和胸襟的瀟灑而已。[54]

魏晉婦女還發揮「妒」德，「父母嫁女，則教之以妒，姑姊逢迎，必相勸以忌，持制夫為婦德，以能妒為女工」（《魏書》卷 18）。宋明帝（466～472 在位）有鑒於此，至令虞通之撰《妒婦記》，劉孝標注《世說新語》曾引及其書。至於魏晉時代婦女改嫁習俗的盛行，那就更加不用說了，魏、吳、蜀三國的開國皇帝，都無不帶頭娶再嫁女為妻，情況自可一目瞭然。這些都與中國傳統社會正統的婦女觀格格不入。

而在敦煌古文書中，發現有兩件《女人社社約》，一件為顯德六年（959）

[54] 以上談魏晉婦女，參見王志邦《六朝江東史論》第 129～141 頁，中國青年出版社，1989 年。

所訂，一件為「戊辰二年」(968?) 所訂。這兩件《女人社社約》告訴人們：五代或宋初的婦女，亦已自覺建立起以自護、自助、自娛為目的的民間團體，組織內部並有某些分工，且立有章程，對成員的權利、義務有明確規定。這是中國傳統社會婦女團結互助美德的體現，也是女性階層自我意識萌動的有力反映。[55]

中國往昔湖南省江永縣一帶，還流行著一種「女書」，源於漢字，[56]約2000多個字符，在婦女中靠老傳少、母傳女傳承。這種符號體系，能運用於日常生活。據調查，中外歷史上還沒有這樣第二例僅限於女性使用的文字，只是目前認識女書的人已經所剩無多了。而從距女書流行中心江永上江圩鎮150千米的東安蘆洪市鎮發現的女書碑刻來看，女書的使用，早年並無男女的界限，也沒有不可示人的神祕性。

中國上古以前，婦女並且也不乏從軍的史實。《太平御覽》卷15引《黃帝玄女戰法》云：「黃帝與蚩尤九戰九不勝。黃帝歸于太山，三日三夜。霧冥，有一婦人，人首鳥形，黃帝稽首再拜，伏不敢起。婦人曰：『吾玄女也，子欲何問?』黃帝曰：『小子欲萬戰萬勝。』遂得戰法。」由於玄女在這場黃帝與蚩尤的戰爭中，是起了關鍵的作用，所以「帝因使之主兵，以制四方」(《山海經・大荒北經》張守節正義引《龍魚河圖》)。這是有關史前中國婦女參加軍事實踐的一個著名的傳說故事，看來並非向壁虛構。

到了商代，商王武丁妻婦好猶多次擔任統帥，率部出征，屢屢獲勝。武丁時期的名將侯告(《乙》2948+2950)、沚馘(《粹》1230正、《丙》313正)[57]皆曾為婦好麾下。有關婦好的甲骨卜辭多達一百七八十條，她的墓葬規格一流，十分突出，足見其地位之顯要。[58]

後世則婦女罕從征戰，偶有其事，人們遂詫為異聞了。

---

[55] 參見大成《最早的民間女性社團——女人社》，《光明日報》1993年9月26日。

[56] 參見姜葳《女性密碼》第130～131頁，三民書局，2002年。

[57] 「沚馘」，《甲骨文字典》作「沚聝」。

[58] 在殷商，貴族婦女仍享有相當的自由。參見黃仁宇《中國大歷史》第7頁，三聯書店，1997年。

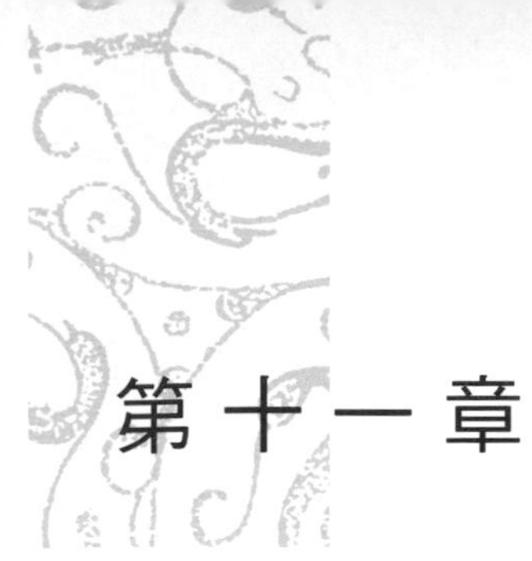

第十一章

服飾和飲食

第一節　服飾

所謂服飾，從狹義上理解，就是服裝，廣義地說，當然更包括頭、手、頸、腳、胸等人體部位所佩帶的各類飾物。本節談服飾，著重點在服裝，也盡可能兼及其餘。

原始人使用服飾的最初動機，是為了裝飾。後來，人類曾經歷過幾次冰河時期，由於氣候的變冷，衣服的禦寒作用突出起來。進入文明社會後，衣服更有遮羞的功能。但禦寒和遮羞，總是比較容易做到的。在社會生產力、社會制度和社會意識形態等多種因素制約下，服飾發展的方向，主要仍然在於裝飾。

服裝是服飾的基本內容。中國傳統服裝不脫上衣下裳和衣裳連屬兩種形制。上衣下裳的服制，相傳始於黃帝時代，這可以說是中國最早的衣裳制度的基本形式。衣裳連屬制，古稱「深衣」，其雛形也見於原始公社時代。

夏、商、周三代，中原地區華夏族的服飾是上衣下裳，束髮右衽。裳是一種短裙，所以古人屈身的時候要跪行，坐的時候，臀部抵於腳後跟上，不得兩腿伸直岔開，形似簸箕，否則就會露出下體。安陽殷墟曾出土石雕和玉雕的奴隸主形象，身穿右衽交領衣，下著裙裳，腰間束帶。這腰間所束之帶，叫做「紳帶」。古時臣下朝見君主，常執記事用的笏以奏事，入朝前或退朝後往往將笏插在紳帶間，稱為「縉紳」或「薦紳」。後世紳士的意義，即由此而來。周代貴族的服飾，大抵與商代相同，只是腹前常繫一條像圍裙一樣的韍。這種韍，淵源於原始人的常用樹葉獸皮掩蔽下體，也是有來歷的。

夏代流行紅色；商代紅色之外，還流行黑色。《禮記・檀弓》云：「夏后氏尚黑，殷人尚白。」《史記・殷本紀》也稱商湯「易服飾，上白」。對照出土實物，上述說法未必確切。

古代帝王和官員的服裝，還分禮服和公服，禮服用於祭祀和典禮，公服用於一般性的正式場合。無論禮服和公服，都依身分不同而有所等差。

西周初年制禮作樂，制定了一套詳細的冠服制度，有天子之服、諸侯之服、卿之服、大夫之服、士之服。周王和官員的禮服都用冕服，冕服與冕相配；公服則主要是弁服，弁服與弁相配。冕和弁是周代冠的基本形制。冠是戴在頭上的，冠和帽的區別，在於前者只罩住頭髮而後者則覆蓋整個頭頂。冠產生之後，沒有身分的人不准戴冠，故古人免冠謝罪是一種很誠懇的道歉形式。

周代天子冕服，稱「玄衣纁裳」，玄衣即黑色材料的衣服，纁裳即紅色材料的圍裳。❶玄衣紋樣用繪，纁裳紋樣用繡，一般用十二章：日、月、星辰、山、龍、華蟲、宗彝、藻、火、粉米、黼、黻。又有「袞衣繡裳」，《詩・豳風・九罭》陳奐傳疏：「『袞』與『卷』古同聲，卷者，曲也。象龍曲形曰『卷龍』，畫龍作服曰『龍卷』，加袞之服曰『袞衣』，玄衣而加袞曰『玄袞』，戴冕而加袞曰『袞冕』，天子、上公皆有之。」

由於受五行思想的影響，服裝色彩通常以青、紅、白、黑、黃五色為主，這五色被視為是正色，而以間色輔之。

周代冠服制度，對後世影響很大。如周代的冕服，就被後來歷代統治者所沿用，作為祭祀的禮服。

至於當時的戰甲，則多以犀牛、鯊魚皮為之，上施彩繪。商代和周代，還有「練甲」和青銅甲，練甲即布甲。

古代男女皆披髮不剪，身體髮膚，受之父母，不能毀傷。商代男子髮式以梳辮為主，也有用束髮器將頭髮束攏，形如巾冠；婦女辮髮式樣，與男子大同小異，大多卷曲垂肩。西周因襲了下來，後世逐步演進。

春秋、戰國之際，禮崩樂壞，各諸侯國在服飾上都有明顯的不同。《墨子・公孟》云：「昔者齊桓公高冠博帶，金劍木盾，以治其國，其國治；昔者晉文公大布之衣，牂羊之裘，韋以帶劍，以治其國，其國治；昔者楚莊王鮮冠組纓，絳衣博袍，以治其國，其國治；昔者越王句踐剪髮文身，以治其國，其國治。」由於與少數民族交往，短衣、長褲、腳著皮靴的胡服出

❶ 《周禮・天官・染人》鄭注：「玄纁者，天地之色。」

現在中原民族的服飾中。趙武靈王（公元前 325～公元前 299 在位）為了軍事上的需要，曾提倡胡服騎射，結果使趙國很快強盛了起來。伴隨胡服傳來的還有帶鉤，用於結束革帶，比以往紳帶的結紮方式要便捷得多。

這個時期深衣十分風行，「聖人服之」，「先王貴之」，用途非常廣泛，是僅次於朝祭之服的「善衣」。即使服短褐的庶人，也可用作「吉服」（《禮記・深衣》）。

褐，短衣，用獸毛或粗麻編織而成，是古代一種粗劣服裝，只有貧賤的人才穿褐。而用麻布或葛布製成的衣服，則稱布衣，布衣也是普通老百姓穿的。《史記・李斯列傳》稱：「夫斯乃上蔡布衣。」就是說李斯在未發跡前，只不過是上蔡地方一個普通老百姓。

自秦代開始，皇帝的禮冠為通天冠。

西漢以後，自皇帝至庶人皆可服巾。巾的服法是，用一幅紗或絹包在頭上，兩端在腦後打成耳狀結，文官長耳，武官短耳。巾的顏色隨身分和季節而定。

秦人尚黑，漢人尚赤。

漢代冠式，都作前高後低傾向前狀，文官所戴叫進賢冠，武官所戴叫武弁大冠。冠內都要襯幘，幘的形式大體與帽相類，卑賤者只能戴幘。當時，冕服只作祭服，禮服是一般的冠服，等級的區別在於冠的不同、冠梁的多少，以及綬帶的顏色、長短和織法。

綬帶由朝廷頒發，當時帝王綬帶有長過漢尺 2 丈的。從傳世的美術作品來看，佩帶時，大抵掛於右腰一側，或拖於地，或打成一大回環，讓剩餘部分下垂。貯綬有綬囊，平日佩於腰間，用皮革製成。

圖 48　漢代曲裾深衣

漢代男子的服裝式樣，主要有曲裾和直裾。曲裾即「續衽鉤邊」（《禮記・深衣》）的深衣❷，但多見於西漢早期。及至東漢，男子一般皆穿直裾之衣。直裾又稱「襜褕」、「襜襦」，後世的交領袍就是由襜褕發展而來的。襜褕西漢已經出現，但並不作為正式的禮服，❸究其原因，實與當時的內

❷　參見孫機《深衣與楚服》，《考古與文物》1982 年第一期。

衣有關。古代褲子稱「袴」，僅用兩隻褲管套住膝部，用帶子繫於腰間，這種褲子穿在裏面，如不用外衣將它掩住，褲管就會外露，這在當時社交場合中，當然是不允許的。後來褲的形制日益完備，出現了有襠的犢鼻褌，由於內衣得到改進，曲裾繞襟的深衣之制已屬多餘，所以直裾的襜褕逐漸普及，終於取代了深衣。

從東漢開始，上層的袍服轉入制度化，史書常列「輿服」一門予以記載。

袍，上古特指裝填舊絲綿的長衣，為禦寒之服。《禮記・玉藻》孫希旦集解稱：「纊與縕皆漬繭擘之，新而美者為纊，惡而舊者為縕，衣以縕著之者謂之『袍』。」縕袍本貧賤所服。而到了秦漢時代，精製長衣卻也稱為袍了。漢代以袍為貴，顏色有限制。唐以後，只有皇帝才可以服黃袍。

與袍形制略同的有襌衣，「江淮南楚之間謂之褋」（揚雄：《方言》第四）。襌衣也用作官員朝服，但只能穿在袍服之內。

西漢時期，鐵製鎧甲已經成為軍隊的主要裝備。胄，又稱「兜鍪」、「頭鍪」、「盔」、「首鎧」，多用銅、鐵等金屬製成，也有用藤條或皮革製作的。有的在其頂端豎銅管，作插鶡尾、鳥翎及纓飾之用。甲，通常是以鐵片製成魚鱗或柳葉形狀，然後聯綴而成。披於肩髆者叫「掩髆」；當胸者叫「胸甲」或「胸鎧」；貼於兩腋、垂於兩腿之外者叫「裙」。除胄甲外，當時軍事服裝還有緹色的絮衣和紅色的褲子，武士穿上這些服裝時，常喜袒肩，後世稱偏護一方為「左袒」，即源於這種穿著習慣。

自上古以來，婦女的服裝與男子的服裝形制基本相同，而僅在質料、花紋上有所區別。漢代婦女日常服飾則上衣下裙，裙的形制與裳相似，但已帶有女性的裝飾特點。漢代命婦的禮服是曲裾深衣，通身緊窄，長可曳地，下襬呈喇叭形，行不露足。衣袖有寬、窄兩式，袖口大多鑲邊。通常用交領，領口很低，以便露出裏衣。如穿幾件衣服，每層領子必露於外，最多達 3 重以上，故稱「三重衣」。又有繞膝深衣，寬袖緊身，衣服繞至臀部，然後用綢帶繫束，下襬大多寬敞，以便舉足行步，在衣的領、袖及襟邊都釘有相同質料製成的衣邊，有的繪有精美的紋樣，富有濃厚的時代色彩。另外還有袿衣，與深衣差不多，唯底部由衣襟曲轉盤繞而形成兩個尖角，具有裝飾效果，卻是常用的服式。更有襦，為短衣，長度一般只到腰間，穿時多配裙。裙為 4 幅，上窄下寬，垂至地，不施邊緣，裙腰用絹條，

❸ 《漢書・外戚恩澤表》載：武安侯田恬「坐衣襜褕入宮，不敬，免」。

兩端縫有繫帶。這種服裝起於戰國，一直流傳到清代。

裙，形如圓筒，可裝腰、束腰或與上衣連成連衣裙。本來男女皆可著裙；唐以後，裙成為婦女專服。

漢代婦女承戰國南楚的風尚，多梳髻。髻有種種樣式，如墮馬髻，是一種略帶傾斜的髮髻，能增加婦女的嫵媚嬌羞之態，似剛從馬上摔下來的樣子，配之以「愁眉啼妝」（《後漢書・梁統傳》），為東漢時權臣梁冀的妻子孫壽所創；又如倭墮髻，由墮馬髻演變而來，髻歪在頭部的一側，似墮非墮，漢樂府《陌上桑》就提到過這種髮式。漢代還有戴特製的假髻來裝飾頭髮的，從此髻式成為婦女的重要裝飾內容。因髻飾有巾幗，所以後世稱婦女為「巾幗」。

漢代帝、后和貴族死後的殮服，有以金屬絲連綴玉片而成的玉衣，玉衣分金鏤、銀鏤和銅鏤 3 種。只有上層貴族才可殮金鏤玉衣。

魏晉南北朝時代，儒將的裝束，是「羽扇綸巾」（蘇軾：《念奴嬌・赤壁懷古》）❹。綸巾是幅巾的一種，一般認為是用絲帶織成。這種厭棄冠冕公服以幅巾束首的風氣，曹操曾加以提倡。到了晉代，士大夫通行喝酒吃藥，藥為五石散，吃了以後，皮肉發燒，❺不能穿窄衣，所以穿的衣服便都寬大起來。當時男衫以紗、縠、絹等製成，有單、夾兩式，形如袍，但袖端不施袪，可作禮服，亦可作便服。太康 (280～289) 中，天下以氈為絇料和絡帶、袴口，這是取胡服之裝飾，反映了漢族與少數民族服裝上的交流。由於少數民族入主中原，胡服成為社會上普遍流行的服裝式樣，胡服中窄袖、緊身、圓領、開衩的因素也被中原民族吸收到固有的服飾中來。同時，便於脫戴的帽流行了起來。另一方面，北魏孝文帝令群臣皆服漢魏衣冠，傳統的冕服衣裳仍然被保存了下來。

魏晉時武士的冑甲，有筒袖鎧、兩鐺鎧和明光鎧。明光鎧腹背皆裝有金屬圓護，這種鎧甲到了北朝末年，使用相當廣泛。當時流行袴褶服，「袴，跨也。兩股各跨別也」（《釋名・釋衣服》）；褶，夾衣，「表面皆用帛為之」（《禮記・玉藻》集解）。袴褶服由袴和褶兩個部分組成，外罩袍服，下面大袴口加縛，袍服一脫，即可作戰。其束腰，多用皮革，貴者鏤飾金銀。

---

❹　《東坡樂府》卷 3。

❺　五石散一稱「寒食散」，吃死過許多人。參見余嘉錫《寒食散考》，《余嘉錫論學雜著》上冊，中華書局，1963 年。

後來袴褶發展成為民間的便服，很常見。

這時婦女的服裝樣式由上長下短變為「上儉下豐」（干寶：《搜神記》卷 7）。因為公、私盛行畜養女樂，她們專事修飾，衣著日趨奢侈，一時青年女子都步其後塵。

襳髾，起於漢代。襳是從圍裳中伸出的飄帶，很長；髾是衣服下襬裁製成三角形，上寬下尖，層層相疊。魏、晉後截短飄帶，而將下襬的尖角大大加長，使兩者合為一體，成為時尚。

隋代男子戴介幘，穿盆領大袖袍、裲襠衫。介幘頂端隆起部分，形似尖角屋頂。裲襠衫為前後兩片，質以布帛，肩部以皮製褡袢連綴，腰間用皮帶繫紮，「今俗謂之背心」（《釋名・釋衣服》王先謙疏證補）。婦女以短襦長裙為特徵，裙腰繫至乳部，外面著短襯衫，有繡帶雙垂，給人以俏麗修長之感。

唐代自天子以至庶人，皆服烏紗帽，樣式由個人所好而定。張籍《答元八遺紗帽》詩云：「黑紗方帽君邊得，稱對山前坐竹牀。唯恐被人偷剪樣，不曾閒戴出書堂。」❻於此可見當時烏紗帽流行的風尚。

魏晉以來，風行裹頭，開始以兩角向後裹，後來又裁成四方，兩個巾角向前繫住髮鬢，另兩個角巾向後繫結下垂，稱為「幞頭」。❼幞頭的腳用銅、鐵絲撐起，稱為「硬腳幞頭」。到唐代，幞頭重繫前後，以象兩儀（陰、陽）；兩邊各為 3 撮，以象三才（天、地、人）。

唐代士人以棠苧襴衫為上服，顏色也有等級：一為黃，二為黑，三為纁，四為綠，五為紫；庶人穿白色。太宗貞觀四年 (630) 八月又制定：凡官吏三品以上穿紫色官服，四品、五品穿緋色官服，六品、七品穿綠色官服，八品、九品穿青色官服。從此，品色衣一直是中國官服制度上的一大特色。唐代男子公服為圓領袍，上裹軟幞頭，下著長鞦靴。腰帶的帶鉤也改為帶扣，並在帶身上加裝一些方形的飾品，叫做「帶銙」。帶銙質料，有嚴格的規定。自古「服必有帶」，朝服上所繫之帶，稱「朝帶」。唐代朝帶有玉帶、金帶、銀帶、鍮石帶之別。所謂玉帶，並非通體都是玉，而是以玉為飾，其他朝帶也是如此。此外，唐代官員還有魚符，魚符以魚袋盛裝，三品以

❻ 《張司業集》卷 7。

❼ 幞頭自形成後，歷唐、宋至明代，一直是中國男裝的代表性標誌。參見孫機《幞頭的產生和演變》，《中國古輿服論叢》，文物出版社，1993 年。

上袋飾以金，四品、五品袋飾為銀。唐代的魚袋，是上古夾袋的演進。上古衣袍無口袋，盛放零碎雜物，只能借助於夾袋。夾袋亦盛算籌，所以又稱「算袋」(《新唐書》卷 24)。

內衣短衫，習稱「汗衫」。另有「襖子」，短於袍而長於衫、襦；襖之短者，外面亦可再著袍服。

唐代將帥袍服，繡以獅、虎紋章；武士的冑甲，有金屬、皮革、絹布等多種。中、晚唐以後，冑甲兜鍪護耳翻轉上翹，甲身連成一體，背、胸兩甲用皮革相接，胸、腰各束一帶，腰帶上半露出護臍的圓鏡，已趨向五代兩宋的形制。

唐代女裝，首服方面，值得注意的有從西域傳來的胡帽。胡帽為一種渾脫帽，多用較厚的錦緞製成，也有用烏羊毛製成的，帽子頂部，略成尖形，周身織有花紋，有的還鑲嵌各種珠寶。開元初，從駕宮女馬上著胡帽，靚妝露面，士庶咸效之。在胡帽之前，從西域傳來的唐代婦女首服，尚有冪䍦和帷帽。冪䍦類方巾，全身障蔽，繒帛為之；帷帽為高頂寬檐的笠帽，在帽檐周圍（或前後，或左右）綴有一層網狀面紗，下垂至頸，可障風塵。這兩種，皆為遠行之服。

圖 49　中唐女服

唐代婦女多著由衫、帔、裙 3 件組合的服裝。衫袖闊大，蓋承漢魏定制。「帔，披也，披之肩背，不及下也」(《釋名・釋衣服》)，與傳統戲劇服裝的「帔」是兩回事。唐代婦女所穿半臂，又稱「半袖」，一般袖僅及肘，長與腰齊，是從短襦演變而來的，多用對襟，穿時在胸前結帶，也有少數套衫式的，穿時從頭頂套下，領口寬大，呈袒胸狀。半臂下襬，可以顯現在外，也可以束於裙腰之內。半臂必須內襯短襦，不能單獨使用。❽以紗羅作衣料，是唐代女服的重要特徵。尤其是不著內衣，僅以輕紗蔽體的裝束，更是非常的創舉，反映了唐人思想的開放。唐代安樂公主「造百鳥毛裙」(《朝野僉載》卷 3)，「正視為一色，傍視為一色，日中為一色，影中為一色，而百鳥之狀皆現」(《新

❽ 唐代男子也服半臂，在內衣之外，外衣之內，作用類似今之墊肩，可使男子顯得肩寬而威武。參見黃正建《「半臂」為男服飾》，《中國文物報》1992 年 6 月 21 日。但黃文言半臂與半袖是兩回事，婦女所衣應是半袖而非半臂，似欠有說服力。

唐書》卷 34)，其製作工藝之精，是十分罕見的。這種珍貴的服飾，雖然談不上普及於廣大婦女，但在社會中、上層婦女中間，著之者一定大有人在。至於小家碧玉，則以顏色和式樣取勝，比較典型的，是穿石榴裙。石榴裙始見於梁元帝《烏棲曲》:「芙蓉為帶石榴裙。」❾唐人小說中的李娃、霍小玉等，就常穿這種裙子。明代蔣一葵《長安客話》卷 1 錄有一首《燕京五月歌》:「石榴花發街欲焚，蟠枝屈朵皆崩雲。千門萬戶賣不盡，賸將兒女染紅裙。」《紅樓夢》第六十二回裏也有關於石榴裙的大段描寫。今人所謂「拜倒石榴裙下」，仍為常用語，可見這種裙子是一直流傳了下來。

唐代婦女髮式有半翻髻，作成單片或雙片刀型，直豎髮頂。單片髻一側傾斜，雙片髻向兩邊翻轉。又有拋家髻，兩鬢抱面，一鬢拋出。

隋唐時代的男女服飾，雖有定制，但更多發展變易。據李華《與外孫崔氏二孩書》稱:「吾小時，南市帽行見貂帽多，帷帽少，當時舊人，已嘆風俗。中年至西京市，帽行乃無帷帽，貂帽亦無，男子衫袖蒙鼻，婦人領巾覆頭，向有帷帽、冪䍦，必為瓦石所及。此乃婦人為丈夫之象，丈夫為婦人之飾，顛之倒之，莫甚於此。」❿可見中唐前服飾習俗新潮迭起的一般情形。

到了宋代，周、秦以來的祭服、朝服已是備而不用，成為擺設。⓫服飾頗顯多樣化趨勢，各行業的人都有不同的穿著打扮，上層人士服裝也有變化。北宋末年，比較流行的是一種內層四牆方頂、外層重檐針對眉心呈尖角開口的桶帽，稱為「東坡巾」。⓬又有溫公巾、伊川巾，而所謂「籠巾貂蟬」(《宋史》卷 152)，以藤為之，外塗有漆，呈正方形，左右各用細藤編成兩片蟬翼般裝飾，前飾黃金附蟬或玳瑁附蟬，並在左側飾以貂尾，戴時加在冠梁之上，則為最高官職專用服飾。宋代禮服仍用冠冕，公服多戴漆紗幞頭，幞腳平展很長，據說是為了防止臣僚們在朝儀時竊竊私語。公差戴黑漆圓頂幞頭，無腳，幞頭外層正中部位，有一道缺口。士人所著素

❾ 《樂府詩集》卷 48。

❿ 《全唐文》卷 315。

⓫ 參見孫機《中國古輿服論叢》第 338 頁注 3，文物出版社，1993 年。

⓬ 胡仔《苕溪漁隱叢話》前集卷 40 引《王直方詩話》:「元祐之初，士大夫效東坡頂短檐高桶帽，謂之『子瞻樣』。」「頂短檐高桶帽」，對照傳世蘇軾畫像，是。今有稱東坡巾為「高頂短檐」者，實誤也。

紗圓領單衫，以 6 幅素紗拼製而成，紗孔稀疏，似夏季服裝，兩道衣襟一左一右，正好對稱，均用紐釦繫在領邊。領又加襯領，頗似現今的假領。當時對服裝的顏色很敏感，據《燕翼貽謀錄》卷 5 記載：「仁宗時，有染工自南方來，以山礬葉燒灰，染紫以為黝，獻之宦者洎諸王，無不愛之，乃用為朝袍。乍見者皆駭觀。士大夫雖慕之，不敢為也。」但婦女和小兒可以不必顧忌，甚至「純以紅、黃為衣」（《慶元條法事類》卷 3）。

圖 50　宋代皇帝朝服

宋代凡有資格穿紫、緋色公服的官員，都佩金銀裝飾的魚袋。這魚袋是承唐代而來的，但袋裏並沒有魚符。如官職較低而又有特殊情況需要佩掛魚袋時，必須先借用紫、緋之服，時稱「借紫」和「借緋」。

宋代武士的冑甲，沿舊制有所改進。到了南宋末年，由於火器的日益發展，鎧甲之制開始被逐步淘汰。

宋代女子的蓋頭，是唐代冪䍦遺制，但比冪䍦為小，方 5 尺，以皂羅製成，也有用銷金作為裝飾的。可直接戴在頭上，遮住顏面；也可將其繫於冠上，以擋風塵侵染。在成婚時，以此蒙面，由男家派人輕輕揭去，此俗後來演進為揭紅蓋頭。宋代婦女的素羅大袖，以單層羅製成，衣身用正裁法裁製，另加沿口花邊，兩邊袖端各接一段，延伸為長袖，接縫處也用花邊裝飾，一般作外衣使用。背子，也稱「褙子」，以直領對襟為多，中間不施衿紐，袖有寬、窄兩式，平居多用窄袖，長度過膝，另在左、右腋下，開有長衩。或謂背子即唐之半臂，「今俗名搭護」（高承：《事物紀原》卷 3）。⑬有一種腰上黃，係圍腰腹的帛巾，款式種類很多，如合歡帶、鴛鴦帶、玉

⑬ 半臂為隋唐時代命婦的服裝，「女史則半袖裙襦」（《舊唐書》卷 45），非常服可比，或許宋代背子是由半臂改制而成的。不過，背子在宋代，照定制，應是身分較低婦女穿用的服裝，見《宋史》卷 153。但因其輕巧方便，故同時也流行於上層社會，自后妃、命婦以下皆得而服之。從北宋後期起，男式背子也很盛行，《演繁露》卷 3 云：「今人服公裳，必衷以背子。」宋哲宗、徽宗都曾披服黃背子。

環帶、同心帶，往往有不同的含義，大抵以香羅為之，以鵝黃色為貴。內衣僅覆於胸，腰間縫有襞積，左右各綴肩帶，上護乳而下遮肚，其部分功能，後來發展成為現今的胸罩。至於裙式，則有無襇裙和褶襇裙，前者以3 片料子相疊而成，裙面平展；後者上窄下寬，多用細羅製作，綴密襇，並多印金色團花。

所謂「宣和妝」，髮髻高聳，衣衫寬博。「靖康初，京師織帛及婦人首飾、衣服，皆備四時」，「謂之『一年景』」。（陸游：《老學庵筆記》卷 2）

南宋末年以後，婦女大多重視素妝，且多著偪窄貼身的小袖對襟式上衣，蓋在下裙之外，唐代女裝中暴露的風尚也一去不復了。這與當時的政治、經濟和思想文化狀況——尤其是程朱理學的影響，有密切的關係。

宋代平民婦女的衣裙式樣短窄，但在婚嫁時可以借末等命服穿用。在中國傳統社會，婦女的禮服隨丈夫的品級而定，一向都是有嚴格的制度的。

元代男子戴瓦楞帽，以藤篾製成瓦楞形頭盔，或方或圓，頂上飾有寶珠。男子上衣，有辮綫襖子，又稱「腰綫襖子」，圍領緊袖，下襬寬大，折有密襇；另在腰部縫有辮綫製成的寬闊圍腰，有的還釘有紐扣。凡襖，皆有襯裏。

蒙古貴族的服飾，有本民族的，也有仿效漢族的，制度較混亂。當時內廷大宴，上下都穿質孫，質孫為「納石失」（一種特殊的織料）所製成，形式很多，紋樣顏色各不相同，所著衣服，必須配上與之相稱的冠帽，才能組成一套服飾。

男子髮式，先在頭頂正中交叉剃開兩道直綫，然後將腦後一束頭髮全部剃去，正面一束或者剃去，或者加工修剪成各種形狀，任其自然覆蓋於額間，再將左右兩側頭髮編成辮子，結環下垂至肩。這種髮式，稱為「三搭頭」。

婦女袍服，以左衽為多，袖口也較緊窄。袍服的裏面，一般都穿套褲，褲子不用褲腰，也不縫褲襠，兩隻褲腿單獨分開，每隻褲管的上端，都釘一帶子，穿時繫在腰間。

元以前中國衣冠服飾的材料，一直以絲、麻、皮、毛為主，元代全面推廣種植棉花，棉紡技術也有所提高，從此棉布的使用就日益普遍了。

明代服飾，遠承唐制。「士庶皆束髮於頂，官則烏紗帽[14]，圓領束帶，

[14] 烏紗帽至明代始為官帽。參見薛天緯《「烏紗帽」考》，《學林漫錄》六集，中華書局，

黑靴；士庶則用白帶巾，雜色盤頂」(陳登原：《國史舊聞・明禁胡服》)。所謂「忠靜冠」者，以鐵絲為框，外蒙烏紗，冠後豎立兩翅，正前上方隆起，以金綫壓出三梁。公差冠服，稱「皂隸巾」，圓頂，以黑色布帛為之，前高後低，左右各垂一串黑色流蘇，也有插一根鳥羽以為裝飾的。明初製六合小帽和四方平定巾。至末年，人們對越禮逾制已經習以為常，醫卜星相者莫不方巾。六合小帽，即瓜皮帽，用 6 片羅帛拼成；四方平定巾，以黑色紗羅縫成，其造型四角皆方。明代男子遮陽帽，多為尖頂，四周有寬闊的邊檐，形似斗笠。官員的補服，在胸背綴有象徵不同官階紋飾的補子，用來區分官品。儒生多穿直裰，又稱「直身」，為一種黑邊藍袍。

圖 51 明代水田衣

明代婦女的服裝，基本上還是上衣下裙，惟衣裙的長短隨時而有變化。由於崇尚南妓，服飾由仿效京師轉為仿效南方，尤以秦淮曲中的裝束為四方取法，其特點大抵以雅淡樸素為尚，不作鮮華綺麗。但其中也有例外，如水田衣，用各種零碎織錦料拼合縫製而成，色彩交錯，鮮艷奪目，卻為明代婦女所喜愛。明代婦女的比肩，無領袖，對襟，樣式較後來的馬甲為長；月華裙，共 10 幅，腰間每褶各用一色，輕描淡繪，風動色如月華；而鳳尾裙，用大小規則的綢條拼成，每條繡以花鳥紋，另在兩畔鑲以金綫，形狀一似鳳尾。當時品官女眷的禮服，主要是鳳冠霞帔。明代鳳冠有兩種形式，一種是后妃所戴，冠上除綴有鳳凰外，還有龍、翬等裝飾；另一種是普通命婦所戴的彩冠，上面不綴龍鳳，僅綴珠翟、花釵，但習慣上也稱鳳冠。霞帔「以織文一幅，前後如其衣長，中分而前兩開之，在肩背之間」(陳元龍：《格致鏡原》卷 16 引《名

圖 52 戴著鳳冠的明代婦女

1982 年。

義考》)，這種服飾美如彩霞，所以有「霞帔」這個名稱。鳳冠之制，始於秦漢，霞帔也早在南北朝時期已經出現，到明代，鳳冠霞帔的制度完全定型。

明代婦女多梳桃心髻，將頭髮梳成扁圓形狀，在髮髻頂部飾以寶石製成的花朵。後來又將髮髻梳高，以金銀絲挽結，遠遠望去，如男子戴紗帽，頂上也有珠翠裝點。據明末清初董含《三岡記略》卷 10「三吳風俗」稱：「余為諸生時，婦人梳髮高三寸許，號為『新樣』，年來漸高至六七寸，蓬鬆光潤，謂之『牡丹頭』，皆用假髮襯墊，其垂玉，不可舉首。」這裏所說的假髮，叫做「鬏髻」，是用鐵絲織圈，外編以髮製成的，為明代非常流行的髮飾。在中國傳統社會，用假髮作髮飾的習俗由來已久，《詩・鄘風・君子偕老》、《左傳・哀公十七年》所提到的「髢」，就是指假髮。

清代服飾，皇帝和官員，夏天戴敞沿的涼帽，初尚扁而大，後尚高而小，質用藤、竹篾或麥秸，外裹綾羅，多用白色，也有用湖色、黃色等色的；冬天戴折沿的暖帽，圓形，多用皮製，也有用呢製、緞製和布製的，以黑色為多，中間隆起部分為紅色。涼帽和暖帽，兩種帽的頂部，都飾有區別官品的重要標誌——紅纓頂珠。頂珠一品用紅寶石，二品用珊瑚，三品用藍寶石，四品用青金石，五品用水晶，六品用硨磲，七品用素金，八品用陰紋鏤花金，九品用陽紋鏤花金。無頂珠者，即無品級。除了頂珠，有特殊功勳者，皇帝還賞以用孔雀毛做成的花翎，插在帽上垂向後方，有「一眼」、「二眼」、「三眼」之分，以三眼為最名貴。又有藍翎，以鶡羽為之，為下級官員所戴。禮服冠也是涼帽和暖帽，較公服冠高聳，頂子也有不同。禮服和公服，皆為箭衣，掛以朝珠。禮服綴補子，有 3 掛朝珠；公服則不綴補子，只有 1 掛朝珠。箭衣為開衩圓領袍，裝有箭袖，以便騎馬射箭，其袖因像馬蹄，所以被叫做「馬蹄袖」，平時袖口翻起，行禮時則放下，士庶如穿無衩之袍而權作禮服，也須另裝一副馬蹄袖，以紐繫於袖端，待禮畢才解下。

清代又規定披肩為文武大小品官衣大禮服時所用，加於項，覆於肩，形如菱，上繡蟒，八旗命婦亦如之。

馬褂，長不掩腳，袖僅過肘，本來是滿洲貴族的馬上裝束，康熙以後日趨普遍，一般民眾也多有服用者。但宮廷中「黃馬褂加身」，始終是一件大事。

無論士庶，皆剃髮梳辮，便服為長衫，戴瓜皮帽。流行馬甲，有大襟、對襟、琵琶襟諸式，多穿在裏面，比較窄小。

清代婦女服飾，禮服有披風，大袖對襟，長可及膝。滿族喜罩馬甲，流行上下連裳的旗袍，初為直通式，腰部無曲綫，下襬和袖口較大，後逐漸演變，翻出多種花樣。漢族婦女有「男降女不降」之說，「猶襲明服」（《清稗類鈔・服飾・詔定官民服飾》），以上身著襖、衫，下身束裙為主。裙色尚紅，到後期流行下身不束裙而只著褲子。以地區而言，南方婦女多繫裙，北方婦女紮褲腳。著名的魚鱗百褶裙，上面打滿細襉，將其輕輕掰開，每道細襉中間，都有絲綫交叉串連，形似鯉魚鱗甲。清代女裝的仿效中心有過幾次變更，乾隆時蘇州是全國的服飾仿效中心，嘉慶時移至南京和揚州。清代中、晚期女裝中，花邊運用很廣泛。花邊有裝飾效果，又增加了衣服的牢度，可謂一舉兩得。

清代婦女髮式，滿族叉子頭，又稱「兩把頭」，高髻，梳時將髮平分兩把，並在腦後垂下一綹頭髮，修成兩個尖角，名謂「燕尾」；漢族平三套，取式於蘇州，又稱「蘇州橛」，即平髻。

清代服飾，值得注意的還有披掛制度。男子的一根腰帶，前後左右，幾乎掛滿了各種飾件。僅荷包一物，就有「雞心荷包」、「葫蘆荷包」等許多名目。青年男女間，常以贈送荷包表達愛情。除了荷包，還有錢袋、扇套、香囊、小刀等。婦女佩帶此類者，比較少見，一般只在衣襟處掛上一二件小型飾物。

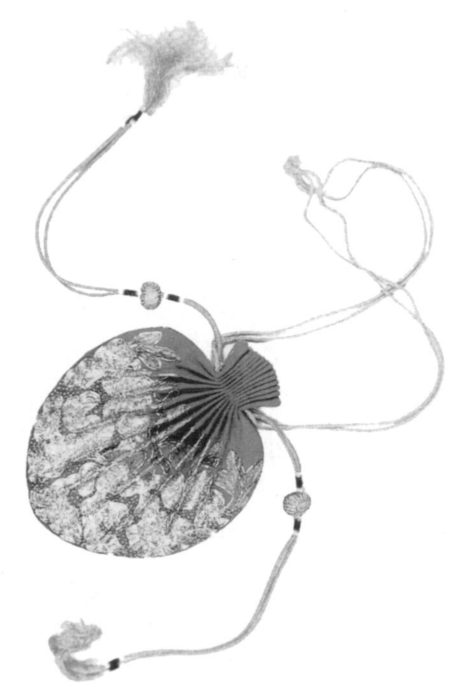

圖 53　清嘉慶富貴牡丹雞心荷包

中國傳統社會執法者戴法冠，或稱「柱後」，又稱「獬豸冠」，以鐵片或鐵絲捲成柱形，高 5 寸左右，外用纚（一種方目紗）包裹，狀如神話中的兕獸獬豸——即廌⑮，一角。原為楚王冠，秦滅楚，賜予御史為飾。

中國傳統社會「凡取獸皮製服，統名曰裘」（《天工開物・乃服》）。裘

⑮ 參見于中航《鸊雚戟和古代以廌決訟的傳說》，臺北《故宮文物》第十一卷第十二期，1994 年 3 月。

毛向外，迎賓時須另加裼衣，朝會時還須另加朝服於外。裼衣的顏色，應與裘相配，其袖則應較裘為短，以便裘毛外露，顯得美觀。裘中貂裘、狐裘、銀鼠裘等都非常貴重，服用有等級規定。

中國傳統社會護耳的「暖耳」，曾為上層人士所專用，多用狐皮製作，有的僅將雙耳套住，也有連帽一起全部籠上的。護手的「手套」，有露指和不露指兩種，露指手套，長沙馬王堆漢墓出土過3副，製作十分精巧，這種手套直到現在仍然流行於民間。又有口圍，係兒童服飾，以布裁成橢圓形，用絲綫繡成各色花樣，上部挖一圓洞，稍粗於脖頸，圍於其上，背後結帶或繫鈕，可遮口涎，並起到裝飾的作用。

中國傳統社會鞋類總稱「履」。諸履之中，以舄為貴，舄只於朝覲、祭祀中服之，材料多用綢緞，裝有木製的厚底，「乾腊不畏泥濕也」（崔豹：《古今注・輿服》）。屨，是便履，以葛、麻等製成，薄底，為仕宦家居穿用。屩，「草履也……出行著之」（《釋名・釋衣服》），一般在外出行走時，才穿這種鞋子。屐，即木屐[16]，魏晉時期木屐底部配有兩隻活絡木齒，適於爬山，上山去前齒，下山去後齒。《世說新語・簡傲》載王獻之兄弟「見郝公，躡履問訊，甚修外生（甥）禮」。及郝家死了支撐門戶的郝超，王氏兄弟往訪，「皆著高屐，儀容輕慢」。通過履和屐的轉換，把王家這兩個勢利小人的嘴臉刻畫得入木三分。靴，源出北方游牧民族，高筒，本皮製，至唐代始有麻製的，南唐「銀緞靴」，極考究。鞋，裝有高幫，穿時用帶收緊，初用皮革製作，中古後「鞋」逐漸成了鞋類的通稱。弓鞋，以香樟木為底，木底在外的稱外高底，反之稱裏高底，北宋始創，適合纏足婦女。貓頭鞋，以釁繭剪成貓的眼睛和鼻子，打成底樣，用彩色絲綫刺繡，使貓頭形象逼真，然後綴上綢布作貓耳，為童鞋的一種。

襪，又稱「足衣」，大概是與鞋同時出現的。以布帛為之，約高尺餘，兩端有兩條帶，穿時縛繫於足脛。相傳楊玉環的鴛鴦並頭蓮錦褲襪，在當年是時髦打扮，類似現在的連褲襪。傳統社會有進門脫鞋的習慣，在屋中，多穿襪行於席上。朝會也是如此，兩漢魏晉，只有極個別的元勳或權臣才被特許「劍履上殿」（《三國志・魏書・武帝紀》）。另有膝褲，實際上是一種無底襪，穿膝褲的習俗，一直沿襲到明清時代。

---

[16] 1986年浙江寧波江北區慈城鎮一處新石器時代遺址出土了兩隻木屐，根據碳14測定，其所在文化層的絕對年限為距今5365 ± 125年（樹輪校正）。

中國傳統社會雨天的穿戴，有蓑衣⑰和笠帽，還有用油布製成的外衣。腳下穿的，則有雨鞋，如舄、屐等，都可在雨天使用。明清時，更有一種釘鞋，鞋底施釘，鞋統、鞋面塗敷桐油，很實用。至於貴族婦女的雨鞋，則裝飾性的成分較大，有羊皮小靴、鹿皮小靴等。傳統社會雨具還有傘，如羅傘、油紙傘、油布傘等。有的傘，不僅用於禦雨，也用於遮陽和裝飾。殷商時期的「扇汗」，在馬車上，為儀仗，有遮日蔽雨之用，其實就是傘。⑱

中國傳統社會婦女的首飾，有簪、釵、珠翠花朵。耳璫、釧鐲和指環（戒指），分別戴於耳上、腕上和指上。套在脖頸上的飾物，則有項圈和項鏈。笄，用於簪髮，為女子成年舉行笄禮時所必需（男子亦用笄來固定髮髻；另有男子專用的笄，則用來固定冕和弁）。上古笄大抵以竹為之，後來漸用骨、牙、金、玉等製作，工藝也日趨精緻。漢代的步搖，一般附在簪釵之上，上飾貴重質料製成的像生花鳥，並有五彩珠玉垂下，行走則隨之搖動。宋代的冠梳，用漆紗、金銀、珠玉等製成兩鬢垂肩的高冠，在冠上插白角長梳，梳較長，插得又多，戴之者在上轎進門時，只能「側首而入」（周煇：《清波雜志》卷 8）。宋代還有戴花冠，用羅絹通草或金銀玳瑁製成花朵，裝在冠上，有桃、杏、荷、菊、梅等；也有將這些假花合在一起裝在冠上的，本節上面引文所稱「一年景」的「備四時」就是指此類製作。明代的頭箍，初以棕絲為之，結成網狀，罩住頭髮，後來又出現了紗製頭箍和熟羅製頭箍，形式由闊而窄，年輕婦女繫在額頭上，稱為「貂覆額」，也叫「漁婆勒子」。

面飾有眉黛、花鈿、妝靨等。眉黛是將原來的眉毛剃去，以一種柳條燒焦製成的青黑色顏料在眉眼處描繪成各種式樣，大致以細薄修長為主，有「遠山」、「柳葉」等稱。⑲花鈿是在額上飾金銀、羽翠製成的五彩花子，相傳劉宋壽陽公主臥殿檐下，一朵梅花落其額上，染成顏色，拂之不去，宮女見之爭相仿效，遂成風氣。妝靨是用丹青、朱紅等顏色在面頰兩旁點

⑰ 羅願《爾雅翼》卷 8 云：「莎草，可為衣以禦雨，今人謂之『蓑衣』。」20 世紀下半葉，紹興地區農民禦雨的蓑衣則大都用棕絲製成，又有用蒲草製成的，另稱「蒲衣」，現在這類雨衣已不多見了。

⑱ 漢代馬車上仍有代表官員身分的傘式扇汗。參見莊申《扇子與中國文化》第 7～8 頁，臺灣東大圖書公司，1999 年。

⑲ 《漢書・張敞傳》載宣帝時京兆尹張敞為其妻畫眉的故事，在中國古代曾廣泛流傳。

出月亮、錢幣等狀，據說有位貴族婦女臉上長斑痕，特點此以為遮掩，竟倍增妍麗，後來成俗。這 3 種面飾，皆盛行於唐代。

化妝品有焉支（胭脂）、鉛華（鉛粉）、口紅（口脂）、香澤（髮油）等。

第二節　飲食

早在四五十萬年以前，北京猿人就已經學會熟食。最初的熟食法，以燒、烤兩種方式為代表；在這之後很久，才發明了煮法；不久又由煮法而蒸法。熟食的出現，使人們真正從原始的自然飲食狀態進到調製飲食狀態，逐步形成了飲食習俗。而中國烹飪的主要特點——利用油脂炒炸食物，無疑是以金屬炊具的產生為其前提的。

據 13C 測定，粟黍類食物在中國史前人類食譜中的比重，仰韶文化時期為 50%，龍山文化時期為 70%。⑳

中國傳統社會自兩漢以來就實行三餐制。從結構內容來說，是以植物性食料為主，主食是五穀㉑，輔食是瓜菜、禽蛋、肉類、水產、竹筍、果品。北人多食麥麵，南人多食稻米；西北之人嗜陸畜，東南之人喜水產。此外，還食用菌類、藻類和花卉。在飲食方式上，上古往往是圍爐而食，採取聚食。又從聚食衍化出筵宴，至晚從戰國開始，筵宴卻多為就案分餐而食㉒；唐代之後，凡筵宴才都是同桌合食了。至於食具方面，中國在殷商時期，就發明了筷子，筷子多以竹製成，用筷子進食，非常方便。筷子即古所謂「箸」，漢初張良曾「借」箸為劉邦謀劃消滅項羽的策略，㉓後世因稱此等事為「借箸」。筷子的今稱，始於宋代。㉔

據統計，在《太平廣記》摘錄的唐人筆記中，涉及到北方地區飲食的共有 86 次，除去 14 次沒有載明食品種類，其餘 72 次，麵食為 57 次，稻

⑳ 蘇秉琦：《重建中國古史的遠古時代》，《史學史研究》1991 年第三期。

㉑ 甲骨文所載商代「粒食」，已達禾、黍、粱、麥、來、秜、稌、䵚、齋等 9 種。見宋鎮豪《中國風俗通史・夏商卷》第 128～144 頁，上海文藝出版社，2001 年。

㉒ 在山西陶寺龍山文化遺址中，已發現高 15 釐米、長 100 釐米、寬 30 釐米的紅杉木食案，表明中國分餐制的源頭至晚可以追溯到 4500 多年前。參見王仁湘《分餐與合食》，《飲食考古初集》，中國商業出版社，1994 年。

㉓ 《史記・留侯世家》。

㉔ 陶文臺：《中國烹飪史略》第 88 頁，江蘇科學技術出版社，1983 年。

米 8 次，粟米 4 次，麥飯 3 次，由此可以推知當年北方地區的飲食結構。而唐玄宗天寶二年 (743)，揚州鑑真和尚第二次東渡日本，他所攜帶的「海糧」，主食有落脂紅綠米 100 石、麵 50 石、乾胡餅 2 車、乾蒸餅 1 車、乾烙餅 1 萬隻，隋唐五代江淮一帶的飲食結構大率如此。㉕當然，貧苦人家，日食艱難，情況就不是這樣了。

中國傳統社會以穀粒製成的食品，主要有飯和粥。飯，古時又稱為「食」，《禮記・曲禮上》云：「食居人之左，羹居人之右。」粥，本作「鬻」，煮穀粒使糜爛即成粥。中國古代飯、粥有用單一的穀物製成的，也有用多種原料合在一起製成的。周、秦以來用菰實製成的雕胡飯，芳香甘滑，為飯中上品，南宋後，因菰被改良成不結實的茭白，才終於失傳。唐代的團油飯，成分有蝦、魚、鵝、牛、羊肉和粉糍、蕉子、薑、桂、鹽、豉等。宋時道徒和隱士注重飯的清雅，用各種花葉果實和米相煮，色、香、味俱佳。據《本草綱目》卷 25《穀部四》引陶弘景《登真隱訣》所載，製作青精乾石䭀飯的方法是：先將米放在南燭樹的葉汁中浸泡，撈出後蒸熟曬乾，食用時，或泡或煮都行。由於南燭能「止瀉，除風，強筋，益氣力」，故久服有益健康。至於粥，僅《本草綱目・穀部四》所舉，就有「赤豆粥」等 50 多樣品種。富察敦崇《燕京歲時記》載「臘八粥」的配方為：「黃米、白米、江米、小米、菱角米、栗子、紅豇豆、去皮棗泥等，合水煮熟，外用染紅桃仁、杏仁、瓜子、花生、榛穰、松子及白糖、紅糖、瑣瑣葡萄以作點染。」㉖這種粥，漢魏以來主要用於供佛。到了南宋，除供佛外，還成為民間互相餽贈的禮品。㉗因作料的不同，臘八粥又有「精」、「粗」之分，「粗臘八」用青菜、豆腐、黃豆、蠶豆、豇豆、荸薺、花生之類煮成，營養也不錯，價廉物美，很適合貧苦人家過節食用。

除了飯和粥，還有糗，用炒熟的米、麥等製成，也叫「糇糧」，粉狀，猶今之炒米粉、炒麥粉，食用時往往用水漿調和，稱為「寒粥」或「糗飯」。糒，用蒸熟的米、麥等製成，《說文・米部》謂之「乾糇」，又叫「乾飯」。糗和糒，大多用於旅途和行軍。

粽子，與紀念屈原有關。魏晉時期，人們煮食用菰葉包黍米、栗子、

㉕ 吳玉貴：《中國風俗通史・隋唐五代卷》第 14 頁，上海文藝出版社，2001 年。

㉖ 《燕京歲時記》不分卷，本書所引，皆據今通行本，北京古籍出版社，1981 年。

㉗ 周密：《武林舊事》卷 3。

棗子及其他佐食裹成的粽子。南北朝時吃了端午粽，還吃夏至粽。後世江、浙一帶則大行過年吃粽子。

此外，更有許多用糯米蒸製的糕，如榆錢糕、太陽糕、乳糕、糖糕、肉絲糕等。古人九月九日吃重陽糕，寓「步步皆高」之意；明清時代吳中手工業作坊主以吃重陽糕為契機，發動工人夜晚加班，成為風尚。

至晚到漢代，中國已使用與現在民間相近的磨，這樣，粉製食品就迅速發展了起來。中國粉製食品凡以麥麵為原料者「皆謂之餅」（黃朝英：《靖康湘素雜記》卷 2）。漢代吃餅的習俗十分盛行；魏晉以後，餅的花樣層出不窮。蒸餅類的饅頭傳為蜀漢諸葛亮所創，西晉有發酵饅頭。本來饅頭皆夾餡，自宋代開始，出現了包子，製作方法與饅頭相同而形狀不同，有的地方或又專稱夾餡饅頭為包子。湯餅類的麵條，古時叫「索餅」，至元代已能加工為掛麵。餛飩最早出現於三國時期，餃子在唐代已傳到邊遠少數民族地區。爐餅類的麻餅，漢代稱為「胡餅」，中唐白居易曾以忠州（今重慶忠縣）所出胡麻餅寄贈在萬州（今屬重慶）的友人。月餅首見於蘇軾「小餅如嚼月，中有酥與飴」（《留別廉守》）㉘之句，至南宋已大行。油餅類的油條，也在南宋時問世，據說當時人們因痛恨奸相秦檜和他的老婆王氏，故狀其形製成此物，下在油鍋裏炸，所以油條又叫「油炸鬼」——南方讀音，「鬼」與「檜」相同。

燒賣，亦稱「燒麥」，以麵為之，邊薄底厚，實以肉餡，蒸熟即食最佳。燒賣由來已久，除肉餡外，還有菜餡，或包裹鹹、甜糯米飯。

春餅，即春盤，始於晉代。唐人於立春日作春餅，捲以春蒿、黃韭、蓼芽。明清時代，州、府所在地幾乎都有經營春捲的店舖，當時所謂「春捲」，就是唐代的春餅。

冷淘，用麥麵作原料，如今之冷麵；用米麵作原料，則近似今之米綫或涼粉。唐代冷淘是以槐芽、槐葉擠汁和麵，切成粉條狀，下入沸湯煮熟，撈出後拌佐料冷食之，「經齒冷於雪」（杜甫：《槐葉冷淘》）㉙，是夏令的應時美食。

石鏊餅，即後世的石子饃，唐代同州曾用作貢品，此餅用上下兩層燒熱的石子焙製而成，既不焦糊，又能熟透，吃起來油酥鹹香，味美可口。

㉘ 《蘇軾詩集》卷 43。

㉙ 《杜少陵集詳注》卷 19。

紅綾餅餤，以紅綾束之，硬而脆。《正字通・食部》：「唐賜進士有紅綾餤，南唐有玲瓏餤，皆餅也。」這種餅餤在唐代，乃是宮廷御膳。

饊子，又叫「寒具」，是傳統社會寒食節的節令食品。《本草綱目・穀部四》：「寒具，即今饊子也，以糯粉和麵，入少鹽，牽索紐捻成環釧之形，油煎食之。」油香酥脆，與麻花相似。清代淮安饊子是地方名特產。

圖 54 餃子、點心 唐 1972 年吐魯番出土

乞巧果，款色多樣，有麥麵做的，也有米麵做的，或爐烤，或油炸，或圓形，或其他各種形狀。民間供奉織女，即用此物。清代吳地的乞巧果「以白麵和糖，綰作紵結之形，油氽」（顧祿：《清嘉錄》卷 7）。

元宵，也是粉製品，但原料為糯米粉，又稱「湯團」和「湯圓」。宋代民間開始在正月十五吃元宵，因其煮熟後浮於水面，宋人或名之曰「浮圓子」。南宋時，元宵由無餡改進為包糖餡。後世有餡元宵有甜味和鹹味兩大類。

以上粉製食品，統稱「點心」，「自唐時已有此語」（吳曾：《能改齋漫錄》卷 2）。中國糕點的主料除糧食外，還有各種澱粉和果類，輔料包括糖、油、肉、蛋、乳、蜜以及各種調味品，用擀、抻、包、裹、捲、切、捏、疊、盤、印等成型技藝和蒸、烤、炸、烙、煎、焗、爆、煮、熬、泡等致熟手段，其間因地區、民族、風俗習慣、物質條件的不同，形成許多的幫式。而最具代表性的有京式、廣式、蘇式和川式：京式以傳統的高超工藝取勝，頗多動人的故事傳說；廣式取材廣泛，花樣繁多，造型精巧；蘇式講究鮮、糯、甜，包子、湯團、糕餅皆負盛名；川式或糯綿，或酥脆，或滋潤，品種數以千計。

清代中葉，儀徵南門外有蕭美人點心店，所製「凡饅頭糕餃之類，小巧可愛，潔白如雪」，值比金子。當時名士如趙翼、袁枚輩皆往嘗試，留下不少稱頌讚美的詩作，以致可據而確定這位女點心師生於乾隆七年（1742），㉚比寫《紅樓夢》的曹雪芹在這方面記載欠缺強得多了。

中國菜肴，精美絕倫。《老子》第六十章云：「治大國若亨㉛小鮮。」古人把「烹鮮」等同於「治國」，是有深刻文化背景的。歷史上被視為良相楷模的伊尹，即為廚師出身，「宰相」的「宰」字，也是引用與飲食有關的「宰」字。正因為中國古代在這方面確實獨領風騷，故孫中山先生通過比較，毅然在《建國方略》中指出：「我中國近代文明進化，事事皆落人之後，惟飲食一道之進步，至今尚為文明各國所不及。中國所發明之食物，固大盛於歐美；而中國烹飪法之精良，又非歐美所可並駕。」㉜

《周禮・天官・膳夫》鄭玄所注的「八珍」為淳熬、淳毋、炮豚、炮牂、擣珍、漬、熬、肝膋，即 8 種烹飪方法。後世「八珍」則成了 8 種珍貴食品的代稱，所指又各有不同。如元末陶宗儀《南村輟耕錄》卷 9 云：「所謂八珍，則醍醐、麆沆、野駝蹄、鹿脣、駝乳麋、天鵝炙、紫玉漿、玄玉漿也。」此為迤北蒙古的八珍。而通常意義的八珍是指龍肝、鳳髓、豹胎、鯉尾、鴞炙、猩唇、熊掌、酥酪蟬。

三犧：雁、鶩、雉；三牲：牛、羊、豬。皆為法定祭品。

脯與脩，都是乾肉，不加薑桂以鹽甘之者謂之「脯」，加薑桂者謂之「脩」。也有說兩者的區別在於脯是初作成的乾肉，脩是作成時間比較久了的乾肉。

腊肉，在《易・噬嗑》中已經提到。明高濂《遵生八箋・飲饌服食》卷上記載製「火肉」之法：「以圈豬方殺下，只取四隻精腿，乘熱用鹽，每一斤肉鹽一兩，以皮擦入肉內，令如綿軟，以石壓竹柵上，置缸內二十日，次第三番五次，用稻柴灰一重間一重疊起，用稻草煙熏一日一夜，掛有煙處。初夏水中浸一日夜，淨洗，仍前掛之。」火肉是腊肉中的佳品，即火腿。

羹，本指有肉的濃湯。供飲用的純肉汁稱「太羹」；調和五味，外加一種蔬菜者，稱「肉羹」。沒有肉的，叫做「菜羹」。後世所謂羹，成了煮成濃稠液狀食品的統稱。

醢，肉醬和魚醬，製法以碎肉雜粱曲及鹽、酒，塗置瓶中，日久便成。

炙，是把肉用籤子串起來放在火上烤；濯，是把食物放在熱油裏炸；膾，是把肉細切生吃；炮，是把帶毛的禽獸包以泥巴放到火中燒烤，後世

㉚ 參見陶文臺《中國烹飪史略》第 139～140 頁，江蘇科學技術出版社，1983 年。

㉛ 「亨」即「烹」。孔廣森《詩聲類》(三)「亨」字下云：「『亨』、『烹』、『享』三字，後人所別，古人皆祇作『亨』字，而隨義用之，其讀似亦祇有亨音。」

㉜ 見《孫中山全集》第 6 卷第 160～161 頁，中華書局，1985 年。

則指在急火上油炒魚、肉片。枚乘《七發》說吳楚的食饌為「天下之至矣」㉝，張衡《南都賦》說南陽的地方風味有「百種千名」㉞。

「豆腐」之名，宋初假託陶穀所撰《清異錄》㉟卷1已有記載：「時戢為青陽丞，潔己勤民，肉味不給，日市豆腐數個。」北宋民間出現了專門的豆腐店。

中國傳統社會有關菜肴的掌故很多。西漢末年，外戚王氏5人同日封侯，五侯不相能，賓客不得往來，惟婁護傳食五侯間，各得其歡心，婁護便試合五侯所餉之鯖而食，這就是「五侯鯖」的來歷。後世稱五侯鯖，乃泛指美味佳肴，如蘇軾《次韵孔毅父集古人句見贈五首》其二云：「今君坐致五侯鯖，盡是猩脣與熊白。」㊱《晉書》卷92說：「(張) 翰因見秋風起，乃思吳中菰菜、蒓羹、鱸魚膾，曰『人生貴適志，何能羈宦數千里，以要名爵乎！』遂命駕而歸。」張翰曾在齊王司馬冏手下做官，他看到司馬冏驕横，又沉湎酒色，海內失望，早晚必然敗亡，會連累自己，故借此遁歸，實有先見之明。後世「蒓鱸之思」就成了退隱的代詞。而鱸魚膾中的「金齏玉膾」，那是以鱸魚為主料，配以金黃色的佐料烹製而成的，為隋煬帝所嗜食。相傳隋煬帝幸江都時，當地又有人特製一款醉蟹，飾以金鏤龍鳳，叫做「鏤金龍鳳蟹」，此菜有「以其昏昏，使人昭昭」的功能，可是隋煬帝吃了醉蟹之後，反而更加沉醉如泥，直到被人殺死為止，真是天曉得。

至於中國傳統社會由民間風味發展起來的特定菜肴類型，則爭艷鬥妍，形成了許多著名的幫口，拿現代術語來表述，亦即所謂「菜系」。明代已出現山東、四川、淮揚、廣東四大菜系，㊲清代「京菜」有「國菜」之譽，其他地方菜的特色也都通過酒樓飯館的宴席而體現得更加淋漓盡致。

京菜主要由北京風味和原山東菜構成，以烤、爆、炸、溜、炒見長，兼用燒、燴等法，選料廣泛，刀法精細，造型美觀，主鹹。傳統品種有烤鴨、涮羊肉等，還有多種仿膳菜，也屬於京菜。京菜中的全羊席，蓋承隋、唐宮廷「渾羊歿忽」而來，渾羊即全羊，歿忽就是宴席的意思。據說有廚

㉝　《文選》卷34。

㉞　《張河間集》卷3。

㉟　孫機：《豆腐問題》，《尋常的精緻——文物與古代生活》，遼寧教育出版社，1996年。

㊱　《蘇軾詩集》卷22。

㊲　參見徐海榮主編《中國飲食史》第五卷第98～103頁，華夏出版社，1999年。

師孫功臣者，羊甫殺，而客欲登席，也能從容操作，使賓客漸次吃完全羊，滿意而去，足見其技藝的高超。㊳京菜在元代，已蔚為大觀；清代登峰造極。

魯菜主要由濟南菜和膠東菜組成，多用葱作調料。濟南菜擅長爆、燒、炒、炸，以清、鮮、脆、嫩著稱，特別講究清湯和奶湯的調製。膠東菜擅長爆、炸、扒、蒸，以鮮為尚，偏重清淡。魯菜傳統品種有清湯燕窩、炸蠣黃、紅燒海螺、九轉大腸、油燜魚、蒸白條魚餅、清氽赤鱗魚、韭青炒海腸子、福山燒小雞、泰安三美、烤雛雞、糖醋黃河鯉魚、德州扒雞等。在歷史上，魯菜一直是「北菜」、「北食」㊴的主角，元、明、清 3 代均為御膳支柱。

蘇菜主要由南京菜、揚州菜、蘇州菜組成，以炖、燜、蒸、燒、炒見長，重視調湯，濃而不膩，淡而不薄。南京菜甘美和醇，玲瓏細巧；揚州菜清淡適口，刀工精細；蘇州菜口味趨淡，清雅多姿。蘇菜傳統品種有醋溜桂魚、乾炸銀魚、清蒸鰣魚、砂鍋菜頭、燒方、水晶肴蹄、清炖蟹肉獅子頭、金陵丸子、白汁黿菜、黃泥煨雞、鹽水鴨、雞湯煮乾絲、肉釀生麩、鳳尾蝦、無錫肉骨頭、沛縣狗肉等。蘇菜在隋唐時，已以「揚州菜」獨領風騷，宋代成為「南食」的領袖。

浙菜主要由杭州菜、紹興菜、寧波菜組成，其特色之一為運用香槽。杭州菜擅長爆、炒、燴、炸，工藝精細，清鮮爽脆；紹興菜擅長烹飪河鮮家禽，入口香酥綿糯，湯味濃重，富有鄉村特色；寧波菜擅長蒸、烤、炖製海鮮，鮮鹹合一，講究嫩、軟、滑。浙菜傳統品種有東坡肉、西湖醋魚、宋嫂魚羹、清湯越雞、霉乾菜燜肉、花生肚、絲瓜滷蒸黃魚、西湖蒓菜湯、油燜春筍、湖式煎羊肉、三絲拌蟶、紹興腐乳、平湖糟蛋、金華火腿等。浙菜已有 2000 多年歷史，宋代在南食中居首要地位。

徽菜主要由皖南菜、沿江菜、沿淮菜組成，重火、重油、重醬色，多用砂鍋木炭煨炖，善於烹製山珍野味。皖南菜芡大油重，樸素實惠；沿江菜多以煙熏，講究刀工，注意形色；沿淮菜鹹中帶酸，湯汁濃重。徽菜傳統品種有無為熏鴨、紅雞、徽州丸子、毛峰熏鰣魚、醃鮮鱖魚、清蒸鷹龜、奶汁肥王魚、蜂窩豆腐、定遠橋尾等。徽菜起於漢唐，興於宋元，盛於明清。

㊳ 李光庭：《鄉言解頤》卷 3《食工》。

㊴ 朱瑞熙：《宋代的北食和南食》，《中國烹飪》1985 年第一期。

川菜以成都菜為正宗，擅長小煎、小炒、乾燒、乾煸，調味多用辣椒、胡椒、花椒和鮮薑。傳統品種有麻婆豆腐、回鍋肉、魚香肉絲、燈影牛肉、清蒸江團、乾煸魷魚絲、怪味雞塊、涪陵榨菜等。川菜在漢魏六朝間，即不失濃厚的地方特色，向來與揚菜、粵菜鼎足而三，平分南菜天下。

粵菜主要由廣州菜、潮州菜、東江菜組成，保留了不少古代越族人的食俗。廣州菜以爆、炒見長，配料多，善變化，講究鮮、嫩、爽、滑；潮州菜以海味和湯菜見長，刀工細，口味純；東江菜以煎、炸、燒、燴見長，尤其是對蛇的製作，更有獨到之處。粵菜傳統品種有豹狸燴三蛇、菊花龍虎鳳、蛇菜、片皮乳豬、潮州凍肉、東江鹽焗雞、滿罈香、鼎湖上素、大良炒牛奶等。粵菜源於西漢，宋末王室南逃，眾多御廚聚集羊城，給粵菜的改革帶來了機遇，後來西餐涌入，益發推動粵菜的發展，以致今有「吃在廣州」之說。

此外，如以辣味和煙熏腊肉著稱的湘菜，以汁濃、芡稠、口重、味純著稱的鄂菜，以清湯、乾炸、爆炒、偏重酸辣著稱的閩菜，以直接繼承漢唐風味著稱的陝菜，以小吃著稱的豫菜等等，也都是膾炙人口、馳譽中外的。

又有清真菜，即回族菜，流行於全國各地。所用肉類原料以牛、羊、雞、鴨為主，擅長溜、炒、爆、涮，習用植物油、鹽、醋、糖調味。清鮮脆嫩，酥爛濃香。尤善烹製羊肉，上文著重提到過的京菜全羊席，雖遙承隋唐以來的傳統，其實也是清真菜。京菜而又為清真菜，這是因為凡適應性強的大菜系，都有兼收並蓄的特點，清真菜和京菜你中有我，我中有你，固不足怪也。

還有，中國傳統社會別樹一幟的素菜，原料大都為豆製品，花樣眾多，也足可在烹飪王國中占一席之地。素菜的特點是：一．為寺院所創，執鼎者多僧廚；二．忌用動物性原料和韭、蔥、蒜等，全係素食；三．多借用葷菜菜名，仿製葷菜菜形。傳統品種「鼎湖上素」，也是粵菜的看家品種。他如羅漢齋、素魚翅、釀扒竹筍及八寶鴨、糖醋魚、炒毛蟹、油炸蝦等象形菜，孔雀、鳳凰等花色冷盤，皆為歷久不衰的名菜。

古人認為「肉食者鄙，未能遠謀」（《左傳・莊公十年》），「飲食之道，膾不如肉，肉不如蔬」，而筍「是蔬食中第一品」。（李漁：《閒情偶寄・飲饌部》）筍與肉共煮，既能攝取肉的甘味，又能增進筍的鮮味，其中道理，在於「調和」兩個字，古人由此受到很深的啟發，因而中國古代烹飪十分注意調味。在《周禮》和《呂氏春秋》中，就已經有了酸、甜、苦、辣、鹹「五味」的記載。更早的古籍提到烹飪用味時只談酸、鹹二味：「若作和羹，爾惟鹽梅。」（《尚書・說命下》）酸取於梅子，可以幫助消化。後來有了醋，這種酸味調料還能除腥解膩，殺菌消毒，於是逐步取代了梅子，形成「無醋不成味」的飲食習慣。醋在古代又稱「醯」、「酢」和「苦酒」。釀醋經過酒化過程，是藉醋酸菌的作用使酒精進一步氧化成醋酸。由於麴中微生物種類繁多，釀醋時除產生醋酸外，還產生乳酸、葡萄酸等有機酸，使醋的味道格外鮮美。釀醋的方法很多，大致有釀陳醋、釀米醋、釀藥醋 3 大類。釀陳醋以山西老陳醋為佳品，釀米醋中最典型的是鎮江香醋，釀藥醋則有四川的保寧醋以其特有的清香醇厚之味蜚聲宇內。鹽是鹹味的主要來源，為百味之首，與梅一樣，早在商周時代就是必不可少的調味品了。鹽有海鹽、池鹽、井鹽和岩鹽，前 3 種是取鹵水曬乾或煎煮而成，後一種為地殼中沉積成層的鹽。海鹽主要產於濱海地區；池鹽又稱「課鹽」，主要產於山西和甘肅；井鹽主要產於四川、雲南等地；岩鹽也叫「石鹽」、「礦鹽」，主要產於新疆、雲南和西藏。可調鹹味的還有豉、豆麥醬和醬油，均屬釀造品。豉用豆發酵而成，調味要配鹽；豆麥醬用大豆或麵粉發酵而成，也是加鹽的，都出現在漢代以前。醬油是配鹽的豉汁，古稱「豆醬」，到宋代，林洪的《山家清供》已經正式多次使用了這個名稱。㊵中國古代的苦味則來之於酒。酒有發散和緩作用，醇酒的香味十分誘人，不僅可以作飲料，還可作解毒、去腥的調料，《周禮・天官・疾醫》明確指出酒是苦味的代表。辛辣類的調味品有辣椒、胡椒和薑，薑在中國古代稱作「調味之王」，《禮記》和《呂氏春秋》等書都再三提到過。甜味在周代有麥芽糖和天然蜜。《詩・大雅・綿》云：「周原膴膴，堇荼如飴。」《詩・周頌・有瞽》鄭玄箋云：「蕭，編竹管為之，如今賣餳者所吹也。」這裏所說的「飴」和「餳」指的都是麥芽糖。以果品浸漬於蜂蜜製成蜜餞始於唐代廣東，南宋則出現了較為精細的成品。蕭梁陶弘景已言及提煉蔗糖，㊶唐初有了紫砂糖㊷，以後至晚到北宋，漸漸有了白砂糖和冰糖。唐宋時代生產冰糖，是在頭年十月至十一月間將蔗汁製成砂糖，再將砂糖溶化，把糖漿注入插著竹梢排

㊵ 參見王尚殿《中國食品工業發展簡史》第 468 頁，山西科學教育出版社，1987 年。

㊶ 參見《政和經史證類備用本草》卷 23「甘蔗」條引。

㊷ 夔明：《蔗糖考》，《中國烹飪》1988 年第十二期。

的漆瓮中，春節後，糖漿開始結晶，到五月結晶不再增大，此時將糖塊在烈日下曬乾，即成冰糖。當時冰糖以紫色為上品，淺白色為下品，與今人的看法不一樣。在整個中國古代，始終沒有生產過甜菜糖。糖有除臭、解腥、提鮮的作用，能使菜肴色澤鮮艷，風味別致。中國古代的芳香料有茴香、桂皮、陳皮、甘草、花椒、茱萸等，特別是加入肉類食物，可以去腥臭味。還有桂花、菊花、茉莉花、玫瑰花這些香花，用於調味，更能造成食品獨特的味道。調鮮佐料有蔥、薑、蒜、香菜等。烹調離不開油，中國古代食用動物油很早，麻油用於飲食始見於晉人張華的《博物志》卷 4，南宋莊綽的《雞肋編》卷上詳細記述了各種植物油，明末宋應星的《天工開物・膏液》，更介紹了豆油和菜油的榨製法。

中國食品菜肴的色彩，有利用食物原料的天然色彩進行調製的，有利用食物色素進行調製的，也有利用食物在加熱過程中的顏色變化來進行調製的，儘管方法各異，但目的都在使盤中饌肴色彩賞心悅目，以進一步引起人們的食欲。至於造型，則中國食品菜肴一是以食物原料的自然形狀構成，二是將食物原料切割解體構成，三是通過對食物原料裝配雕刻而成，其構思的精巧渾成，在鮮美色彩的提升下，相得益彰。[43]

上文提到酒，這裏還要再作進一步的介紹。酒在中國的歷史很悠久，原始社會末期，人們已逐漸有意識地利用野果發酵來釀造果酒，大汶口文化和屈家嶺文化中的高柄杯，都應當是飲酒器。所謂「儀狄作酒醪，變五味，少康作秫酒」(《世本・作》)，儀狄即傳說中黃帝的女兒，發明用糧食釀酒，少康則踵其後。商周時代，穀物釀酒相當普遍，「十月穫稻，為此春酒」(《詩・豳風・七月》)。當時已發明用由穀物製成的含有豐富發酵微生物的「麯」來釀酒。用麯釀酒，可以使「糖化」(即把澱粉分解為葡萄糖)和「酒精發酵」(即把葡萄糖轉化成酒精和二氧化碳)兩個化學過程連續交替進行。這叫複式發酵法，為中國所首創。古代酒的名目很多，又有「醫」，為上古「四飲」(「清」、「醫」、「漿」、「酏」)之一，也是酒類，[44]顧名思義，可知酒與醫藥的關係。

《漢書・食貨志下》云:「一釀用麤米二斛，麴一斛，得成酒六斛六斗。」這是中國古代關於釀酒單獨用麯的配方和釀酒原料與成品比例的最早記載。

---

[43] 參見陳偉鳴《唐宋飲食文化初探》第二章，中國商業出版社，1993 年。

[44] 《周禮・天官・酒正》賈疏。

製酒要使用優質水，水美則酒亦美。對此，中國古代也早有體會，「鄭人以滎水釀酒，近邑與遠郊美數倍」（《國史補》卷下）。

漢代的中山冬釀非常有名，宋人詩云：「安得中山千日醉，酩然直到太平時。」（王中：《干戈》）㊺可見這種酒是很醉人的。

紹興黃酒的生產，相傳始於夏少康時期。少康一說就是杜康，㊻歷來被奉為是酒的鼻祖。後世流傳許多名酒，皆託於杜康所製。也有以杜康為酒的代稱者，如曹操《短歌行》云：「何以解憂，唯有杜康。」㊼這裏所說的「杜康」，就是指酒。據文獻記載，春秋時越王勾踐出師伐吳，百姓勞之以酒，勾踐投酒於河，軍民同飲，今紹興城區有投醪河，這大概是比較可信的。紹興酒中的「狀元紅」，色深而味濃，宋代已問世。另外如花雕、加飯、善釀、香雪等品種，其知名度更在狀元紅之上。

西漢臨邛（今四川邛崍）富翁卓王孫女文君，善鼓琴，新寡後與「家貧無以為業」的司馬相如戀愛，遭父反對，私奔成都。旋又回到臨邛當壚賣酒，而令司馬相如「身自著犢鼻褌與保庸雜作，滌器於市中」，以恥卓王孫。事見《史記・司馬相如列傳》，本書上章第二節也曾經提到過。

漢代宴會，飲酒賓主互勸，須「引滿舉白」（《漢書・敘傳》），一次性盡一杯，「舉白」以示見底，這種禮俗後世沿襲不廢。

在酒席上行令助興，不知始於何時？漢代酒令可以與軍令相比附。呂后時，朱虛侯劉章借酒令當著她的面斬其娘家諸呂一人，她竟為之無可奈何。

盛唐時期，飲酒之風亦盛。「汝陽三斗始朝天」，「李白一斗詩百篇」，「焦遂五斗方卓然」，（《飲中八仙歌》）㊽這是大詩人杜甫筆下官僚士大夫階層「飲中八仙」酒人集團的表現。而民間酒風更不示弱，中原地區，自京兆府昭應縣（今西安市臨潼區）至長安城門，一路皆有酒喝，或「量錢數多少飲之」，或為慷慨者施捨，「號為歇馬杯」；（王仁裕：《開元天寶遺事》卷 3）嶺南一帶，則廣州市場兩面夾道都是酒舖，客人可以先嘗，有「不持一錢來去嘗酒致醉者」，由於酒很便宜，當壚女並不計較，只是「笑弄而

㊺ 《千家詩》卷 5。

㊻ 《說文・巾部》：「古者少康初作箕帚、秫酒。少康，杜康也。」

㊼ 《古詩源》卷 5。

㊽ 《杜少陵集詳注》卷 2。

已」，每日醉倒路旁者二三十人。(《太平御覽》卷 846 引《嶺表錄異》) 唐代經營酒肆的，很多都是胡人。㊾唐詩中不乏胡姬賣酒的畫面，如李白《白鼻騧》云：「細雨春風花落時，揮鞭直就胡姬飲。」《少年行》其二云：「落花踏盡遊何處，笑入胡姬酒肆中。」㊿

晉代開始釀製藥酒；唐、宋之間有了燒酒，是用蒸餾法蒸烤而成的。蘇軾《物類相感志・飲食》㊿云：「酒中火焰，以青布拂之自滅。」這「酒」指的就是蒸餾酒。用蒸餾酒為酒基，配以香花異卉、果品和藥材中提煉的香料釀製而成的露酒，不僅味美，而且更有補身強體的功能。葡萄酒則來自西域，據錢易《南部新書》丙卷記載：「太宗破高昌，收馬乳蒲桃種于苑，并得酒法，仍自損益之，造酒綠色，芳香酷烈，味兼醍醐，長安始識其味也。」

中國古代白酒㊿的香型很多，有清香型、濃香型、醬香型、蜜香型。清香型清香純正，諸味協調，醇甜柔和，餘味爽淨，亦稱「汾香」；濃香型濃香沉鬱，綿柔甘洌，尾淨餘長，飲後尤香，亦稱「瀘香」；醬香型醬香突出，幽雅細致，柔和醇厚，回味悠遠，亦稱「茅香」；蜜香型蜜香清芳，入口柔綿，下咽甘洌，回味怡暢，亦稱「米香」。清香型的山西杏花村汾酒、陝西柳林鎮西鳳酒，濃香型的四川瀘州老窖特曲、宜賓五糧液、綿竹劍南春、安徽亳州古井貢酒、江蘇泗陽洋河大曲等，成名都很早。

由於酒是利弊參半的東西，喝酒容易誤事，沉湎於酒者，喪身者有之，亡國者有之，尤其是白酒，含有乙醇、甲醇、雜醇油、氰化物等 8 類有毒物質，古人對酗酒的危害性也很早就有清醒的認識，所以中國並沒有西方那樣的酒神崇拜。

除了酒，還有茶，更是人類歡迎的飲料。中國在上古時代，把茶葉稱之為「荼」，是以生葉蒸服，只當作藥材來使用的。「荼」字首見於《詩經》，

㊾ 參見謝海軍《唐代留華外國人生活考述》第 241～244 頁，臺灣商務印書館，1978 年。

㊿ 《李太白全集》卷 6。

51 曾棗莊、舒大剛主編《三蘇全集》第 19 冊第 514 頁，語文出版社，2001 年。按：《物類相感志》署蘇軾撰，自來頗有疑者，清康熙間王士禎《古夫于亭雜錄》卷 3 以「此書是宋初僧贊寧著」，其後李調元編《全五代詩補遺》亦持這種說法 (見卷 74)，但贊寧有《感應類從志》行世，以常情論，他另著此書的可能性似乎不大吧。

52 「白酒」含義古今有別，《禮記・內則》：「酒，清白。」長沙馬王堆一號漢墓 108 簡文：「白酒二資。」所指皆並非蒸餾酒。

凡 7 處，有時指茶，有時非指茶。茶葉味清香濃，可以解熱止渴，這種功能在不斷的醫藥實踐中終於為人們所認識，到戰國，蜀人對茶已十分崇尚。西漢王褒的《僮約》，提到了當時飲茶，是先製成茶餅，然後搗碎放入壺中，用沸水沖泡，外加蔥、薑、橘等調味。南北朝時佛教盛行，和尚坐禪，飲茶可以興奮中樞神經系統，驅除睡魔，故在寺院普遍流傳開來。但西魏時，飲茶在北方尚不受重視，認為茶只配「與酪作奴」(《洛陽伽藍記》卷 3)。由於飲茶有利於提高人的思維能力，唐代文人學士遂飲茶成癖，紛紛以茶作為吟詩作賦的題材，唐玄宗至以御撰形式定下「茶」這個名稱，茶聖陸羽（復州竟陵〈今湖北天門〉人，733～約 804）的《茶經》就是在這種背景下寫成的。陸羽認為煎茶用的水，以山水為上，江水居中，井水最下；又認為煮茶只可三沸，否則便老不可飲；飲時要趁熱連飲，冷飲則香味淡薄。[53]經陸羽鑒定，中國最適合沏茶的名泉依次為：鎮江中泠泉、無錫惠泉、蘇州觀音泉、杭州虎跑泉、揚州平山堂泉、廬山招隱泉。唐人茶風不遜酒風，也喜歡豪飲。據盧仝《走筆謝孟諫議寄新茶》詩稱：「一碗喉吻潤，兩碗破孤悶，三碗搜枯腸……四碗發輕汗……五碗肌骨清，六碗通仙靈……七碗……兩腋習習清風生。」[54]與後世「一杯為品，二杯即是解渴的蠢物，三杯便是飲驢了」(《紅樓夢》第四十一回）正好相反。那時候茶已成為人們的日常飲料。韋應物《喜園中茶生》詩云：「潔性不可汙，為飲滌塵煩。」[55]陸羽《茶經・五之煮》說：「茶性儉。」茶性儉、潔、和、靜，茶道體現了積極的人格精神。宋代特別講究品味茶葉的清香，飲茶直接用焙乾的茶葉煎煮，不再另加調料。宮廷和士大夫階層流行「分茶」——研茶為末，注之以湯，隨著注水的高低、手勢的不同，

圖 55　《事茗圖》　明　唐寅繪

---

[53] 《茶經・五之煮》。

[54] 《全唐詩》卷 388。

[55] 《韋蘇州集》卷 8。

使湯面形成變幻無窮的物象，有別於煮茶或煎茶。[56]當時「茶之品，莫貴於龍鳳，謂之『團茶』，凡八餅重一斤。慶曆中，蔡君謨為福建路轉運使，始造小片龍茶以進。其品精絕，謂之『小團』，凡二十餅重一斤，其價直金二兩。然金可有，而茶不可得」（歐陽修：《歸田錄》卷 2）。明代發明炒青製茶，茶葉已改為開水沖泡飲用，這是飲茶史上的一大進步。明代許次紓（浙江錢塘〈與仁和同治今杭州〉人，1549～1604）主張，飲茶茶壺宜小，便於保存香味，茶杯必須每人專用，用後洗淨擦乾，[57]都不失為有益的經驗之談。宋、明以來，茶是家家戶戶「開門七件事」[58]當中的一件，舉凡應酬、交際、送禮都離不開茶。古人還把「受茶」[59]作為男女的訂婚之禮，可見茶在中國民俗中的意義，早就不是一般的飲料了。

截至近代以前，中國茶已形成了綠茶、黃茶、白茶、青茶、紅茶、黑茶 6 大類。綠茶分別採取炒青、烘青、曬青、蒸青或半炒半烘方式製成，不經發酵，著名品種有杭州西湖龍井、紹興平水珠茶、洞庭碧螺春、黃山毛峰等。黃茶與綠茶相似，但經過悶黃工藝，著名品種有君山銀針、蒙頂黃芽等。白茶以生曬為上，經輕微發酵，著名品種有白牡丹等。青茶「綠葉紅鑲邊」，經半發酵，邊緣呈紅色，著名品種有武夷岩茶、安溪鐵觀音、臺灣烏龍茶等。紅茶經發酵，著名品種有雲南滇紅、安徽祁紅、四川川紅、廣東英紅等。黑茶發酵時間長，著名品種有普洱茶、沱茶、六堡茶等。此外還有花茶、果味茶、香料茶、緊壓茶、萃取茶、藥用茶和含茶飲料等再加工茶，基本原料皆不外上述 6 大類。[60]

中國傳統社會每家每戶都很注意對食品的保藏，歷代政府也十分重視糧食的積貯工作。古代保存食品的方法，有焙烤、冷藏、收乾、密封、窖藏等。中國別有風味的醃製、醬製、糟製、腊製和蜜漬食品，也是在食物的保存貯藏方法中發展起來的。

中國傳統社會筵宴，有國宴、軍宴等公宴和婚宴、壽宴等私宴。以規

---

[56] 楊萬里《誠齋集》卷 2《澹菴坐上觀顯上人分茶》詩有句云：「分茶何似煮茶好，煎茶不如分茶巧。」

[57] 《茶疏》「秤量」、「蕩滌」兩條。

[58] 《夢粱錄》卷 16：「蓋人家每日不可或缺者，柴、米、油、鹽、醬、醋、茶。」

[59] 郎瑛《七修類稿》卷 46：「種茶下子，不可移植，移植則不復生也，故女子受聘謂之『吃茶』。又聘以茶為禮者，見其『從一』之義。」

[60] 參見黃志根主編《中華茶文化》第二章第二節，浙江大學出版社，2000 年。

圖 56　《古今談叢二百圖》中的「鹿鳴盛宴」

格儀式來分，有正宴、曲宴、便宴等；以設宴場所來分，有殿宴、府宴、園亭宴、船宴等。所謂「筵席」，本來是坐具的總稱，因古代沒有桌子，進餐的時候，酒食菜肴都是置於筵席之間，所以後來筵席就有了酒饌的意義。《禮記・禮運》云：「夫禮之初，始諸飲食。」「禮」字，從「示」，表示與祭祀有關，下面是盛食器「豆」，豆上盛的，就是兩串肉。歷史上周公制禮，對筵宴的禮儀規定非常具體，如鼎食，天子用九鼎，卿用七鼎，大夫用五鼎，士用一鼎或三鼎，菜點的多少必須符合享用者的身分等等；並且還有很多對飲食衛生的規定，如飯前必須洗手，以及不要吃得太飽等等。至於中國傳統社會一度成俗的名宴，則首推鄉飲酒和鹿鳴宴，這種筵宴是禮儀性的，流行範圍最廣，延續時間最長，由地方官員負責舉辦，具有宣揚禮教和團結地方士紳的意義。野宴在古代也很流行，北宋文人歐陽修的《醉翁亭記》，記述他任滁州太守時約請朋友在琅邪山亭野宴的歡樂情景，他說「醉翁之意不在酒，在乎山水之間也」[61]，可謂得野宴之真諦。唐代年輕婦女在春天舉行的「探春宴」和「裙幄宴」，也是野宴。在裙幄宴中，少女和少婦們，選擇適當的地方，以草地為席，周圍插上竹竿，把鮮艷的裙子連接起來掛在竹竿上，作為臨時宴飲的幕帳。由於她們心靈手巧，所帶的酒肴，或在原料滋味上考究，或在花式造型上獵奇，或在食具食盒上創新，因此這類筵宴是很具風致的。而清代的滿漢全席，乾隆年間逐漸流行，是以滿洲燒烤和南菜中的魚翅、燕窩、海參、鮑魚為主菜，以淮揚、江浙羹湯作輔佐，並以滿族傳統糕點穿插其間，據李斗《揚州畫舫錄》卷 4 記載，有頭號五簋碗 10 件、二號五簋碗 10 件、細白羹碗 10 件、毛魚盤 20 件、洋碟 10 件、熱吃勸酒 20 味、小菜碟 20 件、乾果 10

[61]　《居士集》卷 39。

砌桌、鮮果 10 砌桌，山珍海味，水陸雜陳。但這已經是烹飪文化的畸形發展，實在是太離譜了，因此反為不可取。

中國傳統社會還有吃火鍋的習俗。火鍋中有煙筒，周圍有湯槽，底下置炭火，使湯沸騰，然後加入魚肉片、丸，以及蔬菜、粉絲等易熟的佐料，隨煮隨吃，多為年節和待客用。火鍋菜講究前禽後畜（或獸），左魚右蝦，四周撒菜花，調味品也是隨時加入。內蒙古敖漢旗的一座遼墓壁畫上，有契丹人食火鍋涮肉片的場面，火鍋涮肉食法，是遼代契丹人發明的。

中國傳統社會有很多可以被戲稱為「美食家」的名人。如孔子，他對飲食很不馬虎，他有 10 多個「不食」:「食饐而餲、魚餒而肉敗不食；色惡不食；臭惡不食；失飪不食；不時不食；割不正不食；不得其醬不食；肉雖多，不使勝食氣；唯酒無量，不及亂；沽酒、市脯不食；不撤薑食；不多食……祭肉不出三日，出三日不食之矣。」（《論語・鄉黨》）這些原則，絕大部分都含有科學道理。過去有人認為孔子講究飲食，是貴族派頭，其實他是在以身作則，宣傳食品衛生法。又如蘇軾，他創製了東坡肉、東坡羹、東坡豆腐、東坡餅、東坡蜜酒等「系列食品」，他對「吃」極有研究。但他卻又非常注意節儉，《東坡志林》卷 1「記三養」條稱:「自今日以往，早晚飲食不過一爵一肉，有尊客，盛饌則三之，可損不可增。有召我者，予以此告之，主人不從而過是，吾及是乃止。一曰安分以養福，二曰寬胃以養氣，三曰省費以養財。」「食飲有節」，早在《內經・素問・上古天真論》裏，就已經有了這種訓條。古人重視飲食之道，表現了他們對生活的熱愛；他們又在飲食方面提倡衛生和節儉，充分顯示了中國古代文明的光榮。

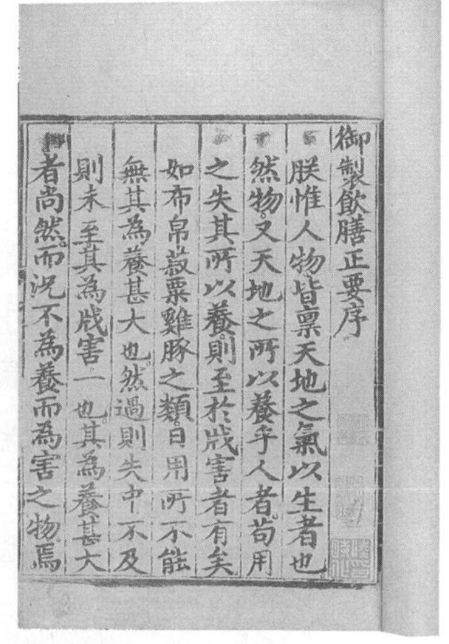
御製飲膳正要序
朕惟人物皆稟天地之氣以生者也
然物又天地之所以養乎人者苟用
之失其所以養則至於戕害者有矣
如布帛菽粟雞豚之類日用所不能
無其為養甚大也然過則失中不及
則未至其為戕害一也其為養甚大
者尚然而況不為養而為害之物焉

圖 57　《飲膳正要》書影

中國傳統社會更把倫理觀念導向飲食，如清代袁枚撰《隨園食單》，對原料的選擇，他說:「凡物各有先天，如人各有資稟，人性下愚，雖孔孟教之無益也；物性不良，雖易牙烹之亦無味也。」（見卷 1《須知單・先天須知》）這是借烹飪的具體操作活動，教化人們體認倫理的意義。

中國古代與飲食有關聯的器物，用於取火的，有燧木和陽燧；用於食前淨手的，有盤和匜。燧木，古代鑽木取火，所用燧木，大小形制無定。後世又有用火刀、燧石擊擦取火之法。陽燧，銅質圓形盤，似鏡而小，凹面，可聚陽光成焦。這種取火工具的發明，至遲在公元前 5～公元前 4 世紀左右。盤，大口，直沿，淺腹，雙耳或無耳，平底，圈足或三支足。盤是盛水器，使用時須與匜配合。特大的盤也可用於沐浴。匜，橢圓形，敞口，長流，龍形鋬，有 3 足、4 足或無足，為注水器。個別匜有蓋，還有將四足做成車輪的。

古代烹飪器有鼎、鬲、甑、釜、甗、迅缶、鍪、鑊、鬹、炙子、鐎斗（或稱「刁斗」）等。鼎，多為圓腹，立耳，3 足，少數為方形，4 足，鼎耳可以穿槓或搭鉤，鼎有無蓋和有蓋兩大類，主要用於煮肉、魚和腊品。鬲，圓頸大口，3 足與腹連為一體，主要用於熬粥。甑，形如罐、盆而有底，有的箍以甑帶，使其緊固，用時需置於鬲或釜上，燃火後，鬲、釜內的蒸氣通過甑底的孔，將甑內飯蒸熟。釜，因不同的時期或不同的質材，形制有所不同，漢以後的銅釜多有銜環雙耳，釜是中國傳統社會民間使用最廣泛的烹飪器，亦為軍中所必備。甗，上部為甑，下部為鬲，或分體，或合體，多為圓形，立耳，少數為方形，甗和甑一樣，主要用於蒸飯。迅缶，外形似甑，而中央立一中空透底的汽柱，柱上端有花朵形汽孔，通過汽孔的蒸汽將器內食物蒸熟。鍪，似釜而圓，圜底，斂口，反唇，雙耳，是由釜發展而來的，流行於戰國、秦漢時的秦人生活地區。鑊，敞口，凹底，平沿，實為無足鼎，新石器時代即已出現。鬹，高頸，圓口，有流、3 袋足、鋬，是煮粥、煮水之器，為大汶口文化和龍山文化的典型器物。炙子，形制多樣，主要有箅條式、網式、漏孔式等，多有柄，是烤魚、烤肉時用的。鐎斗，多為圓盤形，有長柄，3 足，或有流，主要用於軍隊加溫熟食。

古代盛食器有簋、簠、盨、敦、豆、籩、盂、箄等。簋，圓形似碗，敞口，凹圜頸，圓腹，圈足，或無耳，或雙耳，或 3 耳，或 4 耳，或帶方座，或帶支足，主要用途是盛黍、稷、稻、粱等熟飯，相當於後世的大飯碗。簠，侈口，長方形，由大小和紋飾都相同的蓋、身兩部分組成，蓋、身均為長方形，平頂，平底，四面斜坡至於器口，有些器口外沿鑄小獸或子母口，使蓋、身吻合，蓋、身或無耳，或各鑄雙耳，器頂和底均有圈沿，其四角有短形突起，在身則為足，簠的用途與簋同，出現於西周初年，終於戰國。盨，斂口，橢方形，有蓋，雙耳，圈足或再加 4 短足或 4 立獸為支足，蓋上提手的形制一般與器足相同，只是小得多，盨是簋、簠結合的产物，其用途同於簠、簋，春秋後逐漸消失。敦，大口，圓腹，環耳，3短足，蓋與身多對稱，合蓋則成球形，但也有少數敦無耳無足，或蓋小於身，或呈扁圓形，敦的用途與簋相同，並逐漸取代了簋，興於春秋，盛於戰國。豆，上為圓盤或碗形盤，高圈足，或高柄圈足，或有蓋，柄的專名稱「校」，圈足的專名稱「鐙」，豆本用以盛黍、稷之類，約自西周起即用盛菹（酸菜）、醢，春秋戰國時代，豆十分盛行。籩，似豆而盤平淺，沿直，矮圈足，是從豆分化出來的，有竹製、木製、陶製和銅製的多種，主要用於盛果脯之類的食品。盂，侈口，深腹，附耳，圈足，形體較大，是過渡性的盛飯器，漢代用盂盛酒，但形體已相當小了，後世成為一般器皿，如水盂等等。簞，近似現在的竹籃、竹筐，用竹、葦編製，是盛乾糧之器。此外，尚有瓮、瓨、甂、荅、橢、罌、盒、笥等，也都可以用於盛放食品。

古代案具，有俎，形似小凳，上橫長方形板面，中央微凹，橫板下兩端有立足。主要用於切熟肉和日常就餐。有銅製的，也有漆木製成的。

古代冪食器，《周禮・天官・冪人》云「掌其巾冪」，即負責用巾冪覆蓋食物，以保持食物清潔。後世食罩，以紙、布或紗等為之，也有竹製籠罩。唐、宋盛行碧紗廚，主要是廚用。到後來，用於寢臥的緯障也稱碧紗廚。

古代進食用具，除筷子（箸）外，主要是碗，舊作「盌」或「椀」，敞口，深腹，小圈足，個別有平底。其用途除進食、盛湯外，後世又有用茶碗飲茶的。碗在新石器時代各類文化遺址中均有發現，有陶質的，也有石質和木質的。在河姆渡遺址中發現的一件瓜棱形木胎漆碗，是現在所見中國古代最早的髹漆製品。西周的時候，已有原始青瓷碗。匕，用於切割食品。由匕發展而來的匙，用於舀飯；柶，用於喝湯。

中國古代酒器有用於盛酒的、溫酒的、調酒的、飲酒的，名目繁多，其中主要有尊、壺、鍾、罍、盆、缶、瓶、榼、椑、觴、角、盉、勺、觥、觚、觶、爵、卮、杯等。夏、商、西周，「名位不同，禮亦異數」（《左傳・莊公十八年》），酒器的質量和數量組合及名物辨用，均相應被賦予了儐鬼神、經國家、定社稷等許多重要禮儀規範，限於篇幅，這裏就不一一細作介紹了。

中國傳統社會的飲食器具，在春秋、戰國之際，已開始逐漸專門化，並且對上古器物作了大刀闊斧的淘汰。隨著人們物質生活的不斷進步，飲食器具在材料、形制方面也出現了許多變化。隋唐時代，宮廷皇室和官僚貴族已大量使用金、銀等貴金屬所製的飲食器具，在形制上更日趨精巧。當時民間的飲食器具，一般是用竹木、陶瓷和普通金屬做成，尤以陶、瓷最為常見。唐宋時中國瓷器馳譽海外，瓷製食具更有輝煌的成就。唐代以後，飲茶風俗日盛一日，茶具因此在中國飲食用具中占有重要的一席。

中國傳統社會本來並無吸煙陋俗。明代末年，煙草從呂宋（在今菲律賓）傳入，譯稱「淡巴菰」，崇禎皇帝（即明思宗）曾嚴令取締。[62]清代吸煙成為社會風氣，福建「煙草之植，耗地十之六七」（郭起元：《論閩省務本節用書》）[63]；「江南、山東、直隸，上腴之地，無不種烟，而耳聞於他省者，亦如之」（方苞：《請定經制箚子》）[64]。大商賈一年之計，夏絲秋煙。當時種植煙草已相當普遍，種類也很豐富。不過，以前的煙草都是靠日光曝曬的，直到 1890 年捲煙傳入後，適宜做捲煙的煙草新品種——烤煙，才開始在全國各地推廣種植。

[62] 據中國第一歷史檔案館張書才研究員來函指教：臺灣版《福建通紀・食物志》有關煙葉傳入及最初被禁止的情況，提到 3 部書的如下記載——一.《景岳全書》：「明萬曆時始出閩廣間。」二.《仁恕堂筆記》：「始於日本，傳於漳州之石馬。明天、崇間禁之甚嚴，今則無地不種，無人不食，朝夕日用之計侔於菽粟酒漿矣。」三.《蚓庵瑣語》：「菸葉出自閩中。邊上人寒疾，非此無治，關外人至以匹馬易煙一觔。崇禎初下禁煙之令，民間私種者問徒。法輕刑（利）重，民不奉詔。尋令犯者斬，然不久因邊軍病寒無活，遂停禁。」又邢昌淦著《明清農村商品經濟》所引稍異，其文稱「王逋《蚓庵瑣語》（《說鈴》清刻本第 13 冊）引蔡家畹《煙譜》云：『煙葉出自閩中，邊上人寒疾，非此不活。關外人至以匹馬易煙一斤。崇禎癸未，下禁煙之令，民間私種者問徒。法輕利重，民不奉詔。尋令犯者斬。然不久邊軍苦寒無活，遂停是禁。』」則禁煙之時間已有 3 說：一為「天（啟）崇（禎）間」，一為「崇禎初」，一為「崇禎癸未 (1643)」。何者為是，不得而知。而崇禎帝曾禁煙，則是不容置疑的。

[63] 《清朝經世文編》卷 36。

[64] 《望溪先生集外文》卷 11。

第十二章

居住和交通

第一節　居住

中國遠古原始人類滿意的棲息地，大都處於山間盆地，或河谷，或平原之角隅，空間尺度有一定的範圍。其直接生境，往往占據山緣，能起隔離作用。這種圍合整體並不是絕對封閉的，而是無不留有一些與外界聯繫的豁口，豁口常沿河流、山谷延伸而形成走廊。❶

開始定居的時候，只有公共住房；後來公房制消失，又有了個別偶居的房屋，原始村落的地方性逐漸明顯。北方流行由穴居發展而來的土木結構，南方則多由巢居發展而來的干欄建築，這是由於兩地氣候、環境和建築材料不同的緣故。原始住俗實行席地而坐，缺乏複雜的家具，但是每個成員在室內都有一定的位置，不得混亂。原始住宅的組合和大小受社會組織和婚姻關係的影響，並且有固定的和臨時的兩種。

公元前 7000～公元前 5800 年的河南舞陽賈湖聚落，中晚期可能有 5 個以上的家族同時並存，常住人口大約在 160～260 之間。賈湖人住房以半地穴式單間房為主，也有少量依次擴建的半地穴式多間房，還有個別地面建築和干欄式建築，灶為室內與室外並存。

浙江河姆渡遺址的高干欄式長屋，上面住人，下面堆放雜物。建築方法是以樁木為基礎，其上架設橫梁，構成架空的建築基座，再在上面鋪設樓板，在樓板上立柱、做牆、蓋頂。木構件之間採用垂直相交的榫卯及綁紮等技術連接。這種住房，具有良好的通風防潮性能，非常適合當地的氣候條件，為後世此類建築提供了足資遵循的楷式。

銅石並用時代晚期（公元前 2600～公元前 2000）——即相當於龍山文

❶ 參見俞孔堅《理想景觀探原——風水的文化意義》，商務印書館，1999 年。

化時期的住房頗具地方特色，並反映了城鄉差別。當時已出現院落和水井，由仰韶文化中、晚期的中心聚落發展而來的城堡已很普遍。據考古發掘，河南淮陽平糧臺城址具有以下幾個特點：一．規劃整齊，二．防衛設施嚴密，三．有公共下水道，四．有較高級的房子，五．有手工業場地，六．有宗教活動的遺跡，❷七．成年人的墓地在城外。

地下窖藏在史前比較流行。❸

進入文明社會後，中國古代住俗和日用器物日益豐富多彩，反映了與社會生產力相適應的物質文化。

據文獻記載，中國上古住房最外面是門，門外有屏，又叫「蕭牆」，即今之照壁。貴族的大門一般三開間，當中明間為門，左、右暗間為塾。門內為庭，即院子，在宮廷中是群臣朝見君王的地方，所以又叫「朝」。庭的盡頭建堂。上古供起居用的建築物都在較高的臺上，堂也不例外。堂有東、西兩面牆，叫「序」，靠庭的一面有兩根柱子，稱「楹」。還有兩個階梯，稱「東階」、「西階」。堂是平時活動、行禮、待客之所。古人在室外尊左，因此西階是賓客走的。堂既一面無牆，其邊、角自然皆暴露於外，堂邊叫「廉」，廉必直。上古尊者在堂則卑者在庭。至於堂四周的廊廡，區別在於：廊無壁，僅作通道；廡有壁，可以住人。堂後有室，室門叫「戶」。戶旁還有窗子，叫「牖」。戶偏東，牖偏西。室的北牆上還有一個窗子，叫做「向」。室的兩旁若再蓋房屋，就叫「房」。室內四角（隅）都有專名，「西南隅謂之『奧』，西北隅謂之『屋漏』，東北隅謂之『宧』，東南隅謂之『窔』」（《爾雅・釋宮》）。四角中以「奧」為最尊，是室內祭祀之所。

證之實物，周原陝西省岐山縣鳳雛村有先周或西周早中期建築遺址一處。這一遺址至少包括了 3 個庭院，在庭院正北面有房屋遺跡約 5～7 間，寬約 3 米，進深 7 米，其布局與《儀禮》所謂前堂後寢相合。另外，在陳召村，還有 4 座大型建築遺址，房屋分東、西兩列，上有壕溝，基址保存完好的部分，四角還有迴廊。

在上古，「宮謂之室，室謂之宮」（同上），都是住房的意思。而「殿」，則是指堂。直到魏晉以後，宮殿才成了帝王所居的專稱。

---

❷ 據《人民政協報》2006 年 11 月 2 日的一則報導——《河南發現 4500 年前的八卦字符》（記者李麗靜）稱，該遺址出土的一枚陶紡輪上，刻畫有當年八卦中的離卦。

❸ 余扶危、葉萬松：《我國古代地下儲糧之研究》（上），《農業考古》1982 年第二期。

「寢，室也」(《逸周書・皇門解》孔晁注)。唐初風俗簡樸，溫彥博為尚書右僕射，「家貧無正寢，及斃，殯於旁室」(《貞觀政要・儉約》)，可見「正寢」與「旁室」不可同日而語。

殷、周之際中原地區的普通民居，是在地上挖穴，穴周圍加搭低牆，然後立柱加頂。穴的一邊挖成斜坡或土階，作為進出口通道。這種住房叫做「寝」。寝有方形（包括長方形和曲尺形)、圓形、不規則形 3 式，面積大小不等，或一居室，或二居室，或三居室等等。

漢代所稱「廂」和「閣」，皆為堂東、西兩側與堂平行而毗連的房間。後世廂指正房兩邊的房屋，閣則指四周設槅扇或欄杆迴廊的一層、兩層或多層建築物。

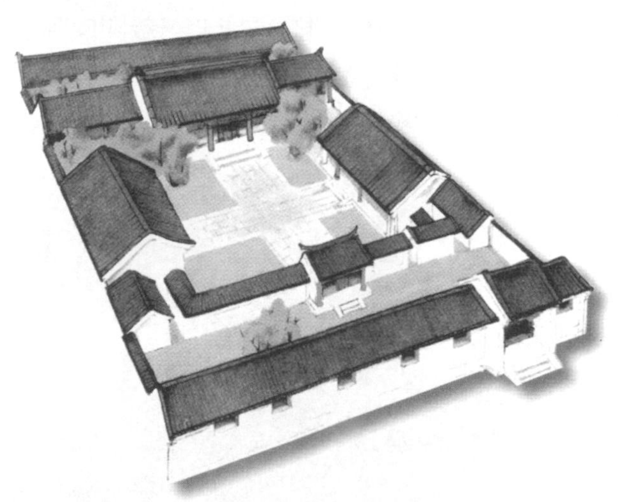

圖 58 北京典型的四合院鳥瞰圖

中國傳統社會宮室房屋之外，與住俗有密切聯繫的，還有城。城是軍事防守設施，主要的作用，在於保護城內的安全。東漢後期，羌亂西陲，并、雍、涼 3 州屯兵 20 餘萬，初未有功效，地方大族為自衛計，乃興造堅固的塢堡壁壘，其內有居屋、倉儲、家具、器用等以備常住應變，且耕且守。平人缺乏力量，或遷徙依附以求庇護，亦頗賴以存活。《三國志・魏書・董卓傳》載：「(卓) 築郿塢，高與長安城埒，積穀為三十年儲。云：事成，雄據天下，不成，守此足以畢老。」據說郿塢高厚皆七丈，號曰「萬年塢」。魏晉南北朝時代，南北各地建造了大量的塢堡，一般住有幾十戶乃至幾百戶人家，最大的多達萬戶。而自戰國末年以來，築城的方法主要還是板築（見下文)，魏晉塢堡也多如此。宋代大部分城仍然都是土牆。明清時代由於製磚業發達，到清代，縣城以上不用磚的就少見了。

中國傳統社會樓房出現於戰國晚期，但民居仍以平房最為普遍。平房有平頂和人字斜頂之分。瓦有陶瓦、石瓦、竹瓦、筒瓦、人字瓦等；鄭州商城宮殿區出土的灰陶板瓦，距今已有 3500 多年。❹草頂房在農村較常見。

❹ 新華社消息：《鄭州發現世界最早的板瓦》，《光明日報》2000 年 8 月 10 日。

北方四合院，磚木結構，在抬梁式木構架的外圍砌磚牆，屋頂以兩側山牆同屋面平齊或略出屋面的硬山式居多，次要房屋則用平頂或單庇頂，牆壁和屋頂都比較厚重。房屋和院落按南北縱軸綫對稱布置，大門多位於住宅東南角，通常分內外院，兩院之間設垂花門。內院是住宅的中心，在中軸綫上南向為正房，供長輩居住；兩側為廂房，是晚輩的住處。周圍以走廊聯繫。正房左右，附有耳房及小跨院，設廚房、水井❺、雜屋和廁所等。外院為倒座。大型住宅可以由多個院子組成。住宅四周，為各座房屋的後牆和圍牆所封閉，門窗一般開向院子，不對外開窗。院內則栽植花木或置放盆景。室內設坑床取暖，內外地面鋪方磚。江南封閉式院落，多用穿斗式木構架或穿斗式與抬梁式的混合結構，外圍砌較薄的空心牆，屋頂也較薄。大型住宅在中央縱軸綫上建造門廳、照壁、轎廳、大廳及正房、影堂，再在左右縱軸綫上布置客廳、書房、次要住房和廚房、水井、雜屋、廁所等。後部住房通常為兩層建築，上面有走廊、過樓。各組房屋之間設「備弄」，以通前後，方便於巡邏，也有防火的效用。外圍高牆上開有漏窗，房屋前後亦開窗。浙江、四川等山區住房，利用地形做成高低錯落的臺狀地基，大都為穿斗式木構架，高1～3層不等。以磚、石、夯土、木板或竹笆做牆。屋頂多懸山式，雙坡前坡短，後坡長，出檐和兩山挑出很大；也有兩坡和四坡混合的比較複雜的歇山式屋頂。主要住房仍具中軸綫，但左右次要房屋不一定採取對稱形式。南方農村明三暗六式住房，土木結構，分瓦房、茅屋兩種。正面3間，左右一般為臥室，皆前後隔而為二；中間堂屋，後部亦隔開一小間，供作廚房。這樣，正屋實為6間，故稱「明三暗六」。亦有「明二暗四」、「明五暗十」等式。廁所、雜屋等均在正房之外。雲南昆明一帶的住房，因牆厚、瓦重、地盤和外形方正，稱為「一顆印」。常見的一顆印，有正房3間，耳房東、

圖59 北京前海西街17號恭王府花園的垂花門

❺ 水井很重要，古代凡居家之處，多有水井，故「背井」成為「離鄉」的同義詞。

西各兩間。也有正房 3 間、耳房 6 間或正房 3 間加暗室兩間的。正房大率為樓房，下有前廊，稱為「遊春」。較大的住宅，由兩個一顆印串連組成，從前側耳房處闢門入內。兩個一顆印單元間為過廳，用作禮儀飲宴之所，其門窗可全部拆卸，成為敞廳。最大的一顆印住房，稱「明三暗五六耳五間廳」，是用兩個軸綫並列的形式組合而成的，每軸綫上 5 組，臨街一列稱為「倒八座」。住房外圍為高牆，用夯土或土坯築成，外磚內土則稱「金銀包」。城內一顆印，樓上各廊相接，稱為「跑馬廳」。

漢代華北地區，冬寒多風，住宅建築封閉緊錮；江南一帶，炎熱多雨，住宅敞開外露，多外廊，深出檐，窗口開得較大，有可以支撐、摘下的「支摘窗」；天水、隴西民以板為屋；日南郡的住宅，開門朝北；而漠北以穹廬為舍，無不向日；南方人沿江沿海，多有住船者；西南少數民族的井幹式木構架住房，係用木料層層累疊而成❻。

西北黃土高原上的窰洞式住宅❼，有靠崖窰，是在天然土壁內開鑿橫洞，常數洞相連或數層相疊。有的在洞內加砌磚券或石券，防止泥土崩潰。或在洞外砌磚牆，保持崖面。規模較大的靠崖窰則在崖外建造房屋，組成院落，稱為「靠崖院」。又有地坑窰，亦稱「天井窰」，是在岡地上鑿掘方形或長方形平面深坑，沿坑面開鑿窰洞，內有各種形式的階道通至地面上。如附近有天然崖面，則掘隧道與外部相通。大型地坑院有兩個或兩個以上的地坑相連，可住二三十戶。窰洞式住宅同樣「有門有窗，光可入屋，所異者，特屋頂與牆壁皆山土耳。然冬溫夏涼，且收藏食物於中，可經年不壞」（《清稗類鈔・第宅・穴居》）。而在上面或植樹木，或闢道路，皆無不便。另外還有錮窰，是在地面上用磚、石、土坯等建造一層或兩層拱券式房屋，用數座錮窰組成的院落，稱為「錮窰院」。

北方東、西屋設火坑，皆在南窗下。灶頭設於敞屋外入門處。山西、內蒙等地，有地爐、地灶。北方進門先見灶頭，南方灶頭則在後間後院。南方水鄉，房基多立於水中，牆下可通船，運送糧、柴、垃圾等極為方便。

---

❻ 漢初宮苑中有井幹樓，也採用這種結構方式。在中國古代，這種木構架房屋的結構方式，與抬梁式、穿斗式並列。

❼ 結合文獻記載和考古發現，中國窰洞式住宅起源於仰韶文化時期，在龍山文化時期已有長足的發展。說詳宋兆麟《中國風俗通史・原始社會卷》第 133～134 頁，上海文藝出版社，2001 年。

北方平原則重視打地基，挖槽夯實，再砌磚石，屋梁以堅木為之，有五檁、七檁、九檁之分，最少的也有3檁，然後加椽，前後出檐翹脊的，講究「五梁八柱」。砌磚有立砌、平砌、縱橫交錯砌、一順跑砌；有縫子牆、磨磚對縫的無縫牆；也有四角邊用磚，中間用土坯、碎石的「四角硬」建築。牆面，北方以磚紋為美，南方多塗抹灰泥。北京尚黑牆，塗黑灰，莊嚴肅穆；南方有的地區，如廣東等地尚白牆，塗白灰，潔淨大方。舊式店舖作坊，多為鄰街，敞門式。南方睡床，雙人床男女對向睡。北方睡坑，皆並頭睡，且頭一律向坑檐，不能頭朝裏。北方的坑，還有連二坑、對面坑等。上述都是多年以來形成的居住習慣。

古人營建住房，還特別注意居室的高低、朝向、明暗和通風，將這些視為不可忽略的要素。如唐代著名道教徒司馬承禎（河內溫縣〈今屬河南〉人，647或655～735）說：「何謂安處，曰非華堂邃宇、重茵廣榻之謂也。在乎南向而坐，東首而寢，陰陽適中，明暗相半。屋無高，高則陽盛而明多；屋無卑，卑則陰盛而暗多。故明多則傷魄，暗多則傷魂，人之魂陽而魄陰，苟傷陰陽，則疾病生焉。……吾所居室，四邊皆窗戶，遇風即闔，風息即開。吾所居坐，前簾後屏，太明則下簾以和其內映，太暗則捲簾以通其外曜。內以安心，外以安目，心目皆安，則身安矣。」（《天隱子養生書・安處五》）❽他的話包含了豐富的科學性，無疑是值得肯定的。

到了清代，對民居房屋的格局有很多規定。如京師民居，必須低於宮殿；州、縣民居也必須低於官衙。❾除官衙、寺廟外，民居的朝向，不許正面正北，一定要稍偏一點；並且不得用紅牆碧瓦，當然更不能用黃色琉璃瓦了。這是專制主義思想意識發展到極端的表現。明代似乎尚未如此嚴格，如禮制，只有學宮、文廟才可用泮池（月牙河）和金水橋，而明代閩北有些私家祠堂，也都有泮池和金水橋；又如龍是皇帝特有的象徵，誰家門前建一堵九龍壁，就是大逆不道，但上海豫園牆上盤著一條大龍，卻並不以為嫌。

在建築材料和技術方面，據有關考古資料，中國遠古河南地區的原始居民，最早知道燒製石灰用於住房的建築。龍山文化已掌握夯築房基、砌築土坯牆。商代建造房屋，加固基地的夯土技術已達到成熟階段。古代建

❽ 《正統道藏》「太玄部」；宛委山堂本《說郛》弓75。

❾ 對此，邊遠地區和少數民族地區多有不遵者。

房，在很長一段時期內，築牆的方法是用上文已經提到過的板築法。其法為：先用兩塊木板相夾，兩板之間的距離等於牆的厚度，板外用木柱支撐，然後在板裏填土，用杵築緊，築畢拆去木板木柱，即成一道牆。後來又發明使用土坯築牆，這種土坯，叫做墼。由於磚和墼都是用土做成的，所以東漢時也用「墼」來稱磚。磚的發明，雖說早在戰國時期，到秦漢時代，已有半磚順砌、平磚丁砌、順磚順砌、側磚丁砌、立磚丁砌以及席紋式、空斗式等壘砌法，以使墻體既堅固，又美觀，或期做到省工、省料，但並不用於造房，用磚造房是比較後來的事。初始壘磚多用乾砌，東漢以後已較多地使用泥漿、灰漿等膠結材料。為了防止磚塊跌落，人們還創造了榫卯磚、企口磚、楔形磚之類，有利於磚體彼此之間的銜接。漢、魏用磚鋪地已非常普及，鋪地磚多為條形，排列有橫排、直排、錯縫橫排、錯縫直排、橫直相錯、人字形排等方式，人字形排約出現於新莽時期，由於結構合理，裝飾性強，成為後世用磚鋪地的主要排法。還有用石灰抹地面的情況，塗上漆，謂之「墀」。戰國晚期開始有陶製的欄杆磚和排水管，石料的使用逐漸增多，木構架房屋建築也有了精巧的榫卯。漢代柱頭使用斗栱，不但具有裝飾效果；在結構上，更具有挑出承重，並將屋面的大面積載荷傳送到柱上的作用。魏晉南北朝時代，砌石的質量有所提高，還應用了金屬材料。隋唐時代的建房材料包括土、石、磚、瓦、琉璃、石灰、木、竹、銅、鐵、礦物顏料和油漆等，對這些材料的應用技術，都已達到得心應手的程度。如唐代宗大歷（766～779）年間整修含元殿，有工匠自薦承擔鋪瓦任務，並稱此事非他莫屬，因為他祖父就曾鋪過含元殿的屋瓦。其他工匠不服，這位工匠便問：你們誰能保證鋪瓦之後，屋頂上不長瓦松？於是眾工匠皆知弗如。⑩顯然這位工匠特殊的鋪瓦技術是屬獨傳之秘，很不容易的。中國傳統社會住房，多為木構架結構，梁柱系統是主要的承重骨架，所以歷代建房都很講究基礎。基是建房的臺基；礎，則是柱子底部

圖 60　安徽宏村民居

⑩　段成式：《酉陽雜俎》前集卷 19《廣動植四》。

的墊石，一般為方形、圓形，也有覆盆形、蓮花形等各種形狀。宋元時代住房的基礎結構有了較大的改進，除用夯土築臺基外，當土質較差時，往往調換從他地運來的好土。「祥符中，禁火。時丁晉公主營復宮室，患取土遠，公乃令鑿通衢取土，不日皆成巨塹。乃決汴水入塹中，引諸道竹木簰筏及船運雜材，盡自塹中入至宮門。事畢，卻以斥棄瓦礫灰壤實于塹中，復為街衢。一舉而三役濟，計省費以億萬計。」（《夢溪筆談・補・權智》）這是應用運籌學，施工者通盤考慮、綜合安排的佳例。而雖為民居，有些考究的住房為了防潮，則常見兩層磚石臺基，在上層臺基上立永定柱作平座，平座上面再建房屋。當時住房建築的標準化和定型化，便於估工、備料和提高設計施工的速度。斗栱的機能開始減弱，原來在結構上起相當作用的下昂，有些已被斜栿所代替。在樓閣建築方面，已經放棄了過去在腰檐和平座內做成暗層的作法，這種上、下層直接相通的形式，後來成為明清時代的唯一結構形式。明清時代，夯土技術取得了更高的成就，福建、四川、陝西等地有若干建於清代中葉的 3、4 層樓房，採用夯土牆承重，內加竹筋，雖經地震，仍極堅實。當時以為城牆定式的磚券結構，也見於住房建築，華北黃土地區的窰洞住宅內部都陸續襯砌磚券。

在風俗活動方面，有選址、破土、上梁、暖宅等一系列常項。其中上梁源自南北朝，當房子卜吉架豎屋梁時，要朗讀頌詞，將餅果錢物等向梁上拋擲，並辦酒食犒勞工匠，氣氛極為隆重。暖宅是慶賀新居落成，亦須擇吉，這一日主人開設宴會，至親好友莫不喜氣洋洋，光臨出席，其間多有祝讚，濃縮地反映了人們對幸福生活的熱切希望和美好憧憬。

而如果在被火燒毀的房屋處重新建造房屋，則新房一定要比舊房高大；但「宅不西益」（《太平御覽》卷 180 引《風俗通義》），西向擴建住房為俗所忌。

中國傳統社會對居住的環境美也很注意。環境一般指自然環境和人造環境的結合。中國上古山林官「虞」和「衡」就是主管保護自然環境的。唐、宋以後，虞衡職責進一步擴展，還管理苑囿和京城街道綠化。與之相應，中國傳統社會還較早制定了一些環境保護的規定，「殷之法，棄灰于公道者斷其手」（《韓非子・內儲說上》）。周秦時代，法律對於在街道上倒灰、拋置污物的人，繼續施以重刑。防火是古代環保的一項重要內容，北宋時期首都汴京，已有了世界城市史上最早的專業消防隊，並設有望火樓，「每遇有遺火去處，則有馬軍奔報，軍廂主、馬步軍殿前三衙、開封府各領軍汲水撲滅，不勞百姓」（《東京夢華錄》卷 3)。當時的消防原則是防為上，救次之，戒為下，在今天看來，仍不失其科學和合理的內涵。掃帚相傳發明於夏代，延及後世，「黎明即起，灑掃庭除」（朱柏廬：《治家格言》）⑪，成為居家每天必不可少的事務。古人還應用含有碳酸鈣和磷酸鈣的牡蠣以及草木灰來防疫殺蟲，又養了貓來滅鼠。對污水處理問題，古人也很重視，先秦時代，城市和宮室就修了專用的地下排水管道。古人將明露的排水道稱「陽溝」，暗藏的管道稱「陰溝」，這種稱呼一直賡續到近代。公共廁所不知起源於何時，但至遲到漢代，城市裏不僅設有公共廁所，而且還配備專業的管理人員。植樹以美化環境，也是中國傳統社會的一大創造。桃紅柳綠，點綴了江南的春天。又有竹，尤為文人墨客所愛重，至有「何可一日無此君」（《晉書》卷 80）的佳話傳世。明清時庭院，大都在院內疊假山，植花木，在有限的空間內創造較多的景觀，為居住創造優美的環境。

毫無疑問，中國傳統社會比較像樣的住宅設計，對準大門，往往是無法一覽而盡底裏的。並且住宅本身所占空間比例並不大，即使是貧苦人家，只有一二間房屋，通常也在宅旁闢有一塊種菜的園地，在合適的地方，搭個瓜棚或葡萄架之類的，飼養家禽，安排牠們活動在室外。古人一方面不願使住宅太暴露，一方面又總是願意讓住宅周圍洋溢著一片屬於自己這個家的盎盎生機。

古人大都非常嚮往和留戀住在都市——尤其是京城，因為無論對誰，那裏肯定有更多的發展機遇，「生作長安草，勝為邊地花」（《唐才子傳》卷 3)。唐玄宗開元四年 (716)，尚書右丞倪若水出知汴州，恰值揚州採訪使班景倩入為大理少卿，進京時倪為班餞行，站著目送其車馬行塵久之，對部屬說：「班生此行，何異登仙。」（《資治通鑑》卷 211）一句話道出了他心底的羨慕之情!

而京城的住房，則以接近朝市者為貴，如唐代長安，皇宮西內、東內、南內三大內和東市附近的光宅、永昌、崇仁、勝業、務本、宣陽、靖恭、安邑、靖安、新昌諸坊，就是達官貴人的集中居住地。此輩定居之餘，又

⑪ 朱柏廬（江南崑山〈今屬江蘇〉人，1617～1688）《治家格言》，又稱《朱子家訓》，因精短簡要，極便記誦，在清代幾乎家喻戶曉。朱氏與朱熹一樣，也是理學家，除《治家格言》外，尚有《大學中庸講義》、《愧訥集》等著作。

喜歡在郊區營置別墅，朝趨巍巍廟堂，夕返幽幽林泉，兩全其美，不亦樂乎。

中國傳統社會人們的起居習慣和日常清潔衛生也很有特點。無事當貴，早寢當富，安步當車，晚食當肉，⑫實為家喻戶曉的保健格言。古人講究「寢不言」、「寢不尸」(《論語・鄉黨》)。睡覺時所蓋的，最早恐怕就是衣服，後來有了專用的被。古人於睡覺之道，重視睡心，這是很有道理的。古人三餐之中，一般是晨粥午飯，晚餐因近睡之故，雖亦飯，但不多進。佛教徒還有不進晚餐的習慣，這都是有利於安睡的。古人還重視夏日的午睡，清初李漁在《閒情偶寄・頤養部》中說:「午睡之樂，倍於黃昏。三時皆所不宜而獨宜於長夏，非私之也。長夏之一日，可抵殘冬之二日，長夏之一夜，不敵殘冬之半夜。使止息於夜而不息於晝，是以一分之逸敵四分之勞，精力幾何，其能堪此? 況暑氣鑠金，當之未有不倦者。倦極而眠，猶饑之得食，渴之得飲。」他認為養生之計，莫善於此也。

古人無論男女皆束髮覆巾，容易積累塵垢，所以必須勤洗頭。在先秦，人們已養成三日一洗頭、五日一沐浴、天天洗臉洗腳的習慣。官府也每隔 5 日給假 1 天，讓職吏們返家「休沐」。澡豆是用來洗浴的清潔劑，有多種不同的配方，大率為香料、花瓣、珠玉、鐘乳等分別搗成粉，然後與黃豆末和在一起，常用之，能使膚色「光淨潤澤，臭氣粉滓皆除」(孫思邈:《千金翼方》卷 5)。北宋王安石「性不喜緣飾」(葉夢得:《石林燕語》卷 1)，由於他很少洗澡，致被政敵以其不近人情而加以攻擊。大約在宋、元之際，城市中出現了混堂，入浴者不分高低貴賤皆得混而洗之。清代錢大昕《恒言錄》卷 5 曾舉元人薩都剌《詠混堂》「一笑相遇裸形國」句，稱其「善詠物賦詩」。發展到清代，揚州一帶的浴池幾乎與現在的完全一樣，並有按摩、擦背等服務項目。

古人多穿長衣，如廁前必須除去，因此上廁所就有了「更衣」的雅稱。

牙刷的雛形最早見於東漢安世高譯《佛說溫室洗浴眾僧經》所列 7 種洗浴用具，其「六者楊枝」，即為將楊枝的一端打造成刷狀用於潔齒，有可能當年已隨佛教傳入中國。南宋時期，民間已經能夠買到批量生產的排毛牙刷了。

洗面與洗腳和下體的盆、桶是嚴格區分開來的。

古人用於清潔衛生的器物，魏晉時代還盛行拂，俗稱「拂塵」，以塵尾

⑫ 《東坡志林》卷 1「贈張鶚」條。

為之；又有以馬尾或其他材料為之者。麈尾實物，日本正倉院尚存數柄，但均是唐物，唐以前的已不可見了。⓭行清，又作「行圊」，或稱「廁」，即後世之馬桶，與受尿的虎子同為褻器。此外，還有唾壺。

中國傳統社會使用香料來優化室內的氣氛。香料的使用方法，最早是直接將香草的芳香部分掛於夜間房中，使其自然揮發。稍晚一點，是用火焚，稱為「熏香」，漢晉時代的銅製博山爐，造型華美，即是最有代表性的熏爐。⓮或以香末散行，則稱為「行香」。還有以香屑合泥土用於屋舍裝飾者，如漢代后妃所居的宮殿，就用花椒和泥塗壁，故有「椒房」之稱。到了近世，中國已知道通過水蒸餾，把香料中的揮發油提取出來使用的方法。用作蒸餾的原料，不僅有香料，還有各種鮮花，所得的是芳香的花露。中國古代香料有沉香、檀香、丁香、蘇合香、乳香、龍腦香、龍涎香、麝香等。在中國傳統社會，香料是宮廷典禮和宗教活動不可缺少的常物；香料還主要被用於醫藥保健和烹飪、化妝等許多方面。香料可以佩帶和含吮。

中國古代最原始的家具是茵席，由茵席發展，出現了床。殷商甲骨文就有「床」字，作「爿」（《合》19299，《詁》3088～3091）；《詩・豳風》全部產生於西周，是「風」詩中最早的詩，其中《七月》有「蟋蟀入我牀下」之句。這些都說明床的歷史確實很悠久了。1957 年在河南信陽長臺關戰國楚墓裏，出土了一張漆木床，床足高僅 19 釐米，顯然是比較矮的，這種矮床一直沿用到漢代。《說文・木部》釋「牀」為「安身之坐」，那時候人們寫字、讀書、飲食，幾乎都在床上進行。床上放置几案，以為依憑、進食之用，用時陳設，用畢即撤。戰國時期還出現了專門裝衣物的箱子。漢代有了榻，榻是床的變種，可供一人坐，有的較大，可坐臥。榻與几案有點相像，其區別是：榻底部作方格狀，前後各三腿，可以承受人的體重，而几案只在兩邊作柵欄狀的支撐；作為食案時，案面四周有攔水綫，榻則沒有。屏風出現於周代，在漢代得到廣泛的應用。漢代後期，從北方少數民族傳入了「胡牀」（《太平御覽》卷 706 引《風俗通》）⓯，床面用繩索連成，可張可合，宋人謂之「交牀」（《演繁露》卷 14）。胡床的傳入，衝擊了漢族過去席地而坐的習慣。此時桌子也出現了；裝置物品的更有篋、箧、

⓭ 白化文：《麈尾與魏晉名士清談》，《古代禮制風俗漫談》，中華書局，1983 年。

⓮ 參見朱雅娟《騎獸人物博山爐》，《人民政協報》1999 年 7 月 7 日。

⓯ 胡床——即交椅，是從埃及傳到羅馬，再從羅馬通過中亞傳入中國北方的。

筩等，都是竹製的。魏晉南北朝以後，由於生產技術的進步，房屋越造越高，室內空間日益擴大，家具當然也相應起了變化。當時的床，可使人垂足坐於床沿；還從西北民族輸入了一些高坐具，如椅子、方凳、圓凳、束腰形圓凳等。隋唐時代桌子和椅子多了起來，桌、椅的廣泛使用，引起了人們一系列生活習慣的改變，床退而成為專供睡臥的家具。⑯宋代是高型家具普及的時期，當時家具的種類更加繁多，有床、桌、椅、凳、高几、長案、箱櫃、櫥、衣架、巾架、屏風、曲足盆架、鏡臺等。但椅子宋初只有尊長和老人才能使用，宋太宗宴群臣，宰相坐繡墩，參知政事坐蒲墩，都堂侯以上坐朵殿，「自朵殿以下，皆緋緣氈條席」（江少虞：《宋朝事實類苑》卷 12）。南宋時，秦檜「但坐太師交倚⑰」（岳珂：《桯史》卷 7），而「士大夫家婦女坐椅子、兀子，則人皆譏笑其無法度」（《老學庵筆記》卷 4），看來照「法度」，大模大樣坐在椅子和兀子上，婦女還不配。明代的家具，可以蘇式為代表，選料考究，結構合理，形狀秀美簡潔，雕飾綫腳不多，榫卯嚴密堅牢，油漆恰到好處，標誌著當時國際的領先水平。清代乾隆年間，在多種工藝美術手法的影響下，加之以上層社會的欣賞趣味的推動，家具風格為之一變。明清時代的室內家具布置多以對稱格局為主，用於分隔空間的還有鏤空的博古架和各式門罩，晚期更有穿衣鏡出現，同時陳設古玩字畫等，以造成各種室內氣氛和格調。

圖 61　明代住宅室內布置　從明刻《西湖二集》版畫

被褥，有單被和夾被。以製作材料來分，則有絲綢被、麻布被和紙被。富貴人家，還有翠毛茵褥和貂褥等。⑱

---

⑯　參見朱大渭《中古漢人由跪坐到垂腳高坐》，《中國史研究》1994 年第四期。

⑰　「倚」是「椅」的本字，後來才改作木旁。

「竹夫人」，用竹編成或鑿成，可以通氣，置於床席之上，是一種避暑用具。瓷枕的用途也在於消除暑熱。至於席，作為臥具，為夏、秋季節應付炎熱所需，有蒲席、藺席、竹席等，做工考究的席，往往用錦、帛、棉布和獸皮鑲邊。

火是造成人體毛髮變化的原動力之一，在人類文明前進的每一步，火的作用和意義都不容忽視，古人精心保護火種，與火須臾不離。日常起居方面，關聯到火的器物特別重要。

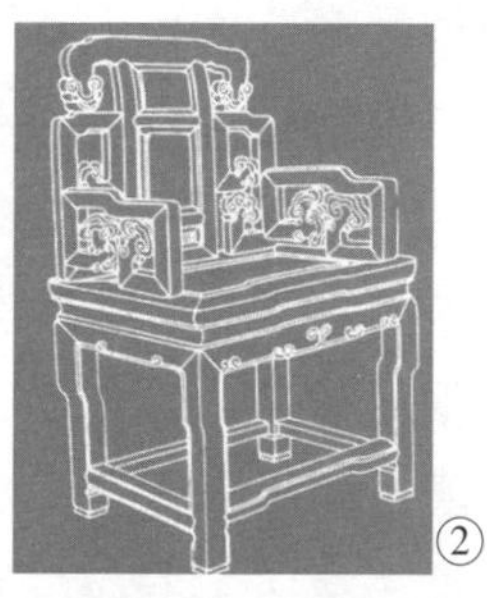

圖 62　①故宮博物院藏清紫檀木漆面轉動式圓桌　②清透雕靈芝太師椅　③清紅木圈椅

灶具，有陶灶、土灶、磚灶、銅爐、鐵爐、鐐爐等。陶灶出現於新石器時代，龍山文化廟底溝二期遺址出土的陶灶，已有煙火孔，這對加強火力，是極有好處的。周代有了陶製行灶，中唐白居易《舟行》（原注：江州路上作）詩云：「船頭有行竈，炊稻烹紅鯉。」⑲足見行灶還應用於水上，其方便可想而知。土灶出現也很早。在漢代，土灶、磚灶的各部位都有了專名，「其脣謂之『陘』，其窻（窗）謂之『堗（突）』，堗下謂之『甄』」（張楫：《廣雅・釋室》）。漢以後，臺式的土灶和磚灶極盛行，且將原來的直突改為曲突，既拔火，又安全。銅爐流行於春秋戰國時代；鐵爐的流行，較銅爐為晚。銅爐和鐵爐均為驛傳烹飪用爐，爐體兩側各有一環耳，搬動起來非常方便。鐐爐是在小型泥爐的四周框以木架，可自由移動。

照明器物，最早是用火把，後來有了庭燎、蠟燭和油燈。庭燎即立於庭中之火燭。使用庭燎有等級的規定：天子百燎，公五十，侯、伯、子、

⑱　周密《癸辛雜識・後集・簿錄權臣》載韓侂冑家有翠毛茵褥；朱熹《三朝名臣言行錄》卷 14 載劉恕家貧，自洛陽南歸，時已十月，無寒具，司馬光以衣襪一二事及舊貂褥相贈。

⑲　《白氏長慶集》卷 2。

男三十。在室內夜間待客也有講究，要求做到燭炬燃燒不得現露其根，以示殷勤不懈之意。必要時，主人還要親自執燭。至於侍者執燭則一律要坐在角落裏，即所謂「隅坐」。蠟燭由庭燎發展而來，約出現於東漢前後，古代考究些的蠟燭，表面還繪有圖案。油燈最初就是在陶豆中盛膏油燃捻，後來才分離出獨立的燈。東周時，燈具造型有很大的改進。明代將石油煉成燈油，這是中國傳統社會燃用煤油燈的濫觴。

至於燈籠，則與蠟燭同時出現，到宋代已相當普遍。本來燈籠多以紙為罩，或以葛，富者以紗。後來又有蠟紙燈籠，透明度好。至晚在宋代發明的馬騎燈，俗稱「走馬燈」，利用燃料渦輪原理帶動各種故事人物在燈內轉動，頗有趣味。

中國傳統社會室內取暖，以火坑和火爐比較常見。火坑的燃料是柴草，火爐用木炭。能籠於袖中的火爐，稱為「袖爐」，是書齋中熏衣、炙手、對客常談之具。

中國傳統社會日常起居方面，還有帳具、容飾器、貯錢的撲滿、扇子、眼鏡等，也很重要。

帳具之設，或為游牧，或為軍旅，或為帝王行宮，也有在室內施帳的。《周禮・天官・幕人》有「掌帷、幕、幄、帟、綬之事」的記載，可見古代用帳是有一套嚴密的制度的。東漢馬融講經，「施絳紗帳，前授生徒，後列女樂」(《後漢書・馬融傳》)，但能有這種排場的人，為數不多。還有「地衣」——即今之地毯的使用情況也是如此。

容飾器有梳篦、鏡子、奩等。梳有木、角、金屬等質地的不同；梳之密者為篦，更利於去油污。《周禮・考工記》有「櫛人」，「櫛」即「櫛」，《說文・木部》曰：「櫛，梳枇（篦）之總名也。」可見梳篦種類很多。梳篦不限於理髮，還可以理鬚，此類篦子稱「篦刀子」，形似小刀，可隨身攜帶。梳還可以用作婦女的束髮飾物，蘇軾詩云：「山人醉後鐵冠落，溪女笑時銀櫛低。」(《於潛令刁同年野翁亭》) ⑳「銀櫛」就是束髮飾物。鏡子是用銅製作的，多為圓形，也有菱花形、葵花形、八棱形、亞字形、盾形、方形的。鏡面打磨光滑，用來照容；鏡背大多鑄有鈕和花紋。銅鏡的鑄造是一門專業性很強的工藝，有的鏡面還施用塗料，漢代多塗水銀，因為塗上了錫汞劑，所以歷經千年而不鏽。古人為保護銅鏡，還常給它加上「鏡

⑳ 《蘇軾詩集》卷9。

衣」，藏於鏡奩之中。直到清代乾隆年間，銅鏡才被玻璃鏡所取代。奩是圓形、長方形或多邊形的盒匣，有蓋，子母口，內多分層或分格，主要為漆木製，用於盛放梳妝用品，後來發展成為梳妝鏡匣。自先秦以來，直到明清，盛行不衰。

撲滿，為饅頭形陶罐，上開小扁口，或製成動物形。《西京雜記》卷 5 云：「撲滿者，以土為器，以蓄錢，有入竅而無出竅，滿則撲之。」至晚在西漢時期，撲滿已流行。撲滿又名「缿」，《說文・缶部》云：「缿，受錢器也，古以瓦，今以竹。」但竹製的撲滿並未能完全取代陶製的撲滿。

扇子在中國上古時代已有製作，僅用於王公和后妃出行時的儀仗。春秋時期，如果有誰拿扇子來生風，仍然會遭人恥笑，被認為是違反禮俗的行為。戰國楚宋玉為扇子作辯護，開始肯定其煽揚清風的功能。秦、漢以前的扇子是單門扇，大多為竹製的，形狀類似現今的旗幟。後世形制主要有方、圓、六角等種。漢時一般士大夫用的只是竹扇，絹製團扇價格非常昂貴。魏晉南北朝，蒲葵扇已大量生產。隋、唐兩代，盛行的主要是紈扇和羽扇，也有紙扇問世。紈扇大都繪有精美的圖畫，在近人鄭振鐸編《宋人畫冊》所收 100 幅小品中，就有 66 幅是紈扇畫。宋以後，紙製的摺扇漸漸流行起來，在紙扇上題字作畫從明代成化年間開始盛行。㉑

眼鏡據趙翼《陔餘叢考》卷 33 引《劉瀾暇日記》，中國在南宋理宗嘉熙四年 (1240) 以前已經發明，係用水晶凸鏡片，㉒後來歐洲玻璃鏡片眼鏡傳入，有「僾逮」、「靉靆」、「矮納」等稱，皆為阿拉伯文 uwainat 的音譯。而歐洲歷史上首次使用眼鏡的是義大利佛羅倫薩斯皮納的亞歷山大 (Alexan dre)，時值 13 世紀後半葉；1352 年，出現了第一幅戴眼鏡的人像畫，此時相當於中國明初洪武年間。早先玻璃眼鏡片傳入數量極少，貴得很。明中葉，還有人以良馬為代價換取玻璃鏡片眼鏡。㉓最初傳入中國的這種眼鏡主要是老花眼鏡和平光眼鏡，近視眼鏡的出現時間要晚些。玻璃鏡片眼鏡傳入中國，曾受到守舊勢力的反對。但清代乾隆以後，各種玻璃鏡片眼鏡的使用已經相當普遍了。而中國自製玻璃鏡片眼鏡，則始於清初。㉔

㉑ 參見葛山《賞玩清風間》，《人民政協報》1998 年 7 月 7 日。

㉒ 參見趙孟江《眼鏡從古到今的演變》，《中國收藏》2003 年第五期。

㉓ 《七修類稿》卷 6。

第二節　交通

交通既源於生產，也源於交換，正是由於瞭解到交通的重要性，故先民對於居住地址的選擇往往遷就於交通的條件。

中國交通的形成和發展，早在遠古已肇其端倪。甘肅洮河流域一帶的新石器時代遺址和墓葬中曾發現過玉片和玉瑗，洮河流域並非產玉的地區，這些玉片和玉瑗不論其來自何方，都是經過長途跋涉、輾轉負販才運來的。事實上，沿渭水延伸，幾乎所有仰韶文化的舊地都成了龍山文化的新居，說明這條東西大道由來已久。而洮河流域及其以西的湟水流域雖屬齊家文化和馬家窰文化的範圍，卻也早已和這條東西大道接上了軌。

先民最古老的交通用具，是木棍，木棍不僅是採集和狩獵的器具，也是人們行走時的拐杖和背扛物品的工具。當時運載重物品，一般是頭頂、手提、肩挑和背負。手提物品，有直接提拿和採用木棍、繩索等工具間接提拿的。背包、網兜是人們必不可少的攜帶工具。拉東西靠人力，多以繩繫物，由人們牽引而行。後來利用樹枝為架，兩杈之間拴上橫木，於其上載物。在北方隆冬季節，冰天雪地，則有滑雪板、雪撬、冰床等滑動式交通工具。畜力的應用，首先是供人騎，馱東西，挽車是很晚才有的事。最早的車是人力挽拉的，後來才改用畜力。渡河最簡單的辦法是游渡。人們在水域使用的交通工具起初是葫蘆一類的浮具，進而發明形形色色的筏具。獨木舟和獸皮、樹皮船的出現，都是在發明筏具之後。又有用石塊等距置於溪澗小河之中，以步涉而渡的作法，如甲骨文有云：「貞㞢人于▨奠。」（《英藏》547 正）▨為砅的初文，就是履石渡水之形。㉕還有獨木橋、浮橋等原始橋梁。

自殷、周以來，中國古代的交通工具日益改進，水陸交通也逐步便利起來。《尚書・武成》云：「王來自商，至于豐，乃偃武修文，歸馬于華山之陽，牧牛于桃林之野。」這裏的「華山」、「桃林」，為當年由關中平原渡渭水東行、出函谷關、抵黃淮平原的必經之地，這條東行綫在歷史上很有名。《國語・周語中》云：「定王使單襄公聘於宋，遂假道於陳，以聘於楚。

㉔　《民國吳縣志》卷 75。

㉕　于省吾：《甲骨文字釋林》第 150～152 頁，中華書局，1979 年。

火朝覿矣，道茀不可行，候不在疆，司空不視塗，澤不陂，川不梁，野有庾積，場功未畢，道無列樹。」這些內容從反面反映了當時對築路、養路等交通設施的要求。《詩・小雅・大東》云：「周道如砥，其直如矢。君子所履，小人所視。」這是說周道像砥石那樣平整，像箭矢那樣端直，這樣的道路普通老百姓是可望而不可履的，只有「君子」才有資格行走。從春秋到戰國，西至秦，南至楚，西南抵巴蜀，東達齊，東南到吳越，北至燕，都有陸路相通。又開鑿了胥河、邗溝、荷水、鴻溝等多條運河，促進了黃河流域（河、濟）與江淮間的水路交通。周襄王五年（公元前647），晉國饑，求救於秦國，「秦於是乎輸粟於晉，自雍及絳相繼」（《左傳・僖公十三年》）。這次航運從今陝西鳳翔南到今山西翼城東南，全程達350千米，運糧總計750噸，驚濤駭浪，險阻不難想象。而根據安徽壽縣楚墓出土的楚懷王六年（公元前323）所製《鄂君啟節》銘文：「屯三舟為一舿（舸），五十舿」；「屯二十檐（擔）台（以）堂（當）一車，台（以）毀於五十乘之中」。這是在運輸的通行證上明文規定，水路以50舸為限，陸路以50車為限，可見戰國中期以後水陸運輸物資的規模已經很大了。秦漢時代則建成全國性的交通網。「（秦）為馳道於天下，東窮燕齊，南極吳楚」（《漢書・賈山傳》）。「馳道」可以馳走車馬，「道廣五十步㉖」（同上），每隔3丈就種植一棵青松，兩邊路基以鐵椎築土，十分堅實。㉗秦代還修了「直道」（又稱北方大道），由咸陽經雲陽（今陝西淳化西北），直達九原（今內蒙古包頭西北），全長700餘千米，其北口與南口大體上南北相對。又沿長城東行至河北碣石（在今秦皇島市昌黎縣北），全長也近約700千米。直道不同於馳道的地方，在於其路綫直、距離近和行駛快。直到明代，直道都一直是一條通途。㉘在陡峭的山區，則鑿石架空，修飛梁棧道。棧道亦稱「棧閣」、「橋閣」、「閣道」。《戰國策・秦三》云「棧道千里于蜀漢」，可見秦修的棧道，規模也是

㉖ 「步」字應為「尺」字之誤。顧祖禹《讀史方輿紀要》卷81云：「湖廣永州府零陵縣有馳道，闊五丈餘。」這一記載是正確的。「五丈餘」不會少於11.5米，也比羅馬大部分道路寬。

㉗ 馳道著名的有：東方大道，由咸陽出函谷關，沿黃河經山東定陶、臨淄（今屬淄博市），達成山角（在山東半島最東端，今屬榮成市）；西北大道，由咸陽達甘肅臨洮；秦楚大道，由咸陽經陝西武關（在今丹鳳縣東南）、河南南陽，至湖北江陵（今荊州）；川陝大道，由咸陽通往巴、蜀；江南新道，南通閩、廣，西南至廣西桂林等地。

㉘ 參見吳宏岐《秦直道及其興廢歷程》，《光明日報》2000年6月16日。

圖 63 由川北重鎮廣元溯嘉陵江而上的古棧道

不小的，且其事尚在統一以前。西漢從薊（今北京城西南角）到朝鮮半島，從巴、蜀（今四川）到身毒（今印度），從番禺（今廣州）到在今越南境內的交趾、九真、日南，皆有交通綫。漢武帝又打通河西走廊，恢復了早已存在的絲綢之路，其中南道開通較早，張騫通西域後更為暢通；北道到漢宣帝時才暢通無阻。東漢後期，該兩道又發展成為南、北、中 3 道。隋初絲綢之路被突厥和吐谷渾所控制，大業五年 (609)，隋煬帝西巡河右，設立西海（在今青海湖西端）、河源（治今青海興海東南）、鄯善（今新疆若羌）、且末（治今新疆且末南）等 4 郡，西域通道被重新打開。

隋於開皇四年 (584) 至九年 (589)，開廣通渠，「引渭水自大興城（即唐長安，今西安）東至潼關」（《隋書》卷 24），長約 150 餘千米。開皇七年 (587)，開山陽瀆，整修春秋末年吳王夫差（公元前 495～公元前 473 在位）所開邗溝舊道，南起江都縣的揚子津（在今揚州南），北至山陽（治今淮安市楚州區），長約 150 餘千米。大業元年 (605)，開通濟渠，自洛陽西苑引穀、洛二水達於河，又從洛陽東面的板渚（今河南滎陽北）引黃河水經滎陽、開封間與汴水合流，折向東南，經今杞縣、睢縣、寧陵、商丘、夏邑、永城、宿州、靈璧、泗縣、泗洪，在盱眙之北入淮水；同年再「發淮南民十餘萬開邗溝」（《資治通鑑》卷 180），加深、加寬山陽瀆。通濟渠和山陽瀆，共長約 1000 餘千米。大業四年 (608)，開永濟渠，引沁水入河，又自沁水東北築渠，攔截沁水和清水、淇水，使之流入白溝（今衛河），加大白溝的水流量，再由白溝轉入潞河，直至涿郡（治薊，在今北京城西南角）附近，長約 1000 餘千米。大業六年 (610)，修江南運河㉙，從京口（今鎮江）至餘杭（今為杭州市轄區），長約 400 餘千米。以上總長 2700 餘千米。大運河——即南北大運河㉚溝通了海、河、淮、江、錢塘 5 大水系，形成

㉙ 魏晉時期孫吳吳（今蘇州）與會稽（今紹興）間有水道可通，應是江南運河的前身。

了以長安為根本、洛陽為樞紐，向東北、東南輻射的水運網，規劃嚴密，布局合理，在世界水運史上也是一件特大的工程。「隋氏作之雖勞，後代實受其利焉。」(《元和郡縣志》卷 5）大運河到了元代定都北京後，為了尋求徑直、便捷，縮短通杭州的漕路，不再繞道洛陽。於元世祖至元十三年 (1276) 至二十年 (1283) 開濟州河，北引汶水，東引泗水，合流至濟州（治今山東濟寧）城分流南北，南歸泗水，北匯大清河（今黃河下游），長約 75 千米；至元二十六年 (1289) 開會通河，上接濟州河，工程從今山東東平西南的安山開始，分梁山濼（在今山東梁山、鄆城等縣間）的水源北流，經壽張西北到東昌（今聊城），又西北達臨清入御河，長約 125 千米；至元二十九年 (1292) 年至三十年 (1293) 開通惠河，匯今北京市昌平區境內白浮村的神山（今鳳凰山）泉及沿途諸多水源至大都和義門（今西直門）入城為積水潭（今什剎海），積水東南出文明門（今崇文門）至通州高麗莊入白河，長約 82 千米。京杭大運河流經今北京、天津、河北、山東、江蘇、浙江等 6 個省、市，沿岸城市有北京、廊坊、天津、滄州、德州、臨清、聊城、濟寧、棗莊、徐州、宿遷、淮安、寶應、高郵、揚州、鎮江、常州、無錫、蘇州、湖州、嘉興、杭州等，總長 1794 千米，「江淮、湖廣、四川、海外諸番土貢糧運，商旅懋遷，畢達京師」(蘇天爵:《元朝名臣事略》卷 2)，明清時代更趨鼎盛。以京杭大運河為主幹的大運河——或稱中國大運河，㉛當之無愧地是中華民族堪與長城媲美的歷史豐碑和永遠的驕傲。

唐代長安居於四塞之中，周圍有上關 6 座，中關 6 座，占全國雄關的 12/26，其中藍田關最重要，潼關次之。這 12 座關向外輻射有 14 條道路，唐憲宗元和十四年 (819)，韓愈上《論佛骨表》，一封朝奏，夕貶潮陽，就是西出藍關而去的。當時作為全國交通幹綫的驛道東至登州(今山東蓬萊)；

㉚ 關於大運河 (The Grand Canal) 的名稱，鄙意認為隋、唐以長安為根本，洛陽為樞紐，北通涿郡，南達餘杭，稱作「南北大運河」名實相符，沒什麼不對。但元代以來的京杭大運河，再這樣稱謂就欠妥了。因為從此後實際情況出發，就全國範圍來看，京杭大運河的地理位置不但偏東，並且杭州似不足以代表「南」，而北京尤不宜視作「北」，既然京杭大運河的北端起點是北京，南端終點是杭州，當年元、明、清王朝開濬的目的，在於建立京、杭間直達的水運，那麼約定俗成叫「京杭大運河」，應當是與原先可以稱為「南北大運河」的隋、唐、宋以來的大運河（或稱「隋唐大運河」）有所區別的！

㉛ 參見程玉海《中國大運河的形成、發展與繁榮》，《光明日報》2008 年 11 月 30 日。

東南至揚州、杭州、洪州（今南昌）；西南至成都、渝州（今重慶）；西北有二路，一路至寧夏靈州（今寧夏靈武西南），一路至涼州（今武威）、沙州（今敦煌西南），以通西域；北至夏州（今內蒙古烏審旗南）、天德軍（今內蒙古烏拉特前旗北）；東北至太原（治今太原市晉源區）、幽州（今北京城西南）；南至廣州。洪州、廣州間亦可來往。此外還有通向邊區各少數民族政權的驛道。㉜不過險峻的地段，道路也就比較狹窄，有時僅能容單車通過。據《國史補》卷上記載，某年天寒地凍，一輛滿載瓦瓮的運貨車被卡在了澠池道中，進退不得，「日向莫（暮），官私客旅羣隊，鈴鐸數千，羅擁在後，無可奈何」。這是重要通道，尚且如此，其他偏僻的路途情況可想而知。但交通堵塞之事，今人亦難完全克服，何況古人。而唐代不僅大運河暢通無阻，並且其他水路交通也堪稱發達，這在唐人詩句中多有反映，如李白《早發白帝城》云：「朝辭白帝彩雲間，千里江陵一日還。兩岸猿聲啼不住，輕舟已過萬重山。」㉝唐後期，由於經濟中心的南移，隋代所開大運河的一段——通濟渠「自揚、益、湘南至廣、交、閩中等州，公家運漕，私行商旅，舳艫相繼」(《元和郡縣志》卷 5)，成了南北經濟交通的大動脈。通濟渠即汴河，北宋定都開封，因開封位於汴河上，所以宋開國以後的 100 多年間，幾乎全賴這條運河漕運江南的糧食和物質來供應首都的消費。南宋長江航運，至少可達嘉州，據陸游《入蜀記》卷 5 稱，他乘 2000 斛（約合 120 噸）船到沙市（今屬湖北），才換乘「嘉州趙青船，蓋入峽船也」。元代除完成了京杭大運河的開通外，當時驛路分布廣遠，亦為前代所未及。明、清經行，仍是水、陸並重，驛路之盛，無疑非前代可比。中國傳統社會所謂漕挽，「挽」相對於「漕」來說，指陸運，陸運通常皆走驛路。

自兩漢開通了絲綢之路後，唐初隨著西突厥的被破滅，由洛陽、長安經河西走廊而至西域、印度、西亞的「絲綢之路」再次暢通無阻。當時阿拉伯、波斯、大秦以及其他西亞國家的商人，沿著這條道路來到中國，帶來珍寶、玉石、香料等商品，而載運中國的絲綢、瓷器等返回，天山南北道上，商旅川流，十分繁忙。唐代通域外的陸路尚有多條。到後來元代，更是盛況空前。

中國東瀕大洋，自古以來航海事業就很發達。夏代已具備近海航行的

㉜ 《新唐書》卷 43 下。

㉝ 《李太白全集》卷 22。

能力。春秋時期吳、越兩國開始了遠距離的沿海航行，已懂得利用潮汐、海流和季風，當時去朝鮮、日本，走的是左旋環流航綫。戰國以來則向深海航行發展，克服流速24海哩的對馬海流的橫漂，可東至朝鮮、日本，又可南下南海諸國，遠達印度、安息。南北朝時，中國「海上絲綢之路」已鋪設到伊拉克的幼發拉底河口。唐代中國航海規模擴大，航次增多，航程更遠，有兩條固定的航綫，一是從登州至鴨綠江口沿海岸西南行進入朝鮮各港口最遠向東延伸可達日本的高麗道，二是從廣州出發經新加坡海峽、波斯灣到縛達城（今巴格達）以及東非三蘭國（今達累斯薩拉姆）的海夷道。㉞此外尚有從山東半島直航朝鮮半島西岸的北南道、從長江口橫渡東海直達日本奄美大島的南島道；又有中日間航程最短的南道，也稱「大洋道」。唐宣宗大中十三年(859)，中國商船由明州（今寧波）起程，趁西風直放日本嘉值島那留浦，只用3天時間就到了目的地。宋元時代的航海範圍，又延伸到亞丁灣和東非。元世祖至元十九年(1282)，「用丞相伯顏言，初通海道海運，抵直沽以達京城，立運糧萬戶三，以南人朱清、張瑄、羅壁為之，初歲運四萬餘石，後累增及二百萬石」(《元文類》卷40《賦典·漕運》)。這種大規模的海運事業，顯示了元帝國的活力。明初，鄭和從永樂三年(1405)至宣德八年(1433)率當時世界上最大的船隊（據記載，其首航共有官、兵、水手2.78萬餘人，分乘大艅寶船62艘，其他船隻100多艘）七下西洋，縱橫於西太平洋和印度洋上，先後與30多個亞非國家進行交往和貿易，最遠曾達紅海和非洲東海岸，向南端接近莫桑比克海峽㉟。從時間上看，鄭和航海要比西方「地理大發現」中拔得頭籌的哥倫布的美洲之航早87年。

中國古代航海業的發達，首先當然是建築在雄厚的造船業的基礎之上的。另外，就地文航海技術而言，中國早在唐代末年已有測量深水的設備，北宋時更將指南針用於航海實踐，與秦、漢以來的二十四向定位法相結合，成了航海羅盤，探索可行航道，定下了「針路」；就天文航海技術而言，中國在元末或明初已從阿拉伯引進了牽星板，能觀測星的高度來定地理緯度，明代還在航海中定出了方位星，以方位星的方位角和地平高度，來決定船舶夜間航行的位置。㊱元代繪製了海上漕運的實用海圖——《海道經》，西

㉞　參見章巽《我國古代的海上交通》第49頁，商務印書館，1986年。

㉟　參見《光明日報》2005年6月29日「紀念鄭和下西洋600週年」專版。

方要到 14 世紀才出現為實用目的而繪製的航海圖。這些都標誌著當時的世界紀錄。

同時，海神崇拜——特別是北宋以後媽祖信仰的產生和傳播，又為航海者提供了有力的精神支柱，起到不可忽視的積極作用。

古人出行，均須選擇良辰吉日，以圖一路平安順風。除非萬不得已，單身一人不成行，好歹總要結個伴，以便互相照顧。古書上說某孝子形影相弔，千里尋親，那是非常不容易的。

中國古代旅店起源於原始社會末期。驛站是官方最早的住宿設施。驛站的名稱也有演變，殷代稱「逹」，「逹」亦用以稱驛傳之制和專門負責出入驛傳者；㊲漢代稱「驛亭」，亦稱「郵亭」；元代稱「站赤」；由明入清，始稱驛站。盛唐時，全國有陸驛 1297 所、水驛 260 所、陸水相兼驛 86 所，共計驛站總數 1643 所。㊳其中都亭驛設在長安和洛陽，規格最高。地方驛站根據交通流量大小分為 6 等，第一等配馬 60 匹，以次遞降，至第六等，配馬 8 匹。而「凡水驛亦量事閑要以置船，事繁者每驛四隻，閑者三隻，更閑者二隻」(《唐六典》卷 5)。對於因公乘驛的行程，唐代有明確的規定，凡陸行，驛馬每天需行 70 里，步行及驛驢 50 里，乘車 30 里。水行重載的舟船，逆流河道每天 30 里，江道 40 里，其他水道 45 里；空載舟船逆流河道 40 里，江道 50 里，其他水道 60 里；順流的舟船重載與空載相同，河道每天 150 里，江道 100 里，其他水道 70 里。三峽、砥柱等險峻水道不在此限。如果遇到大風、水淺等原因躭誤行程，需有該管地方的證明，否則會受到嚴厲的處罰。驛站初創時，投宿的都是信使和郵卒。秦以後，過往官員也可以在驛站食宿。元代驛站還接待商旅。驛站投宿人員，必須持有官方頒發的旅行憑證，唐以前稱「驛券」，明、清叫做「勘合」，由驛站負責登記。秦漢以來的驛站除配備交通工具外，還配備很多廚師和差役，置有各種用膳器具，嚴格按照法定等級制度接待來客。而來客和主管官員依恃特權作威作福、化公為私者亦所在多有。

㊱ 參見嚴敦杰《牽星術：我國明代航海天文知識一瞥》，《科學世界》1966 年第九期；金秋鵬《略論牽星術》，《海交史研究》1996 年第二期。

㊲ 于省吾：《殷代的交通工具和驛傳制度》，《東北人民大學人文科學學報》1955年第二期。

㊳ 《唐六典》卷 5 所記總數「凡一千六百三十有九所」，誤。說詳王仲犖《隋唐五代史》上冊第 481 頁，上海人民出版社，1988 年。

圖 64　在紹興西南郊蘭渚山下的蘭亭雖幾經遷修　均與故址相去不遠　此亭初設於漢代　為當年著名驛亭

除了驛站，中國傳統社會民營旅店也很多，這類旅店後世或稱「客棧」。殷、周卜辭中就有關於商旅寄宿的記載。秦漢時代，民營旅店大都開設在通往城邑的大路旁邊，它們不僅為住客提供舒適的食宿，並且投宿和離店無分早晚，十分方便於旅客。在唐代全盛的開元、天寶年間，從長安「東至宋汴，西至岐州，夾路列店肆待客，酒饌豐溢。每店皆有驢賃客乘，倏忽數十里，謂之『驛驢』。南詣荊襄，北至太原、范陽，西至蜀川、涼府，皆有店肆，以供商旅。遠適數千里，不持寸刃」（《通典・食貨七》）。有些旅店乾脆與驛站開設在一起，以接待沒有資格住官辦驛站的旅客；有些旅店特意開設在兩個驛站之間，這樣就可以起到拾遺補闕的作用。北宋以後，由於商業經濟的發展，民營旅店進入了城市的繁華地段，甚至不少酒樓和飯館也都兼營起住宿業務，碼頭附近多有這類旅店。中國傳統社會自實行科舉制度後，每逢大比之年，各地舉子赴京都要投宿旅店。唐代長安東城萬年縣的崇仁坊，其北街當皇城之景風門，與尚書省選院距離不遠，其東南與東市相連，正南又是妓女集中的平康里，地理位置的優越，使「選人京師無第宅者多停憩此」，「晝夜喧呼，燈光不絕」，旅館業促進了崇仁坊的繁榮，「京中諸坊，莫之與比」。（徐松：《唐兩京城坊考》卷 3）為了優待此等時代的驕子，宋代規定，旅店要「常切灑掃頭房三兩處並新淨薦席之類，祗候官員秀才安下」，「不得喧鬧無禮」。（李元弼：《作邑自箴》卷 7）宋代並且還規定，旅店遇「客旅不安，不得起遣，仰立便告報耆壯，喚就近醫人看理，限當日內具病狀，申縣照會；如或耆壯於道路間抬舁病人於店內安泊，亦須如法照顧」。（同上）當然，旅店更需對官府負責。

傳統社會凡旅店，門前多掛有燈籠幌子以為商招；字號，北宋以前大率以姓氏和地區冠之，後來出現了富有文學色彩的店名。傳統社會旅店奉

「賓至如歸」為信條，待客熱情周到，有的還可以賒欠。從北宋開始，又出現了某一地段的旅店主要接待一個特定地區旅客的現象，這是為了適應客俗。傳統社會行旅者也往往投宿於寺院，寺院旅舍環境清幽，雅致脫俗，食宿價格並不固定，全憑施主「隨緣樂助」。此外，出行還可以借宿民居。

行旅飲食，除自己備帶外，不妨就路旁店解決。如在兩宋，「凡居民去官道遠者」，政府往往說令「徙家驛旁，具膳飲以利行者，且自利官司，百役悉蠲之」（《永樂大典》卷 5343 引《山陽志》）。據陸游《十一月上七日蔬飯騾嶺小店》詩稱：「新粳炊飯白勝玉，枯松作薪香出屋，冰蔬雪菌競登盤，瓦缽氈巾俱不俗。」㊴看來這家小店提供的飯菜還是挺不錯的。至於稍事休息，則可利用沿途亭舍和樹蔭，這在中國古代，尤以發達地區，「長亭短堠如畫」（劉辰翁：《送人入燕序》）㊵，「六月行人不知暑」（李俊甫：《莆陽比事》卷 4），這樣寫意的事情並不是沒有事實根據的臆想。

名勝古跡，樓閣亭臺，凡可施墨之處，旅客很多願意題句留念。相傳唐代名妓真娘死後，無聊之徒，「慕其華麗，競為題詩於墓樹，節比鱗臻」，後有題者曰：「虎丘山下冢累累，松柏蕭條盡可悲，何事世人偏重色，真娘墓上獨題詩。」此詩一出，「經遊之者，稍息筆矣」。（范攄：《雲溪友議》卷中）名人留題足使山川增輝，但附庸風雅者不吝獻醜，卻是頗不有趣的。

古人碰上天災人禍，為求生存不得不集體遷徙，往往扶老攜幼，挈婦將雛，肯產財物車載馬馱，風塵僕僕，艱苦備嘗。這種情形，組織者的氣度和決策很關鍵，否則難免凶多吉少。

作為中國傳統社會重要交通工具的車，相傳是夏代奚仲發明的。㊶目前考古發現最早的車是商代的，較中亞游牧民族車的創製為晚，甲骨文有關於商人在戰爭中俘獲車輛的記載，㊷因此不排除車是從中亞地區傳入的可能。

車制在商代就已基本完成，由木工、金工、漆工和革工通力合作，所以孔子說：「行夏之時，乘殷之輅，服周之冕。」（《論語・衛靈公》）孔子認

㊴ 《劍南詩藁》卷 13。

㊵ 《須溪集》卷 6。

㊶ 許多古籍都認為「奚仲為夏車正」。如《後漢書・輿服志》就記載奚仲在其封地薛（今山東滕州）為夏王製造車輛，並「建其斿旐，尊卑上下，各有等級」。

㊷ 《續存》915、《劍》212。

為，殷商的車制，可以為後世法則。

先秦文獻中常常車、馬並舉，在很長一個歷史時期內，沒有無車的馬；除牛車外，也沒有無馬的車。戰國以後，騎馬之風漸盛，人們不僅騎馬作戰，並且騎馬旅行，馬與馬車逐漸分家。

馬車在先秦，由於車廂較小，故稱為「小車」；又因其行駛輕快，所以也叫「輕車」。上古作戰用的戎車，皆為馬車，都是雙輪，車廂為方形或長方形，輪大車廂小，單轅，駕 2 馬或 4 馬；為了加固車體，在關鍵部位還採用了青銅構件；並且很注意裝飾，貴重的甚至不惜以黃金鑄飾件。西周時期的馬車，開始裝有鑾鈴，行駛起來鈴聲響亮，既有實用意義，又給人以音樂的享受。到了漢代，馬車的形制發生了很大的變化，單轅車減少，雙轅車增多。當時最高等級的車是上有「鸞鳥立衡」、「羽蓋華蚤」的輅車和金根車，專供帝、后乘坐；其次則高級官員乘曲轅、前頂較高、設有帷幕的軒車；一般官員乘車廂四面敞露、中間樹有車蓋的軺車；婦女乘能避風雨、多用於運載輜重的輜車；平民百姓乘簡陋的役車。還有一種安車，可以坐乘，適宜於長期旅行。又有轀輬車，為臥車，車廂開窗子，閉之則溫，開之則涼，《漢書・霍光傳》顏注：「本安車也，可以臥息，後因載喪，飾以柳翣，故遂為喪車耳。」幨車，「以帷障車旁如裳，為容飾，其上有蓋，四旁垂而下」（熊忠：《古今韻會舉要》卷 10）。棧車，以竹木為柵。檻車，「上施闌檻以格猛獸，亦囚禁罪人之車也」（《釋名・釋車》）。傳車，為驛站所專用。

中國傳統社會用牛駕駛的車，稱為「大車」。大車速度慢，一般只用來運載貨物。但東漢末年，牛車逐漸升格。因牛車顛簸較小，寬大舒適，魏、晉以降，上層人士乘牛車竟至成為一種時髦，裝飾華麗的牛車價值千萬錢，北朝皇帝往往用牛車賞賜功臣顯貴。此外尚有用驢駕駛的車；用羊駕駛的車，僅見於漢和魏晉的宮廷。秦漢時代的畜力車車前是軾，人從後面上車，車輪木製，車廂較小，通常只能乘 1～3 人，與現今的不相同。

西漢以後出現了獨輪車、四輪車，還有 3 輪、6 輪、8 輪的車，車輪最多的達 20 個。人推的獨輪車，叫做「輦」，即今四川雞公車、江南羊角車之先制，無論平原山地、大路小徑，使用起來莫不稱便。這種車的發明，在科技史上是件大事，中國比歐洲早約 1000 年。據考證，蜀漢諸葛亮所設計的木牛流馬，其實就是對獨輪車的改進，主要是車輪安放位置較靠近中部，木牛輪子小，載重大，流馬輪子高，進度快，木牛前面還加了拉車的雙轅。又有輦，亦用人力牽攬，《通典・禮二十六》云:「夏氏末代製輦……秦以輦為人君之乘，漢因之。」

宋代創製裝運貨物的般載車，大的叫「太平車」，「上有箱無蓋，箱如构欄而平，板壁前出兩木，長二三尺許。駕車人在中間，兩手扶捉鞭綏駕之，前列騾或驢二十餘，前後作兩行，或牛五七頭拽之。車兩輪與箱齊，後有兩斜木腳拖。夜，中間懸一鐵鈴，行即有聲，使遠來者車相避。仍於車後繫驢騾二頭，遇下峻險橋路，以鞭虢之，使倒坐縋車，令緩行也，可載數十石」(《東京夢華錄》卷 3)。般載車中略小者，叫做「平頭車」，載負量也很大。

上古乘車，多為「立乘」，即站立在車廂中，「坐乘」比較少見，那是尊老或敬賢的一種表示。婦女乘車，則只能坐乘而不能立乘。無論立乘和坐乘，都很講究乘車之容。同時，古人乘車尚左，乘車時尊者在左，御者居中，另有驂乘一人在右陪乘，其任務是隨侍尊者，防備車輛傾側。「驂乘」亦作「參乘」，在戰車則稱「車右」。

中國傳統社會顯貴出行時多有步障，用來阻擋行人視綫和屏蔽風寒塵土，以小竹交結為之，綳上布或帛，可舒可捲。應用時或隨同車乘，或設在道路交叉處。《晉書》卷 33 載石崇與王愷鬥富，「愷作紫絲布步障四十里，崇作錦步障五十里以敵之」，可見當時步障的應用情況。

唐代為解決京師長安的泥濘，天寶三年 (744) 始議建沙路，「於要路築甬道，載沙實之，至於朝堂」(《唐會要・道路》)。後來沙路發展成了一種特殊的禮遇，「凡拜相，府、縣載沙填路，自私第至子城東街，名曰『沙堤』」(《國史補》卷下)。沙堤軟潤，極便車馬行走。

在車的基礎上，除去輪子，由人力肩舁車廂而產生轎——即「肩輿」。轎的名稱約在宋代方出現，也從宋代開始，轎的使用才推廣開來。轎有不上帷子的亮轎和上帷子的暖轎，不同官品，在轎的形制、帷子的用料上都有嚴格的區別。轎隨其用途的不同，有不同的名稱，皇家所用稱「輿轎」；官員所用稱「官轎」；娶親用轎，裝飾華麗，稱「花轎」。抬轎一般 2～8 人，皇室貴戚所乘之轎，有多至 10 餘人乃至 30 餘人抬的。抬轎講究走得穩，走得快，尤其四抬、八抬的官轎，抬後槓的轎夫看不到前方，是很有功夫的。當年官員外放走長途的轎，須由兩班轎夫輪流抬轎，開支相當大。

轎經不斷改進，乘坐舒適，後世又仿轎而製車，叫做「轎車」，用馬拉或騾拉，騾拉轎車，又稱「騾車」。

明代中央和地方文官都乘車或乘轎。清代規定，滿員除親王、郡王、大學士、尚書乘輿之外，其餘一律騎馬。漢官文職三品以上，在京坐四人轎，出京坐八人轎；四品以下坐二人轎。外官督、撫、司、道以下，教職以上坐四人轎，欽差官三品以上坐八人轎。武官雖然官至三品以上，仍不許坐轎，將軍、提督、總兵官年老不能騎馬的可以報請批准坐轎。實際上清代京官都乘騾車，只大臣「賜紫禁城騎馬」的，到午門後，由內務府為他備一乘二人敞轎；外官文職都是坐轎。清代轎制，只限於銀頂，蓋帷用皂色，但具體使用，則有綠呢大轎和藍呢大轎之分，大概司、道以上用綠呢，府、縣官用藍呢。

明清時代，一般平民，北方出門多用騾車。西北還有用駱駝轎的，即兩頭駱駝身上搭一頂轎子，不但可以坐，還可以睡，所以便於長途旅行。南方單人多用小車，即二把手車，也就是獨輪車，一邊坐人，一邊放置行李。另有雇驢、騾等牲口以代腳力的，故驢伕、騾伕一稱「腳伕」。

關於中國傳統社會另一重要交通工具的船和作為重要交通設施的橋，因為本書後面有關章節還要再作詳細的介紹，茲從略。

在無法或沒有條件造橋的河道上，則設置津渡，配置渡船。如唐代白馬津，有渡船 4 艘；唐代風陵渡，有渡船 2 艘。

語云：「千里之行，始於足下。」中國上古對走路的動作辨得很細，現在的漫步，上古謂之「步」；現在的走，上古謂之「行」；現在的小跑，上古謂之「趨」；現在的跑，上古謂之「走」；現在的飛跑、狂跑，上古謂之「奔」。上古走路還有不少規矩，如《禮記・曲禮上》說：「堂上接武，堂下布武，室中不翔。」「武」即足跡，「翔」的本義是飛翔。這句話的意思是，堂上面積小，在堂上走路，要後一個足跡緊接前一個足跡，不能邁大步；堂下地方大，走路足跡可以布開，不必有所顧慮；室內也是由於空間少，走動時臂的擺動要小，不能像鳥飛那樣揮動雙臂。《曲禮上》還說：「帷薄之外不趨，堂上不趨，執玉不趨。」帷薄之外看不到裏面的人不必趨，因為趨是向對方表示恭敬的動作；堂上不趨，當然也是因為堂上地方小；執玉不趨，則是因為怕把玉摔壞。

中國傳統社會對婦女實行「禁步」(《京本通俗小說・快嘴李翠蓮記》)，

為避免婦女舉步時裙幅散開，有礙觀瞻，特用金玉等飾物壓住裙角。

交通法規，《禮記・王制》：「男子由左，婦人由右，車從中央。」秦和西漢，未經皇帝特許而行於馳道中央者，沒收其車馬。宋代有 4 條規定：「賤避貴，少避長，輕避重，去避來。」這是對前朝舊制的沿襲。其中「去避來」，卻連當時人也弄不清楚，㊸或云「所謂去避來者，蓋避自我後來者。以其人自後奔走而來，此必有急事故也，故當避之也」(《癸辛雜識・後集・律文去避來》)。實則「來」者是客，自然不能擋住他（她）的路，並且就算「去」的同樣是客，前客亦應禮讓後客。

中國傳統社會傳遞信息，最初大概是採取以物示意的辦法。烽火臺是古代傳遞軍事警報的設施，史載周幽王與寵妃褒姒作樂，竟荒唐到在沒有敵情的情況下燒起烽火來，導致救兵四至，京城內外一場虛驚，所謂「狼煙烽火滅宗周」，為他日後的敗亡埋下了伏筆。用「陰符」和「陰書」來秘密傳遞軍事信息，始於周初軍事家姜尚。到北宋時，曾公亮又創製了一份軍事密碼本，照密碼的使用方法傳遞信息，能達到很可靠的保密效果。歷史上一般軍事急件，上插鳥羽為標誌，故稱「羽檄」或「羽書」。清代傳遞軍報的軍臺，遍布東北、內外蒙古和西北廣大地區。而古代朝廷政令的下達，官府公文的傳遞，則是靠驛傳的方式。殷商驛傳不似後世節級傳遞，而是由專人一送抵的。唐代緊急公文，驛騎傳送 1 天能跑 300 多里。元初除驛騎外，另設急遞舖，每舖有舖丁（即急遞舖兵）5 人，日夜守候，專門傳遞重要的軍政急件。各舖均須驗件簽押，以保證遞件的安全和傳送速度。舖丁懸鈴持槍，夜間則舉火把，飛馳道上，對面和前頭的車馬行人都得避開讓路，否則一切後果自負。明代每 10 里設一急遞舖，如按規定，舖兵每 1 刻須行 1 舖。古代信使，帶有信牌，南宋紹興十年 (1140)，奸相秦檜與高宗密謀，用斥候舖（戰況情報舖）發金字牌 12 道將岳飛從抗金前綫朱仙鎮召回。金字牌因係御前文字，故不得入舖——即不得在舖內停留。信牌後來改用紙印，稱為「排單」，是遞信的憑證。至於古代民間通信，自然只能託人捎帶，往往諸多不便。唐代洛陽、長安間，有專為商人服務的驛驢。宋代於急腳遞、馬遞之外，還設置步遞，不僅遞送官方文書，也允許遞送私家信函。明、清以來，有了民信局，承擔傳遞民間信件的業務。

㊸ 參見《宋史》卷 276、《事物紀原》卷 7、《金石續編》卷 19、《癸辛雜識・後集・律文去避來》和文瑩《玉壺清話》卷 8。

在特殊情況下，古人還用竹筒、信鴿和風箏傳遞信息。竹筒又稱「郵筒」，內裝信件，可以互相寄送。蒲松齡《聊齋誌異・自序》云：「情類黃州，喜人談鬼，聞則命筆，遂以成編。久之，四方同人，又以郵筒相寄，因而物以好聚，所積益夥。」竹筒起著交換信件的作用，自唐至清初相沿成俗。中國古代寄家書，封皮外須再加重封，重封上「平安家書」4 字萬不可少，否則會被當作凶訊，使家人接到手嚇一大跳的。

中國古代對飛行活動的嘗試，大致可以分為兩類：一是模仿鳥類進行飛行；二是利用能飛的器具帶人飛升。新莽為抗擊匈奴，特招募「有奇技術可以攻匈奴者……或言能飛，一日千里，可窺匈奴。莽輒試之，取大鳥翮為翼，頭與身皆著毛，通行環紐，飛數百步墮」(《漢書・王莽傳下》)。葛洪《抱朴子・內篇・雜應》記述了一種「飛車」：「以牛革結環，劍以引其機。」這是螺旋槳和直升飛機的前身，但其實際飛行能力，看來亦不容樂觀。約在金、元之際，又有史稱「萬戶」㊹者，曾想藉火箭的升力和扇子的撲動力飛上天去，結果這場試驗也失敗了。中國古人不是不想飛，只是不具備製作飛行器的技術條件罷了。

㊹ 劉仙洲《中國機械工程發明史》(科學出版社 1962 年版) 引美齊姆 (H. S. Zim)《火箭與噴射》(*Rockets and Jets*)。「萬戶」(Wan Hoo)，也有可能不是人名，而是官名。這是一位為科學事業獻身的英雄，為了紀念他，現代天文學界已用「萬戶」命名了月亮背面的一座環形山。

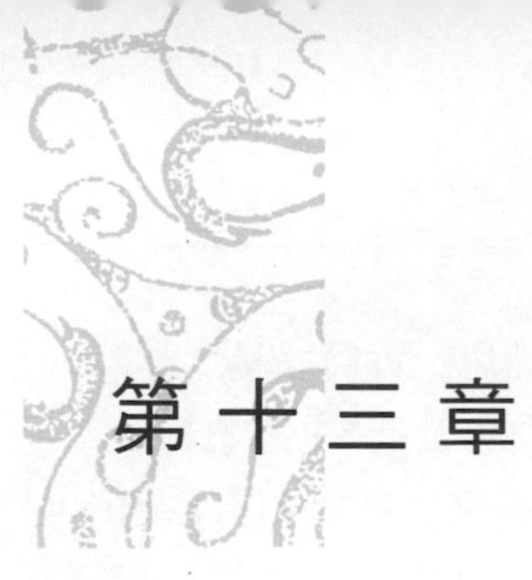

第十三章

生養婚娶和喪葬祭祀

第一節　生養婚娶

原始人的生育觀，大體上經歷化生、感生、性生 3 種形式的發展過程：化生是認為造物生人，人乃自然之子；感生是認為婦女生人，但其間起決定作用的是神靈感應；性生則已認識到，子女是兩性交合的產物。中國古代感生的故事特別多，如《史記・殷本紀》記簡狄吞燕卵而生契，這是動物感應型；《吳越春秋・越王無余❶外傳》記有莘氏之女吃了薏苡而生禹，這是植物感應型；還有無生物感應型。在感生階段，強調母親為生育的主體，女陰受到崇拜。後來進到性生階段，與之相應的是父權制崛起，男根崇拜取代了女陰信仰。

《尚書・益稷》說禹「娶于塗山，辛壬癸甲」。禹娶塗山女，定於 10 天內的辛、壬、癸、甲 4 日行房事，在文明時代的序幕開啟前，古人早就總結出一條準則：對性生活應有節制。

甲骨文《合》14002 云：「貞婦好娩嘉。王占曰：其惟丁娩嘉；其惟庚娩，勿吉；三旬又一日甲寅娩，不嘉惟女。三旬又一日甲寅允不嘉惟女。」殷商時期，人們推算預產期，已細化到具體的日子。

古人把子女的有無多少，看作是命中注定，更是神靈所賜、祖宗所祐或前生帶來的。這種觀念根深蒂固，隨著佛教的傳入和道教的形成，越到後世，越來越深入人心。

誕生禮儀為人類所共有。先秦時代，古人對誕生禮儀就予以特別的重視。當時新生兒出生，男的應在門左掛一張木弓，女的則在門右掛一幅佩

❶　「余」字從宋刻本、明翻元大德本。參見余嘉錫《四庫提要辨證》第 100 頁，雲南人民出版社，2004 年。

巾，木弓象徵陽剛之氣，佩巾象徵陰柔之德。等孩子三朝後，如果是男的，就要舉行射天地四方的儀式。這個儀式的含義是預示孩子將以上事天地、下御四方為己任。這當然是貴族，不是貴族就沒有這個儀式了。孩子出生滿 3 個月後，於是擇吉為孩子行剪髮禮，「男角女羈」（《禮記・內則》），男孩留犄角式樣的頭髮，女孩留馬羈式樣的頭髮，所謂「總角之宴，言笑晏晏」（《詩・衛風・氓》，場面熱烈，氣氛溫馨。同時舉行命名儀式。儀式中，父親提出對孩子的期望，給孩子命名。春秋時期命名的原則有 5 條：一是「信」，以出生時的情形命名；二是「義」，以道德標準命名；三是「象」，以形似比擬命名；四是「假」，以萬物之名命名；五是「類」，以與父親相關的字命名。❷後世則不在此限。而命名，父親既可以自己給孩子命名，也可以請他所信任的人為孩子命名，取捨與否，全由孩子的父親決定。後世多有先取小名者，但僅局限於小範圍內使用。

先秦誕生禮具有鮮明的等級色彩，還著重強調了男嬰和女嬰的不同地位。不但女嬰沒有射天地四方之禮，並且男嬰睡床上，佩玉器，稱為「弄璋」，女嬰睡地下，佩陶紡錘，稱為「弄瓦」，男尊女卑十分明顯。這是因為在農業社會裏，男性是主要的勞動力，也是社會生活的主角，家庭財富的積累、家族社會地位的提升，絕大部分職責，都得靠男性來承擔。所謂「不孝有三，無後為大」（《孟子・離婁上》），沒有男性繼承者就沒有未來。人們欲求血脈延綿，晚年有靠，無疑也必須奉行重男輕女。當然也不乏生男不舉的情況，但重男輕女是主流。

先秦只有貴族才有姓，但男子並不把姓加在名字前頭，而女子則必須稱姓，這與同姓不婚的婚俗相適應。錢大昕《十駕齋養新錄》卷 12 云：「三代以上，男子未有繫姓於名者。漢武帝元鼎四年（公元前 113），封姬嘉為周子南君，此男子冠姓於名之始。」而後世江、浙一帶民間取名，多取「阿狗」、「阿毛」之類的賤名，父母對孩子越是喜愛，取的名就越難聽。其實，此俗可以追溯到秦漢時代，如漢初叛將陳豨，這個「豨」字，就是「野豬」的意思。

由於避諱制度的確立，君主往往取單名，並盡可能選用冷僻的字，這是考慮到減輕給臣民帶來麻煩。東晉南朝，特別重視家諱，但「道」、「之」、「僧」等與宗教關係密切的字，皆在不諱之列。❸

❷　《左傳・桓公六年》。

古人成年後又加以字，「名以正體，字以表德」(《顏氏家訓・風操》)。名和字，有意義上的聯繫，如岳飛，字鵬舉，「飛」和「鵬舉」，意義相合；另外還有意義相輔相成的，甚至也有意義相反的。

圖 65 《妃子浴兒圖》(局部) 記錄了宋代浴兒的風俗

圍繞誕生之俗，宋代流行生產後 3 天要為嬰兒舉行「落臍炙囟」的儀式，表示新生兒完全脫離了胎兒期。後來還陸續形成了一些習俗慣例，如孩子生下，要贈紅蛋於鄰好，鄰好相見，要道賀祝喜等等。比較隆重的是孩子過滿月、百日及周歲。一般滿月，要備酒食，接納親友祝賀；要舉辦洗兒會，洗兒盆內有棗子，年輕婦女搶到手吃掉，圖個將來生男的吉兆；外婆家要給做新衣、新帽、新鞋，有的要做褥被，四角縫上「長命綫」。生子百日，謂之「百晬」(《東京夢華錄》卷 5)，以外婆家親友為主，要送「長命鎖」、「長命衣」。食品都要以百計算，在北方，雞蛋百枚；在南方，燒餅百個。周歲時要「抓周」，抓周主要是讓男孩子抓，在他面前有意擺出幾樣日常用品，看他先抓取哪一樣，以此來預卜他一生事業吉凶。蘇州嬰兒，命中難養者，還要尋求多子女的家庭作義父母。其他許多地方，也都有這種風俗。

唐太宗貞觀五年 (631) 敕令，規定「文武官妻娩月，並不宿直」(《唐會要・當直》)。這是允許文武官員在妻子分娩滿月前，晚上可以陪在家裏不值班，其間體現的，應當包含有對產婦的尊重和關懷。

至於孩子未出世前，供孕婦以滋補品和送催生禮物等，也都是很早以來就成俗的。南宋史料價值很高的筆記名著《夢粱錄》卷 20 所記送至婿家的食物中，有「彩畫鴨蛋一百二十枚」，這不但是因為鴨蛋富於營養，而且更因為鴨下蛋十分便捷容易，送鴨蛋是通過想像性的模擬行為，來達到為臨產孕婦催生的目的。這類催生食品時至今日仍為上選。

中國傳統社會十分強調「胎教」，「胎教之道，書之玉版，藏之金匱，

❸ 參見陳寅恪《金明館叢稿初編》第 8 頁，上海古籍出版社，1980 年。

置之宗廟」(朱瑞章:《衛生家寶產科備要》卷 3)。所謂「胎教」，就是嚴格規範孕婦的言論行動，使胎兒在母腹中就受到感化，「如此，則生子形容端正，才過人矣」(朱熹:《小學》第一章)。毫無疑問，剔除其荒誕的成分，胎教不容全盤否定。

自東漢以來，中國流行「十二生肖」，❹以鼠、牛、虎、兔、龍、蛇、馬、羊、猴、雞、狗、豬 12 樣動物作為年的代號和生於此年之人的屬相。十二生肖在流行過程中，還被塗上迷信色彩，一週休戚禍福，人們往往會把它牽扯進來，尤其在婚配問題上，有所謂「雞狗斷頭婚」、「龍虎不相容」的說法。

中國上古貴族男子到 20 歲成人，要行加冠禮；女子到了 15 歲許嫁時，要行加笄禮。行過冠禮和笄禮，表示這個人已是成年，正式踐行「孝、弟、忠、順」(《禮記・冠義》) 的道德規範了，可以結婚。❺傳統社會實行早婚，成人禮往往提前舉行。

婚姻是人生大事。中國遠古原始公社前期（原始群和血緣家族階段）行血親婚姻，後期（母系氏族和父系氏族階段）行群婚和對偶婚，並且終於進到專偶婚的形態。相傳帝禹與塗山女，原本過的是從婦居的對偶婚生活，後來塗山女迫於形勢，只得前往熊圖騰的禹氏族去從夫居。但是柔情悱惻的塗山女顯然有些害臊，望夫族而不敢入，「慚而去，至嵩高山下化為石，方生啟。禹曰：歸我子！石破北方而啟生」(《漢書・武帝紀》顏注引《淮南子》)。這裏禹向塗山女索取兒子，口氣有多麼硬，他憑恃的就是與專偶制婚姻相配套的父家長的權力。

中國傳統社會簡陋的專偶制婚姻有：一. 搶劫婚姻，普遍盛行於夏、商、周時代，《易・賁》爻辭有「匪寇婚媾」的記載，當是掠親無疑，「婚」字古為「昏」，即在黃昏時刻舉行搶劫之意。後世地主制封建社會，把搶劫婚姻算作違法的事，但搶劫婚姻的殘餘勢力還是存在。二. 買賣婚姻，由於妻子是化錢買來的，所以她得像牛馬般地服從丈夫的役使。在後世，買

❹　《陔餘叢考》卷 34。據 1975 年湖北雲夢睡虎地 11 號墓出土的秦簡《日書》，知戰國秦地已應用十二生肖，但與後世流傳的略有不同。

❺　關於婚齡問題，唐代先後頒布過兩次詔令，可資參考：一次是太宗貞觀元年 (627) 正月初四日詔令天下男二十、女十五以上「以禮聘娶」；另一次是玄宗開元二十二年 (734)，改為男十五、女十三以上「聽嫁娶」。

賣婚姻仍被視為是天經地義，並且有姿色的婦女是值錢的。而買賣的事例，除了父母賣女、丈夫賣妻、公婆賣兒媳之外，還普遍存在著拐賣婦女給他人做妻妾的現象。三．典當婚姻，這是把婦女當作泄欲工具或繁殖工具租典給人去使用。典期的長短和典金的多少由雙方議定，一般情況是把典婦寄養於典夫家，由典夫役使，讓典夫泄欲，給典夫生育子女。也有的是典夫來至典婦住房同宿，在典期內所生子女屬於典夫。隨著男性嫉妒意識的增強，使丈夫出典妻子的現象不斷減少，但直到 20 世紀 50 年代初，這種婚俗才算根絕了。❻

此外，又有暫時性婚姻和一妻多夫婚姻。拐騙婚姻現象，始終與禁止相隨。至於奴隸的婚姻，則有奴隸主指配婚和奴隸安家婚。前者是奴隸主讓男奴與女奴交配，以達到繁殖小奴隸的目的，這種婚姻談不上因交配而形成個體所有制的家庭問題，夫妻感情也無從談起。後者是到了奴隸社會後期，奴隸主發現用妻子兒女去拴奴隸，比用繩索來拴要可靠得多，便讓奴隸組成夫妻，但同時奴隸主又有權隨時拆散他們。

中國傳統社會完善的專偶制婚姻，以媒妁的產生為前提。❼媒妁是聯絡婚姻雙方的中間人，並且媒妁還可以因此而獲利。

這就形成了「六禮之婚」。「六禮」的第一步是納采，即男家叫媒妁拿了禮物去女家求婚；第二步是問名，即女家接受納采後由媒妁通告雙方的姓名和出生年、月、日、時；第三步是納吉，即男家卜得吉兆，說明雙方婚姻由命中注定；第四步是納徵，即男家派人送去聘禮，一旦女家接受了聘禮，就算聘定，此後便不得輕易更改；❽第五步是請期，即男家告訴女家選好了吉祥的成親日期，徵求女家同意；第六步是親迎，即除王室——特別是天子以外，新郎親自到女家去迎接新娘到男家成親。六禮除親迎一禮有當事人出現，其餘 5 禮全由雙方父母進行，並且新郎親迎，原則上也是承父母之命。❾六禮之婚以男家付給女家聘金為主要特徵。❿

❻ 按：著者少時，外婆家鄰居有長大娘者，貌甚美，即係阿長從浙北嘉興地區典來。後根據《婚姻法》，長大娘與阿長登記為夫妻，其故夫雖無賴，亦只好自認倒霉。

❼ 《詩・豳風・伐柯》：「娶妻如何，匪媒不得。」

❽ 宋代規定：「諸定婚無故三年不成婚者，聽離。」見《清明集・戶婚》。

❾ 《詩・齊風・南山》：「娶妻如之何，必告父母。」但《唐律疏議・戶婚》規定，如卑幼因公私之務在外自娶妻，「其尊長後為定婚，則婚如法」，表明唐代在這方面已不再死板。

與男子的「娶妻之禮」(《儀禮・士昏禮》賈疏）相對應，「六禮」對於女子來說，僅為「成妻」之禮。

六禮之婚屬儀式婚，最初是貴族的特權，後來就流行到自由民那裏。這種婚式講究門當戶對，才貌匹配，命相符合，對於女方，特別強調品行端正。那時，新郎以娶淑女為滿足，新娘以嫁君子為榮譽。秦、漢以來，凡官僚的初婚，地主、農民、工匠、手工業者、商人的正式娶嫁，都屬六禮之婚的範疇。「一與之齊，終身不改」(《禮記・郊特牲》)，能享受六禮之婚的人是值得自豪的，這是中國傳統社會的標準婚式。

「六禮」至南宋時，改為「三禮」，自議婚以下，「止用納采、納幣，以從簡便」(《朱子家禮・婚禮》⑪)，在「納采」的同時完成「問名」，在「納幣」的同時完成「請期」，然後「親迎」。議婚須先後交換草帖、正帖，帖上男家要標明聘禮數目，女家則要列具隨嫁資產，大致「田畝若干，妾使若干，絲綴、金銀匹兩若干，謂之細數」(劉應李:《事文類聚翰墨全書》乙集卷 9)。按照習慣，婦女對嫁奩有事實上的支配權。清代民間的婚姻程序為：一. 議婚；二. 訂婚；三. 結婚；四. 婚後禮儀。「六禮」的原則始終不變。

唐宋時代，民間定聘有分 3 步進行——先下定禮、後下聘禮、再下財禮的，也有 3 步并作一次進行的。牽羊擔酒，外加茶果，在宋代已經形成風俗。而如果女方家長無力或不願為女子置辦嫁奩，男家又對女子色相人品頗為中意時，在定聘之禮外，男家還須另送「兜裹」(包括首飾、衣帛、錢幣等)，對於女家來說，「兜裹」是不得挪作他用的。約莫從宋代開始，民間還出現了男女當事人都在場的「相媳婦」，在「相媳婦」過程中，男方當事人可以決定取捨與否。⑫民間相婦標準，從多子多福的觀念出發，往往更重視女子有關部位是否發達，長得是否結實，以期有利於生育；當然眉清目秀、唇紅齒白也是身體健康的標誌。

中國傳統社會的婚姻，除六禮所規定的主要節目之外，尚有許多講究。

---

⑩ 《禮記・曲禮上》:「非受幣，不交不親。」

⑪ 《朱子家禮》是否朱熹所撰，歷來頗有爭議，此書在南宋慶元六年（1200）刊行，距朱熹之卒僅 16 年，其中內容又多與朱熹文集、語錄中的有關言論相合，故暫時仍認其為朱熹的著作。

⑫ 參見《京本通俗小說・西山一窟鬼》。

如女子許嫁，就以五彩絲繩束髮，這叫做「結髮」，結髮意味著已經有了對象，這在《禮記・曲禮上》已有規定。又如親迎前一日，女家派人到男家鋪設新房臥具，這叫做「鋪房」，其俗約始於宋。再如新娘臨門，男家須以色彩斑斕的袋子鋪地，使新娘行其上進門，新娘走過的袋，又迅速傳到前面再鋪在地上，這叫做「傳袋」，取傳宗接代、前程似錦的吉兆，唐代已有此風。至於新房陳列「房中多子」（《北齊書》卷 37）的石榴和新娘佩帶宜男草等項，當然也是為了求子。而宋、明以來成親過程中的「新娘洗禮」，則把婚禮推向了高潮。事前兩家分別對新人進行一番禮節教育和婚後的生活常識教育，接著便將新人加以精心的美飾，然後由一伙等著吃喜酒的親友隨新郎來至女家，迎接新娘到男家去。從北朝開始，此日女家還有「弄婿」之俗。唐人傳奇作品《遊仙窟》⓭中，媒人五嫂為十娘的情人張郎把酒，張郎不勝，五嫂罵道：「何由叵耐，女婿是婦家狗，打殺無文。」這「打殺無文」4 字，當是「弄婿」的一條遊戲規則。於是新娘坐著車——後世是花轎，由親族護送，前後還跟著一大群挑嫁奩的人和吹吹打打的樂隊，走街串巷，以招引圍觀者，營造氣氛，盡可能顯示體面。但新娘離開娘家去至夫家的途中，卻只能哭，不能笑。哭表示她不願意離開娘家，是有孝心的表現；笑則反之。至於成親的日子，唐代「臘月娶婦不見姑」（《酉陽雜俎》前集卷 1），忌諱在臘月舉行婚禮，但後世卻大多選擇在農閑的十二月份。尤以臘月廿三「送灶」之後至除夕為最佳，這是因為俗信認為，這一段時間家中已無司命糾察，故嫁娶之事可以隨意舉行，即使出了錯也不至上獲天譴。拜堂儀式在堂屋裏舉行，須待昏時，由司儀者指揮新郎、新娘當著眾親、賀客以及其他助興者的面拜天地、拜祖宗、拜公婆、夫妻對拜。夫妻對拜始於漢魏，漢末北朝時期，地點在住宅的西南角，用青布幔搭成帳蓬，謂之「青廬」（《孔雀東南飛》）⓮。晉代已極為重視這一儀式，不行答拜，意味女方並非正妻。自此夫妻對拜就成為婚禮中的固定節目，雖貴為帝、后，亦莫能例外，如《隋書》卷 9 記北齊制度：「皇后先拜後起，皇帝後拜先起。」在整個拜堂過程中，新娘要搭上紅蓋頭，避免看見別的男子，也避免讓別的男子看清了她。洞房花燭夜，新郎和新娘還要舉行古來相傳的「共牢」和「合巹」。合巹到宋代又演變為「吃交杯」。吃交杯前新

⓭ 張鷟作，唐時已傳至日本，國內久佚，清末才從日本傳回。

⓮ 首見徐陵編選的《玉臺新詠》卷 1，題為「無名人：古詩為焦仲卿妻作（並序）」。

郎新娘還須各自剪下一綹頭髮，綰在一起。這些都是為了表示親愛。吃過交杯酒後，還要進行「撒帳」，即新郎新娘同坐一床，使人把金錢、果子拋撒在床帳內，邊拋邊念祝辭，以圖吉祥。同時有「鬧新房」之俗，甚至出現種種惡作劇，似與「弄婿」有一定的關聯。然後除去新娘遮面的花扇，「儐相夾侍俱出，去燭成禮」（劉復：《敦煌掇瑣》七四《婚事程式各種》）⑮。這種婚俗自晉代至唐代已經盛行，李商隱就曾寫過《代董秀才卻扇詩》：「莫將畫扇出帷來，遮掩春山滯上才。若道團圓似明月，此中須放桂花開。」⑯而成親的次日，新娘即須早起，盤髮插笄，改行婦人裝束，然後拜見公婆。第三日，女家要「送三朝禮」（《夢粱錄》卷 20）往男家作會致酒，迎女「回門」，並以禮品送婿家。滿一月後，婿家再開筵相慶。如果公婆已死，古禮於 3 個月後到公婆廟中行廟見禮；宋以後則三日而廟見。廟見之後，新娘由「成妻」進到「成婦」（《禮記・昏義》）。⑰這樣，全部婚禮才告結束。

圖 66　《鬧新房》　清代年畫

而新娘的「回門」之禮，實際上是去娘家注銷族籍，從此生為夫家人，死作夫家鬼，對於生身父母，一般說來，她既無繼承遺產的權利，也不盡養老送終的義務。

完善的專偶制婚姻，還有許多特殊的形式。一．轉婚，就是父死子接班，兄死弟接班，叔死侄接班。由於父死子接班違反禮教，後世逐漸消失。但「報嫂」（弟娶寡嫂）和「收繼」（兄娶寡嬸），在民間卻禁而不止。二．中表婚，包括表兄弟姊妹間的婚姻，以及表兄弟姊妹子女間的婚姻。唐以前，親上加親，中表為婚是很普遍的，屬標準婚式，宋代才予以禁止，但僅是一紙具文。清代後期，法律索性又規定了「姑舅、兩姨為婚者，聽從

⑮ 《中央研究院歷史語言研究所專刊》之二，1925 年。

⑯ 《李義山詩集》卷 3。

⑰ 在先秦，倘尚未「成婦」，雙方結束婚姻關係並不是嚴重的事情。參見呂思勉《中國通史》上冊第 19 頁，太平洋圖書公司，1952 年。

民便」(《大清律例》卷10附例)。三. 服務婚，這是青年男子用勞役代替聘金來換取妻子的婚姻。在男子服役期間，女家還能看出候補女婿的生產能力和為人如何，以便決定是否把女兒嫁給他。四. 養媳，本書第九章第一節已經提到過，被養的童媳，往往在10歲左右便離開娘家，來至夫家，接受公婆的管教，有利於養成她卑弱的性格和勤儉的習慣。養媳為男家提供無償勞動力，又不必給女家支付多少聘金；也為女家節省了部分養女投資，還不必辦多少嫁奩，對兩家都很合算，所以一直盛行到近代。五. 贅婿，通常情況下，都是男家比女家貧寒，具有女家變相購買男子的性質。在中國傳統社會，贅婿備受官府和民間風俗的歧視。⑱但由於贅婿既能解決女家招子立嗣的問題，又能使一貧如洗的男子獲得家室，俾雙方都能達到老有所依的目的，故贅婿現象還是很普遍的。六. 續娶，兼指死了妻子後娶填房和休棄妻子以後的另娶。中國傳統社會續娶合乎禮法，受風俗習慣的支持，未能及時續娶反而會被視為沒有出息。續娶往往要考慮姊夫對姨妹子的優先權，⑲並且得按六禮之婚辦理。七. 娶妾，殷周有媵妾制度，媵是妻的侄女或妹妹，⑳妾則是買來的。後世媵、妾逐漸無別，凡側室都稱妾。妾與妻身分完全不同，如晉代自「永嘉以來，嫡待庶如奴，妻遇妾若婢」(王楙：《野客叢書》卷15)。妾又有不少等級，如在《紅樓夢》裏，賈璉的妾，尤二姐是二房，平兒是通房丫頭，平兒的地位低於尤二姐一級。

中國傳統社會還有改嫁和守節、合家和招郎上門、交換婚、等郎婚、生育試驗婚、打樣和沖喜、罰婚、冥婚㉑、嫁殤婚和娶殤婚、獻婚、選婚、

⑱ 贅婿在家庭中沒有地位和權利，清以前，只有在特殊情況下有部分財產權，如宋律規定：「諸贅婿以妻家財物營運，增置財產，至户絕日給贅婿三分。」(見《清明集・户婚》) 清律則進一步確認了贅婿對絕户財產的有限繼承權。

⑲ 如邵伯溫《邵氏聞見錄》卷8記載王拱辰娶薛奎第三女，歐陽修娶薛奎第四女，後王拱辰妻病逝，又娶歐陽夫人之妹為妻，歐陽修因之戲謔曰：「舊女婿為新女婿，大姨夫作小姨夫。」

⑳ 如《易・歸妹》記載：「帝乙歸妹，其君之袂不如其娣之袂良。」

㉑ 即俗所謂「結陰親」。參見黃華節《冥婚》，《東方雜誌》第31卷第3號，民國二十三年(1934)二月。據甲骨文《合》2636正記載：「貞惟唐取婦好。貞惟大甲取婦。貞惟祖乙取婦。貞婦好有取上。貞婦好有取不。」《庫》1020記載：「貞惟祖乙取婦。惟父乙。貞惟婦好有取上。貞婦好有取不。」殷商武丁之妃婦好，在其死後可以成為成湯、大甲、祖乙、小乙等先王的冥婦，乃是基於家庭本位的婚制現實，目的在加強政治聯姻，與後世男性長輩濫施淫威的亂倫有別。

指婚和賜婚等婚制和婚俗，都屬完善的專偶制婚姻，其相關權益受到法律的保護。

強奪民妻，無論地位多高，在中國傳統社會都是不允許的。如漢初曲逆獻侯陳何，在元光五年（公元前130）「坐略人妻，棄市」（《漢書・高、惠、高后文功臣表》），他就得到了應有的下場。

《大明律・戶律》規定：「男女定婚之初，如有殘疾、老幼、庶出、過房乞養者，務要兩家明白通知，各從所屬。」這是時代的呼聲。

中國傳統社會婚姻的意義，在於「合二姓之好，上以事宗廟，下以繼後世」（《禮記・婚義》）。這「合二姓之好」，就是通過聯姻，結成兩姓互相依賴的關係。也由此，勢必忽視個人的自由和願望，導致沒有愛情的結合。但在國家政治生活中，聯姻外交確實曾經起過積極的作用。

就女方而言，東床佳婿，進入科舉時代後，有無功名舉足輕重。據說唐代有杜羔者，其妻劉氏善詩，杜羔屢試不售，劉氏寄詩稱：「良人的的有奇才，何事年年被放回。如今妾面羞君面，君若來時近夜來。」後來杜羔終於蟾宮折桂，劉氏怕他在外面不安分，樂不思蜀，又寄詩稱：「長安此去無多地，鬱鬱葱葱佳氣浮。良人得意正年少，今夜醉眠何處樓？」[22]前後態度判若兩人！可見功名甚至對婚後生活也有重大的影響。

在中國傳統社會，超越等級的聯姻是違反禮教和風俗的，《紅樓夢》裏的傅秋芳，長得很有幾分姿色，又聰明過人，其兄傅試指望把她許配給豪門貴族，可是終因出身寒酸而未能如願，便是這種社會現實的反映。但超越等級的通婚卻畢竟是存在的。男子續娶，繼妻的身分等級可以降低；女子做妾，丈夫的身分等級往往要高得多，以上兩條都是超越等級通婚的主要途徑。而出身貧賤的漂亮女子，一旦嫁到富貴人家，她就必須放棄原來的生活習慣和生活方式，來個脫胎換骨的轉變，只有這樣才能在丈夫面前保持女性的魅力，才能長期受到寵愛。不難設想，對於那些憨厚、老實、純潔、幼稚的平民閨女來說，這樣做是很困難的。

中國傳統社會除提出「男女同姓，其生不蕃」（《左傳・襄公二十三年》）的優生學原則外，婚姻禁忌，據《大戴禮記・本命》所說，有「五不娶」的規矩：不娶逆家女，不娶亂倫家女，不娶犯人家女，不娶有殘病人家女，不娶父死母改嫁女。後來禁忌越來越多，大體上可以歸納為4項：一. 不

[22] 《酉陽雜俎》前集卷1。

得干分嫁娶；二．不得非偶嫁娶；三．不得違時嫁娶；四．不得停妻再娶。唐代鄧敞因出身孤寒，難以上進，宰相牛僧孺的兒子牛蔚答應鄧敞，如果娶自己的妹妹為妻，便可以幫助他如願以償。鄧敞此前已在家鄉與李氏結婚，為了攀上高枝，就隱瞞事實，停妻再娶。後來鄧敞登第，攜牛女返鄉，李氏得知真相，準備予以告發。牛女也是在這時才知道上了鄧敞的當，但木已成舟，權衡輕重，只能委曲求全。倒是李氏，雖然無權無勢，一介弱女子，卻因律令站在自己這邊，所以非常理直氣壯，使得當朝宰相的女兒甘拜下風。㉓

中國傳統社會婚姻關係一經確立，丈夫對妻子有許多特權，但按禮法，也須承擔相應的義務，所謂「修身，齊家」(《禮記・大學》)，這裏面也包含有對男子處理好夫妻關係的要求，儘管妻子處於弱勢地位，其權益事實上是很容易被剝奪的。

傳統社會婚姻，妻子死亡，丈夫再娶，這種關係繼續存在。並且丈夫死亡，妻子改嫁，一般也並不因改嫁而消滅與夫家的一切關係，所謂「夫死改嫁，義仍未絕」(《大清律例・刑律》注)。傳統社會解除男女婚姻關係的唯一途徑，是宣告離婚。「離婚」一詞，至晚在晉代已經出現。㉔歷史上有「七出」之條：婦女不順公婆、無子、淫泆、嫉妒、惡疾、多言和盜竊，尤以淫泆、惡疾，只要犯其中一款，丈夫和公婆就可以把她休棄。㉕漢代男子離遣妻子，必須「親送」，在《孔雀東南飛》中，當蘭芝被遣，焦仲卿去親送，就出現了「舉手長勞勞，二情同依依」的感人場面。唐代民間離婚，丈夫甚至對妻子的再嫁表示美好的祝願：「相隔之後，更選官雙職之夫，並影庭前，美逞琴瑟合韻之態……千萬永辭，布施歡喜。三年衣糧，便獻柔儀。伏願娘子千秋萬歲。」(中國科學院歷史研究所資料室編：《敦煌資料》第一輯《放妻書》㉖）真是藕斷絲連！史載唐玄宗時，中書侍郎嚴挺之妻離婚後嫁蔚州刺史王元琰，再離婚後另嫁崔姓。不久，王元琰坐贓罪，被嚴挺之救免，朝廷疑此是這兩人的舊妻在起作用，「雖離之，亦卻有私」(《舊唐書》卷 106)，嚴、王因之皆獲重譴。看來他們之間，有些關照，也是實

㉓ 《太平廣記》卷 498「鄧敞」條引《玉泉子》。

㉔ 陳鵬：《中國婚姻史稿》第 589 頁，中華書局，1994 年。

㉕ 《大戴禮記・本命》。

㉖ 中華書局，1961 年。

情。古代同時又有「三不去」的規定：妻家無人可投靠不去；曾為公婆服喪 3 年不去；娶妻時貧，後來發家變富者不去。㉗任意休妻，不但要受到國家法律的干預，如秦律規定，「棄妻不書，貲二甲」（《睡虎地秦墓竹簡・法律答問》）；並且在道義上，「妻也者，親之主也，敢不敬也」（《大戴禮記・哀公問於孔子》），「妻者，齊也，與夫齊體」（《白虎通・嫁娶》），「糟糠之妻不下堂」（《後漢書・宋弘傳》），隨便拋棄妻子，亦為社會輿情所不容。「眾則非之，以為無行」（司馬光語）㉘至於妻子拋棄丈夫，當然更被視為大逆不道，是絕對不允許的。毫無疑問，中國傳統社會真正嚴重的離婚條件是「義絕」。義絕包括夫對妻族、妻對夫族的毆殺罪、奸非罪，及妻對夫的謀殺罪。唐、宋《戶婚》律規定：「諸犯義絕者離之，違者徒一年。」《元典章》「休妻」條和明、清律中「出妻」條都規定：「若犯義絕應離而不離妻，亦杖八十。」犯義絕不僅有關風化，還牽涉到國家法律，所以非離不可，毫無通融的餘地。而古代如果夫妻雙方一致同意離婚，那麼，即使不合七出和義絕的條件，法律也是承認的。「若夫婦不相安諧而和離者，不坐。」（《唐律疏議・戶婚》）在財產分割上，妻子的嫁奩大體上仍歸妻子帶走，其他財產未經夫家同意不得占有。必須指出，從元代開始，凡遇逼妻為娼、將妻典雇於人、妻之近親屬被夫強奸或妻被夫父強奸，法律承認婦女有離婚請求權。這是前此所未有，是有進步意義的。此外，元代女子未婚夫「為盜及犯流遠者，皆聽改嫁」（《大元通制・戶婚》），這也是對「從一而終」教條的背棄。明清法律允許婦女再嫁，但婦女再嫁卻受諸多無形因素的制約和剝奪。

在中國傳統社會，通奸用死刑來懲辦，早就被奉為定制。秦代甚至規定，「夫為寄豭」（《史記・秦始皇本紀》），做妻子的也有處死權。㉙

而婚姻事皆前定的觀念，亦由來已久，如《詩・大雅・大明》所謂「有命自天」，即是說這件事是由老天安排下來的。至於「月老」、「千里姻緣一綫牽」等說法，則皆來源於唐人的傳奇故事。

人生在世，無論婚娶生育與否，過了青壯年，正常情況下大都會邁向

㉗ 同上。

㉘ 《溫公家範》卷 7。

㉙ 遼寧人民出版社 1991 年版《婚姻通史》第 228 頁稱：春秋末年，越王勾踐曾「刻石宣布『斬奸夫者無罪』」。於史無徵，不足為信。

圖 67 「壽比南山」 山東青州市南雲門山大壽字

老年。中國傳統社會自來提倡敬老。

鄉間聚眾宴飲，有「尚齒」之俗，六十者坐，五十者立侍，六十者三豆（豆是盛肉或其他食品的器皿，本書第十一章第二節已經有過介紹），七十者四豆，八十者五豆，九十者六豆，越老食品花樣越多，這是敬老美德的體現。古人敬老，甚至連老年人走路的輔助工具都考慮到了，「五十杖於家，六十杖於鄉，七十杖於國，八十杖於朝」（《禮記・王制》）。

唐代《戶令》規定：「凡庶人年八十及疾篤，給侍丁一人；九十，給二人；百歲，三人。皆先盡子孫，次取近親，次取輕色丁。」侍丁不承擔其他課役。據《唐會要・刺史上》記載，當時考核刺史的政績，要「取耆老百姓等狀」，老人的意見特別受重視。

後世敬老風尚得到繼承和發揚，在《清稗類鈔・孝友類》裏，有很多這方面的感人事例。

在人生儀禮中，祝壽過生日，也是中國傳統社會的一項重要禮俗，其中不少內容一直沿襲到現在。

隋、唐之際，官方鮮見有慶賀皇帝生日的活動，隋文帝和唐太宗都認為，這個日子是父母劬勞之辰，人子追思緬懷之不暇，沒有理由享受宴樂。但民間慶賀生日，卻在南朝以來就形成了風氣。㉚正是在這種風氣的強烈影響下，唐玄宗開元十七年 (729) 始置誕節，皇帝的生日竟成了法定的全國性的節日了。而後世民間賀生日，一般在 40 歲以上，以十為整數慶賀，如五十、六十、七十、八十等。㉛賀壽，有壽幛、壽燭、壽桃等。40 歲以上多以壽桃、壽麵為禮。本家還要外加白糖、雲片等。未滿 40 的為饅頭、切麵。10 歲、20 歲者只用切麵。壽桃被視為仙桃，麵條象徵綿長。壽幛、壽聯都用以書寫祝賀話、吉慶語。隆重者設壽堂，擺壽燭，張燈結彩，壽翁、

㉚ 《顏氏家訓・風操》。

㉛ 皆為虛歲，稱「初度」，語出屈原《離騷》：「皇覽揆余初度兮，肇錫余以嘉名。」（《楚辭章句補注》卷 1）

壽婆坐在正位，接受親友祝賀。儀式完畢，共吃壽宴。壽堂香案上，陳列壽桃、壽星（也有用福、祿、壽三星或「八仙」和其他神聖的）圖像等。壽燭要紅色，中堂有大壽字，拜壽禮有主持者喊禮，輩分不同，拜禮也有區別。平輩只是一揖，子侄為尊長慶壽，為四拜，其他卑幼皆行四拜禮。

民間還有「借壽」之俗，又有「增壽」、「折壽」之說。

第二節　喪葬祭祀

先民相信人除了肉體之外，還有靈魂，而後者永存，為了安頓和紀念亡靈，並求得福祐，於是而形成喪葬祭祀等系列禮儀活動。

中國傳統社會對喪禮相當重視，孔子認為：「予之不仁也！予生三年，然後免於父母之懷。夫三年之喪，天下之通喪也，予也有三年之愛於其父母乎！」（《論語・陽貨》）這是從親情和教化的角度，闡釋了喪禮的合理性。[32]

戰國時期，儒家所倡「三年之喪」已有一整套的儀式。以士人的喪禮來說，根據《儀禮・士喪禮》、《既夕禮》、《士虞禮》等篇的記載，其程序是：始死復（招魂、復魂）；楔齒（用軛狀角柶將死者的上下齒撐開，以便後來舉行「飯含」儀式）；綴足（用燕几擋在死者平伸的雙足兩側，以防側扭，有利於小殮時穿鞋）；奠帷堂（奠即祭，但字義有別。祭從肉，奠從酒，祭品不同）；使人赴君（即向國君報喪）；屍在室，主人以下哭泣，君派人弔、襚（即贈衣被之物弔問喪家）；為銘（即把死者的姓名、官職、功名等寫在白旗上，放在靈堂前面）；沐浴飯含（給屍體洗身，然後將米飯放在死者口中）；陳小殮衣（即 3 日後給死者換衣服）；大殮（即放進棺材釘蓋），殯（置棺於兩楹之間或西階上）；大殮奠（即奠祭）；成服（主人以下開始穿上喪服）；朝、夕哭奠；筮宅兆（占卜墳地）；卜葬日；柩車發行（即出殯，將靈車送到墳地）；窆柩（把棺材放入墓穴）。安葬回來，再行初虞、再虞、三虞的安魂儀式。於是卒哭；接著將死者的靈牌附入祖廟，行祔祭禮。此後，在服喪期間，還舉行週年奠祭，即行小祥祭；到死後 25 月時行大祥祭；27 月行禫祭。3 年喪服期滿，舉行除服儀式。

後世喪禮大體上沿襲了這些程序，但也有變通，如在漢代，政府官吏

[32] 「三年之喪」在孔子的時代沒有人真正實行過，殷商和西周也一樣。參見方述鑫《「三年之喪」起源新論》，《四川大學學報》2002 年第二期。

圖 68 孔子弟子守喪圖 採自彩色圖文本《胡適之說儒》 陝西師範大學出版社 2005 年

獲准的喪假只有 36 天。而從另一方面看，喪禮的等級色彩卻越來越鮮明。

按照先秦禮制的精神，臨喪是不能唱歌的，但唱挽歌在春秋時期就已經有了。後來又有從挽歌演變而來的挽聯。

最高統治者及其配偶去世的日子叫「國忌」。唐代國忌日，全國禁止飲酒舉樂，各機構都要停止辦公，京城和地方的州，都要在一處佛寺或道觀裏設齋，京城五品以上官員須集合起來行香，州、縣官則在各州行香。㉝這種禮制是佛、道當令時的變通。

至於民間的喪儀，則充滿著人情味和濃厚的宗教迷信色彩。民間喪葬從白，孝服、孝帽、以及靈堂等布置，都是白色。禁忌朱紫——相傳曾布持母喪過金陵，王安石往弔，「登舟，顧所服紅帶，適一虞候在旁，公顧之，即解易其皂帶入弔」（《石林燕語》卷 10）。足見王安石顧及禮儀且又急中生智，而禁忌朱紫之俗至晚北宋中期以來已經形成。除此之外，民間喪儀的主要習俗有如下述：

一. 點隨身燈，或稱「點引路燈」。在人剛死之時，喪家要趕緊用綿紙製作紙燈，蘸上香油，從死者床前開始，點上一盞又一盞的紙燈，直到大門外，這是為幫助死者到陰間去報到。

二. 繞絆腳絲，放打狗餅。絆腳絲是怕死者發生屍變，所以用繩索絆住他的腳，使他不能站立起來；打狗餅給惡狗吃，俗傳死者到陰間去的路上要經過惡狗村，備上打狗餅，就能順利通過。

三. 陰陽先生批書。是請術士選擇入殮的時辰。

四. 寫殃榜。殃榜又稱「斗書」、「殃書」、「榜書」，是死者的憑據。

五. 出殃。要在死者住過的房子裏供上食品和日常用品，在地上撒灰。

㉝ 《唐會要·忌日》。

出殃以後，看地上灰的形跡，據說可知死者來世所託是男是女，或是何等生物。

六．轉空。無論壽材或棺材，在往死者家裏抬的時候，都叫「轉空」。轉空時，空材不能直接抬入死者家中，必須由喪家在材裏放些制錢和木炭之類，然後才能往家裏抬。

七．搭彩棚。因為往來客人多，喪家房屋不夠用，所以要搭彩棚。彩棚的大小和精美程度，視喪家財力而定。

八．畫影，又稱「畫神像」。即為死者畫遺像，此俗宋代已非常流行。

九．小殮。在死亡的次日早晨，與儒家禮儀大致相同，但增加開光明和捉目的細節。開光明即為死者神像點眼睛，捉目是為死者合攏眼睛。

十．念倒頭經，又稱「念材頭經」。是在小殮時請僧人在旁一邊敲磬，一邊念經，目的在使死者早離地獄，往生淨土。

十一．挑紙錢。是按死者的歲數，數一刀燒紙，再加上兩張，叫做「天一張，地一張」，都捆綁在一根白麻竿上，按男左女右的規矩挑在門口，以寓招魂之意。到接三這天晚上，由孝子燒掉。

十二．大殮。在小殮的次日，民間大殮之禮頗為講究，清人范祖述《杭俗遺風・事喪類》載：「親人均應跪於材前，材內底下稍用桴炭、草紙蓋好，再用七星板壓住，然後衾褥入殮。」所謂「七星板」，是板上鑿有 7 個孔，象徵北斗七星，意在為死者來生求壽。

十三．接三、送三。死 3 日，須「接三」，迎接亡靈回來與親人再見一面，是日於門外設鼓樂，立幡或銘旌，戚友悉赴奠。夜延僧唪經，放焰口，送紙糊車馬櫃箱於相近曠地而焚之，曰「送三」。送時，孝子（俗稱身穿孝服的死者之子）及晚輩自靈前號啕痛哭，沿街呼叫。戚友則舉香提燈，分列隨行。及返，孝子復哭於靈前，合家號泣。

十四．題主，又稱「點主」。《杭俗遺風・事喪類》載：「歿日之第三日，請善書者題書神主、魂魄兩幡。『主』字只寫『王』字，為後日另行點主。」點主者應為當地最有聲望之人。屆時，由點主者在預先寫好的靈牌上，用毛筆蘸喪主手上的鮮血，在「王」字頭上點一個點，使之成為「主」字，表示子孫代代血親相傳。

十五．弔喪。除親友送禮弔奠外，至親又須上飯。紹興風俗，女婿、女兒等須送樹燈 1 架。樹燈是向寺院租來的，上有寶蓋，下有座，共 7 層，每層點琉璃燈 7 盞。送樹燈者多，意味著死者人丁興旺。

十六．接煞。煞期按死日干支推算，假如甲寅日死，甲數為 9，寅數為 7，則在 16 天後接煞。是在死者房內設一座位，將死者臨終時換下的衣服上下鋪放在椅子上，供於臨終床前，桌上擺木盤一個，鏡子一面，並點上琉璃油燈一盞，由道士坐在一旁念《度人經》一卷。念畢，撤去靈位，打掃乾淨，送到大門外公共道路上，再以雞蛋、雞血盛在瓷碗中，用廚刀碎於中庭。因煞神兇惡，故以此祛除不祥之氣。

十七．「七七」追薦。源本佛教。《北史》卷 80 記北魏胡太后為其父治喪事，「詔自薨至七七，皆為設千僧齋」，足見此俗形成至遲不晚於北魏。佛教認為人死之後即轉入「中有之壽」，中有之壽 7 日為度，屆時不能轉生便又死，死而復生，至再至三，極於 7 次。所以欲為亡靈修福，應趁中有之壽未盡期內，抓住這 7 個關鍵的日子。後世每隔 7 日設奠超度，首七須在喪期第六天上舉行，大都用土地廟的和尚；二七與煞期不遠；三七由和尚念《受生經》；四七多由親戚出錢請和尚念經；五七應請道士做；六七須由女婿做；七七又稱「斷七」，只放焰口。

十八．擇墓地和葬日。這一程序與儒家「卜宅兆葬日」相似。但儒家用占卜之法，民間卻是依靠風水先生的羅盤；儒家為死者著想，民間卻是為活著的人打算。

十九．摔喪駕靈。在出殯之日，將要起動棺材時，由主喪的「孝子」在靈柩前摔碎瓦盆一隻，要一次摔碎，而且越碎越好。瓦盆一碎，猶如一聲號令，扛夫們迅速起靈，摔盆者扛起引魂幡或牽引靈車而走，動作越快越好。

二十．哭喪。與儒家喪儀一樣，民間喪儀每一程序都有哭喪的場面，哭聲音量以大為尚。哭的形式有 3 類：一是「散哭」，二是「套頭」，三是「經」。散哭的特點是想到什麼就哭什麼，主要是傾訴對死者的思念之情；套頭有內容的限制，如《報娘恩》等；經是結合喪葬儀式而哭的，如死者斷氣時，則哭《斷氣經》。哭可以化錢雇人代哭。

同時，喪家在守喪期間，凡來弔唁者，無論認識與否，均應予以接待。「若相知者，同在城邑，三日不弔則絕之」(《顏氏家訓・風操》)，這是南北朝時的禮俗。後世通常情況下，這個「相知」住得不算遠，如果 3 日內不來弔唁，「絕之」自然也是不可避免的了。

此外，民間喪儀尚有出殯、下葬、回靈、謝孝、暖墓等一系列習俗，大都與儒家禮制出入不大。

出殯中有親朋世誼的路祭，唐代曾予以禁止，但沒有什麼效果。此風後世愈演愈烈，如《紅樓夢》第十四回敘秦可卿的出殯——「路上彩棚高搭，設席張筵，和音奏樂，俱是各家路祭：第一棚是東平郡王府的祭，第二棚是南安郡王府的祭，第三棚是西寧郡王的祭，第四棚便是北靜郡王的祭……」真是備極哀榮，其間靡費，不問可知。

據《世說新語・德行》記載：「王戎、和嶠同時遭大喪，俱以孝稱。王雞骨支牀，和哭泣備禮。武帝謂劉仲雄曰：『卿數省王、和，不聞和哀苦過禮，使人憂之。』仲雄曰：『和嶠雖備禮，神氣不損；王戎雖不備禮，而哀毀骨立。臣以和嶠生孝，王戎死孝。陛下不應憂嶠，而應憂戎。』」王戎所重在真情而和嶠所重在儀節，兩者雖然都表現了孝思，但如先靈有知，無疑更受前者感動，因為後者可能心有旁騖。

與喪禮相聯繫的葬禮，在喪葬中無疑尤居重中之重。中國傳統社會視土地為生命之本，講究入土為安，所以主流葬式是仰身直肢的土葬。也有其他葬式。遠古時曾有集體合葬，更通行單人葬。西安半坡類型的墓葬，對未成年人實行與成年人不同的埋葬方式，但某些女孩卻也獲得了成人待遇，這是因為她們生前已經繼承了財產乃至權勢的緣故，說明當時是母權制社會。而當個體家庭成為社會的細胞後，仍然盛行單人葬，並繼之以夫妻合葬，自此有的墓就有了木製的棺和槨，㉞反映了墓主生前不同的等級身分。為免墓主遭遇外鬼侵害，承舊石器時代居室葬的遺風，加以改進，就把他們集中埋在邑聚附近，形成共同的族墓地。夏、商、周三代，以土坑豎穴墓為主要的墓葬形式，當時在墓邊造寢，便於墓主飲食起居。西周初年，東南地區出現了墳丘式墓葬，後來推廣開來，於是也相應有了墳和墓的字義區別，埋人的塋叫「墓」，墓上的封土叫「墳」。墓寢則逐漸擴大形制，成為專供墓祭的享堂和祠堂。殷周時代的墓葬講究等級區別，主要體現在地下墓室中棺、槨的數量和隨葬品的多少。到了戰國，由於墳丘式墓葬的普遍流行，統治者開始對墳墓的外觀也予以等級的區別。從戰國中期開始，君王的墳墓專稱為「陵」，自貴族以至庶民，各按等級構築相應的

㉞ 與之同時，尚有陶棺和石棺，陶棺是小孩的葬具，也用於成年人的二次葬；石棺製作費時費力，史前石棺比較少見。

墳墓，上得兼下，而下不得兼上。唐以前，墳丘以方錐形為貴，只有皇族可以使用。明太祖築孝陵，改方為圓，從此凡墳丘，都是圓錐形的了。唐和北宋皇陵，都分上宮和下宮，明太祖也予以改革，只保留其具有祭祀功能的部分。而墳丘式墓葬，開始墓穴仍保持豎穴土坑的形制。周代「天子之棺四重」（《禮記・檀弓上》），諸侯三重，大夫再重，士一重。西漢長沙馬王堆一號墓由封土、墓道、墓坑和墓室 4 個部分組成，棺槨放置在枕木上，結構為外二槨內四棺。㉟當時皇帝和顯貴的槨室或用厚木累積而成，至上為「題湊」（《史記・滑稽列傳》）。題，頭也；湊，聚也。木頭皆內向為槨蓋，上尖下方，如屋檐四垂。現今所知最早的題湊結構，是 1978 年發現的石家莊小沿村西漢初年墓。而「黃腸題湊」（《漢書・霍光、金日磾傳》）的最早例證則見於西漢早期的長沙象鼻嘴一號墓和陡壁山曹撰墓。東漢又出現了石材題湊。東漢之後，題湊終於為漸漸興起的多室磚墓所取代。南北朝時期，因為法令禁止私人在墓前立碑，墓葬中出現了石刻的墓誌銘，記載墓主的姓名、官爵身分、生卒年、家族和家庭情況、生平的主要事跡等，後來被廣泛採用。從隋、唐開始，政府規定，庶民墓葬，不得使用磚室。明代政府規定，品官棺木用油杉，朱漆，槨用土杉；庶人棺以油杉、柏或土杉、松為之，只能用黑漆、金漆，不得用朱紅漆。漢代墓前開始立華表、墓碑、石人、石獸，對此，歷代政府也都有詳細的等級規定。㊱

桑樹和梓樹是中國傳統社會與喪葬禮俗特別有關聯的樹木。上古桑林是祭祀祖先的處所，桑林之下往往是家族的墓地；「梓宮」則是喪葬重器，上古不僅棺木用梓，墓地也常植梓樹。《詩・小雅・小弁》云：「維桑與梓，必恭敬止。」桑、梓成為祖先崇拜的物質符號。後世「桑梓」指代鄉邦故里，就是因為桑、梓中凝聚的是祖親的血脈精神。魏晉以來甚重歸葬，五代後周朝廷更明令，凡父母、祖父母歿在外地未經歸葬者，「其主家之長，不得輒求仕進」（《舊五代史》卷 112），將是否盡歸葬之禮與仕途直接聯繫了起來。其用意，正在於強化人們的桑梓觀念。

殉葬亦稱「人殉」，是中國古代曾經流行過的一種葬俗。上古殉葬的用意是以人殉來警衛和侍奉墓主。商代是人殉極盛的時代，大型墓殉葬者多達 100 餘人。西周時人殉趨於低落。秦代似乎又有所發展。漢代以後，人

㉟ 侯良：《西漢文明之光：長沙馬王堆漢墓》第 17 頁注，湖南人民出版社，2008 年。
㊱ 李衡眉：《昭穆制度與宗法制關係論略》，《歷史研究》1996 年第二期。

殉現象雖仍有出現，但受到社會輿論的反對，人數都很少。明代正統八年(1464) 正月，英宗朱祁鎮病危時下遺詔表示：「用人殉葬，吾不忍也，此事宜自我止，後世勿復也。」（《明英宗寶訓》卷 12）從而在制度上廢止了野蠻的人殉。只是作為一種補償或替代，漢代以後，以人俑、畜俑和實物模型等隨葬的風俗卻大大發展了起來。

中國古代明器制度，萌芽於舊石器時代晚期。所謂明器，又稱「冥器」、「盟器」，就是專為隨葬而製作的器物，如上面所說的人俑等。《禮記・檀弓下》云：「其曰明器，神明之也。塗車芻靈，自古有之，明器之道也。」夏代出現了銅明器。商代明器重酒器而輕視飲食器。西周中期明器中，銅禮器的組合發生了較大的變化，食器增多，酒器則相對減少。西周明器的用鼎，表現了比較嚴格的用鼎制度。春秋以降，平民模仿貴族的禮制用鼎隨葬，衝破了士與庶的界限。到了西漢，與戰國相比，青銅器已經喪失了「禮器」的性質，而仿效銅器的漆製、陶質明器的比例卻有大幅度增加。此外，禮器的組合也出現了有其名無其實或不拘一格的趨向。長沙馬王堆漢墓出土了大量泥質冥錢，其中泥半兩共 40 簍左右，每簍 2500～3000 枚。東漢明器制度的特點是反映莊園生活的成套灰陶胎的彩繪陶模型明器的盛行。魏晉南北朝時代，禮器完全消失，代之以由兩漢互聯罐演化而來的穀倉罐；㊲銅明器罕見，漆明器也少見，而瓷明器的數量顯著地多了起來。唐宋時代，統治者開始用法律的形式將明器制度確立下來。如唐代規定，三品以上，明器 90 事，共 50 舁；五品以上，明器 60 事，共 30 舁。北宋紙質和木質明器開始流行。元、明、清時代的明器制度基本上沿襲唐代和宋代。

圖 69　東漢明器三合式陶屋　1957 年廣州東郊麻鷹崗出土

儒家孔子主張喪葬只要「稱其財」(《禮記・檀弓下》) 即可，相對而言，孟子卻主張「養生者不足以當大事，惟送死可以當大事」(《孟子・離婁下》)。

㊲ 參見李紀賢《話穀倉罐》，載《工藝文化研究》，山東美術出版社，1993 年。

秦漢時代逐漸形成厚葬風氣。儘管東漢前期幾個皇帝都反對厚葬，光武帝遺詔以身作則，表示「朕無益百姓，皆如文皇帝（指西漢文帝，以節儉著稱）故事，務從約省」（《後漢書・光武帝紀》），可是東漢厚葬情況仍相當嚴重。三國曹魏倡導儉葬，曹操率先垂範，他在遺令中要求「斂以時服，無藏金玉珍寶」（《三國志・魏書・武帝紀》）；曹丕則於黃初三年 (222) 表首陽山東為壽陵，疾倡「為棺槨足以朽骨，衣衾足以朽肉而已」（《三國志・魏書・文帝紀》），對後世有一定的影響。但中國傳統社會厚葬之風卻一直禁而不止，即使像唐太宗那樣開明的英主，他一方面一再批評「以厚葬為奉終」（《貞觀政要・儉約》）的錯誤觀念，另一方面則仍然以稀世珍寶鍾、王真跡隨葬昭陵。不過南朝和宋代比較例外，確實可圈可點，宋代禁止陪葬金玉等物，宋陵規模遠遠不及唐陵，南宋陵更不及北宋陵。

中國傳統社會對喪葬的重視，在居喪制度上，凡飲食、居處、哭泣、容體、言語、衣服等各個方面，都有較詳細的規定，其中有些內容，本節上文已經有所涉及，下面再專門來談一下中國傳統社會的喪服制度。

所謂喪服，是傳統社會喪禮中親屬們根據與死者關係親疏而穿著的服飾。通常在死者大殮的次日開始成服，喪葬禮結束後，還必須在為死者舉行的一系列祭悼活動中繼續穿著，直到禮制規定允許解除的期限為止，同時恢復正常的飲食、居處。東漢時，有人為搏取鄉曲之譽，竟「葬親而不閉埏隧，因居其中，行服二十餘年」，後以「五子皆服中所生」，弄巧成拙，遂致獲罪。（《後漢書・陳、王傳》）

據《儀禮・喪服》規定，喪服有斬衰、齊衰、大功、小功、緦麻 5 種服式，原則上服制越重，其喪服形式也就越粗糙，以示不同程度的哀痛之情。斬衰是用最粗的生麻布製成的，衣旁和下邊不縫邊。諸侯為天子，臣為君，子為父，父為長子，為人後者，都服斬衰。妻、妾為夫，未嫁的女子為父，除服斬衰外，還須挽喪髻。服斬衰的居喪期是 3 年，實際上是 25 個月。為父服斬衰的，其服飾，除斬衰外，還有稱為「苴絰」的粗麻腰帶、杖、絞帶等。苴絰表示對死者的思慕，因而腸子若結。杖，即「哭喪棒」，表示孝子哀毀骨立，行走都須杖來扶持了。絞帶是緊束在腰部的麻繩，表示太瘦了，僅用苴絰還束不緊。按照禮制規定，其人及父俱嫡長而父先死，於祖父喪亡時，稱「承重孫」；如祖父及父均先死，於曾祖父喪亡時，稱「承重曾孫」，皆服斬衰。齊衰用熟麻布，縫邊整齊。齊衰按居喪期分為 4 等：

一．齊衰三年是父已去世而子為其母、母為長子的喪服；二．齊衰杖期，杖是喪杖，期是 1 年，是父健在而子為其母、夫為其妻的喪服；三．齊衰不杖期，是男子為伯父母、叔父母、兄弟、長子以外諸子所持的喪服，又已嫁女子為父母、媳婦為公婆、孫和孫女為祖也是齊衰不杖期；四．齊衰 3 月，是為曾祖父母的喪服。齊衰以下，大功用細麻布製成，經過加工，故稱「功服」，服期為 9 個月；小功用更細的麻布製成，服期為 5 個月；緦麻用精細的熟布製成，服期為 3 個月。這 3 類服制，雖屬「五服」之內，但關係已較疏遠。而五服外的遠親，則無喪服，唯袒衣免冠示哀而已。屬於袒免的親屬是：高祖兄弟、曾祖從父兄弟、祖再從兄弟、父三從兄弟、本身的四從兄弟。

後世喪服制度，形式雖略有變異，但基本精神不變；服用對象亦略有調整，但調整的總趨勢是加重而不是減輕。

唐代服制較多變革。據《開元禮》[38]和《舊唐書・禮儀志》記載，舊制規定為曾祖父母服齊衰三月，唐改為齊衰五月；舊制規定為嫡婦服大功，唐改為期年；舊制規定為庶婦服小功，唐改為大功九月；舊制規定叔、嫂無服，唐改為小功五月。諸如此類，不一而足。宋代服制的主要變化是規定婦為舅姑服斬衰三年。元代「乃著五服於令」(《元文類》卷 42《憲典總序》)，正式把五服在法典中列為專條。明代服制的變革，著重體現在以下 3 點：一．廢除了齊衰三年之服；二．《儀禮・喪服》規定的三殤之制不復存在；三．子為庶母也服齊衰杖期。清代服制增加了為祖父母以上的喪服。

喪服制度強調父子兄弟關係核心價值特別適應後世小農家庭狀況，其強調男性血緣關係又適應後世小農社會血緣聚居，而強調血緣關係尊卑長幼的秩序更符合後世統治者重整族群秩序的要求，所以受到歷代政府的不斷地變本加厲的維護。

喪葬是人生禮儀中最後的一道程序，但人死後，又有紀念的活動。中國傳統文化重視對祖先的祭祀，並希望由此得到福佑。早在父系氏族社會時期，人們開始舉辦家族祀典。安陽西北崗一帶是殷代後期諸王的墓地，這裏分布有大批的陪葬坑和祭祀坑，這些祭祀坑，就是用於祭祀的。[39]周

---

[38] 散見於杜佑《通典・禮典》。

[39] 秦漢以降，漢族地區就沒有這種制度了。見《通典・禮八》。

代是中國傳統社會祖先崇拜制度化的時代,「夫祭之道,孫為王父尸」(《禮記・祭統》),由孫子裔扮乃祖的形象。當時祭祀的主要儀節是把寫有六穀名稱的小旗插在裝有祭饌的簠、簋等器皿上,然後奉告祖先說:已經獻上豐潔的粢盛。其次是行祼禮,就是扮演神主的人將香酒灑在地上,並將肢解的牲體和血腥供奉於神主座前。這些儀節都有將祭祀人的虔敬之心傳達給祖先的含義。祭儀之後一般還要舉辦酢席,與祭者一起宴飲。祭祀時所用的器具、擺設、祭者的服飾儀仗和祭祀的程序等等,都依主祭人的身分和祭祀名目的不同各有詳細而嚴格的規定。周代祭祀,受祭祖先的數目,據說天子祀七廟,一廟為始祖,餘為他的父、祖、曾、高等。自諸侯以下,以次遞減。士祀二廟,除始祖外,只限於祀父。後世除皇帝外,一般都祀不過 5 代。先秦庶人不許立廟,只能在家中祭祀父親,後來漸漸遠推及祖、曾,清代可以祀高祖,但庶人不許立廟的制度卻嚴格堅持了下來。周禮祭品,天子用「會」,等於 3 個太牢[40];諸侯牛、羊、豬並用,就是所謂「太牢」;卿用一牛,稱為「特牛」;大夫羊、豬並用,稱為「少牢」;士用豬;庶人用魚。到清代,三品以上一羊一豬,四品至七品一豬,八品以下用豬肩,庶人只用餅餌 2 盤、肉食菜蔬各二、羹二、飯二。這些充分體現了中國傳統社會祖先崇拜因素的不斷強化和森嚴的等級差別。

圖 70 清代繪畫作品中的祭祖場面

人祭這種野蠻行為,直到春秋時期「修行仁義」(《史記・宋微子世家》)的宋襄公都仍循而未革,他的庶兄司馬子魚曾加以勸諫,認為:「古者六畜不相為用,小事不用大牲,而況敢用人乎?祭祀以為人也。民,神之主也。用人,其誰饗之?」這是說,六畜不相為用,在祭祀馬神時,不用馬作犧牲,小的祭祀,不用牛、羊、豕等大牲。民是神的主人,用人作犧牲,神是不會接受的。子魚的這

[40] 「太牢」,亦稱「大牢」。胡厚宣認為,甲骨文中的「牢」或「大牢」指一對公母牛,「宰」或「小宰」指一對雌雄羊,所謂「大牢」、「少牢」,源本此。見《釋牢》,《中央研究院歷史語言研究所集刊》第八本,1939 年。

種進步思想，是與時代精神相合拍的。

祭祀用燭，《周禮・秋官》有「司烜氏掌……祭祀之……明燭」的記載；用香則「起於後魏齊梁間」（姚寬：《西溪叢語》卷下）；焚燒紙錢，《通鑑綱目・唐玄宗開元六年》說「王嶼行之，而世以為羞」，王嶼在玄宗朝任太常祠祭使，大概當時還只是風氣初開。至於民間以紙寓錢，則恐怕要早得多，《事物記原》卷 9 記載：「漢以來，葬者皆有瘞錢。」《封氏聞見記》卷 6 也記載：「魏晉以來始有其事。」

第十四章

社交應酬和歲時節慶

第一節　社交應酬

中國傳統社會人們在社交應酬中，一般尊對卑稱名，卑自稱也稱名。稱字，則用於對平輩或尊輩，以表示親近或尊敬。古人不論尊卑，都不以字自稱。無論官位多高，在皇帝面前若不稱名，則須經詔旨特別批准，如北宋仁宗對其叔父周王趙元儼，就曾「賜贊拜不名，又賜詔書不名」(《宋史》卷245)。

古人名字之外，別號有自號，又有他人為尊重某人而取的尊號；此外還有雅號、綽號、諢號、代號。別號的字數，有兩個字的，也有兩個字以上的。宋代以後，取別號之風日甚一日，別號在社交中被經常使用，有的人以號聞於世，本名反而不為人所熟悉了，如蘇東坡、鄭板橋等。古人又習慣於以官爵和地望相稱。在唐代和宋代，更盛行以排行相稱或以排行和官職連稱，這種排行不是同父兄弟的排行，而是同曾祖兄弟的排行。

古人自稱除直接稱名之外，另有不少謙稱，最常見的是「鄙人」，與「鄙人」相類似的謙稱還有「臣」、「妾」、「僕」等，這些本是殷周時代對奴僕的稱呼。在古人的自稱中，使用較廣而長久的，尚有「不才」、「不肖」、「不佞」、「不敏」等。宋、元間人則自稱「小可」。另外，年輕者在年長者面前稱「晚生」、「學生」、「後學」、「小子」等，老百姓在官吏面前稱「小人」、「小民」等，下級在上級面前稱「下官」、「卑職」等，婦女在人面前稱「奴」、「奴家」等，這些都是謙稱。歷代帝王稱「寡」道「孤」，也是謙稱，但這種謙稱平常人是不好學的。另外，古人還對人謙稱自己的妻子為「拙荊」、「賤內」等，兒子為「豚犬」、「賤息」等。

與自稱相反，古人稱人就往往用尊稱。最早的尊稱是「父」，還有「公」、

「子」和「長者」等。在古代官場中，君稱臣作「卿」、「愛卿」是愛稱，並非尊稱；而臣稱君作「陛下」，就是尊稱。又有「殿下」，是對太子和親王的尊稱。「閣下」、「座前」、「相公」、「執事」等稱，通常都是對官僚的尊稱。「古人稱謂，各有等差，不相假借」（梁章鉅：《稱謂錄・自序》），其間頗多講究。在古代許多書面尊稱中，只有「先生」一稱，今天仍廣泛使用，其涵義相差亦不大。「您」，本來只是蒙語「ta」（你們）意思的漢譯字，後來逐漸用於單數第二人稱，表示尊敬。❶

古人還有許多禮貌稱呼，如稱父母為「高堂」、「椿萱」、「雙親」、「膝下」。稱別人的父親為「令尊」、母親為「令堂」，稱別人的兄弟姊妹為「令兄」、「令弟」、「令姐」、「令妹」，稱別人的兒女為「令郎」、「令嬡」。「令」有善、美之意。對別人稱自己的父母兄弟姐妹為「家父」、「家嚴」、「家母」、「家慈」、「家兄」、「家姐」、「舍弟」、「舍妹」。稱妻父為「岳父」、「泰山」。稱去世的父親為「先父」、「先嚴」、「先考」，稱去世的母親為「先母」、「先慈」、「先妣」。稱已去世的親屬則加「亡」字，如「亡妻」、「亡妹」。稱別人家庭院為「府上」、「尊府」，自稱「寒舍」、「舍下」、「草堂」。老師稱「恩師」、「夫子」，學生稱「門生」、「受業」等等，不勝枚舉。古人還隨自己的兒孫稱呼對方，也是為了表示禮貌。

古人書信，這方面的講究更多，前後變化也很大，這裏試舉北宋散文大家歐（歐陽修）、曾（曾鞏）、王（王安石）、蘇（蘇洵父子）以及司馬光等人集中書信為例，來說明當時的情況：敬稱對方，常用「臺端」、「臺馭」、「臺座」、「臺屏」等詞；若用「鈞嚴」，則對方為尊長。美稱對方來函，常用「華箋」、「臺翰」、「音海」、「賜問」、「枉教」等詞。謙稱自己的信件或詩文，常用「亂道」、「獻芹」、「卑意」、「薄言」、「枯筆」等詞。謙稱自己的官職或政績，常用「薄宦」、「賤事」、「拙政」、「竊祿」、「叨膺」等詞。謙稱自己才疏學淺資質愚陋，常用「短拙」、「微陋」、「草鄙」、「塵賤」、「薄質」、「葑菲」、「不撰」、「庸懦」、「猥瑣」等詞。謙稱自己出身孤寒不善言辭，常用「孤蒙」、「樸鄙」、「樸愚」、「樸訥」等詞。對方外人士，常用「道體」、「法席」、「清顏」、「山門」、「保練」等詞。此外，還有「頓首」、「拜」、

❶ 「您」，作為上聲字，代「你們」，元代周德清的《中原音韻》已收入，在「侵尋」部；這個字的初始出現必然更早，因為在金、元之際關漢卿的著作中，「您」用做尊稱也已經不止一二見了。

「再拜」、「思企」、「仰煩」、「違闊」、「屈臨」之類致敬、問候語，出現頻率更高，但那已經不屬於稱謂範疇了。

中國傳統社會在稱謂問題上還有避諱制度，本書上章第一節已有述及。所謂避諱，就是對君上、尊長不直犯其名而採取的迴避方式，起源於周，完備於秦、漢，盛行於唐、宋、元、明、清各代。「諱名不諱姓」（《孟子・盡心下》），有國諱和家諱兩類。國諱運用國家權力強令臣民不得直稱君主之名，其方法有改字法，如秦始皇名政，當時就改「正月」為「端月」；空字法，如《宋書》遇到劉家帝王之名多作「諱」字；缺筆法，即對所避之字的最後一筆，略去不寫。家諱情況也很嚴重，如東晉桓溫子桓玄初任洗馬時，王忱前來祝賀，席間嫌酒冷不能飲，乃頻呼取溫酒來，桓玄因王忱犯其父諱，立時當席大哭，使得王忱狼狽而去。桓玄還說：「犯我家諱，何預卿事！」（《世說新語・任誕》）自三國以來，人們不僅要避諱與君主、尊長名字相同的字面，而且還要避諱音同和音近的字，這叫做「諱嫌名」。唐代詩人李賀因父名晉肅，所以不得舉進士，韓愈曾為之辯護，說「若父名『仁』，子不得為人乎?」（《諱辯》）❷但有時政府也規定，嫌名不必避。平心而論，避諱制度的推行，對形成尊重他人、敬老崇賢的社會風氣，應當說並非毫無意義。

古人求見，須投名片（帖），因名片最初是由木片製成的，稱為「名刺」，所以投名片就叫做「投刺」。另有一種情況，古人逢節日喜慶，賀而不親臨其門，即以名帖書「某某頓首拜」字樣，派僕人貼於對方大門上，亦謂之投刺。這種名帖即今之賀卡。明清時代，賀卡稱「紅單」、「賀帖」，盛以特製的拜匣，按規定打開後須由對方主人親自取出。拜匣內或另盛禮金之類。

訪問禮節，則須敲門而後入。通常是輕輕敲 3 下，若主人家門開著，須先呼喊，候主人應聲之後才進去。

見面之後，要作寒暄，問候對方起居冷暖。若是初見，還要請教對方姓氏、字號。常見說書者，敘古代人物見面，有「不敢動問尊姓大名」的套語，其實古人只問姓和字號，問名是犯忌的。

社交須面對，故語言問題很關鍵。史載南齊武帝（482～493 在位）寵任驍騎將軍胡諧之，欲「獎以貴族婚姻，以諧之家人傒語不正，乃遣宮內四五人往」教，不料後來因為宮人少，諧之家人多，「非惟不能得正音，遂

❷ 《昌黎先生集》卷 12。

使宮人頓成傒語」。(《南史》卷 47) 此事如此結果，只怪胡家沒有配合好。毫無疑問，在當年，若思聯姻於貴族，步入上層社會的社交圈子，「傒音不正」，不會雅言是非常傷腦筋的，故齊武帝想幫胡諧之家先解決這個問題。

「年長以倍，則父事之；十年以長，則兄事之；五年以長，則肩隨之。」(《禮記・曲禮上》) 這是長幼之間的次序。

古人見面禮，通常有作揖、打躬和鞠躬。作揖是雙手合抱舉前，其初大概是模仿帶手枷的奴隸，表示願為對方役使的意思；打躬是屈身作揖行禮；鞠躬是雙腳並攏，雙手下垂於大腿兩側，彎曲上身以表敬意。又有唱諾，是男子作揖同時出聲致敬的一種禮節。婦女禮節，則有道萬福，是祝對方多福，行禮時雙手手指相扣，放至左腰側，彎腿屈身，宋代已盛行。

而卑幼拜見尊長，要小步疾步；卑幼與尊長同行，也應推尊長前行。這都是為了表示尊敬。陪同客人，亦如是。只有當客人不知路徑的時候，主人才不得不為前導，但仍須時時反顧，顯出不安的神態來。客人告辭，主人則須出門相送，親切道別，若是年老者，應送很遠一程路。

周代見面禮物，稱為「贄」。贄因人而異。古人執贄，不同於今人的酬酢饋贈：一是不能無贄；二是不能根據自己的經濟條件隨意選擇以何物為贄；三是贄的主要作用在於表明身分，一般情況下，都得於次日回拜時原物送還——但後來風俗逐漸變異，送還原物就不行了。

古人食祿於朝廷，謝絕干謁，有操守的官員，雖望重天下，皆退無私交，門可羅雀。北宋王安石拜相，自恃身正不怕影斜，在私第接見銳意變法的新進，招致反對派物議。毋庸諱言，王安石固然心地光明，但他這樣行事，卻是不足為訓的。

三國時期孫吳陸遜（吳郡吳縣華亭〈今上海市松江區〉人，185～245）禮賢下士，虛己待客，他曾提醒同僚諸葛恪說：「今觀君氣淩其上，意蔑乎下，非安德之基也。」(《三國志・吳書・陸遜傳》) 諸葛恪持才傲物，心胸狹窄，終遭殺身之禍。陸遜寬厚忍讓，獎掖後進，其子陸抗，孫陸機、陸雲，皆卓然有所建樹，可謂澤及子孫。❸

跪拜禮是中國傳統社會特有的向對方表示崇高敬意的禮節。古時候，跪、拜和坐是相近的動作。跪為兩膝著地，腰幹伸直；跪而以手碰地即為拜；以臀抵腳跟即為坐。❹因此跪可以說是拜的基礎，拜是跪的發展。跪

❸ 機、雲兄弟西晉太安二年 (303) 同時為成都王司馬穎殺害，是另有緣故，應當別論。

雖先於拜，但跪後必然拜，兩者不可分。《周禮・春官・大祝》有所謂「九拜」。九拜中，「稽首」是拜頭至地稽留多時的拜，為最重的拜禮，古人對天、地、君、親、師，都用稽首禮。「頓首」是頭叩地即起的拜，是平輩之間的禮節。「空首」是頭不至地的拜，用於位尊者對位卑者的答拜禮。這3拜稱為「正拜」。另外還有「振動」、「吉拜」、「凶拜」、「奇拜」、「褒拜」、「肅拜」。振動是哀慟之拜；吉拜用於祠祭，以及對齊衰不杖以下者的喪拜；凶拜是三年之喪時所行拜禮；奇拜是軍中特殊的拜禮；褒拜是拜而又拜；肅拜略當於作揖、打躬和鞠躬，已不是嚴格意義的跪拜禮了。傳統社會婦女行跪拜禮，只見於婚禮，婦女沒有社交的權利，她們是沒有資格行隆重的跪拜禮的，婦人「以肅拜為正」（賈疏），一般只能行此拜中最輕之拜。朱熹說，婦人「因首飾盛多」，「自難以俯伏地上」（《朱子語類》卷 91），這種分析也是有道理的。由於坐具的改進，跪拜至宋代演變為以只屈一膝的「雅拜」（同上）為主。跪拜禮能夠造就尊卑貴賤儼然不可逾越的莊嚴氣氛，對於維護傳統等級制度具有極為重要的意義。

傳統社會尚有拜舞之禮，僅用於朝見皇帝，舞為頗顯力度的畢恭畢敬的揮手頓足，《宋史》卷 336 記司馬光元祐元年 (1086) 當國，「復得疾，詔朝會再拜勿舞蹈」，這是朝廷對他的照顧。

又有請安，屬卑幼對尊長的問候禮。有早請安，晚請安；遠別須請安，回歸亦須請安。平輩間有時候也用此禮。此禮始於遼，元、明、清 3 代，尤盛於北方。請安用打千禮，即一足跪，另一足立地，垂手近踝關節；後來又演變為垂右手屈左膝。婦女則請雙安，即以手撫雙膝，且同時屈身。

中國傳統社會社交禮俗講究等級尊卑，在座次上也有表現。最尊貴的帝座是坐北向南的，大臣們朝拜君主，一般是面向北，按官位高低從東往西排列，這樣一來，官位高的在右，官位低的在左，所以傳統社會座次以右為貴。但有時候，又反過來以左為貴。由於古代上層社會的活動場所一般為堂室結構，坐北朝南，前堂後室，堂室之間隔有一道東西走向的牆，這堵牆，如本書第十二章第一節所述，靠西邊有窗，靠東邊有門，室一般是長方形，東西長而南北窄，因此室內座次與堂不同。室內最尊的座次是坐西面東，其次是坐北面南，再次是坐南面北，最卑是坐東面西。坐西面

❹ 參見李濟《跪坐、蹲居和箕踞》，《中央研究院歷史語言研究所集刊》第二十四本，1953 年。

東，居於深處，傳統社會婚禮，夫妻對席，夫坐東面西，妻坐西面東，這是婦女為人一世，唯一做一次大，下不為例的。至於宴會上的座次，因為一般筵席都用八仙桌，桌朝大門，所以上首靠右的是第一位，靠左的是第二位，右橫是第三位、第五位，左橫是第四位、第六位，下沿與上首第一位對面的是第七位，對角的是第八位——第八位是主人的座位。如並排擺兩桌，則座次尊卑，也仍然有規定。如擺 3 桌以上，一般情況，第二桌或第三桌以下皆為散座，不分座次。圓桌本來是不分座次的，但家族團聚，仍須分別尊卑，上面居中，是家長的座位，其餘依長幼之序，團團圍坐。

古人請客，要送請柬，請柬本來用竹簡書寫，因柬與簡音相近，所以稱為「請柬」，後世請柬改用紙寫成，卻保留了這個名稱。賓客至，主人要安排僕人雙手拿著掃帚在門前躬身迎接，意思是說家中已經打掃乾淨，歡迎客人光臨。若有貴客新至，主人應早候於門外，引頸而望，待客人將入大門，即燃放鞭炮，客人告辭，主人亦燃鞭送行，這是表示特殊的敬意。客人坐定後，敬茶敬酒。若以茶敬之，以斟 7 分為敬，不宜過滿；客人喝茶通常以留少許為禮貌。若以酒敬之，則應斟 8 分，以不溢出為敬；客人須少飲，以免喝醉。但客人如進餐，那就必須將自己所獨用的餐具內的食物吃乾淨，否則稱為「留碗底」，為做客之大忌。因為照中國傳統社會風俗，只有尊長才能留碗底，其未盡之食，一般要卑幼替其食盡，所以留碗底是對主人極不禮貌的行為。但有的地方，亦有以留碗底表示主人誠心待客，客人力食不盡者。

古人如已應允赴人宴席，就不可遲到。否則使主人懸望，眾客等待，未免有虧。而出席宴會，切忌「妄談事及呼人姓名，恐對人子弟道其父兄名及所短者」（《萍洲可談》卷 3），弄得大家敗興，不歡而散。

古人宴飲，有祝酒的禮節。《詩・大雅・鳧鷖》：「爾酒既清，爾肴既馨，公尸燕飲，福祿來成。」這就是祝酒辭。唐代詩人王維的「勸君更盡一杯酒，西出陽關無故人」（《送元二使安西》）❺，借祝酒以表達對友人即將離去的眷戀惜別之情，乃是千古絕唱。

宴飲還有陪飲、獻報酬等風俗。陪飲是主人不勝煩瀆，而讓客人自酌自飲又為失禮，所以請親鄰作陪。獻報酬的「獻」是主人先進酒於客人；「報」是客人飲畢回敬主人，亦稱「酢」；「酬」是主人為勸客人多飲，先

❺ 《王維集校注》卷 4。

做出模範動作來。

宴席上「以樂侑食」(《周禮・天官・膳夫》) 的作法也很早就開始了。宴席通常都是菜、酒、點心相互錯雜，較隆重的宴席，是以飲酒始，待飲酒終，然後再上專用下飯的菜。有的宴席上還有專供欣賞的「看菜」。賓客離席則是不約而同，最後離席會被視為不敬。

圖 71　長亭別宴　從明刻《詩餘畫譜》版畫

古代設宴用於款待遠來的客人，稱為「洗塵」，亦稱「接風」；用來送親友遠出，稱為「餞行」，亦稱「祖送」。《左傳・昭公七年》:「公將往，夢襄公祖。」杜注曰:「祖，祭道也。」後世祖送省去了繁瑣的祭祀禮儀，但這個名稱卻長期保存了下來。古人遠出，跋山涉水，風餐露宿，向有行路難之嘆，何況在行裝的準備和旅費的籌集上，也往往不盡如意，至少在精神上需要得到親友的慰藉以壯行色，所以餞行須贈金和物品。貧苦農民為親友送行，多贈八枚或十枚煮雞蛋，雞蛋是團狀物，取回來團圓之意，八暗含「發」，十為整數，十全十美是大好事，這都寄託了美好的祝願。而臨別贈言則上古即有流行。《荀子・非相》云:「贈人以言，重於金石珠玉。」古人是很看重贈言的。餞別之時，執手互道珍重，「子交手兮東行，送美人兮南浦」(《楚辭・九歌・河伯》)，屆時非分手不可，所以別離更形象的說法叫「分手」。古人贈別，至晚自漢代以來，還有折柳方式，後世遂以「折柳」為贈別之代稱。上引王維的詩，就是以「灞橋折柳」作為基因和背景的。❻

待人接物，既有一定的原則，也允許隨機應變，所謂「男女授受不親，禮也；嫂溺援之以手，權也」(《孟子・離婁上》)。兩者可以並行不悖。

中國傳統社會社交禮俗，親友鄉里間講究禮品贈答，平日有之，節日更盛。他人有饋贈，來日回贈一定比原贈豐厚。若來而不往，則為失禮。宋代士大夫常以新茶作為饋贈的禮品，有力地推動了中國茶道的發展，實為一種值得發揚光大的雅俗。

❻ 參見王子今《交通與古代社會》第 187 頁，陝西人民教育出版社，1993 年。

擇友標準，「友直，友諒，友多聞」（《論語・季氏》）。古人提倡慎交，甚重道義之交，認為「博戲之交不日，飲食之交不月，勢利之交不年，惟道義之交，可以終身」（劉炎：《邇言》卷6）。君子應當交淡如水，而義薄雲天，「可見而不可屈，可親而不可狎，可遠而不可疏」（劉敞：《士相見義》）❼；「守道而忘勢，行義而忘利，修德而忘名」（蘇軾：《文與可字說》）❽。

交友方式，有「結同年」等，同年所生的異姓男性青年，經過一定的儀式，可以結拜為同年，自此情同手足，遇事必盡力相助。除此之外，結交還不限於結同年兄弟，著名的三國亂世英雄劉、關、張桃園結義，這3位，就是不能同年同月同日生，只求同年同月同日死的義兄義弟。因為關羽（河東解縣〈今山西臨猗西南〉人，生年未詳，卒於220年）的忠義為後世所公認，故結義通常須在關羽的神像前舉行，意在楷式關羽，請關羽的神靈作證。推而廣之，婦女也可以結拜異姓的兄弟姐妹。另外，還有認乾爹和乾媽，清代「吳俗曰『過房』，越俗曰『寄拜』」（《清稗類鈔・風俗・乾兒》），但那有尊卑之判，與平等意義的交友自然是兩回事了。

盟誓儀式，有歃血為盟。《禮記・曲禮下》疏：「盟者，殺牲歃血誓於神也。……盟之為法，先鑿地為方坎，殺牲於坎上，割牲左耳，盛以珠盤，又取血盛以玉敦，用血為盟書，成，乃歃血而讀書。」多在重大之舉時進行。對神而誓，則是以神靈崇拜為先決條件，以為神靈明察是非，會懲罰壞盟者。又有誓天為盟、結言為盟等。誓天為盟是視上天為有意志的主宰，常伴以歃血。結言為盟即口頭訂約，《公羊傳・桓公三年》：「古者不盟，結言而退。」

起誓則有賭咒起誓和斷物起誓：賭咒起誓一般在辯白或許諾而唯恐對方不信時進行；斷物起誓，那就是表示，一定遵守誓言，如果食言而肥，願意受到斷物一樣的遭遇。又有兒童常以拉勾起誓，起誓時各伸出右手指，彎如鉤，相扣而拉。若為交換玩具，則曰：金勾銀勾，要還的是狗！即不得反悔要回原物。若為相約保守秘密，則雙方邊拉邊聲明：說出去的是小狗！然後鬆手，是為誓成。

古人在社交中，將商定的有關事項記載下來，這就是立契約。遠古無文字，人們刻木記事，以起契約的作用，文字出現後，才產生了文字契約。

❼　《公是集》卷37。

❽　《蘇軾文集》卷10。

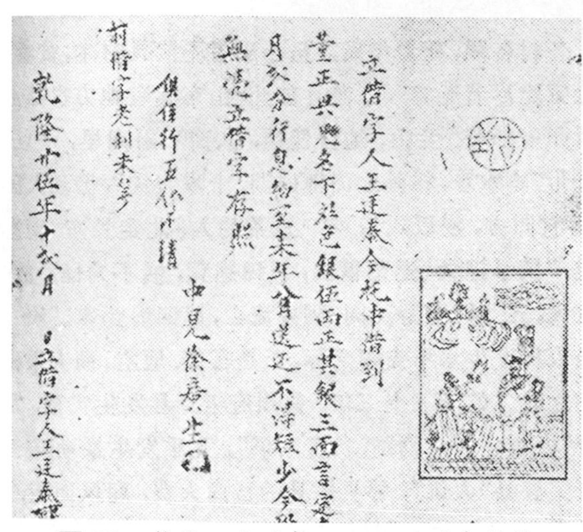

圖 72　乾隆二十五年 (1760) 王廷泰借據

傳統社會契約稱為「券」。券依其契刻書寫的材料可分為竹券、木券、布券、紙券等。券分為兩半，當事人各執一半為憑信。往往右券為權利所繫，所謂「操右券以責」(《史記・平原君列傳》)，也就是「穩操勝券」，但也有「執左券以責」(《史記・田敬仲完世家》) 的事。若有爭訟，就驗合契券，作為判定曲直的依據。簽訂契約時，往往舉行迷信色彩很濃的儀式，在辭文中也充滿著「神明亟之」之類對背約、違約者憤恨的咒罵。契約大致有 3 大類：有關政治軍事的契約稱為「約文」，有關貸錢借物的契約稱為「條據」，有關經濟活動的契約稱為「合同」。

契約簽訂時，應有第三方人士在場。

中國現存傳統社會最早的契約，是刻在青銅器上的《周恭王三年（公元前 919）裘衛典田契》等 4 件土地契，把契約刻在金屬器皿上，就是為了要永遠信守，是確立道德性的誠信關係。❾

在契約或其他有關文書上，當事人多以草書簽名，亦有作特種記號以代者，叫做「畫押」。下層民眾多以手印代替畫押。宋以後，有花寫姓名難於仿造的花押印出現，開始時沒有邊框。元代大都有框，上刻楷書或八思巴文姓名，單字的很多，也有僅刻押花的，俗稱「元戳」，是供畫押專用的。

中國傳統社會商業社交，有草市，草市各地俗稱不同，北方稱「集」，廣東、廣西、福建等地稱「墟」，四川、貴州等地稱「場」，江西等地稱「圩」。草市大多位於水陸交通要道或津渡所在地。命名用意，或說因市場房屋用草蓋成，或說因初係買賣草料集市。草市定期集市，或逢單日、雙日，或逢初一、月半，或 3 日一市，或 5 日一市，皆由民間約定俗成。唐代長江流域很多地區每逢亥日有草市，故白居易《江州赴忠州至江陵已來舟中示舍弟五十韻》詩稱「亥市魚鹽聚」❿。凡逢集，街巷中熱鬧喧騰，散集則冷冷清清。有的草市後來發展成為城鎮。較大的都市則日日有集，官府多

❾　參見乜小紅《簡談中國古代訂立契約的方式》，《光明日報》2008 年 12 月 25 日。

❿　《白氏長慶集》卷 17。

派員管理。隨著生產的發展，集市逐漸專業化，以致形成了許多傳統的專售某種貨物的行市，如米市、騾馬市、花市等，頗具地方特色。

廟會有廟市，亦為草市之一種，地點在寺廟和道觀內外，是隨著民間宗教信仰的發展而逐步形成的，一年中最多不過數次。

交易和招徠顧客的方式自宋元以來有：一．招牌、幌子。招牌大抵專用文字，不乏兼繪形者；幌子或酒店懸酒一壺，而麵店則懸紙條之類以象徵麵條。二．吆喝叫賣。每曼聲宛轉，富於煽惑力；也有用唱歌曲、敲鑼、擊鼓等手段來代替吆喝的。三．撲賣。屬博戲性質，常見於街頭小賣。四．撒暫。食品店先請顧客嘗試，進行推銷、促銷。五．賒賣。顧客不必付現錢。六．聘用妓女坐店。清代蘇州地區發展到女店主拋頭露面，「買賣親授」（《雍正崇明縣志》卷 9）。七．盤街、盤賣。走街串巷，四處兜售。

議價方式通常為討價還價，賣者出價，買者還價，互相靠攏，直到交易成功。不議價——亦即所謂「不二價」的情況同時並存，貨主一口價，認可者成交，不認可者不強求。

古人總結商業活動的經驗，總結出不少重要原則，如認為「待人必須和顏悅色，不得暴怒驕奢，高年務宜尊重，幼輩不可欺凌」；「與人交接，便宜察顏觀色，務要背惡向善，處事最宜斟酌，不得欺軟畏強」；「有事決要與人商議，不可妄作妄為，買賣見景生情，不得膠柱鼓瑟」。（憺漪子：《士商要覽》卷 3）這些都是善賈獲利的不二法門。

古人在商業社交活動中，有說合買、賣雙方成交並抽收佣金的居間商人。漢代的「駔會」或「駔儈」，就是說合牲畜買賣的。至唐代，因營業範圍擴大，出現了「牙郎」、「牙儈」、「牙人」、「牙子」等名目，都是以說合買賣為行業的，當時統稱「牙商」；並且還出現了行會性的牙商組織。明、清兩代仍沿其俗。到近代，則改稱為「經紀」。自明代開始，牙商「選有抵業人戶充任」（熊鳴岐：《昭代王章》卷 1），須呈請官府批准，領取牙帖，方許營業；⓫但「私牙」並未絕跡。

傳統社會凡雇工、借貸及數額較大的買賣，事涉雙方而延請第三者作證或裁決，這第三者，稱為「中人」。中人多由當事人雙方協商聘請鄉里有名望者擔任。就義務而言，中人要「作保」；就權利而言，中人一般都抽收佣金，有時候則由當事人於事成之後，另行酬謝。

⓫ 薛允升《唐明律合編》卷 27 云：「此條唐律無文，然亦明律中之最善者。」

中國傳統社會禁止隨意採摘官私田園的瓜果蔬菜；對「生產蕃息」，依律隨母還主；對他人寄存之物，不得私自動用；凡發現宿藏物，應與地主對半均分；凡獲得古器物，應繳公並有一定報酬；凡撿到遺失物，應及時送交官府處理。《禮記・月令・仲冬之月》記載：「是月也，農有不收藏積聚者，馬牛畜獸有放佚者，取之不詰。」這是另有針對性的。

傳統社會索還積欠，有「三節討債」之俗。「三節」指端午、中秋和除夕。積欠到了這 3 節，一定要償還，其中中秋重於端午，而尤以除夕索債，有「一年積欠一宵催」（《清嘉錄》卷 12 引蔡雲《吳歈》）的說法。負債者亦視除夕為「鬼門關」，無力償還而又不堪受辱者，此時多出門避債。

第二節　歲時節慶

中國傳統社會一月別稱「元月」、「正月」；二月稱「杏月」；三月稱「桃月」；四月稱「槐月」；⓬五月稱「蒲月」、「榴月」，又稱「端月」；六月稱「荷月」；七月稱「桐月」；八月稱「桂月」；九月稱「菊月」；十月稱「吉月」、「良月」；十一月稱「葭月」；十二月稱「臘月」，命名多以植物為標誌，反映了農業民族的心理習慣。而傳統節日亦皆源於農事。農曆 1 年向來有 24 個節氣，在這些節氣中，有的是標誌四季交替的「交節」，在時令中特別重要，所以就被稱為「節日」。同時由於曆法的因素，另外還以月亮朔望和干支排列，定出一些特殊的日子來作為節日。這些節日從性質上看，可以分為單一性質的節日和綜合性質的節日兩大類。單一性質的節日，絕大多數是農事節日，由於目的和內容的單一，隨著風俗變遷，很多消隱為常日。而綜合性質的節日，則是在節日傳承發展過程中不斷複合匯聚多種目的和內容而形成的。其中最典型的例子莫過於春節。春節本是作為月朔的元日而定下的，但後來終於逐步形成活動方式繁複多樣、游藝娛樂因素日趨加強的盛大節日。這些節日，大多以家庭和村社為活動單位，但在節日裏，往往能集中地展現各項民俗，較多地體現人們祈福消災的善良願望和享受生活、充實生命的積極處世態度，起到調節人際關係，維持社會穩定的作用。由於中國幅員廣大，同一節日的活動內容各地不盡相同。而在節

⓬ 亦有以「梅月」稱四月者，釋貫休《寄王滌》詩云：「梅月多開户，衣裳潤欲滴。」（《禪月集》卷 4）這是梅子成熟的月份。

日的傳承演變中，許多節日自然而然地會與一些歷史事件和歷史人物發生關聯，從解釋這些關聯的傳聞異辭中，可以窺見當時當地民眾的心態和觀念。

中國傳統社會農事節日，很早以來就設立的有立春、春分、立夏、夏至、立秋、秋分、立冬、冬至，稱為「四時八節」。《尚書・堯典》所謂「日中星鳥，以殷仲春」、「日永星火，以正仲夏」、「宵中星虛，以殷仲秋」、「日短星昴，以正仲冬」，這四「仲」，即指兩分、兩至；而《左傳・僖公五年》所謂「分、至、啟、閉」，「啟、閉」即指四立。

四時八節，受到特別重視的首推立春。立春在公曆 2 月 4 日前後，從太陽到達黃經 315° 時開始。周代立春之日，天子親率公卿諸侯大夫迎春於東郊。這是因為按照古代五行學說，東方屬木，色青，東方青帝是春天之神，而實際意義是在春耕前去踏看一下冬田。一年之計在於春，所以其他「三時不迎」（司馬彪：《後漢書志・祭祀下》）而獨迎立春。自漢以後，除上述活動外，婦女們又在立春這天用青色綢子或紙剪成小幡模樣戴在頭上，表示春天的到來。由於中國傳統社會農業經濟中，牛是主要畜力，所以立春又有報春牛的習俗。清代迎春在立春的前一天，順天府官員要呈《春牛圖》，禮畢回署，引春牛而擊之，叫做「打春」。民間婦女多買蘿蔔吃，叫做「咬春」，說是可解春困，又可避牙疾。富家則吃春餅，也是咬春的一種形式。⑬「南方立春日，江南太平府（治今安徽當塗）官司製小土牛，頒縉紳家，謂之送春」（《康熙太平府志》卷 5）；蘇州「士庶交相慶賀，謂之拜春」（《清嘉錄》卷 1）。

在四時八節中，古人最重視的還有冬至節，本節下文還要再作介紹。

中國傳統社會農事節日起著安排農業生產活動、促進農業生產發展的重要作用，民間用 4 句順口溜來記述二十四節氣：「春雨驚春清穀天，夏滿芒夏二暑連，秋處露秋寒霜降，冬雪雪冬小大寒。」另外，還有 3 個特殊的農事節氣，是用一組日子來標記的，這就是「三伏」、「九九」和「小陽春」。三伏自夏至後第三個庚日入「伏」，通常頭伏、中伏、末伏共 30 天；但如果自頭伏起至立秋前中間有 2 個庚日，則中伏為 20 天，三伏共 40 天。三伏正值夏收夏種繁忙季節，秦漢時代，在三伏中要舉行一次祭祀，據《史記・秦本紀》記載，其俗始於秦德公二年（公元前 676）。後世江、浙農村作興「做夏至」，在夏至前後辦酒席祭祖宴請全家，還吃夏至麵，似即複合

⑬　參見王道瑞《〈春牛芒神圖〉及古代迎春活動》，《歷史檔案》1986 年第二期。

了伏日祭祀的內容。九九則自冬至後入「九」，共 81 天，其間天氣由寒轉暖，經歷小寒、大寒、立春、雨水、驚蟄等重要的農事節氣，所以同樣受到農民的重視。民間有各種不同的「九九消寒歌」；還有「九九消寒圖」，在冬至日畫 1 株素梅，上有 81 瓣花瓣，日染 1 瓣，至整株梅花皆紅，則九九出而春天到了。⓮這種圖大概要文化氣氛較濃的人家才有，多置於小姐的香閨和少婦的暖閣裏。至於小陽春，乃是整整一個十月，宋陳元靚《歲時廣記》卷 37 引《初學記》云：「冬月之陽，萬物歸之，以其溫暖如春，故謂之『小春』，亦云『小陽春』。」小陽春農家一方面忙於秋收，一方面又忙於播種三麥等作物，也是很重要的。

除了農事節日，中國傳統社會節日主要有春節、人日、上元、春社、花朝、寒食、清明、上巳、浴佛、端午、七夕、中元、秋社、中秋、重陽、下元、冬至、臘日、除夕，其中有些與農事節日複合，玆一一簡介如次：

春節古稱「元旦」，南朝梁蕭子雲《介雅》詩所謂：「四氣新元旦，萬壽初今朝。」⓯即農曆正月初一。據說遠古之世，舜帝就是在這一天舉行即位儀式的。「春節」首見《後漢書・楊震傳》：「又冬無宿雪，春節未雨。」但所指實為立春。南北朝時期「春節」是整個春節的泛稱。至於將農曆一年開始的第一天正式定名「春節」，實際上已在近代了，迄今不過 90 多年的歷史。⓰這是「歲之朝、月之朝、日之朝」(《漢書・匡、張、孔、馬傳》顏注)。上古春節須懸圖騰，周時有桃梗之設，至魏晉稱「桃符」，⓱後來發展為貼年畫、剪窗花、貼春聯。後唐應順元年 (934)，蜀主孟昶在桃木板上自題：「新年納餘慶，嘉節號長春。」(《宋史》卷 479) 春聯內容始見於文字記載。魏、晉之際，北方春節有「打糞堆」之俗，參與者邊打邊呼喚：「如願歸來!」原來如願是個有法術的婢女，要她做的事，只要是在情理之中的，無不使人如願，後因不堪主家的虐待跳入糞堆而消失了。大家打糞堆祈求她回來，但是如願一去不復返。⓲久而久之，人們也就只好死了這

⓮ 劉侗：《帝京景物略・春場》。

⓯ 《樂府詩集》卷 14。

⓰ 1913 年 1 月，中華民國北京政府內務總長呈文大總統袁世凱，請定農曆正月初一為春節，同年 7 月獲得批准。

⓱ 《藝文類聚》卷 86《菓部上》引《典術》：「今之桃符著門上，壓邪氣，此仙木也。」

⓲ 見魯迅輯《古小說鈎沈・錄異傳》，《魯迅全集》第八卷第 528～529 頁，人民文學出版社，1973 年。

圖 73　反映元旦民間歡慶景象的《歲朝歡慶圖軸》　清　姚文瀚繪

顆心。北齊舉行元旦朝會，地方覲京使臣須呈守土之策，字跡潦草者罰吃墨汁 1 升，文理粗疏者逐出宴席，才辭可取者備案以供升遷之參考。宋代元旦大朝會皇帝要接受百官和外國使臣的朝賀；至於官衙序拜，則無論長官、屬員，但依年齡大小進行；⑲平民百姓亦皆鮮衣往來拜節。趙孟頫《題耕織圖二十四首奉懿旨撰・耕・正月》云：「田家重元日，置酒會鄰里。大小易新衣，相誠未明起。」⑳寫出了民間辭舊迎新的歡樂情景。元旦是從夜裏子時（23:01～0:60）算起的。舊時習俗，這天晨起，要放開門炮仗，這有驅禳的意義。然後先合家男女依次向家長拜年，再出拜鄰里戚族，或遣童僕送帖致賀。早餐以除夕前預製的粉圓先祀天地灶神和祖禰，取「團圓」之意。凡年菜，都賦予吉利的稱呼。還有許多禁忌，如「忌掃地、乞火、汲水並針剪，又禁傾穢實糞，諱啜粥及湯茶淘飯。天明未起，戒促喚男子」（《清嘉錄》卷 1）。又如忌吃魚頭，尤忌化錢，以為否則一年要窮。春節活動的高潮，一般持續到初五，春節實際上也包括這一段時日。在此期間，乞丐生活有幫主負責，不准行乞，取而代之的則有「喊順溜」以獲取微利者，多窮苦平民，所喊「順溜」，大抵「新年大發財」、「元寶滾進來」等語。從初二開始，戚友相邀吃年酒，直到過了上元節始止。年內新婚者，要在初三日至岳家赴席。初五為五路財神誕辰，「五路者，為五祀中之行神，東西南北中耳，求財者祀之，取無往不利也」（袁景瀾：《吳郡歲華紀麗》卷 1），家家戶戶都虔誠恭迎，要先接以奪利市，往往於初四子夜就具牲醴、糕果、香燭，鳴鑼擊鼓禮拜出接，叫做「接路頭」（《清嘉錄》卷 1）。這一日，大小店肆開始營業。是夜，各店東肆主請伙友吃財神酒，並有於酒席上決定伙友留去的俗例。春節又有

⑲　《嘉泰會稽志》卷 13。

⑳　《松雪齋集》卷 2。

各種游藝競技活動，這是中國傳統社會節日氣氛最濃重的節日。

人日在正月初七，其成俗可以追溯到晉代，似乎與人們在年初占驗年成豐歉有關。人日的主要活動是剪彩和登高，剪彩成人形，不分男女戴在頭上，叫做「人勝」。清代江西瑞州府（治今宜春高安）一帶要「各以辛菜治羹，曰『七寶羹』㉑，自此男女各勤其職，諺云『吃了七寶羹，各人做零星』」（《同治瑞州府志》卷 2）。河南新蔡縣地方則「婦女剪彩為燕，或貼或插戴」（《乾隆新蔡縣志》卷 4）。人日還有「送窮鬼」之俗，在前一日出糞帚，人未行時，以煎餅 7 枚覆其上，置之通衢，以為送窮儀式。㉒

上元即元宵，在正月十五，源出漢代祀太一的風俗。在道教中，上元乃天官賜福之辰。㉓俗例都吃元宵糖圓。上元節的特點主要是「鬧」。北魏以來，元宵有張燈觀賞的風俗，所以又稱「燈節」。俗傳此日之夕，諸星下界，因此各家燃燈為祭，燈數有 49 盞的，有 108 盞的。隋代元宵從京城到外州，「無不鳴鼓聒天，燎炬照地，人戴獸面，男為女服，倡優雜技，詭狀異形。以穢嫚為歡娛，用鄙褻為笑樂，內外共觀，曾不相避」（《隋書》卷 62），簡直就是狂歡節！唐代為了賞燈，政府特別開放夜禁，所謂「金吾不禁夜，玉漏莫相催」（《大唐新語》卷 8）。明、清北京燈市，在初八就出現高潮；自十三日開始，由堂奧以至大門，燃燈以照之，謂之「散燈花」；燈市盛時，道路充塞，人不得顧，車不得旋，焰火施放，月不得明；婦女們用烏金紙剪成飛蛾，用針作柄，戴在頭上，叫做「鬧蛾兒」，取蛾兒撲燈的意思；燈市一般要持續到正月十八才收歇。清代元宵「煙火花砲之製，京師極盡工巧。有錦盒一具內裝成數齣故事者，人物像生、翎毛花艸，曲盡粧顏之妙」（潘榮陛：《帝京歲時紀勝・正月・星燈》）㉔。元宵還有迎紫姑神的習俗，這原是小兒女子的活動，「能占眾事，卜未來蠶桑」（劉敬叔：《異苑》卷 5），比較隨便。

春社為立春後第五個戊日，「春祭社以求膏雨，望五穀豐熟」（《古今圖

㉑ 「七寶羹」是用 7 種菜作為材料烹製而成的，以象徵人日序七之數，蘇東坡《和子由踏青》詩所說「七種共挑人日菜」（《蘇軾詩集》卷 4）便是指此。

㉒ 《歲時廣記》卷 9。

㉓ 《陔餘叢考》卷 35 云：「張衡（張道陵之子）等但有『三官』之稱，而尚未謂之『三元』，其以正月、七月、十月之望為三元日，則自元魏始。」

㉔ 《帝京歲時紀勝》一卷，見《續修四庫全書》第 885 冊，上海古籍出版社，2003 年。

書集成・曆象・歲時・社日》引《周禮訂義》），是古人春天祭祀社神——即土地神祈求豐收的日子，兼有鄉鄰會聚宴飲的性質。屆時往往舉行盛大的迎神賽會，社鼓震天，還表演歌舞雜戲。漢初名相陳平早年曾在民間輪值「社首」之職，他「分肉食甚均」（《史記・陳丞相世家》），受到父老的稱贊。自先秦以來，城、鄉「里」一級的單位，大都有社。宋代社日，婦女還有停針綫之俗。社日食品，主要有社酒、社糕、社飯等，倘遇豐年，田夫野老莫不得而盡興，桑柘影斜，家家都扶醉人歸。民間相信，飲社酒不但可以使人耳聰，而且還可以醫治耳聾。

花朝一說為農曆二月十五日。北宋開封地區在二月十二，有「撲蝶會」（汪灝：《廣羣芳譜・天時譜二》引《誠齋詩話》）；洛陽地區在二月初二，有「挑菜節」（同書引《翰墨記》）。是人們外出遊玩賞花的日子，又是嘗新菜的好時光。此時「春色二分，花苞孕艷，芳菲醞釀，紅紫胚胎，天工化育，肇始於茲。故俗以是日晴和，占百果之成熟云」（《吳郡歲華紀麗》卷2）。

寒食在清明前1日，一說清明前2日，也有說是清明前3日；或有稱冬至後105天是大寒食，其前後兩天為小寒食。宋代寒食與冬至、元旦並重。古人寒食禁火，只吃冷食。寒食還有玩擲錢戲、繩橛戲，蹴鞠，蕩秋千等活動。寒食本是上古舊俗，古人迷信，認為季春三月黃昏時火星從東方升起，怕火太盛了，所以為之禁火。秦、漢以來，人們又把這個習俗與春秋時期晉文公的從亡之臣介子推的故事聯繫起來，說介子推不願邀寵圖賞，背著母親上綿山隱居，文公燒山想讓他出來，結果竟被燒死在山中，寒食禁火就是為了紀念他。㉕其實介子推並非被燒死，㉖但這個傳說很能體現中國傳統的文化精神，大家也就深信不疑了。寒食本來只流行於北方晉汾地區。東漢建安十一年（206），曹操曾下《明罰令》，禁止太原（治今太原市晉源區）、上黨（治今山西壺關）、西河（治今山西呂梁）、雁門（治今山西代縣西北）等4郡的這一風俗，他認為寒食有損健康，「北方沍寒之地，老少羸弱，將有不堪之患」㉗，所以必須予以破除。寒食是紀念性節日。唐玄宗開元二十年（732）五月詔「寒食上墓，宜編入五禮，永為恆式」

㉕　《歲時廣記》卷15。

㉖　裘錫圭：《寒食與改火》，《中國文化》1990年第二期。

㉗　《曹操集・文集》卷2。

(《舊唐書》卷 8)。自此以後,「每逢寒食……田野道路,士女遍滿,皂隸傭丐,皆得上父母丘墓」(柳宗元:《寄許京兆孟容書》)㉘。

清明屬二十四農事節氣之一,在公曆 4 月 5 日前後,從太陽到達黃經 15° 時開始。「清明時節雨紛紛」(杜牧:《清明》)㉙,清明的天氣特點是濕潤。「紙灰飛作白蝴蝶,淚血染成紅杜鵑」(高翥:《清明日對酒》)㉚,古人往往把寒食與清明聯結起來一道過,唐代「寒食通清明給假四日」(《唐令拾遺・假寧令》),法律規定就給予了這方面的便利,在清明要去祭掃墳墓,為墳墓添新土。如是新葬者,此事必須趕在節前,尤以不晚於春社為虔誠。清明本是娛樂性節日,更有踏青之俗,青年男女常於此時發生一些愛情故事。據孟棨《本事詩・情感》記載,有詩人崔護,清明踏青到鄉下,因口渴向一女子討茶吃,女子倚著門,看他吃茶,姿態楚楚動人。當時桃花盛開,兩人凝睇相對,似有無限深情。崔護以語相挑,女子亦不以為忤。崔護臨行,女子還送到門外。次年清明崔護再往,唯見門庭如故,桃花依舊,卻不見了那個女子。崔護惆悵之餘,在門扉上題詩道:「去年今日此門中,人面桃花相映紅。人面不知何處去,桃花依舊笑東風。」這個故事曾廣泛流傳,也是成語「人面桃花」的由來。古代清明這一天,宮廷賜近臣新火㉛,這是榮寵的表示。

上巳是三月上旬的巳日,「巳」,有福的意義。魏晉以來把上巳固定為三月初三。古人於此日臨水祓除不祥,叫做「修禊事」。東晉永和九年 (353),歲在癸丑,書聖王羲之在山陰蘭亭修禊事㉜,寫下了著名的《蘭亭集序》。盛唐時期,「三月三日天氣新,長安水邊多麗人」,杜甫的《麗人行》㉝是

㉘ 《柳河東集》卷 30。

㉙ 《樊川文集・集外詩三》

㉚ 《汲古閣影抄南宋六十家小集・菊磵小集》,上海古書流通處,1921 年。

㉛ 《宋朝事實類苑》卷 32:「周禮四時變國火,謂春取榆柳之火,夏取棗杏之火,季夏取桑柘之火,秋取柞楢之火,冬取槐檀之火。而唐時惟清明取榆柳之火以賜近臣戚里。本朝因之,惟賜輔臣、戚里、節察三司使、知開封府、樞密直學士、中使,皆得厚賜,非常賜例也。」

㉜ 《蘭亭集序》所稱「修禊事也」,「修」為動詞,「禊事」為名詞。《辭源》、《辭海》皆立有「修禊」的條目,「禊」應理解為是「禊事」的省略。不過,既然如此,如果把「修禊事也」譯作「為了修禊這件事啊」,在今人,無疑也是可以的。

㉝ 《杜少陵集詳注》卷 2。

上巳曲江盛遊的真實寫照。宋代上巳日道教還要舉行慶祝「北極佑聖真君聖誕」的活動。古人在上巳日舉行的修禊事活動稱為「春禊」，另外還有「秋禊」，在農曆七月十四日舉行，也是臨水祓除不祥。

浴佛是四月初八佛祖生日，中國佛寺都在這一天用名香浸水，洗灌釋迦牟尼的誕生像。東漢已有浴佛節，但日子也有在臘月初八或二月初八㉞的，至北宋皇祐 (1049～1054) 以後才逐漸劃一起來。浴佛節盛行放生，餘風所及，至今還可以看到若干影響。清代浴佛節，都人興煮青黃豆捨於市，「預結來世緣也」(《燕京歲時記・捨緣豆》)；南方地區民間則做烏飯互相饋贈。

端午在農曆五月初五，又稱「端陽」。農曆五月雅稱「午月」，端則為初，所以這個節日就稱為端午了。端午原本與夏至是複合的，東漢猶然。㉟荊楚一帶，端午有紀念屈原投汨羅江死節的活動內容，魏晉南北朝時代逐漸在全國各地被廣泛認同。㊱人們開始在五月初五這一天，利用古老的源於龍神崇拜或水神崇拜的划船競渡儀式，表示對忠魂的憑弔。後來把競渡的船做成了龍形，叫「龍舟競渡」。而揭篷打船、銀米紅布召撓手、巫師作法、燃火亮船等競技游藝活動，目的在於消災，卻是可以溯源到更早以前的。㊲揚州盛時，競渡「鼓吹沸於江山，綺羅蔽於雲日」(駱賓王：《揚

圖 74　《過端午》　清人仕女條屏　王樹村藏

㉞ 「二月初八」說認為，四月初八是佛祖前一年降胎的日子。參見張弓《敦煌春月節俗探論》，《中國史研究》1989 年第三期。

㉟ 《後漢書・禮儀志中》。

㊱ 除屈原外，吳越地區歷史上端午至少還紀念過 3 個人：吳大夫伍員、越王勾踐和東漢上虞孝女曹娥。

㊲ 參見江紹源《端午競渡本意考》，《晨報副刊》1926 年 2 月 10 日。

州看競渡序》)㊳,可見場面之熱鬧!由於端午正當五月天氣,民間謂之「惡月」,故多禁忌,為避癘疫,周代已有端午浴蘭湯的習俗,所以這個節日又作興佩香囊、飲雄黃酒、煎草藥湯沐浴、在室內熏煙、在門上懸掛菖蒲和艾、在兒童面頰耳鼻處塗燒酒點朱砂以「辟邪」。至於端午吃五彩絲纏裹的粽子,據說五彩絲為蛟龍所害怕,且能辟鬼神,令人不病瘟,自然也具有驅禳的意義。「仲夏端午,烹鶩角黍」(《初學記》卷4引周處《風土記》),端午食粽之俗,至晚可以追溯到西晉時期。端午諸法物,很多與「五」有關,「五」象徵五行,中國的五行學說對端午特別關照。端午又有射柳的活動。㊴唐、宋、元、明、清,端午是法定的大節日,朝廷常給百官賞賜;文人還有曬書之會。㊵明代又把端午稱為「女兒節」,《帝京景物略・春場》云:「五月一日至五日,家家妍飾小閨女,簪以榴花,曰女兒節。」這給端午節的民俗活動增加了新的內容。在屈原的故里湖北秭歸,凡出嫁女更得回娘家省親,送粽子等禮物給父母和兄弟姐妹、侄子侄女,並到娘家祖墳地插青掛幡,祭祀先靈。

七夕是農曆七月初七夜。據《雲夢睡虎地秦簡・日書》記載,戰國時期已有七夕節俗的部分因素。但西漢《淮南萬畢術》云:「赤布在戶,婦人留連。取婦人月事布,七月七日燒為灰,置楣上,即不復去。勿令婦人知。」(據《太平御覽》卷37、736引)這則巫術仍將七夕視為離別日。而東漢崔寔《四民月令》提到的七月七日的節俗活動內容也依然只是「曝經書及衣裳」,與「夕」無關。「七」在中國傳統文化中,起初是個具有生殖魔力的數目。㊶漢魏以來,發端於先秦而在後世得到不斷加工的牛郎、織女傳說一步接一步滲入七夕,完成了七夕由原本的忌日向民俗節日的轉變。杜臺卿《玉燭寶典・七月孟秋》引傅玄《擬天問》云:「七月七日,牽牛、織女會天河。」㊷據說,牛郎、織女因忤犯天條,被隔在天河兩邊,「盈盈一水間,默默不得語」(《古詩十九首・迢迢牽牛星》)㊸,每年只有七夕才可

㊳ 《駱臨海集》卷9。

㊴ 《歲時廣記》卷21還記端午有贈扇子的活動,20世紀下半葉,紹興農村尚存此俗。

㊵ 趙升:《朝野類要》卷1。

㊶ 楊琳:《七夕節的起源》,刊《學術集林》卷15,上海遠東出版社,1999年。

㊷ 宛委山堂本《說郛》弓69。

㊸ 《文選》卷29。

以通過鵲橋相會。民間又有東漢末美女貂嬋七夕拜月的故事，情節迥異《三國演義》之第八、第九回所述，七夕實在很有點情人節的味道，只不過打有深刻的中國文化的印記而已。七夕婦女都要對月穿綫，向織女乞求智巧，叫做「乞巧」。乞巧五代在七月初六，北宋太平興國三年 (978)，宋太宗將其改到七夕。[44]民間少女、少婦乞巧的心理動機，在於她們迫切希望提高自身素質，以爭取婚姻美滿、家庭幸福。她們精誠所至，自然會變得更加聰慧、靈巧。唐、宋兩代，乞巧之風很盛，每每見諸文字。元時大都有巧節會，有條件的人家準備瓜、果、酒、餅等食品，邀請戚屬內眷相聚。魏、晉以來，七夕又流行曝衣、曬書。七夕還有於瓜棚下聽織女哭泣的風俗。又七月初七，月和日都逢七，「七」與「吃」諧音，此日民間興殺雞辦魚，略飽口福。

中元即七月十五，道教認為此日是中元地官的赦罪之辰，要搞宗教活動。同時佛教也在這一天根據目連救母的佛經故事，作盂蘭盆[45]，以解脫餓鬼的倒懸之苦。所以後來中元被認為是「鬼節」，一般人家也要祭祀祖先，所謂「過七月半」，其隆重程度，「一如清明」(《清嘉錄》卷 7)。許多地區祭祀活動通常提前二三天，大都在十四日焚冥衣、楮錢寄往陰間；而廣西興業卻遲到十六日才舉行祭先。唐代武宗滅佛前，長安（今西安）西明、慈恩等著名寺院搞盂蘭盆活動的費用「並是國家供養」(道世:《法苑珠林》卷 62)。清代北京這一天夜幕初垂，家家戶戶點燃河燈，「謂之慈航普渡」(《帝京歲時紀勝・七月》)。

秋社是古人秋天祭祀社神感謝豐收的節日，一般在立秋後第五個戊日舉行，時當秋分前後。秋社活動內容與春社相同，漢代以前只有春社沒有秋社，漢代以後才有秋社。據東漢崔寔《四民月令》所記地方勢族二月和八月的兩個特定的祭祖日子，正好與春、秋社日相衝突，有可能當時勢族是不參加社日活動的。陸游《秋社》詩記南宋時期紹興秋社風俗云:「雨餘殘日照庭槐，社鼓咚咚賽廟回。又見神盤分肉至，不堪沙雁帶寒來。書因

---

[44] 《宋大詔令》卷 144。

[45] 「盂蘭」是梵語 Ullambana 的音譯，意即倒懸；「盆」為漢語，指盛供品的器皿；南宋釋慧琳《一切經音義》卷 34 則認為「盂蘭盆」3 字都是音譯，而非謂貯食之器。這是根據西晉竺法護譯《佛說盂蘭盆經》而做的由孝親變為祭鬼的佛事。「目連」在佛經中，本作「目犍連」。

忌作閒終日，酒為治聾醉一杯。記取鏡湖無限景，蘋花零落蓼花開。」㊻

圖 75 《中秋節》 楊柳青年畫

中秋在農曆八月十五，是古人全家團圓賞月的佳節。北宋蘇軾「明月幾時有，把酒問青天」的《水調歌頭》㊼，就是在中秋懷念兄弟蘇轍而作的。中秋食品，有月餅、鮮藕等，月餅象徵團圓，鮮藕是荷的塊根，也寓有和合團圓之意。北宋首都汴京中秋夜，貴家結飾臺榭，民間爭占酒樓玩月，絲竹鼎沸。近內廷居民，夜深遙聞笙竽之聲，宛若雲外。閭里兒童，連宵嬉戲。夜市駢闐，通宵達旦。㊽青年男女中秋拜月，男子或求早步蟾宮，高攀仙桂，女子但願花容增妍，月貌添媚。而南宋臨安中秋後又有觀潮節，在八月十八，屆時居民傾城而出，車馬紛紛，集於錢塘江邊。㊾明清以來，閩南和臺灣，中秋夜還有一種聽香之俗，又叫「拈香」，但它不是禮佛，而是婦女的節俗。由聽香人點燃禮香後，或靜立，或出遊，留心竊聽別人語言，來占卜自己的未來吉凶。清代京師地區中秋食品，除月餅、鮮藕外，西瓜、蘋果、葡萄、石榴、丹柿、生棗、李子、梨頭等也都很時新；入夜後「皓魄當空，彩雲初散，傳盃洗盞，兒女喧嘩，真所謂佳節也」（《燕京歲時記・中秋》）。中秋與春節、端午並為中國傳統社會三大節日，節日氣氛歷來很濃。

重陽在九月初九。古人以九為陽數，月、日都逢九，所以叫重陽。重陽節的形成，同元旦、上巳、端午、七夕一樣，都與古人對數字的崇拜有

㊻ 《劍南詩藁》卷 47。
㊼ 《東坡樂府》卷 2。
㊽ 《東京夢華錄》卷 8。
㊾ 《武林舊事》卷 3。

一定關聯。九九重陽——即「重九」意味著陽數的極盛，凡事盛極必衰，故不可不有所警惕，預為之計，借以避凶趨吉。西漢已有在這一天食糕粿、飲菊酒的習俗。據說酒和糕，是重陽必不可少的食品。「酒」諧音「久」，「糕」諧音「高」，這都是有講究的。重陽還須佩帶茱萸、賞菊、採菊，茱萸可以辟邪，而菊則獨立寒秋，是生命力的象徵。古人重陽都要登高，走出平日的狹小環境，在寥廓無限中，望遠伸腰，享受生命的自由、歡娛和快樂。史稱「漢祟上巳，晉紀重陽」（《舊唐書》卷 13），重陽在魏晉時期尤受重視。東晉的某年重陽，《桃花源記》的作者詩人陶淵明採了一大把菊花，坐在東籬下欣賞，卻逢江州刺史王弘派一穿白衣的使者給他送酒來，陶淵明正渴得要命，於是忘情暢飲之餘，竟詩興大發。白衣送酒，陶公咏菊，所謂雅人韻事，成於不假修飾，自然而然。由於九月初九是中國海神媽祖的升天之日，所以沿海一帶和臺灣、香港、澳門地區重陽都有祭祀媽祖的盛典。重陽後有「送寒衣節」，焚寒衣於先塋。清代寒衣節朝廷頒布憲書，乃國之大典，地方有城隍出巡等活動。

下元在十月十五日，為道教下元水官解厄之辰，民間要置辦豐盛的菜肴，祭祀祖先和神靈；或上道教宮觀設齋建醮，超度逝去的親人，禳解未來的災難。

冬至在農曆十月，約當公曆 12 月 22 日前後，從太陽到達黃經 270° 時開始。上古曾較長時間內以冬至為歲首，民間至今有「冬至大如年」的說法。由於冬天即將過去，農事又要忙起來了，為了祈求好的年成，所以親鄰戚友都要互相拜賀。有「肥冬瘦年」的說法，「蓋謂冬至人多饋遺，除夜則不然也」（金盈之：《醉翁談錄》卷 4）。這一天婦女要獻鞋、襪於公婆，其俗始於漢魏。冬至前夜，要設「冬至夜飯」宴。宋孟元老《東京夢華錄》卷 10 記汴京冬至，謂「雖至貧者，一年之間積累假借，至此日更易新衣，備辦飯食，享祀先祖，官放關撲，慶賀往來，一如年節」。唐宋以來冬至節，皇帝更要接受百官朝賀，禮儀隆重，俗稱「排冬仗」。屆時發布有關政事的詔書和減免刑罰的赦命；並頒賜新曆給顯貴重臣，以便他們可以「下告於萬人」（令狐楚：《謝賜臘日口脂紅雪紫雪、曆日等狀》）[50]。

臘日在漢代是冬至後第三個戌日，與正旦並稱，相當於後世的大年三十，但卻與正旦還隔著一段日子，這天農民承先秦祭百神的蠟祭舉行不具

[50] 《全唐文》卷 541。

典禮時政性質因而場面也大相徑庭的臘祭，作為對自然界風調雨順和祖先靈庇福祐的答謝。梁宗懍《荊楚歲時記》[51]「臘日」條則記南朝十二月八日為臘日，是日村民擊鼓催春，「臘鼓動，農人奮」，田家忙著往地裏送肥，以待春天的到來。唐末在廣州做官的劉恂說：「嶺表所重之節，臘一，伏二，冬三，年四。」（《嶺表錄異》卷上）「臘」排在第一位。古代臘日有驅儺的活動，起於方相氏，有化裝，發「儺儺」之聲，目的在於逐鬼。所謂民間大儺，到後來竟發展成為一種地方戲。後世臘日演變成為臘八節。因為相傳此日為佛祖得道之日，寺院要煮臘八粥以供佛。大約到明代，民間也盛行煮臘八粥了。民間此俗，主旨在慶賀五穀豐登，祈求吉祥如意。

圖 76 《鍾馗捉鬼圖》
清 任頤繪

除夕，是一年最後一天，「除」是除舊布新的意思，除夕就是「過年」。唐初貞觀年間，天下富足，太宗曾在除夜「設庭燎於階下，其明如晝」，召請故隋煬帝皇后蕭氏一起觀賞。太宗問：與隋朝相比，哪家場面更氣派？蕭后答：隋主所焚，盡為沉香木，太宗所燒，不過柴薪而已，兩者豈可同日而語！事見《太平廣記》卷 236「隋煬帝」條。隋所以亡，唐所以興，這裏給出了答案。而明、清吳越過年活動，早有春糕裹粽、殺豬宰羊的前奏。到歲尾十二月二十日，家家戶戶都動手拭去庭戶屋頂的塵埃，洗淨廚房和廳堂的家具，目的在於清除一切穢氣和晦氣。男子開始剃頭洗澡，以使面目一新，理髮店也於二十五日貼出紅榜：「常年舊規，照例加倍。」這些日子，差不多的人家都派出得力成員天天外出購買過年應用之物，因新年無市，所以要準備充足。二十三四日送灶，謂之「過小年」。小年過後，親友要互送糕果，表示祝賀。到了除夕，已將年菜、糕粽、炒貨、果品、茶酒乃至春聯、年畫、灶馬、掛錢、香燭，凡能備的一應備足，於是舉行祭祖典禮。祭畢吃「年夜飯」，飯要多做，大都夠吃幾天。有為客他鄉者，總要盡可能趕回家來，吃這頓象徵家人團圓的飯，以祝來年之團圓。飯後，長

[51] 《荊楚歲時記》原書已佚，今本一卷入編《四庫全書》「史部十一・地理類八」，係明人從類書中輯得，按月記述荊州一帶全年的風俗。

輩要給小輩壓歲錢[52]；要「守歲」，「家人圍爐團坐，小兒嬉戲，通明不眠」（《清嘉錄》卷 12），這一風俗據說源於遠古，本意是為了防範一種叫做「年」的兇殘怪獸在這個夜晚的不速而至。還要貼新神甲馬於灶堂，祀以糕糖，叫做「接灶」。凡接、送灶，皆由男性家長主持，婦女必須迴避。又有許多祈祝的細節；春聯、年畫等，也都在除夕貼好。年畫有鍾馗像，相傳鍾馗是唐玄宗時終南山進士，應舉不捷，死後變為鬼王，能捉鬼啖鬼，貼鍾馗像有保平安的意義。據記載，吳道子畫鍾馗，破帽，藍袍，眇一目，左手捉鬼，右手搉鬼目。後世鍾馗像分武鍾馗和文鍾馗兩種，武鍾馗保持吳畫特徵，多用於端午節；除夕貼的，則為文鍾馗，是頭戴紗帽、身穿朝服、伴有吉祥物的那一種。最後放封門炮，通常都是除夕封門之炮未絕，而春節開門之炮已響。[53]

中國傳統社會還有不少節日，如每月十九日，是婦女歡聚的日子，置酒遊戲，以待月明，至有忘寐而達曙者；又有鬥牛、社戲、風箏節等活動，往往以群眾集合的形式舉行，可稱社交節日。凡此等等，不能一一盡述了。

[52] 壓歲錢起於唐代妃嬪春日的擲錢遊戲，宮廷照例在歲末散錢給她們，是為了讓她們屆時玩得痛快。

[53] 「炮」即「炮仗」，也就是爆竹。南宋范成大《爆竹行》詩序稱爆竹「古以歲朝，而吳以二十五夜」（《石湖居士詩集》卷 30）。大概從南宋時期起，吳中地區就提前在臘月廿五大放爆竹了。

第十五章

雜技、武術、體育、口承文學和工藝製作

第一節　雜技

雜技與舞蹈同源。中國原始藝術從《尚書・堯典》所載「百獸率舞」到後來角抵所本的蚩尤戲，都是既有音樂、舞蹈，又有雜技、武術的遊戲活動。

春秋戰國時代，競技性較強的雜技項目逐漸形成，比較常見的有技擊、跑狗、蹋球、爬竿、輕功、球上累球等。又有熊宜僚善弄丸，烏獲、孟說能舉鼎，狄虒彌善舞車輪，秦堇父精於攀登，養由基善射，朱亥能伏虎。還有幻術，如鍾離春通遁術，燕太子丹能使烏頭白、馬生角。而孔子門人公治長善鳥語，則是開後世口技之端倪。

秦始皇并天下，把六國的技藝集中於咸陽，統稱「角抵俳優之戲」。「講武之禮，罷為角抵」(《文獻通考・兵一》)，終秦之世，角抵戲進入宮廷，登上了大雅之堂。漢興，角抵得到進一步的發展，並吸收了域外歌舞、雜技、幻術的成果，使之推陳出新，成為豐富多彩雜有眾技的表演形式，當時列入「百戲」。

漢武帝元封三年（公元前 108）春，京師布置酒池肉林，「作角抵戲，三百里內皆采觀」(《漢書・武帝本紀》)。元封六年（公元前 105）夏，「京師民觀角抵于上林平樂館」(同上)，「四夷」作「巴俞、都盧、海中、碭極、漫衍、魚龍」(《漢書・西域傳下》) 之戲，這是盛大的國際性百戲會演。

在漢代，雜技的演出，並不限於皇室、內廷，民間也很風行。山東沂南縣北寨村的東漢墓中，出土了一幅巨型雕刻樂舞百戲圖，畫面有對當時

跳丸、跳劍、頂竿、走索和馬戲等雜技表演的傳神描繪。

疊案、旋盤、弄蛇，見於畫像磚、石；轉石則見於張衡《西京賦》:「轉石成雷，礔礰激而增響。」❶

圖 77 河南新野出土的漢代雜技馬戲畫像磚

《西京賦》又云:「吞刀吐火，雲霧杳冥。畫地成川，流渭通涇。東海黃公，赤刀粵祝，冀厭白虎，卒不能救。挾邪作蠱，於是不售。」這裏提到的東海黃公，年輕時候曾練過法術，能制服毒蛇猛獸。他擅長的不僅有手搏、摔跤、角力，還有幻術、馴獸等節目。大概是受了「東海黃公」的影響，漢、魏之際還出現了「遼東妖婦」，這是將雜技、舞蹈和調笑等內容融合在一起的節目。

《西京賦》還首次提到「衝狹燕躍」、「胸突銛鋒」兩項雜技節目。前者即後世所謂鑽圈，表現者多為輕柔女子，矯若飛燕，從圈中翻著筋斗衝過，圈，有時候或是刀圈和火圈，動作是很危險的。後者能用胸脯、脊背頂著刀尖，又能赤足在刀刃上行走。

《西京賦》中也有關於「百馬同轡，騁足並馳，橦木之伎，態不可彌」的描寫。這是熔馬戲和緣竿於一爐。

在馬戲的基礎上，漸漸又衍出了猴戲。傳統社會猴戲有兩種，一為馴猴演戲，一為人仿猴作戲。

魏晉南北朝時代，佛教、道教和方士，往往施展幻術來進行宗教活動。西晉名僧鳩摩羅什，為姚興所逼，曾與伎女 10 人發生性關係，致使許多佛教徒紛紛仿效他的行為。鳩摩羅什無奈，只好用幻術來告誡眾僧。他先施幻術「聚針盈缽」，然後鄭重地宣布，誰若能吞此針，誰才可以娶妻。言罷，他「舉匕進針，與常食不別」，眾僧「愧服」，遂不敢娶妻破戒了。❷由於

❶ 《張河間集》卷 1。

❷ 《晉書》卷 95。

佛教理論說「一切浮塵，諸幻化相」(《楞嚴經》卷 2)，所以隨著佛教的傳入，佛教幻術作為一種傳教手段，也從印度傳到了中國，而尤以關於蓮花的幻術為多，如缽內生蓮等。

當時的獅子舞，是佛門的重要樂舞。獅子由人假扮，一般為 2 人，有時為數人，它不僅是辟邪、吉祥的象徵，而且是絕妙的雜技表演。演出時 2 人或數人動作要協調，又要逼真，顯示了較高的群體技巧。

從東晉開始，專門迎合帝王心理的雜技節目「鳳凰銜書」風行起來。這種雜技沒有高難的技藝，全憑機關巧妙，能使木製鳳凰在高處飛動自如，然後派人從鳳凰口中取出事先寫好的吉祥賀詞或赦書，討個吉利，或顯示皇帝的恩惠。

隋代和唐代，宮廷雜技臻於極盛。大業二年 (606)，隋煬帝為了向來朝的東突厥啟民可汗染干誇示中原的昌盛，乃「總追四方散樂，大集東都」，演出時使「染干大駭之」。此後每年正月，在「萬國來朝」之日，他都令人在端門外、建國門外表演「百戲」，往往「綿亙八里，列為戲場」，演出從早上直到深夜，時間由正月初一至十五才結束。大業六年 (610) 他又在天津街前布置盛會，「自海內凡有奇伎，無不總萃」。(《隋書》卷 15）在整個隋唐時代，雜技都稱為散樂，不屬官方規定的九部樂和十部樂中，但九部樂和十部樂中仍包含著大量的雜技。

唐代出現了許多雜技表演藝術家，如耍劍器的公孫大娘，杜甫有《觀公孫大娘弟子舞劍器行》，描寫「玉貌錦衣」❸的舞者執劍以表現戰鬥姿態，使人想見其丰采。

當時雜技藝術在劍器、馬戲、象戲、犀牛戲、空中伎、呈力伎、繩伎、弄劍、弄丸、幻術方面，都推出了許多新的內容。而胡旋舞，據段安節《樂府雜錄》❹「俳優」條載，是由表演者踏著直徑 2 尺的大木球在滾動的球上作急風般旋轉舞蹈，帶有很強的雜技性。玄宗天寶年間，從宮廷到地方，《胡旋舞》風靡一時，達到令人如醉如痴的地步。由於安史之亂的罪魁禍首安祿山和對安史之亂負有嚴重責任的唐玄宗、楊貴妃都酷愛此舞，所以白居易《胡旋女》詩云：「祿山胡旋迷君眼」，「貴妃胡旋惑君心」。❺或以

❸ 《杜少陵集詳注》卷 20。

❹ 此書不分卷，入編《四庫全書》「子部八・藝術類四」。

❺ 《白氏長慶集》卷 3。

為這位詩人是將誤國致亂的罪名加到《胡旋舞》身上，其實白居易只是對安祿山和唐玄宗、楊貴妃作口誅筆伐，對《胡旋舞》藝術本身，看得出來，他恰恰是予以高度的評價的。

宋元時代，宮廷雜技逐漸衰落，但對雜技的文字記載卻明顯多了起來。當時雜技和幻術分科已成定勢，幻術特別領先。宋代著名的大套幻術師杜七聖發明的「殺人復活」法（即所謂「七聖法」）轟動了數百年。據記載，杜七聖的殺人復活法，表演者共 7 人，身上都畫有圖紋，他們在施放爆竹的煙霧中披散著頭髮，各持真刀互相格鬥，並作破面剖心之勢，被殺者血肉狼籍，身首異處，而後來竟無恙。這類表演往往帶有神怪迷信的色彩，讚之者譽為法力神通，貶之者斥為左道邪術。❻

自北宋以來，雜技藝人多在瓦舍的勾欄中演出。很大一部分入不了勾欄的藝人，逐漸淪落社會下層到處流浪，形成所謂「路歧」。路歧由三五人結成一伙，有時還可憐到僅單人謀生。路歧使古老的雜技藝術走向廣闊的民間，他們掙扎在貧困綫上，卻對技藝精益求精，自宋、遼、金、元直至明、清，許多優秀的節目，都是由他們開發出來的。

在這個時期，又有所謂「社火」，是雜技藝人自由組成的團體，規模大的叫「社」，規模小的叫「火」，或謂「大抵以滑稽取笑」（范成大：《上元記吳中節物俳諧體三十二韻》詩自注）❼。《東京夢華錄》卷 8「六月六日崔府君生日、二十四日神保觀神生日」條內，記載了開封一次露臺社火的演出盛況：「自早呈拽百戲，如上竿、趯弄、跳索、相撲、鼓板小唱、鬬雞、說諢話、雜扮、商謎、合笙、喬筋骨、喬相撲、浪子、雜劇、叫果子、學像生、倬刀、裝鬼、砑鼓、牌棒、道術之類，色色有之。」參加社火的藝人，來源很複雜，其中還有一些不得志的知識分子及和尚、道士。

明、清之際，宮廷雜技愈來愈衰落，不再搞大規模的活動，民間流浪藝人成了雜技表演的主力軍，展開了中國近古雜技小型多樣的新局面。明代江南一帶，每逢清明前後踏青日子，在露天曠場或郊外風景區，多有雜

❻ 參見相傳為元末明初羅貫中編撰的《北宋三遂平妖傳》第二十九回下。南唐尉遲偓《中朝故事》卷下則記唐咸通（860～873）中已有續頭術，惟術人無姓名；明謝肇淛《五雜俎・人部二》又記明嘉、隆（1522～1572）年間亦有其事，術人同樣無姓名。蓋此等幻術，殊欠雅馴，術人隱姓埋名也是可以理解的。

❼ 《石湖居士詩集》卷 23。

技會串。當時盛行的雜技鑽地圈、踢毽子、蹬技、繩技和「戲法」羅圈等，都是在世界上有影響的節目。

清初大批雜技藝人被殺、被徙、被賣為奴，康熙五十一年 (1712) 下令嚴禁雜技，雜技藝術遭到了嚴重的摧殘。但中國雜技藝術之花並未因此萎枯，在清代風俗畫上，留下了行香走會❽和街頭賣藝的雜技表演千斤擔、獅子舞、走高蹺、吞寶劍、耍罎子等生動形象。

《清稗類鈔》「戲劇類」中，輯有「韓七弄猴」、「犬能讀書」、「鼠戲」、「金魚排隊」、「蛙戲」、「排蟻成陣」等禽戲內容，可見清代民間雜技，在禽戲方面較之前代是更有新的發展的。清代甚至還出現了馴虎技，馴虎者可以放心地把自己的手、頭伸入老虎口中，老虎則用舌頭親熱地舐人，馴順有如家貓，這樣的馴虎技能，就是在現今也未必做得到。

在清代，一些雜技藝人還流浪出國演出，帶回來許多外國的優秀節目，如車技、西洋魔術等。

最後必須大書一筆的是，中國歷史上的許多次農民起義，都有雜技藝人參加，有的還成為起義軍的領袖。而明代的唐賽兒，明末清初的紅娘子，清代的烏三娘（兗州〈今屬山東〉人，年僅 20 餘歲，卒於 1774 年)、王聰兒（湖北襄陽〈今襄樊〉人，1777～1798）等，皆是擅長雜技的高手。他（她）們是中華民族的優秀兒女，他（她）們不僅赴湯蹈火，與王朝的暴政作了殊死的鬥爭；並且在中國傳統社會雜技的發展史上，也多有貢獻，寫下了極其光輝動人的篇章。

第二節　武術

武術萌芽於先民徒手或手持原始武器的攻防格鬥技能。中國先民崇尚武勇，往往把戰鬥中克敵制勝的技術經驗用舞蹈的形式表演一番，到西周，就發展成為干戚舞、弓矢舞、赤手舞等近於實戰的武舞，對後世的武術套路產生了深遠的影響。由此可見，武術如雜技一樣，與上古舞蹈有淵源上的聯繫，只不過武術主要用於格鬥，而雜技主要用於表演，有的武術項目可供表演欣賞，所以同時也是雜技項目。

武術有套路類武術和搏鬥類武術兩種基本形式。所謂套路類武術，就

❽ 行香走會始見於北魏楊衒之《洛陽伽藍記》。

是武術動作按照進攻和防守的規律組編成序的武術；而所謂搏鬥類武術，就是武術以擊敗對手為目的的直接格鬥形式的武術。

春秋戰國時代，社會上一時流行相搏，攻防技術有打、拿、摔法。當時最受重視的是劍術。劍術名家越女，曾被越王勾踐聘作教官，她不僅劍術極精，而且還有一套理論。她說劍術看起來似乎淺顯容易，但是其中的道理卻深邃精妙，有門戶的開闔，陰陽的變化，用劍去進行搏鬥時，要「內實精神，外示安逸」（《吳越春秋》卷 5），看上去安祥平和，一經交手才知道勁如猛虎，這樣的劍術家可以以一當百，以百當萬。

漢代已有了用拳術比賽來選拔勇士的制度，並開始有了「武藝」一詞。武藝指角抵、手搏和鬥劍等多種兵器的用法。漢代武術的發展還體現在套路武術的成熟上，套路有單練、雙練，有些動作拆開來活用，叫做散招，還有空手對刀的對練套路等。模擬或吸取動物特點的象形類拳術在漢代也出現了。

在長達百年的與匈奴的戰爭中，為對付匈奴的騎兵，漢代軍中的射擊戰術發揮了最重要的作用，因而涌現出一大批神箭手。其中帶有傳奇色彩的「飛將軍」李廣（隴西成紀〈今甘肅靜寧西南〉人，生年未詳，卒於公元前 119 年），一次在夜間巡邏，看見草叢中蜷伏著一個黑影，便張弓一箭射去，卻原來是一塊石頭，李廣的箭，連同箭尾的羽毛都深深地射進了這塊石頭。❾在夜間射得這樣準已十分不易，而將箭射入堅硬的石頭，更是需要超人的氣力。

魏晉南北朝，史書上有練習勁力、彈跳、速度的記載，說明當時練武和練功已經結合起來。這個時期民間武術活動已有口訣總結，有利於武術的傳授。東晉的葛洪在道教中稱「葛仙翁」，他融會道教方術，提出了把肢體活動和練意行氣等各派養生方法結合起來進行全面練習的思想，這對後世中國武術形成自己內外兼修、形神兼顧的特點起了重要作用。北魏時，佛教少林寺的建立，在中國武術史上具有劃時代的意義。當時還出現了一本叫《黃庭經》的書，對後世內家武術的形成產生了很大的影響。

唐、宋以後，直到明、清，中國武術由昌明而極盛，武舉成為正式制度。民間武師和練武組織相當活躍，武術套路向成型化、完善化發展，並且逐步建立起整體觀的武術理論體系。

❾　《史記・李將軍列傳》。

早在唐代，武術已著重在功力上發展了。特別是拳術，當時少林拳名噪天下，擅長硬功。及至明代，拳種已有內、外之別。內家拳在以靜制動、以柔克剛、借力使力、寓攻為守、以氣運力及搏人點穴上有明顯特點，雖比少林拳出世晚，但也有強大的生命力，後來太極、形意、八卦等拳無不承其端緒。

中國傳統武術在明代以前還沒有形成流派。從明代開始，武術出現了不同的流派。還是在戚繼光的時代，比較有影響的武術流派就已經有：宋太祖三十二勢長拳、溫家七十二行拳、六步拳、猴拳、囮拳、三十六合鎖、二十四棄探馬、八閃翻、十二短等。而身懷絕技的民間武術家，他們有的善用腿，有的善用臂，都以自己的高超技藝馳名於天下。明末清初，新出拳種更如雨後春筍，於是各種分類法也應運而生，如將太極拳劃為內家，少林拳劃為外家；也有按山川分拳術為武當、峨眉、少林等派。更有「南拳北腿」之說，一般認為：「南拳」剛勁有力，講究小部位動作；「北腿」以腳法見長，舒展大方，躍撲激烈。

下面對少林拳、太極拳加以簡單的介紹：

少林拳通常被認為是禪宗初祖達摩所創。但一說達摩和少林初祖跋陀均與少林武術沒有關聯，北魏延昌元年 (512)，有大量武僧活動的安陽鄴下寺院（遺址在今安陽縣善應鎮境內）的稠禪師來到少林寺，後為少林寺第二任住持，由此奠定了少林武術的基礎。隋末唐初，少林武術開始顯名於世，少林寺僧人志操、惠瑒、曇宗等在李唐王朝的開創過程中，曾立下赫赫戰功。⑩ 隨著少林武術名聲的播揚，天下武林高手皆慕名而來，以武會友，交流

圖 78　少林寺十三和尚救唐王壁畫

⑩ 王昶：《金石萃編》卷 74。

武技，這對少林武術的進一步提高，當然是很有好處的。宋代以後，少林武術先後匯納了宋太祖長拳等十八家拳法的精華，編成拳譜，流傳後世。到明代，由於抗倭名將俞大猷（福建晉江人，1504～1580）的指授，少林棍也成了武林一絕。少林武術在明代達到了很高的水平，據說少林寺有個叫邊澄的燒火工，一次碰到10多個日本人持槍向他直逼過來，他用大扒一揮，日本人的槍紛紛落地。嘉靖年間，少林寺武僧空月等30餘人，奔馳松江一帶與倭寇作戰，所向披靡。在民族遭遇欺凌的時刻，少林寺僧眾能夠挺身而出，拋頭顱，灑熱血，這是非常難能可貴的。清初少林寺遭到焚毀，但少林武術仍然一直延續了下來。經過漫長歲月的積累，少林武術的內容日益增多，形成了由拳術套路、散打、器械和功法組成的龐大武術體系。少林武術講究「拳打一條綫」，就是說套路的起止進退全在一條直綫上；還主張「拳打臥牛之地」，強調近戰，在不出前後兩三步的空間裏決定勝負。少林武術的點石功、鐵膝功等，可以用一指一膝的力量在格鬥中給人以致命的打擊；至於輕功，則可以使身手輕捷矯健，騰走如飛。

太極拳屬內家，自明末清初黃宗羲之子黃百家之後，內家拳失傳，太極拳成為由內家拳脫胎而流傳最廣的著名拳種。太極拳起初另有稱呼，因為這種拳招式很多，一打起來沒完沒了，所以叫做「長拳」；又因為這種拳像行雲流水，綿柔不斷，所以又叫做「綿拳」。太極拳還有「十三勢」之稱，這是由於這種拳基本的構成成分，為8種勁法和5種步法。直到清代乾隆年間，王宗岳寫《太極拳論》，用太極陰陽學說來講解闡述太極拳的拳理，認為太極即太虛，為空空之境，真氣所充，動而生陽，靜而生陰，陰陽結合，便能做到上下、裏外、形意、剛柔、順逆、快慢的協調，如太極之象，渾然一圓，太極拳的名稱才固定了下來。現在多數人認為，太極拳是明末戰將陳王廷（1600～1680）解甲歸田，回到他的家鄉河南溫縣陳家溝後以戚繼光《紀效新書・拳經》為藍本而編創的，實際上是古代健身術和古代武術的巧妙結合。在太極拳運動中，身體上上下下、裏裏外外都得到了鍛煉，因此能起到很好的健身作用。這種拳在技擊方面，以處處走弧綫的動作，不斷地畫圈，粘住對方，將對方的身體重心慢慢牽引到支撐面的邊緣，然後爆發出剛勁來將對方擊倒或拋出，避實擊虛，後發制人，因此具有相當強的技擊性。後世流傳的許多流派的太極拳中，陳式太極的歷史最為悠久。而近代的楊式太極則是楊露禪在陳家溝學得陳式太極後，對陳式太極加以改造後形成的。楊式太極舒展大方，以柔為主，不論是身強力壯的還是體弱精衰的，年輕的還是年老的，都可以練習。除楊式太極外，還有武式、吳式、孫式太極等，也都是從陳式太極衍化出來的。

至於「十八般武藝」的說法，則是在南宋以後出現並開始流行的。所謂十八般武藝，實為中國數千年冷兵器的一次大展覽、大總結，標誌著冷兵器時代的結束和火器時代的開始。十八般武藝反映了中國古代戰爭的複雜性，正是中國古代戰爭的複雜性才使中國有了這樣門類齊全、品種繁多的冷兵器，給器械武術的發展準備了良好的條件。十八般武藝的說法不一，但所包括的武器有長短、單雙、軟硬、明暗、遠近之分，打、殺、擊、擋、射器都有，也有帶鉤的、帶刺的、帶夾的、帶刃的，可謂應有盡有。⓫其中明、清以來，武師常用的，有劍、刀、棍、槍 4 大類：

劍有單劍、雙劍、長穗劍、短穗劍等，劍術講究動靜虛實，身法、手法、步法配合協調，有單練、雙練、集體練 3 種形式。劍術流派繁多，總的特點是敏捷瀟灑，飄逸自然。

槍，主要動作為攔、拿、扎。宋代楊家梨花槍出槍甚長，且有虛實，有奇正，其進銳，其退速，其勢險，其節短，不動如山，動如雷震。槍術除單練之外，也可以與其他武器對練。

刀有長柄刀、短刀、多尖多刃的戟刀、三尖二刃刀、麟角雙刀等。刀術歷史悠久，漢、魏之際關羽使長柄青龍偃月刀已有三十三法。單刀、雙刀、大刀是刀術訓練的 3 個組成部分，大刀還可以與其他兵器對練。刀術兇猛神速，殺傷力強。

棍，多用堅重之木製成。宋曾公亮《武經總要》前集卷 13 對各種棍作了介紹。明代棍有小夜叉棍、大夜叉棍、陰手棍、排棍、穿梭棍等套路。

中國傳統社會真正的武術家都非常講究武德，無論任何場合，都是先行禮後開拳，不到萬不得已，都決不打對手致命的地方；暗器傷人，尤為武林所不齒。中華武術家們熱愛和平、嚴於律己，而又不畏強暴的名聲，在國際上是一致公認的。

⓫ 參見鄧之誠《骨董瑣記》卷 1。「十八般武藝」之說，通常也計入與冷兵器無關的「套索」、「白打」等藝，應當認為，這樣做具有更大的包容性。

第三節　體育

「體育」(Physical Education) 一詞，法文作「Education physique」，是在一篇論述兒童的身體教育的文章中率先用到的；而「競技運動」(Sport)——或譯作「競技體育」一詞，則源自拉丁文 Disport，本意指離開工作去遊戲、玩耍或進行娛樂活動等。皆非中國語文所固有。但中國古代體育源遠流長，有著豐富多彩的內容。其中流行最廣的體育項目，有角抵、射箭、擊劍、舉重、投石、蹴鞠、擊鞠、捶丸、田池射獵、蕩秋千、游泳和跳水、競渡、拔河、冰嬉、圍棋、象棋、導引、行氣等。這些項目中有不少也是武術項目，因為中國傳統社會練武，具有體育的性質。

角抵也稱「角力」，後世又有「手搏」、「摔胡」、「相撲」、「拍張」、「爭交」、「貫交」、「校力」之稱，即現在所說的摔跤。在西周，這是一項很重要的軍事訓練內容。秦、漢以來，角抵主要朝著表演化的方向發展，觀賞價值愈來愈高，而原來練武健身的作用逐漸降低。這個缺陷在元代和清代得到了彌補，清聖祖玄燁 (1654～1722) 設計清除權臣鰲拜，靠的就是布庫（即摔跤）手們的幫助。布庫「專賭腳力勝敗，以仆地為定」，清宮「年節宴，必習演之」。（梁章鉅：《歸田瑣記》卷 5）而歷史上契丹人則酷愛角抵，或「兩人相持終日，欲倒而不可得。又物如小額，通蔽其乳，脫若褫露之，則兩手覆面而走，深以為恥也」（厲鶚：《遼史拾遺》卷 15 引張舜民《畫墁錄》）。

射箭原為周代「講武之禮」的重要內容，有大射、賓射、燕射、鄉射等禮節規範。秦、漢以來，歷代都視步射、騎射為重要的軍事訓練項目。南北朝時期，婦女也有射箭活動，如《魏書》卷 53 記載：「李波小妹字雍容，褰裙逐馬如卷蓬，左射右射必疊雙。」真是「婦女尚如此，男子那可逢」！唐代宮廷妃嬪參加騎射行獵；宋代民間有不少習射的活動；遼、金、元、明、清都普遍流行各類射箭比賽，如射木兔、射柳、射鵠子、射香火等。

擊劍是武術和雜技的一項重要內容，也是培養人們靈活、機智、勇敢的一項體育活動。秦漢時代擊劍之風十分盛行。自劉邦「拔劍擊斬蛇」（《史記・高祖本紀》）開創了漢代基業之後，漢人與劍結下了不解之緣，漢末的風雲人物劉備（涿郡涿縣〈今河北涿州〉人，161～223）、孫權（吳郡富春

〈今浙江富陽〉人，182～252)、曹丕、曹植等都是擊劍能手。魏、晉以後，儘管劍在實戰中被長刀所代替，但擊劍之風仍未衰竭。如唐代李白也好擊劍；裴旻以擊劍名揚天下，人們把他的擊劍和李白的詩、張旭的草書合稱「三絕」⑫。

舉重有拓關、扛鼎之目。拓關又叫「翹關」，即舉起城門門栓的意思；扛鼎又稱「舉鼎」，即把鼎舉起。拓關、扛鼎是春秋時期練力和量力的常用方法。西晉左思《吳都賦》裏也曾提到過這兩個項目，《新唐書》卷44記載武則天長安二年 (702) 增加武舉考試科目中有翹關一項。舉鼎後世不多見，《史記・項羽本紀》稱項羽「力能扛鼎」，僅是在形容他的力氣非常人可及。

投石為田徑運動。戰國時秦將王翦以「投石超距」(《史記・白起、王翦列傳》) 訓練士卒的臂力。後來，投石居然發展成為一項獨特的軍事技能。據《水滸傳》第六十九回描寫，沒羽箭張青有一手飛石打人的過硬功夫，多少英雄好漢，都被他打得鼻青臉腫、頭破血流。

蹴鞠就是踢足球，戰國時期已經相當流行。漢代蹴鞠有兩種形式，一種是娛樂表演性質的花法蹴鞠，踢時不受場地的限制，表演者可以踢出許多花樣；另一種是在軍中開展的，按照一定的規則在球場上進行，屬對抗性比賽。當時宮苑內專門建造了鞠城 (即球場)，鞠城四周有圍牆，兩端有新月型的球門，稱為「鞠室」。至於在野外進行比賽，場地就沒有這麼考究了，球門都是在地上挖個坑，將就著使用。唐代以前蹴鞠，踢的都是實心球，「丸毛謂之鞠」(《太平御覽》卷 254 引《風俗通義》)；唐代發明了充氣的空心球，又有了立起來的球門，並且開始出現了婦女踢球的記載。北宋花法蹴鞠花樣翻新，技術複雜，踢起來引人入勝，皇家樂此不疲，徽宗皇帝的寵臣高俅，就是因為踢得一腳好球而官運

圖 79 《擊鞠圖》 現 劉旦宅繪

⑫ 《新唐書》卷 202。

亨通的。⑬但到了明代，蹴鞠終於逐漸衰落下來，明太祖曾嚴厲禁止軍人蹴鞠，違者給予「卸腳」（沈德符：《萬曆野獲編・補遺》卷3）處分。

擊鞠即打馬球，唐代稱「擊球」或「打球」。球是木製的，大小如拳頭，中間掏空，外面塗紅漆。馬球的打法是騎在馬上用球杖將球擊入球門，球場通常設在寬闊的廣場上，球門兩旁一般樹立24面紅旗，球被擊入球門後以插旗記分。擊鞠不僅要求參加者有高超的騎術，並且組隊比賽，還要求隊員之間的默契配合，所以這項運動可以作為訓練軍隊提高作戰技能的有效手段。唐代連婦女也都喜愛打馬球，她們還善於騎驢打球，稱為「驢鞠」。到宋代，擊鞠甚至被列入了軍禮。⑭但明代中葉後，擊鞠已經基本消亡，這是缺乏馬匹的現實和忽視騎兵的軍事指導思想在中國傳統社會體育史上的反映。

捶丸由拿著桿徒步打的步打球發展而來，在宋代已經出現。「捶丸」的意思就是用棍打球，「丸」指球，實際上這應該算是最早的高爾夫球。進行捶丸的場地要凹凸不平，球窩旁插上彩旗，作為標記；丸由堅固的贅木為之，以經得起反復擊打為宜；棍有「攛」、「勺」、「撲」等區別，供人在不同情況下選用；參加比賽的人數不拘，以較少的擊球次數將球擊入球窩者為勝。清代由於滿洲貴族的反對，捶丸才盛極而衰。

田池射獵，主要包括走犬、弋射、騁馬及養鳥獸花草等項活動。《淮南子・原道訓》云：「強弩弋高鳥，走犬逐狡兔。」即指弋射和走犬。騁馬是騎馬比賽。

蕩秋千，「秋千」或作「鞦韆」，是戰國時期從北方山戎部族傳入的。運動的方法是懸長繩於高木，身著鮮艷服裝的少女或少婦坐其上而推引之。唐宋時代，陽春三月是蕩秋千的大好時光。杜甫《清明二首》其二云：「萬里鞦韆風俗同。」⑮可見蕩秋千在當時的風行程度。到了明代和清代，蕩秋千在婦女中仍然流行，這是中國傳統社會一項重要的婦女體育活動。

游泳和跳水。游泳，春秋時期稱為「游」，也稱為「泳」。後世又稱游泳為「泅」，稱潛水為「沒水」。跳水古代雖無其目，但類似跳水的運動早

⑬ 《揮麈後錄》卷7

⑭ 劉子健：《宋代文化變遷之一——馬球》，《兩宋史研究匯編》，臺灣聯經出版事業公司，1988年。

⑮ 《杜少陵集詳注》卷22。

已出現。據趙璘《因話錄》卷6記載的一則故事稱，唐時有曹贊其人，能從百尺高的檣桅上穿衣躍下，「正坐水面，若在茵席」，這種描寫太誇張了，但不會完全沒有事實依據。宋代水秋千，秋千架在船上，跳水者踏上秋千，用力擺蕩，當秋千蕩到最高點時，跳水者一下子躍入空中，作各種動作後擲身入水，姿態有力而優美。

競渡是南方水鄉的一種水上競賽項目，起於春秋戰國時代，本書上章第二節已經提到過。此事在後世漸成風俗，每年端午節都要舉行龍舟競渡活動。這在隋唐時代，已有相當的規模。競渡的時候，岸上擠滿了觀眾，喝彩聲、號子聲、鑼鼓聲響成一片。唐代競渡設置錦標，就是在終點豎一竹竿，竿頭掛著錦彩，奪到錦彩稱為「奪標」，這使競渡成為一項激烈爭奪、扣人心弦的體育比賽活動。

拔河由「鉤強」發展而來。《荊楚歲時記》稱：「施鉤之戲，以緶作篾纜，相罥綿亙數里，鳴鼓牽之。」唐代用大麻繩，比賽雙方各挽一端，極力牽引，以牽引過界為贏。唐中宗（684、705～710在位）和唐玄宗都曾親自主持過拔河比賽。景龍三年(709)二月，中宗還組織了一次宮女拔河。⑯

圖80 《北海冰嬉圖》 清代八旗士兵在滑冰

冰嬉指各種冰上運動。中國傳統社會早有冰嬉，清代不但有各種花樣的滑冰運動，還有被稱作「冰上蹴鞠」的冰球運動。乾隆年間刊行的《帝京歲時紀勝》，其「十一月・蹵鞠」介紹冰球運動云：「金海冰上作蹵鞠之戲，每隊數十人，各有統領，分位而立，以革為毬，擲於空中，俟其將墜，羣起而爭之，以得者為勝。」

圍棋又稱「弈」，春秋戰國時代已經非常流行。戰國初期的弈秋，是通國之善弈者，可稱中國最早的圍棋國手。圍棋與兵法有相似之處，東漢桓

⑯ 《資治通鑑》卷209。

譚在《新論》中，就明確地把圍棋和兵法聯繫在一起。魏晉南北朝時代，圍棋躋身「琴棋書畫」，成為士族文人才能和人格的展現，時稱「手談」和「坐隱」。(《世說新語・巧藝》)《晉書》卷49載，阮籍之母將死，阮籍「正與人圍棋，對者求止，籍留與決，賭既而飲酒二斗，舉聲一號，吐血數升」。「性至孝」的阮嗣宗，遭喪母之極痛時仍要先下完棋後再舉哀，其佯狂憤世的態度借著下圍棋又作了一番淋漓盡致的表現。唐、宋以來，帝王中熱衷圍棋的人不少，婦女也有愛好圍棋的。相傳唐玄宗有一次與親王對弈，楊玉環牽著一條康國猧在旁觀陣，卻遇玄宗錯走一步，棋勢轉入下風，以後處處被動，眼看就要輸了。楊玉環急中生智，忙把手裏牽著的猧放到棋桌旁，讓它爬上棋盤，結果把棋局攪亂了，一局棋便不了了之，給皇上解了圍。⓱明、清以後，圍棋棋藝形成各種流派，名家對弈的局譜在棋手之間廣泛流傳。從魏、晉到唐代，中國實行圍棋九品等級制，南齊時，開國皇帝蕭道成（南蘭陵〈治今常州市武進區西北〉人，427～482）被評為第二品，「龍顏」並未因此而不悅。唐代又開始實行棋待詔制，如順宗（805在位）時宰相王叔文（越州山陰〈與會稽同治今紹興〉人，753～806），就是棋待詔出身。而唐代的王積薪，宋代的劉仲甫，清代的黃龍士、范西屏、施襄夏等圍棋國手，又都以精湛的棋藝垂名後世。圍棋傳入日本後，發展成為日本的「國伎」。

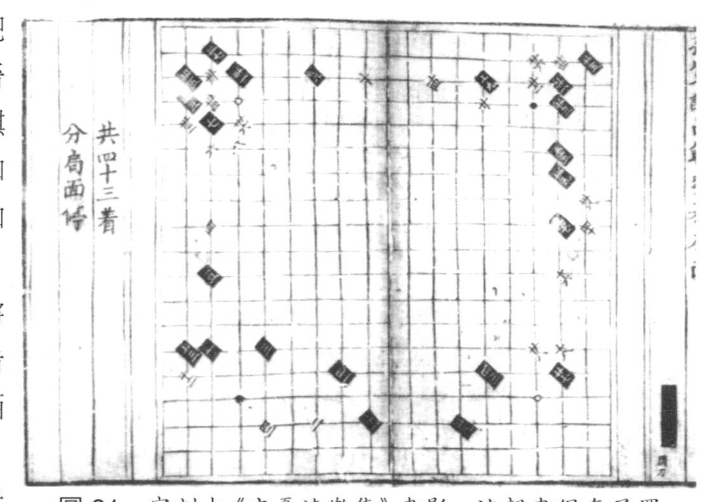

圖81　宋刻本《忘憂清樂集》書影　這部書保存了眾多的圍棋棋譜和著法棋勢

象棋源於秦、漢的「陸博」、「格五」，魏、晉時稱「象戲」。唐代象棋起碼有兩種，一種棋子排列和開局步法與現在的國際象棋相似；⓲另一種傳為牛僧孺（安定鶉觚〈今甘肅靈臺〉人，779～847）所改造，於「車」、「馬」、「士」、「卒」之外，已增加了「砲」。宋初象棋又增加了「象」。至

⓱ 《酉陽雜俎》前集卷1。

⓲ 參見郭雙林、肖（蕭）梅花《中華賭博史》第72～73頁，中國社會科學出版社，1995年。

南宋，象棋基本定型，當時洪邁編撰的《棋經論》和明代朱晉楨編撰的《橘中秘》，在象棋理論的論述方面極為全面。明代的《適情雅趣》除收入「金鵬十八變」的全局著法外，有精彩殘局殺勢551局，在中國象棋發展史上有著十分重要的影響。象棋也實行過棋待詔制，宋代的沈姑姑，還以女性而當了棋待詔。象棋雖然只有32子，但布陣卻千變萬化，對提高人們的智力和意志品格都很有裨益，與圍棋一樣，「勝固欣然，敗亦可喜」（蘇軾：《觀棋》）⓳，因此歷來為人們所喜愛。

導引今稱「氣功」，相傳發端於唐堯之世，春秋戰國以來已初步形成了體系。莊子把導引歸納為養氣和養形兩者的結合——「導氣令和，引體令柔」（《莊子・外篇・刻意》李頤注），後來的五禽戲、八段錦和易筋經，都是對導引的繼承和發展。五禽戲為東漢名醫華佗所創，是模仿5種禽獸動作編製的醫療保健體操，經常練習，可以強壯四肢，活絡筋脈，增長氣力，使動作輕快敏捷。八段錦出現於宋代，全套8個動作，簡便易行，有南派和北派，南派多為坐式，以柔為主，北派多為立式，以剛為特色，都是吐故納新之術。易筋經是明代才有的，能使「筋攣者易之以舒，筋弱者易之以強，筋弛者易之以和，筋縮者易之以長，筋靡者易之以壯」（《易筋經・總論》）。

行氣亦屬氣功，是通過意念控制和呼吸運動對身體進行鍛煉。古代文獻中常見的「引氣」、「調氣」、「服食」、「食氣」、「練氣」、「胎息」、「靜坐」、「禪定」、「坐禪」、「存想」、「反觀」、「內視」、「守一」、「六字訣」、「內身術」等，這些靜功，就都是行氣養生術的功法和功種。唐代行氣術在士大夫階層中十分流行；北宋文學家蘇軾對此有深厚的功底，他說練行氣術，效果比吃藥勝過百倍⓴。

中國傳統社會體育還有跑和跳，但主要用於軍事訓練，很少作為民間的娛樂活動。

在中國，傳統的體育項目，實際上都源於遊戲，並且也始終保持著遊戲的功能。中國古代門類龐雜、自成風格的遊戲系統，雖然習慣上稱為遊戲，但與體育是互相混雜、可以轉化、緊密結合著的。遊戲的目的，在於娛樂和消遣，但有時候體育又何嘗不是如此，所以應當說，遊戲也是體育

⓳ 《蘇軾詩集》卷42。

⓴ 《蘇軾文集》卷73《養生訣（上張安道）》。

項目。事實上如本節開頭所述，西文「Sport」這個概念，就語源而言，原本與遊戲脫不了干係。茲根據手頭資料，將傳統社會的一些遊戲項目列舉如下：

投壺由西周射禮發展而來，流行於春秋戰國時代貴族的宴席上，當時貴族士人多不善射，就在相會和宴飲場合中以酒壺象徵箭靶，以矢在離壺 2 矢半處投壺，中者為勝，負者罰酒。投壺前和投壺時賓主有一套煩瑣的禮節，並伴有擊鼓奏樂。投壺除了娛樂，還有習禮的作用。秦、漢以後，魏邯鄲淳寫《投壺賦》，晉虞潭撰《投壺變》，宋司馬光作《投壺新格》，對投壺的教化意義都大加宣揚。直到 20 世紀 20 年代，軍閥孫傳芳等還在南京演出最後一幕「投壺古禮」，那可是毫無娛樂的味道了。

博戲的種類很多，秦漢時代有用投箸、擲煢以定行棋的陸博㉑和以技巧取勝的彈棋㉒。後來又從陸博衍化出了專擲五木㉓以打馬㉔的比較粗俗的樗蒲；同時還有既不投箸也不擲煢的格五；波羅塞戲、握槊（或即「波羅塞戲」之意譯）傳自西域，雙陸、長行則皆從握槊發展而來，長行棋子有 30 顆，為雙陸的兩倍半，明顯不同於雙陸，但都避免孤子在棋道上行進。

㉑ 陸博的玩法是先置局，二人向局而坐，然後按照投箸或擲煢的結果行棋。局上共 12 個曲道，棋子循曲道行進，往往出現雙方爭道的局面。箸為一細長半邊竹管，中填物，斷面呈新月狀，長約棋子的 10 倍；煢為球狀 18 面體，直徑 5 釐米左右，「大博則六箸，小博則二煢」（《顏氏家訓・雜藝》）；棋子規格在 2～5 釐米之間，黑白（或長方形、正方形）各六顆，六顆中 1 顆大 5 顆小，大的叫「梟」，小的叫「散」——也有棋子無梟散區別的，梟在行棋過程中依規則到位後豎立。「成梟而牟，呼五白些」（《楚辭・招魂》）。輸贏必須一方投、擲成「五白」，吃掉對方的梟，才定局。

㉒ 彈棋也是二人對局，黑白各 6 枚，與陸博相似。棋局央高周低，但四角微隆。特點為行棋「不游乎紛競詆欺之間」（《太平御覽》卷 755 引《彈棋經後序》），雅戲也。

㉓ 五木——即博齒，由箸發展而來，係由 5 枚棗核形小木塊組成，上面刻盧、雉、犢、白等 9 種采名，這裏舉名的 4 種，屬貴采，不僅得打馬，並且得連擲、得過關；餘者皆否。而隋唐時代的「五木戲」，「五木」則改進為每枚木子都是一面黑一面白，其中有兩枚，是黑的一面書犢，白的一面書雉。齒采也增加了，計 10～12 種。有意思的是，流行在下層社會的，更多場合是勝負全憑齒采的筴數，最多的「盧」，筴數 16，而等級同樣是「王」的「白」，筴數只有 8，不及「氓」等級的「開」、「塞」和「進」，反而處於下風。

㉔ 「馬」，通「碼」，本謂計算用的籌。但在樗蒲中，卻是指行棋用的棋子，凡 20 枚，因樗蒲每局可容 5 人，故分五色，每色 4 枚，人各四馬。樗蒲另有算籌，叫做「矢」。

撲賣用錢幣為具。唐文宗開成三年 (838)，房千里《骰子選格》問世，隨著彩選㉕的興起和風行，博戲中的投擲用具也漸趨簡易，終於產生了骰子。骰子又稱「投子」、「色子」，有木製、竹製、玉製、骨製和牙製的多種，形狀正方，六面分別刻以么、二、三、四、五、六之數，除四數為紅色，餘皆為黑色。投擲時以數決勝負，也有以紅、黑決勝負的。因為這些遊戲大多帶有賭博性質，所以歷代都有不同程度的禁令。㉖

玩牌由擲骰子發展而來，宋代為牙牌，32 張，上雕圓點和各種形象，4 人戲，每人 8 張，玩弄時互相配合，各自成對，變化無窮。至明代改為骨製，所以又名「骨牌」，後來的牌九之戲即由此演進而來。據《清稗類鈔・賭博》「骨牌中有剝皮賭」條稱：「骨牌之牌九，如接龍，勝負頃刻，出入極鉅，嗜此戲者，北人為多。嘗有衣冠齊楚者，入此局中，一剎那間，赤膊而出，蓋大負矣，俗呼之為『剝皮賭』也。」還有一種葉子戲㉗，最初用於行酒令，後來仿牙牌、骨牌畫上各種花樣的數點，稱為「馬弔」，明代中期後極為盛行，現在的麻將牌即由此演進而來。在元代，葉子戲還通過蒙古人傳入歐洲，成為撲克的前身。

猜謎的「謎」，古籍多謂之「廋辭」、「隱語」，㉘原為民間口頭文學（見本章第四節），後發展成為遊戲，有詩鐘、敲詩、文虎等多種形式。相傳夏代已具雛形，春秋戰國以後甚為流行。宋代開始出現以說謎語為職業的民間藝人和專供猜謎的場所。明代把謎條貼於花燈，稱為「燈謎」。在中國傳統社會，近於猜謎的遊戲還有猜物的藏鉤之戲。藏鉤盛行於漢晉時代，「疑空拳之可取，手含而不摘」(《藝文類聚》卷 74 引庾闡《藏鉤賦》)，參加的人均分為兩組，一方藏鉤，一方猜，以猜中為勝。流傳到後世，變為兩人對猜的猜枚，猜的項目也由有無增為奇偶、數目、顏色等。晚近酒席上的划拳很容易使人與之發生聯想。

㉕ 彩選，相傳為中唐李郃所創，是根據擲骰中彩的多少來選大小官職名目，與同時期的葉子戲有一定的聯繫，但並非葉子戲。

㉖ 《唐律疏議・雜律》有「博戲賭財物」條，是目前所知中國傳統社會王朝禁止賭博的最早的一條法令。在這條法令中，「博」與「賭」如影隨形，沿用至今的「賭博」一詞也呼之欲出了。

㉗ 歐陽修《歸田錄》卷下云：「葉子格者，自唐中世以後有之。……唐世士人宴聚，盛行葉子格。五代國初猶然。」按：「葉子格」即葉子戲。

㉘ 參見周密《齊東野語》卷 20。

春遊的習俗可以追溯到先秦。早在西周時，在立春這一天，天子要率百官去郊外舉行迎春儀式，踏看冬田，這應該同時帶有娛樂的性質。唐代春遊，長安（今西安）城中的少婦少女也不甘落後，她們漫步在林木中攀花折柳，沐浴著清新的空氣，真有說不出的開心。宋代學校還放春遊假，讓在學的士子們痛痛快快地放鬆一下。

登高在九月九日重陽節舉行，這個日子氣候宜人，道路通達，登高遠望，無邊江山盡收眼底，因此重陽登高是很自然的事情。唐代王維《九月九日憶山東兄弟》詩云：「獨在異鄉為異客，每逢佳節倍思親；遙知兄弟登高處，遍插茱萸少一人。」[29]但登高的日子，也不一定非重陽不可，事實上，登高在中國傳統社會，是一項非常普及的遊戲活動。

放爆竹開始的時候是名符其實的「爆」竹，翟灝《通俗編・俳優》云：「古時爆竹，皆以真竹火爆之。」後來才變為燃放內裝火藥的紙筒，又稱「炮仗」。宋以來又衍化為名目繁多的焰火遊戲。

踏高蹺很有趣。北京延慶花會的高蹺隊，每隊都以釣魚老翁為隊首開路。其他人物，有頭陀、和尚、賣藥的，又有青蛇、白蛇、許仙等。除大扭大舞的表演外，還有倒立、前後滾翻、疊羅漢等技巧。演員足踩 3 尺高蹺，依次表演，然後兩人一組進行表演，再變換 4 人一組表演，最後全體排成圓圈，同時動作，向外翻如蓮花倒捲，向裏翻如觀音縮手，造型十分美觀。

玩竹馬戲，李聲振《京師百戲竹枝詞・竹馬戲》注云：「元夜兒童騎之，內可秉燭，好為明妃出塞之戲。」玩時為 12 人或 16 人，每人均騎道具，作馬奔舞狀。其中扮昭君者，身穿紅色披風；其餘有扮護送之漢軍者，有扮迎親之番兵者；還有扮陪嫁的侍女等。這支健旅，以各種隊形和動作，表演昭君出塞途中的情景，在鼓樂聲中，熱烈歡快，全無悲切氣氛。

秧歌活動在北方是農閑或新年時的化裝表演，一般重舞不重唱。北方大秧歌邊舞邊唱，在舞的行進中，時有「漁樵問答」、「小二哥打岔」、「傻柱子插譁」、「客大爺調情」、「小老媽開嗙」等穿插表演。南方則主要是唱，清初屈大均《廣東新語》卷 12 記載說：「農者每春時，婦子以數十計，往田插秧，一老撾大鼓，鼓聲一通，羣歌競作，彌日不絕，是曰秧歌。」

抽陀螺，是用鞭子抽打木頭做成的陀螺，使之旋轉不已。陀螺旋轉能

[29]《王維集校注》卷 1。

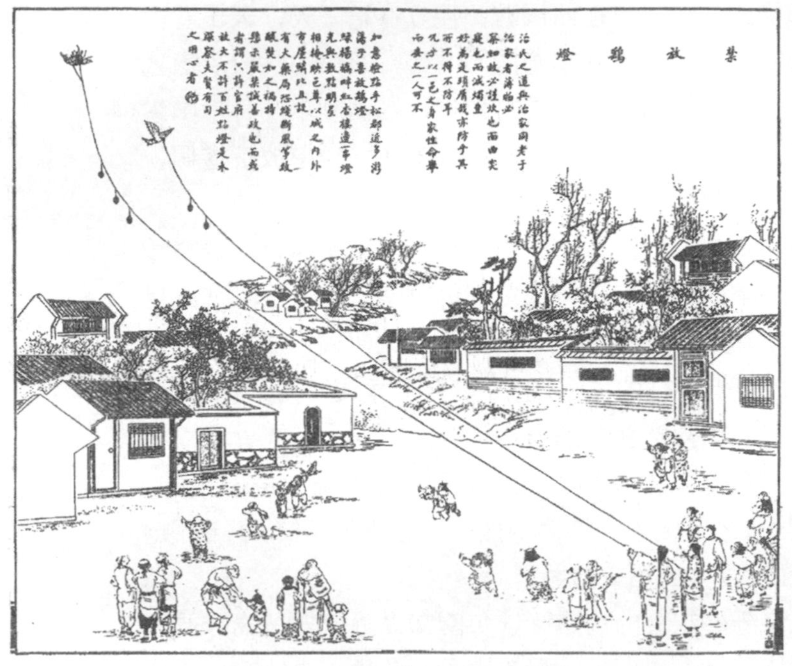

圖 82 《放風箏》 清代版畫

發出聲音的，叫做「鳴聲陀螺」。河姆渡文化已有陀螺。㉚陀螺之戲，最為兒童所喜愛。

踢毽子在技術上無疑是受到蹴鞠的影響。毽子用雞毛和銅錢組合，不僅可以用腳踢，還可以用身體其他部位去頂。明清時代，深閨中的女子，常常樂此不疲。

跳繩，古代叫做「跳白索」或「跳百索」。春節和元宵節，村童牧女身著色彩鮮豔的衣服邊唱歌邊跳繩，跳出各種不同的花樣，給節日增添許多生氣。

風箏古代亦稱「紙鳶」，放風箏始於漢初，為韓信所作，以測量未央宮之遠近。㉛江、浙一帶，二月裏春風浩蕩，風箏扶搖直上，使人得意極了。山東濰坊以善製風箏聞名，清代鄭板橋曾一度在那裏做官，他晚年賦詩回憶濰坊放風箏的情景云：「紙花如雪滿天飛，嬌女秋千打四圍。五色羅裙風擺動，好將蝴蝶鬥春歸。」（《懷濰縣二首贈郭倫昇》）㉜簡直就是一幅逼真的風俗畫。

鬥雞、鬥鴨、鬥牛㉝。史載漢高祖劉邦的故鄉沛縣豐邑，盛行鬥雞，

㉚ 參見宋兆麟《中國風俗通史·原始社會卷》第 542 頁，上海文藝出版社，2001 年。

㉛ 《事物紀原》卷 8。

㉜ 《鄭板橋集·六·補遺》，手跡刊《文物》1960 年第七期。

㉝ 明董斯張《廣博物志》卷 49 引《成都志》云：「李冰為蜀郡守，有蛟，歲暴，漂墊相望。冰乃入水戮蛟。已為牛形，江神龍躍，冰不勝。及出，率勇者數百，持強弓、大箭，約曰：『吾前者為牛，今江神必為牛矣，我以太白練自束以辨，汝當殺其無記者。』遂吼呼而入。須臾，雷風大起，天地一色。稍定，有二牛鬬于上，公練甚長白，武士乃齊射其神，遂斃。從此，蜀人不復為水所病。至今大浪衝濤，欲及公之祠，

他父親太公特好之。後來住到長安（今西安）宮中，反覺得沒有樂處。劉邦為盡孝養，就專門建置了一個新豐縣，把家鄉鬥雞的風氣也移植了過來，於是太公不再想家了。

鬥草也名「鬥百草」。古代端午節，有鬥百草之俗。屆時，競採百草，以蠲除毒氣。清代鬥草「以吉祥而少見者為勝，閨人春日為之」（《京師百戲竹枝詞·鬥草》注）。

鬥茶，主要是較量點茶的技藝。相傳唐玄宗曾與寵妃江采蘋鬥茶，玄宗服輸。㉞宋代以後，鬥茶蔚然成風，上自王公貴族，下至市井細民，往往不乏此中高手。

鬥蟋蟀，始於唐㉟，盛於宋元。《聊齋誌異》卷 4 有《促織》一篇，反映明代鬥蟋蟀的情況，基本上屬於寫實。據說善鬥的蟋蟀多生於石隙竹根，清代廣東地區「以東莞熊公鄉所產為最」，粵人「歲於此間捕取，往往無敵。其立於蛇頭上者，身紅而大，尤惡」。（《廣東新語》卷 24）

第四節　口承文學和工藝製作

一　口承文學

中國傳統社會民間口耳相傳的文學，主要產生並流傳在下層民眾中間，因此與文人作家的書面文學有較大的區別。從其表現形式看，大體可分散文體裁和韻文體裁兩大類。此外還有說唱、小戲等韻、散組合的作品。

其中散文體裁，是用民間口頭語言，以非韻文的敘述方式，講述作品內容，具有適應下層民眾欣賞趣味的藝術特點，採取的是民間慣用的口頭講述體，總的說來是便於講述、便於記憶、便於流傳的。這類屬於民間口承文學的散文體裁，包括神話、傳說、故事、童話、寓言、笑話等，都有按照民間的構思方法創作出來的故事情節。神話體裁分原始神話㊱和新神

皆瀰瀰而去。故春冬設有鬭牛之戲，未必不由此也。」根據這條資料，知成都地區鬥牛之俗所由起，原來還與治水英雄李冰有關。

㉞ 曹鄴《梅妃傳》，商務印書館排印本《說郛》卷 38。

㉟ 參見楊蔭琛《中國遊藝研究》第 48 頁，世界書局，1935 年。

㊱ 中國原始神話體系龐大，通常對應春、夏、秋、冬四季，劃分為東方蓬萊系統、南

話，兩種神話無不充滿著神奇的幻想，以想像中的神的作為，表現人們對天地萬物的認識和改造自然的意願。傳說體裁是一種解釋性的故事，每多把故事和歷史人物、山川風物、地方特產等聯繫起來，解釋它們的由來，說明它們的變化，富有歷史性、地方性和傳奇性的特點。故事體裁，是從通稱的人物、廣泛的背景，採取程式化的有頭有尾的方式，講述虛擬的故事，往往出現各種動物、寶物，以幫助弱小和善良的主人公，有單純型故事和聯綴體故事，有鮮明的對比和情節的重複，在故事敘述中，為加強描繪，便於記憶，還常夾有韻語。童話體裁是兒童故事，中國傳統社會極少文人創作的童話，但在民間仍有許多童話流傳。寓言體裁，側重諷喻和教訓，常以主人公失敗的結局完成主題。笑話體裁運用幽默詼諧的方式，構成笑料，大都採取一人一事的橫斷面，藝術效果達到之後，故事便立即結束。

圖 83 《說唱藝人圖》 清 任熊繪

韻文體裁，有抒情和敘事之分，又有樂歌和徒歌之別。抒情歌，往往是第一人稱的直抒胸臆；敘事則是用第三人稱唱述故事；樂歌，付之於唱，借助音樂曲調來表情達意；徒歌，是用有韻律和節奏的語言，徒口誦說，沒有曲調。這類屬於民間口承文學的韻文體裁，包括民歌、民謠、諺語、謎語及敘事詩和史詩等。民歌體裁形式多樣，手法各有不同，有 2 句、4 句、5 句的，也有多段多句的，後世通常有「山歌」、「小調」、「號子」、「四季歌」、「五更調」、「十二月」等，還有各地區特有的，如陝北的「信天遊」之類，多用民間的語彙和比興、雙關、比喻、誇張等手法，還常有章段的複沓，襯詞、襯字等拉腔，其中各種愛情歌，大都「借男女之真情，發名教之偽藥」(馮夢龍:《〈山歌〉序》)，禮俗歌、儀式歌更與廣泛的民俗現象密切結合，成為禮俗表達的重要形式。民謠體裁是徒歌，大多對當前生活中的人或事作出反映，直接觸及某些社會現實，有時候造謠者更屬另有意

方荊楚系統、西方崑崙系統、中原河洛系統等著名大系。

圖，至被視為內藏玄機神秘莫測，與民歌一樣，乃是極好的風俗史資料。諺語體裁，採取精練形象的語言，概括哲理性的內容，在音韻和諧的形式裏，表現人們的經驗和教訓。謎語體裁，採取回互其辭的方式，用隱喻的韻語構成謎面，著重謎底與謎面之間的隱和顯的辯證關係。敘事詩體裁，是民間韻文的長篇巨製，運用民歌的多種手法和表現特點，把民間的生活和愛情故事作有頭有尾的表現，在敘事和抒情的有機結合中展現人物性格和矛盾衝突，並常常採取悲劇的手法。史詩體裁，漢民族雖然沒有嚴格意義的史詩，但少數民族有史詩，如《格薩爾王傳》、《江格爾》、《瑪納斯》等，中國因此可以說還是史詩的富國，當然這些史詩並非原始時期的產物。

韻、散組合體裁，有民間說唱和民間戲曲。民間說唱體裁具有表述性，多以第三人稱說故事和唱故事，唱詞中多有垛句、襯字、襯句。民間戲曲體裁是民間文藝中的綜合藝術，一般以兩三個人物構成戲劇情節，結構沒有固定程式，不追求尖銳矛盾衝突，通常採取單純簡明的方式，截取生活的橫斷面，以小見大，常以誇張和幽默的藝術手法，構成喜劇效果。

中國傳統社會民間口承文學，感情率直，思想深刻，流傳時間長，藝術上比較成熟，其中以孟姜女、牛郎織女、白娘子和梁祝為題材的多種民間散文、韻文創作，更為歷久不衰。20世紀上半葉，顧頡剛等學者曾對孟姜女故事的傳承過程作了系統的研究，從《禮記・檀弓下》關於「杞梁妻」的記載起順藤摸瓜一直到近代，結果發現歷史上孟姜女故事的中心，在戰國以前是不受郊弔，隨後是悲歌哀哭，到了西漢後期，這個故事的中心又由悲歌而變為崩城，唐代則又變成了曠婦懷征夫。於此可見時代精神的推移。又，孟姜女的故事，各地傳說內容都有出入，山東的孟姜女，與山西、陝西、湖北的孟姜女，河北、遼寧的孟姜女，河南的孟姜女，福建的孟姜女，浙江的孟姜女，江蘇的孟姜女的不同之處，是可以比較得出來的。於此又可見這些行政區域風土人情的不同。㊲前者所據，雖皆為文人

圖84　河北秦皇島孟姜女廟

著述，但其源頭仍為民間口承文學；後者所據，則大都直接為民間口承文學。在民間口承文學中，關於孟姜女的民歌特別多，著名的《孟姜女十二月歌》：「正月裏來是新春，家家戶戶點紅燈，人家夫妻團圓聚，孟姜女丈夫造長城。……」這一首是流行在江、浙一帶的，約形成於宋、元以後。

中國傳統社會民間口承文學忠實地記錄了歷史的有關片段，是後人瞭解和研究往古歷史的一宗最可靠的檔案。[38]

中國傳統社會民間口承文學在文學史上也有一定的地位。事實上，在中國傳統社會，文人作家的優秀作品，都是吸取了民間口承文學的營養的。

二　工藝製作

中國傳統社會民間的工藝製作，項目眾多，種類齊全，花樣層出，蔚為大觀。工藝品是觀賞性和實用性並重的東西，如絲綢、瓷器等許多生活用品，因為本書後面還要專門談到，這裏就從略了。

圖 85　戰國楚雙鳳玉璧

雕刻和捏塑

上乘的雕塑是藝術，但從民俗學角度看，藝人從事雕、塑，主要還是在生產工藝品。傳統的雕刻和捏塑，有嵌銀器、玉雕、漆雕、牙雕、木雕、礦雕、竹雕、磚雕、瓷雕、貝雕、冰雕、石刻、角雕、根木雕、水晶雕、墨魚骨雕、瓜果雕、彩塑、紙塑、蠟塑、麵人、糖人等，無不具有濃厚的地方特色。而木製嵌銀器、牙雕、玉雕、漆雕、彩塑 5 種，尤受中外市場的歡迎。

山東濰坊木製嵌銀器，是在以紅木、紫檀、花梨、核桃楸等名貴木材製成的器物上，嵌以金銀絲，粗細不等，細者如髮，割槽和嵌絲嚴密合縫，如出天然。有拐杖、筷子等實用品，也有座屏、掛屏等陳設品。很明顯，這是對戰國初期已經盛行——但東漢以後逐漸衰落的傳統金銀錯工藝的繼承和發揚。

---

[37] 顧頡剛：《孟姜女故事研究集》，上海古籍出版社，1984 年。

[38] 說詳《鍾敬文民俗學論集》第 134～135 頁，上海文藝出版社，1998 年。

廣東牙雕，其代表作為牙球，以整塊象牙雕出層層可轉動的鏤花套球，宋代已能雕 3 重牙球，至清代，少則幾層，多則十幾層。套球的外層以高浮雕、鏤雕技法刻人物、花果、走獸、雲龍紋，內層則以淺雕、鏤空技法刻飾絲網紋，功力的艱巨精細，出乎人們通常的想像之外。當時又能將象牙剖成不足 2 毫米寬、薄如紙片、長達數尺的細條，然後編成牙席、團扇或花籃。產品還有玲瓏剔透、宛若細紗的象牙透雕燈座和雕工細如毫髮、一絲不苟的微雕人物、山水、花鳥。

新疆和闐（今和田）玉雕，近古以來，產品分兩類：一類是取玉和闐，運進京城雕刻；另一類則由當地玉工雕刻而成。前者造型生動，後者風格古樸。漢代通西域，和闐玉雕已享盛名。

北京漆雕，即「剔紅」。以紅銅或木為胎，製胎後，需經過燒藍、做底、塗漆、描樣、雕刻、磨光等工序。其中塗漆非常費事，先將生漆均勻塗在胎型的外壁，然後放進溫濕度適宜的窨室內陰乾，四五小時後，再塗第二層，如此反復，少則幾十，多至 400 餘層，僅此一道工序就要化去許多時間。雕刻是製作過程中的關鍵，傳統的雕刻方式是淺浮雕。源於戰國、西漢，在明代永樂、宣德年間和清代中葉，曾兩次出現過鼎盛時期。

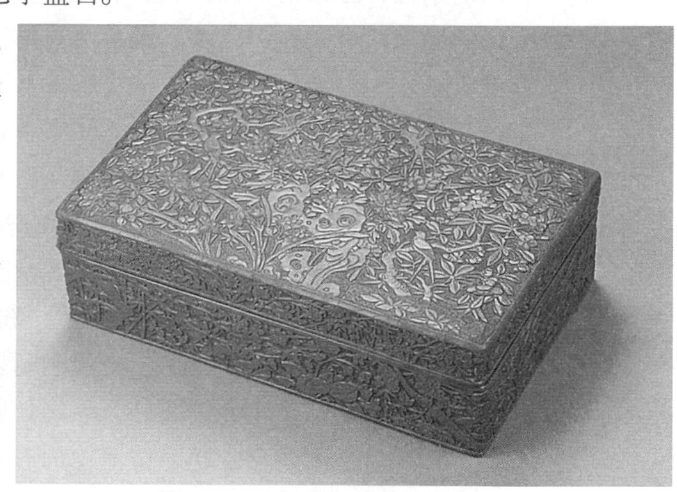
圖 86　明代剔紅花鳥紋長方盒

江蘇無錫惠山彩塑，採用泥土捏製。分捶泥、打稿、捏塑、製模、印泥坯、整修、上粉、描色、開相和上油等工序，其特點為造型飽滿、誇張，色彩鮮艷、醒目，在構圖布局上，填空補白，密不透風。有粗、細兩大類：前者為坯製，主要是兒童耍貨；後者為手捏，因取材於戲曲，又名「手捏戲文」。創始於明代，盛於清代。後有天津「泥人張」，一北一南，與之齊名。

刺繡

刺繡是用繡針引彩綫，按設計的花紋和色彩規律，在繡料上刺綴運針，以繡跡構成花紋、圖象或文字。在中國，肇始於商代，自周、秦以來，已經大盛。刺繡的技法有鎖繡、錯針、戧針、網繡、納絲、納紗、盤金、平金、鋪絨、亂絨、挑花等。繡品分日用、欣賞兩大類，風格因地而異。「宋人之繡，針綫細密，用絨止一二絲，用針如髮細者為之。設色精妙，光彩奪目，山水分遠近之趣，樓閣得深邃之體，人物具瞻眺生動之情，花鳥極綽約嚵唼之態，佳者較畫更勝，望之三趣悉備」（朱啟鈐：《絲繡筆記》卷上引董其昌《筠清軒閟錄》），傳世佳作精美絕倫。明、清兩代因國內外市場的需要，商品繡生產大力發展，繡坊、繡市、繡莊、繡鄉在全國林立，著名的品種有蘇州的蘇繡、湖南的湘繡、四川的蜀繡、廣東的粵繡，還有北京的京繡、山東的魯繡、開封的汴繡、溫州的甌繡及陝西的刺繡。又有上海的顧繡，更為繡中之繡。許多優秀的繡品，其藝術價值，絕不遜於名家字畫。

蘇繡以繡工精細、針法活潑、圖案秀麗、色彩雅潔著稱。晉王嘉《拾遺記》卷 8 稱三國時期孫權趙夫人能在帛上繡出五嶽、河海，被譽為「針絕」。其實孫權並無趙夫人，此記載殆屬傳聞。但民間當有這類工藝，卻是毫無疑問的。至晚到晉代，蘇繡已經興起。隋、唐之際，直針、纏針、平金等複雜的針法均基本形成。五代、北宋時蘇繡即達很高的水平。後吸收顧繡以及西洋畫的特點，創造出光綫明暗對比強烈、充分顯示立體感的風格。蘇繡欣賞品，多出名門閨媛之手，一般以名畫為稿本，不計工本，極難得。實用品，配色多仿精品瓷器中的五彩、斗彩、粉彩、琺瑯彩格調，採取程式化圖案，具有規矩嚴謹的裝飾美。還有一類日用繡品，為民間作坊和農村婦女所製，題材多為花鳥蝶魚，並喜用諧音或象徵的手法，表現吉祥的含義。蘇繡多繡貓，又有在一次刺繡過程中，達到兩面欣賞效果的雙面繡，是繡品中比較少見的。

湘繡是湖南長沙一帶刺繡品的總稱，其特點是富於寫實性，追求刻畫形象的逼真，表現出濃厚的生活氣息。湖南民間早有刺繡，源於 1000 多年前馬王堆的漢繡[39]。但湘繡的成名，卻是近代以後的事情，這裏談及，有破例之嫌，只是由於湘繡太美了，實在割愛不得。

蜀繡歷史悠久，漢代已經顯露頭角。蜀繡繡在軟緞上，針法嚴謹，針腳平齊，用綫厚重，色彩明快，選料認真，成品堅實。多為生活日用品，

[39] 參見劉杰《技臻化境，返歸自然》，《中國名牌》1994 年第三期。

如鏡簾、花邊、嫁衣、卷軸、鞋帽、裙子、枕套、被面、帳簾等；一部分為裝飾品。花紋取材側重花草蟲鳥，尤以繡魚為佳，均富於詩意畫情。蜀繡總的風格是自然淳樸，表現為濃郁的喜慶色彩。

粵繡發端在明代中葉，用綫多種多樣，喜用金綫作輪廓綫，色彩濃淡分明，花紋繁縟豐富，洋溢著熱烈歡快的氣氛。粵繡既有實用品，如服飾、鞋帽、戲衣等；也有裝飾品，如鏡屏、掛幛等。粵繡針步短，形象接近篤實，且多為男工所製，這也是很不一般的。

圖 87　韓希孟刺繡花鳥

顧繡半繪半繡，色法多樣，針觸細膩，追求質感，是閨閣藝術繡。在顧繡發展過程中，隆萬年間上海露香園松江進士顧名世的族孫媳韓希孟（武林〈舊稱今杭州〉人，生卒年未詳）起了重要的作用。[40]韓繡不僅深得名家筆意，並且師法自然，吸取自然界的優美形象，使繡品充滿了生活情趣。顧繡繡品原以欣賞為主，後來家道中落，家人以此謀生。清初，顧名世曾孫女廣收門徒，傳授技法，顧繡也由此轉為實用，品種有衣裙、袍服、屏幛、佛囊等。

另有常熟花邊、潮汕抽紗、關中肚兜，也都是暢銷的刺繡品。還有刻絲，又稱「緙絲」或「克絲」，是屬紡織工藝品，可溯源到唐初武則天當政的垂拱 (685～688) 年間，雖非刺繡，但通經斷緯[41]，織造時，用專門的小梭根據花型色彩逐次織入，供選擇的緯絲色澤範圍與刺繡同步，因而工藝效果與刺繡不相上下。宋代刻絲多半以山水、樓閣、鳥獸和花卉等名畫作底本，視覺上幾可亂真。其中南宋朱克柔（雲間〈舊稱今上海市所轄松江區一帶〉人，生卒年未詳）的刻絲《蓮塘乳鴨圖》，精美絕倫，是聞名中外的傳世珍品。

料器

[40] 顧繡創始人繆氏，在顧家長韓希孟一輩，但身分為妾。

[41] 陳娟娟：《緙絲》，《故宮博物院院刊》1979 年第三期。

圖 88　朱克柔刻絲《蓮塘乳鴨圖》

料器原料類似玻璃，有不同的色彩，宜於製作小型日用品或玩具，主要產地為北京和山東博山，而博山料器品種繁多，可以稱為「料器之鄉」。

博山料器，以石英、長石為主要原料，色彩艷麗，質地晶瑩，紋飾生動。明代永、景之際 (1403～1457) 發展起來。明末清初，可生產佩玉、連珠、魚瓶、簪耳、綴瓔等。後來的看家品種，有內畫、花球、套料。內畫是用鐵砂在料器製成的小瓶中搖磨，瓶呈乳白色後，用竹筆蘸色入瓶，反畫出人物、花卉和其他圖形。1 寸見方的瓶中，能繪「水滸」108 將，神態生動，布局得體。花球以水晶為原料，用包、搓、扎等不同手法，在其中嵌入各種花鳥、魚蟲的花紋，經過整形、打磨而成。套料以外深內淺兩層不同的色料融合成器形，繪畫於器上，剔去畫面外的外層套料層，淺色料襯出外層深色圖案，產生浮雕效果。產品有瓶碗、煙缸、手鐲等。

上述僅是對中國傳統社會工藝製作個別門類的舉例介紹而已。此外如各類剪貼、首飾、絹花、編織、花燈、風箏、梳篦、藤器、竹器、樟木箱、穿絲籃、掛簾、金屬製品、簫笛、果品藝術和針口藝術等等，本節因為篇幅的關係，連舉例介紹也不可能了，真是不勝遺憾之至。

至於民間繪畫和盆景等，當然也都是在民間工藝製作中占有重要地位的。

中國傳統社會民間工藝製作，豐富了人們的生活，也為古代藝術家的創作活動，提供了足資學習和借鑒的寶貴經驗。

第十六章

民間信仰

第一節　原始崇拜

中國傳統社會民間信仰，受到道教的影響；同時佛教的說教，更給人們造成巨大的心理衝擊，由此又引起了對佛、菩薩的崇奉膜拜。但中國傳統社會民間信仰的主流，卻既不是道教信仰，也不是佛教信仰，而是依傍儒家體系保留下來的原始崇拜。

在人類社會初期，人們對自然界的威力和千變萬化無法理解，對自然事物既有所依賴又有所畏懼，認為宇宙萬物都與人一樣有自己的意志，都是神在主宰，於是就產生了崇拜行為，導致了原始信仰。原始信仰大體上可分兩類，一類是對自然的崇拜，另一類是對鬼魂的崇拜，而最早出現的是對自然的崇拜。

中國傳統社會崇拜的自然神有天地神、自然力神和靈物神。

一　天地神

《尚書・舜典》云：「在璇璣玉衡，以齊七政，肆類于上帝，禋于六宗。」

這裏的「上帝」，後來就代表「天」。❶馬融注云：「上帝太乙神，在紫微宮，天之最尊者。」上帝又稱「天帝」、「天皇」、「皇上帝」。上帝商代為部族所獨占，周代則眷顧有德者。中國傳統社會祭上帝，是最高祭典，只有上帝之子——天子才有資格主持這項祭典。劉向《五經通義》❷云：「易

---

❶ 一說在甲骨文中，「天」沒有神性，並不與「上帝」通用，「『天』之觀念是周人提出來的」。陳夢家《殷墟卜辭綜述》第581頁，中華書局，1988年。但據有關考古資料和《尚書》中的《盤庚》、《高宗肜日》、《西伯戡黎》等編所載，可知「天」在殷商已是人們所崇拜的對象。參見李杜《中西哲學思想中的天道與上帝》，臺北聯經出版公司，1982年。

姓而王，致太平，必封泰山、禪梁父，天命以為王，使理羣生，告太平于天，報羣神之功。」此即所謂封禪大典。據《史記・封禪書》稱：「古者封泰山禪梁父者七十二家，而夷吾所記者十有二焉。」除封禪外，從周代開始，還有在南郊舉行的「郊」的儀式，也是祭祀上帝。封禪本來要到泰山去舉行，唐太宗認為「事天掃地而祭，何必登泰山之巔，封叛尺之土，然後可展其誠敬乎」（《資治通鑑》卷 194）。南宋以後，始將封禪與郊祀合并起來。元代「拜天之禮，衣冠尚質，祭器尚純」（《元史》卷 72）。明代設天壇、地壇，天壇專供祭天之用。祭天除封禪、郊祀外，還有廟祭，也是天子親自主持的。宋、元以後，天的寶座為道教的玉皇大帝所占取，所以道教也祭上帝，但道教的祭上帝，乃宗教儀式，與帝王祭天是兩回事。至於民間結婚、新年都要拜天地，其意義與帝王祭天當然也是不同的。民間用語，常有「天從人願」、「天理良心」等等，天在民間是聰明正直、至大至剛、無偏無私的象徵。

與天相對應的「地」的觀念較「天」為晚出，大概始於《易・彖傳》和《荀子・禮論》。《春秋緯・元命苞》❸云：「地者，易也，言養物懷仁，交易變化，含吐應節。」這是說萬物的榮發繁衍，物相的交易更迭，都是地的功勞。地神或名「祇」，亦稱「后土」。后土為「社」，配上代表農神的「稷」，在傳統社會通常作為國家的代稱。與祭天一樣，在北郊祀后土也是歷代帝王的重要禮儀活動。秦、漢以後，出現了州、縣、鄉、里各級土地廟，每家的祖墳旁都立有「后土之神」的石碑。土地與人類息息相關，中國傳統社會對后土之神的崇拜是極其自然的。

《堯典》所說「禋于六宗」有多種解釋，據東漢賈逵（扶風平陵〈今咸陽西北〉人，30～101）說，「禋」，即用柴燃燒供物，為獻祭；「六宗」則指天宗三和地宗三，天宗日、月、星辰，地宗岱山、河、海。

天宗，其中又以日神為最重要，所以中國原始神話以太陽為中心的故事特別多，如羲和生日、浴日、馭日，羿射九日，夸父追日等。在考古發掘中，許多壁畫、岩畫、陶片的圖象和紋飾中都有與太陽形象相關的十字紋和十字紋變形。夏、商、周三代皆有祭日的傳統。最初認為日是眾神之主，但後來以天為至上神，日神品位因之下降。可是每逢立春、立夏、立

❷ 原書已佚，清馬國翰《玉函山房輯佚書》輯存一卷。

❸ 收入趙在翰輯《七緯》；本書後引《春秋緯》、《易緯》等，皆見此書。

秋和立冬，仍由天子親自主持祭日於郊外。倘遇日食，民間更有一致奔走救日的風俗。

月神的地位僅次於日神，《禮記・祭義》說：「郊之祭，大報天而主日，配以月。」以月來配日，是為了別幽明，制上下，「陰陽長短，始終相巡，以致天下之和」（同上）。《山海經・海經・大荒西經》有「帝俊妻常羲，生月十有二」的記載，似乎月神是常羲。秦、漢以後，由於嫦娥奔月的故事廣泛傳播，民間的月神也就變成了嫦娥。但嫦娥奔月的故事，是比較後起的，與原始信仰無多大關係。民間還有天狗吃月亮的傳說，所以也有鳴鑼救月的風俗。

中國傳統社會對於星辰的信仰是出於認為星象可以決定或反映人世間的福禍休咎的原始觀念。在星辰崇拜中，北斗七辰被賦予了特殊的意義，《史記・天官書》云：「斗為帝車，運于中央，臨制四鄉，分陰陽，建四時，均五行，移節度，定諸紀，皆繫於斗。」北斗之外是二十八宿，二十八宿分布四方，據說仰觀二十八宿，可以測知四方的妖祥。古人認為熒惑示凶衰，天狼主侵略，太白兆兵象，彗星其狀多端，為殃如一，太歲則具有更大的魔力和破壞力。

地宗三：岱山、河、海，後來發展演化成為五嶽四瀆。中國傳統社會對山川河海的信仰是對地的信仰的延伸，通常採取望祭，即遠遠地望著山川河海的所在方向進行祭祀。

天地崇拜是中國傳統社會原始崇拜的源頭，基於對天地的崇拜，中國古代還創造了許多有關天地起源的故事，至今尚為人們所熟知者，莫過於盤古開天闢地的故事。有關天地的形成，又有女媧煉石補天的神話傳說。後世於盤古、女媧亦皆有祠祀。《六韜・大明》云：「天道淨清，地德生成，人事安寧，誡之勿忘，忘者不祥，盤古之宗不可動也。」這是說

圖 89　泉州九日山宋代祈風石刻

盤古神祀之重要。對女媧,「宋以前正月二十三日為天穿日,言女媧以是日補天,俗以煎餅置屋上,名曰補天穿」(俞正燮:《癸巳存稿》卷 11)。

二　自然力神

主要有風、雨、雷。

風神(風伯)名飛廉,「鹿身,頭如雀,有角而蛇尾,豹文」(《楚辭・離騷》洪興祖補注)。從殷商到南北朝,民間一直奉行殺狗以祭風神。後世小說家言,風神為一封姓女子,叫做「封姨」。

雨神(雨師)名蓱翳,傳說「雨師號呼,則雲起而雨下」(《楚辭・天問》王逸章句)。殷商時雨神名媚,是女神。西漢以後,奉赤松子為雨師。求雨祭神,皆用歌舞的儀式,有時舉行禋祭,至有用「人牲」的。清代龍王崇拜十分盛行,從而取代了國家祀典中的雨師地位。

雷神(雷公)有五兄弟,多以凶神的形象出現,左手持鼓,右手執椎。後世相傳的雷神變為鬼頭、鳥嘴、兩肩生翼,凡對天不敬者、做虧心事者,都要受到雷神的懲罰。五雷轟頂,是古來相傳最重的天誅。在道教中,雷神全稱「九天應元雷聲普化天尊」。

三　靈物神

中國傳統社會認為世間萬物皆有靈魂,動植物年深月久也會成精作怪,如蛇精、狐妖、樹怪等。

圖 90　清雍正朝先農壇祭祀炎帝圖

在中國傳統社會的靈物崇拜中,首屈一指的是稷,稷神被奉為農神,祭祀稷神,則有天子的始耕儀式和薦廟儀式。

下面談鬼魂崇拜——即人文神崇拜。從先秦文學中可以得到有力的印證,如果說炎帝族的原始崇拜對象多具自然神的特點;那麼,黃帝族的原始崇拜對象卻

更有人文神的特點。❹

中國傳統社會鬼魂崇拜，是由於相信人死之後，靈魂不滅。《禮記・禮運》鄭玄注云：「鬼者，精魂所歸。」所謂「鬼」，就是「歸」的意思。其崇拜形式，有喪葬、祭祀、儺除等。喪葬主要是為了安頓鬼魂，祭祀目的在於紀念並求得福佑，儺除則用於對付惡鬼厲魂。冤死的鬼魂找替死鬼的迷信出現於先秦時代，後世流傳甚廣。相對於魂而言，還有魄，是人生前依附於形體的精神，死後正常情況下與魂分離而仍與形體連在一起，湖南長沙馬王堆一號漢墓的隨葬品就顯示了喪家護送墓主魂進入天堂而使墓主魄得到休息的種種企圖。至於「十殿閻王」分掌陰曹地府之說，則始見於唐末佛教典籍，依次為秦廣王、初江王、宋帝王、五官王、閻羅王、變成王、泰山府君（泰山王）、平等王、都市王、五道輪轉王，❺後來道教加以沿襲，中國原先是沒有的。

在鬼魂崇拜的基礎上，進一步產生了祖先崇拜。中國傳統社會對祖先之靈加以崇拜，發端於母系氏族時代，後來逐步有了相應的儀式。殷人「內宗廟，外朝廷」(《禮記・表記》鄭注)，認為祖先是上帝與人間溝通的媒介。❻到周代，祖先崇拜取代萬物有靈成為主流信仰。在中國傳統社會，祖先崇拜具有維護綱常倫理的特殊意義，「孝」這個觀念，就是從祖先崇拜那裏生發出來的。

圖 91　陝西黃陵縣的黃帝陵

中國傳統社會以五帝配祀天地之五方，黃帝軒轅氏，以土德王，配祀於中央；太昊包犧氏，以木德王，配祀於東方；炎帝神農氏，以火德王，配祀於南方；少昊金天氏，以金德王，配祀於西方；顓頊高陽氏，以水德王，配祀於北方。❼五帝崇拜源

❹ 參見鄭杰文《原始宗教與先秦文學》，《光明日報》1999 年 9 月 16 日。

❺ 《釋門正流・利生志》

❻ 在不少場合，殷人認為自己的祖先神帝嚳或帝俊就是上帝。參見郭沫若《先秦天道觀之進展》，《青銅時代》，科學出版社，1965 年。

圖 92　北京北海九龍壁上的龍

於四方崇拜，崇拜對象本是四方土地神，後世五帝作為有大功大德的祖先神，一直是中國傳統社會受到普遍信奉的主神。

歷代王朝皆在太廟奉祀自己的列祖列宗；清代依前朝之制，還大規模地修建了歷代帝王廟，以進一步強化與敬天思想相表裏的祖先崇拜精神。

此外，中國遠古圖騰崇拜，雖然由靈物崇拜所派生，但從根本上說，也是屬於祖先崇拜。「圖騰」(totem) 一詞是從美洲印第安語翻譯過來的，意思是「他的親戚」。原始人相信每個氏族都與某種動、植物有著血緣關係，對已故祖先的崇敬和懷念，對孕育知識的無知，使他們對該動、植物產生了崇拜情結。圖騰崇拜的主要特徵是：一．以圖騰作為氏族的標誌和象徵；二．不准傷害圖騰；三．同一圖騰的人禁止通婚。中國遠古最早的圖騰形象是模擬式的，「麟、鳳、龜、龍，謂之『四靈』」(《禮記・禮運》)。後來以五取象的天地構成體系形成之後，四靈中又加入了虎，以麟為中央，演出四方之靈，即青龍、白虎、朱雀、玄武。堪稱「華夏第一都」的偃師二里頭遺址中心區出土的綠松石龍形器，其背景無疑是當時最高層的圖騰崇拜。後世中國人皆自居為龍的傳人，《易・乾》云：「飛龍在天，利見大人。」《莊子・天運》云：「龍……乘雲氣而養乎陰陽。」其實「龍者，和也，萌也」(顧野王：《玉篇・龍部》)，是具有多種動物特徵的綜合性圖騰，反映了古代華夏族不斷融合的過程。龍的形象至唐宋時代基本定局，「角似鹿，

❼ 這是根據《禮記・月令》的說法。可與《周禮・天官・大宰》賈疏所記五方之天帝互相參證：「五帝者，東方青帝靈威仰，南方赤帝赤熛怒，中央黃帝含樞紐，西方白帝白招拒，北方黑帝汁光紀。」東、南、西、北四帝，分主春生、夏長、秋收、冬藏，中央黃帝寄王四方，不名時，因為天地化育，無論何時，都離不開土。

頭似駝，眼似龜，項似蛇，腹似蜃，鱗似鯉，爪似鷹，掌似虎，耳似牛」（《爾雅翼・蟲》「龍」條）。1994 年，在遼寧省阜新蒙古族自治縣查海遺址，發現了一條用石頭擺塑成的龍，距今已有約 7000～8000 年之久。中國文化「龍鳳呈祥」❽，與龍相對應的鳳，也同樣是「雞頭、蛇頸、燕頷、龜背、魚尾、五彩色」（《爾雅・釋鳥》郭璞注）的複合形象。龍，當其下沉於泥淖，可不見痕跡；當其上騰於天空，則風雲際會，威鎮宇內，實在是智慧和力量的化身。

總起來看，中國原始信仰的崇拜對象中，一直在整個傳統社會受到普遍尊奉的主要神祇，除了上述以外，還有——

婚姻、生殖之神，稱「高禖」。高禖在三代以前是女媧，夏代為塗山氏，商代為簡狄，周代為姜源，都是祖先神。其祀以石。《周禮・地官・媒氏》云：「中春之月，令會男女，於是時也，奔者不禁。」有孕的嬪妃，在這一天接受天子賜給的弓韣，「禮之禖下，其子必得天材」（《禮記・月令》鄭注）。後世民間高禖的職務為觀音大士、碧霞元君等眾多的女神以及南極仙翁（南斗）之類所頂替，可以說對婚姻、生殖之神的崇拜，其程度有增而無減。

八蜡神。《禮記・郊特牲》「天子大蜡八」，鄭注云：「蜡有八者，先嗇一也，司嗇二也，農三也，郵表畷四也，貓虎五也，坊六也，水庸七也，昆蟲八也。」祭八蜡有「索」和「報」兩種形式，所以「蜡之祭，仁之至，義之盡也」。蜡祭之後即息民，老百姓可以安安生生過冬了，故後世蜡祭也是農民斗酒自勞的時機。後來這一活動與佛教的釋迦成道日複合了起來，成為中國傳統社會民間的重要節日。蜡祭中的水庸之祀，至六朝時期演變成為城隍信仰，「水則隍也，庸則城也」（《陔餘叢考》卷 35）。以人鬼為城隍始於宋代。明初既封京師和天下都城隍，詔各府、州、縣立城隍廟，其制與官府正衙相同，儼然神界之地方官。

門神也是中國傳統社會尊崇的神祇。本為神荼、鬱壘，住東海度朔山上，此山有大桃木，其下聚萬鬼，這兩位的職責是懲罰那些害人的惡鬼。❾根據這個神話，民間多以桃木刻像，懸於門戶，後來易為繪畫，用以避邪驅鬼。王安石《除日》詩云：「總將新桃換舊符。」❿即咏此也。唐以後門

---

❽　遼西牛河梁紅山文化遺址出土有玉猪龍和玉鳳，說明早在 5000 年前，龍和鳳已經聯袂現身。

❾　應劭：《風俗通義》卷 8。

圖 93 門神秦瓊、尉遲恭像

神改由李世民的兩員虎將秦瓊和尉遲恭擔任，在人家祭祖的祠堂大門上刻繪的，就是虎虎有生氣的秦、尉遲兩將軍的圖像。

灶神也很有來歷，相傳炎帝、黃帝、祝融都曾做過灶神。灶神是主火之神，祀典應在炎夏，東漢光武帝陰皇后之祖陰子方臘日以黃羊祀灶，至獲巨富。⓫因了這個故事的影響，祀典也就由炎而寒。後世民間臘月二十三日都要用酒飯魚肉送灶神上天，算是賄賂，希望他上天後只講好話，不吐惡言；除夕再接回來。宋代祭灶，以酒糟塗灶門，使灶神因酒醉而糊塗。後世用麥芽膠糖祭灶，目的在於封住灶神口，讓他想講壞話也開不得口。

以上都是屬於原始崇拜，原始崇拜源遠流長，提供了大量崇拜對象，有力地促成了中國傳統社會的信仰民俗。

中國傳統社會民間各行各業還都有一些特定的神祇，如酒家奉杜康為酒神，茶館奉陸羽為茶神……不少行業往往多祖共存，或多業共祖。而清代尊崇關羽至無以復加，「今且南極嶺表，北極寒垣，凡兒童婦女未有不震其威靈者，香火之盛，將與天地同不朽」（《陔餘叢考》卷 35）。又有海神媽祖，相傳為北宋福建興化府莆田縣人，姓林名默，小名女貞，生於宋太祖建隆元年 (960)，能預言人間禍福，矢心履救。雍熙四年 (987) 盛裝升天，宋封靈應夫人，元封護國天妃，清封天上聖母，每年農曆三月廿三日是她的誕辰。宋元以來，媽祖「所福遍天下」（丁伯桂：《艮山順濟聖妃廟記》）⓬、「有感必通，無遠不屆」（元仁宗延祐元年 (1314)《內欽奉制書》）⓭，由

⓾ 《王文公文集》卷 72。

⓫ 《後漢書・樊、陰傳》。

⓬ 見《太倉州志》卷 10。

於這種信仰上的支持，極大地增強了人們在海上作業時戰勝風險的勇氣和信心。這些神祇的產生儘管與形成原始崇拜的原始思維仍有一定的聯繫，在民間，很容易與原始崇拜混同起來，但其實都不能算是原始崇拜。區別原始崇拜的重要標誌，是凡原始崇拜，大都與原始神話有關，或可以追溯到原始神話那裏。

第二節　巫術、占卜和禁忌

一　巫術

巫術基於一種歪曲的信念，其功能在於實用，是利用虛構的超自然的力量來實現對客體施加影響和控制的法術。巫術的產生比宗教早，而在宗教極大地發展起來以後，巫術依然有它存在的土壤，並且與某些宗教行為結合在一起。

在遠古和上古，人們的主觀能力與客觀世界自然力以及社會力的比差極其懸殊，通過巫術行為的有形活動，曾經激發並增強人類對自身能力的認識和信心。巫術的這種效用，是生產力十分低下的原始人謀求生存的不小的精神支柱。所以巫或巫官，在古代天文星變中，得列為星宿之名。《甘石星經》記載：「巫官二星，在房（星）西南，主醫巫之職事也。」⓮

應當認為，巫術發展的最初階段是在不同感知基礎上的個體巫術，後來經過諸多個體巫術的積累，為著整個氏族、部落共同利益的目的而集中了這種積累裏有普遍意義或被公認為可以廣泛使用者，才上升到所謂公眾巫術。正是在這個過程中，巫師也就應運而生了。導致「絕地天通」（《國語・楚語下》），人神交流為其壟斷。⓯這時候，巫師已經得到了社會的公認，從而相應地有了與眾不同的地位。因此，他們便有條件以更多的精力來從事氏族、部落的文化創造和積累，許多原始歷史、神話、傳說、曆法、天文、醫藥等知識，以及歌唱、表演、祭祀、祈祝等技能，便漸漸地集中

⓭ 見南京建寧路明成祖永樂十四年 (1416)《御製弘仁普濟天妃宮之碑》。

⓮ 《甘石星經》一卷，《四庫全書》「子部三・天文算法類」存目著錄為「《星經》二卷」，雖係唐宋時人偽作，但仍有一定的史料價值。

⓯ 鄧淑苹：《由「絕地天通」到「溝通天地」》，臺北《故宮文物月刊》1988 年第六期。

到他們身上。自然而然地，他們成為氏族或部落的首領，巫事即王事，王事即巫事。⑯後來由於頻繁的戰爭，他們的權力逐漸轉移到了世俗軍事新貴的手裏。在商代，商王很多自為巫術，當他行術時，他身邊的一批巫師，作為配角，無不積極附從王的言行舉止。例如「丙戌卜」:「巫曰『御』。」（《合集》5649）巫就保持了與王的一致。

中國自有巫師以來，巫術相當發達，著名的「三易」——《連山易》、《歸藏易》和《周易》皆為其重要成果。巫師中女性甚多，並專稱「巫」;男性巫師除稱巫外，則專稱「覡」。⑰巫、覡所行整套巫術程式稱為「降巫」或「巫降」，巫、覡行巫時所奏音樂稱為「巫音」，所念咒語稱為「巫咒」，所獨有的步式稱為「巫步」。

根據良渚文化的墓葬情況來判斷，巫、覡皆集中葬於祭壇，男覡的隨葬品有玉琮，而女巫大都無有，可見與父權制的確立同步，覡的地位高於巫。

巫舞，是巫的一種重要活動。《尚書·伊訓》有「敢有恆舞于宮，酣歌于室，時謂『巫風』」的記載，其疏云:「巫以歌舞事神，故歌舞為巫覡之風俗也。」

三峽的巫山神女峰，歷來見之歌咏，引發人們美麗的遐想。山名為「巫」，可見巫在當年，是多麼美好的事物。

在中國歷史上，曾有巫、史結合的階段，從夏代到商代，巫師即史官，史官即巫師，這種巫、史不分的情況，直至西周初年依然不變。⑱原因是由於當時編輯典冊、記錄先王世系史料及王事活動的史官，需要有對占卜、祭祀、天象、曆法等的專業知識，無論大史、小史、內史、外史、御史，⑲這些都是非巫師莫屬的。於是巫師的高層職務便以入史官為其歸宿，巫師並由此分化為官巫和民巫兩種。

---

⑯ 參見陳夢家《商代的神話與巫術》，《燕京學報》第20期，1936年。

⑰ 《國語·楚語下》。

⑱ 對「史官」的職責，當代學術界尚有爭議。參見胡厚宣《殷代的史為武官說》，《殷都學刊》1984年增刊。

⑲ 據說《周禮》「五史」，以內史為尊，秩中大夫；大史次之，秩下大夫；外史又次之，秩上士；小史、御史最下，皆秩中士。而內史即記言之左史，大史即記事之右史。司馬遷任漢太史令，其《報任安書》自稱「嘗廁下大夫之列」，蓋武帝朝太史令正當《周禮》大史之品秩也。但其實西周大史——即太史，班列「三右」、「三左」，居「三左」之首，位極崇。

官巫是先秦巫官文化的主體，官巫除擔任史職外，主要負責驗測國運、預卜戰爭、司掌祭祀、指導政治等。殷中宗之相，大名鼎鼎的巫咸，即為官巫，《世本・作》說他是始「作筮」者。巫賢，或云係巫咸的兒子，則被殷祖乙倚為柱石，《尚書・君奭》云「在祖乙時則有若巫賢」，即指其事。

關於官巫的情況，可進一步參考《周禮》的《春官》、《夏官》、《秋官》等篇，這 3 篇所記多為各種官職掌四時之禮（《冬官》已佚，估計也是這樣）。這些官職的司掌範圍大多與巫、卜、祭等有關，如春官大宗伯的職務，就是掌王邦祭祀天神、人鬼、地祇等的禮制；小宗伯則掌建國之神位、社稷、宗廟、於四時郊祭五帝。此外，還有掌群巫之政令的司巫，這種司巫，並掌巫降之禮。

巫師治史、參政，實為中國知識分子的原型。

遠古和上古凡巫師皆專醫術，《山海經・大荒西經》關於「大荒之中，有山名豊沮玉門，日月所入。有靈山，巫咸、巫即、巫朌、巫彭、巫姑、巫真、巫禮、巫抵、巫謝、巫羅十巫，從此升降，百藥爰在」的記載，所謂「百藥爰在」，很能說明當時人們對巫師的傳統看法。巫術所含合理的醫療術，乃是從經驗提煉得來，在一定條件下，會向醫療俗信轉化，直接或間接地服務於生活和生產。⑳

據《史記・封禪書》記載：「周人之言方怪者自萇弘。」萇弘當靈王（公元前 571～公元前 545 在位）時，聲言可以通過射擊不來朝的諸侯的替身，招致諸侯乖乖地前來。怎奈此術並不靈驗，還招來殺身之禍。萇弘所施之術，實際上就是巫術。

秦、漢後，由於時代的進步，官方巫術開始敗落。西漢武帝晚年的江充巫蠱案，巫師以巫術取媚於君王，結果弄巧成拙，導致一場死傷近萬人的大慘劇。從此官方巫術漸漸失去原有的光澤。對民間巫術，歷代政府也屢有禁令。早在戰國時，鄴令西門豹就對「河伯娶婦」（《史記・滑稽列傳》）有了清醒的認識，即以其人之道，還治其人之身。《禮記・王制》說：「執左道以亂政，殺」；「假於鬼神、時日、卜筮以疑眾，殺」。但儘管如此，與政教有密切關聯的巫術因素很強的雩祭（求雨活動）之類，後世仍一直盛行不衰，唯贊其事者大多為道士。

照現代人類學家的分類，巫術可分為「黑」、「白」兩大類。黑巫術或

⑳ 參見烏丙安《中國民俗學》第 240 頁，遼寧大學出版社，1988 年。

稱「凶巫術」，主要用於治弄敵對者，這種巫術固然不可能有實際的效應，但在黑巫術盛行的地方，由於人們心理上的作用，往往導致疾病的多發和懾於恐懼的死亡。雲南地區盛行以蠱蟲製成毒藥乘夜施放，「養蠱者別為密室，命婦人喂之，一見男子便敗，蓋純陰所聚也」(袁枚:《子不語》卷 14)，就是屬於這類黑巫術。

關於黑巫術，在《紅樓夢》裏也可以找到例證。該書第二十五回《魘魔法叔嫂逢五鬼》，寫到馬道婆受趙姨娘之託，施用魘魔法治弄賈寶玉、王熙鳳叔嫂兩人，她「向褲腰裏掏了半晌，掏出十個紙鉸的青面白髮的鬼來，並兩個紙人，遞與趙姨娘，又悄悄的教他道:『把他兩個的年庚八字寫在這兩個紙人身上，一併五個鬼都掖在他們各人的床上就完了。我只在家裏作法，自有效驗……』」這馬道婆作法的結果，使賈寶玉、王熙鳳兩人都發起可怕的狂病來，不多幾日，「躺在床上，亦發連氣都將沒了」。㉑當然，文學作品的誇張描寫，與實際情況是兩回事，但黑巫術之「黑」，於此可以概見。

在大多數情況下，巫術皆為白巫術，或稱「吉巫術」。這類巫術通常用於祭祀、驅鬼、避邪、招魂、婚姻、求子、醫療、生產、建房等，以利巫術信仰者實現自身良善的願望。毫無疑問，這類巫術乃是中國傳統社會巫術的主流。事實上，在人類生活中首先得到發展的，也正是這類巫術。這類巫術即使對於所要控制的對象，也是溫和的，信守著「對象不犯我，我不犯對象」的原則。

這類白巫術的一個重要方面，便是群眾巫術。如上節所述民間祭灶之法，應當說就是屬於這類巫術。祭灶之法所反映的，顯然不僅僅是對灶君的蔑視，而更是人類自身的信力。

巫術通常是企圖通過交感作用，或採取模仿術以達到其目的，或採取接觸術以完成其使命。巫術確信，客觀世界普遍存在著種種不可見的聯繫，只要採取相應的方法和手段，人們就可以利用這種聯繫來貫徹實現自己的意願。模仿術認為彼此相似的事物可以畫上等號，所以製其人之偶像之屬即可施術；接觸術認為彼此有過接觸的東西可以互相影響，所以取其人之衣帽等亦可施術。前者能單獨進行，後者必須同時運用前者才能進行。前者追求事物的相似點，往往可由實體存在物間的相似進而擴大到取其內涵和引申意義的相似，又進一步由實體存在物的相似發展為想像的虛體物的

㉑ 此處有關引文從馮其庸《瓜飯樓重校詳批〈紅樓夢〉》，華寶齋書社，2005 年。

相似，甚至更由實體存在物和虛體想像物的類比跨出，運用事物名稱的諧音尋求其間的相通；後者憑恃的，則僅限於有過接觸的實體存在的東西。故前者的應用，遠較後者為廣泛。

模仿術和接觸術都是交感巫術。此外還有許多巫術，不在交感原理的解釋範圍之內。

巫術有儀式、咒語、符籙、法術等必不可少的要素，還經常使用替代物、避邪物、厭勝物、鎮壓物、神衣、神鼓、神刀、神箭等巫術用具，又有正巫、副巫、巫的禁忌、巫的活動場景、巫的師承和特殊生活等諸多講究。

巫師作起法來，足以使文明人發笑而愚昧者著迷。

在巫術的進行中，語言被視為具有特殊的魔力。至於咒語，更使人們在似懂非懂之間感到神秘莫測，不可抗拒，所以咒語是一切巫術活動的核心；符是咒的文字化，凡巫術，都要用到它們。茲錄《金瓶梅詞話》第五十三回所載《淨壇咒》一則，以結束本小節：「洞中玄虛，晃朗太元，八方威神，使我自然靈寶符命，普告九天乾羅，答那洞罡太玄：斬妖縛邪，殺鬼萬千。中山神咒，元始玉文，持誦一遍，卻病延年。按行五嶽八海知聞，魔王束手，侍衛我軒。凶穢消散，道氣常存。」這是明顯地道教化了的巫咒，無論道士或巫師，皆得習而用之。

二　占卜

占卜在《漢書・藝文志》裏，被歸入「數術」。很早以前，也為巫師所掌。它由前兆迷信發展而來。與前兆迷信比較，前兆迷信的兆象是偶然發生的，而占卜所據兆象則是按預定方式引發的。此術始見於龍山文化，夏代已經盛行，到商代，進而成為奴隸主貴族進行統治的重要手段。

中國傳統社會影響較大的占卜術，有如下述：

龜占是鑽鑿龜甲（有時候亦用牛骨），用火燒灼，然後觀其裂痕，以斷吉凶。「占卜」一詞，即由此而來，「占」是觀察兆象，「卜」是用火燒灼甲骨取兆。倘以蓍草 (Achillea alpina) 的任意組合得兆則不稱「卜」而稱「筮」。《禮記・曲禮上》云：「龜為卜，策為筮。」「策」即占卦用的蓍草。古人視蓍與龜一樣，都是通靈之物。所謂「筮短龜長」（《雲溪友議》卷下），每有大事，先筮而後卜，在筮不能決疑的情況下，再用龜卜。顯然，筮占更能體現人的主觀意向，因為「龜卜多寡成於無心」，而筮占「七八九六之變，以求肖乎理，人謀也」（王夫之：《周易外傳・繫辭上傳》）。

易占是通過象徵天、地、風、雷、水、火、山、澤8種自然現象的八卦形式推測自然和人事的變化。八卦由蓍草形象的符號組成，重疊為六十四卦，後來又出現384爻進行占卜的方法，並形成《周易》一書，易占因《易》而得名。㉒

夢占是對夢中兆象作出解釋。古人很重視夢占，西周宮廷中設有圓夢之官專司其事。通常以偶然之夢為占。解釋夢兆用類比推理的方法，只要類比得體，推理合乎常情，美夢可以釋為凶兆，惡夢也可釋成吉兆。

星占是根據星變、星的運行和星的分野推斷吉凶，古人之星辰崇拜即與星占有關。《春秋緯・運斗樞》云：「彗星出文昌上將星，大將軍反；出次將，左右將軍反；出貴相，大司徒反；出司祿，得勢大臣反；出司命，天下有權勢者俱反，亂尤甚。」《開元占經》中，《彗星占》有3卷，都是「災」、「殃」之兆。總之，在星占中，彗星出現，沒有好事。至於沖犯太歲，那就更加不是兒戲了。

雲占以雲彩之變異推知吉凶福禍。又有「望氣」之術，所據之兆為雲氣變幻。《史記・項羽本紀》云：「吾令人望其氣，皆為龍虎，成五采，此天子氣也。」應當也屬雲占一類。據《史記・天官書》記載，「雷電、蝦虹、辟歷」等自然現象，同樣都是望氣所依憑的重要徵候。

鳥占多以遇見某種鳥的數目、飛向、去留和叫聲等預測吉凶。《隋書》卷34著錄《鳥情占》、《鳥情書》等。後世由訓練好的鳥銜出畫有文字和圖形的紙牌，以占吉凶福禍，也可稱之為鳥占。

六壬是按干支五行和時辰數的不同疊合，成為「課」，據課義推算吉凶，屬式占。《吳越春秋》卷7記伍子胥所卜雞鳴課云：「今年三月甲戌時加雞鳴。甲戌，歲位之會將也，青龍在酉，德在土，刑在金，是日賊其德也，知父將有不順之子，君有逆節之臣。」類似此法的尚有雷公、太乙、遁甲等式。六壬的特徵在於以「壬」為循環之首，共有720課。

㉒ 《周禮・春官・太卜》記「三易之灋」云：「一曰《連山》，二曰《歸藏》，三曰《周易》。」三易中《連山》、《歸藏》早已失傳，20世紀90年代，在湖北王家臺秦代墓地的發掘中，《歸藏》重現於世，其中卦名與《周易》有同有異，也由六十四卦組成，包含卦辭和爻辭。

擇日是運用陰陽五行理論推考時曆，確定禁忌與否。此法本星命之說，以為每天都有星神值日，逢吉辰值日，則為黃道吉日，逢凶辰值日，則為黑道凶日。或將記年、月、日、時的干支配上二十四節氣，按五行相生相剋之法加以排比，推斷出此日此時的宜忌事項。俗語所謂「翻老皇曆」，指的就是此法。

擲珓是擲杯珓觀其俯仰以決吉凶。珓，亦作「筊」，以蚌殼或似蚌殼的竹木為之，卜時先將杯珓合攏，捧至胸口，默訴所卜事項，然後拋至面前地下，兩片皆伏為「陰」，皆仰為「陽」，一伏一仰為「勝」（或作「聖」），陽凶陰吉，勝為大吉，通常需連擲 3 次方有效，多在神龕、供桌或灶前進行。

求籤是求得籤語預測吉凶福禍。求時搖動籤筒，然後從籤筒中抽出一籤，於是依籤上所書之號而得籤詩，籤詩分上上至下下 9 等，上吉下凶中平平，「上上大吉」，則意味著諸事順遂，百災消弭。

圖 94　求籤問卜　見《醒世緣》卷 2 插圖

扶乩是將木製丁字架放於沙盤之上，兩端由施術者扶著，據說能依法請神，使木架之下垂部分在沙盤上畫成文字，即為神的啟示，或與人唱酬，或示人吉凶。亦稱「扶鸞」。古人習慣於元宵夜迎紫姑扶乩，架子以畚箕、筲箕代替的，稱為「扶箕」。相似的問卜活動，還有迎竹姑和迎帚姑等。

測字或稱「拆字」、「破字」、「相字」，是取漢字加減筆畫，拆開偏旁，打亂字體結構，加以解釋來推斷吉凶福禍。漢代即有拆字之俗。南宋洪邁《續夷堅志》卷 4 載謝石拆字多例。明清時代，此風尤盛，《儒林外史》就寫到了一對靠測字混日子的寶貝。

算命是根據人出生的年、月、日、時，各配以天干地支，每項兩字，一共 8 個字——即所謂「八字」，然後找出其所屬五行，按生剋關係推算福禍壽夭。相傳此術始於戰國時期的鬼谷子，經唐代李虛中改制，至五代徐子平，「鬼谷神算」才流傳了開來。

與占卜同稱數術的，還有形法，包括相術和堪輿，分別相人和相地。

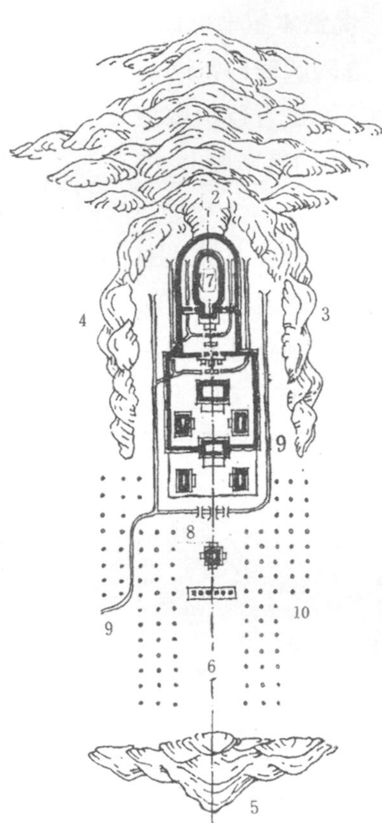

圖 95 清代帝陵風水形勢模式圖 1.大帳 2.來龍 3.左砂 4.右砂 5.案山 6.山向 7.區穴 8.明堂 9.水法 10.儀樹 據王其享《清代陵寢地宮金井考》《文物》1986 年第七期

相術是以人的面貌、五官、骨骼、氣色、體態、手紋等推測吉凶福禍、貴賤壽夭。傳統社會習慣用語所謂「星相」，「相」就是指相術。傳說中的黃帝龍顏、帝嚳騈齒、堯眉八彩、舜目重瞳，這些異相，都是古人歸納出來的值得重視之相。相術在先秦就已經非常盛行，荀子曾專門作《非相》一篇以刺之。

堪輿是根據宅基或墳地四周的風向水流等形勢，來推斷住家、葬家的吉凶福禍，俗稱「看風水」。此術按五行劃分人的姓，在選擇宅基和葬地時，講究方位和時日的五行屬性，以與人的姓相配合。如能擇定善地，則身家子孫，皆可享富貴。相傳漢代青烏先生精此術，著有《相冢書》，故此術又稱「青烏術」。晉郭璞另著《青囊經》，頗有影響，他也因之而被後世尊為此術的祖師。

除了占卜、形法，還有讖緯，也是同類性質的習俗。中國往古的讖緯迷信，曾把官方儒學帶上神學的道路。讖緯是巫師、方士和方士化的儒生的製作，所以應當說是巫術和方術的結合，與占卜一樣，都是中國傳統社會巫術文化的發展。讖緯盛行於兩漢時代。㉓讖是一種預言隱語，作為吉凶福禍的徵兆和符驗；㉔緯是用神學觀點附會儒家經典的各種著作㉕。漢代流行於世的讖緯總計 85 篇。㉖王莽曾利用讖緯之說，為其改制尋找合法依據。劉秀建立東漢政權，亦藉讖緯為其張目，中元元年 (56)「宣布圖讖於天下」

㉓ 關於讖緯的造作時間，顧頡剛認為：「《七略》不錄讖緯，沒有別的原因，只因那時尚沒有這種東西，這種東西是（劉）向、歆父子校書之後纔出現的，這種東西是王莽時的種種圖書符命激起來的。零碎的讖固然早已有了，但其具有緯的形式，以書籍的體制發表它的，決不能早於王莽柄政的時代。」見《秦漢的方士與儒生》第 128 頁，羣聯出版社，1955 年。然而《史記・太史公自序》引「子曰：我欲載之空言，不如見之於行事之深切著明也。」出於《春秋緯》；又引「易云：失之毫釐，差以千里。」則不見於今本《周易》卻見於《易緯》，說明緯書出現的時代問題，還比較複雜。

㉔ 如《論語讖》、《河圖》、《洛書》等。

(《後漢書・光武帝紀》),使之與五經處於同等地位。緯書占據了思想界的主流㉗。東漢末年,讖緯開始衰落,但直到隋煬帝正式禁毀以前,仍流傳在社會上,後世還有《推背圖》、《燒餅歌》之類的圖讖、符命保留下來。

占卜之術,唐李匡乂㉘《資暇集》卷中記載一則很有意思的故事云:「非卜筮者,必話桒道茂之行。有嫗一無所知,大開卜肆。自桒而卜回者,必曰:『嫗於桒門賣卜,其神乎?』俾來覆之。桒言『休』則嫗言『咎』,桒言『咎』則嫗言『休』。顧後中否,桒、嫗各半。」桑道茂是此道中權威人士,兩《唐書》皆有傳,這位「一無所知」的老太太,卻偏與桑唱反調,她依恃事物發展偶然性的幾率,竟也混得個遊刃有餘,真是聰明過人!

占卜(包括形法)迷信超自然的力量和相信事皆前定,這當然是很不足取的。但習俗現象有其複雜性,事實上,中國傳統社會幾乎所有意識形態產品,都與占卜有深刻的聯繫——例如文字、書法同龜占的聯繫,哲學、數學同易占的聯繫,天文學同星占的聯繫,氣象學同雲占的聯繫,心理學同夢占的聯繫,醫學、美術、文學形象描寫同相術的聯繫,地理學同堪輿的聯繫等等。至於讖緯,在緯書裏,也或多或少地包含著一些科學史資料,這些都仍然是應當予以肯定的。

三　禁忌

禁忌是禁止同「神聖」或「不潔」的事物接近,以避免招致懲罰,亦即對於某種神秘力量產生恐懼進而採取的消極防範措施。它與巫術是相反相成的對立面,巫術告訴人們,在這種情況下應當如此做,禁忌則告訴人們,在這種情況下不應當如此做。

用系統論的方法來進行分析,禁忌有其預知系統,那就是兆和占。《易・繫辭上》孔穎達疏云:「凶雖民之所患,吉亦民之所患也。既得其吉,又患

㉕ 東漢時期有「七緯」:《易緯》、《書緯》、《詩緯》、《禮緯》、《樂緯》、《孝經緯》、《春秋緯》。

㉖ 黃樸民:《兩漢讖緯簡論》,《清華大學學報》2008 年第三期。

㉗ 參見安居香山《緯書與中國神秘思想》第 8～9 頁,河北人民出版社,1991 年。

㉘ 《新唐書・藝文志・小說家類》著錄「李匡文《資暇》三卷」,宋陳振孫《直齋書錄解題・雜家類》也說「《資暇集》二卷,唐李匡文濟翁撰」;《四庫全書總目提要》「子部六・雜家類二」則據宋晁公武《郡齋讀書志・小說類》,正「李匡文」為「李匡乂」,宋王讜《唐語林》卷 8 亦作「李匡乂」,茲暫從之。

其失。」所以無論凶與吉，都會導致禁忌。

禁忌的形成是有經驗過程的，但等禁忌確立了先驗的權威之後，禁忌大都為迷信，蒙昧的成分多而理性的成分少。

隨著人類社會的不斷進步，禁忌觀念也在不斷變化和發展。這些變化發展總的說來是與人們認識能力的提高、人類改造世界能力的增強密切相關的。

「禁忌」一詞，最早見於《漢書・藝文志》的一句話：「及拘者為之，則牽於禁忌，泥於小數，舍人事而任鬼神。」此處「禁忌」的用法，含義與現代漢語用詞完全相同。據《說文・示部》：禁，「從示林聲。」《爾雅・釋詁上》云「林……君也」，故知林、示之禁，意即「禁止」；《說文・心部》：忌，「從心己聲。」《左傳・昭公十四年》杜注「忌」云「畏也」，故知己、心之忌，意即「抑制」。「禁」和「忌」組成「禁忌」，就代表了一種約定俗成的禁約，其中既有君上等外界力量的干預，又有個體基於自我意識的避戒行為。

但禁忌畢竟屬於民俗範疇，如果禁忌中「禁」的成分加強到法律制度化或道德規範化的時候，禁忌就不成其為禁忌了。易言之，在禁忌中占核心地位的，是「忌」而不是「禁」。

俗信認為，觸犯禁忌者，都必然要受到懲罰，而禁忌的懲罰作用永遠是機械的，不加區分的，就像雨點一樣，在雨天下，既落在兇暴者身上，也落在良善者身上。

由於禁忌有較強的心理麻痹作用，在生產落後、生活貧困、不能充分掌握自身命運的人們那裏，往往把嚴格遵守禁忌想像為改善環境、遇難呈祥的特殊手段。禁忌的這種功能，有時候歪打正著，不但可以作為人們精神上的支撐點，而且還能取得某些實效。而正是因為嚴格遵守禁忌，可以使人們心安理得，這樣，禁忌實際上就起到了一種社會控制和社會整合的作用。顯然，在人類原始社會，禁忌是社會加於人類個體的唯一約束力；在人類社會以後的進程中，禁忌是道德、宗教、政治、法律等所有帶有規範性質的禁制的總源頭。

中國傳統社會民間禁忌很多，表現在人事領域，諸如人體、性別、婚姻、房事、生養、服飾、飲食、居住、行旅、便溺、語言、社會、行業、游藝、喪葬、祭祀、宗教等等方面，都有多得不可勝計的禁忌。此外，還有動物禁忌、植物禁忌、人工物禁忌、自然物禁忌、鬼神禁忌、夢魂禁忌等非人事領域的禁忌。總之，禁忌滲透在社會生活的角裏角落。例如居住禁忌，單門牆一項，便有各種各樣眾多的禁忌講究：先造牆圍並外門，主難成；大門門扇及兩畔牆壁須大小一致，左大主換妻，右大主孤寡；大門十柱、小門六柱不著地，主凶；門扇高於牆壁，主多哭泣；門口水坑，家破伶仃；大樹當門，主招天瘟；牆頭衝門，長被人論；交路夾門，人口不存；眾路相衝，家無老翁；門被水射，家散人啞；神社對門，當病時瘟；門下水出，財物不聚；門著水井，家招邪鬼；糞屋對門，癰癤長存；水路衝門，悖逆子孫；倉口向門，家退遭疫；搗石門居，家出離書；門前直屋，家無餘穀；門前垂楊，非是吉祥；巽方開門及隙穴開窗之類，自立災害；東北開門，多招怪異；重重開門，兩門莫相對……㉙等等等等，層出不窮，往往令人顧此失彼。再如時日禁忌，《史記・日者列傳》附褚先生的話說：「孝武帝時，聚會占家問之某日可取婦乎？五行家曰可，堪輿家曰不可，建除家曰不吉，叢辰家曰大凶，歷家曰小凶，天人家曰小吉，太乙家曰大吉。辯訟不決，以狀聞。制曰避諸死忌，以五行為主。」結果還是由皇帝說了算。又如語言禁忌，古代知識分子，吟詩作文總是避免說喪氣話、倒霉話或有可能引出此類效果的話，他們相當普遍地持一種「詩讖」觀念，認為文字通神，某些詩文可以成為未來遭遇的徵兆，所以必須有所禁忌，導致雖有佳製，只好忍痛割棄。

其他方面的禁忌也是如此。但是，如果觸犯了禁忌，怎麼辦呢？不消說，法子是應有盡有的。如忌見兩頭蛇，劉向《新序》卷 1 記孫叔敖幼小時，「出遊見兩頭蛇，殺而埋之。歸而泣，其母問其故，叔敖對曰：『聞見兩頭蛇者死，向者吾見之，恐去母而死也。』其母曰：『蛇今安在？』曰：『恐他人又見，殺而埋之矣。』其母曰：『吾聞有陰德者，天報以福。汝不死也。』及長，為楚令尹，未治國人信其仁也」。從這個故事裏，可以推知，至少孫母認為，見了兩頭蛇，未死一定死。孫叔敖殺蛇埋之，由特定角度看，等於是發明了一種禳解的辦法。又如忌從胯下過，漢韓信曾受胯下之辱，司馬遷為他作傳的時候，特大書一筆。古代尤忌從女性胯下過，若男子在樓下，則婦女不得上樓，倘使必須上樓，就要示意對方避開，否則以為大不吉。甚者，忌婦女裙褲等下服晾曬於高處，若男子路經其下，如同從其胯

㉙ 張紫晨：《中國民俗與民俗學》第 145 頁，浙江人民出版社，1985 年。

下過，亦視為大不吉。㉚但倘使已從胯下過，則可訴之巫術，以求解祓。

禳解禁忌，常用的巫術，有擾亂鬼神的視綫，使報應不能真正降臨的迷惑法；有與鬼神對抗，令其不敢或無法再行懲治的抵禦法；有運用「五行生剋」的道理或其他規律，採取「一物降一物」，以求消除災禍的剋破法；另有把災禍移於他人或他物，讓他人、他物來當災的移災法。

禁忌的禳解，還可通過祈禱行為，乞求鬼神憐憫而不再降禍於人。

更有防患於未然的禳解辦法，其中舉行「百無禁忌」的儀式，是民間禁忌逆反心理的理想化體現。民間又常貼「姜太公在此，諸神退避」的字幅於門窗和牆壁上，表示無禁無忌，不受任何禁忌的約束。類似這樣的辦法非常多，如懸掛「泰山石敢當」、「太極百卦圖」之類的木牌。毫無疑問，在這種情況下，禁忌並沒有被取消，而只是信仰者一旦觸犯禁忌之後，便可以藉此來消除心理上的恐懼和不安罷了。

㉚ 這一禁忌自佛法東來之後，更有加劇的趨勢，因佛經宣傳被婦女「以足蹈其頂」(《佛所行讚・離欲品》)，是會毀掉一切的。

第五編

學　術

第十七章

孔子和儒家經典

第一節　孔子

中國古代自步入文明社會後，最初的時候，學術為官府所壟斷。所謂殷周巫史文化，巫文化就是巫官文化，史文化就是史官文化，巫官和史官，二而一，一而二，都是國家的官員，他們是當時的學術工作者。春秋戰國時代，隨著社會政治經濟形勢的急遽變化，私學勃興了起來，形成了百家爭鳴的局面，其中孔子所創儒家學派，尤有「顯學」之稱。事實上，孔子是他以前時代學術文化的總結者——即「集大成」（《孟子・萬章下》）者，在中國文化史上，孔子不但啟後，而且承前，瞭解了孔子，也就可瞭解到孔子以前中國學術文化的概況了。所以本編談學術文化，就直截了當從孔子談起。

孔子（公元前551～公元前479），名丘，字仲尼，春秋時期魯國昌平鄉陬邑（今曲阜東南）人。其先為宋人，乃殷商貴族微子之後，曾祖防叔始遷魯，❶父叔梁紇，積功為魯陬邑大夫。孔子年輕時曾幹過倉庫出納和飼養牛羊一類的事，後來設教授徒，這是當時儒者所操的一種生計，所以孔子開創的學派，稱為儒家。孔子曾經一度在魯國做官，由中都宰而司空（似為管理建築工程的長官）而司寇（執掌刑獄和糾察的長官），並「與聞國政三月」（《左傳・定公十二年》）。可是很快感到不對頭，他去參加祀典，連享受祭肉的待遇都被剝奪了。從此他率領弟子，周遊列國，希望遇到一位有誠意的君主起用他來治國，但結果使他很失望。他晚年回到魯國，一方面整理古籍，一方面聚眾講學，弟子有自遠方來者，前後共3000餘人，其中身通六藝知名當世的有顏淵、季路等72人之多。

❶ 參見駱承烈主編《孔子祖籍考》第7～9頁，中州古籍出版社，1996年。

《論語》是記載孔子言行比較近真的一部書，計20篇，相傳為孔門後進弟子曾參的門人所輯。包括《上論語》和《下論語》兩部分，「上論」以《鄉黨》終，「下論」以《先進》始。後世研究孔子，主要根據就是《論語》。❷

在政治思想上，孔子堅決維護大一統，竭力申明「天下有道，則禮樂征伐自天子出；天下無道，則禮樂征伐自諸侯出」（《論語・季氏》，下引此書，只注篇名）。他嚮往西周的文、武、成、康之治。因為孔子認為西周禮制的基本精神是敬天保民，所以孔子主張：為政要「正」，他說「政者，正也。子帥以正，孰敢不正」（《顏淵》）；為政要「寬」，他說「居上不寬，為禮不敬，臨喪不哀，吾何以觀之哉」（《八佾》）；為政要「惠」，他說「君子惠而不費，勞而不怨，欲而不貪，泰而不驕，威而不猛」（《堯曰》）。孔子認為能夠做到這些，就是「正人」。一句話，孔子提倡崇德尚賢的人治。「其為人也，發憤忘食，樂以忘憂，不知老之將至」（《述而》），「是知其不可而為者」（《憲問》）。孔子沉痛地體會到「苛政猛於虎」（《禮記・檀弓下》），他對理想政治的追求，有近乎悲劇意味的執著。但由於孔子尊西周禮制，在禮制原則的指導下，孔子又主張：「不在其位，不謀其政」（《憲問》）；「用之則行，舍之則藏」（《述而》），既汲汲於事功，又淡泊於世情。

除了崇德尚賢，孔子宣揚王權至上、王權神聖不可侵犯，這是中國傳統社會專制主義的理論基礎。孔子認為「唯天子受命于天，士受命于君」（《禮記・表記》），所以忠君尊王是理所當然的事情。「君使臣以禮，臣事君以忠」（《八佾》），孔子提倡的「忠」，是宗法社會等級觀念的反映。但孔子又特設與血緣、官品等因素沒有必然關聯的「君子」、「小人」等級，無疑是為平民的「上達」（《憲問》）提供了理論依據。

與宣揚王權相應，孔子還提出了「富民」、「教民」的施政主張，他為老百姓說了許多話，如「節用而愛人，使民以時」（《學而》），「百姓足，君孰與不足？百姓不足，君孰與足」（《顏淵》）。這就是孔子的民本主義。「民可使由之，不可使知之」（《泰伯》），對於民眾，可以去引導他們，卻不可以讓他們變得有心計。❸老百姓變得有心計，事情就不好辦了。孔子的民

❷ 稍次於《論語》的文獻資料，有《孔子家語》10卷44篇，曹魏王肅注，其所記載的內容，頗多以原始性、完整性、獨一性的優長，見重今之學人者。但該書自宋代以來，卻一直被目為偽作，受到鄙視。

❸ 參見彭忠德《也說「民可使由之」章》，《光明日報》2000年5月16日；尹振環《別

本主義有民主的契機，實際意義是為民作主。

孔子反對「言莫予違」(《子路》)，說明他對獨裁的態度。他又反對大臣專權，說「天下有道，則政不在大夫」(《季氏》)。在對外關係上，孔子主張明「夷狄」、「諸夏」之別，但無論對於夷狄還是諸夏，孔子均主張採取和平的外交手段，「柔遠人」、「懷諸侯」(《禮記・中庸》)，他認為這是上策。

孔子肯定「和而不同」(《子路》) 的政治作風，認為君子和諧而能堅持原則，小人則不能和諧而慣於同流合污。在這方面，比他略早的齊國政治家晏嬰（夷維〈今山東高密〉人，生年未詳，卒於公元前 500 年）也有同樣的見解，晏嬰勸齊景公不可偏聽偏信，亦即孔子此意。

孔子更要求達時務，講究效益。如《左傳・宣公九年》記載，陳靈公（公元前 613～公元前 599 在位）與大夫孔寧、儀行父淫於夏姬，洩冶正言進諫，不但不被接受，反為二大夫所殺。孔子就評論說:「《詩》云:『民之多辟，無自立辟。』其誠冶之謂乎!」認為洩冶這種無謂的犧牲，是不足同情的。

「子在川上曰:『逝者如斯夫，不舍晝夜。』」(《子罕》) 孔子對已經逝去的往古社會頗為留戀。但他又明確表示:「周監於二代，郁郁乎文哉，吾從周。」(《八佾》) 他知道周比夏、商兩代進步，歷史是向前發展的。

孔子宣揚德治，對軍事重視不夠;「述而不作」(《述而》)，對創新重視不夠；推崇禮樂，對生產勞動重視不夠，這些都是孔子政治思想的特點。

孔子政治思想中的禮治精神、德治精神和人治精神，後來與法家的法治精神相互滲透，「德主刑輔」，成為指導中國地主制封建國家制訂法律和進行其他法制建設的理論根據。

在倫理思想上，孔子提倡「忠恕」(《里仁》)。朱熹《論語集注》解釋道:「盡己之謂忠，推己及人之謂恕。」朱熹的解釋是對的。易言之，忠恕之道就是「仁」,「忠」就是在己方面的存心,「恕」就是對人方面的行為,「忠恕」是己和人、存心和行為的統一，構成並體現了仁的內涵、性質、結構和功能。很早以來，仁是與其他道德修養項目並列的，孔子賦予其統攝性。

由此可知，仁從本質上來說，是孔子倫理思想的總綱，包括除「聖」之外的一切德目，並且超凡入聖，也必須通過仁這條路。仁是建築在親子

誤解民「不可使智之」》,《光明日報》2000 年 7 月 18 日。

血緣的基礎之上的，它藉著道德情感的因素，表現在宗族關係上，首先能使家庭成員之間和睦友愛，這種和睦友愛再擴展開去，便是全體社會成員之間的矛盾的消除，即全社會的和諧。在孔子看來，個人道德的完善是社會完善的基礎和起點。所以他倡導父慈子敬的「孝」，強調全部仁德皆因孝而來。但顯然，這種由親子血緣情感推廣而來的倫理道德，雖然原則上互以對方為重，卻決不會導向平等和自由。儘管孔子又說:「匹夫不可奪志也。」（《子罕》）高揚了獨立的人格精神，但又被「安貧樂道」的教訓所支配。並且，互以對方為重，講道德修養，著重點在義務，強調過了頭，流弊也是很大的。

仁的功能既在於和諧——即「和」，孔子認為，這種和是通過「中庸」發揮出來的。他說「中庸之為德也，其至矣乎？民鮮久矣」（《雍也》）。中庸作為方法論是謀求矛盾對立面的辨證統一，其作用是防止專化和走極端，帶有模糊性和靈活性等特點。孔子把中庸看作是最高的美德，就因為仁只有與中庸相結合，才能盡善盡美，達到「和」這種人生的極境。

總之，孔子指導人們應當公平、公正，放棄歧視，放棄暴力，走向理性和關愛。

孔子把體現了個性的道德完整性的人稱作「仁人」或「君子」。他指出要成為仁人或君子，關鍵在於掌握仁的表現形式「禮」。禮的本質就是講「分」講「別」講「貴賤」，「尊尊」而「親親」，孔子認為只有禮才是區別人和動物的標誌。他強調說:「非禮勿視，非禮勿聽，非禮勿言，非禮勿動。」（《顏淵》）「四勿」是儒家修養「慎獨」這種精神狀態的基本前提。《禮記・大學》說:「誠於中，形於外，故君子必慎其獨也。」因為人們內心的真誠，一定會表露在外面，所以只有做到「四勿」，保持內心的專注和專一，才有可能在一人獨處或無人監督時，「不踰矩」（《為政》）。但孔子關於「四勿」的教訓，不但造成了謹小慎微的謙謙君子；並且限制了人們的視野，又使人們的認識結論在認識未進行前就被確定，妨礙了作為主體的人的全面的求知活動。

在哲學思想上，仁的本義雖然在孔子這裏，是「愛人」和「修己」，屬於倫理學範疇。但孔子的倫理思想，是與他的政治思想和哲學思想融為一體的，當孔子強調「仁者人也」（《中庸》）的時候，仁就成了哲學範疇。「仁者人也」的仁源於倫理而又超越倫理。倫理學意義的仁指示人如何做人，哲學意義的仁則把人看作它要研究的對象。後儒把孔子的仁學，概括為「格物」、「致知」、「誠意」、「正心」、「修身」、「齊家」、「治國」、「平天下」八條目（《大學》），其中格、致兩目，就是孔子的哲學。

中國古代哲學重視社會人事問題，不像西方古代哲學那樣注重世界本源問題，這個傳統是很早就開始了的，孔子加以發揚，他研究人的本性、人生的價值、人的解放和人類社會的理想境界，使這些成為重要的哲學命題。孔子重人道輕天道，對人生抱積極的態度，他主張人的命運由人自身決定，不依賴上帝鬼神。孔子所談「仁者人也」的人，是具有生物本性、社會本性和道德本性的現實世界的人，不同於神，也不同於禽獸。孔子這個以人為對象的關於仁的思想，他對人的理解，就是孔子的哲學、孔子的世界觀。

孔子的仁的哲學思想實際上就是一種人本哲學。與西方人本哲學的追求人的感性享受不同，孔子強調的是人的道德修養，物質生活要在完善精神生活的前提下才加以考慮。孔子的全部思想，作為仁的方法論的中庸和作為仁的表現學說的禮，乃至包括文獻整理在內的整個博雜龐大的體系，其間都體現了孔子的這種人本哲學。

孔子也談天，他以天為至善，天德是人德效法的榜樣。《論語》中「天」字凡 16 見，只有「天何言哉，四時行焉，百物生焉，天何言哉?（《陽貨》）一處的「天」，屬自然之天。但孔子對天採取直覺的觀照，不抱認知態度。他認為人生活在天地宇宙中，就可以實現價值，不必再追求外在的什麼天國和彼岸了。

對於那些生活現象以外的事物，孔子採取存而不論的態度，他說「未能事人，焉能事鬼!」「未知生，焉知死!」（《先進》）面對一分為二的歷史辯證法，孔子承認對立，但不主張鬥爭。他強調對立的事物在相輔相成中漸進，而不強調轉化，轉化就不成其為「和」了。

孔子晚年專攻易學，他的貢獻是在內容上將過去的乾坤二元論提升為易一元論，從而也將易學從過去的占筮之學轉化成了哲學。

關於邏輯學，孔子說:「名不正則言不順，言不順則事不成，事不成則禮樂不興，禮樂不興則刑罰不中，刑罰不中則民無所錯手足。」（《子路》）雖然孔子是要用已經過時了的「名」去規定發展中的事物，這是錯誤的。但他揭示了「名」、「實」必須一致的「正名」原則，說明了他的見解的深刻。❹並且孔子又十分強調「思」的作用，提出了「舉一反三」（《述而》）、「能近取譬」（《雍也》）等推理方法，就如上引這段孔子的話，邏輯性就很強，他對中國古代邏輯學的形成，也有不小的貢獻。儘管相對來說，邏輯學恰恰是他的全部學說的薄弱點，❺他不足的是本體論和形上思辨的東西。

在教育思想上，孔子首創私學，本著仁的精神，他主張「有教無類」（《衛靈公》），擴大教育對象的範圍。孔子重視發揮教育的社會作用和對人才培養的作用，要求通過教育培養仁人和君子——即體現了個性的道德完整性的人。他提出與世襲制相對應的「學而優則仕」（《子張》）的原則，並且十分注意教材建設。「學而優則仕」，在孔子本意，「仕」應當成為社會對「學而優」者的回報，孔子十分清楚，知識分子自身的價值在於「學」，同時更在於「道」，所以他再三昭示道德教育的重要性，強調立志有恆、克己自省等品德修養，「子以四教：文、行、忠、信」（《述而》），學文只是手段，行、忠、信才是目的。

孔子倡導尊師愛生的社會風氣，認為教師為人師表，應當以身作則，言傳身教；學而不厭，誨人不倦；愛護學生，無隱無私，取得學生真正的信任和敬仰。

孔子的教育論，以培養學生的理論思維能力為首要問題。其中「怎樣學」的理論包括「時習」（《學而》）、「毋意毋必毋固毋我」（《子罕》）的學習態度和「學」「思」結合、「不恥下問」的學習方法（《為政》）；「怎樣教」的理論包括啟發式教育和因材施教的思想，「不憤不啟，不悱不發」（《述而》）和「道而勿牽，強而勿抑，開而弗達」（《禮記・學記》），這兩句話，可稱是言簡意賅的經驗之談。

「三人行，必有我師焉，擇其善者而從之，擇其不善者而改之。」（《述而》）他明確指出，學無常師，只要有心，善與不善都可以成為師資。

孔子一生幹過許多職業，但為時都很短暫，他基本上是個教師。在歷史上，孔子曾長期被尊奉為「至聖先師」和「萬世師表」，他的教師的形象家喻戶曉。他是中國傳統社會教育思想的偉大奠基者。❻

---

❹ 韓非的「因任而授官，循名而責實」（《韓非子・定法》），就是對孔子這一思想的發揮。

❺ 本節以上談孔子的政治思想、倫理思想和哲學思想，基本框架依匡亞明《孔子評傳》第四章、第五章第二節、第九章，齊魯書社，1985年。

圖 96 《先師孔子行教像》

在經濟思想上，孔子從仁學原則出發，主張通過每個人自覺地履行道德義務和道德責任來實現社會整體經濟關係的和諧，反對與人抗爭、競爭和對他人財利的侵奪。所以孔子「罕言利」（《子罕》），他說「君子謀道不謀食」（《衛靈公》）；「君子喻於義，小人喻於利」（《里仁》）。但不能說孔子輕視經濟財利，相反地，孔子對經濟財利是非常重視的。

《論語・子路》記載：「子適衛，冉有僕。子曰：『庶矣哉！』冉有曰：『既庶矣，又何加焉?』曰：『富之。』曰：『既富矣，又何加焉?』曰：『教之。』」又《論語・堯曰》記載：「所重：民食、喪、祭。」《論語・顏淵》記載：「子貢問政。子曰：『足食，足兵，民信之矣。』子貢曰：『必不得已而去，於斯三者何先?』曰：『去兵。』子貢曰：『必不得已而去，於斯二者何先?』曰：『去食。自古皆有死，民無信不立。』」孔子指出經濟財利建設的重要性在政教和國防之上，雖然他認為精神生活應高於物質生活，「民無信不立」，但他看到了精神生活是以物質生活為基礎的，「富之」然後才能「教之」。

孔子強調國家必須有富民利民的經濟政策，要利民之所利，薄賦輕役以富民，要節用愛民並允許商業的適度投機。他提倡均平財富，說「不患寡而患不均，不患貧而患不安；蓋均無貧，和無寡，安無傾」（《季氏》）。孔子要求個人應有以義致利的經濟觀，經濟財利必須取之有道，求取富貴應知有客觀和主觀條件的限制，「邦有道，貧且賤焉，恥也；邦無道，富且貴焉，恥也」（《泰伯》），做人應當樹立把富貴貧賤的取捨看國運如何來決定的人生觀。並且一旦富有了，要為富而仁，周急濟貧，不驕不奢。❼

在美學 (Aesthetics) 思想上，孔子關於美的設計更與他的仁學有直接的聯繫，他提出了「成於樂」（《泰伯》）和「遊於藝」（《述而》）的藝術觀。所謂「成於樂」，就是要通過對樂的學習來造就完整的人格，讓外在的規範

❻ 參見郭齊家《中國教育思想史》第一章第二節，教育科學出版社，1987 年。

❼ 本節談孔子的經濟思想，基本觀點採自蘇新鋈《經濟思想在孔子思想中的地位》，《孔子研究》創刊號。

最終轉化為內在的心靈愉快和滿足；所謂「遊於藝」——《論語・先進》記載「吾與點也」這段著名的對話，曾晳說：「暮春者，春服既成，冠者五六人，童子六七人，浴乎沂，風乎舞雩，詠而歸。」孔子喟然表示傾心於曾點的志趣，實在是非常形象地表現了孔子「遊於藝」的思想。事實上，孔子心目中最高的審美境界，正是最高的道德境界——亦即仁的境界。但孔子又明確地把審美和道德作了區別：「子謂《韶》盡美矣，又盡善也；謂《武》盡美矣，未盡善也。」（《八佾》）盡美的東西未必盡善，只有盡善與盡美的結合，才是美的極致，「文質彬彬，然後君子」（《雍也》）。兩極和諧，方臻佳境，對於「美」來說，要緊的是「文」和「質」——即形式和內容的完整統一。

孔子認為詩可以「興」、「觀」、「羣」、「怨」（《陽貨》），興和怨側重於個體心理感觸抒發的功能，觀和群側重於協和人群的感染效果。孔子注重情感熏冶，指歸在於「和」，希望以此為途徑，達到個體與社會的融洽無間。而從另一角度看，孔子認識到藝術對現實的反映是同主體情感的表現分不開的，他強調美與情感的關係，當然也是牢牢地把握了審美區別於科學和哲學的主要特徵所在。

孔子還提出「智者樂水，仁者樂山」（《雍也》）的命題，把自然山水的美與人的精神道德相聯繫，無疑具有實踐性的意義。

但孔子論詩，說詩的終極目的在於「事父」和「事君」（《陽貨》），使審美的藝術服從於政治；又主張中庸的「樂而不淫，哀而不傷」（《八佾》），要求情感的自我克制。雖然具有極大的合理性，卻排斥激烈的怨恨、愛憎情緒的發泄，加之更不重視對外部世界多種多樣事物的再現，使藝術對社會生活的反映受到了嚴重的局限。這些都是孔子美學的弱點。❽

孔子的思想，他的仁學體系，歸根到底，其核心，是「和」❾——即和諧的精神。這是中國古代宗法農業社會的產物。在宗法社會裏，人與人之間，到處都籠罩著一層溫情脈脈的血緣面紗；在農業社會裏，老百姓靠

❽ 本節談孔子的美學思想，基本觀點採自李澤厚、劉綱紀主編的《中國美學史》第一卷第一編第三章，中國社會科學出版社，1984年。

❾ 在早期甲骨文中，「和」作「龢」；在經傳古籍中，二個字可以通用。《說文・龠部》釋「龢」「從龠禾聲」。龠，樂器也。說明「和」字源於先民抒發心聲溝通天人的樂器和音樂。

天過日子，都希望安居樂業。這樣的文化土壤，自然有利於培養和諧這種文化精神。中國先民堅信天與人是合一的，所以對於外來事物，往往求同存異；對於自己內部，又肯顧全大局。中華民族和平相處，辛勤勞作，生生不息，創造了燦爛的傳統文化，並始終保持其為泱泱大國，實在是得力於這種精神。和諧的精神，經過孔子的總結和弘揚，更加深入人心，從這個意義來說，孔子是中國文化的象徵，絕非溢美之辭。

孔子生活在禮崩樂壞的春秋時期，伴隨強烈的憂患意識，他緬懷往昔盛世，把遠古氏族社會理想化和意識形態化，所以他的思想的主要特徵是重視倫理道德的修養和社會政治的設計。因為重德，就要致力內在心性的工夫；因為重政治，就止於對理想性和原則性的肯定，凡此兩者，均影響對自然的探索和對科學的專注。孔子也講「學而不思則罔」(《為政》) 的話，但孔子的「思」，是建築在經驗基礎之上的直覺思維，並不適宜於追求純自然的知識體系。愛因斯坦 (Albert Einstein, 1879～1955) 說中國賢哲沒有走上形式邏輯這一步，⑩這個批評也許過火了一點，但道理是有的，邏輯技巧可以培養思辨的能力，中國至少沒有很發達的邏輯學，是事實。不過話雖如此，孔子缺乏思辨精神，他的模糊整體的直覺思維方式，儘管與經典力學的模式很不相侔，可是卻與現代物理學的場論框架相當一致，模糊理論也能解決許多問題，現在已經很有人在熱心提倡了；換句話說，直覺思維在結合近現代科學研究成果的前提下，仍將發揮更大的作用。

第二節　儒家經典

儒家經典，最初只有6部，那就是「六經」⑪。「六經」不同於孔子行

---

⑩ 愛因斯坦說：「西方科學的發展是以兩個偉大的成就為基礎，那就是——希臘哲學家發明的形式邏輯體系（在歐幾里得幾何學中），以及通過系統的實驗發現有可能找出因果關係（在文藝復興時期）。在我看來，中國賢哲沒有走上這兩步，那是用不著驚奇的。令人驚奇的倒是這些發現（在中國）全部做出來了。」見趙中立、許良英編：《紀念愛因斯坦譯文集・西方科學的基礎和古代的發明》，上海科學技術出版社，1979年。

⑪ 「六經」之說，最早只能追溯到《莊子・天運》：「孔子謂老聃曰：丘治《詩》、《書》、《禮》、《樂》、《易》、《春秋》六經，自以為久矣，孰（熟）知其故矣。」這顯然是《莊子》寓言，《天運》又在此書的外篇，有晚出的嫌疑，故近世學人多以為不足信。今

教的「六藝」。六經指《詩》、《書》、《禮》、《樂》、《易》、《春秋》，相傳是孔子根據史料所編的教科書，包括了孔子以前的全部歷史文化遺產，其中《詩》、《書》、《禮》、《樂》，孔子曾使用，《易》和《春秋》，孔子有可能尚未及使用。或謂孔子整理六經的指導思想，一是以「仁」為總原則，二是「不語怪、力、亂、神」（《論語・述而》），三是「述而不作」（同上）。孔子要求用「六經」所體現的人文精神來教育學生，並將其作為君子修身和國家治亂的標準。他說：「入其國，其教可知也。其為人，溫柔敦厚，《詩》教也；疏通知遠，《書》教也；廣博易良，《樂》教也；絜靜精微，《易》教也；恭儉莊敬，《禮》教也；屬辭比事，《春秋》教也。」（《禮記・經解》）所謂「《詩》以道志，《書》以道事，《禮》以道行，《樂》以道和，《易》以道陰陽，《春秋》以道名分」（《莊子・雜篇・天下》），大致情況就是這樣。

「『六經』之教，原本人情。」對這一點，清代劉獻廷（順天大興〈今屬北京〉人，1648～1695）指出：「世之小人，未有不好唱歌看戲者，此性天中之《詩》與《樂》也；未有不看小說聽說書者，此性天中之《書》與《春秋》也；未有不信占卜祀鬼神者，此性天中之《易》與《禮》也。」（《廣陽雜記》卷 2）他的說法不算新穎。

由於《樂》在戰國時期已經失傳，所以漢武帝時只立了《詩》、《書》、《禮》、《易》、《春秋》等五

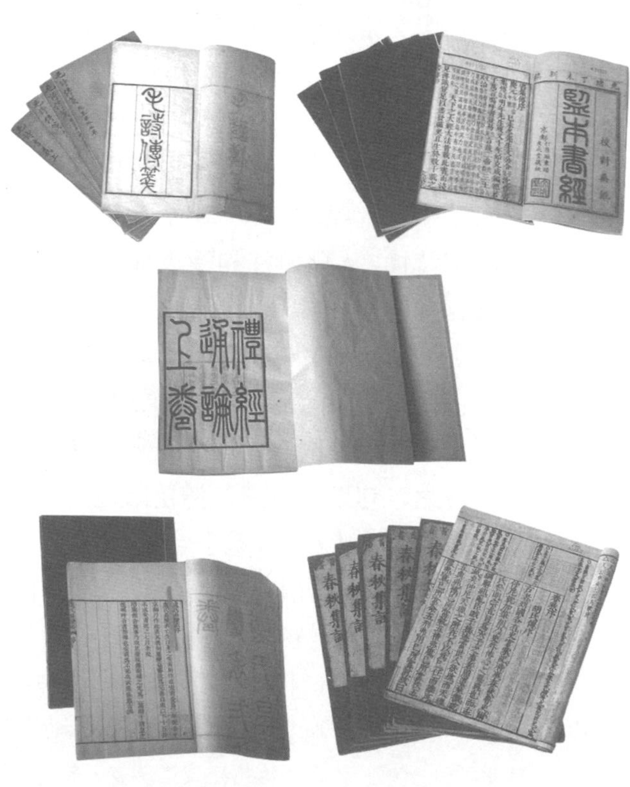

圖 97　《五經》書影

據 1993 年 10 月出土的湖北荊門郭店竹簡《六德》云：「觀諸《詩》、《書》，則亦在矣；觀諸《禮》、《樂》，則亦在矣；觀諸《易》、《春秋》，則亦在矣。」這裏儘管沒有出現「六經」字眼，但其次序與《天運》完全一致。看來，戰國中期儒家學派確實已經有了「六經」的說法。《郭店楚墓竹簡》，文物出版社，1998 年。

經博士。後世所稱「五經」，就是指這 5 部經典。

孔子所開創的儒學，就是通過對五經的詮釋，將五經中的上古三代歷史升華為王道理想，並用王道理想來重新詮釋上古三代歷史，由此，上古三代歷史就超越了歷史時間的局限，成為儒家的社會理想和精神信仰。質言之，五經的意義，並不是文本所固有的，而是由孔子為首的儒家學派詮釋出來的。⑫

東漢時，又定《論語》、《孝經》為經典，這樣，儒家的經典便擴大為「七經」⑬了。

到了唐代，又有所謂「九經」之說。九經指《詩經》、《尚書》、《周易》、《周禮》、《儀禮》、《禮記》、《春秋公羊傳》、《春秋穀梁傳》、《春秋左氏傳》。

唐文宗太和七年（833）至開成二年（837），朝廷把上述九經以及《論語》、《孝經》、《爾雅》都刻在石碑上，總稱「十二經」。

而北宋仁宗嘉祐六年 (1061) 後所謂「十三經」，則是在十二經上面再加《孟子》一書。從此直到地主制封建社會終結，儒家的經典，一共為 13 部。⑭對這 13 部儒家經典，漢代及其後的學者做的注釋，稱為「注」或「箋」；唐宋時代，人們對注和箋也進行解釋闡發，這在習慣上就叫做「疏」或「正義」。

《詩經》，本稱《詩》，是中國最早的一部詩歌總集。這些詩據說來自周代「王者」的「採詩」和公卿列士的獻詩活動，產生的年代大約從西周初年到春秋中葉。在周代上層社會中，諸侯會盟宴飲，往往賦詩言志，或誦詩之章句以示己意，這是因為《詩經》雖然內容豐富，但其核心話題是「德」，《詩經》中「德」字凡 72 見。⑮「德」無疑通向「仁」，故孔子曰：「不學《詩》，無以言。」（《論語・季氏》）傳世的《詩經》共 311 篇，其中 6 篇有目無文，實際上是 305 篇；編為《風》、《雅》、《頌》3 大類。《風》根植於民間⑯，但不等於民歌，或者說並非鄉村樸野的歌謠可比，包括正

⑫ 參見嚴正《簡論中國傳統經典詮釋學的確立》，《光明日報》2000 年 7 月 4 日。

⑬ 「七經」之名，始見於《後漢書・趙典傳》，繼見於《三國志・蜀書・秦宓傳》。也有意見認為：「七經」本來是指「六經」之外加《論語》。

⑭ 周予同、湯志鈞：《「經」、「經學」、「經學史」》，《文匯報》1961 年 2 月 3 日。

⑮ 參見張立文《〈詩經〉之德》，《光明日報》2009 年 8 月 17 日。

⑯ 參見蘇東天《詩經辨義》，浙江古籍出版社，1992 年。朱東潤《詩三百篇探故・國風出於民間論質疑》則以為國風「不必出於民間」，持之亦有故（見雲南人民出版社 2007

風二南和變風十五國風，大多是男女言情之作，表現「窈窕淑女，君子好逑」（《關雎》）、「有女懷春，吉士誘之」（《野有死麕》）之類的主題，「發乎情、止乎禮義」（《毛詩序》），還有對方方面面社會生活的真實反映；《雅》有《大雅》和《小雅》，不失為敘述西周政治盛衰的詩史，不少作品意在給統治者敲警鐘，「怨而不怒」（《論語・陽貨》朱熹注），如《大雅・蕩》云：「殷鑒未遠，在夏后之世。」可見夏、商滅亡是周人取法歷史經驗的主要內容；《頌》即廟堂頌歌，分《周頌》、《魯頌》和《商頌》，比較原始，但具有重要的史料價值。當然《風》、《雅》、《頌》3 部分在內容上頗有交錯混雜的情況。這 3 部分的區別，除了在內容上各有側重外，還有音樂方面的不同。《風》是地方風土之音；《雅》是用西周都城豐、鎬一帶的樂調譜曲的；《頌》節奏極其緩慢，有的詩句甚至沒有用韻。

據上海博物館近年整理出來的《竹書孔子詩論》，其所涉及的 60 首詩中，有《腸腸》、《卷而》、《涉秦》、《河水》、《角幡》等篇，是《詩經》所沒有的。《詩經》的「國風」、「大雅」、「小雅」和「頌」，在《竹書孔子詩論》中為「邦風」、「大夏」、「小夏」、「訟」。在排列順序上，《詩經》是風、雅、頌，《竹書孔子詩論》卻是訟、夏、風。

《詩》傳至漢代，有齊、魯、韓 3 家，屬今文經學，文、景之際得到朝廷的承認。又有毛亨、毛萇所傳，屬古文經學。現今通行的「十三經注疏」本《詩經》，為漢毛亨傳，鄭玄箋；唐孔穎達正義。

《尚書》，本稱《書》，向來與詩並列，「尚」即是「上」，「尚書」就是指上古時代的史書，由若干單篇累積形成。《尚書》建立起虞、夏、商、周的正統觀，保存了商、周兩代的重要史料，其中有許多有益的格言，如「天視自我民視，天聽自我民聽」（《泰誓》），這句話，就是中國傳統社會民本思想的濫觴。又有《禹貢》一篇，很可能為戰國時期士人之所作，[17]敘述黃河、長江兩大流域的地理知識，託名是大禹平治水土的記錄，其框架「九州」、「五服」說，造成中國政治自來是統一、疆土自來是廣大的信念，既是人類最早的土壤地理著作，又是中國最早的政治地理著作。

《尚書・洪範・九疇》：其一是「五行」，「水曰潤下，火曰炎上，木曰

年版第 1～45 頁）。其實，所謂「民間」，與「廟堂」對峙，固包括統治階級中的在野階層。

[17] 參見顧頡剛《論今文尚書製作時代書》，《古史辨》第一冊，上海古籍出版社，1982 年。

曲直，金曰從革，土爰稼穡」；其二是「五事」，「貌曰恭，言曰從，視曰明，聽曰聰，思曰睿」；其三是「農用八政」，曰「食」，曰「貨」，曰「祀」，曰「司空」，曰「司徒」，曰「司寇」，曰「賓」，曰「師」；其四是「五紀」，曰「歲」，曰「月」，曰「日」，曰「星辰」，曰「曆數」；其五是「皇極」，所謂「皇建其有極」，即政治極權；其六是「三德」，曰「平康正直」，曰「沈潛剛克」，曰「高明柔克」；其七是「稽疑」，曰「謀及乃心，謀及卿士，謀及庶人，謀及卜筮」；其八是「庶徵」，曰「雨」，曰「陽（晴）」，曰「燠」，曰「寒」，曰「風」；其九是「五福六極」，五福為「壽」、「富」、「康寧」、「攸好德」、「考終命」，六極為「凶短折」、「疾」、「憂」、「貧」、「惡」、「弱」。從構成宇宙的基本物質及其特性，到人有哪些官能作用和對官能作用的要求，到國家對農業生產成果的支配，到有關天文時令的知識，到執政者如何掌權、如何待人接物的方法總結，到決定大事的程序步驟，到對徵兆現象乃至人們的壽夭窮通所持態度和看法，基本上反映了殷商奴隸主貴族的宇宙觀和政治觀，他們敬畏上帝，敬畏祖先，同時不敢漠視民眾的公共意志。

《尚書》在漢代，伏生所傳 28 篇，因用當時通行的隸書抄寫，故稱為「今文」。可能是秦的官本，乃經秦博士加以部分的編理的。⑱昭宣之世（公元前 87～公元前 49）立歐陽、大小夏侯 3 家博士時，今文為 29 篇⑲，內含《泰誓》一篇，不在 28 篇之列。西漢中葉以後，又多次發現用籀文、蝌蚪文傳寫的「古文」《尚書》，比今文《尚書》「多十六篇⑳」（《漢書・藝文志》）。東漢杜林曾「得漆書古文《尚書》一卷」（《後漢書・杜林傳》），其所「傳者三十三篇古經」（孔穎達《尚書・堯典》正義引鄭玄《書贊》），篇數與經離析的今文相一致，其後賈逵、馬融、鄭玄以及曹魏的王肅等為之做了大量的注釋工作。但因古文《尚書》未被朝廷承認，以致後來全部散佚。東晉時，豫章內史梅賾獻古文《尚書》58 篇（不包括《書序》），其中 25 篇為今文所無；梅賾還進呈一部《尚書孔氏傳》，說是西漢孔安國所作。梅賾之舉，自兩宋吳棫、朱熹以來頗遭懷疑。現今通行的「十三經注疏」

⑱ 陳夢家：《尚書通論》第 111 頁，中華書局，1985 年。

⑲ 伏生本今文《尚書》，成書於漢武帝末年的《史記・儒林列傳》已記有 29 篇。

⑳ 「十六篇」，「篇」字是「卷」字之誤。據唐代孔穎達疏，這 16 卷，鄭玄《書序》注劃分為 24 篇，而東晉梅賾所獻本則劃分為 25 篇。

本《尚書》，即是此本，為唐孔穎達等正義。

《周易》，本稱《易》，又稱《易經》，包含「贊」、「數」、「德」3 個層面，既是卜筮之冊，也是義理之典。書中在談到陰陽兩者的矛盾變化和「無平不陂，無往不復」(《泰》) 等觀點時，反映了中國古代的樸素辯證法思想——天人合一，陰陽相濟，執兩用中。這種辯證法思想所包含的深刻內容，被後來北宋哲學家張載提煉、歸納為 4 句話：「有象斯有對，對必反其為；有反斯有仇，仇必和而解。」(《正蒙・太和》) ㉑就是說宇宙間萬事萬物既是兩兩相對的，也是正反依存的，只有用和諧的方式去解決矛盾，才能使事物永葆生機和活力。㉒如泰卦，是大吉之兆；而泰卦倒過來，便成了不吉的否卦；但否運到了頭，也就「否極泰來」了。其所揭示的正是中國先民的生存智慧。《周易》用「—」和「--」兩個最基本的符號代表陽和陰，分別稱為陽爻和陰爻。把—和--疊列 3 層，可以形成 8 種組合形式，叫做「八卦」。如☰就是乾卦，☷就是坤卦。其中每一卦象又代表某種事物，如乾為天，坤為地。對於每一卦象的含義還可以進一步引申，如代表天的乾，又可以代表君主、男子、剛健等。用八卦的卦象兩兩重疊，又能組成六十四卦。在六十四卦中，乾卦的表現符號為䷀，坤卦的表現符號為䷁，每卦有六爻，上三爻叫做「上卦」，下三爻叫做「下卦」。陽爻在單位，陰爻在耦位，叫做「當位」，反之叫做「不當位」。根據爻的當位不當位等複雜關係，就能看出不同的宇宙力量在某一特定時刻處於平衡狀態的程度，從而得知輕重不等的吉凶。卦辭和爻辭，說明本卦、本爻的性質。

《周易》的經文，精微難懂，全賴晚於經文七八百年的《易傳》為之闡發。《易傳》稱為「十翼」，包括《彖傳》上下、《象傳》上下、《繫辭》上下、《文言》、《說卦》、《序卦》和《雜卦》等 10 部分，基本上是儒家和中國先秦與儒家呈互補結構的道家學說交融的產物。其中同孔子的關係尤為密切。《易傳・象上》「天行健，君子以自強不息」、「地勢坤，君子以厚德載物」這兩句話，正可以用來概括孔子學說的剛健有為和氣象博大。《易傳》的精華是《繫辭》。《繫辭》總論全部易理，主要說明變化之道。《繫辭》作者觀察自然界的現象，認為「天地之大德曰生」，「生生之謂易」，一切都

㉑　《張子全書》卷 2。

㉒　參見余敦康《中國智慧在〈周易〉・〈周易〉智慧在和諧》，《光明日報》2006 年 8 月 24 日。

在變化。變化的發生是由於陽、剛、動和陰、柔、靜兩種相反的力量在相摩相推，主動方面是陽、剛、動。這一看法應用到人事上是「通其變，使民不倦，神而化之，使民宜之。易窮則變，變則通，通則久」。變動的目的是得利，得利是吉，失利是凶。得失並非固定不變，「安而不忘危，存而不忘亡，治而不忘亂」，才能身安而國家可保。事在於人為，因之吉凶在人不在鬼；「善不積不足以成名，惡不積不足以滅身」，強調人的命運決定於自身。這恰好就是孔子學說的基本觀點。《繫辭》還說：「二人同心，其利斷金。」團結就是力量，無疑乃是顛撲不破的至理名言。

《易傳・序卦》云：「有天地然後有萬物，有萬物然後有男女，有男女然後有夫婦，有夫婦然後有父子，有父子然後有君臣，有君臣然後有上下，有上下然後禮儀有所錯。」本書第十章第二節已有述及，這是對天人關係的概括性闡發，成為嗣後中國傳統文化的主流觀念。

在《易經》和《易傳》中，除了辯證思維外，也有邏輯思維、形象思維，這些思維方式對後世中國文化的發展起了多方面的作用。

相傳遠古曾有伏羲氏、神農氏推演八卦的說法，但並不可信。孔子對《易》下過大功夫加以研究，致有「韋編三絕」的故事流傳下來。所謂「古今義」，《易》的古義，由來已久；《易》的今義，則確立於孔子。㉓現今通行的「十三經注疏」本《周易》，為魏王弼、韓康伯注，唐孔穎達等正義。

《周禮》，本稱《周官》，託名周公所製，實為儒者採集周、魯、宋等國官制加以增減排比而成，並非周代政治制度的如實記錄。先有《荀子》和《禮記》的兩篇《王制》，然後有《周禮》，此書以儒家思想為主幹，融合法、陰陽、五行諸家，精緻的程度超過《呂氏春秋》，估計其成書年代不應早於「呂覽」。

《周禮・春官・大宗伯》說吉禮用以「事邦國之鬼神示（祇）」，主要內容有祀昊天上帝，祀日月星辰，祀司中、司命、風師、雨師；祭社稷、五帝、五嶽，祭山林川澤，祭四方百物；祫祭（集合遠近祖先神主於太廟的大會祭）先王、先祖，禘祭（推導始祖所自出而追祀之，並祀始祖以下）先王、先祖，春祠、夏礿、秋嘗、冬烝，享祭先王、先祖。嘉禮用以「親萬民」，主要內容有飲食之禮，婚冠之禮，賓射之禮，饗燕之禮，脤（社稷祭肉）膰（宗廟祭肉）之禮，賀慶之禮。賓禮用以「親邦國」，「春見曰『朝』，

㉓ 參見劉大鈞《今、帛、竹書〈周易〉綜考》，上海古籍出版社，2005年。

夏見曰『宗』，秋見曰『覲』，冬見曰『遇』，時見（有事而會）曰『會』，殷見（眾諸侯同聚）曰『同』，時聘（有事而派遣使者存問看望）曰『問』，殷覜（多國使者同時聘問）曰『視』」。軍禮用以「同邦國」，「大師（指軍隊的征伐行動）之禮，用眾也；大均（指均土地、徵賦稅）之禮，恤眾也；大田（指定期狩獵）之禮，簡眾也；大役（指營造、修建等土木工程）之禮，任眾也；大封（指勘定封疆、樹立界標）之禮，合眾也」。凶禮用以「哀邦國之憂」，其中哀死亡用喪禮，哀凶札用荒禮，哀禍災用弔禮，哀圍敗用襘禮，哀寇亂用恤禮。以上就是中國古代所謂「五禮」。

據《漢書》河間獻王本傳記載，漢景帝時，河間獻王劉德搜集到流散在民間的古本《周官》，才使此書為世人所知。但今文經學家們卻把這部書斥為劉歆所偽造。現今通行的「十三經注疏」本《周禮》，為漢鄭玄注，唐賈公彥疏。

《儀禮》，本稱《禮》，是孔子選取的周魯禮制，記載了當時貴族的加冠、婚喪、交際、敬老、宴飲、外交、覲見、祭祀等各項禮儀，既保留有西周舊制的痕跡，又基本上反映了春秋中前期的禮樂制度。其中《喪服》一篇最為重要，子夏特為之作傳，宗法制度親親、尊尊、男女有別的精神，在《喪服》裏表現得相當具體。就史料價值而言，《儀禮》在「三禮」中無疑占據首要地位。

西漢初年，由魯高堂生傳授下來的《士禮》——即《儀禮》17 篇，至中葉後分為戴德（大戴）、戴聖（小戴）、慶普等 3 家禮學，都屬今文經學派。另據《漢書・藝文志》記載，又有古文《禮經》56 篇，其中 17 篇與今文《儀禮》內容基本相同。至於另外的 39 篇，漢代稱為《逸禮》，早已失傳。現今通行的「十三經注疏」本《儀禮》，為漢鄭玄注，唐賈公彥疏。

《禮記》是漢代儒生戴德、戴聖所傳孔門七十子後學講禮的文字，有「大戴禮」85 篇、「小戴禮」49 篇。唐以後取得經典地位的，是 49 篇本的「小戴禮」。

《禮記・禮運》篇，載「大同」、「小康」思想，影響極為深遠。其中講大同社會的藍圖，說是「大道之行也，天下為公，選賢與能，講信脩睦，故人不獨親其親，不獨子其子，使老有所終，壯有所用，幼有所長，矜寡孤獨廢疾者皆有所養。男有分，女有歸。貨，惡其弃於地也，不必藏於己；力，惡其不出於身也，不必為己。是故謀閉而不興，盜竊亂賊而不作，故外戶而不閉」。這是多麼美好的社會啊！如此完美的設計，與孔子的政治思想可謂一脈相承。

這種「大同」理想，據說連秦始皇都曾經為之動過心，可惜他是根本實現不了的。《說苑·至公》記載，秦始皇「召羣臣而議，曰：『古者五帝禪賢，三王世繼，孰是，將為之。』博士七十人未對。鮑白令之對曰：『天下官則禪賢是也，天下家則世繼是也。故五帝以天下為官，三王以天下為家。』秦始皇仰天嘆息曰：『吾德出于五帝，吾將官天下，誰可使代我後者？』鮑白令之對曰：『陛下行桀紂之道，欲為五帝之禪，非陛下所能行也。』」

《禮記·雜記下》云：「張而不弛，文武弗能也；弛而不張，文武弗為也。一張一弛，文武之道也。」這是用形象的比喻，來說明治理天下必須寬嚴相濟的道理。

《禮記》有《學記》、《樂記》兩篇，從理論上對教育和音樂兩個專業作了精闢的論述，實際上是對孔子教育思想、美學思想的繼承和發展。㉔《禮記》又有《大學》篇、《中庸》篇，被後世理學家編入《四書》，與《論語》、《孟子》並列，成為科舉制度下士人必讀之書。《大學》除提出上節已經述及的八條目外，更首先提出了「明明德」、「親民」、「止於至善」等三綱領；「有人此有土，有土此有財」則闡明了人力、土地和財富的關係。《中庸》除肯定「中庸」、「中和」為至德外，又把「誠」看作是世界的本體，並主張「博學之，審問之，慎思之，明辨之，篤行之」，兩書都具有濃厚的倫理色彩。

《大學》相傳與孔子之孫子思（孔伋，公元前 483～公元前 402）有關，《中庸》更相傳是子思的作品，㉕《禮記》中尚有《表記》、《坊記》、《緇衣》等 3 篇，相傳也為子思所作。

在漢代，《禮記》本來從屬於《儀禮》，《儀禮》僅僅記載了一些禮儀制度，《禮記》則更多地論述了這些制度的意義、作用。《禮記》、《儀禮》和

㉔ 《樂記》云：「樂者，心之動也。聲者，樂之象也。文采節奏，聲之飾也。君子動其本，樂其象，然後治其飾。」又云：「正氣感人，而順氣應之，順氣成象，而和樂興焉。」這是說，審美的「本」在於人心「成象」的先驗感受力，而「和樂」感受過程中的特徵是「順氣」，此即儒家理想的「樂象」，也就是儒家樂教的「樂」。「樂象」是儒家樂教的核心符碼。

㉕ 這一點從郭店出土的先秦儒家著作中似可得到進一步的證實。

《周禮》——即所謂「三禮」，是稽考儒家思想和戰國以前制度器物的重要典籍。現今通行的「十三經注疏」本《禮記》，為漢鄭玄注，唐孔穎達等正義。

《春秋公羊傳》、《春秋穀梁傳》、《春秋左氏傳》，總稱「春秋三傳」。《春秋》是一部編年史，孔子根據魯國史官所記《春秋》，上起隱公元年（公元前722），下迄哀公十四年（公元前481），「以事繫日，以日繫月，以月繫時，以時繫年」（杜預：《春秋經傳集解・序》），凡242年事，整齊書法，「筆則筆，削則削」（《史記・孔子世家》），「屬辭比事而不亂」（《禮記・經解》），成為儒家的經典。「王者之迹息而『詩』亡，『詩』亡而後《春秋》作」（《孟子・離婁下》），孔子修《春秋》，目的在於正名分，有褒有貶，經世致用，使亂臣賊子懼。儒家政治思想，宗法社會等級制度的精神，都充分表現在《春秋》裏。《春秋》本來有自己的單行本，後來人們把它同各種傳文合并起來，先列經文，後述傳文，先秦為《春秋》作的傳，流傳下來的就是這3部。

《春秋公羊傳》也稱《公羊春秋》或《公羊傳》，《春秋穀梁傳》也稱《穀梁春秋》或《穀梁傳》，相傳兩傳分別為戰國學者公羊高和穀梁赤所撰寫，但其說缺乏足夠的根據。兩傳內容都著重於解釋《春秋》經文，《公羊傳》則尤多微言大義，在隱微的言語中包含有深遠的意義。《公羊傳・隱公元年》云：「元年春，王正月。元年者何？君之始年也。春者何？歲之始也。王者孰謂？謂文王也。曷為先言王而後言正月？王正月也。何言乎王正月？大一統也。」這種「大一統」的提法是很鮮明的，對中國後來歷史的發展有巨大的影響。現今通行的「十三經注疏」本《公羊傳》，為漢何休注，唐徐彥疏；《穀梁傳》為晉范寧注，唐楊士勛疏。

《春秋左氏傳》又稱《左氏春秋》或《左傳》，相傳為孔子同時的魯國太史左丘明所作，但其實左丘明只是對《左傳》材料的形成起過一定的作用，此書約成於戰國前期，「左氏」應當是個地名，作者究竟為誰，很難斷定。顧炎武說：「左氏之書，成之者非一人，錄之者非一世。」（《日知錄》卷4）這個論斷，大體上是可信的。《左傳》編年起於魯隱公元年（公元前722），終於魯悼公四年（公元前464），比經文多出17年。《左傳》所記史事更延至魯悼公十四年（公元前454），比經文晚27年。《左傳》用事實來說明《春秋》筆法，有時候還訂正了經文的某些錯誤，並且雖亦取以魯國史為主的格局，但實為列國史，又首創「君子曰」一欄，以議論形式升華史事的意義，為史家主體發表自己的觀點開闢了園地，在中國史學史上地位極高。現今通行的「十三經注疏」本《左傳》，為晉杜預注，唐孔穎達等正義。

《論語》，見本章上節。此書在西漢，有3個版本：一.《魯論語》；二.《齊論語》；三.《古文論語》。《齊論語》比《魯論語》多《問王》、《知道》兩篇，《古文論語》有前後《子張》篇，其中後一篇是從《堯曰》篇析出的。後由安昌侯張禹以《魯論語》為定篇目的依據，融合《齊論語》而成《張侯論》。東漢鄭玄又在《張侯論》基礎上參照《古文論語》進行整理，而使《論語》終於形成後世所公認的定本。現今通行的「十三經注疏」本《論語》，為魏何晏集解，宋邢昺疏。

《孝經》，基本內容是宣揚孝道，並由講孝進而勸「忠」。作者歷來有「孔子說」、「曾子說」、「孟子門人說」等多種，但皆不足信。此書應成於戰國末期。漢代曾有古文《孝經》，南北朝時亡佚。現今通行的「十三經注疏」本《孝經》，僅1799字，18章，為唐玄宗注，宋邢昺疏。

《爾雅》，見本書第三十四章第一節。現今通行的「十三經注疏」本《爾雅》，為晉郭璞注，宋邢昺疏。

《孟子》，見本書第十八章第一節。現今通行的「十三經注疏」本《孟子》，為漢趙岐注，宋孫奭疏。

儒家的經典，特別著重在倫理道德領域做文章，其間宣揚了愛國主義、社會責任、人格價值、人際和諧等思想觀念，但也灌輸著等級意識，並有一定程度的迂闊傾向，㉖對整個中國地主制封建社會的政治生活和精神生活起著指導的作用。

㉖ 按：這裏從「特別著重」起凡60字，係照搬張岱年先生的一段話，雖僅憑記憶，但不致有誤，當可負完全責任。

第十八章

儒家學派的發展和演變

第一節　孟子和荀子

先秦諸子，墨家主張「兼以易別」（《墨子・兼愛下》）；道家認為「大道廢，有仁義」、「六親不和，有孝慈」（《老子》第十八章）；法家更講「夫君之直臣，父之暴子也」、「父之孝子，君之背臣也」（《韓非子・五蠹》），都只承認君權而反對父權。只有儒家強調「親親，尊尊」（《禮記・大傳》），「慎終，追遠」（《論語・學而》），鼓吹「孝悌也者，其為仁之本與」（同上）之類的道德教條，堅決維護父權，要使父權成為君權的基礎。儒家「祖述堯舜，憲章文武，宗師仲尼」（《漢書・藝文志》），高舉宗法主義的旗幟，以弘揚道德傳統為己任，這是儒家的根本點所在。後世凡堅持這個立場的，都屬儒家學派。儒家所追求的，是試圖建立一套能夠證明當時社會秩序合理性的有說服力的解釋系統。

孔子死後，儒分為八，後來主要形成孟、荀兩派。孟子講「仁政」，荀子講「王道」，都是宗法主義。孟、荀又提出了各自不同的人性論，儘管有「性善」、「性惡」的區別，但實質上，都是強調了道德觀念的重要性。❶孟、荀人性論中的人本主義精神，高揚人在自然界的地位，以人作為政治的中心，比起孔子來，人的地位得到進一步的肯定，對後世具有積極的意義。但是孟、荀把人與動物的區別集中在道德觀念上，孟子把道德和欲望視為對立的不可兩存之物，荀子則等於宣布人與生俱來的感官都是壞的，使人性的討論長期株守在狹小範圍內，妨礙了人們對人的本質的真正認識。❷

❶ 郭店楚簡中有《性自命出》一篇，主要講道始於情，情生於性，性可以為善也可以為惡，由此不難推知性善論和性惡論是怎樣發展而來的。

孟子（約公元前372～公元前289），名軻，戰國中期魯國騶（今鄒城東南）人，曾受業於子思之門人，是儒家的「亞聖」。有《孟子》7篇。

圖98　鄒城孟子故里

在政治思想上，孟子繼承孔子關於仁的學說，其治國的具體方略，為孔子所不及。孔子重視人的生命，孟子則更重視人民的生存權利。他主張實行仁政，曾勸梁惠王說：「王亦曰仁義而已矣，何必曰利?」（《孟子・梁惠王上》，下引此書，只注篇名）孟子的意思是凡仁義所在，利亦往，不利亦往，對義而不利的事情不應當猶豫退卻，逃避應負的道德責任。❸孟子大談「堯舜之道」、「先王之法」（《離婁上》），痛斥桀、紂那樣無視人民生存權利的暴君，對湯、武「易其位，誅其人」的義舉作了熱情的讚揚。他說：「賊仁者謂之『賊』，賊義者謂之『殘』。殘賊之人謂之『一夫』。聞誅一夫紂矣，未聞弒君也。」（《梁惠王下》）孟子還說：「民為貴，社稷次之，君為輕。」（《盡心下》）這是中國古代最可寶貴的政治理論。孟子更強調了君臣地位對等的觀念，說「君之視臣如手足，則臣視君如腹心；君之視臣如犬馬，則臣視君如國人；君之視臣如土芥，則臣視君如寇讎」（《離婁下》），這也是他本於重視人民的生存權利而所說的話。

孟子說：「君仁莫不仁，君義莫不義，君正莫不正，一正君而國定矣」，而「惟大人為能格君心之非」。（《離婁上》）所以對「大人」的甄別就非常關鍵了。孟子為此貢獻他的意見道：「國君進賢……左右皆曰賢，未可也；諸大夫皆曰賢，未可也；國人皆曰賢，然後察之，見賢焉，然後用之。左右皆曰不可，勿聽；諸大夫皆曰不可，勿聽；國人皆曰不可，然後察之，見不可焉，然後去之。左右皆曰可殺，勿聽；諸大夫皆曰可殺，勿聽；國人皆曰可殺，然後察之，見可殺焉，然後殺之。」（《梁惠王下》）孟子這裏

❷ 劉寶才：《孟荀人性學說補論》，《孔子研究》1987年第三期。

❸ 參見張松智《孟子的惟義主義》，《光明日報》2008年11月18日。

所說的「賢」，即「大人」或「准大人」，所說的「國人」即「民」。

孟子認為民是治國平天下的根本，他的「民為貴，社稷次之，君為輕」的思想，不僅在平民中有很大的影響，而且使後世帝王也有所畏懼。隨著地主封建制度的日趨僵化，孟子的這一思想被明、清之際的進步思想家們繼承和發揚。近代「民貴君輕」的思想仍然有極大的生命力，資產階級的革命派和改良派都從中尋找變法維新或民主革命的依據。

需要補充說明一下，孟子關於「王亦曰仁義而已矣，何必曰利」的一句話，很容易被人誤解，認為孟子是把義和利推向極端而對立起來的。其實不然，孟子並沒有排斥利，孟子此處所說的利，是指對國家大局不利的個人私利、局部小利，而義卻是按制度章程辦事，是關係國家安危的大利益，也就是根本利益。從上講，即是要統治者行仁義，制民之產，使民富足；對下言，則是要人民向國家提供足夠的賦稅，使國庫充實，用度不乏。所以，孟子所言義和利，在本質上是統一的。

在倫理思想上，孟子發揮了「仁」、「義」、「禮」、「智」四端說，這是他構建性善論的依據，他看到了人既有與禽獸相同的對欲望的追求，又有區別於動物的道德屬性，他是把後者而不是把前者界定為人性。❹孟子特別強調仁和義，本來孔子言仁、義，但未嘗對舉，孟子則開始了儒家學派的仁和義的對舉，把義抬到了與仁對等的地位。儘管周初以來，仁義對舉不乏先例，但從未有像孟子那樣大張旗鼓。這是由於孟子的時代不同了，「仁者人也，親親為大；義者宜也，尊賢為大」（《中庸》），孟子的時代更需要人才。❺孟子的「舍生而取義」（《告子上》）說，繼承了孔子「殺身以成仁」（《論語・衛靈公》）的精神，他號召「人皆可以為堯、舜」（《告子下》），雖說偏於主觀感覺，並非客觀實際，但應當承認，孟子的這種態度是真誠的。在孟子看來，仁義是發於心而達於天下的，是每個人都能行的，堯、舜也不過是行仁義，所以每個人都有成為堯、舜的希望。因此，仁義比生命更重要。孟子的仁義說，其目的是清清楚楚的。

仁義既這般重要，就要講究致仁義的修養，以期做到「萬物皆備於我」，要點是「存其心，養其性」。（《盡心上》）孟子講內聖外王，外王是實行仁

❹ 參見張岱年《中國哲學大綱》第184～185頁，中國社會科學出版社，1982年。

❺ 「義」在郭店楚簡中更被闡述為連接人道和天道的「羣善之蕝」（《性自命出》）；堯舜禪讓，「義之至也」（《唐虞之道》）。

政，而應以內聖為基礎，他主要是講內聖，把人的內在的道德精神提到本體論的高度，從而完成了他的全部道德學說。孟子還認為「苦其心志，勞其筋骨，餓其體膚，空乏其身，行拂亂其所為」(《告子下》)，險惡的環境會使人更加自覺、更加奮發地完善自己的人格；但只有治國化民，兼濟天下，才是人格價值的終極實現。所以，孟子提倡「大丈夫」精神，「居天下之廣居，立天下之正位，行天下之大道；得志與民由之，不得志獨行其道；富貴不能淫，貧賤不能移，威武不能屈」，(《滕文公下》) 對於後世知識分子風骨的塑造起了積極的作用。

孟子還說：「老吾老，以及人之老；幼吾幼，以及人之幼。」(《梁惠王上》) 主張將作為家庭美德的「孝」推廣到社會領域，無疑比孔子在這方面的論述更加具體。❻

在哲學思想上，孟子基於他的道德學說，認為「惻隱之心，仁之端也；羞惡之心，義之端也；辭讓之心，禮之端也；是非之心，智之端也」(《公孫丑上》)，四端與生俱來，就像人有四肢一樣，人人相同。這是對人性的自我反思和禮讚，後來被發展成為「仁、義、禮、智、信五常」(董仲舒：《舉賢良對策》)。孟子作為中國哲學史上第一位謳歌人性的思想家，其人性論的合理和深刻之處在於——它從人的社會屬性、社會關係來確認人的本質特徵，強調社會群體關係中自我和他我的相互制約、相互作用，注重的是心靈的自我完善和自我調節。性善論賦予人類以善的屬性，讚美人的道德意識，稱頌人類理性對自身感官欲望的超越和揚棄，說明了人對自身認識的深化，既反映了時代的進步，也是人類認識的升華。聯繫到荀子主要是從人的自然生理需求和感官欲望上來規定界說人性，把人性簡單地等同於性，其思維境界，較之於孟子，反而是一種理論上的退化。孟子的所謂人性是指人心即理性，「盡其心者，知其性也，知其性即知天矣」(《盡心上》)。他不否認在現實生活中存在著不善或惡行，然而他認為這並不能否定人心作為理性、理性作為人性的善的本質。

但孟子從性善論，推衍出他在認識論上的良知論，這就非常錯誤了。他說「人之所不學而能者，其良能也；所不慮而知者，其良知也」(《盡心上》)，他認為一切知識的萌芽都在於人的內心，這是頭朝地腳朝天的認識論。不過，孟子又很注意發揮人的主觀能動性，強調理性思維高於感性認

❻ 參見任同《孟子對孔子孝論的提升》，《光明日報》2000 年 2 月 15 日。

識，他指出「耳目之官不思」，「心之官則思，思則得之，不思則不得也」，（《告子上》）說明他的認識論，也還是很有可取的地方。

孟子又有「五百年必有王者興」（《公孫丑下》）等等的說法，後來被結合到五行學說中，這使中國人沒有徹底的悲觀主義，在困難和失敗時，總是願意相信物極必反，總會時來運轉的。中國先哲承認發展，但非立體的螺旋式上升，而是平面的圓圈循環，所謂「一治一亂」，這種觀念，在孟子的體系裏，已經定型。至於這種觀念的消極面，則是造成人們思想的僵化。

在經濟思想上，針對當時土地兼并的情況，孟子主張恢復井田制度，這當然只是空想。但他提出的恆產論——「民之為道也，有恆產者有恆心，無恆產者無恆心。苟無恆心，放僻邪侈，無不為已」（《滕文公上》），卻是中國歷史上較早公開為私有財產辯護的思想。在他看來，人們長期有一定的財產是使他們保持社會秩序和維護善良願望的必要條件，這反映了時代的要求。

孟子看到了社會分工的必要性，反對「賢者與民並耕而食」（《滕文公上》）。他對分工的好處有較透徹的認識，他說：「子不通功易事，以羨補不足，則農有餘粟，女有餘布。子如通之，則梓、匠、輪、輿皆得食於子。」（《滕文公下》）在這裏他清楚地指出了「通功易事」——即交換的好處，同時也指出了分工的好處。不過孟子在他的分工思想的基礎上，又得出了「勞心者治人，勞力者治於人」是「天下之通義」的結論，（《滕文公上》）雖然不是他主觀臆造出來的，❼但作用於後世的士大夫，使他們鄙視生產勞動，不屑於親為生產勞動之事。

孟子的商業思想比較複雜，一方面，他輕視商人，稱之為「賤丈夫」（《公孫丑下》）；一方面，他又曾建議不要對商人進行過分的抽稅，並提倡在城市不徵收商業稅，關卡只稽查而不徵收關稅，其目的都在保護中、小商人的利益，促進商業的發展。

在美學思想上，孟子也有重要的建樹。孟子極大地強調了人格美的意義和價值，明確地把人格精神、道德上的善和審美愉快聯繫了起來，發揮了他的性善論。孟子認為善的實現是個體自覺努力的結果，所以提出「善養吾浩然之氣」（《公孫丑上》）的說法。所謂「充實之謂美」（《盡心下》），就是指通過養氣等修養方法，把個體固有的善的本性擴而充之，即為美。

❼ 在孟子之前，《左傳》、《國語》等書都已有類似這樣的話。

孔子論美，是把美看作善的形式；孟子論美，則認為美已經包含了善，孟子是更加深刻地強調了美與善的內在一致性。因為在孟子看來，人性都是善的，所以孟子又提出了人們的美感具有普遍性的問題：「口之於味也，有同耆焉；耳之於聲也，有同聽焉；目之於色也，有同美焉。」（《告子上》）與這個問題相聯繫，孟子又強調了審美活動的社會性，鮮明地提出了「與民同樂」（《梁惠王下》）的古代民主思想。孟子對藝術作品的特徵也有相當明確的認識，最早提出了「不以文害辭，不以辭害志」（《萬章上》）的主張。在中國美學史上，孟子的影響僅次於孔子和道家的莊子。❽

此外，孟子在其他思想領域，也都有重要的建樹，像他這樣能夠全面深入各個思想領域的大師，在中國古代學術思想史上，是並不多見的。

荀子（約公元前 313～公元前 238），名況，戰國末期趙國人，❾是孟子以後最大的儒家。今傳《荀子》32 篇，除《大略》、《宥坐》、《子道》、《法行》、《哀公》、《堯問》6 篇係其弟子記述外，大部分是他本人所作。

在政治思想上，荀子繼承了孔子關於禮的學說，但主張「法後王」（《荀子・儒效》，下引此書，只注篇名），他說「天地始者，今日是也；百王之道，後王是也」（《不苟》）。他提倡的禮，已不是孔子所嚮往的周禮，而是包含著「法」的核心內容。他說：「禮者，法之大分，類之綱紀也。」（《勸學》）他解釋了禮的起源，認為禮起源於先王按照等級來限制和滿足人們對欲望的要求，使物資的供應和欲望的滿足能夠長久地保持協調。所謂「兼足天下之道在明分」（《富國》），「明分」就是社會全體成員各盡其職，而在財物的分配上要按等級區別對待。荀子的禮仍然要區別貴賤少長，以禮約束士大夫，以法制裁老百姓，但他主張「雖王公士大夫之子孫，不能屬於禮義，則歸之庶人。雖庶人之子孫也，積文學，正身行，能屬於禮義，則歸之卿相士大夫」（《王制》）。荀子呼喚打破等級成員地位的固定性，反對世卿世祿，目的在使等級制更加鞏固，這正是荀子的禮之所以為禮的本質所在。在「隆禮」的基礎上，荀子既重視義，也重視利，一方面強調「平政愛民」（同上）推行王道以爭取民心，一方面又強調「尚賢使能」（同上）努力耕戰以加強國家實力。對君民關係，荀子說：「夫兩貴之不能相事，兩

❽ 參見李澤厚、劉綱紀主編《中國美學史》第一卷第一編第五章，中國社會科學出版社，1984 年。

❾ 荀子的故里，今有 3 說：一．安澤；二．臨猗；三．新絳。

賤之不能相使，是天數也。」但他又說：「君者，舟也；庶人者，水也。水則載舟，水則覆舟。」（同上）荀子意識到人民力量可以推翻統治者，君主非萬世一系，這是他對儒家民本思想所作出的重大理論發展。荀子注重道德的他律，力主「正法」（《富國》）——即發揮法律的作用來濟德教的不足，他的思想既沒有孔孟仁義禮樂的迂闊，也避免了法家嚴刑峻法的殘刻，為後世地主制封建社會提供了較為全面的禮治理論。

圖 99　荀子像

史傳荀子與法家的韓非有師生關係。荀子的政治思想對韓非有影響，當然是不容置疑的。但就治國的政策和策略而言，荀、韓之間的分歧是很明顯的：一．荀子主張「以德兼人」，他說「以德兼人者王，以力兼人者弱」（《議兵》），韓非則說「明君務力」（《韓非子・顯學》，下引此書，只注篇名）；二．荀子鼓吹仁義，他說「仁眇天下，義眇天下」（《王制》），韓非則說「言先王之仁義，無益於治」（《顯學》）；三．荀子推崇禮樂詩書，韓非則主張消滅詩書，實行愚民政策；四．荀子主張明德慎罰，爭取民心，韓非則說「今不知治者，必曰得民之心」（同上），「學者之言皆曰輕刑，此亂亡之術也」（《六反》）；五．荀子主張君主統治，但同時也主張尚賢使能，信用卿相，他再三指出「人主不可以獨也」（《君道》），韓非則說「明主之道，在申子之勸獨斷也，能獨斷者，故可以為天下王」（《外儲說右上》）；六．荀子重視儒者的作用，認為「儒者在本朝則美政，在下位則美俗」（《儒效》），韓非則把儒者稱為國家之大蠹，揚言要「禁其行……破其羣，以散其黨」（《詭使》）。事實上，韓非在他的《顯學》中，直呼荀子為「孫（漢人避宣帝諱改）氏」，毫無尊崇之意，他離開荀子已經很遠了。⑩

荀子的另一著名學生李斯（楚上蔡〈今河南上蔡西南〉人，生年未詳，卒於公元前 208 年），後來做了秦始皇的丞相，是焚書坑儒運動的發起者。

在哲學思想上，荀子明確地說：「形具而神生。」（《天論》）人的精神是依賴於物質的。他把孔子以來的現實主義人生觀，發展成為無神論。他認為祭天祀祖，只是教化百姓和文飾人類生活的一種方式，並無神秘意義，

⑩　何成軒：《荀韓李之比較研究》，《孔子研究》1989 年第三期。

所謂「君子以為文，而百姓以為神，以為文則吉，以為神則凶也」（同上）。為了給自己的禮治思想提供哲學依據，在此基礎上，荀子提出了新的天道觀，認為天即是自然，自然有自己的法則，但卻沒有意志和目的。人在自然面前，並不是無能為力的，人可以「制天命而用之」（同上），這是中國哲學裏的科學精神。不過荀子提出這樣的命題來，主要是出於政治上的考慮，是為了呼喚新王朝的出現。荀子的性惡論，毫無疑問，也是為他的禮治思想服務的，人性既惡，禮法的規範作用就重要了。⓫

當然，性惡論之所謂性惡，不是指人性本身，而是指順縱人之性所導致的結果，因此在反對先天道德觀念和強調後天教育、重視環境對人的影響這一點上，是包含有合理的因素。所以荀子說「塗之人可以為禹」（《性惡》），與孟子所說「人皆可以為堯舜」，殊途同歸，結論竟是一樣的。

在認識論方面，荀子認為世界是可知的。他又進一步闡明：「不聞不若聞之，聞之不若見之，見之不若知之，知之不若行之，學至於行之而止矣。」（《儒效》）這是一條樸素唯物主義的認識路綫。

作為儒家思想家，荀子發展了孔子的「正名」學說，其中尤以「制名之樞要」（《正名》）最具創見。荀子認為，凡同類同實者必須用同名，異類異實者必須用異名，這就是邏輯學上的同一律原則。荀子所言「共則有共」，就是「名」的不斷概括，「別則有別」，則是「名」的不斷限制；同一個「名」，相對於更大的「共名」而言就成了「別名」，相對於更小的「別名」而言就成了「共名」，這是中國邏輯史上第一次對「名」的種屬區別所作的理論概括。荀子的名學，同樣是為了有利於新的王朝統治秩序的建立和鞏固。荀子極尚功利，說「夫堅白、同異、有厚無厚之察，非不察也，然而君子不辯，止之也；倚魁之行，非不難也，然而君子不行，止之也」（《修身》）。他的思索，局限於禮和義等範圍，未免有點作繭自縛的味道。

荀子說：「墨子蔽於用而不知文，宋子蔽於欲而不知得，慎子蔽於法而不知賢，申子蔽於埶而不知知，惠子蔽於辭而不知實，莊子蔽於天而不知人。」（《解蔽》）各家所長，卻成了自身不能見到其他道理的蔽障。這種分析，明確了道為一體的觀念，反映了先秦學術謀求融合的基本趨向。

⓫ 關於性，《荀子・禮論》篇還有一段很精彩的話：「性者，本始材朴也；偽者，文理隆盛也。無性，則偽之無所加；無偽，則性不能自美。性偽合，然後成聖人之名，一天下之功於是就也。」可資與《性惡》篇互相發明。

荀子很實際，他為地主制封建社會提供專制主義的理論，但恰恰是由於他的學說理性色彩太重，相應沖淡了宗法情感，所以為歷代統治者所不喜。中唐以後，隨著儒學由漢學向宋學的轉變，荀子的學術地位進一步下降，長時期地受到冷落。

第二節　漢唐官方經學⑫和漢唐王充一脈的非官方儒家學術

春秋戰國時代，時君世主，往往急功近利，對於儒家處理好人際關係的思想觀點，並不容易接受。秦王朝建立後，焚書坑儒，片面推行法家政治，結果很快滅亡了，自是儒家思想又得到了重新估價。儒家希望把地主制封建社會建設成為往古父系家長制時期那樣一種宗法共同體，一方面保證封建權力和財產的繼承有章可循，另一方面又保證父家長領導下的小農生產正常進行。並且儒家提倡的傳統道德，早已與歷史上長期形成的風俗習慣密切結合，成為人們的一種生活方式。儒家的這些好處，有利於王朝社會政治的穩定，逐步地被統治者所認識。而西漢初年，孟、荀兩派皆已消歇，能代表儒家的只剩下了經學。因為今文經學重現實，強調學術經世致用，文字上也順應潮流，便於學習流傳，注釋經義往往採用古昔傳說、神話故事，比較生動活潑，更富民間色彩和歷史內容，也吸取當時自然科學（如醫學、天文學）的因素，而旨歸在對章句的發揮；古文經學則著重於禮制及純道德的說教，以文字訓詁見長，復古傾向嚴重。漢武帝時，漢興60多年來標榜「無為而治」、「虛者道之常」、「因者君之綱」（《史記・太史公自序》）的黃老之學⑬，在完成了「與民休息」（《漢書・景帝紀》）、「順流與之更始」（《史記・蕭相國世家》）的歷史使命之後，日益顯得跟不上形勢的發展。「王者功成作樂，治定制禮」（《史記・樂書》），「導民以孝，則天下順」（《漢書・宣帝紀》），於是儒家今文經學便乘時而起了。

董仲舒（廣川〈今河北棗強，一說治今河北景縣西南〉人，公元前179～公元前104）是治《公羊春秋》學的今文經學大師，元光元年（公元

⑫ 「經學」一詞，最早見於《漢書・兒寬傳》：「見上，語經學，上說之。」

⑬ 黃老之學是齊國稷下學士假託黃帝名義，本著老子「虛靜」、「物極必反」等思想加以改造而形成的一個思想流派。

前 134)，他舉賢良對策，宣揚君權神授⑭，唯德是歸，「正法度之宜，別上下之序」(《漢書・董仲舒傳》，下引此傳，不注書名)，受到了「博開藝能之路，悉延百端之學」(《漢書・龜策傳》)的漢武帝的特別賞識。早在建元元年(公元前 140)武帝即位之初，就明詔貶逐具有法家傾向的候補官員；建元五年(公元前 136)，又下令以「五經」作為博士研究的正規課程。至此儒術獨尊，「諸不在六藝之科、孔子之術者」(《董仲舒傳》)，皆在罷黜之列，百家只能仰承儒家的鼻息了。

儒家學術激起了官僚階層的團隊敬業精神，這種精神為西方文官所缺乏。

在政治思想上，董仲舒強調大一統；強調改法制，易正朔，作新王；強調大義滅親、憂天下之憂、除天下之害、在宗法親情內部嚴肅紀綱的法治精神。這很適應當時漢武帝削平諸侯割據、打擊豪強貴族、加強和鞏固中央集權的政治需要。他又主張「任德教而不任刑」(《董仲舒傳》)，輕徭薄賦，「以寬民力」，「限民名田」，「塞并兼之路」，「去奴婢，除專殺之威」。(《漢書・食貨志上》)他認為這樣就可以「教化立而姦邪皆止」(《董仲舒傳》)，使國家長治久安，有利於生產的發展。他還主張用《春秋》經文來判案決獄，只問動機，不問效果，認為「父為子隱」、「子為父隱」(《春秋決獄》)等行為，不能算有罪。⑮董仲舒力挺先秦儒家的輕刑傳統，要求法律尊重父子間的感情，免除其相互舉報、揭發和作有罪證言的義務，這一富含人文關懷的思想，後世被近現代西方國家吸納了去，有其一定的合理性。

在倫理思想上，董仲舒拋棄了先秦儒家提出的君臣地位對等的精神。他主張人臣要絕對服從君主，他的「王道之三綱」(《春秋繁露・五行之義》)——君為臣綱、父為子綱、夫為妻綱是對君權、父權和夫權的肯定，既是政治原則，也是倫理原則。他還說「正其誼，不謀其利；明其道，不計其功」(《董仲舒傳》)，這是對孔、孟倡明倫理的思想的片面闡發。當然他也說：「天之生人也，使人生義與利，利以養其體，義以養其心，心不得義不能樂，體不得利不能安。」(《春秋繁露・身之養重於義》)利和義都是不可或缺的。

---

⑭ 在現存秦代文獻中，除了有幾句空泛的讚頌祖宗靈祐之語外，都把秦王朝的建立歸功於秦始皇個人的努力，而與任何「天命」、「神授」無涉。

⑮ 參見于首奎《董仲舒政治思想芻議》，《孔子研究》1988 年第一期。

在哲學思想上，作為董仲舒學說的重要特徵者，是他的「天人感應」的神學目的論。他認為人是天的摹本和複寫，天、人之間聲氣相通，休戚相關。故「國家將有失道之敗，而天先出災害以譴告之；不知自省，又出怪異以警懼之；尚不知變，而傷敗迺至」（《策・賢良第一》）⑯。時代在變遷，大一統的專制皇帝的逆鱗已非孟子所遇戰國之君可犯了，董仲舒是想用神權來限制君權。但他編織了一張形而上的天人關係網，賦予君主承上啟下、圓通萬物的作用，統治者所得，比之所失，當然是實惠得多。並且董仲舒宣揚被孔、孟揚棄了的崇天神學，也使儒學走上宗教化的道路，當然他沒有追求死後的天堂或靈魂的永生。⑰

必須指出，董仲舒的宇宙圖式，注意到生態的平衡，這一點還是極其難能可貴的。

董仲舒還依據五行之氣循環當令的思想，推衍出「三統三正」的歷史循環論，認為歷史上有黑、白、赤三統循環出現主宰社會。但他的循環論只允許改朝代、正朔、服飾，卻不允許改「道」，「若夫大綱，人倫道德，政治教化，習俗文義，盡如故，亦何改者?」（《春秋繁露・楚莊王》）因為「道之大原出于天，天不變，道亦不變」（《董仲舒傳》）。他又提出「性三品」說，認為聖人生來性善，小人生來性惡，中人之性，可善可惡，有「待外教」（《春秋繁露・深察名號》），「斗筲之性」（《春秋繁露・實性》），天生愚蠢，是只能接受統治的。很明顯，他的這些說法，都是出於政治上的考量。

如果說董仲舒的《公羊春秋》「變周之文，從殷之質」（《公羊傳・隱公七年》何注），還是偏於崇尚法治的話，那麼後來漢宣帝立《春秋穀梁傳》為博士，《穀梁春秋》則是完全崇尚禮治的。但正是這個漢宣帝又宣稱，漢家制度一向是雜用霸王道的，不能純任儒家的德教。可見中國傳統社會王朝統治者的思想，主要是儒、法合流的思想，形成於西漢時期，這話是不錯的。⑱

---

⑯ 《董膠西集》卷 1。

⑰ 《史記・游俠列傳》稱「魯人皆以儒教，而朱家用俠聞」，這裏「儒」、「教」兩字連在一起，「教」作動詞解。真正相對於「佛教」、「道教」而言的「儒教」一詞，出現於東漢末年蔡邕為桓帝朝太尉楊秉撰寫的碑文中——「公承夙緒，世篤儒教」（《全後漢文》卷 75），但此「儒教」與嚴格意義的宗教依然是兩回事。

⑱ 參見安作璋、劉德增《論「漢家制度」及其歷史影響》，《光明日報》2002 年 9 月 3 日。

東漢建初四年 (79)，朝廷舉行白虎觀會議，討論「五經同異」(《後漢書・章帝紀》)，事後班固編撰《白虎通德論》(即《白虎通》)，其旨皆在為今文經學推波助瀾。

經學古、今文之爭，實際上還反映了魯學、齊學之爭的背景。魯學興起於儒家發祥地，代表性經典是《魯詩》、《春秋穀梁傳》、《魯論語》等；齊學由魯學所派生，代表性經典是《齊詩》、《春秋公羊傳》、《齊論語》等。魯學求真務實，自然演變為古文經學；而齊學與時俱進，自然演變為今文經學。

經學五經博士的設置，西漢宣帝末年，有 12 人。東漢初年加減至 14 人——《易》四：施、孟、梁丘、京氏；《書》三：歐陽、大小夏侯氏；《詩》三：魯、齊、韓氏；《禮》二：大小戴氏；《公羊春秋》二：嚴、顏氏，都是今文經。由此至東漢末年，博士人數無所增損。此前古文經《春秋左氏傳》、《毛詩》、《逸禮》、《古文尚書》等在西漢平帝時立於學官，《周官經》在王莽時也立於學官。

今文經學曾經一度成為唯一的官方正宗思想，但後來，它就逐步走向衰落，其原因，大體上有如下幾個方面：

今文經學本身有不可克服的缺點，其一為虛妄，董仲舒災異說和後來成哀之世（公元前 33～公元前 1）發展起來的讖緯之學儘管負有一定的歷史使命⑲，卻依附於神學迷信。桓譚（沛國相〈今安徽濉溪西北〉人，約公元前 20～56）就「極言讖之非經」(《後漢書・桓譚傳》)，認為「災異變怪者，天下所常有，無世而不然」(《新論・譴非》)。其二為煩瑣，「分文析字，煩言碎辭」(《劉歆：《移書讓太常博士》) ⑳，一部經書的解釋起碼有數十萬字，沒完沒了，言過其實，不知所云。加上東漢政府不再以今文經取士，而改用徵辟的辦法，士人讀今文經的興趣大減。

另外，今文經學的外部有強敵對它進攻。古文經學一直是今文經學的對頭。今文經學以六經含有「微言大義」，視孔子為政治家；古文經學以六經為史，視孔子為史學家。前者尊孔子為「素王」，後者尊孔子為老師，雖一樣推崇孔子，但推崇的角度不同。事實上「無今文之啟行，則經學無向榮之望；無古文之後殿，則經學無堅久之效」(錢穆：《國學概論・兩漢經

⑲ 參見顧頡剛《漢代學術史略・讖緯的內容》，東方出版社，1996 年。

⑳ 《文選》卷 43。

生經今古文之爭》)。由於古文經學也是有很大優點的，它不談神怪，訓釋簡明，因而逐漸得到了學者的重視和帝王的支持。王莽把古文經《周禮》當作他改制的依據。東漢時古文經學家人才輩出，其中成就最高的是鄭玄（北海高密〈今屬山東〉人，127～200)，他博古通今，兼取二家之長，遍注全部儒經，占領了今文經學的各個陣地。㉑

西漢末年，揚雄（成都人，公元前 53～18）仿《易經》作《太玄》，沿用先秦術數觀念，提出以「玄」為一切事物的本原，「玄」的涵義接近於老子的「道」(詳本書第十九章第一節)，對於董仲舒的神學目的論來說，具有鮮明的異端色彩。

東漢王充（27～約 97)，字仲任，會稽上虞（今屬浙江）人。出身於古文經學。他依據當時自然科學的成就，提出元氣自然論，認為構成世界的基礎是「氣」，亦即元氣，萬物皆因氣而生，天和地都是有形的實體，天地無始無終，不生不死，沒有生命的感覺。天道自然無為，不可能創造萬物，「人偶自生」，「物偶自生」，(《論衡・物勢》）是各種偶然性因素造就了客觀世界的萬事萬物，根本沒有造物主。他運用生活中的常識駁斥了祥瑞、災異等天人感應的謬論，沉重地打擊了今文經學的哲學理論。在漢代，董仲舒是建設性的思想家，而王充則反之，是批判性的思想家。

與今文經學乃至整個經學對立的，還有道家和道教。道家雖在獨尊儒術中給罷黜了，但是作為宗法等級制的否定意識，仍有很大的影響。原始道教正是利用黃老的某些神秘主義思想，並與神仙方術相結合，提出了自己的教義。原始道教後來發展為具有貴族傾向的五斗米道和指導黃巾起義的太平道。黃巾起義不但摧毀了東漢王朝的統治基礎，也使經學陷入了困境。

西晉永嘉之亂，毀滅了幾乎所有的經學典籍，古文經傳因為簡約，儒生背得出，得以繼續流傳，而今文經則除何休（任城樊〈今山東兗州西南〉人，129～182）的《公羊訓詁》外，基本上退出歷史舞臺。

「正始以後，人尚清談，迄晉南渡，經學盛於北方」(焦循：《國史儒林文苑傳議》）㉒。

南北朝時期，南北經學各有特點，「大抵南人約簡，得其英華，北學深蕪，窮其枝葉」(《隋書》卷 75)。

㉑ 黃以周：《答鄭康成學業次第問》，《儆季雜著文鈔》卷 4。

㉒ 《雕菰樓集》卷 12。

漢魏以來人們把傳統政治制度和倫理道德等社會上層建築稱作「名教」，它是儒家學說的核心部分。經學是對名教的一種具體的特殊解釋，經學的式微並不意味著名教的消亡。在老莊思想重新抬頭的魏晉，在佛學思想異常強大的南北朝、隋唐，儒家名教的社會基礎並未動搖。儒家思想對維護傳統倫常所起的作用，遠非其他思想流派所能取代，玄學和佛學思想雖然盛行一時，但與儒家的矛盾都是以妥協、融合的方式而告終。

經學有「師法」和「家法」，師法指一家之學創始人的說經，家法指一家之學繼承人的說經，家法是從師法中分出，總稱「師說」。從漢代到唐代，前後說經的著作極多。漢初治經，僅「訓詁」和「傳」，至宣帝時有「章句」，於是而有家法。在馬融、鄭玄以前，今文經學守章句，古文經學不守章句，馬、鄭始創簡當明瞭的新章句。唐代開國以後，貞觀七年 (633) 十一月，太宗命頒顏師古（琅邪臨沂〈今屬山東〉人，一說京兆萬年〈在今西安〉人，581～645）所訂五經《定本》於天下；接著貞觀十一年 (637)，另命孔穎達（冀州衡水〈今屬河北〉人，574～648）撰寫解釋《易》、《詩》、《書》、《左傳》、《禮記》的《五經正義》。後又有賈公彥等寫《周禮》、《儀禮》、《穀梁》、《公羊》的疏，合為《九經正義》。自此儒經從文字到解釋都有標準本，這就給「遞稟師承，非惟詁訓相傳，莫敢同異，即篇章字句，亦恪守所聞」（《四庫全書總目提要・經部總敘》）的經學作了總結。㉓

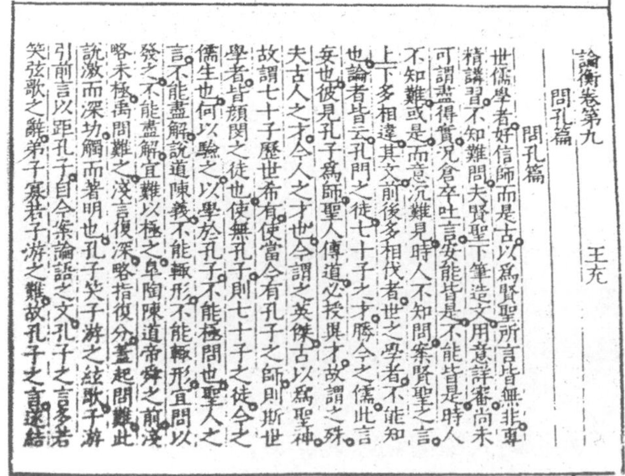
論衡卷第九
問孔篇　王充
問孔篇
世儒學者好信師而是古以為賢聖所言皆無非專
精講習不知難問夫賢聖下筆造文用意詳審尚未
可謂盡得實況倉卒吐言安能皆是不能皆是時人
不知難或是而意沉難見時人不知問案賢聖之言
上下多相違其文前後多相伐者世之學者不能知
也論者皆云孔門之徒七十子之才勝今之儒此言
妄也彼見孔子為師聖人傳道必授異才故謂之殊
夫古人之才今人之才也今謂之英傑古以為聖神
故謂七十子歷世希有使當今有孔子之師則斯世
學者皆顏閔之徒也使無孔子則七十子之徒今之
儒生也何以驗之以學於孔子不能極問也聖人之
言不能盡解說道陳義不能輒形不能輒形宜問以
發之不能盡解宜難以極之皋陶陳道帝舜之前淺
略未極禹問難之淺言復深略指復分蓋起問難此
說激而深切觸而著明也孔子笑子游之弦歌子游
引前言以距孔子自今案論語之文孔子之言多若
笑弦歌之辭弟子寡若子游之難故孔子之言遂結

圖 100　《論衡》書影

漢以來，一直到唐代，在中國哲學史上最有建樹的思想家，應推上文已經提到過的王充。他有《論衡》85 篇，是儒家荀子一派的傳人。除了提出元氣自然論，在認識論方面，王充反復強調人的知識只能通過人的感官與外界接觸得來，他認為人「不能生知，須任耳目以定實情」，「人才有高下，知物由學，學之乃知，不問不識」（《論衡・實知》，下引此書，只注篇名）。王充尖銳地批判了

㉓ 顏師古、孔穎達等人的這項工作，隋、唐之際陸德明的《經典釋文》已經為之奠定了全面的基礎。

當時流行的「聖人先知」論，他在《實知》篇中一連舉了16個例子來證明孔子不能先知，指出孔子是人，而不是神，孔子有些話不完全對，還常常自相矛盾，不必迷信孔子。

王充既重視感性經驗，也重視理性思維，他把理性思維的作用歸結為「詮訂」感性認識的錯誤，他說「信聞見於外，不詮訂於內，是用耳目論，不以心意議也。夫以耳目而論，則以虛象為言，虛象效，則以事實為非」，「是故是非者，不徒耳目，必開心意」。(《薄葬》) 他「疾虛妄」(《佚文》)，倡「真美」(《對作》)，還提出用「效驗」作為檢驗真理的標準：「事莫明於有效，論莫定於有證。」(《薄葬》) 又特別強調學用一致，說：「凡貴通者，貴其能用之也。」(《超奇》) 這些都是對先秦唯物主義認識論的發展。

在社會歷史觀方面，王充肯定歷史是不斷向前發展的，反對厚古薄今，這也是唯物的。不過他又認為國家治亂、個人窮通都是由無法解釋的「命」所決定，他還相信賢愚不肖皆取決於人所生就的「骨相」，這就使他的唯物論露出了嚴重的破綻。

漢末崔寔（涿郡安平〈今屬河北〉人，生年未詳，約卒於170年）在《政論》中，強調從嚴治吏；王符（安定臨涇〈今甘肅鎮原南〉人，約85～162）在《潛夫論》中，明確農、工、商都是治生之正道；荀悅（潁川潁陰〈今河南許昌〉人，148～209）在《申鑒》中，主張德、刑兼施；仲長統（山陽高平〈今鄒城西南〉人，180～220）在《昌言》中，認為「德教者，人君之常任也」[24]，他們都走的是王充的路綫。《昌言・理亂》篇還指出，所謂「天命」，只是爭奪天下的人「偽假天威」的口實而已，這在中世紀，更是非常閃光的傑出思想。

王充曾主張無鬼論，他說「凡天地之間有鬼，非人死精神為之也，皆人思念存想之所致也」(《訂鬼》)。到南朝齊、梁間，范縝（南鄉舞陰〈今河南泌陽西北〉人，約450～約510）著《神滅論》，大大發展了王充的這一學說。《神滅論》認為，精神是肉體的作用，肉體是精神的本質，「神之於質，猶利之於刃。形之於用，猶刃之於利。捨利無刃，捨刃無利。未聞刃沒而利存，豈容形亡而神在?」沒有刀刃，所謂鋒利就不存在，可見精神必須依託於形體，「形存則神存，形謝則神滅也」。[25]

---

[24] 《全後漢文》卷89。

[25] 《全梁文》卷45，《梁書》卷48本傳全錄。

《神滅論》堅持唯物主義的形一元論，是針對當時佛教信仰的泛濫而作的，它有力地揭露了佛教的欺騙性，發揮了積極的作用。此論發表後，引起「朝野諠譁」（《梁書》卷 48），但范縝理直氣壯，辯摧眾口，竟至日服千人。可是《神滅論》又宣揚人的才能是先天生成的，否認知識來源於實踐，這比起王充來，無疑是不容忽視的退步。

與王充一脈相承的思想家，在唐代有柳宗元（河東解〈今山西運城西〉人，773～819）和劉禹錫（洛陽人，一說彭城〈今徐州〉人，772～842）。柳、劉發揮王充以來的元氣自然論，對董仲舒的「天人感應論」作了一次全面的清算。柳宗元還斷然否認憑骨相以定禍福之類的迷信，在這方面，他揚棄了王充的錯誤。柳宗元又認為，社會歷史的發展，是由客觀存在的不以人的意志為轉移的「勢」所決定的。其名作《封建論》肯定了秦始皇用郡縣制取代分封制的功績，指出秦之速亡，「咎在人怨，非郡縣之失也」㉖，秦立郡縣雖是出於私心，但制度本身，卻是「公之大者」（同上）。這是針對秦、漢以來有關「封建」（即分封）和郡縣兩種制度爭論的總結。劉禹錫更提出「天與人交相勝」、「還相用」（《天論上》）的觀點，在他所著《天論》㉗裏，他說「天之道在生植（殖），其用在強弱；人之道在法制，其用在是非」，自然的職能是「生萬物」，人類的職能是「治萬物」，所以「天之能，人固不能也；人之能，天亦有所不能也」。（同上）劉禹錫認為，只要發揮「人能勝乎天者」（同上），實現法制，政治清明，是非有別，賞罰公平，以強凌弱的事情就不會發生，人們就會相信自己的力量而不會去信從天命。他從認識論和社會心理學的角度概括出，混亂而無法制，愚昧而不理解必然，正是有神論產生的思想根源和社會基礎。這種分析的精闢程度是前人所不曾達到過的。

在柳宗元、劉禹錫的生活年代，正是中國佛教的鼎盛時期，柳宗元對佛教缺乏批判，但他並不佞佛，也不滿意佛教在社會生活中的不良影響；另一方面，他比較注意從佛學中吸取一些合理的因素，認為其中有的觀點與儒家並不矛盾。劉禹錫則對佛教的空宗提出異議，認為離開具體事物去理解「空」的觀念，或者死抓住「空」而不承認「有」，都是不對的。他還從時間的連續性角度批判了佛教的「三生轉世」說，指出具體的時間都可

㉖ 《柳河東集》卷 3。

㉗ 《劉賓客集》卷 5。

以分解為開始、中間、結束 3 階段，不論長短時皆然，「三相」是互相包含的無窮層次，而不是可以截然分開來的並列關係，這是對佛教關於「前世」、「今世」和「來世」三世輪回的說教的有力批駁。

第三節　宋明理學㉘

儘管宋初學術，「猶漢唐注疏之遺也」（皮錫瑞：《皮氏八種・經學歷史八》），但早在唐代，由於《正義》和《定本》的頒行，儒家學說受到了嚴重的束縛，少數不甘屈服的學者，揚棄「唯經」、「唯上」的家法，憑己意說經，已開了不拘訓詁舊說的新學風。到了北宋，由於社會經濟和自然科學的發展，更為了適應新王朝強化倫理綱常的需要，儒家的思想家們，在儒、釋、道三家長期相互鬥爭、相互融合的經驗基礎上，以孔孟救時行道的義理學說為主，融合道家的玄理、佛家的心性，從「捨傳改經」到「疑經攻經」，建立了新時期的新儒學——即所謂「理學」。理學從南宋末年開始，在思想界的統治，一直維持到明代乃至清代。

唐代韓愈（河陽〈今河南孟州南〉人，768～824）是個大教育家，他講過「人非生而知之者，孰能無惑，惑而不從師，其為惑也，終不解矣」，「道之所存，師之所存也」，(《師說》) ㉙「業精於勤而荒於嬉，行成於思而毀於隨」(《進學解》)，主張學習包括「德」、「藝」兩個方面，即德育和智育，不能空談道德，要學有實用、有能辦實事的本領。這些學術見解，都是很可取的。但韓愈在中國古代學術思想史上，卻還有更重要的建樹，那就是——一. 他建立了從堯、舜到孔、孟的儒家道統；二. 他發展了董仲舒的性三品說。他用「道統」來與佛教的「法統」對抗，用「性三品」來與佛教的「人人皆有佛性」對抗，目的都是為了與佛教作鬥爭。韓愈並且闡發了性接於外物而生情的「因情見性」論（《原性》），以排斥佛教的禁欲主義。稍後，李翱（隴西成紀〈今甘肅秦安西北〉人，772～836）把韓愈的「因情見性」的性、情二元論改造成為性善情惡論，他認為只有取消

㉘ 本節之撰寫，基本框架依張立文《中國哲學認識史上的躍進——宋明理學》，見《文史知識》1988 年第六期。

㉙ 《昌黎先生集》卷 12。下文引《進學解》，同；引《原性》、《原道》，則皆見同書卷 11。

人的情感活動，才能使人恢復本性，於是他提出了「滅情復性」(《復性書》)[30]的口號。李翱還把《禮記・大學》中的「格物致知」解釋為「物者，萬物也。格者，來也。物至之時，其心昭昭然，明辨焉，而不應於物者，是致知也，是知之至也」，「視聽昭昭而不起於見聞者，斯可矣。無不知也，無弗為也，其心寂然，光照天地，是誠之明也」。(《復性書》中）這就是說，萬物來到眼前，眼雖在看，耳雖在聽，可是始終保持清明，不為外物所動，感覺和理性隔絕，達到一種「誠明」的境界，就可以認識天地萬物的至理了。如果把李翱的「滅情復性」、「格物致知」與佛教禪宗的「無念」、「無住」(《壇經・定慧品》）相對照，不難看出，兩者十分接近。只不過李翱沒有丟掉儒家的入世精神而已。從李翱開始，實際上出現了儒、佛的正式的合流。

韓愈還在他的《原道》中特別摘引了《禮記・大學》「古之欲明明德於天下者……」的一段話來說明儒家「將以有為也」的理想[31]；而李翱《復性書》則又強調了《禮記・中庸》的「盡性命之道」，認為足以雄視「莊、列、老、釋」。[32]

應當說，韓愈和李翱的努力，是宋明理學的先導。

中國傳統社會的思想文化，歷來需要找到政治靠山，才得大行其道。趙宋統治者對孔子相當崇敬，儒家受到高度重視，有了這種政治上的支持，理學開始興起。當時社會環境比較寬鬆，因此宋儒的心態是開放的，他們以學術為天下之公器，到處尋求對話，尋求思想的交鋒。於是周敦頤（道州營道〈今湖南道縣〉人，1017～1073）提出《太極圖》，論證「太極」和「無極」兩個基本概念；邵雍（其先范陽〈治今河北涿州〉人，幼隨父遷共城〈今河南輝縣〉，1011～1077）構築《周易》先天象數學；張載（鳳翔郿縣〈今陝西眉縣〉橫渠鎮人，1020～1077）論「氣」充塞「太虛」間，為萬物本體，可稱「氣學」；程顥、程頤兄弟（洛陽人，程顥：1032～1085；程頤：1033～1107）大談「天理」，程顥重明心見性，用理來界說天的概念，程頤重格物致知，用理來規定人的本性；南宋朱熹（徽州婺源〈今屬江西〉人，1130～1200）繼承程頤的學說，以「理」、「氣」並行，廣採博取，建

---

[30] 《李文公集》卷1～3。下文引《復性書》中，見同書卷2。

[31] 參見侯外廬主編《中國思想史綱》第228頁，上海世紀出版集團，2008年。

[32] 《李文公集》卷1。

立了集大成的唯心主義體系，人稱「程朱理學」；與朱熹同時的陸九淵（撫州金溪〈今屬江西〉人，1139～1193），發揮孟子和程顥的學說，講「宇宙便是吾心，吾心便是宇宙」（《雜著・雜說》）㉝，建立了主觀唯心主義體系；㉞明代王守仁（浙江餘姚人，1472～1529）又發展了陸九淵的體系，人稱「陸王心學」。在其間，程朱派是主流，一直處於支配的地位。理學講道統，本來應稱「道學」，因為程朱派主「理」，所以約定俗成稱「理學」。

圖 101　朱熹像　見明萬曆版《朱氏家譜》

理學以「道體」和「性命」為核心，以「窮理」為精髓，以「主靜」、「居敬」為存養的工夫，以齊家、治國、平天下為實質，以「為聖」為目的。在「道」方面，重建了儒家的人文信仰；在「學」方面，拓展了儒家的知識系統；在「術」方面，完成了儒家的生活實踐。

周敦頤是理學的開山祖，他對老子的「無極」、《易經》的「太極」、《中庸》的「誠」，以及五行陰陽學說等思想資料進行熔鑄改造，提出「無極而太極」（《太極圖說》）㉟的本體論、「物則不通，神妙萬物」（《通書・聖學》）的動靜觀和「主靜立人極」（《太極圖說》）、「尋孔顏樂處」（《宋史》卷 427）的倫理觀，對從宇宙生成、萬物變化到建立符合地主制封建統治秩序的人倫道德標準等諸多問題，都作了詞約義豐的概括。

邵雍參雜《易傳》關於八卦的解釋和道教思想，把宇宙發生過程歸結為「象」和「數」的潛化過程——太極生陰陽，陰陽生四象，四象生八卦，八卦生萬物。他認為太極永恆不變，而天地萬物則有消長，人類社會分為「皇」、「帝」、「王」、「伯」4 個時期，「三皇，春也；五帝，夏也；三王，秋也；五伯，冬也」（《皇極經世》卷 12《觀物篇六十》）一代不如一代，這與古代西方哲學家對「黃金時代」、「白銀時代」的描述有些相似。

由於周、邵之學與道教有深厚的淵源關係，其中周敦頤的《太極圖》，

㉝　《陸九淵集》卷 22。

㉞　相對於陸九淵的主張「心即理」，朱熹則主張「性即理」，「性即理」和「心即理」之間的區別，規定了前者是客觀唯心主義而後者是主觀唯心主義。

㉟　《周濂溪集》卷 1。下引《通書・聖學》見同書卷 2。

明白無疑是對道教《無極圖》的改頭換面，這在一方面吸取佛、道思想入己說，一方面又公開反對佛、道的理學家中間，難免發生一些爭議。陸九淵就斷言周說以「無極」加於「太極」之上，不合儒家宗旨。對此朱熹加以解釋：「周子所謂無極而太極，非謂太極之上別有無極也，太極只是一箇實理」；「無極而太極，正所謂無此形狀，而有此道理耳」。(《太極圖說解・集說》) 經過這樣的解釋，周敦頤的《太極圖說》既克服了玄學、佛教空無本體的理論局限，又改造了董仲舒以「天」為主宰的粗糙神學，建立了以「理」為本體的宇宙觀。不過周敦頤的理本論，只是在得到朱熹的解釋之後才開始明朗起來。而朱熹的解釋周說，是吸收了二程的思想，實際上理本論的真正創建人乃是二程。應當說，在周敦頤那裏，最高的哲學範疇是太極，他對理，只是泛泛提出而已。到了二程手裏，理——即天理，才成了他們大談特談的東西。二程所謂「理」，具有下列特點：一. 理不為堯存，不為桀亡，是永恆存在的；二. 理包括自然方面的理，又包括人事方面的理；三. 理是先事物就有的，所有事物都為理所派生；四. 一物有一物之理，一物之理又是萬物之理。顯然，二程所謂的理，不同於現在通常所說的事物的規律，而是具有精神性的本體的意義，因為規律不能生萬物，只有本體才能如此。二程認為天理不生不滅，無所不在，「在天為命，在義為理，在人為性，主於身為心，其實一也」(《河南程氏遺書》卷 18，下引此書，不注全稱)，提出了理和性的合一之學，充分體現了本體論和倫理學的統一。

在這裏必須著重討論的是張載。張載肯定「氣」是唯一充塞於宇宙的物質實體，認為「太虛無形，氣之本體，其聚其散，變化之客形爾」(《正蒙・太和》)。在談到氣的變化之理時，他認為「萬物皆有理」、「理不在人，皆在物」，(同上) 它具有客觀性，而不是脫離物質世界的主觀精神。在本體論方面，張載是唯物主義者。

張載的認識論，屬於二元論，他肯定人的認識來源於客觀事物，「感亦須待有物，有物則有感，無物則何所感」(同上)，「人本無心，因物為心」(《語錄》) ㊱。但他又把認識分為「見聞之知」和「德性之知」兩類 (《正蒙・太心》)。有時候他乾脆把「德性之知」稱為「天德良知」，說「誠明所

㊱ 見《張子全書》卷 12；下引《正蒙・太心》、《正蒙・誠明》，見同書卷 2；《西銘》，見同書卷 1。

知，乃天德良知，非聞見小知而已」(《正蒙・誠明》)。

從而張載在倫理學上，把人性分為先天的「天地之性」和後天的「氣質之性」，(同上）認為除了聞見和窮理之外，還有更重要的窮性——即通過道德修養來改造人的氣質，藉以恢復人的天性。他又提出「民吾同胞，物吾與也」(《西銘》) 的口號，言人人都是天地（亦即氣）所生的同胞，萬物都是天地安排的朋友，人類不能以犧牲天地萬物為代價來謀求自己的單獨發展，「立必俱立，知必周知，愛必兼愛，成不獨成」(《正蒙・誠明》)，這就把傳統的儒家仁學具體化了，因此受到歷史上學者的普遍讚揚。

也正是在上述過程中，張載完成了他的「氣」和「性」的合一之學，同樣體現了本體論和倫理學的統一。

在程、張學說的啟發下，朱熹構築了「理」、「氣」不離不雜、相依相合的體系。朱熹認為「太極理也，陰陽氣也」,「太極生陰陽，理生氣也」,「有是理便有是氣，但理是本」。(《朱子語類》卷 1）這樣，倫理綱常既上升為理的本體世界，又表現在現象世界，克服了程、張的強調一面之失。他在完善了理本論之後，又進一步建立和發揮了「理一分殊」的學說。他認為「萬個」事物之理，全具於「一個」本體之理。他用「月印萬川」作比喻，說「如月在天，只一而已，及散在江湖，則隨處可見，不可謂月已分也」。(同上卷 94）這種理論來源於佛教華嚴宗的「一多相由成立」(法藏:《華嚴經義海百門・鎔融任運門第四》)。華嚴宗通過「一即十，十即一」(法藏:《華嚴一乘教義分齊章》卷 4）的論證，否認事物的差別和矛盾。朱熹則通過「理一分殊」來論證「理只是這一箇，道理則同，其分不同，君臣有君臣之理，父子有父子之理」,「未有這事，先有這理」,(同上卷 6）從而把三綱五常之類說成是先天存在的天理。本來董仲舒只是主張天人感應，朱熹則直接把天理等同於人理，用道德化的天理來論證人世道德。在宋代以前，儒家的天命論還比較流行，往往把個人的窮通貴賤，說成是命該如此。理學家則不再強調命，而說成是理該如此或分該如此。只要接受了這種理論，人們就會自覺遵守三綱五常之類的秩序，把對君王的幻覺與對自然之天作用的幻覺結合起來，這就使得傳統儒學的理論價值和社會效果，大大地加強和提高起來。

但朱熹的理論，有個無法自圓其說的嚴重破綻，理既然是超感性現實的先驗本體，那又怎樣返回現象世界呢? 所以，從「道體」上看，陸、王都曾出入程、朱，可是陸、王卻看出了程、朱把理和氣、太極和陰陽這些範疇分而為二是錯誤的，反過來強調了兩者的合而為一。在這裏，陸、王與程、朱一樣，都是片面的。真正能解決這個問題的，是明末清初的王夫之。王夫之在陸、王「合一」說的啟發下，提出了「氣」為「理」的基礎的觀點，糾正了以往哲學的錯誤，但那時整個理學已完成了歷史使命。

總起來說，宋明理學在思想淵源上是儒學與佛、道合流的產物，[37]在合流過程中，理學吸收了佛、道哲學的思辨性養料，而排斥了佛、道的宗教神秘性，使儒學思想的思維水平經歷了一次顯著的飛躍，又不失其本來面目。理學在哲學上的主要成就，在於構築和完善了儒家哲學的本體論。自子貢以來，「夫子之言性與天道，不可得而聞也」(《論語・公冶長》)，能理解的人不大有，[38]所謂「六籍雖在，固聖人之糠秕」(《三國志・魏書・荀彧傳》裴注引「何劭……曰」)，傳統儒學一直未能發展其形而上之學，理學彌補了這一不足。[39]

在認識論上，程朱派主張「即物窮理」，雖然程頤說「見聞之知，乃物交而知，非德性所知，德性所知，不待於聞見」(《河南程氏粹言》卷 2)，但是他又說不能只格一物便可通眾物之理，「須是今日格一物，明日格一物，積習既多，然後脫然有貫通處」(《遺書》卷 18)，這在客觀上賦予了「格物致知」以觀察外部世界一切事物並探討其規律的意義。特別是朱熹，在當時陳亮（婺州永康〈今浙江金華〉人，1143～1194)、葉適（溫州永嘉〈今屬浙江〉人，1150～1223）等事功學派思想家影響下，他也注意「實事實功」。朱熹自稱其學為「實理之學」，認為一書不讀，缺了一書道理；一事不窮，缺了一事道理；一物不格，缺了一物道理，所以他非常重視調查觀察。如講到曆法，他指出：「蓋欲其詳，即須仰觀俯察乃可驗。」(《答蔡季通》)[40]朱熹要求認識事物的客觀規律，他說「麻麥稻粱，甚時種甚時收，地之肥，地之磽，厚薄不同，此宜植某物，亦有其理」(《朱子語類》卷 18)，

[37] 隋代王通（絳州龍門〈今山西河津西〉人，584～617）就曾說過「三教於是乎可一」(《中說・問易》)之類的話，主張為了實現儒家的理想，不妨結合佛、道二家之所長。

[38] 參見李學勤《中國學術的源起——兼談孔子之「集大成」》，《光明日報》2008 年 6 月 30 日。

[39] 近年來發現的郭店簡和上博簡，都有屬於儒家著作的《性情論》，討論的完全是「性」與「天道」的問題，但不知何故，後來竟長期失傳。

[40] 《晦庵先生朱文公續集》卷 2。

不可加以忽視。朱熹對自然科學有多方面的研究。但朱熹的失足點在於，他所講的「理」是強加於自然萬物的，而不是首先從自然萬物中概括出來的。朱熹的「理」，如上文所指出，本質上是為傳統專制主義服務的。在專制政治下，統治者急其所用而取其所需，把朱熹的實學精神棄置不問了。而陸、王派儘管對自然科學同樣有興趣，並不否定對於宇宙萬物的研究，但無論陸九淵還是王守仁，他們更多地受禪宗影響，認為心就是理。陸九淵說：「致知在格物，格物是下手處。……萬物皆備於我，只要明理。」（《語錄下》）㊶「先發明人之本心，而後使之博覽。」（《年譜》）王守仁說：「自聖人以至於愚人，自一人之心以達於四海之遠，自千古之前以至於萬代之後，無有不同是良知也，是所謂天下之大本也。」（《書朱守乾卷》）㊷他們把程、朱的「格物」斥為「支離」㊸，專門求諸「本心」、「良知」的發明和發現。而「本心」、「良知」的發明和發現，則多半是個人的一些神秘經驗，可悟得而不可言說。王守仁由「良知」是心的本體出發，導出「知是行之始，行實知之成」（《傳習錄》上）的「知行合一」說，從而混淆了「知」與「行」的界限，否定了「行」的客觀性和「行」在認識論中的決定性作用。當然「良知」說並非佛家的「頓悟」說，並且後來王守仁也意識到了「良知」說的弊端，表示深為憂慮。所以他更強調「事上磨練」，說「吾儒養心，未嘗離卻事物」（《傳習錄》下）。可是他「磨練」、「養心」的目的，仍然在於發現「良知」，片面追求自我與社會的和諧，希望由此達到聖人滿街，天下大治，以至局限了眼光。當王守仁在他父親官署裏「取竹格之」（《年譜》一）的時候，西方的麥哲倫（Fernão de Magalhães, 約 1480～1521）正在大洋上乘風破浪，結果人家是開闢了新航綫，王守仁卻是大病了一場。這場大病造成了他對朱熹之學的否定，可是他歸根到底，只是理論家，不是實踐家，只是學問家，不是實業家。王守仁說「良知愈思愈精明」（《傳習錄》下），他「為聖」的心太切，妨礙他走向自然科學。

㊶　《陸九淵集》卷 35；下文引《年譜》，見同書卷 36。

㊷　《王文成公全書》卷 8。下文引《傳習錄》上、《傳習錄》下、《年譜》一分別見同書卷 1、卷 3、卷 32。

㊸　南宋淳熙二年（1175），陸九淵和朱熹在信州（今江西上饒）鉛山鵝湖相會。陸作詩云：「易簡功夫終久大，支離事業竟浮沉。」他自居「易簡功夫」而指朱熹之學為「支離事業」，見《陸九淵集・年譜》。

不過，在包括理學在內的傳統文化的滋潤下，宋元時代中國自然科學領域更加人才輩出，大放異彩，卻是不爭的事實。中國傳統社會自然科學家們勤於觀察、善於推類、精於運數、明於求道、重於應用、長於辨證的治學特點，很大程度上無疑得益於理學的推動和啟迪。例如元代著名的「四元術圖式」，以「元」即常數項居中，上下左右為天、地、人、物即未知數，這裏由常數項求解未知數，其思路，應該是從張載的元氣化生萬物而來的。

理學最使後人詬病的一點，是強調天理與人欲的對立。[44]理學家認為人要實現其價值，必須與欲望作鬥爭，各自按等級地位做應該做的事情。「為天地立心，為生民立命，為往聖繼絕學，為萬世開太平。」（朱熹、呂祖謙《近思錄・為學第二》輯「橫渠曰」）理學家抱負很大，但就是忽略了人的權利。他們當然也不乏肯定人們物質生活要求方面的言論，但卻片面發展孟子的寡欲主張，又從佛教吸收了禁欲主義思想，往往更傾向於對正當的人欲採取嚴厲的排斥態度，孔孟傳統的仁學，這時候變成了束縛人性的枷鎖。如本書第十章第二節所述，過去，婦女改嫁是比較自由的，宋代以後卻受到輿論的非難，這與理學家的宣傳有關。程頤的「餓死事極小，失節事極大」（《遺書》卷 22 下），後來被奉為必須恪守不渝的金科玉律。在中世紀，東、西方都實行禁欲主義，但西方的神學禁欲主義經過文藝復興運動的衝擊向近代心理文化形態轉變，而中國的理學禁欲主義雖經晚明思想解放運動的衝擊，反而更加禁錮人心，這在文化史上，實在是發人深思的問題。但是無論如何，比起神學來，理學把彼岸移到了此岸，堅執彼岸就在此岸之中，應當說，仍然是對「人類理智發展和幸福提高的貢獻」（馮友蘭：《宋明道學通論》）。[45]

理學發揮先秦孔、孟的德治思想，如朱熹認為：「政者，為治之具；刑者，輔治之法。德禮則所以出治之本，而德又禮之本也。」（《論語集注》卷1）他把政刑的所以然之故歸結於德和禮，這是傳統儒家的理念。因為德是一種內在的善，所以他又說：「為政以德，則無為而天下歸之。」（同上）作為施政原則，朱熹此言，當然是無可挑剔的。

上文已經說過，理學的最初形成氣候，是在北宋年間，當時學術空氣

---

[44] 理學「存天理、滅人欲」這一概念在字面上可以追溯到《禮記・樂記》：「人化物也者，滅天理而窮人欲者也。」

[45] 刊《哲學研究》1983 年第二期。

比較自由，各種新學說都能脫穎而出。而隨著熙寧變革運動的醞釀和高漲，在學術界先理學而占主導地位者，則有以王安石為代表的「新學」㊻和以蘇軾及其父蘇洵、弟蘇轍為代表的「蜀學」。這一點，甚至連朱熹也認為，學者必須兼習 3 派著作，才能使「先王之道得以復明於世」(《學校貢舉私議》) ㊼。

王安石推崇孔子，以儒學自居，他也大談理學家們所常說的理、氣、性、情等問題，立足義理之學，但卻與二程等走著不同的路綫。王安石認為，天地萬物由金、木、水、火、土 5 種元素組成。他把老子客觀精神性的「道」解釋為物質運動的規律。他指出事物內部存在的對立面是引起變化的原因，事物有無限可分性，事物的變化運動沒有盡頭。他又提出「新故相除」(楊時:《王氏字說辨》引《字說》) ㊽——即相當於新陳代謝的命題，作為他推行新法的理論根據。

王安石認為人有自然稟賦的認識能力，但認識的正確與否，取決於主觀努力。

他不贊成孟子、荀子和李翱的人性論，認為人性無所謂善惡，善惡是環境和習慣的產物，人性可以產生仁、義、禮、智、信，但這「五常」並不等於人性。對孔子的「上智下愚不移」(《論語・述而》)，他把「不移」解釋為主觀上不去改變，並非客觀上不能改變。他承認人的天賦有不同，但更強調後天的教養。

至於當年王安石的反對派拼湊他的言論，有「三不足」之說:「天命㊾不足畏，祖宗不足法，人言不足卹」(邵伯溫:《聞見錄》卷 13)，則恰恰反映了他堅持真理、堅持進步、追求事功的執著精神。

王安石是個大政治家，他認為治國應當著重理財，「政事，所以理財，理財乃所謂義也」(《答曾公立書》) ㊿，歷史上曾經實際掌握政權的儒家思想家中，他是公開講求財利的第一人。在他以前以儒者而掌握實際政權的

㊻ 元祐元年 (1086) 十月，國子司業黃隱覬時迎合，欲罷王安石經義，結果遭致群攻，連一向反對變法的呂陶、劉摯等人皆有奏劾。見蔡上翔《王荊公年譜考略》卷 24。

㊼ 《晦庵先生朱文公文集》卷 69。

㊽ 《龜山集》卷 7。

㊾ 《宋史》卷 327 作「天變」。

㊿ 《王文公文集》卷 8；下文引《上皇帝萬言書》，見同書卷 1。

唐代的劉晏，曾以「知所以取人不怨」(《新唐書》卷 149) 和運用商業原則，成功地管理國家財政，但並未公開講求財利。王安石強調生產和財政的統一，把財政作為摧抑兼并的工具，他的財政政策是「因天下之力，以生天下之財；取天下之財，以供天下之費」(《上皇帝萬言書》)，傾向於多依賴經濟收入，少依賴賦稅收入，並且不以通貨膨脹作為彌補赤字的手段。王安石說：「善理財者，民不加賦而國用饒。」。(《司馬文正公傳家集》卷 42 錄「邇英奏對」) 他已經知道可以用信用借款的辦法來刺激經濟成長，確認當生產發展貨物流通之際，即使用同一稅率也能收到增稅效果，只可惜他所處時代還沒有進到相應的階段，他的設計施之局部地區縱獲成功，推廣於全國範圍就力不從心了。[51]

與王安石持不同政見的蘇軾 (1037～1101)，字子瞻，號東坡居士，眉州眉山 (今屬四川) 人，他具有多方面的成就，主要在文學藝術領域，而其所倡蜀學，追隨者多為當時知名人士，所以聲勢也很浩大。比起周、程的理學來，蜀學的顯著特點是鮮明地打出了儒、佛、道三家融合的旗號。蘇軾的商業思想有很精彩的地方，他鼓勵商業經營，提倡農、商俱利。他對貿易的認識是比較深刻的，關於商業往來中的賒購、賒賣等方式，他也已有所論述，「夫商賈之事，曲折難行。其買也先期而予錢，其賣也後期而取值。多方相濟，委曲相通，倍稱之息，由此而得」(《上神宗皇帝書》)[52]。他是中國歷史上較早明確地提到這個問題的思想家。

王、蘇之後，到了南宋，仍然有一批學者，與理學家分庭抗禮。

陳亮在政治上堅持抗戰，力主變法。在哲學上，主張道理就是從具體事物產生的規律。在社會倫理方面，提倡講求實效的「事功之學」，對那些口誦道德性命，一旦大敵當前，卻拱手無為的理學家們，進行了辛辣的批判。理學家認為，天理是義，人欲是利，二者不可並立。陳亮駁斥說，義就是最大限度地滿足百姓所需要的利，所以天理人欲不可分，義和利並不矛盾。陳亮強調功利，認為漢高祖、唐太宗「洪大開廓」(《甲辰答 (朱元晦) 書》)[53]，有成功和濟世之能，因時制宜，開拓宏業，就是一代英雄，反對理學家對他們的無端貶低。

[51] 參見黃仁宇《中國大歷史》第 155～159 頁，三聯書店，2007 年。

[52] 《蘇軾文集》卷 25。

[53] 《龍川先生文集》卷 20。

葉適在政治上也主張抗戰，他嚴正地指出：「夫北虜乃吾讎也，非復可以夷狄畜；而執事者過計，藉夷狄之名以撫之。」（《外論二》）[54]顯然，他揭示了一條重要的政治理論準則。在哲學上，他認為衡量是非真假的標準，應當是「詳考天下之事物而不謬」，否則其理論沒有任何意義，「無驗於事者，其言不合；無考於器者，其道不化。論高而實違，是又不可也」（《進卷·總義》）。葉適和陳亮一樣強調功利，認為「為文不能關教事，雖工無益也；篤行而不合於大義，雖高無益也；立志而不存於憂世，雖仁無益也」（《贈薛子長》）[55]。

陳亮和葉適，都是浙東人，所以他們的學派稱為「浙東學派」。浙東學派遭到理學朱、陸兩派的圍攻，但卻在明、清之際的實學思潮中，獲得了普遍的同情和讚揚。

第四節　從晚明到清代鴉片戰爭爆發以前儒家思想的自我調整[56]

朱熹的《四書集注》，從元代到清代，一直是科舉考試的法定標準，統治者推崇朱學，原因這裏不再贅述。而生活在自然經濟中的小農，過著靠天吃飯的日子，他們需要的，正是朱熹所說的「天理」和天理的體現者——高高在上的君王，所以對朱熹之學也頗感滿足。朱學末流「空談性命」，到明代已經相當僵化。王守仁用心學來挽救朱學之弊，雖然王學有簡易的特點，又有精密的論證，其理論比朱學更加成熟；並且王守仁講「心即理」，在客觀上，他把一切都歸結於心，也可以具有更多的感性內容。王守仁說：「夫道，天下之公道也；學，天下之公學也。非朱子可得而私也，非孔子可得而私也。」（《答羅整菴少宰書》）[57]給沉寂的思想界灌輸了一股新鮮空氣。但正如黃宗羲在《明儒學案》卷10中所指出的那樣：「『天理人欲』四字，是朱、王印合處。」「尊德性」也好，「道問學」也好，王守仁與朱熹還

[54] 《水心別集》卷4。下文引《進卷·總義》，見同書卷5。

[55] 《水心先生文集》卷29。

[56] 本節之撰寫，基本框架依葛榮晉《宋明理學與近代新學之間的橋梁——明清實學》，刊《文史知識》1988年第六期。

[57] 《陽明先生集要》「理學編」卷4。

是殊途而同歸。58所以儘管他賦予主體以重要意義，結果卻很快走向極端的主觀唯心主義，致使明帝國在無法擺脫的思想危機中加速了覆亡的步伐。清王朝繼續崇用朱學，但朱學這時早已成了時代前進的絆腳石。

針對這種情況，明、清之際的進步思想家，經過了痛苦的反思，認識到「救弊之道在實學，不在空言」（顏元：《存學編》卷 3），掀起了一股「崇實黜虛」的思想潮流。在意識形態領域，對程朱理學、陸王心學和佛、道思想體系進行了全面的檢驗。他們譴責朱熹「主敬習靜」之說是「分毫無益於社稷生民」的「曲學」、「異端」，（同上：《習齋記餘》卷 9）王守仁「以良知為門庭」是「禍烈於蛇龍猛獸」。（王夫之：《老子衍・自序》）倡言「生我者欲也，長我者欲也……舍欲求道，勢必不能」（唐甄：《潛書・性功》），揭露了後儒的以「理」殺人。公開提出反對以孔子之是非為是非，而聲稱「以吾心之是非為是非」（李贄：《藏書・世紀列傳總目前論》）。認為「謂聖人不欲富貴，未之有也」，「堯舜與途人一，聖人與凡人一」。（同上：《明燈道古錄》卷上）在社會政治領域，抨擊了當時社會的腐敗黑暗和統治者的昏庸無道，批判了傳統專制主義和各種禁錮人性的陳規陋俗，直至指出「為天下之大害者，君而已矣」（黃宗羲：《明夷待訪錄・原君》），「自秦以來，凡為帝王者，皆賊也」（《潛書・室語》），「近者二三十年……殺人之事，帝王居其半」（《潛書・鮮君》），可謂大膽到極點。59他們並且更明確了中國傳統社會政治環境的局限性，深刻地一針見血地論斷說，歷史上每次稅費改革後，過不了多久，農民負擔必然會趨向改革目的的反面，成為「積累莫返之害」（《明夷待訪錄・田制上》），此即今人亦為之頭痛的著名的「黃宗羲定律」。

這股思潮提倡經世思想。萬曆宰相張居正呼籲要「掃無用之虛詞，求躬行之實效」（《陳六事疏》）60，認為「務農講武，足食足兵，乃今日所最

58 論者以為陸、王「尊德性」而程、朱「道問學」，這兩者的差別，還是朱熹自己說得好：「尊德性，所以存心而極乎道體之大也；道問學，所以致知而盡乎道體之細也。」（《四書章句集注・中庸章句》第二十七章）他也意識到兩者不能去其一。

59 兩晉之際，鮑敬言著《無君論》，早已指出「有司設，則百姓困；奉上厚，則下民貧」（見葛洪《抱朴子・外篇・詰鮑》），認為君主和人民是一對不可調和的矛盾，應是這一思想的先驅。

60 《張太岳集》卷 36。下文引《答總憲吳太恆》，見同書卷 25；《辛未會試程策二》，見同書卷 16。

急者，餘皆迂談也」（《答總憲吳太恆》）。「時宜之，民安之，雖庸眾之所建立，不可廢也；戾于時，拂於民，雖聖哲之所創造，可無從也」（《辛未會試程策二》）。呂坤（河南寧陵人，1536～1618）公開宣言「儒者唯有建業立功是難事，自古儒者成名，多是講學著述，人未嘗盡試所言，恐試後縱不邪氣，其實成個事功不狼狽以敗者，定不多人」（《呻吟語・品藻》）。黃道周（福建漳浦人，1585～1646）坦陳，千里之行，要緊的是去躬行，去實踐。晚明東林黨人標榜以「國事、天下事」為己任。黃宗羲（浙江餘姚人，1610～1695）的《明夷待訪錄》，顧炎武（崑山〈今屬江蘇〉人，1613～1682）的《日知錄》和《天下郡國利病書》，都是一代「明道」、「救世」（顧炎武：《與人書二十五》）[61]之作。清代「漢學」復興，鴉片戰爭前夕，隨著國事日非，於吳、皖兩派之外，後起的常州學派果斷地拋棄了復甦已久、只有具體成果沒有思想體系的古文經學傳統，轉而研究與政治結合較緊密的今文經學，《公羊》學的研究者龔自珍（浙江仁和〈與錢塘同治今杭州〉人，1792～1841）、魏源（湖南邵陽人，1794～1857）一致提出了改革朝政的要求。龔自珍目擊「日之將夕，悲風驟至」（《尊隱》）[62]的時局，直接針對統治集團拒絕任何改革的頑固態度警告說:「拘一祖之法，憚千夫之議，聽其自隊，以俟踵興者之改圖爾！一祖之法無不敝，千夫之議無不靡，與其贈來者以勁改革，孰若自改革！」（《乙丙之際著議第七》）魏源則不但研究中國，而且放眼世界，編輯《海國圖志》[63]，分析國際形

圖 102　杭州龔自珍紀念館

[61] 《亭林文集》卷 4。

[62] 《龔自珍全集》上冊第 87 頁，下引《乙丙之際著議第七》，見同書第 6 頁，中華書局，1959 年。

[63] 《海國圖志》100 卷為魏源所編，其中除《籌海篇》外，另有一小部分文字，亦係魏

勢，認為要對付外敵侵略，必須改變因循守舊的態度，做到「師夷之長技以制夷」（《籌海篇·議戰》）。

這股思潮伸張科學精神。明末以來的有識之士很重視科學研究。陳確（浙江海寧人，1604～1677）肯定學習和實踐對認識的重要作用，說「物之成以氣，人之成以學」（《瞽言·性解下》）。方以智（南直隸桐城〈今屬安徽〉人，1611～1671）強調哲學不能離開科學，反對「離氣以言理」，「離器以言道」。（《物理小識·總論》）黃宗羲提出「小疑則小悟，大疑則大悟，不疑則不悟」（《答董吳仲論學書》）(64)。顧炎武對全國各地山川形勝、人情風俗和經濟情況瞭如指掌。顏元（直隸博野〈今屬河北〉人，1635～1704）更多地涉及了自然科學，對「兵、農、錢、穀、水、火、工、虞、天文、地理無不學」（《四書正誤》卷 2）。魏源從生態環境來認識水患，說長江「下游之湖面、江面日狹一日，而上游之沙漲日甚一日，夏漲安得不怒，堤垸安得不破，田畝安得不災」（《湖廣水利論》）(65)，他的分析，已經抓住了水災發生的要害。乾嘉考據學派提倡參互考驗、巨細畢究、不以人蔽己、不以己蔽人的樸實學風，以實事求是、無徵不信為宗旨，運用科學歸納法，在文字音韻、名物訓詁、版本校讎、目錄分類、辨偽輯佚、數學天文等方面取得了豐碩的成果。其中惠棟（江蘇吳縣〈與長洲同治今蘇州〉人，1697～1758）詳博，宗漢，創吳派，戴震（安徽休寧人，1724～1777）深刻，不佞漢，創皖派，戴震的《孟子字義疏證》，取材嚴而論斷精，不僅是考據名著，也是哲學名著，還原了儒家修己安人、與時俱進、絕不獨占真理的元典本旨。還有以今紹興、寧波地區為大本營的浙東派，其學術方向主要是治史，同時也治經，但折中漢、宋，已不同於正統的乾嘉考據學。當時以子學研究代替經學獨尊，以專事訓詁名物的漢學代替以己意解經的宋學，風氣所動，清代中期編成了非常規模的類書《古今圖書集成》和空前規模的叢書《四庫全書》。這兩套書籍的編輯工作，特別是後者，雖然不無可以指責的地方，但畢竟顯示了中國文化的雄厚實力，包含著乾嘉學人的辛勤勞動，滲透著他們為科學文化事業獻身的精神。

尤其是，這股思潮以極大的熱情呼喚了啟蒙意識，反映了市民階層的

源自撰。

(64) 《南雷文集》卷 3。

(65) 《古微堂外集》卷 6。

利益和願望。在經濟思想上，王源（順天大興〈今為北京市轄區〉人，1648～1710）突破傳統以來「均田」、「限田」的說法，提出「唯農為有田」（轉引自李塨《平書訂》卷 7）的主張，開啟了近代「耕者有其田」的思想先河。黃宗羲、王源又都反對傳統的「崇農抑商」，主張「工商皆本」。王源還提出了初步的所得稅概念，為稅制近代化造下輿論前提。在政治思想上，黃宗羲企圖通過接近於近代責任內閣的「置相」和接近於近代議會的「學校」來實現他的「有治法而後有治人」（《明夷待訪錄・原法》）的政治主張；顧炎武也對限制君權作了具體的規劃，他嚮往分權、多元、寬鬆的政治體制，說應當「寓封建之意於郡縣之中」（《郡縣論一》）[66]，並說君主和官員都是為民而設的。在哲學思想上，羅欽順（泰和〈今屬江西〉人，1465～1547）、王廷相（儀封〈今河南蘭考〉人，1474～1544）、吳廷翰（南直隸無為州〈今安徽省中部長江北岸〉人，約 1491～1559）、何心隱（吉州永豐〈今屬江西〉人，1517～1579）、李贄（泉州晉江人，1527～1602）、劉宗周（山陰〈與會稽同治今紹興〉人，1578～1645）、黃宗羲、王夫之（衡陽人，1619～1692）、顏元、戴震等提出了以「氣」這一物質實體為本的本體論，以「力行」為基礎的認識論，以「性氣相資」為基本內容的鼓吹人性解放的自然人性論，以「實功」為主要修養方法的道德論，以利欲為基礎的理欲義利統一論。其中王夫之對「理氣」、「道器」、「太極」、「陰陽」、「心物」、「有無」、「一兩」、「動靜」、「知行」、「能所」、「格致」等中國哲學基本問題，都作了新的合乎客觀實際的解釋。他說「可言人欲之害天理，而終不可言天理之害人欲，害人欲者，則終非天理之極至也」（《讀〈四書大全〉說》卷 8），指出了天理與人欲的辯證關係。還有泰州學派的王艮（泰州安豐場〈今屬江蘇東臺〉人，1483～1541）認為一物有本有末，而自己的身體是本，天下國家是末，「百姓日用條理處，即是聖人之條理處」，「愚夫愚婦與知能行，便是道」。（《語錄》）[67]清代顏李學派的李塨（保定蠡縣〈今屬河北〉人，1659～1733）也說：「除了人，何處是天？除了事，何處是性？使人事之外有天性，則天性為無用之理矣！」（《大學辨業》卷 3）宣傳了人的主體意識和社會價值。在倫理思想上，他們認為正常的君臣關係應當是「師友之義」，而不是君尊臣卑，他們以「朋友」一倫來衡量其他人

[66] 《亭林文集》卷 1。

[67] 《王心齋先生遺集》卷 1。

倫關係，含有民主、平等的思想萌芽。在美學思想上，徐渭的「本色論」、李贄的「童心說」，湯顯祖的「至情論」、袁宏道的「性靈說」、曹雪芹的「情天說」，都是對正統文藝思想的突破和鄙棄。

相傳南宋名臣胡銓（吉州廬陵〈今江西吉安〉人，1102～1180）戀上一位名叫黎倩的有夫之婦，被發現後，不得已受食莝豆（藁與豆相混的馬料）之辱，遭到朱熹的嚴厲抨擊，說他「貪生莝豆不知羞」（《宿梅溪胡氏客館觀壁間題詩自晢二絕》）[68]。但在這股思潮的影響下，卻連「每進一編，必經親覽；宏綱巨目，悉稟天裁」（《欽定四庫全書・凡例》）情況下編定的《四庫全書總目提要》，也對胡銓的這個「污跡」採取了諒解和寬容的態度，認為「銓孤忠勁節，照映千秋，乃以偶遇歌筵，不能作陳烈踰牆之遁，遂坐以自誤平生，其操之為已甚矣。平心而論，是固不足以為銓病也。」（見「集部四・別集類十一」）

耐人尋味的是，這股思潮的思想淵源，竟可以追溯到王守仁那裏。正是王守仁的「致良知」，把一切都歸結於心，把程朱所謂的「天理」說成是人心固有的東西，在王守仁原意，本以為朱熹之學「析心與理為二」（《答顧橋東書》）[69]只能約束人的外部行為，而不能鉗制人的思想動機，他要求「格心」（《年譜》）、「破心中賊」（《與楊仕德、薛尚謙書》）。卻不道他的「良知」說，將「天理」化為自然人性，人們可以束書不觀，率性而行，置聖經賢傳於不問，這就直接推動了明、清之際的思想大解放。

所以這股思潮從王門後學開始，由明代萬曆中期至清代康熙中期達到鼎盛階段。康熙中期以後，由於資本主義萌芽受到嚴重摧殘，「禮儀之爭」阻撓了西學東漸的勢頭，加上清廷奉行推崇朱學和文化專制的政策，這股思潮終於漸趨低落。

這股思潮雖然沒有把中國引向完全的資本主義，但可以說是儒家思想內部的自我調整。在這股思潮中涌現出來的思想家，如黃宗羲、顧炎武、王夫之、顏元、戴震和龔自珍，他們當之無愧地是中國傳統社會儒學的最後一批大師。王夫之在中國哲學史上的地位，完全可以與朱熹、王守仁平起平坐，他是王充以來中國最大的唯物主義哲學家；而龔自珍慷慨論天下

[68] 《晦庵先生朱文公文集》卷5。

[69] 《王文成公全書》卷2。下引《年譜》，見同書卷32；《與楊仕德、薛尚謙書》，見同書卷4。

事，主張「道」、「學」、「治」三者不可分，則是開啟中國近代學術風氣的關鍵人物。

在結束本章的同時，有必要增加一定的篇幅，來介紹一下洪亮吉（江蘇陽湖〈與武進同治今常州〉人，1746～1809）的人口理論，並乘此機會，對中國傳統社會人口思想的發展情況作一次簡單的回顧。

中國古代思想家談人口問題的主流趨勢是鼓勵人口的增加，他們把人口的增減作為衡量國家盛衰的標準，這主要是因為人口能為國家提供賦稅和兵員。在理論上率先肯定人口增加對生產有利的是春秋後期的墨子，他在人口和財富的關係上得出一個很有意思的結論，即財富的增加快於人口的增加。孔子和孟子均讚賞一國人口的富庶，後世儒家大都以人口多為好現象。魏晉時徐幹曾發揮《周禮》之說，把人口數量作為地主制封建國家進行一切社會政治經濟活動的出發點。(70)

但另一方面，也還存在著一些與此不盡相同的人口觀點，如《管子・霸言》中就出現了「人滿」的概念，商鞅也有類似的看法。戰國末年的韓非則第一次提出人多是禍亂的根源。到宋代，蘇軾又提出人多「非徒無益於富，又且以多為患」（《國學秋試策問二首・隋文帝戶口之蕃倉廩府庫之盛》）(71)。明末徐光啟宣稱「生人之率大抵三十年而加倍」（《農政全書・井田考》），王夫之也是以 30 年為人口增加的計算時間，他們對此都並不樂觀。

關於人口與土地的關係或人口與財貨的關係、人口增殖率等等概念在洪亮吉之前早已流傳，在洪亮吉發表他的人口論的前幾年，清代人口據官方統計已達到 3.9 億多的高峰，這些無疑都影響了洪亮吉的人口思想。

洪亮吉分析人口問題是以「戶」為計算單位的，這是沿襲中國數千年的習慣。照他的說法，戶口到 100 年時將增加 5 倍、10 倍甚至 20 倍，而生活資料的增加不過 1 倍、3 倍到 5 倍，大體上頗類於英國人口學者馬爾薩斯 (Thomas Robert Malthus, 1766～1834) 所謂的「幾何級數」和「算術級數」。在意識到絕對的人口過剩外，洪亮吉進一步說：「何況戶口既十倍于前，則游手好閒者（實際上是得不到工作的人）更數十倍于前。此數十倍游手好閒者，遇有水旱疾疫，其不能束手以待斃也明矣，是又甚為可悲者也。」（《意言・生計篇第七》）可見洪亮吉更為關心的是相對的人口過剩。

(70) 徐幹：《中論・民數》。

(71) 《蘇軾文集》卷 7。

在近代經濟學意義上，相對的人口過剩，就是人口的失業。[72]

洪亮吉的人口思想，與馬爾薩斯的人口論非常相似，前者雖不及後者系統、嚴密，但馬爾薩斯把人口過剩看作是不可違反的自然規律，解決的辦法唯有戰爭和瘟疫，洪亮吉則並不反對任何良善的解決辦法。

[72] 參見胡寄窗《中國經濟思想史簡編》第二十二章第二節，中國社會科學出版社，1981年。

第十九章

與儒學互補的道家學說

第一節　老子和莊子

儒學蘊涵著辯證法，本身就體現了互補性。❶至於道家學派，其思想體系的形成，則先於儒學❷而在發展中與儒學內部矛盾的另一面相呼應，與儒家當然呈互補結構。

老子和莊子，是先秦道家的主要代表人物，因此，道家學說也可以稱為「老莊之學」，正是老子和莊子，規定了道家學說的基本面貌。

老、莊都是政治上的失意者，他們對一切都看不慣，因此他們對儒家禮義德政的說教不滿，對法家的變法革新也持反對態度。道家具有強烈的懷疑精神和探索精神，其思想的主要特徵，在於否定性。老子否定肯定性，是相對的否定主義。莊子則不但否定肯定性，並且也否定否定性，所以是絕對的否定主義。在先秦，道家否定主義是作為儒家的對立面而存在的。但兩家在精神上也有一致的地方，它們都追求身心內外的和諧，以塑造理想的人格風範為目標；注意人與自然的和諧，否定「天命」、「天神」觀念；並且同樣反對苛政、同樣具有救世心懷和復古主義的思想傾向。儒家對人生，基本上持樂觀態度，而道家則提供人生保持常樂的種種智慧。2000 多年來，道家思想雖然歷經起伏，但基本上作為儒家思想的補充，共同構建了中華民族傳統的思想文化。

老子，有說他叫老聃，春秋時期人；有說他叫李耳，戰國時期人；或謂即老萊子；或謂即周太史；或謂老聃就是李耳，字伯陽，著籍楚國苦縣（今河南鹿邑東）厲鄉曲仁里，春秋末年做過周的「守藏室之史」（《史記·

❶ 吳小如：《與李漢秋書論儒道互補》，《人民政協報》1998 年 6 月 8 日。

❷ 參見陳鼓應《老學先於孔學》，《哲學研究》1988 年第九期。

圖 103 《老子騎牛圖》
北宋 晁補之繪

老、莊、申、韓列傳》)。❸所謂「神龍見尾不見首」，這是一位頗具神秘色彩的大哲人，是道家學派的開創者。司馬遷在《史記》裏不僅記了他的國、邑、鄉、里，記了他的氏、名、字、謚，記了他的官職，並且還記及其子孫，這種不同尋常的破格，無非是在表明，他是真切確實地來過這個世界的。今傳《老子》(即《道德經》) 81 章，凡 5000 餘字。❹從郭店楚墓出土的竹簡來看，《老子》書中並無棄絕仁義之詞、非黜儒家之語，說明其成書決非一朝一夕之事。一種新的觀點是，老子其人其書，皆有二，今本包容了原本。今本多言兵，原本則偶而涉及兵事，也只是為了反對戰爭，沒有那些具體論述用兵的章句。❺但毫無疑問，今本的反戰傾向比原本更加鮮明。今本流傳了兩千多年，深刻地影響了中國文化，是既成事實，所以本節談《老子》，基本上仍取今本。

在哲學思想上，老子運用《易經》中的辯證法，結合上古陰陽觀念和天道思想，抽象出高居於一切範疇之上的「無為而無以為」(《老子》第三十八章，下引此書，只注章次) 的客觀的「道」(Tao, Tao-ism) 的概念，以此說明世界的統一性。「人法地，地法天，天法道，道法自然❻」(第二十五章)。道「惚

❸ 據《光明日報》1998 年 4 月 7 日報道，俞偉超、陳鼓應等皆主末一說。

❹ 自 16 世紀以來，《老子》的西文譯本總數近 500 種，涉及 17 種歐洲文字，在世界文化名著的發行量上，僅次於《聖經》而高居排名第二。

❺ 參見郭沂《從郭店楚簡看先秦哲學發展脈絡》，《光明日報》1999 年 4 月 23 日；呂澤華《怎樣看待〈老子〉中的兵事章句》，《光明日報》2000 年 12 月 22 日。

❻ 老子的「道」既以不可道為標榜，「自然」為道所效法或遵循，顯然更加不可道了，姑且將其定義為是「自己如此的超本體的本體、超規律的規律，即宇宙萬物自在性、本然性相加的和之母」。實際上是對「道」這個概念的重複和強調。這樣的重複和強調，在老、莊書中屢見不鮮，如《莊子・內篇・齊物論》云：「有始也者，有未始有始也者，有未始有夫未始有始也者。有有也者，有無也者，有未始有無也者，有未始有夫未始有無也者。」莊子自「有」溯於「無」，而「無」之上還有「無」，乃至於「無無無」「無……」。不言而喻，由此推演出來的所有的「無」，基本意義並沒有什麼不同。

兮恍兮，其中有象，恍兮惚兮，其中有物」（第二十一章），「天地尚不能久」（第二十三章），「道乃久」（第十六章），既有產生萬物制約一切的偉大力量，但又是無意識的，「生而不有，為而不恃，長而不宰」（第五十一章）。因為老子的哲學是否定性的，所以老子的道也是否定性的，道是「無」，是無名之名，是虛無超絕意識的本體。老子認為「無」作為本體來說，可以生「有」，「天下萬物生於有，有生於無」（第四十章）❼。他還認為宇宙是往復流行的，說「萬物並作，吾以觀其復」（第十六章）。萬物發生的順序是：「道生一，一生二，二生三，三生萬物，萬物負陰而抱陽，沖氣以為和。」（第四十二章）「一」是道直接所生，「一」雖然是「有」，但因為「一」只是「一」，所以「一」完全等同道，「一」也是指本體；「一生二」的「二」是指「陰、陽」；「二生三」的「三」是指陰、陽兩氣互相激蕩而後形成的適均狀態的「沖和之氣」。老子《道德經》中多用「一」代替道。「一」裏面有正、反兩種因素對立著，「貴以賤為本，高以下為基」（第三十九章）。有對立才有變動，老子稱為「反者道之動」（第四十章）。反面的因素開始是柔弱的，但是它可以轉化到強大方面去，取得正面的地位，老子稱為「弱者道之用」（同上）。正、反兩種因素在一定條件下互相轉化，老子稱為「禍，福之所倚；福，禍之所伏」（第五十八章）。❽

「德」——特別是「上德」，在老子學說裏，是與道並列的概念，所謂「道家」即「道德家」的簡稱。老子所說的德，是指宇宙間一切具體存在的事物所含有的特性而言。德不能脫離具體事物而獨立存在，「德者得也」（第三十八章陸德明釋），德所寓的事物稱為「得」。任何事物都可以稱為「得」，因為任何事物都有德——即該事物的特性。德與道的關係是：從各個德綜合為一般的道，從一般的道轉化為各個的德；有道便有德，反之，沒有德也就沒有道。

老子和孔子都尊「道」，但孔子的「道」，局限於西周以來的禮制範圍內，而老子的「道」，則首先是不折不扣的形而上的哲學名詞，符號形式相

❼ 郭店簡本此句作「天下之勿（物）生于又（有），生于亡（無）」，「有」和「無」的關係是對等的，「有」指道體的真實存在，「無」指道體的超乎名相，兩者並沒有生成論意義上的先後問題。

❽ 老子所說的「無」可以用「0」來表示，「有」可以用「1」來表示，現代科學追求數字化解析或數字化描述，「0」和「1」是兩個基本的數字，正是得益於老子的啟迪。

同，意涵卻很不相同。❾

老子在分析初生嬰兒的生命力極其旺盛時說：「和之至也。」又說：「和曰常。知常曰明，益生曰祥。」（第五十六章）他確認生衍的本質在於「和」，老子所說的「和」與儒家所說的「和」，精神實質是完全一樣的，都是和諧的意思——和諧，則生機勃勃；反之便不會生；已生之物失去和諧，必然走向衰亡。❿

老子說：「為學日益，為道日損。」（第四十章）為學的目的是增進知識，為道的目的是減去雜念，兩種修養，一益一損，殊途同歸。

這些觀念，極為宏遠精深，是中國傳統思想文化的哲學基礎。特別是「道」這個概念，非常雄辯地顯示了中國古代文化固有的思辨精神，儘管老子主觀上強調的是與這種精神很不一致的直覺智慧。

在政治思想上，老子說：「治人事天，莫若嗇。」（第五十九章）「嗇」就是節儉，少消耗，不奢侈。他教訓說：「將欲歙之，必故張之；將欲弱之，必故強之；將欲廢之，必固興之；將欲奪之，必固與之。」（第三十六章）要想達到某種目的，最有效的辦法是在與該目的相反的方面下功夫。而由於老子看到了矛盾發展的某些重要法則，對正反兩面互相轉化的法則尤有會心，所以他講「南面之術」（《漢書・藝文志》），俾君主有所效法，歸納起來，有 3 條：一是「抱一」（第二十二章），所謂「抱一」，就是做事情要始終如一，使事物經常保持原來的情狀，不讓矛盾發展起來，在危機未起前去危機，亂事未形前除亂事。二是「守中」（第五章），因為正反易位是要有一定條件的，所以要保持正面，不轉到反面，必須善守，卑弱以自恃，永遠保持在臨界點的安全閥限之內，要「知足、知止」（第四十四章），「去甚、去奢、去泰」（第二十九章），「知其榮，守其辱」（第二十八章）。三是「無為」，老子認為「無為」才能「無以為」，想取天下和保天下，一定要「無為」，如果有為，反會把事情弄糟。⓫老子說：老百姓為什麼造反，因為統治者喜歡有為，實際上是妄為，假如統治者保持無為、不妄為、清虛、靜止，「損有餘而補不足」（第七十七章），讓老百姓休養生息，老百姓是很好治的。老子極為透徹地洞察了文明進步的陰暗面，朦朧地意識到了人的

❾ 參見陳鼓應《老莊新論》第 44～48 頁，商務印書館，2008 年。

❿ 參見羅尚賢《和生論述略》，《人民政協報》1998 年 6 月 8 日。

⓫ 參見萬驪《中國文化概論》第 122～125 頁，臺灣大中國圖書公司，1980 年。

異化問題。正是本於這種認識，他提出了小國寡民的政治主張：「小國寡民，使有什佰之器而不用，使民重死而不遠徙。雖有舟轝无所乘之，雖有兵甲无所陳之。使民復結繩而用之，甘其食，美其服，安其居，樂其俗，鄰國相望，雞犬之聲相聞，民至老死不相往來。」（第八十章）這是要回到原始社會去，當然是辦不到的。但老子說「聖人為腹不為目」（第十二章），「為腹不為目」，就是要實惠不要表面文章。

在倫理思想上，老子認為純任自然，憑直覺的智慧，靠感覺、體驗、內省、領悟的方式人性地與自然協調統一，做到主客交融，是人類最理想的生活狀態。他要求精神上的自由解放，對當時社會文化方面的一切規範，都不承認，可以說與儒家完全站在相反的立場。儒家重視德性，老子卻說：「上德不德，是以有得。」（第三十八章）儒家提倡仁義，老子卻說：「大道廢，有仁義。」（第十八章）儒家發揚禮教，老子卻說：「禮者，忠信之薄。」（第三十八章）儒家鼓吹忠孝，老子卻說：「六親不和有孝慈，國家昏亂有忠臣。」（第十八章）儒家尚賢，老子卻說：「不尚賢，使民不爭。」（第三章）儒家強調知人論世的智慧，老子卻說：「智慧出，有大偽。」（第十八章）當然，對照郭店楚簡，這些話都是在正言反說。

老子在各種德行中，首重「慈」（第六十七章），並倡導「報怨以德」（第六十三章）。他又認為，「失道而後德，失德而後仁，失仁而後義，失義而後禮」（第三十八章），禮是「亂之首也」（同上）。這是他本於對人類生命問題的深切關心，瞭解到種種社會弊端之不可克服，而所發表的憤世嫉俗之見。老子對當時的傳統文化，是不主張復興的。他指示人們的處世之道，是要清心寡欲。他說：「五色令人目盲，五音令人耳聾，五味令人口爽，馳騁畋獵，令人心發狂，難得之貨，令人行妨，是以聖人為腹不為目，故去彼取此。」（第十二章）他又說：「吾所以有大患者，為吾有身，及吾无身，吾有何患?」（第十三章）老子指出「柔弱勝剛強」（第三十六章）明哲保身，莫過於「善下」和「不爭」。他強調說：「江海所以能為百谷王者，以其善下之，故能為百谷王。是以聖人欲上人，必以言下之，欲先人，必以身後之，是以處上而人不重，處前而人不害，是以天下樂推而不厭，以其不爭，故天下莫能與之爭。」（第六十六章）這些都是世故很深的話。

莊子（約公元前369～公元前286[12]），名周，戰國中期宋國蒙（今河

[12] 據馬敘倫《莊子義證·年表》，上海書店，1996年。

南商丘東北）人。有《莊子》32 篇，其中內篇，一般認為係莊子自作。

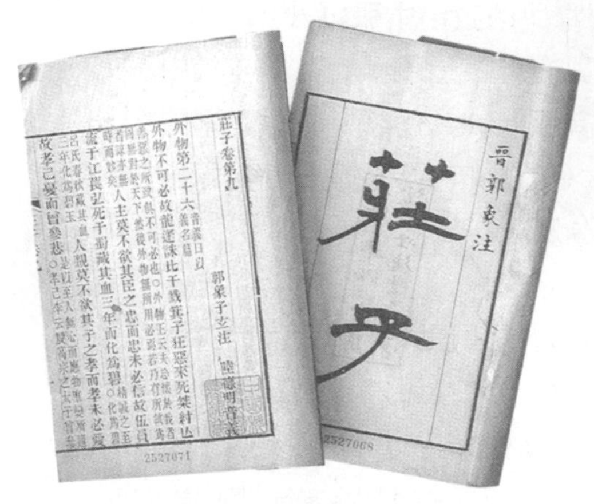

圖 104　清光緒刊本《莊子》

在哲學思想上，莊子也講「道」，莊子的道和老子的道本質上是一致的，但也有不同的地方，那就是，莊子所謂道，又是指人的主體精神。老子的「道」，偏重於本體論和宇宙生成論，莊子則將其轉化為心靈的世界。莊子強調「道」的整體 (the whole one) 性，「道通為一」（《莊子・內篇・齊物論》，下引此書內篇，只注篇名），不可分割。莊子主張「天」即「人」，「人」即「天」，「庸詎知吾所謂天之非人乎，所謂人之非天乎?」（《大宗師》）天與人是同一於他所說的「道」的。他深信人只要精神上得道，不「拘於虛」、「篤於時」、「束於教」（《外篇・秋水》），擺脫時空和社會規範的限制，自然會與道同體，「天地與我並生，而萬物與我為一」（《齊物論》）。莊子盡量誇大主觀精神的作用，表示自己要「獨與天地精神往來」，「上與造物者遊，而下與處死生無終始者為友」（《雜篇・天下》）。莊子講「以明」（《齊物論》），以此明彼，以彼明此，認為人們只要用這種主客都照明的虛靜工夫去擴張心靈的開放性、受容性和涵攝性，日積月累，就可以無待外部條件的升騰而遊於「無窮」，達到他在《逍遙遊》等篇中所一再描述過的這種境界。很顯然，這純粹只限於精神領域，但可以激勵人們進行文學、藝術、哲學乃至科學技術的創造性活動。[13]莊子講「齊物」(the equality of things)，表面上看起來，老子還注意先後、榮辱、雌雄、虛實的分別，莊子則徹底否定客觀的真理標準，說什麼「此亦一是非，彼亦一是非」（《齊物論》），其實，莊子是要求站在絕對的道的立場上來看問題。在莊子看來，人的主體精神既然是道，那又何必隨世俗之是非而是非? 這是他的整個思想的核心，其要旨在於肯定人的自然本性。除此之外，莊子講「齊物」，也啟發人們接受「只有站得高，才能看得遠」這樣一個顛撲不破的真理。

由於莊子嚮往寧靜和諧的生活，以便抗拒異化，所以他反對對超越人類理解力的知識的徒勞的追求。他說：「吾生也有涯，而知也无涯，以有涯

[13] 張正明：《楚文化史》第 247 頁，上海人民出版社，1987 年。

隨无涯，殆已。」(《養生主》) 莊子認為用有限的生命去追求無限的知識，只會把自己弄垮，這種態度有其片面性。不過莊子又說：「知止其所不知，至矣。」(《齊物論》) 可見他並非排斥知識，只是要求人們適可而止而已。誠然，莊子關注的是內觀之知，探索內在生命之真況，他說「有真人然後有真知」(《大宗師》)，其他知識都是不可靠的。

在倫理思想上，莊子對儒家孔子「仁者愛人」的思想、宣揚個體人格的獨立性和主動性的思想，是熱烈贊同的，他對生命的眷戀，比之儒家誠有過之而無不及。但在如何實現「愛人」的目的、如何才能達到個體人格的完善這些根本問題上，莊子又同儒家孔子、孟子有很大的分歧。

莊子對社會的黑暗有著極為深切和清醒的認識，他對統治者實行仁義之道不抱絲毫的信心和幻想。在莊子看來，人們所以要實行所謂仁義之道，正是由於處於不能自拔的困境的結果，他用「泉涸，魚相與處於陸，相呴以濕，相濡以沫，不如相忘於江湖」(《大宗師》) 的寓言來說明這個道理。莊子認為，人們宣傳仁義之道，真正的仁義之道也就完了，仁義之道反因此成了害人殺人的工具，人們不能不時時為自己製造出來的仁義之道付出慘重的代價，受到仁義之道的束縛和折磨，處於身不由己之中，這樣雖說是沒有死，又有什麼意思呢？但他又找不到另外出路，莊子為此表示莫大的悲哀。莊子後學還進一步認為，「聖知仁義」只是統治者維護統治的工具，大盜竊國，則並與聖知仁義而竊之，所以「竊鉤者誅，竊國者為諸侯，諸侯之門而仁義存焉」(《外篇・胠篋》)。

正因為這樣，莊子在政治思想方面，只有寄沉痛於悠閑。莊子也談「內聖外王之道」(《雜篇・天下》)，「內聖外王」四字聯在一起甚至還是《莊子》開的頭，但莊子的「內聖」與「外王」是不相通的，在莊子看來，如果「內聖」能通向「外王」，那麼必然會導致人治和德治，而莊子的「外王」，則是無治，讓人們自由、自主地過日子，「順物自然而不容私」(《應帝王》)。⑭

莊子與老子並稱，老子所談，仍係為應事起見，莊子則專意破除執著，委心任運，但他同樣不是方外之士。

如上所述，莊子的哲學思想和倫理思想都很深刻，可是使莊子思想在中國文化史上放射異彩者，卻主要還是他的美學思想。可以毫不誇張地說，中國傳統社會獨立的藝術精神，實為莊子所開出。

⑭ 參見陳鼓應《老莊新論》第 208～209、259～265 頁，商務印書館，2008 年。

莊子的美學，與他的哲學是渾然一體的東西，在中國，很少有其他思想家具有這樣的特點。首先，莊子哲學力求消除人的異化，達到個體的自由和無限，這必然會通向美；其次，莊子哲學對生活採取一種超越利害得失之上的情感和態度，這樣一種態度恰好帶有審美的特點；再次，莊子哲學追求「萬物與我為一」的境界，這種境界正是一種超出有限的狹隘現實範圍的廣闊的美。

莊子及其後學論美，認為美在於無為，指出了美是合規律性和合目的性的統一，他們多次談到「天地之美」，說「天地有大美而不言」（《外篇・知北遊》）。莊子學派認為，美應該是無偽的東西，所以他們反對「溢美之言」，說「凡溢之類妄」（《人間世》）。莊子追求無限的美，莊子後學說過「美則美矣，而未大也」（《外篇・天道》）這樣的話，表示美還不夠，要大美，大美就是無限的美。莊子學派指出在醜的外形中完全可以包含有超越於醜的形體的精神美，在《莊子》一書中，常有「謬悠之說，荒唐之言，無端崖之辭」，具有「其辭雖參差而諔詭可觀」的特點。（《雜篇・天下》）莊子及其後學看到了美與醜是相對的，要求人們對美和藝術的追求都不應該損害人的生命的自由發展。

莊子及其後學論審美感覺，指出審美具有超功利性，審美的心理特徵是「心齋」和「坐忘」。（《大宗師》）所謂心齋，就是在對象上感知自己；所謂坐忘，就是指忘懷一切的自由感。審美的境界是身與「物化」（《齊物論》），主體感到自己化為了對象，與對象不可分。

莊子及其後學論藝術，認為「言」是為了傳「意」，但意所在的道卻是不可言傳的，所以得意可以忘言，得意忘言，就是審美感的完成。莊子學派還指出，藝術創造是一種合規律但又不受規律約束的自由活動，是一種全神貫注而不知其他的活動。

與儒家美學相比較，莊子美學反對各種狹隘的功利論，反對傳統道德對審美和藝術的束縛，推崇天才，提倡天然美，儒家美學之所短，正是莊子美學之所長。⓯

如果說老子之學是出於史官的話，那麼，莊子之學，與史官就沒有什麼瓜葛了。

⓯ 參見李澤厚、劉綱紀主編《中國美學史》第一卷第一編第七章，中國社會科學出版社，1984年。

老、莊道家思想對中國傳統文化的影響，是異常深遠的。表現在社會政治經濟領域，每當歷史上經過一段戰亂之後，國家需要恢復元氣，人民需要休養生息，道家主張清靜、無為的思想就會抬起頭來，如漢初的文景之治，魏晉的盛行玄學。表現在思想學術領域，則老子的道，為諸子百家之說提供了哲學基礎，三教九流，莫不得益於道家。表現在宗教領域，因為老子的道雖然不是人格神，卻具有神的功能，這一點為後來的道教所利用，對道教的形成和發展，有極大的意義。表現在民俗領域，最為顯著的是中國士大夫中，有許多隱士，不消說這些人當中有很大一部分是不願意與當局同流合污，他們清高孤介，潔身自好，視富貴如浮雲，道家思想為他們提供了濟助。表現在科學技術領域，老子講過的許多話，都是極其有益於科學事業的格言和教訓。李約瑟說：「東亞的化學、礦物學、植物學、動物學和藥物學，都淵源於道家。」(《中國科學技術史》第 2 卷第 162 頁)⑯。表現在文學藝術領域，道家——特別是莊子美學思想的批判的、追求獨創的精神，給了歷代大師以積極的啟發，後世一切有關審美和藝術創造活動的特殊規律的認識，極大部分得自道家。中國傳統社會藝術家們所具有的重直覺、重想象、講究意境和氣韻、強調絕對自由、把審美情趣同超功利的人生態度聯繫起來等特點，都是受了道家思想的薰陶。可以說，不瞭解道家美學思想，就不可能真正瞭解中國古典文學和古典藝術的境界奧秘。當今世界提倡返璞歸真，因此道家思想在這方面不僅在國人中，而且在國際上，都產生了更加強烈的共鳴。

總之，道家思想雖然缺乏冒險的熱情和求新的渴望，並且具有貶低理性的傾向，但絕不縱欲妄為。它主張順應自然，得之高瞻遠矚，失之以不變應萬變。歸根到底，它與儒學一樣，是一種中和的、溫和的、平和的適應中國傳統社會土壤的思想文化。

道家除了老子和莊子，還有楊朱、列禦寇。楊朱拔一毛利天下而不為，主張「為我」(《孟子・盡心上》)、「重生」(《韓非子・顯學》)，認為「一毛固一體萬分中之一物，奈何輕之」(《列子・楊朱》)。楊朱的學說在孟子時代為天下顯學，受到孟子的激烈批判。不過反過來看，楊朱說「古之人損一毫利天下，不與也。悉天下奉一身，不取也。人人不損一毫，人人不利天下，天下治矣」(同上)，這應該是老子「無為而治」思想的另一種表述。⑰

⑯ 科學出版社、上海古籍出版社，1990 年版。

他的宗旨在於「物我兼利」(同上)。列禦寇即列子,《漢書・藝文志》著錄《列子》8 篇，早佚。列子「貴虛」(《列子・天端》)，並指出「無極之外復無無極，無盡之中復無無盡」(《列子・湯問》)，他的人生態度比老、莊積極。今本《列子》容有魏晉人羼進去的段落和字句，往往與佛經相參，但大體上不失道家之旨。⑱

道家經過稷下學士的改造，順應歷史發展的需要，奉黃帝和老子並為始祖，黃老拋棄了老子思想中否定禮、法的觀點，傾向遵循天地之道，審其刑（形）名，刑德兼施，以平治天下。

西漢淮南王劉安（沛郡豐〈今江蘇豐縣〉人，公元前 179～公元前 122）主持編寫的《淮南鴻烈》(即《淮南子》),《漢書・藝文志》著錄內 21 篇，外 33 篇，現只流傳內 21 篇。其中《原道訓》認為宇宙萬物都由道所派生,《俶真訓》認為「至道無為」，而人只有無條件地接受道的價值觀，達到與道相一致，才能從種種主觀和虛妄中解脫出來。這是在儒術獨尊的政治形勢下為道家張目的著作。

第二節　魏晉玄學

曹魏正始 (240～249) 年間，何晏（南陽宛縣〈今南陽市城區〉人，生年不詳，卒於 249 年）、王弼（山陽〈今河南焦作〉人，226～249）等祖述老莊，煽起了魏晉南北朝將近 400 年的玄風。玄學的興起，並不單是因為經學思潮的沒落。漢末的社會大動亂，使大批流亡農民成為士族的部曲和佃戶，反過來更有利於群體自覺和個體自覺都日臻成熟的士族的形成氣候。士族不僅具有悠久的家世背景、顯赫的社會聲望，而且具有雄厚的經濟實力、豐富的政治軍事經驗和高深的文化教養，他們與割據軍閥的關係不是確定的隸屬關係，而是「市朝亟革，寵貴方來，陵闕雖殊，顧盼如一」(《南齊書》卷 23)，享有擇主而事的相對自由。事實上，正是門閥性的士族，成了魏晉玄學得以產生的階級基礎。門閥士族是乘著戰亂壯大起來的，因此也飽嘗到了戰亂的苦難。「亂世長而化世短」,「變而彌猜，下而加酷，推

⑰ 胡適對楊朱「敢提出這個『為我』的觀念」表示肯定，見《中國哲學史大綱》(上) 第 158 頁，東方出版社，1996 年。

⑱ 參見嚴靈峰《列子辯誣及其中心思想》，臺灣時報出版公司，1983 年。

此以往，可及於盡矣」，(《後漢書・仲長統傳》) 以清醒的理智面對恐怖的現實，一種人生無常的悲戚之感深深地滲透在這個階級的意識之中。但門閥士族生活在莊園經濟裏，攜妓出遊，臨流賦詩，對客清談，箕踞嘯歌，飲酒服藥，又使他們不顧面子而不是不顧榮譽地從名教的束縛中解放出來，獲得了相對的身心解放，因此他們也就愈想享受或延長這短暫的人生。這一切反映到哲學上來，使得對於個體人生意義的思考，成為了時代的課題。顯然，綜合諸子百家之說，這種思考不可能從主張以名教治天下維護皇權的絕對地位的儒家那裏尋找根據和支撐點，而只能求助於老、莊道家哲學——特別是莊子哲學了。⓳

最初由何晏、王弼提出玄學的基本理論的時候，玄學還帶有相當濃厚的政治色彩，一方面討論理想人格，一方面也站在門閥士族立場上，針對漢、魏之際統治者片面吸取漢代衰亡的教訓實施名法之治的流弊，討論理想君主「無為」、「因循」的問題。⓴他們主張改制，但他們改制的理論並不全面，也並不科學，他們所支持的「所存雖高，而事不下接，民習於舊，眾莫之從」(《三國志・魏書・王淩傳》裴注引《漢晉春秋》) 的正始改制運動結果是失敗了。到了玄學第二代阮籍（陳留尉氏〈今屬河南〉人，210～263）和嵇康（譙郡銍縣〈今安徽宿州市城區西南〉人，225～264）時期，「正始玄學」特有的政治色彩就大為減弱，「非湯武而薄周孔」(嵇康：《與山巨源絕交書》) ㉑，對儒學的批判和對個體人格的絕對自由的追求相應增強。與此同時，「三玄」——即《老》、《莊》、《周易》當中，《莊子》的影響也鮮明地突現了出來。就整體而言，魏晉玄學在本質上是莊子學說的一種特殊的發展。儘管玄學到了第三代的郭象（河南〈今洛陽〉人，生年未詳，卒於312年)，又竭力注意謀求政治問題的解決，但即使如此，他也並沒有改變玄學的主題，郭象更感興趣的，也仍然是莊學。㉒以致後世有人

⓳ 參見李澤厚、劉綱紀主編《中國美學史》第二卷第三編第四章第一節，中國社會科出版社，1987年。

⓴ 王弼《老子》第二十七、第二十九章注都將「無為」和「因循」當作一回事，在中國傳統社會裏，「無為」即「因循」是歷代公認的。

㉑ 《文選》卷43。

㉒ 老子和莊子雖然都提倡「無為」，但「今本」老子的「無為」，目的在以至柔克至剛，莊子則正好相反，他的「無為」完全是一種避世態度。此外，老子不涉及不生不死問題，莊子就不是這樣了。

說:「曾見郭象注莊子,識者云,卻是莊子注郭象。」(《大慧普覺禪師語錄》卷22)

在倫理思想上,玄學追求的理想人格的形象,就是阮籍《大人先生傳》中所描寫的大人先生。大人先生追求主體內在精神世界的無限,與儒家的聖君賢相很不相同。所謂「魏晉風度」,其特徵是放達、文雅,提倡「情之所鍾,正在我輩」(《世說新語·傷逝》)。如果說儒家的理想人格是個體絕對地服從仁義道德,那麼魏晉玄學所追求的理想人格則是人格的自由。儒家並不否認個體,但它認為群體是無限地高於個體的;玄學也並不否認群體,但它又認為群體不應成為個體人格自由的障礙,更不應成為對個體人格自由的否定和取消。很顯然,玄學家們這種空幻而天真的追求,在中國傳統社會是沒有出路的。「屬魏晉之際,天下多故,名士少有全者」,阮籍自己也只好「不與世事,遂酣飲為常了」。(《晉書》卷49)

在哲學思想上,玄學從漢代的宇宙論轉向了本體論。玄學提出了「有」和「無」、「末」和「本」、「多」和「一」、「用」和「體」、「言」和「意」、「有情」和「無情」、「名教」和「自然」等哲學範疇。其中有和無——用現在的話來說,亦即共相和殊相這對範疇是最根本的。有生於無,「無也者,開物成務無往不存者也」(《晉書》卷43)。自從何、王共同奠定玄學「貴無」㉓的宗旨,以後的玄學家們一般不再詳論貴無問題,貴無正是玄學之所以為玄學的關鍵所在。貴無論雖說源於老、莊,但它關心的已不再是宇宙生成的過程或自然規律之類,而是理想人格的本體問題。等到後來郭象提出「無既無矣,則不能生有」(《世說新語·文學》劉孝標注引),他也只是肯定了物之「自生」(《莊子·齊物論》注)、「自造」(《莊子·逍遙遊》注),而不是什麼「崇有」論者,因為他認為「有」這個範疇只概括了事物的現象,並未能揭露事物的本體。郭象進一步提出了「獨化於玄冥之境」(《〈莊子〉序》)的命題,在「玄冥之境」中,天地萬物得到了整體的和諧。這樣,他就巧妙地結合了有和無,從而排除了宇宙生成論,純化了哲學本體論。而他所說的「玄冥之境」,正是一種絕對的無,只不過他的理論更加精密罷了。

在政治思想上,玄學開展了名教與自然的關係問題的討論。王弼主張

㉓ 玄學所貴之「無」,相當於黑格爾(Georg Wilhelm Friedrich Hegel, 1770~1831)的「純無」、「無規定的無」,就其抽象水平而言,應當說是遠遠地走在了同時代人的前列。

名教應建立在自然的基礎上，企圖動搖東漢以來儒家名教的理論基礎。其後嵇康主張「越名教而任自然」(《釋私論》)，㉔這在玄學中是只有鮑敬言(籍貫不詳，約278～342)的「無君論」才可以與之相提並論的命題，鮮明地表現了玄學的特色。但是太超越了，沒有節制的逍遙，會導致社會崩潰。最後郭象把名教等同於自然，說實施名教維持統治，就是「任自然」。郭象冷靜地看到了，在傳統地主制封建社會裏，「天下若無明王，則莫能自得。令之自得，實明王之功也。然功在無為，而還任天下」(《莊子・應帝王》注)。由於無為並非靜坐於山林之中，真正的無為就是在自己名分下的有為，所以他希望人君「立常制以正民」(皇侃：《論語集解義疏》卷1引郭象《論語體略》)，與正始玄學的要求統治者「無名為道，無譽為大」(《列子・仲尼》張湛注引何晏《無名論》)，意見是毫不二致的。郭象認為，應該超越的是矜誇、貪婪、進躁的思想，而不必去超越名教，超越名教是不現實的。郭象力求在必然中找到自由，在現實中找到超越，這是人類精神的本質所在，也是哲學思維的永恆課題。由於時代的悲苦，突出了必然與自由、現實與超越的矛盾，郭象的玄學深刻地反映了這種矛盾，完成了玄學的歷史使命。㉕東晉玄學清談的特點是融合佛理。以後玄學就沒有什麼發展，隨著官方統治思想的加強，名教與自然之爭也歸於消歇。

玄學家中知名度最大的當推阮籍，他談《易》，不僅與漢易分道揚鑣，而且也與王弼不同。王弼說「聖人體無」(《三國志・魏書・鍾會傳》裴注引《王弼傳》)，對《周易》作了唯心論的解釋；阮籍則說「天地易之主也，萬物易之心也」(《通易論》)㉖，對《周易》作了唯物論的解釋。

玄學雖然曾經在整個思想領域居於主導地位，並且基本上也尊孔子為聖人，㉗但從未被最高統治者奉為官方哲學，許多玄學家的命運都並不美妙。實際情況並非玄學不願攀龍附鳳，而是因為握有實權的統治集團無法接受玄學對它的指導、批判和調整。

㉔　《嵇中散集》卷6。

㉕　余敦康：《郭象的時代與玄學的主題》，《孔子研究》1988年第三期。

㉖　《阮步兵集》卷4。

㉗　何晏、王弼皆認為「老未及聖」(見《廣弘明集》卷8載道安《二教論》)，阮籍亦認為「老氏」僅當「上賢亞聖」之位(見陸希聲《〈道德經傳〉序》)，在玄學家心目中，「聖人」仍非伏羲、周文、孔子莫屬。

但是正因玄學沒有被奉為官方思想，加上當時中央政權力不從心，放鬆了對學術研究的管制，所以玄學並沒有固定的模式和必須服從的教條，它基本上是一個開放的系統，充滿了抽象思辨、隨機性和開拓精神。在中國思想史和文化史上，玄學所積累的財富是難以估量的。

就思維水準而言，玄學與兩漢經學比較，差別較大；與宋明理學比較，差別較小，可以說是理學的先導。

在玄學風靡的當年，有裴頠（河東聞喜〈今屬山西〉人，267～300）著《崇有論》㉘，指出玄學「貴無」「賤有」的流弊，認為「薄綜世之務，賤功烈之用，高浮游之業，卑經實之賢」，人人都無所作為，社會秩序就無法維持，「則無以為政矣」。又有歐陽建（渤海南皮〈今河北南皮東北〉人，生年未詳，卒於300年）著《言盡意論》，主張客觀事物是不依賴於人們的概念和語言而獨立存在的，概念並不創造事物和規律，但語言對人們認識事物溝通思想有重要作用，「理得於心，非言不暢，物定於彼，非名不辯。言不暢意，則無以相接，名不辯物，則鑒識不顯」（《藝文類聚》卷19《人部三》）。這也是針對玄學家們常談的「言不盡意」和「得意」可以「忘言」的命題而發的。㉙這些都是魏晉時代，人們站在世俗立場上，對玄學的批評。

㉘ 《晉書》卷35錄有全文。

㉙ 參見侯外盧主編《中國思想大綱》第177～178頁，上海世紀出版集團，2008年。

第二十章

儒、道之外的諸子思想和儒學指導下的史學

第一節　法家

先秦法家的集大成者是韓非，在韓非之前，法家的代表人物有管仲、慎到、申不害和商鞅。春秋初期的管仲（齊國潁上〈潁水之濱〉人，生年未詳，❶卒於公元前645年）於德、功、言3方面俱有所立，是法家的先驅者。其為政「慎用其六柄」（《國語・齊語》），特別強調對「生、殺、貧、富、貴、賤」（同上韋昭注）「六柄」的集權；「論卑而易行，俗之所欲，因而予之，俗之所否，因而去之」（《史記・管、晏列傳》）。他首先闡明了法的概念，說「尺寸也，繩墨也，規矩也，衡石也，斗斛也，角量也，謂之『法』」（《管子・七法》，下引此書，只注篇名）。並指出道德的實踐，亦為法治所必需，「四維（指禮、義、廉、恥）不張，國乃滅亡」（《牧民》）；而治理國家應遵循客觀的規律性，「得天之道，其事若自然」，「其功順天者天助之，其功逆天者天圍之，天之助雖小必大，天之圍雖大必削」。（《形勢》）在用人方面，管仲的教訓是「訾讆之人勿與任大，譕臣者可與遠舉，顧憂者可與致道，其計也速而憂在近者往而勿召也」（同上）。其後300年，戰國前期法家諸子，慎到（趙國人，約公元前395～約公元前315）重「勢」，他認為有權勢則能治其民，有威勢則能制其臣。❷申不害（鄭國人，約公

❶ 關於管仲的生年，目前主要有3種說法：公元前716年，公元前723年，公元前735年。其中第一說見於青溪崇本堂本《管氏宗譜》的記載，但也未占壓倒優勢。

❷ 《史記・孟子、荀卿列傳》稱慎到「學黃老道德之術」。《慎子・君臣》云：「上下無事，唯法所在。」很顯然，「上下無事」是地地道道的道家語言，由此可見法家與道家的關係。

元前 385～公元前 337）重「術」，他所重的術，是特別為帝王設計的，在使臣下覺得深不可測，於是戰戰兢兢，竭盡其誠。商鞅重「法」，「信賞必罰」（《韓非子・外儲說右上》），「任法去私」（《商君書・修權》），以法為體，以刑為用，以農戰為根本，以富強為目的。他說「治世不一道，便國不法古」，「論至德者不和於俗，成大功者不謀於眾」，（《商君書・更法》）表現為峭拔淩厲的改革意識。史稱「其為政也，善因禍而為福，轉敗而為功」（《史記・管、晏列傳》）。

下面著重談管仲及《管子》一書的經濟思想。

管仲主張將「國之石民」（《管子・小匡》）按照職業劃分為四大社會集團——即士、農、工、商。當時「四民」的界綫並非銅牆鐵壁，士農工商可以專業化，也可以兼而為之，而他認為四民應該分業定居，不得混合雜處，並且「士之子恆為士」，「農之子恆為農」，「工之子恆為工」，「商之子恆為商」，（《國語・齊語》）這樣可以實現生產關係的再生產和保證勞動力的長期再生產。管仲的劃分，除了他所說的士，春秋末年以來已由文士代替了武士之外，是符合中國長期傳統社會的實際情況的。當然，管仲還不及理解專業所能引起的弊害，表現了他的局限性。❸

現存《管子》一書，為齊國稷下先生的著作總集，約完成於戰國中後期，是一部不拘一格、唯實是務的百科全書，其中頗多法家之言。此書闡述經濟問題，有很深刻的見解。

《管子》作者認為，「富上而足下，此聖王之事也」（《管子・小問》，下引此書，只注篇名），「倉廩實則知禮節，衣食足則知榮辱」（《牧民》），物質生活條件是社會政治倫理的主要基礎。《管子》還認為「無奪農時，則百姓富」（《小匡》），財富來源於勞動和土地，「自利」是人類的本性。《管子》主張「貧富有度」（《五輔》），指出老百姓過貧或過富，都是對國家不利的。《管子》又認為不適當的節儉或侈靡，都會影響生產的發展。在中國古代農業社會裏，《管子》作者敏銳地看到了萬物隨穀物的「輕重」——即貴賤而作相反的價格變動，貨幣是流通手段，國家必須用貨幣的收放以制約穀物的輕重，同時也制約貨幣本身的輕重。如果出現穀重幣輕的現象，則國家應將所掌握的穀物拋向市場，以便使流通中的貨幣迅速回籠，反之

❸ 參見胡寄窗《中國經濟思想史簡編》第一部分第二章第一節，中國社會科學出版社，1981 年。

亦然。這樣做有利於市場的穩定，而國家也會從中獲得利潤。這就是從財政需求出發的「輕重」術。輕重術在國際間的運用，則應保持「天下輕，我重」(《輕重乙》)的局面，以便使天下的重要物資皆歸於我，但如果在獎勵出口時，也可以運用「天下高而我獨下」(《輕重丁》)的政策。

《管子》作者已懂得相對價格原理的運用，比如說，當國家積壓許多布的時候，即不徵布稅，而要重徵布的原料麻的稅，麻價因被徵重稅而上漲，影響布價的上升，這樣國家就自然能獲得更大的利益。相對價格在現代經濟學裏，也是晚出的概念。《管子》的見解，真是難得極了。

《管子》積極鼓吹對外貿易，主張對外國商人要加以特殊的優待，在中國古代思想領域中，這種觀點至為難得。《管子》還主張輕稅，認為強制的徵籍足以妨礙生產，造成人民財產的嚴重損失，引起廣泛的不滿情緒。《管子》作者提出，國家可以通過穀物買賣和壟斷鹽鐵業來彌補財政，增加收入，運用經濟交換方式而致富。《管子》認為經濟政策不必強求一律，只要能營利就是好政策。這書的作者還要求瞭解全國的經濟活動，並提出對於人民群眾中有特殊生產本領的能工巧匠，國家應該給予照顧和獎勵。

《管子》作者的這些思想，較之古代希臘任何一位經濟學家，都是毋須多讓的，足使後人感到自豪。❹

《管子》作者還與老、莊唱對臺戲，一再申述宇宙萬物生於有，其見解的深刻程度，同樣值得後世重視。當然，法因名立，名出於形，形原於理，理一於道，管、韓法家學說的哲學基礎是道家之說。❺

再談韓非——

韓非（約公元前280～公元前233），戰國末期韓國人，是居於中國歷史上最有影響的大思想家之列的法家人物。有《韓非子》55篇。

在政治思想上，集一切權力於君主一人，造成極端的專制主義，是韓非學說的本旨。韓非認為君主必須加強權勢和善於駕馭群臣，通過法來促使舉國上下努力耕戰，以期達到富強，對內鞏固統治，對外實行征服。針對奸臣當道和庸主在位的現實，韓非設計了忍辱負重的仕進模式。韓非更直斥官吏的腐敗完全是因為「是故事強，則以外權士官於內，救小，則以內重求利於外。國利未立，封土厚祿至矣；主上雖卑，人臣尊矣。國地雖

❹　同上第七章。

❺　參見呂思勉《先秦學術概論》第96～98頁，雲南人民出版社，2005年。

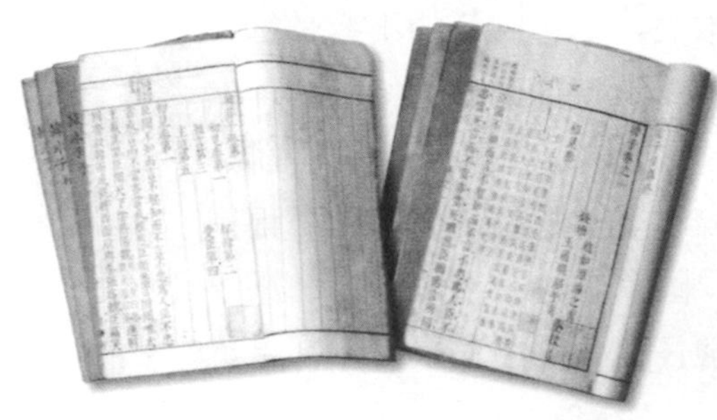

圖 105 韓非像 從中國史學會編彩圖本《中國通史》(上) 《韓非子》書影(下)

削，私家富矣。事成則以權長重，事敗則以富退處」(《韓非子・五蠹》，下引此書，只注篇名)，不啻受到鼓勵。又說由於缺乏制度，「若以譽進能，則臣離上而下比周，若以黨舉官，則民務交而不求用於法」(《有度》)，這樣的情形也就自然而然了。所以必須把一切都納入法律調整的範圍，「刑過不避大臣，賞善不遺匹夫」(同上)。政府官員必須稱職，做到使不稱職者避之唯恐不及。韓非的治國境界是「飭令，則法不遷；法平，則吏無姦」(《飭令》)。「立可為之賞，設可避之罰」(《用人》)。通過完善法制建設，使臣民遠離犯罪。❻韓非批判儒、墨等家的政治主張，指出「今世皆曰『尊主安國者，必以仁義智能』，而不知卑主危國者之必以仁義智能也」(《說疑》)。為了剝奪儒、墨「明據先王」的口實，韓非提出了他自己的歷史發展觀，「上古競於道德，中世逐於智謀，當今爭於氣力」,「世異則事異……事異則備變」。(《五蠹》)事實上，韓非的意見是反映了時代的精神，儒家從孔子到荀子，法家從管仲到韓非，其間的變化，都說明了這個問題。韓非又同時將人們的物質生產和物質生活狀況當作說明社會歷史、國家政治和道德風尚發展變化的證據。

在倫理思想上，韓非提出了「人性自利」論，這是由現實生存的維度對人性進行界定，從而為法治路綫提供了理論根據。韓非認為「人情者有好惡，故賞罰可用」(《八經》)。但他又進一步提出非道德主義的觀點，認為「民者固服於勢，寡能懷於義」(《五蠹》)，故統治人民不能使用道德感化的辦法。在上述思想基礎上，韓非發揮了他的狹隘功利主義，他認為人的價值是在追求名利中表現出來的，所以他只講實際功利，不講精神生活。顯而易見，韓非是採取墨家以及儒家荀子的現實主義和功利主義，而完全

❻ 參見王立仁、祖國華《韓非的治國三境界》，《光明日報》2008 年 11 月 15 日。

拋棄了墨、荀的道德觀念。

在哲學思想上，韓非否認天是宇宙萬物的精神主宰，批判了道德天命論，他吸納道家老子的思想成果，把作為物質及其規律的「道」當作宇宙萬物的根本，主張在遵循客觀規律的基礎上，發揮主觀能動性以改造自然。韓非闡明了事物發展變化的絕對性和前進性，他用物質生活方面的供求矛盾來解釋歷史的演變，用事物內部的矛盾性來說明事物的發展。他巧妙地用一則寓言故事來論證「不可兩立」(《難勢》) 的問題，說「人有鬻矛與楯者，譽其楯之堅，物莫能陷也。俄又譽其矛曰:『吾矛之利，物無不陷也。』人應之曰:『以子之矛陷子之楯，何如?』其人弗能應也」。他認識到對立面的普遍存在，強調對立面鬥爭的絕對性、對立面轉化的條件性和人的主觀能動性。韓非提出了反映論的檢驗認識的參驗方法，又把實際效果看成是檢驗認識的標準和認識的目的，並將其參驗說和效果論當作論證和貫徹他的法治路綫的有力武器。

顯然，韓非的政治倫理思想，是對以往法家思想的總結和發揚；而其哲學思想，則是他站在法家立場上對先秦諸子百家哲學的揚棄和發展。

韓非之學本來出於儒家荀子，他是看到了儒家的弊端，所以走向了儒家的反面。他的思想的基本精神是用暴力手段實現統治者的意志，❼「夫嚴刑者，民之所畏也；重罰者，民之所惡也。故聖人陳其所畏以禁其衺，設其所惡以防其姦，是以國安而暴亂不起」(《姦劫弒臣》)。這對促進當時地主制封建社會形態的進一步定型和中央集權的專制政治是有積極作用的。但秦統一六國後，韓非的這種一手政策就不合時宜了。其原因，乃是由於「夫并兼者高詐力，安定者貴順權」，「取與守不同術也」。而秦王朝對此殊不自覺，反而更加一意孤行，終於導致「一夫作難而七廟隳，身死人手，為天下笑」。(《史記・秦始皇本紀》) 鑒於暴秦滅亡的教訓，從此統治者再也不公開宣揚韓非等法家思想了。西漢鹽鐵會議後，桑弘羊代表法家與官方儒學進行了最後的抗爭。桑弘羊反對陰陽災異說，反對「道古以害今」，堅持和發展了韓非等法家的思想。如他說「商賈之富或累萬金，追利乘羨之所致也，富國何必用本農，足民何必井田」(《鹽鐵論・力耕》)，這種公開視商業為主要財富源泉的主張，雖為先秦法家所未曾有過，但卻十

❼ 在近代西方，尼采 (Friedrich Nietzsche, 1844～1900) 的唯意志論，似與韓非思想的這種精神不無共同之處。

分吻合法家的現實主義和功利主義的基本精神。只是統治者早已作出選擇，「無可奈何花落去」，作為獨立的法家學派終於退出了思想舞臺。隨著法家學派的沒落，思想界對韓非等法家不斷進行批判。宋代理學興起後，人們對韓非的攻擊更加升級，韓非等法家思想的這種遭際，是由歷史的變遷和自身的缺陷造成的。❽

桑弘羊以後，法家作為獨立的學派雖然銷聲匿跡，但其影響並未消失，這是由於法家思想中包含著一些對地主制封建社會甚至對更廣闊的歷史領域有意義的東西，歷代統治者往往奉行陽儒陰法的國策，事實上他們也必須這樣做。更有許多銳意進取或立志改革的政治家，都受到韓非等法家思想的影響，如正當儒家理學開始興起的北宋熙寧年間，王安石創「新學」，訓釋儒家《詩》、《書》、《周禮》3 部經典，作為他推行新政的理論和歷史依據，新學就嚴格意義來說，不脫儒家藩籬，但王安石的「三不足」，就很有法家味道了，所以朱熹說他是「學本出於刑名度數」，是「學術不正」。(《讀兩陳諫議遺墨》)❾至於明、清以來，由於社會積弊的日益加深和官方思想的日益捉襟見肘，論者於韓非等法家的肯定就更多些，甚至有人加以讚揚，企圖以此匡世濟時並批判官方儒學。

第二節　墨家

墨家為墨子所創立。墨子（約公元前 468～公元前 376），名翟，春秋、戰國之際滕（今山東滕州）人。墨家攻擊孔子，站在平民立場上發揮仁義學說，在先秦，與儒家同稱「顯學」，成為儒家學派的反對派。但墨子思想的形成，是與儒家的影響有關的，《淮南子・要略》說：「墨子學儒者之業，受孔子之術，以為其禮煩擾而不說，厚葬靡財而貧民，久服傷生而害事，故背周道而用夏政。」孔子推尊周禮，而墨子則崇尚夏禹不圖安逸、苦身勞心為天下謀利的精神。墨學剛健進取，破除宿命論，鼓勵人們奮發向上，提倡忠誠和正直，其基本傾向是積極的。今傳《墨子》53 篇，其中《兼愛》、《非攻》、《天志》、《明鬼》、《尚賢》、《尚同》、《非樂》、《非命》、《節葬》、《節用》等篇，闡明了墨子的主要思想。

❽ 孫實明：《韓非思想的歷史地位》，《孔子研究》1986 年第三期。

❾ 《晦庵先生朱文公文集》卷 7。

在倫理思想上，墨子講「兼愛」。「兼愛」是墨子學說的特色所在。墨子認為社會上一切禍亂，皆起於自私自利，只有實行「兼相愛，交相利」(《墨子・兼愛中》，下引此書，只注篇名)，才是解決的辦法。儒家講仁，主張人倫有親疏，敬愛有等差，墨子則以「兼」易別，不分親疏，所以孟子批評他「無君」、「無父」(《孟子・滕文公下》)。事實上墨子的這種想法，在奉行宗法等級制的社會裏，是根本行不通的。後來墨俠採取先從貧賤愛起的辦法，實踐上也並不成功。

圖 106　墨子像　從中國史學會編彩圖本《中國通史》(上)《墨子》書影（下）

在政治思想上，墨子要求「國家之富，人民之眾，刑政之治」(《尚賢上》)，使餓者得食、寒者得衣、勞者得息。墨子貴「義」，這個義就是要「興天下之利，除天下之害」(《兼愛下》)，這是墨子全部學說的出發點。與儒家的把動機放在首位不同，墨子的義，則特別把效果作為準繩。墨子因此主張「非攻」，他認為戰爭害民耗財，滅人之國，不仁不義，是應予堅決反對的。另外，墨子更有「尚賢」、「尚同」之說，要求政權向平民開放：所謂尚賢，就是要在平民中選拔賢能來管理國家；所謂尚同，則是要人們向賢能看齊。墨子又提倡「節用」、「節葬」和「非樂」，都是針對「在位者」而言的。他對放肆無忌憚的國君講命不定論，宣傳天有知覺，鬼有靈驗，是帶有嚇阻意圖的。墨子傾向於法治，但墨子的法治觀，「必欲人之相愛相利，而不欲人之相惡相賊也」(《法儀》)，是法家所不能比擬的。

在哲學思想上，墨子反對用「名」來規定發展中的「實」，提倡要「名」跟著「實」走，承認事實上的發展變化。他又提出了有名的「三表法」，作為他的認識論。他說：「有本之者，有原之者，有用之者。於何本之？上本之於古者聖王之事；於何原之，下原察百姓耳目之實；於何用之？廢以為刑政，觀其中國家百姓人民之利。」(《非命上》)所謂「三表」，就是 3 條標準：一是接受前人經驗；二是瞭解當前情況；三是根據以上兩條，制定主張辦法，應用到政治方面去，看是否有利國計民生。三表法雖然失之忽視理性認識的作用，但根據感覺經驗，為立論提供了認識的客觀標準。墨子重視「辯」，他在辯論中熟練地運用了多種推理論證的方法，而且明確地表述了推理的意義。在中國邏輯史上，墨子首次初步論述了「類」、「故」、「理」等重要概念，提出了論辯中「知類」與「明故」的邏輯原則和要求。❿

墨子反對「述而不作」，重視「作」，他懂得很多生產知識，是一位優秀的手工業技師。今傳《墨子》的《墨經》部分，其科技含量，在先秦諸子中，無疑居於異常奪目的地位

《墨經》的《經上》、《經下》兩篇，或為墨子的及門弟子記錄師說而成；《經說上》、《經說下》兩篇，「說」即「傳」，無疑是墨家後學的著作，加上性質相近的《大取》和《小取》兩篇，總計6篇，是謂《墨辯》。而《墨辯》之所以特別不容後人忽視者，乃在以其科學性的相對獨立的豐富內容和相對完整的理論體系，創建了中國古代真正的邏輯⓫學，足以與希臘的形式邏輯、印度的因明學鼎足而三。

《墨辯》論「辯」，把「明是非之分」(《小取》) 作為邏輯的首要任務，使邏輯成為求真的學問，確實是朝「純邏輯」的方向勇敢地邁進了決定性的一大步。

《墨辯》中所說的「故」是判斷的理由和根據，「理」是判斷的準則，「類」則是故和理得以提出的基礎。「名」在《墨辯》中也具有名稱、名位的意義，但作為專門術語，則用以指概念，「以名舉實」(《小取》)，就是屬於後一種情形。名是組成辯的最基本的單位，有非常重要的作用。《墨辯》對名進行了多方面的研究，根據名所反映對象的範圍與名所反映對象的屬性區別名的種類。《墨辯》指出名與名之間有種屬關係和矛盾關係。《墨辯》認為「狂舉」是名對實之舉的謬誤，避免狂舉的根本原則是「正名」。《墨辯》所謂正名，不是用名來規定實，而是用實來檢驗名，這是它與儒家的「正名」根本不同的地方。《墨辯》還認為，名又有內涵定義和外延定義，無論哪一種定義，都具有相對性。《墨辯》所謂「辭」，相當於判斷。現代邏輯學上所說的直言判斷，《墨辯》謂之「侔」；選言判斷，《墨辯》謂之「或」；假言判斷，《墨辯》謂之「假」。(《小取》)《墨辯》所謂「正」、「宜」、「必」，約當於有關事物情況可能性和必然性的模態判斷。《墨辯》所謂「說」，相

❿ 參見溫公頤主編《中國邏輯史教程》第三章，上海人民出版社，1988年。

⓫ 「邏輯」導源於希臘文的“Logos”，是英文“Logic”一詞的音譯。

當於推理。「說」的根本作用是「出故」，即提出論說的邏輯依據，一方面，為推理提供前提，另一方面，為論證提供論據。因此，作為推理的「說」，不僅是由已知進到未知的事物情況，而且是使所立之辭得以確立的論證手段。「說」有種種不同的形式，《墨辯》作了分類。「說」可能出現謬誤，其原因，《墨辯》歸結為「言多方，殊類，異故」(《小取》)。所謂「殊類」，就是指事物有不同的類；所謂「異故」，就是判斷事物的理由有多種。搞亂事物間的類屬關係，「說」──即推理發生錯誤就是很自然的事情了。

《墨辯》關於正名的原則，一定的名必須反映一定的實，不能反映其他的實，其基本點與同一律完全一致；《墨辯》認為一對矛盾的判斷，如「或謂之牛，或謂之非牛」(《經說上》)，兩者不能都對，這正是矛盾律的內容；《墨辯》對於表述是和非的一對矛盾判斷，不允許對是、非取「兩可」的態度，是體現了排中律的要求；《墨辯》的「以說出故」，是對思維論證性的要求，涉及了充足理由律的內容。「故」是《墨辯》邏輯中的基本範疇，《墨辯》提醒人們注意論說中的「異故」，不僅注意「然」，也注意「所以然」。所有這些，都表明《墨辯》對於思維的論證性給予了高度的重視。

《墨辯》的上述內容，顯示了思辨的智慧。只因後來中國人受儒家思想的支配，急功近利，要求科學直接為社會生活服務，人們用狹隘的實踐內容束縛了理性的進步，對科學的獨立意義、獨立力量注意不夠，因此認為純粹的、不直接服務於功利的邏輯思辨並無什麼用處，反而擾亂了政治，《墨辯》的形而上之學沒有得到很好的發展，實在是太可惜了。⑫

《墨辯》認為知識可以由傳授而得（聞知），可以由推理而得（說知），偏於前者易趨向保守，偏於後者易趨向空想。又強調客觀的事物是認識的基礎，「物之所以然，與所以知之，與所以使人知之，不必同」(《經下》)，所以認識應以親知為貴，實踐為本。

《墨辯》還論述了時空是連續無窮的，這連續無窮的時空又是由最小的單元所組成，在無窮中包含著有窮，在連續中包含著不連續。又論述了物體的運動表現為時間的先後差異和空間的位置遷移，沒有時間先後和位置遠近的變化，就無所謂運動，離開時間和空間的單純運動是不存在的。墨子的時空理論和運動論，與現代科學的時空理論和運動論，可謂不謀而合。

《墨辯》指出「非半弗斱則不動，說在端」(《經下》)，這個「端」不

⑫ 參見溫公頤主編《中國邏輯史教程》第四章，上海人民出版社，1988 年。

可分割，與古希臘德謨克利特（Démocritos，約公元前 460～公元前 370）所用「原子」一詞，意義完全相同。事實上就現代科學的觀點來看，原子尚可分割，真正不可分割的是量子，所以《墨辯》所謂的「端」，又等同於現代量子力學中的量子。

《漢書・藝文志》「儒家」列《晏子》，今傳《晏子春秋》內外篇共 8 卷，唐柳宗元以為係齊國的墨子之徒所作。但在對待鬼神問題上，墨子「明鬼」，是為了證明鬼神有靈，而晏子言鬼，則是為了宣傳「天道不諂，不貳其命，若之何禳之」（《晏子春秋・外篇・重而異者》）。不過，在勸君主節儉、勤政、明賞罰和反對儒家的葬儀禮教等諸多方面，墨子和晏子確有關聯。本來《管子・霸言》已有「以人為本」的提法，晏子則更闡發了「以民為本」（《晏子春秋・內篇・問下》）的思想，這一點也與墨子極為合拍。

由於墨家學說主觀上是為平民利益著想的，墨家所倡「殺人者死，傷人者刑」（《墨氏春秋・去私》），使人聯想到後世農民起義軍資以約束部屬、爭取群眾的口號，所以秦、漢以後，統治者把它看作危險的東西，加以嚴厲的禁止。墨家學派後來很不景氣，但明清時代，在經世致用的實學氛圍中，墨學又受到人們的普遍關注，乾、嘉以後，研究墨學的成果不斷問世。

第三節　陰陽家、名家和兵家

一　陰陽家⑬

陰陽家的代表人物是鄒衍（戰國末期齊國人，約公元前 305～公元前 240），在《史記・孟子、荀卿列傳》中，他占去比孟、荀兩位還多的篇幅。對他的學說，司馬遷評價說：「然要其歸，必止乎仁義節儉，君臣上下六親之施。」

陰陽家主要談陰陽五行。陰陽和五行，原先屬於兩個不同的觀念系統。五行觀念的產生是古代中國人探索世界萬物的起源和多樣性統一的一種最初的嘗試；陰陽觀念的出現較五行觀念為晚，表明人們已經能夠以五行觀

⑬ 陰陽家的著作在唐初修《隋書・經籍志》時已全部亡佚，但其學說思想有相當一部分保存在《呂氏春秋》中；另有一些片斷，則散見於《管子》、《莊子》、《禮記》、《易傳》等先秦典籍中。

念的簡單多樣性，上升到探索事物的對立統一規律，萌發了中國古代樸素的辯證法。

鄒衍把早期的陰陽思想和五行學說結合起來，⓮認為變化由於陰陽按照五行的程式交替施加壓力而發生，構築了一個涵蓋天地人間的思想體系，其立論宗旨在於論人事之得失宜忌，立論方式是始於論天而終於論人，從自然法則中引申出人事的法則，從自然關係中總結出人的倫理關係，從自然的歷史推論人類社會的歷史。

陰陽家試圖用數來解釋五行與陰陽的關係，他們說：天之數，一，生水；地之數，六，成之。地之數，二，生火；天之數，七，成之。天之數，三，生木；地之數，八，成之。地之數，四，生金；天之數，九，成之。天之數，五，生土；地之數，十，成之。⓯這與古希臘哲學講火、水、地、氣四大元素都是由數字間接導出，竟是驚人地一致！

陰陽家傳播「推終始五德之傳」（《史記・秦始皇本紀》）的思想，後來為歷代統治者所利用，成為他們「奉天承運」實行改朝換代、自命正統的理論根據。⓰但對打破萬世一系的世襲制也起到一定的作用。

陰陽五行學說中包含有某些科學的思想方法，推動了中國傳統社會科學技術的向前發展。尤其表現在醫學領域，成書於秦漢時代的醫學理論著作《黃帝內經》，運用陰陽五行來說明人體的生理結構和發病原理，達到了相當高的水平。現代的中醫理論仍然受到《黃帝內經》的影響。事實上，陰陽五行學說是中國古代先進的生產技術在思想領域的反映。

陰陽家之學，影響更廣泛的一面，是它的四時十二月政令理論。⓱陰陽家認為：「春生，夏長，秋收，冬藏，此天道之大經也」（《漢書・藝文志》），「陰陽、四時、八位、十二度、二十四節，各有教令，順之者昌，逆之者不死則亡」（同上）。所以陰陽家強調人事必須符合天道，提倡順天守時。陰陽五行學說重視人與自然之間的相互作用關係，無疑具有可取之處。但

⓮ 《左傳・昭公元年》記醫和的話說：「天有六氣，降生五味，發為五色，徵為五聲，淫生六疾。六氣曰陰、陽、風、雨、晦、明也。分為四時，序為五節。」在這裏，陰陽和五行實際上已經有了初步的結合。

⓯ 參見《禮記・月令・孟春之月》鄭玄注、孔穎達疏。

⓰ 參見顧頡剛《秦漢的方士和儒生》第85頁，羣聯出版社，1955年。

⓱ 陰陽家在這方面的著述，流傳下來的有《呂氏春秋》「十二紀」之首篇、《禮記・月令》和《淮南子・時則訓》等。

另一方面，陰陽家斷言「天人相應」，可以根據天變，見微知著，預卜未來，則窮極怪誕。⑱而西漢儒家董仲舒又把這種學說融入儒學體系，鼓吹「王道之三綱，可求於天」（《春秋繁露・基義》），同時惡性發展了五行思想的消極面，在中國傳統社會逐漸沉積為一種頑固的思維習慣，幾乎什麼事情都與五行相聯繫，造成了人們思想的僵化。從這個角度來看，陰陽家的學說就難辭其咎了。

二 名家

名家的代表人物是惠施和公孫龍。

惠施（戰國中期宋國人，約公元前370～約公元前310）著書很多，可惜皆散佚無存。據《莊子・雜篇・天下》和《荀子・非十二子》所載，可以見到惠施學說的一鱗半爪，他和他的同道提出了諸如「天與地卑」、「山與澤平」、「卵有毛」、「雞三足」、「飛鳥之景，未嘗動也」、「白狗黑」（均見《莊子・天下》）之類的命題，認為事物不是固定不變的，一切都在運動變化中。他又說：「日方中方睨，物方生方死。」（《莊子・天下》）說明他已經猜測到物體在運動中同一瞬間既在一個地方，又在另一個地方，也看到了生命中包含著走向死亡的因素。他還說「至大無外，謂之『大一』，至小無內，謂之『小一』」（同上），「無外」就是沒有外邊緣，「無內」就是沒有內邊緣，這從正反兩面表述了宇宙空間的無限性問題。惠施又認為「無內」的「小一」與無所不包的「大一」是「畢同畢異」（同上）——即都有共同之處，但又各自有其特點的，這裏既有樸素的辯證法，又有樸素的唯物主義。論者或謂惠施不適當地誇大事物相對的同一性的一面，而忽視了事物的相對穩定性和本質差別，這種看法並不全面。惠施還說：「我知天下之中央，燕之北，越之南。」（同上）他已經揣度到大地是具有南北兩極的球體。但惠施的詭辯氣息特別重，這是名家的通病。⑲

公孫龍（戰國後期趙國人，約公元前320～公元前250）的成名之作是「守白之論」，包括「白馬非馬」（《公孫龍子・白馬論》，下引此書，只注

⑱ 鄢良：《陰陽家思想之分析》，《孔子研究》1988年第一期。本節談陰陽家，基本觀點採自該文者為多。

⑲ 馮友蘭認為：「惠施、公孫龍，在某種程度上，都與當時的法律活動有關。」見《中國哲學簡史》第72頁，北京大學出版社，1996年。

篇名)、「離堅白」(《堅白論》)這兩個著名論斷。他說白以名色，馬以名形，所以白馬非馬；又說若求馬，黃馬、黑馬、白馬都可應，若求白馬，則黃馬、黑馬便不可應了，所以白馬非馬。他說石的白是顯露在外的，人們一望而知，但石的堅，無形相可察，非視覺所能辨，如果不借助於觸覺，便無法知道，由於對堅、白的認識非同一感官的功能，所以堅、白離了。「白馬」是個別，「馬」是一般，個別當然不同於一般，公孫龍說「白馬非馬」，有其一定的合理性和開創性。但他只注意它們之間的差別，不注意它們之間的聯繫，這就不對了。而人們的認識都來自感官對客觀事物的反映，不同的感官只能認識事物的不同方面，公孫龍看到了這一點，無疑是個貢獻。但他說堅石、白石不能合而為一，應該是離堅、白，把感官的局限性強調過了頭，以致看不到理性思維的作用，終於得出荒謬的結論。

惠施、公孫龍的名學，對後期墨家的辯學不無啟發。

名家的目的，主要是討論名、實關係，也就是討論思維和存在的關係。惠施著重講「實」是可變的，公孫龍著重講「名」是不變的。名家堅持了實決定名的立場，為解決哲學的基本問題作出了重大貢獻。儒家孔子曾最早提出了「正名」的任務，但孔子的正名，是「循名責實」，要以名來定實，名家則相反，宣傳了「以名謂實」(《名實論》)，提倡以實定名和以實正名；並且孔子側重於研究政治倫理道德，名家之學則與倫理思想無關。名家又有法家的性質，法家講法律制度的運用，名家提供法治的原理。名家亦採有道家之說為其學說的基礎，比法家更直接。名家在政治上也是法家的有力臂助。由於名家過分穿鑿名詞，糾纏概念，使人難以理解，從而失去了許多人的支持。在中國歷史上，名家的命運與法家聯繫在一起。

三　兵家

先秦「九流十家」，儒、道、墨、法、陰陽、名諸家已見前面所述，其餘去掉小說家，尚有縱橫家[20]、農家和雜家。縱橫家倡「合縱」、「連橫」兩種外交政策，頗能審時度勢，他們以計策為成功的決定因素，功利是行動的唯一指南；農家主張天下之人，都應當親自操勞；雜家兼包並蓄，沒

[20] 縱橫家以蘇秦和張儀兩人為代表。1973年長沙馬王堆漢墓出土的帛書《戰國縱橫家書》，全書共27章，其中記載蘇秦的書信言論就有15章以上。據此書看來，蘇秦主要政治活動比張儀晚，死得也比張儀晚。

有門戶之見。《漢書・藝文志》著錄雜家之言 20 家 403 篇，其中《呂氏春秋》26 篇，自注曰：「秦相呂不韋輯，智略士作。」呂不韋（衛國濮陽〈今河南濮陽西南〉人，生年未詳，卒於公元前 235 年）成此書，立足於黃老，㉑「假人之長，以補其短」（《呂氏春秋・用眾》），體現了相當開明的政治意識。史載呂不韋從政前，曾經過商，後來認為「定國立君，澤可遺後世」（《史記・呂不韋列傳》正義），比幹什麼事都要來錢，這種打算，真的也是很現實的。

《漢書・藝文志》謂九流「各引一端，崇其所善，譬猶水火，相滅亦相生也」。該志還著錄了兵家，重要著作有孫武（春秋末期齊國樂安〈今山東惠民，一說今山東廣饒〉人，生卒年未詳）的《孫子兵法》、吳起（戰國前期衛國左氏〈今山東定陶西〉人，生年未詳，卒於公元前 381 年）的《吳子兵法》和孫臏（戰國中期齊國阿〈今山東陽穀東北〉人，約公元前 380～約公元前 320㉒）的《孫臏兵法》。《孫子兵法》計 13 篇，人類全部古代兵學無出其右者。

兵家指出「兵者，國之大事」（《孫子兵法・計》，下引此書，只注篇名），戰爭是解決社會政治問題的重要手段；「非利不動，非得不用，非危不戰」（《火攻》），必須慎之又慎；「善戰者，致人而不致於人」（《虛實》），主動權很要緊。兵家認為「令之以文，齊之以武，是謂必取」（《行軍》），法令嚴明，軍紀整飭，才是取勝之道；「塗有所不由，軍有所不擊，城有所不攻，地有所不爭，君命有所不受」（《九變》，一切須從全局出發；「不戰而屈人之兵」（《謀攻》），應當計出萬全，盡量做到不流血；「上下同欲者勝」（同上），「民苦其師，可敗也」（《孫臏兵法・將失》），人心的向背至關重要；「有形之徒莫不可名，有名之徒莫不可勝」（《孫臏兵法・奇正》），沒有不可戰勝的敵人；「強弱，形也」，「弱生於強」，（《兵勢》）強和弱是可以互相轉化的。兵家並且提出了一整套以弱勝強的辦法，首先要避開敵人的銳氣，示之以弱，使敵人驕傲起來；然後出其不意，攻其無備，將敵人擊敗。兵家說「善用兵者，役不再籍，糧不三載，取用於國，因糧於敵」（《作戰》），應當費力少而收功多，讓敵人來做運輸隊長。同時兵家還進而認為戰爭勝

㉑ 參見牟鍾鑒《〈呂氏春秋〉與〈淮南子〉的比較分析》，《哲學研究》1984 年第一期；熊鐵基《從〈呂氏春秋〉到〈淮南子〉》，《文史哲》1981 年第二期

㉒ 暫從錢穆《先秦諸子繫年・通表》附表，商務印書館，2005 年。

圖 107　清代著名經學家孫星衍在蘇州留下的有關孫子情況的石碑

利的條件在於事先對客觀情況有充分的瞭解和估計，所謂「知己知彼，百戰不殆」(《謀攻》)，「見敵之所長，則知其所短，見敵之所不足，則知其所有餘」(《孫臏兵法・奇正》)，而這方面的工作，必須依靠人的努力，不能依賴鬼神，「先知者不可取於鬼神」，「必取於人」。(《用間》) 兵家很清醒，明確地認識到戰爭的形勢是不斷變化的，所以特別強調:「兵無常勢，水無常形，能因敵變化而取勝者謂之神。」(《虛實》) 要求面對複雜多變的形勢來思考問題，迅速作出判斷，不能有絲毫的含糊。

在戰術上，《孫臏兵法》提出了用騎兵的主張。

吳起也被列為法家，現存《吳子兵法》6 篇，雖屬後人依託，辭意淺薄，但強調要制勝，必須「文德」和「武備」並重，所謂「文德」，就包括「道」、「義」、「禮」、「仁」等德目，㉓這一思想還是很光輝的。其《論將》篇云:「得之國強，失之國亡，是謂良將。」此亦可謂要言不煩。

兵家之言，還散見於其他先秦典籍裏，如《左傳・莊公十年》載「夫戰，勇氣也，一鼓作氣，再而衰，三而竭」；《僖公二十八年》載「允當則歸」，「知難而退」，「有德不可敵」；《襄公十四年》載「亡者侮之，亂者取之」；《昭公二十一年》載「用少莫如齊致死，齊致死莫如去備」，充分反映了中國文化的實用理性特點。

第四節　儒學指導下的史學

「史學」之名，創自十六國時期的石勒，他於太興二年 (319) 命「任播、

㉓《吳子兵法・圖國》。

崔濬為史學祭酒」(《晉書》卷 105)，負責管理和培養這方面的人才，當時與經學、律學並顯。

史學的主要任務是按照時代順序，運用具體歷史事實，闡明人類社會自身運動的進程及其規律。本編所談主要是思想領域方面的東西，史學作為一門學術，雖然思想（包括歷史觀點和史學理論）是其中的靈魂，占有最重要的地位，但史學不是純思想的科學。不過由於中國史學與儒學的關係特別密切，儒學向來經、史並重，所以本編在這個標題下面對史學加以介紹，也算是順理成章的事情。

中國史學的歷史極其悠久，遠古的傳說且不算，早在夏商周時代，就已經有了史官以記言、記事。本來儒家的六經，就是史官所藏各種上古文獻，六經中占核心地位的既不是哲學，也不是文學，而是史學。周初王公重視以史為鑒，曾作誥教誡成王說:「不可不監于有夏，亦不可不監于有殷。」(《尚書・召誥》)

繼《尚書》、《春秋》而後，最早出現的史學名著有《左傳》、《國語》和《戰國策》。《左傳》如本書第十七章第二節所述，屬於儒家的經傳；而《國語》則完全可以和《左傳》聯繫起來；倒是《戰國策》，情況比較特殊。

《左傳》具有紀事本末的性質，但按《春秋》的編年綫索，補充敘述《春秋》未詳的史實，基本上還是屬於編年體。此書記載了不少預言，通過卜筮、星占、望氣、圓夢等手段，大部分得到了應驗，從而表白許多人世的大事，都由一種神秘的力量在起著作用。但在當時思想界懷疑天道、重視人事的形勢下，《左傳》並不逆思想潮流而動，去宣揚商周時代傳統的天道觀，而是把天道和人事糅合在一起，著重從人事上解釋歷史的變化，提供了極其豐富的政治、軍事、外交知識和經驗，這是《左傳》受到儒家重視的根本原因。《左傳》也十分注意民心向背對政治得失、國家興衰的意義，卻又認為在歷史上起決定作用的，並不是百姓，而是政治，是禮和德。《左傳》往往把歷史發展中出現的新事物視為失禮，是「非禮也」，反之則為「禮也」，這一點也是受了儒家的影響。然而《左傳》仍然認真地記述了大國爭霸的史實，並且熱情讚揚了那些霸主的言行，對之表示理解和認同。由此可知，《左傳》的思想自相矛盾，反映了作者所處時代的特點。

《國語》分為「周語」、「魯語」、「齊語」、「晉語」、「鄭語」、「楚語」、「吳語」、「越語」等 8 部分，計 21 篇，分別記述周王室及魯、齊等 7 國的史事，年代上起西周穆王，下迄東周定王，共5個多世紀。內容大部分可與《左傳》相參證。作者傳為左丘，司馬遷列其名於屈原、孫臏之間，似是戰國中期人。但此書文體「周魯多平衍，晉楚多尖穎，吳越多恣放」（崔述：《洙泗考信錄・餘錄》），看來「亦非一人之所為也」（同上）。《國語》較注意政治上的得失成敗，著重指出了「民」的重要性，說明對民進行壓榨，就會導致政治上的失敗。《國語》還強調選賢舉能，作者在當時社會選賢能還是舉舊族這個新舊矛盾中，目光是向著新的。與儒家不同的是，《國語》對於大國霸政和各國爭霸，對於大國強國兼并小國弱國，不是厭惡憎恨，而是津津樂道；對於爭霸事業中的齊桓公、晉文公、管仲、范蠡等人，不是諷刺指責，而是稱許讚嘆。但是孔子也曾肯定過管仲，說「微管仲，吾其被髮左衽矣」（《論語・憲問》）；荀子並且更主張「法後王」，儒家在這方面的言論，也還是有很靈活的地方。這樣看來，《國語》的這種歷史觀，也仍然是反映了儒家的立場。

《戰國策》簡稱《國策》，又有《國事》、《事語》等多種異名。所記以縱橫家的說辭和書信為主，但不一定與事實完全相符。原係戰國末年和秦、漢間人所纂集，後來劉向（沛〈今江蘇沛縣〉人，約公元前77～公元前6）對之作了整理，按東周、秦、齊、楚、趙等12國次序，刪去重複，編訂為33篇。記事上起戰國初，下迄秦滅六國，約245年。這部書反映了這一時期內各諸侯國兼并攻伐的政治局面，對人民大眾的痛苦生活和士階層人物的活動情況都很注意。尤其對後者，有特別的興趣。因為不是一人一時所作，所以思想很龐雜，但儒學對它的影響和滲透還是很占分量的。㉔

先秦史書，尚有記言的《逸周書》、記事的《竹書紀年》和《世本》，都有很高的史料價值，可惜前者因被儒家視為雜書，後兩者當年亦不甚為世所重，現在皆殘缺錯亂，無法窺其全貌了。

西漢經學盛行後，史學在儒學指導下，更加蓬勃地發展了起來。

先是賈誼（雒陽〈今洛陽東〉人，公元前200～公元前168）著《過秦論》，指出秦朝滅亡的原因是由於「仁義不施」（《新書・過秦上》），以至於「百姓怨望而海內畔矣」（《新書・過秦下》）；又著《治安策》，指出「欲天

㉔ 《戰國策》從表面上看，主要反映的是縱橫家的思想，但縱橫家的先行者正是儒家的子貢。說詳郭預衡《儒家流為縱橫說》，《經世日報・讀書週刊》1947年7月30日、8月6日。

下之治安，莫若眾建諸侯而少其力」㉕，使諸侯王聽命於中央。他在總結秦、漢歷史時得出結論:「自古至於今，與民為讎者，有遲有速，而民必勝之。」(《新書・大政上》) 賈誼以史論政，發生了極大的影響，有力地呼喚了史學新紀元的到來。

圖 108　司馬遷像

司馬遷（生於公元前 135 年㉖，卒年未詳），字子長，左馮翊夏陽（今韓城）人，武帝時任太史令，抑秦，尊漢，創紀傳體，著成《史記》一書，計 130 篇㉗。《史記》仿《春秋》「十二公」作十二本紀，用編年方式敘述歷代君主或實際統治者的政跡，原其始，察其終，見其盛，觀其衰，論其行事，是全書的大綱；仿周官舊譜作十表，用表格形式分項列出各歷史時期的大事，是全書敘事的補充和聯絡；仿《尚書・禹貢》及《禮經》、《樂經》的體制，作八書，總述古來文化的成就。又作三十世家，用編年和傳記的形式，細大兼具，記述圍繞帝王的諸侯和貴族，所謂「世家」是開國承家、子孫世襲的意思。作七十列傳，主要是人物傳記，記述本紀、世家所敘中心人物以外在一定歷史條件下對社會歷史有過貢獻的各種「俶儻非常之人」(司馬遷:《報任少卿書》) ㉘，或專傳，或合傳，或雜傳，委曲細事，著重寫出他們的為人，既遵循真實性，又富於傾向性。作者衡量歷史人物的地位，所依據的是他們的實際成就，而不是獲得何種名位，其所採取的評價標準，又反映了多視角和巨大包容

㉕ 引自《漢書・賈誼傳》。

㉖ 參見趙生群《從〈正義〉佚文考定司馬遷生年》，《光明日報》2000 年 3 月 3 日。

㉗ 《史記》在最初的流傳過程中，有亡缺也有續補。曹魏張晏臚舉亡佚 10 篇的篇目，為《景帝紀》、《武帝紀》、《禮書》、《樂書》、《兵書》(《律書》)、《漢興以來將相年表》、《三王世家》、《日者列傳》、《龜策列傳》、《傅、靳、蒯成列傳》。他還指出《武帝紀》等 4 篇是元、成之際博士褚少孫所補。據考證，10 篇並非全佚，褚少孫續補的也不僅 4 篇。今傳三家注《史記》，所謂「三家注」，指劉宋裴駰的《集解》和唐代司馬貞的《索隱》、張守節的《正義》。至於《史記》的版本，現存早期善本莫過於南宋黃善夫刻本，經涵芬樓影印，收入「百衲本二十四史」。而目前大陸通行的中華書局點校本，則是以清同治金陵局本為底本，但也兼取涵芬樓本。

㉘ 《文選》卷 41。

性的特點。除人物傳外，還有記述少數民族和域外史跡的「四夷」傳。此書做到了在體裁上「兼綜諸體而調和之，使互相補充而各盡其用」（梁啟超：《中國歷史研究法》）㉙，「記載平均，包羅萬象」（同上：《中國歷史研究法補編》）㉚。司馬遷寫史的目的，是要「稽其成敗興壞之理」，「究天人之際，通古今之變，成一家之言」，「述往事，思來者」，（《漢書・司馬遷傳》，下引此傳，不注書名）所以他的態度極為認真。

《史記》繼承了《春秋》詳近略遠、詳內略外、常事不書、書其重者、信以傳信、疑以傳疑等書法原則。《春秋》是魯國史，《史記》則擴大為全國史，上通到黃帝堯舜 2000 餘年。《史記》託始於黃帝，從而擺脫了戰國以來所形成的歷史假相，如「三皇說」等。事實上，《史記》「辨而不華，質而不俚，其文直，其事核，不虛美，不隱惡，故謂之『實錄』」（《司馬遷傳》），為中國傳統史學樹立了典範，其意義已經遠遠超過了《春秋》。《春秋》為尊者諱、為親者諱、為賢者諱，司馬遷則純用直筆，更加忠實於史實。至於《史記》「是非頗繆於聖人，論大道則先黃老而後六經，序遊俠則退處士而進姦雄，述貨殖則崇埶利而羞賤貧」（同上），游離於時代風尚之外，足見司馬遷獨立思考的精神，這正是史學家最可寶貴的品格。《史記》規模宏偉，結構嚴密，建立了人物地位平等的全面史觀，奠定了中國史學的基礎。中國傳統史學的真正成熟，其標誌不是《春秋》，甚至也不是《左傳》，而是《史記》。

司馬遷「究天人之際」，懷疑天道，反對神學；「通古今之變」，統一對待往古、當今和未來，著重於當世得失；「成一家之言」，主張「以因循為用」，重視民心向背問題，總結「物盛而衰」（《平準書》）的教訓，注意把政治和經濟聯繫起來加以考察，認為用人得失關係到政治成敗，反對君主專制獨裁，宣傳勇於進取、勇於建功立業的豪邁的人生觀、生死觀和價值觀。凡此種種，都是對孔、孟傳統思想的發揚。㉛

《史記》司馬遷自序本稱《太史公書》，《書》，蓋襲用《尚書》之《書》。而所謂《史記》，在司馬遷筆下，意即「史官所記」，僅指舊史而言。魏晉

㉙ 上海古籍出版社，2006 年。

㉚ 上海商務印書館，1933 年。

㉛ 《史記》有《孔子世家》、《仲尼弟子列傳》、《儒林列傳》，這種情有獨鍾的篇幅分配，說明司馬遷歸根到底，對「儒術」還是「獨尊」的。

以降，《太史公書》遂稱《史記》。後世被目為「正史」者，或稱「書」，或稱「史」，其由來如此。

兩漢之際，劉向著《列女傳》8 卷，旨在反對女主干政，遏制外戚專權。作為一部婦女專史，《列女傳》主要宣揚了「三從之道」等禁錮和壓迫婦女的思想，但也保留了往古許多傑出女性的卓異事跡，如孟母三遷斷織、稷母勸子拒賄等，皆足為後世楷模。

東漢班固（扶風安陵〈今咸陽東北〉人，32～92）著《漢書》100 篇㉜，在吸收《史記》成果的基礎上，創紀傳體斷代史，在軌則範式方面較之「一家之言」的《史記》更有建樹，成為後世正史的不祧之宗。書中有關武帝以前的史事，多採自《史記》，甚至有抄襲之嫌㉝，但實際上補充了很多內容，也有些刪改。並且，《史記》的部分早已佚失的篇章——如《大宛傳》等被現有的文本所補充，這些文本的依據卻反過來是《漢書》。班固貶秦朝為閏統，卑視歷史上陳涉、項羽等建立的政權和非帝系的人物，獨尊儒家和六經，思想境界不及司馬遷博大。但《漢書》記事從實，順時應變，注意民心，對統治者的罪惡有所揭發；於志書和史表的撰述又多有突破，益示其博學貫通的特點；並比較完整地引用了詔書、奏議等第一手史料——總之是蘊藏著豐富的歷史智慧，因此受到了歷代史家的重視。班固還在年表 10 篇和《地理》、《藝文》2 志中創為史書自注之法，表現了嚴謹的治學精神。

漢末有荀悅著編年體的《漢紀》，取材範圍不出於《漢書》，篇幅僅及《漢書》的 1/4，「辭約事詳」（《後漢書・荀淑傳》），所謂「班荀二體，角力爭先，欲廢其一，固已難矣」（劉知幾：《史通・二體》）。繼之者有東晉的袁宏（陽夏〈今河南太康〉人，328～376）著《後漢紀》，「所以道古今而篤名教」（《自序》），又很注意史料的真實性。兩書皆有一定的學術地位。

清代乾隆年間，詔定《史記》、《漢書》、《後漢書》、《三國志》、《晉書》、《宋書》、《南齊書》、《梁書》、《陳書》、《魏書》、《北齊書》、《周書》、《南史》、《北史》、《隋書》、《舊唐書》、《新唐書》、《舊五代史》、《新五代史》、《宋史》、《遼史》、《金史》、《元史》、《明史》等 24 部紀傳體書為正史。「二十四史」從《後漢書》、《三國志》到《明史》，皆步《漢書》後塵，都是以

㉜ 其中 16 篇因篇幅過長，後人校注時析為 36 卷，所以今通行本實為 120 卷。

㉝ 這是班固為了表示對司馬遷的尊重，與時下謀圖名利的文抄公之所為根本異趣。

儒家經典的義理作為是非的標準和遵奉的原則，服務於地主制封建社會的統治秩序，其中西晉陳壽（巴西安漢〈今四川南充北〉人，233～297）的《三國志》65 卷和劉宋范曄（順陽〈今河南淅川東南〉人，398～445）的《後漢書》90 卷學術成就也很高。《三國志》善敘事，通過委婉隱晦的表述手法，做到揚美而不隱惡；對史事取捨很有分寸，議論亦極有見地；結構清晰，內容無重複；吳、蜀兩主之傳，「皆編年紀事，以史家之例，實亦紀也」（何焯：《義門讀書記・三國志》），在史書體例上更有特色。《後漢書》以「正一代之得失」（《自序》）為宗旨，多用合傳形式，以明表彰撻伐；又別開生面，從不同角度刻畫了東漢社會的世俗面貌；還借鑒《史記》、《漢書》的經驗，在帝紀之後添置后紀，以便準確地反映這一時期的政治特點；編排有序，文辭優美，頗受後世好評。《三國志》後由劉宋裴松之（聞喜〈今屬山西〉人，372～451）為之作注，裴注雜引各種公私記載達 150 餘種，所引之書今多不傳，足補《三國志》的簡略之失；而《後漢書》的主要素材，則皆取於《東觀漢記》，這部漢記體例有本紀、表、志、列傳、載記等，已略具後世官修本朝紀傳體國史的性質，惜元明以後失傳，現在僅存輯本了。

《後漢書》首開以子孫之傳附於父祖之傳的風氣，沈約《宋書》踵之；魏收《魏書》率先以少數民族政權為記載的主體，書中的《序紀》和《官氏志》、《釋老志》也都是前所未有的。

二十四史除「前四史」和《新五代史》（又稱《五代史記》）等出於史家私人修撰外，其餘多由朝廷主持修撰。自唐代起，中國就開始形成王朝設立史館修撰前朝史的傳統。歷代王朝之所以重視前朝史的修撰，除了總結前朝的統治經驗外，還在於新朝可以借此機會標示本朝的正統地位，刪除前代「自命正朔」的眾家史書，並籠絡前朝士大夫，顯示本朝的寬洪大量。巨大的歷史感在賡續不斷的史書修撰中也起著關鍵作用，歷代史官莫不為「存史」而作出可貴的努力，即使在少數民族入主中原時也是如此，如元滅金後，就有人上書說：「新君即位，頒曆改元……國滅史存，古之常道。宜撰修金史，令一代君臣事業不墜於後世，甚有勵也。」（《元史》卷 157）

中國向來有「君舉必書」的制度，漢以後，歷代都有記錄帝王每天言行的「起居注」；從南朝梁代開始，又有了帝王專史的「實錄」，這些都為編史提供了充實的原始材料。漢明帝的起居注，由明德皇后親自書寫。在唐代，起居注僅太宗、文宗破格索觀過。從宋代起，則起居注纂成後，須呈皇帝過目。而皇帝自己保管的文件不入實錄。

唐代吳兢（汴州浚儀〈今開封〉人，670～749）著《貞觀政要》10 卷，敘事簡賅，秉筆直書，以歷史經驗、歷史智慧再現了「貞觀之治」的面貌和唐太宗君臣論政的風采。認為君主應確立民為邦本的思想，作風上要做到以身作則，從諫如流；為官則必須清正廉潔，明達吏事。「自唐世子孫既已書之屏帷，銘之几案，祖述而憲章之矣。至於後世之君，亦莫不列之講讀，形之論議，景仰而效法焉。」（戈直：《〈貞觀政要〉序》）

唐代劉知幾（彭城〈今徐州〉人，661～721）著《史通》20 卷，對漢、唐之際的史學作了總結性的檢討。他強調辨善惡，寓褒貶；認為史之為用，「乃生人之急務，為國家之要道」（《史通・史官建置》）；主張史學家必須具備「史才、史學、史識」3 個條件，這是正統的儒家觀點。另一方面，他主張直書，反對曲筆；主張一家獨斷，反對官府把持；主張實事求是，反對附會臆說，並且恢復了《尚書》和《春秋》的史書性質。㉞

北宋歐陽修（吉州吉水〈今江西永豐㉟〉人，1007～1072）是著名文學家，他曾奉命撰寫《新唐書》中的紀、志、表，又私自撰寫了《新五代史》。《新唐書》與《舊唐書》相比，特點是「其事則增於前，其文則省於舊」（《進〈新唐書〉表》）；《新五代史》則為求文字簡潔起見，往往刪去一些史事。從史料價值看，二部新史反而不如舊史。歐陽修有《正統論》㊱，特別講究書法。但他對官修史書的淺陋和君主過問的癥結，也提出了尖銳的批評。並且，二部新史的體例，在過去長時期內是得到後來修史者的肯定的。

這幾位，在中國古代史學史上，都有一定地位。

㉞ 《史通》將史書的體例分為《尚書》、《春秋》、《左傳》、《國語》、《史記》、《漢書》等 6 家，與之成書年代相差不遠的《隋書・經籍志》則分為正史、古史、雜史、霸史、起居注、舊事、職官、儀注、刑法、雜傳、地理、譜系、簿錄等 13 種，成為後世史書分類的典範。在這一點上，《史通》不及《隋志》。其實，《隋志》用力頗深，且也具通史性質，應當被認為是上乘之作。

㉟ 歐陽修文章常自署「廬陵歐陽修」，這是因為永豐是由吉水析置的，而吉水地在北宋雍熙元年 (984) 前則屬廬陵縣，並且廬陵、吉水、永豐的上級政區建置吉州（治今江西吉安）自東漢興平二年 (195) 以來也一直稱「廬陵」（「廬陵郡」或「廬陵州」）。

㊱ 見《居士集》卷 16。正閏之爭始於漢代，至兩宋，經過歐陽修的推動，到朱熹而達沸點，清初王夫之著《讀〈通鑑〉論》，才對正統論辭而辟之。

唐代杜佑（京兆萬年〈與長安同治今西安〉人，735～812）著《通典》200 卷，是典章制度的通史，以歷代制度為經，前人議論為緯，從理論上和實踐上奠定了典制體史書撰述獨立發展的基礎。全書分「食貨」、「選舉」、「職官」、「禮」、「樂」、「兵刑」、「州郡」、「邊防」等 8 門，結構先食貨而後其餘，表現了作者歷史認識上的卓見。同時，《通典》主張縮減行政機構，清理冗官冗員，節約政府開支，以緩解人民負擔。杜佑在《通典》中還亮明了歷史進化的觀點，又強調人事應當適宜時勢。他更用全書一半的篇幅來講禮儀制度，足見其用心的重點所在。

宋代鄭樵（興化軍莆田〈今屬福建〉人，1104～1162）著《通志》200 卷，也是一部典章制度史。此書得意的是「總天下之大學術，而條其綱目，名之曰『略』。凡二十略，百代之憲章，學者之能事，盡於此矣」（《通志・總序》，以下引文，皆見此序）。他主張「會通」，肯定司馬遷寫通史，批評班固斷代為史。他又提倡「心識」，強調賅實，不盲從傳統，注意調查研究，要求對各種事物，既知其名，又識其實。他批評「災祥」說是「欺世」的「妖學」，而所謂「《春秋》筆法」則是「欺人」的「妄學」。鄭樵還反對任情褒貶，認為史書只要「詳文該事」即可。他同時論述了年表的重要性。

宋末元初還有馬端臨（饒州樂平〈今屬江西〉人，約 1254～1323）著《文獻通考》348 卷，是仿《通典》而作的。此書特點是有「文」有「獻」有「考」，先敘事，後論事，條理清晰，眉目分明，全面地反映了傳統社會的經濟結構，而尤詳於宋代制度。作者對「便民」者不管其歷史定位如何，往往作出熱烈的頌揚。全書首列《田賦考》，其史識不讓杜佑專美於前。《文獻通考》和《通典》、《通志》是謂「三通」。「三通」的史學意義超過同一時期的正史。

18 世紀中葉，乾隆帝命臣工採輯宋、遼、金、元、明以及本朝事跡，編撰「續三通」——《續通典》、《續通志》、《續文獻通考》和「清三通」——《清通典》、《清通志》、《清文獻通考》，規模極為浩大。加上清末的《續清文獻通考》，合稱「十通」。「十通」將中國幾千年的文物制度加以貫通，是典章制度史的淵海。

制度史除了《通典》、《通志》這樣的通史，還有斷代為書的。自唐代中葉到北宋初年，經過幾代人的努力，撰成了《唐會要》，記唐代制度頗稱詳賅。後來接踵產生了《五代會要》、《宋會要》（原書已佚，現僅存輯本，稱《宋會要輯稿》）等，它們與貫通千年的制度通史配合，相得益彰。惜南宋以後諸家所作的幾代會要，質量低劣，惟有檢索之便，皆不足稱。至於明、清兩代所編「會典」，則轉成政治性文件的彙編，與「會要」又有區別。

圖 109　司馬光像　據宋衍申著《司馬光傳》北京出版社　1990 年

北宋司馬光 (1019～1086)，字君實，陝州夏縣（今屬山西）涑水鄉人，主編《資治通鑑》294 卷，歷時 19 年，於元豐七年 (1084) 奏進。《資治通鑑》的編寫，大致分叢目、長編、定稿 3 個步驟。所謂叢目，是按時間順序排列材料，提出事目，注明各種資料的出處。所謂長編，是對叢目進行修訂整理，寫出正文，附有考訂，寧繁毋略。最後在長編的基礎上，審定史實，刪繁就簡，錘煉文字，進行定稿。雖為集體官修，但卻如出一人之手。此書記載了上起戰國周威烈王二十三年（公元前 403），下迄五代周世宗顯德六年 (959 年)，共 1362 年的史事，按年編次，條其始末，主要是一部政治史。司馬光政治上比較保守，王安石曾說：「自議新法，始終言可行者，曾布也；言不可行者，司馬光也。」（《宋朝事實類苑》卷 8）他「鑑于往事，有資於治道」（胡三省：《資治通鑑音注序》），在書中強調儒家禮教，宣揚君主神聖。此書記國家盛衰，生民休戚，其宗旨更在探討社會治亂的原因。與稍微年長他一點的歐陽修比較，司馬光更加忠實於歷史的本來面目。曾鞏在校定《南齊書》的進書表中說：「古之所謂良史者，其明必足以周萬事之理，其道必足以適天下之用，其智必足以通難知之意，其文必足以發難顯之情。」司馬光大抵是符合這 4 項要求的；他在中國史學上首次認識到以往「正史」不同部分記載史實不盡一致的問題，並為解決這類問題作出了相應的努力。

《資治通鑑》問世後，續作、改編、仿製等不斷出現，很快發展為續編《通鑑》、綱目體和紀事本末體等 3 個流派。續編《通鑑》有《續資治通鑑長編》、《建炎以來繫年要錄》、《資治通鑑後編》、《國榷》等，史料價值較高。綱目體始作俑者為朱熹的《資治通鑑綱目》，此書踵事《春秋》，宗旨是十分明確的，其實朱熹惟手定凡例 1 卷，並未參與具體的綱和目的撰寫。紀事本末體為南宋袁樞（建州建安〈今福建建甌〉人，1131～1205）

所創，他的《通鑑紀事本末》，特點是凡重大歷史事件，都予立類定題，如先秦史，此書就概括為「三家分晉」、「秦滅六國」和「豪傑亡秦」3 個題目。由於這種體例復活《尚書》的精神，[37]按事件類編史料，所以事件全過程比較清楚、完整，富於故事性，文省於紀傳而事明於編年，最受讀者歡迎。後來仿效者甚眾，形成了從《左傳紀事本末》到《清史紀事本末》的體系，與編年體、紀傳體、典志體一樣是中國傳統社會史書編纂上的主要體例之一。

迄清代，編年體、紀傳體、典志體、綱目體、紀事本末體、會要體都有了貫通古今的成書，除典志體外，大都止於明末，而典志體且續至清代。唐以後，通史開始受到重視，清代則「通」已經成為史家實踐的主要活動了。

中國古代還有一類內容無所不涉的筆記野史，往往敢記正史所不敢記的朝野內幕，史料價值不可等閑視之。如北宋太祖、太宗皇位授受過程中的「燭影」、「杜斧」情節，便是釋文瑩在其所撰《湘山野錄・續錄》中首先予以披露的，否則後世就不得而知了。

宋末元初胡三省（台州寧海〈今屬浙江〉人，1230～1302）著《資治通鑑音注》，除隨文釋義外，更多作思想性的發揮，其憂國憂民的感情，溢於言表。[38]

南宋胡宏著《皇王大紀》，編造了一套古史系統，始把盤古作為開天闢地之君，後世不求甚解者，即據以為上古歷史的起源，這也是一件不可忽視的事情。明代王圻編《稗史彙編》，其卷 85 有云：「司馬遷敢亂道卻好，班固不敢亂道卻不好，不亂道又好是《左傳》，亂道又不好是《唐書》。」道出了當時人對幾部代表性史書的看法。

唐、宋以來，出現了不少學術造詣頗深的專史著作，除了上面已經提到過的典制史，還有學術史、傳記、家族譜、地理書、方志、民族史等。其中學術史應推黃宗羲的《明儒學案》62 卷為代表作，該書對明代各派學者，都較客觀地作了學術宗旨和學術傳授的敘述，反映出明代學術的特點和各個學者的思想。「有一偏之見，有相反之論」（《凡例》），所摘錄的都是第一手資料。但所敘僅限於理學各派，未免有失全面。黃宗羲又有《宋元

[37] 章學誠：《文史通義・書教》。

[38] 胡三省著《資治通鑑音注》，曾吸取了史炤《通鑑釋文》的精華部分，該書凡 30 卷，但很快亡佚，清代中葉後才復出。

學案》，由全祖望（鄞縣〈治今寧波城區〉人，1705～1755）續成，組織細密，實有過於《明儒學案》。而江藩（甘泉〈與江都同治今揚州〉人，1761～1830）的《國朝漢學師承記》和《國朝宋學淵源記》，宗漢抑宋，則是很有影響的本朝學案體史記。傳記有類傳、合傳、別傳、年譜之屬——所謂類傳，是寫同類人物的傳記；㊴所謂合傳，是合眾傳（但非同類）於一集；所謂別傳，是專寫一人的傳記；所謂年譜，是編年體的別傳㊵。清代有人著成《王荊公年譜考略》一書，作者覺得王安石去世之後，私書肆意詆毀，正史採而用之，「至謂宋之亡由安石」，不免言之「過甚」，乃發憤考辨，「因年以考事，考其事而辨其誣」，（蔡上翔：《王荊公年譜考略·自序》）頗具見識。家族譜則有統譜、家譜和族譜——統譜是指全國的族姓譜；家譜是指一家之譜；族譜是指一族之譜，是家族史。對此，可參考本書第九章第二節的有關交代。至於地理書、方志和民族史等，因本書以後有關各編仍將述及，這裏就省去不談了。

上文所說《王荊公年譜考略》，實際上也是史考著作。在史考和史論方面，與黃宗羲並稱清初三大儒的王夫之和顧炎武，也都有不小的貢獻。王夫之的《讀通鑑論》和《宋論》，評說史事，都從設身處地的分析入手，至今讀來，仍有很強的感染力；顧炎武《日知錄》的中、下兩篇，形式似為排比史料，實則乃在融會古今，經世致用。而後來乾嘉學派在史學考據上的成績，以王鳴盛的《十七史商榷》、錢大昕的《廿二史考異》和趙翼的《廿二史劄記》為代表，更是標誌著乾嘉學派的學術水平。

王鳴盛（江蘇嘉定〈今屬上海〉人，1722～1797）著《十七史商榷》100卷，對上起《史記》、下迄五代的宋以前全部正史進行文字校勘，並對其中的典章制度進行詮釋。稱「十七史」，是從宋人習慣。王氏治經，專宗鄭玄之說，但在評價歷史事件和歷史人物方面，他卻常常不囿舊說定論而提出自己的質疑和看法，因此能深有所見。古人讀書，都注意隨手寫心得筆記，所謂隨筆、記聞、雜誌、劄記、雜錄、讀書記等，皆屬此類。筆記多了，加以整理，便成著作。《十七史商榷》等書就都是這樣寫成的。

㊴ 著名者有阮元的《疇人傳》，記載自上古至清代的科技人物200餘名，在科技史研究上具有重要價值。其後又有人踵其體例，寫成《續疇人傳》、《疇人傳三編》、《疇人傳四編》等。

㊵ 年譜也有幾個人合譜的情況，參見揚殿珣《中國年譜概說》，《文獻》1979年第二期。

錢大昕（江蘇嘉定〈今屬上海〉人，1728～1804）著《廿二史考異》100卷，對除去《舊五代史》和《明史》的各家史書按卷、按篇進行考校，㊶訓釋名物典制，重點在訂正年代、官制、地理沿革和遼金國語、蒙古世系等。此書的考史方法為：一．以不同版本互相訂正刊本的文字之誤；二．以本書的紀、傳、表、志互校，發現差異，判別是非；三．以其他記載校正本書之誤。他在著作過程中，對前哲舊說，既不盲從，也不苛責，並且絕不掠人之美。

趙翼（陽湖〈與武進同治今常州〉人，1727～1814）著《廿二史劄記》36卷，補遺1卷，凡544條，雖名為「二十二史」的劄記，實際上所考內容是二十四史，因他與王鳴盛一樣，將新、舊《唐書》和新、舊《五代史》都看作只是一史，沒有分開來計數。此書除詳論諸史體例的得失、指出各種史料的來源、考證史實的真偽外，著重點尤在對「古今風會之遞變、政事之屢更、有關於治亂興衰之故」（卷首小引），作者都按照自己的觀點，綜合歸納出若干問題來加以議論，從而為初學歷史者提供了一條簡便的入門之徑。對一部二十四史從縱向和橫向不同角度進行系統深入的比較研究，這在當時是前無古人的。趙翼還對中外文化交流的合理性和必要性表示了充分的肯定。㊷

而同時的章學誠（浙江會稽〈與山陰同治今紹興〉人，1738～1801）著《文史通義》8卷，儘管內容龐雜，結構鬆弛，但頗多卓識。他反對專事考據和空言性理，推崇獨斷和家學，強調「時勢」對推動歷史進程的作用，鄙視博古而不知今，倡導「論古必恕」和「會通」方法論，提出方志學也是史學的組成部分㊸。他還注意到史學家的思想修養問題，提出「史德」的新命題。章學誠賦予「六經皆史」說以新的意義，認為不是經包括了史，而是史包括了經，從而在一定程度上拓寬了史學研究的道路。他還把史籍從性質上區分為「撰述」和「記注」兩大類，又主張「仍紀傳之體而參本末之法，增圖譜之例而刪書志之名」（《與邵二雲論修宋史書》）㊹，

㊶ 該書將司馬彪《續漢書志》從《後漢書》中單列出來，因此總目實可見「廿三史」。

㊷ 參見白興華《趙翼的中西文化觀》，《光明日報》1998年9月11日。

㊸ 方志自北宋樂史著《太平寰宇記》以後，已趨向博物並定型，地理內容減弱，歷史內容增強。

㊹ 《章氏遺書》補遺。下引《家書六》，見同書卷9。

建立包括紀、傳、圖、表等 4 項內容的新史體，倡導記述史學史，「當更立史官傳」(《家書六》)。他的所言，為後來資產階級新史學的興起做了有益的準備工作。㊺

崔述（直隸大名〈今屬河北〉人，1740～1816）著《考信錄》36 卷，主要成就在澄清長期以來傳說的偽古史，對盲從古人者，也力斥其謬，雖然他無條件遵奉的，仍是儒經。

與之相應，淵源於漢魏而由兩宋所開闢的金石學㊻，到清代已進入成熟階段，清代金石學對古器物的研究，正在逐漸改變著中國史學的發展方向。其中乾嘉時期王昶（江蘇青浦〈今屬上海〉人，1725～1806）的《金石萃編》和阮元的《積古齋鐘鼎彝器款識》，都是頗見功力的承前啟後之作。

不過無論如何，中國史學的高峰期是在西漢和北宋，像司馬遷、司馬光這樣德、才、識兼備的「良史」，後世再也沒有了。

總起來看，自漢代到清代，中國史學雖然從經學分了出來，但始終與儒家學術保持著密切的聯繫，儒學的特點規範了中國傳統史學的基本面貌。儒學重政務，重人事，所以中國史學表現為強烈的資政性，具有高度的社會價值，說的都是現實生活中的真人真事，不同於西方的史詩和神話傳說。儒學重倫理，重道德，所以中國史學以行使歷史裁判為職責，史家獨立不屈的精神㊼已轉化為民族精神的一部分，許多雖無事功表現但能立德的人物往往在列傳中居於首要地位，身為平民的孝子、烈女也能在青史上留名。並且儒學的務實傳統也在中國史學上打下了深深的烙印，往古史家注重史料編纂，卻忽視理論上的宏觀探討，精於微觀研究的思維定勢，為後世留存了大量的信史，而宏觀考察、理論探討的欠缺，又成為中國傳統史學的負面。這些長處和短缺，正是受了儒家學術的影響。

㊺ 章學誠另有《校讎通義》3 卷，「求能推闡大義，條別學術異同，使由委溯源，以想見於墳籍之初者」(《校讎通義・敘》)，是《文史通義》的姐妹篇。

㊻ 宋人這方面的專著有北宋歐陽修的《集古錄》、趙明誠的《金石錄》、呂大防的《考古圖》及其釋文、王黻的《宣和博古圖》，南宋薛尚功的《歷代鐘鼎彝器款識法帖》、洪适的《隸釋》和《隸續》、佚名的《續考古圖》。

㊼ 如《左傳・襄公二十五年》記載，齊莊公為崔杼所殺，「大史書曰：『崔杼弒其君。』崔子殺之。其弟嗣書，而死者二人，其弟又書，乃舍之。南史氏聞大史盡死，執簡以往，聞既書矣，乃還。」這幾位史官前仆後繼，視死如歸，就是這種精神的生動體現。

新編中國哲學史　勞思光／著

「一部哲學史，雖然是『史』，但也必然涉及『哲學』。當一位學人寫哲學史的時候，他不僅要敘述事實，而且要解釋理論。敘述事實是史學的工作，解釋理論則必須有確定的理論基礎與解析方法。」本書正是勞思光教授在中國哲學史研究上，一部有系統、有方法且有深度的重要著作，透過其獨特的「基源問題研究法」，如庖丁解牛般，將上下數千年中國哲學的內涵，條分縷析呈現在您的眼前。

西洋哲學史　傅偉勳／著

本書是一部批評性質的西洋哲學史，作者從現代哲學的嶄新觀點，剖示自泰利斯至黑格爾為止的西方哲學發展動向，並對各家各派的哲學思想提出內在的批判。作者認為哲學史絕對不是純然蒐編既有哲學理論或普通意義的歷史，哲學史概念的把握，乃是哲學探求過程不可或缺的思維訓練。通過哲學史的鑽研，不但能培養足以包容及超越前哲思想的新觀點、新理路，且能揚棄我們自己可能具有的褊狹固陋的觀念與思想。

印度哲學史　楊惠南／著

本書透過數十部原典的資料，對於印度民族、歷史和宗教，有簡要的介紹，而對各宗各派的哲學思想，則有詳盡的分析和討論。許多研究印度哲學的讀者，為的是要進一步探討佛教的哲理。有鑑於此，作者在書中盡量引用佛典中的資料，而在專有名詞、人名的翻譯方面，也盡量遵照佛典中的固有譯名。對讀者來說，無疑具有許多便利處。

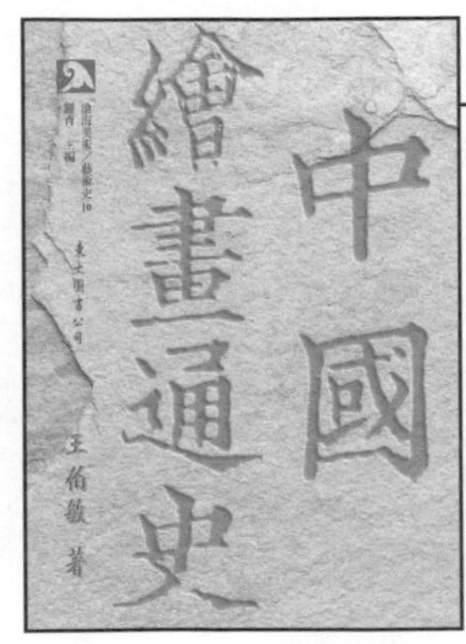

中國繪畫通史　王伯敏／著

本書縱橫古今，論述了中國自原始時代以降的七千年繪畫史，對畫事、畫家及畫作均有系統地加以評介。其中廣泛涵蓋了卷軸畫、岩畫、壁畫等各類畫作，除漢民族外，也兼論少數民族之繪畫史。難能可貴的是不但呈現了多民族文化的整體全貌，又不失其個別特殊性。此外，本書更增補了最新出土資料一百三十餘處，極具研究與鑑賞價值，適合畫家與一般美術愛好者收藏。

中國繪畫思想史　高木森／著

這是一本以文字為主、圖片為輔的中國畫史研究專著。因為藝術是人類生活和思想的產物，作者特從「思想」的角度入手，藉著對藝術作品和藝術理論的研究，來探索時代思潮對藝術的影響。作者長年浸淫在中國藝術史的研究，書中以平實真切的文句和感性的語調來表述自己所建構的繪畫思想史，為一般專論所少有，也使本書更具可讀性。